税法学研究文库

税法整体化研究

一个法际整合的视角

总主编 刘剑文

叶金育 著

北京大学出版社
PEKING UNIVERSITY PRESS

图书在版编目(CIP)数据

税法整体化研究:一个法际整合的视角/叶金育著. —北京:北京大学出版社,2016.9
(税法学研究文库)
ISBN 978-7-301-27484-2

Ⅰ.①税… Ⅱ.①叶… Ⅲ.①税法—研究—中国 Ⅳ.①D922.220.4

中国版本图书馆 CIP 数据核字(2016)第 212826 号

书 名	税法整体化研究:一个法际整合的视角
	Shuifa Zhengtihua Yanjiu: Yige Faji Zhenghe de Shijiao
著作责任者	叶金育 著
责任编辑	王 晶
标准书号	ISBN 978-7-301-27484-2
出版发行	北京大学出版社
地 址	北京市海淀区成府路 205 号 100871
网 址	http://www.pup.cn
电子信箱	law@pup.pku.edu.cn
新浪微博	@北京大学出版社 @北大出版社法律图书
电 话	邮购部 62752015 发行部 62750672 编辑部 62752027
印 刷 者	三河市北燕印装有限公司
经 销 者	新华书店
	965 毫米×1300 毫米 16 开本 24.75 印张 431 千字
	2016 年 9 月第 1 版 2016 年 9 月第 1 次印刷
定 价	54.00 元

未经许可,不得以任何方式复制或抄袭本书之部分或全部内容。
版权所有,侵权必究
举报电话:010-62752024 电子信箱:fd@pup.pku.edu.cn
图书如有印装质量问题,请与出版部联系,电话:010-62756370

总　　序

"税法学研究文库"是继"财税法系列教材""财税法论丛"和"当代中国依法治税丛书"之后由我主持推出的另一个大型税法研究项目。该项目的目的不仅在于展示当代中国税法学研究的最新成果，更在于激励具有创新精神的年轻学者脱颖而出，在传播、推广税法知识的同时，加快税法研究职业团队的建设和形成。

税法学是一门年轻、开放、尚处于成长期的新学科。谓其年轻，是因为它不像民法学和刑法学一样拥有悠久的历史渊源；谓其开放，是因为它与经济学、管理学以及其他法学学科等存在多方面的交叉与融合；谓其成长，是因为它的应用和发展空间无限广阔。在我国加入世界贸易组织之后，随着民主宪政、税收法治等先进理念的普及和深入，纳税人的权利意识越发强烈，其对税收的课征比任何时期都更为敏感和关心。税法学的存在价值，正在于科学地发现和把握征纳双方的利益平衡，在公平、正义理念的指导下，实现国家税收秩序的稳定与和谐。

长期以来，我一直致力于税法学的教学和研究，发表和出版了一系列论文和专著，主持了多项国家级科研课题，对中国税法学的发展以及税收法制建设做了一些力所能及的工作。然而，不容否认，中国税法学的研究力量仍然十分薄弱，有分量的研究成果也不多见，税法和税法学的应有地位与现实形成强烈的反差。我深深地感到，要想改变这种状态，绝非某个人或某一单位力所能及。当务之急，必须聚集和整合全国范围内的研究资源，挖掘和培养一批敢创新、有积累的年轻税法学者，在建设相对稳定的职业研究团体的同时，形成结构合理的学术梯队，通过集体的力量组织专题攻关。唯其如此，中国税法学才有可能展开平等的国际对话，而税法学研究的薪火也才能代代相传，生生不息。

近年来，我先后主编"财税法系列教材""财税法论丛""当代中国依法治税丛书"，这三项计划的开展，不仅使税法学研究的问题、方法和进程逐渐为法学界所熟悉和认同，同时也推动了税法学界的交流与合作。在此过程中，我既看到了新一代税法学者的耕耘和梦想，更感受到了他们在研究途中跋涉的艰辛。这群年轻的学者大多已取得博士学位,或已取得副教授职称,且至少熟练掌握一门外语。最为重要的是,他们对专业充满热忱,愿意为中国税法学贡献毕生精力。正是在他们的期待和鼓励下,为了展示中国税法学的成长和进步,激励更多的优秀人才加入研究队伍,我与北京大学出版社积极接触、多次磋商,终于在2002年达成了本文库的出版协议。

衷心感谢北京大学出版社对中国税法学的积极扶持。如果没有对学术事业的关心和远见,他们不会愿意承担该文库出版的全部市场风险。此举的意义,远远溢出了一种商业架构,事实上为中国年轻的税法学提供了一个新的发展机遇。正是他们的支持,才使得主编可以严格按照学术标准组织稿件,也使得作者可以心无旁骛,潜心研究和创作。若干年之后,当人们梳理中国税法学进步的脉络时,除了列举税法学人的成果和贡献,也应该为所有提供过支持的出版机构写上重重的一笔。这里,我还要代表全体作者特别感谢北京大学出版社副总编杨立范先生,他的智识和筹划,是本文库得以与读者见面不可或缺的重要因素。

本文库计划每年出版3—5本,内容涉及税法哲学、税法史学、税法制度学;税收体制法、税收实体法、税收程序法;税收收入法、税收支出法;国内税法、外国税法、国际税法、比较税法等多重角度和层面。只要观点鲜明,体系严密,资料翔实,论证有力,不管何种风格的税法专著都可成为文库的收录对象。我们希望,本文库能够成为展示税法理论成果的窗口,成为促进税法学术交流的平台。如果能够由此发现和锻炼更多的税法学人,推动税法理论与实践的沟通和互动,我们编辑文库的目的就已经实现。

刘剑文
2004年于北京大学财经法研究中心
中国财税法网(www.cftl.cn)
中国税法网(www.cntl.cn)

序　　一

叶金育博士的新书收入"税法学研究文库",即将在北京大学出版社出版,这是一件值得高兴的事情。"税法学研究文库"的选稿标准极其严格,其收录的作品都非常优秀,代表中国财税法学的高地。金育的书能够入选,说明其的确有独到之处。我是金育的博士论文指导老师,现在同在一个教研室工作,近距离见证了他这几年的进步,也感受过他的焦虑和不安,因而很愿意借这个机会嘉勉几句,期待他今后做出更大贡献。

金育本科毕业于兰州大学,硕士就读于中山大学,跟随杨小强教授学习税法,表现突出、成绩优异。因为家境贫寒,他作为家中唯一男丁,背负很重的经济压力。为帮扶父母和姐妹,硕士毕业后,他选择回九江任教,时间长达六年,其间虽一直抱有学术理想,也做过各种尝试和努力,但苦于缺乏好的氛围和平台,很难找到志同道合者,也没有导师督促和激励,专业研究也就渐渐荒废,只是满足于税法的日常教学,很难再有进一步的理论思考。

2010年,在小强教授介绍下,金育开始协助我编辑《税法解释与判例评注》。由于看好他的学术潜力,我动员他报考武汉大学法学院的博士研究生。几经犹豫,当他最后下定决心时,我又要求他破釜沉舟,只能报考全脱产的类型。对他来说,这是一个非常艰难的选择。当时他已经31岁,如果顺利被录取,毕业时将是35岁,不管是求职还是未来的事业发展,都会受到很大限制。不过,基于对新生活的向往,他还是按照我的要求辞职来了武汉大学,并以百倍的热情投入了学习和研究。

读博士的这几年,他承受了异常的压力。由于夫妻分居两地,孩子还小,他不得不经常往返九江和武汉,时不时还要出去代课,赚一点课酬贴补家用。尽管如此,在学业上他还是兢兢业业,毫不松懈,专业潜能得到了极大的释放。攻读博士学位期间,除获得了韩德培法学教育基金奖学金、武汉大学研究生学术创新奖,他连续两年获得博士研究生国家奖学金,还曾多次获得国家税务总局和中国财税法学研究会的论文奖,被同届同学戏称为"学霸"。此外,他还积极协助我主持武汉大学税法研究中心财税法读书会,编辑《税法解释与判例评注》,联系落实各种实务合作项目,组织全国财税法年会的会务,表现非常突出。正是观察到这些,2015年博士毕业时,我才动员他申请留校。虽然办手续的过程一波三折,在法学院领导和教研室同事的帮助下,他最终还是如愿以偿,成为了武汉大学的一名教师。

本书取名《税法整体化研究:一个法际整合的视角》恰如其分,反映了作者近十年来探索和学习税法的思路。书稿内容涉及税法与宪法、民商法、合同法、公司法、环境法、劳动法以及刑法、行政法的交集,每一个方面都衍生出众多话题,既有实务价值,又有理论意义。作者主张,不应孤立地看待税法规则,而应该基于法际整合的视角,将其置于相互联系的法律体系之中。一旦视野放宽,问题才能凸显,解决问题的思路就会更加清晰。实事求是地说,这本书并没有带来重大创新,不管是理论框架还是分析工具,都没有超过既有的研究水平。作者的贡献在于,他驾轻就熟地运用理论工具分析现实议题,将很多看起来没有联系的问题串联起来,在每一个领域中都有新的发现。我以为,这种研究范式在目前税法研究中是值得提倡和推广的。

中国财税法研究已经超越"摇旗呐喊"和"跑马圈地"的阶段,目前应该进入"精耕细作"模式,并期待各个领域下一步的"开花结果"。要想精耕细作,既要重视基础理论,也要关注制度规则;既要有广度,也要有深度;既要在内部挖潜,苦练内功,也要加强外部联系。不管是多么高深的理论,都要能落实到具体问题。理论指导实践,实践反哺理论,这是学科成长的必由之路。目前,我国税法总论与分论之间,基础理论研究与实际法律运用之间,还存在不小的距离。理论界自说自话的现象比较严重,无法回答实务中提出的大量问题,显示出自身积累和发展的不足。金育提倡法际整合,主张税法整体化研究,从理论出发深入制度的设计和运用,对弥合当前财税法学的缺陷,希望会起到相应的促进作用。

从已有的理论工具出发,分析纷繁复杂的税法现实,其意义和价值不言而喻。然而,理论本身也需要不断反思。不管是税收法定主义,还是量能课税原则,乃至于财政民主主义,如何防范其背离财税正义,如何使其与法的一般原理相契合,如何协调相互之间的内在冲突,如何让宪法在其中发挥统领作用,这是作者需要进一步思考的内容。大道至简。关注细节是法学作为应用学科的必然,但也要防止"一叶障目不见泰山",坠入井底之蛙的遐思。学科发展到一定阶段时,跳出繁琐的细节,观察一下趋势和方向,防止迷路,也是不可或缺的功略。从这个角度而言,本书所包含的整体化思维,不是太多,而是仍嫌不够。期待金育博士下一本"税法整体化研究",能够提炼出更加高远的视角。

以此为序,与诸君共勉!

熊　伟

武汉大学税法研究中心

2016 年 7 月 12 日

序　二

近期研读武汉大学法学院叶金育老师的专著《税法整体化研究：一个法际整合的视角》，此书致力于研究税法与民法、商法、税务契约、企业自治、婚姻家庭法、劳动法、环境法及法律责任之理论互动与学术关联。每一章贯穿同一的分析思维——"法律基准＋技术规范＋现行法检讨＋个人见解"。其运用的税法整体化思维与法际整合的研究方法肯定会给税法读者一个惊喜。金育求学，从兰州大学法学院至中山大学法学院，再到武汉大学法学院，终于在熊伟教授的指导下结出了税法学的研究硕果。

现代法学的学科划分愈加精细，法学教育不大配合事件的整体性，而是割裂地进行，并分门别类来把握。其结果是，法科学生长期缺乏法律分析的整体观，面对复杂的交易，总难做出综合与完全的法律判断。法律事件总是以整体示人，而法学知识却割裂存在，这就导致法律人难以具备应变的效率与速度。分工的精细化固然是知识深度发展之路径，但精细化的分工也应以整体化的尊重为前提。现代法学的教育与研究，重视了精深化的分工，却偏离了整体化的客观事实，所以经常出现管中窥豹之弊病。本专著的努力，旨在打破法学学科矩阵，注重事件的整体性存在，寻求法律的全面性因应。国际学术界也为此做出努力，如德国有一本《整体刑法学杂志》，整合大刑法学的发展。税收是民事行为的法定负担，税法与民法是亦步亦趋；课税是一种行政作业，贯穿政府的行政理念，因而税法与行政法也是互为配应与制约。金育对税法整体化的研究，定然功莫大焉。

让我历历在目的是，2004年金育报考中山大学经济法专业研究生并前来面试，其展现的民法功底当场得到程信和老师与周林彬老师的好评，至此将其分配于我指导，金育开始其税法研究的人生。2006年金育毕业答辩，其硕士论文《预约定价合同研究》已经引起业界人士的关注。在读期间，我们披星戴月合作完稿的著作《合同的税法考量》也在山东人民出版社出版，一度畅销异常。

我总是庆幸能遇到像金育这样品学兼优的学生，品德高尚，为人忠厚，勤奋努力,纯正学问。其专著《税法整体化研究:一个法际整合的视角》的出版,是学问的跬步,学术人生还有一千里。今天是 2016 年 7 月 12 日,南海仲裁案将出结果,彻夜难眠。祖国已经强大,但还不够强大,期望金育和我自己,能摒心静气,在税法学术上为祖国继续作出更大的贡献!

杨小强

2016 年 7 月 12 日清晨

于中山大学寓所

CONTENTS 目 录

导论   1

第一章 税法走向"领域法学"的根由
——以二维正义为中心的观察   5
一、法定主义:税收正义的形式面向   6
二、量能课税:税收正义的实质维度   15
三、二维正义下的税法定性:在公法与私法之间   24

第二章 税法与私法的一般法理   31
一、税收之债的法域语境   31
二、税收之债的独立与归属   36
三、税法与私法在宪法上协调   41
四、税法对私法承接与调整的法律叙事   43
五、税法承接与调整私法的类型化构造   53
六、税法承接与调整私法的运用:以合同责任的税法规制为中心   66

第三章 民法规范进入税法的立法路径
——公法与私法"接轨"的规范配置技术   79
一、税法与私法接轨的理念与技术配置:基于实质课税原则的反思与超越   80
二、公法与私法视域下的民法规范类型:以自治与管制为中心   94

CONTENTS 目 录

  三、税法对民法规范的准入设计：基于税收
    正义的追求   99
  四、民法规范"进入"税法的立法技术：
    以债权保全规范配置为中心 103
  五、债法植入税法与税收债法的反思：
    基于比例原则的视角 108

第四章 税务契约的整体化考量 119
  一、税务契约的总体定位 120
  二、税务契约的实证分析：以三类典型契约
    为样本 134
  三、税务契约的实体规制 143
  四、税务契约的程序控制 151
  五、结语 166

第五章 税务契约的微观解剖
  ——以税务和解为分析对象 167
  一、税务和解实施的理论准备 167
  二、税务和解实施的现实基础 171
  三、和解范围与功能定位 174
  四、和解标的与协议要件：合理、合法还是
    合利益 179
  五、和解的税法难点与技术支持 183
  六、税务和解制度的未来 191

CONTENTS 目 录

第六章 私法自由与税法干预的边界
　　——以转让定价为分析工具　　193
　　一、转让定价税制中的税企博弈　　194
　　二、税法对转让定价的干预：反避税　　196
　　三、契约自由与反避税：正常交易的域外经验　　200
　　四、税收规避与反避税：转让定价背离正常交易时　　204
　　五、税法干预下的自由限度：正常交易与税收筹划　　218
　　六、结语　　222

第七章 企业自治与税法度衡　　223
　　一、合伙企业：从民商法到所得税法　　224
　　二、公司与税法体系运行：立基于法际整合的视角　　241
　　三、公司的税法困境：以双重征税为中心　　248
　　四、税法介入后的合伙企业与公司　　276

第八章 税法如何面对婚姻家庭
　　——以婚姻家庭的税法保障为依归　　284
　　一、税法与婚姻家庭的交错与互动　　285
　　二、婚姻家庭保障的现行税法透视　　288
　　三、税法保障婚姻家庭的法理思辨　　296
　　四、保障婚姻家庭的税法进路　　299

CONTENTS 目 录

第九章 关联劳务转让的整合规制
——从劳动法到税法 305
一、关联劳务转让：劳动法如何规制 305
二、税法如何回应劳动法规制 311
三、关联劳务转让规制何以破局：一种法际整合的新理念 315

第十章 环境法与税法的价值整合 317
一、环境问题的治理手段：转型中的环境法与税法 318
二、环境法与税法理念的交错与整合 321
三、法际整合下规制工具选择的考量基准 327
四、规制工具选择的整体布局：以环境财政工具为中心 335

第十一章 税收法律责任整合
——在税法、行政法与刑法之间 345
一、税收行为的法际分工与整合 345
二、税收不法与税收犯罪的法律界限：罪与非罪 349
三、税收不法类型的法律边界：以偷、逃税为中心 354
四、税收行政责任与刑事责任的衔接 362

后记 378

导　　论

　　"现代研究成果表明,财政不只是简单的技术或工具的问题,而是塑造某种特定的现代经济、社会文化与价值、公共官僚体制、特定的国家与社会关系的利器,与此同时,也塑造着这个国家的人民。"①毫不夸张地说,"每一个社会问题,每一个经济问题,事实上最终都是财政问题。"②如果说财政是现代国家治理的基础,税收则是财政的核心支柱,直接关乎国计民生,影响强国富民和稳定发展。③ "近代以来,政治国家与市民社会开始分离,现代税收则为沟通政治国家与市民社会的媒介"④,日渐成为"我们公共生活中的一个永恒主题"⑤。

　　自国家和财政产生以来,也就同时产生了以法律手段调整财政关系的客观需要。然而,在中国和外国的古代法上,虽有大量的调整财政关系的法律规范,但主要由于当时的财政所依附的国家的专制性质,以及法律体系自身演化的历史局限性,诸法合体的古代法上不可能有财税法学的独立地位。随着经济和社会的发展,财税法学逐渐依附于行政法学和经济法学等学科得以发展。⑥ 客观地说,在财税法学发展初期,其借着行政法学、经济法学等的学科平台的确争取了一片天空,积累了较为良好的发展条件。⑦

　　然而,伴随着"政府与市场关系的法律调整"⑧,财税法学逐渐具备了独特的品质,让自己在立场、观点、视角上有别于行政法学和经济法学等学科,不仅建

---

① 李炜光:《财政何以为国家治理的基础和支柱》,载《法学评论》2014年第2期。
② 〔德〕理查德·A.马斯格雷夫、艾伦·T.皮考克主编:《财政理论史上的经典文献》,刘守刚、王晓丹译,上海财经大学出版社2015年版,第273页。
③ 参见张守文:《税制变迁与税收法治现代化》,载《中国社会科学》2015年第2期。
④ 张富强:《论税收国家的基础》,载《中国法学》2016年第2期。
⑤ 谭志哲:《当代中国税法理念转型研究:从依法治税到税收法治》,法律出版社2013年版,第1页。
⑥ 参见刘剑文:《财税法——原理、案例与材料》(第二版),北京大学出版社2015年版,第25—26页。
⑦ 参见刘剑文:《理财治国观——财税法的历史担当》,法律出版社2016年版,第23页。
⑧ 张守文:《政府与市场关系的法律调整》,载《中国法学》2014年第5期。

立了完整的学科体系,引入了先进的价值理念①,而且与国家法治实践紧密联系,在财税立法、执法和司法中发挥了独特作用。不过,学科成长到比较精致之后,必须确立自己与众不同之处,有自己独特的理念、方法和领地。因此,财税法学不能继续满足于其"综合性",而应该进一步发掘特质,确立"新型法律学科"的新颖所在,基于财税法调整范围的广泛性,可以预见,无论学科发展到哪个阶段,财税法规则的多元性不会改变。②

财税法调整范围的广泛性和财税规则的多元性,使得"财税法研究必须打破部门法的界限,应当从宪法、行政法、民法、经济法、刑法、诉讼法、国际法、环境法、婚姻法、知识产权法、社会法等多部门法的角度进行综合性研究"。③ 比如,当税收立宪成为议题时,税法不可避免地与宪法发生交集;当经济交易出现时,税法又不得不与民商法、刑法等法域发生交集;同样,当纳税人发生违规行为时,也时常导致税法与行政法之间的冲突与协调。凡此种种都敦促税法不断回应社会现实,逐渐形成以问题为中心,旨在汇集多种法律手段、寻求学科内部和学科之间的协作,整合性地解决日渐复杂的专业问题。

诚如学者所言:"财税法学既关注宏观的财政立宪、财税民主和法治,又重视财税法律手段对经济、社会、文化的调控,还深入到财税执法和各种税费关系,视野开阔,研究领域宽广。它既是治国安邦之道,也是纳税人保护之法,是一门经世济用的应用性学科。经过三十年的演进,财税法学成长为一门新型的、交叉性的'领域法学',这是社会的客观需要,也是历史的必然。"④"不过,在大好的发展形势面前,如果我们静下心来深思,不难发现繁荣景象的背后也隐藏着学科研究的可能'瓶颈'"。⑤ 比如,目前税法学研究中存在的一个很大的弊

---

① 自新中国成立以来,财税法学研究起步于20世纪80年代中后期,其发展进程经历了三次历史性飞跃。第一次飞跃是在1994年至1998年期间,起始于分税制改革。其主要标志是从原先的单纯税法研究转向"财税一体"研究,将纳税人、征税人和用税人三位一体的概念打通,"财政税收法"或"财税法"的概念得以确立,财税法的学科框架就此奠定。第二次飞跃是在2000年到2005年期间,特别是在2004年"修宪"写入"尊重和保障人权、保护合法的私有财产"条款之后。其主要标志是现代财税法学理论体系的建立,纳税人权利保护、税收债权债务理论等理论得到确立和宣传。这让财税法学科很快摆脱陈旧的计划经济思维,以崭新的面貌跻身于中国法治变革的浪潮中,并逐渐走向世界。第三次飞跃是从2008年至今,尤其以中国共产党十八届三中全会为里程碑事件。其标志是财税法作为"领域法学"学科定位的提出,以及"理财治国观"和"公共财产法"两大核心理论的形成。作为财税法核心的税法学,其"领域法学"色彩尤为明显。参见刘剑文、陈立诚:《财税法总论论纲》,载《当代法学》2015年第3期。
② 参见熊伟:《走出宏观调控法误区的财税法学》,载刘剑文主编:《财税法论丛》第13卷,法律出版社2013年版,第74—80页。
③ 刘剑文:《走向财税法治——信念与追求》,法律出版社2009年版,第21页。
④ 刘剑文:《财税法——原理、案例与材料》(第二版),北京大学出版社2015年版,第26页。
⑤ 刘剑文、侯卓、耿颖、陈立诚:《财税法总论》,北京大学出版社2016年版,第3页。

病就是"其对税收学的长期依赖状态",诸多学术成果鲜见法律思维和法律方式的独特贡献。税法学研究如果不能与税收学研究相分离,必然导致税法学自身地位的消融,它所研究产出的税法知识无非是对税收学知识在更换了包装的基础上的另类重述。①

之所以出现如此困局,固然与税法学研究起步较晚、成果相对欠缺、学界话语权等因素有关。更为重要的原因恐怕还在于,"领域法学"之根基阐释并不清晰,说理并不充分,应用性分析成果太过有限等深层因由。"税因其'取之于民'的特点而使税法成为公法与私法交汇的场所,同时,私人社会的迅猛发展与政治体制的间或变迁,使税法不仅仅变得有些复杂,还有些芜杂了。"②在税法领域,已经很难找到传统法学那样泾渭分明的所谓"调整对象",呈现在人们面前的都是"问题"。然而,"问题"向来都有多维面纱,而非单向运行。"问题"的解决,时常既需要运用不同法律学科的思路和方法,又需要仰仗不同法律部门的协力互助。为此,理想的税法学研究应该是从"问题"中来,到"问题"中去。

追根溯源,税法学由传统法学的"调整对象"转向新型法学的"问题意向",与学科特质不无关联。从税法的定位上看,复合性是税法与生俱来的特征,即从征税主管部门的角度来看,税法是有关行使征税权的法律,从这个意义上来说,无疑是公法;而从纳税人的角度来看,税法是进行经济交易时必须考虑的重要规则,从这个意义上来说,税法也具有交易法③的性质。其中,作为公法的税法是以规定并控制征税主管部门行使征税权为目的的法律自不待言。另一方面,由于征税基本上是以经济交易为对象,如果不考虑征税效果,则任何经济活动都无法开展。正因为在进行经济交易的同时需要时常考量征税效果,所以,大体可以认为,税法和民商法一样,具有交易法的性质。不仅如此,实际上,税收债权也具有和私债权一样的债权性质,并且征税对象基本上是由私法进行规范的经济活动,考虑到这两个因素,说税法植源于私法也非言过其实。④

---

① 参见王冬:《税法理念问题研究》,法律出版社2015年版,第136、150页。
② 严锡忠:《税法哲学》,立信会计出版社2015年版,第1页。
③ 税法具有交易法的性质主要源于以下两个因素:第一,税法规则设计围绕经济交易而展开。不同的交易形式,有不同的内涵、边界和适用范围,有不同的前置法律关系,税法规则设计上就应该有所不同。决策者在设计税法规则时,既要遵守相关的税法原理,又要充分考虑与民商事等交易规则的衔接。第二,税法运用离不开交易定性,而交易定性取决于民商事等交易。交易定性以税收构成要件为出发点,贯穿在认定税收构成要件的每一个环节和方面。面对不同的交易类型,征纳双方需要就交易的性质达成共识,尔后才有可能适用税法。上述两个因素从规则设计和规则运用,从理论到实务深度诠释了税法的"交易法"特质。关于交易定性的进一步论述可参见滕祥志:《税法的交易定性理论》,载《法学家》2012年第1期。
④ 参见〔日〕中里实等编:《日本税法概论》,张翠萍等译,法律出版社2014年版,第2页。

本书正是在这种法际整合视角下探讨"领域法学",驰骋于公法与私法、税法与企业法、税法与婚姻家庭、税法与劳动法、税法与环境法、税法与行政法、税法与刑法等疆域,展示了税法学"领域"特质的"来龙去脉"和学术魅力,这和以往的就税法论税法的单线条研究思路有很大不同。秉持税法理论与实务的交互融通,是本书的写作方向和指导基准。总体来说,本书并非有石破惊天的理论创新,而是立足于税法精细化与整体化这一矛盾统一体的内在调和和外在拓展。也因如此,本书所作的尝试和努力具有一定的创新性和开拓性,期待可以为日臻成熟和完善的财税法学研究注入新思路和新活力,推动财税法学之"领域法学"研究的"精耕细作"。

本书共分十一章:第一章以二维正义为中心,探讨税法走向"领域法学"的根由;第二章以税收之债的法域语境为起点,深究税法对私法的承接与调整策略;第三章以民法规范进入税法的立法路径为切入点,研习税法与私法"接轨"的规范配置技术;第四章以预约定价安排、税务和解协议和税收遵从协议为样本,整体化考量税务契约这一偏离税收法定的独特现象;第五章以税务和解为对象,微观解剖税务契约;第六章以转让定价为工具,厘清私法自由与税法干预的边界;第七章以企业型态为依托,度衡企业自治与税法选择;第八章以婚姻家庭的税法保障为依归,讨论税法面对婚姻家庭的应有立场;第九章以关联劳务转让的整合规制为目标,展示劳动法与税法的交错融合;第十章以环境问题的解决为主旨,观测环境法与税法的价值冲突与协调;第十一章以税法、行政法与刑法融合为视角,检视税收法律责任的整合。

中国财税法研究以往侧重于理念和框架,研究思路具有从宏观到宏观的特点,无法展示财税法特有的精致内涵,容易给人虚无缥缈、空中楼阁的感觉。[①]其实,财税法是一个丰富多彩的领域,关系到国计民生的方方面面,每一个话题都蕴藏着深刻的法治要义[②],都考量着不同法律部门之间的协调与配合。近十年来,笔者一直热衷于法际整合研究,秉持税法整体化理念,思量着税法与其他法域的冲突与协调,终成此书。尽管本人竭力构思、数易其稿,但因作者能力所限,书中免不了出现错误和遗漏,敬请读者批评指正。

[①] 近几年,也有致力于税法"理论与实务"一体化研究的成果面世,但总体太过有限。参见滕祥志:《税法实务与理论研究》,法律出版社 2008 年版;熊伟主编:《税法解释与判例评注》(第 1—6 卷),法律出版社 2010—2016 年版;魏高兵:《合同的税法评价》,立信会计出版社 2014 年版。

[②] 参见熊伟:《财政法基本问题》,北京大学出版社 2012 年版,第 3 页。

第一章 税法走向"领域法学"的根由
——以二维正义为中心的观察

随着法律理论与实务的加速推进,现代法学学科分类与分工愈加精细。然法律事件总以整体示人,而不同法学学科却固守围城,法学知识被无情撕裂。长此以往,碎片化、专深化的法学教育与研究难以应对日趋复杂的经济交易。比如,我们签订合同,就是当事人进行合意。按照合同法的原理,要求内心的真意与外在的意思表示要保持一致,即所谓意思表示真实,合同才能有效。然而,螳螂捕蝉,岂知黄雀在后,当签订一份合同时,法定的合同成本——税收也如影随形而来。课税是对民事行为或民事行为的经济效果进行课征,而民事行为的主要类型是合同行为,经济效果的分配更仰赖于合同工具,所以合同直接与税法接壤。合同法对于签订一份良好的合同,在知识的储备上是不够的,还需要更多法学的整体知识予以配合①,税法便是知识整合的关键一环。

站在税法的立场上,首先要思考的是,何种经济交易能进入税法规制空间,以何种法源形式进入税法空间等前置话题。这不仅关乎征纳双方的利益配置,也直接影响纳税人之间的财产分配。作为社会财富的分配机制与社会关系调整机制,税法必须以正义为最高价值。②"从'发展法学'的分析框架来看,分配问题作为经济社会发展中的重大问题,是发展法学的重要研究对象。通过调整分配结构,以及相关的消费结构、投资结构、产业结构、区域结构等,来促进经济与社会的均衡、协调、持续、良性发展,是包括财税法在内的经济法、社会法的重要调整目标,也是整个'发展法学'研究的重要任务。"③

立基于此,自现代税法产生以来,追问税及税法的正当性、寻求正义的税制便成为学界从未改变的热门话题。其实,"无论是在政治哲学领域,还是在经济学范畴,并不存在一个令所有理论家都能达成一致的税收正义原则。"④但在宪法上,税收正义作为基本原则⑤并无太大分歧。为落实税收正义的宪法原则,税

---

① 参见杨小强、叶金育:《合同的税法考量》,山东人民出版社2007年版,第1—2页。
② 参见刘剑文:《收入分配改革与财税法制创新》,载《中国法学》2011年第5期。
③ 张守文:《分配结构的财税法调整》,载《中国法学》2011年第5期。
④ 陈丹:《论税收正义——基于宪法学角度的省察》,法律出版社2010年版,第60页。
⑤ 参见黄俊杰:《税捐正义》,北京大学出版社2004年版,第2页。

法创设了税收法定原则与量能课税原则。量能课税原则为依法课税的伦理基础,其导向税收的实质正义。税收法定原则为量能课税原则的制度基础,其攸关税收的形式正义。① 透过这些正义标尺,可以观测到税法之"领域法学"的另一种色彩。

一、法定主义:税收正义的形式面向

自中国共产党十八届三中全会以来,税收法定主义逐渐从法学界内部的呼吁发展为社会普遍关心的热点,并得到了国家机关的积极回应。不仅中共中央《关于全面深化改革若干重大问题的决定》明确"落实税收法定原则",而且我国2015年3月15日修订的《立法法》,首次将第8条原先规定实行法律保留的"税收基本制度"细化为"税种的设立、税率的确定和税收征收管理等税收基本制度",且单列为一项,位次居于公民财产权保护相关事项的首位。② 紧随其后,中共中央审议通过《贯彻落实税收法定原则的实施意见》,规划税收法定主义实施路线图。可以说,税收法定主义是当今中国税法研究和实践的最大路径,也是税法中最为显赫的一个词语。税收法定主义与现代国家相伴而生,植根于市场经济和法治社会的土壤。在国家治理现代化转型的历史语境下,落实税收法定主义的过程,其实就是法治理念在税收领域的彰显过程。税法借助法定主义,以法律的形式规制征纳双方的权利义务、明确课税的基本要素等关键内容,进而从形式上坚守税收正义的底线,实现税之形式正义。

(一) 税收法定的内涵述描

一般认为,税收法定主义起源于中世纪的英国,最初由封建制度内部的权力斗争引起,随着新兴资产阶级的发展,才演变成新旧势力的对抗和斗争。③ 从诺曼底公爵威廉征服英格兰到约翰暴政④,一步一步引发了封建内部势力,尤其是新兴资产阶级的不满,最终约翰被迫签署了《大宪章》。该宪章经补充重新颁布,从而确定了课税权的由来,被公认为是现代税收法定主义的源头。紧随其后,不仅多数英美法系国家,而且相当一部分大陆法系国家也相应将税收法定主义确立为本国税法的建基原则。随着时代与观念的转变,国家对于人民课税

---

① 参见黄茂荣:《法学方法与现代税法》,北京大学出版社2011年版,第128—129页。
② 参见刘剑文:《落实税收法定原则的现实路径》,载《政法论坛》2015年第3期。
③ 参见刘剑文、熊伟:《税法基础理论》,北京大学出版社2004年版,第100页。
④ 参见刘剑文主编:《WTO体制下的中国税收法制》,北京大学出版社2004年版,第80页。

第一章 税法走向"领域法学"的根由

权力的形式已经逐渐由行政权移向立法权。国家对于人民征税的权限,并非来自于行政机关积极主动的行政行为,亦即非依据行政机关的行政处分而形成人民给付税收的法律义务,而是来自于立法者制定的税法的要求。所有保障人民基本权利的民主国家均接受一个观念:只有人民或由人民所选出的代表所组成的国会,才有权决定人民自己的税收负担种类与额度。不管是基于民主国还是法治国考量,税收法定主义都已成现代税收法治的共识。①

税收法定主义源于宪法原理。它既是税收立法的原理,也是解释和适用税法的基本原理。② 作为一项历史悠久的税法原则,税收法定主义是民主、法治、人权等诸多价值和现代宪法原则在税法领域的集中落实,就其功能而言,无论是限制征税权的发动,还是解决征税的合法性;无论是维护国家利益和社会公共利益,还是保护纳税人权益实现课税公平。最中心的目的还是维护与确保征税权的正当行使,以保护纳税人的权利。③ 此种目的构成了税收法定主义的核心,而税收法定主义之于税收法治建设的价值,已为近几年税收立法所验证。股票交易印花税是反面的典型,2007年5月29日深夜,股票交易印花税税率以"半夜鸡叫"的方式被调高,此项新政致使许多投资者深陷股市、被深套其中,根本没有出逃的可能性。④ 比股票交易印花税更为隐蔽的是燃油税改革,改革方案出台之前,国务院曾准备开征燃油税,最后时刻突然转向,通过消费税的"修法技术"将其吸纳其中,绕开立法机关变相开征新税,实质上提高税负、加重纳税人负担。⑤ 类似的做法是物业税的"猝死""空转"⑥突变为房产税改革试点。从股票交易印花税"半夜鸡叫"到燃油税植入消费税,从物业税到房产税试点,税法的稳定性一再被打破,纳税人的法律预期更是无从谈起,纳税人权利也被

---

① 参见柯格钟:《租税之立法界限及其宪法上的当为要求——以德国税捐法之理论为基础》,载黄舒芃主编:《宪法解释之理论与实务》(第七辑),台湾"中央研究院"法律学研究所筹备处2010年版,第202—219页。
② 参见〔日〕北野弘久:《税法学原论》(第四版),陈刚、杨建广等译,中国检察出版社2001年版,第61页。
③ 参见安晶秋:《论税收法定主义——以税收立法为分析视角》,吉林大学法学院2007年博士学位论文,第6—38页。
④ 参见周俊生:《"5·30"事件:印花税"半夜鸡叫"》,载《国际金融报》2010年12月28日,第03版。
⑤ 参见晏扬:《开征房产税莫忘"税收法定"原则》,载《人民法院报》2011年1月14日,第002版。
⑥ 物业税空转由财政部门、房产部门以及土地管理等部门共同参与,旨在统计物业数量,对其进行评估,并据以统计税收。空转虽未实际上征收物业税,但所有步骤和征管流程与真实的税收征管相同,属于典型的虚拟意义上的税款循环,可谓模拟的税收征管系统。

置于高风险状态之下,无法得到确定的保护。之所以导致此类境况的出现,根本在于法定主义在税收立法中的缺位。正面的例子如车船税立法,车船税法草案漏洞百出,诸多条款缺乏正当性和合理性,这个塞进了部门利益"私货"的草案在全国人大常委会遇阻。二审时,立法机关代表民意,降低了绝大部分车主税额,有力地保护了纳税人权利。①

股票交易印花税、燃油税、车船税立法的不同做法折射出税收法定主义对纳税人权益的影响度②,也印证了税收法定主义对税收法治的重要价值。如此重要的税法原则,界定其内涵和外延却并不容易。一般认为,税收乃国家为获得收入目的,而对于所有满足法律所定给付义务之构成要件的国民,以国家权力所课征的金钱给付,此之课征对于国民之财产权及经济生活影响巨大,因此,有关税收的课征必须有法律的根据。亦即国家非根据法律不得征税,亦不得要求国民纳税,而且仅于具体的经济生活事件及行为,可以被涵摄于法律的抽象构成要件前提之下时,国家的税收债权始可成立,即便有优惠减免时,亦应经法律明文规定时始得为之。此原则即税收法定主义。③ 为使税收法定主义实践能更为具体,于是衍生出一些内涵要求。"按传统观点,税收法定主义大致包括税收要件法定原则和税务合法性原则。前者要求有关纳税主体、课税对象、归属关系、课税标准、缴纳程序等,应尽可能在法律中作明确详细的规定。后者则要求税务机关严格依法征税,不允许随意减征、停征或免征,更不能超出税法的规定加征。"④ 也不得不承认,不同学者对税收法定主义的理解并不完全一致,对其

---

① 草案公布后,全国人大先后收到近十万条意见,有 54.62% 要求对草案进行修改、降低税负。参见刘俊、房珊珊:《越权收税十一年:收税前,听听丈母娘的声音》,载《南方周末》2011 年 9 月 8 日(第 A05 版)。

② 较为特殊的是"房屋加名税",正当最高人民法院《关于适用〈中华人民共和国婚姻法〉若干问题的解释(三)》的出台引发房屋产权证加名浪潮,武汉、南京等地方税务机关提出对产权证加名行为征收契税,舆论一片哗然,"加名税风波"骤起。在舆论声讨声中,"房产加名税"最终被叫停,舆论称其为"民意的胜利"。丈母娘们不经意间狙击了一次政府的违法行为。社会公众普遍给予积极评价,然而,《关于房屋土地权属由夫妻一方所有变更为夫妻双方共有契税政策的通知》(财税[2011]82 号)的横空出世却使得这一问题陷入了更深层次的法律迷思之中。房屋加名税以一种"非法律"的方式,使纳税人权利保护获得"偶然"的胜利,此种模式显然难以为日后立法提供足够的经验。面临着税法立法权、税法解释等亟待厘清的理论纷争。诸多理论纷争无不指向税收法定主义。参见吴杰:《"房产加名税",谁说了算》,载《南方周末》2011 年 8 月 31 日(第 007 版)。

③ 参见曾本懿撰:《论租税规避之法律效果》,高雄大学法律学系研究所 2012 年硕士学位论文,第 40—41 页。

④ 刘剑文、熊伟:《税法基础理论》,北京大学出版社 2004 年版,第 105 页。

第一章 税法走向"领域法学"的根由

内涵的界定也有所出入①,之所以出现这种"百花齐放、百家争鸣"之现象,主要在于税收法定主义不是一个僵化的、一成不变的原则,自孕育、诞生到成熟至发展,本身就是一个不断变化的过程。但不管其内容怎么流变,其精神实质即"征税必须得到被征收者的同意""以法律②对国家征税权力的限制"亘古不变。税收法定主义通过立法机关的税收立法,既限制税收立法权的擅断与滥用,又意味着对税务行政权的限制、要求征税机关严格在法律限定的权力范围内行政。③终极目的在于以法律保证纳税人财产和权利。对税收法定主义精神的遵守和信赖,由绝大多数国家宪法明确规定税收法定主义④即可看出,足见税收法定主义意义重大。

（二）法规范中的税收法定

法律应当具有统一性,统一完备的法律体系是法治国家的题中应有之义。立法必须统一,国家应当保证法律的统一性和权威性,不能法出多门,互相矛盾。法的体系内部应当具有和谐的关系。⑤税法莫不如此,统一完备的税收法律体系也为税收立法所追求。作为税法的立基原则,税收法定主义也应体系化。也即,宪法层面应概括规定税收法定主义的内涵和外延,税收基本法层面

---

① 参见但不限于下列文献：〔日〕金子宏：《日本税法》,战宪斌、郑林根等译,法律出版社2004年版,第59页；〔日〕北野弘久：《税法学原论》（第四版）,陈刚、杨建广等译,中国检察出版社2001年版,第64—65页；葛克昌：《税法基本问题（财政宪法篇）》,北京大学出版社2004年版,第80—104页；陈清秀：《税法总论》,台湾元照出版公司2014年版,第45—46页；张守文：《论税收法定主义》,载《法学研究》1996年第6期。

② 法律有广义和狭义两种用法,在我国,广义的法律指各种具有法律效力的法律规范的总称,包括宪法、法律、行政法规、部门规章、地方性法规等,狭义的法律仅指由全国人大及其常委会通过的法律和具有法律效力的决议。理解税收法定原则必须对"法"予以明确界定,如果把这里的"法"理解为广义的法律,那就无异于取消税收法定原则。税收法定原则中的"法"一般是指狭义的法律,即各国最高立法机关所通过的法律,不包括各国最高行政机关所颁布的行政法规。参见翟继光：《税收法定原则比较研究——税收立宪的角度》,载《杭州师范学院学报（社会科学版）》2005年第2期。

③ 借助税收法定主义,税权运行的边界得以明定,即一般情境下,立法机关制定税法,行政机关执行税法,司法机关保护税法运行,各司其职、各负其责,相互制约又彼此支持,任何税权主体不得随意越界行使税权。

④ 翟继光考察了当今世界上111个国家的宪法文本,发现包含有税收条款的有105个,占94.6%。在世界各国的税收宪法条款中,居第一位的是关于纳税义务的条款,几乎所有税收立宪国家均有关于公民纳税义务的规定。居第二位的是关于税收法定原则的条款,其中,包含明确的税收法定原则的有85个,占81.0%。如果再加上其他暗含这一原则的国家或实际上贯彻这一原则的国家,那么所占比例就更高了。参见翟继光：《税收法定原则比较研究——税收立宪的角度》,载《杭州师范学院学报（社会科学版）》2005年第2期。

⑤ 参见马怀德主编：《法律的实施与保障》,北京大学出版社2007年版,第114—115页。

应细化宪法上的税收法定条款。更进一步,各税收实体法和税收程序法应根据上位法确立的税收法定主义,进行体系化立法,进而建构起税法体系(如图1.1所示)。作为中国法律体系中的一个子系统,构建税收法律体系"主要是为了理顺法律各组成部分之间的关系,使其处于同一指导思想之下,消除价值判断上的矛盾。体系确立后,各种法律规范可以按照一定的原理分类排列,从外观上呈现一种透视的效果,这对于法律解释以及制定法的漏洞补充大有好处。一个完整科学的体系首先必须与上位阶的宪法价值及规范体系相符合,其次必须与其他相同位阶的规范体系相调和,最后还必须保证本身没有相互矛盾的现象。"①

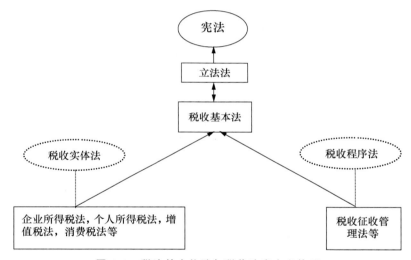

图1.1 税法效力位阶与税收法定主义体系

然而中国的现实是,《宪法》层面仅有第56条"中华人民共和国公民有依照法律纳税的义务"的规定。该条规定并没有从正面直接肯定税收法定主义,导致人们在理解上产生严重分歧。代表性的观点有两种,其一,从文义解释的角度出发,认为既然宪法明文规定公民依照"法律"纳税,排除了其他法律文件创设纳税义务的可能性,这就是典型的税收法定主义。其二,从体系解释的角度主张,《宪法》第56条只是规定公民的纳税义务,没有解决税收构成要件由谁创设的问题。因此,该条不足以成为税收法定主义的宪法依据。前者如刘剑文、熊伟认为:《宪法》第56条既是对公民纳税义务的确认,也是对国家课税权的一

---

① 刘剑文、熊伟:《财政税收法》(第五版),法律出版社2009年版,第10页。

第一章　税法走向"领域法学"的根由

种限制。此处所谓的"法律",应该仅指全国人大及其常委会制定的法律,不包括国务院的行政法规,更不包括部门行政规章和地方行政规章。这样,《宪法》第56条就可以成为税收法定主义的最高法律依据,而《立法法》和《税收征收管理法》不过是从各自不同的角度体现税收法定主义的要求。① 后者如李刚、周俊琪从法解释的角度对将《宪法》第56条确定为税收法定主义宪法渊源的观点进行了反驳,认为我国《宪法》并未规定税收法定主义。作者同时也明确指出,不管争论如何,我国《宪法》应对税收法定主义予以明文准确规定,这一点当无疑义。目前需考虑:(1)从立法技术的角度,应用怎样的立法语言在《宪法》条文中将税收法定主义明白无误地准确表述;(2)如何选择适当时机,以宪法修正案的形式将规定税收法定主义的条文补进现行《宪法》中;(3)在目前一时难以对《宪法》加以修正的情况下,可以采取由全国人大对《宪法》第56条进行立法解释,或在将来制定《税收基本法》时加以规定等方式来确定税收法定主义。②

不难看出,我国宪法上是否存在税收法定主义条款,学界并未形成共识。即便持肯定说的学者,也不见得完全是根据税法原理而得出结论。典型如,熊伟教授在《重申税收法定主义》一文中,一方面一如既往地肯定"《宪法》第56条既是对公民纳税义务的确认,也是对国家课税权的一种限制……说明税收法定在中国有现实的法律依据。"另一方面引用李刚、周俊琪前文,认为:"从我国《宪法》的立法、实施及数次修订的历史及将来相当一段时间的发展趋势来看,通过修订将有关明确表述税收法定主义的条文增补进《宪法》当中,其难度非常大。所以,在立法上暂时的不可能和实践的迫切需要以及研究的渐趋成熟等情形并存的条件下,选择一条中间路线、从法解释学的角度为税收法定主义寻求到一个间接的宪法条文依据,或许是迫不得已的折中方案。"且进一步指出:"从尽善尽美、消除分歧的角度看,如果有机会修改宪法和法律,尤其是对《宪法》的修改,当然更好。若然如此,应特别注意税收法定主义的确认立场和角度③,从设

---

① 参见刘剑文、熊伟:《税法基础理论》,北京大学出版社2004年版,第108—109页。
② 参见李刚、周俊琪:《从法解释的角度看我国〈宪法〉第五十六条与税收法定主义——与刘剑文、熊伟二学者商榷》,载《税务研究》2006年第9期。
③ 作为税法领域的最高理念,税收法定主义是民主原则和法治原则等宪法原则在税法中的具体化,对征税机关和纳税人的权利保障和义务约束至关重要。尽管各国在宪法层面均明确税收法定主义。对税收法定主义的内涵和外延virtual不尽一致,但核心围绕征税机关和纳税人的权利、义务而展开,分别从征税机关的征税权和纳税人的纳税义务这两方面予以规范,特别将征税权的行使限定在法律规定的范围内,确定征纳双方的权利、义务必须以法律规定为依据,不管是税务机关,还是纳税人,行使权利和履行义务均不得超越法律的规定。由此观之,在税法领域中贯彻法定主义,必须将权利、义务作为思考的向度,将权利、义务的法理落实到税法上,不可偏袒征税机关和纳税人任一方,尤其需要纠正税收立法长期以来对征税机关的优厚和对纳税人权利的漠视。

定政府义务的角度考虑税收法定主义，而不是从公民义务的角度出发。"[1]学界之所以如此纠结，根本原因还在于税收法定主义在中国的实施情况并不尽如人意。令人欣慰的是，2015 年修订的《立法法》明确写进了税收法定主义，弥补了税收法定主义在高位阶法律层面的缺位。至此，《立法法》第 8 条第 6 项与《税收征收管理法》第 3 条及其《实施细则》第 3 条一起，绘就了税收法定主义的具体适用图像，只求税收法定主义在宪法位阶上的明确书立。

（三）法定主义的实质转向

在传统法域中，罪刑法定主义堪称法定性之鼻祖。此乃由于刑法系籍国家刑罚权之发动，侵害人民之人格权及自由权，是罪刑法定主义成为近代法治国家保障人民基本权利的最主要原则，其明白将法的安定性置于法的和目的性及具体妥当性之前，最大理念在于人民对法律的信赖及基本权的严密保障。[2] 受此理念影响，立法者和研究者多将税法与刑法相提并论，认为税法与刑法一样，都是对人民自由（生命自由与财产自由）进行限制的权力法，一旦任由国家行使，必将导致人民自由受到侵害。而保护人民自由最好的办法莫过于将权力关进制度的笼子，为此，多数观点认为税法应与刑法一样，奉行严格法定主义。当然，秉持此种观点，绝不意味着政府从此成为囚徒，只能机械僵硬地履行职责。事实上，在法治所设定的框架内，人民、议会与政府之间存在合作关系，政府有宽阔的施政空间。政府权力虽然存在被滥用的可能，但不可否认，它也存在积极作为、造福乡民的一面。法治所要做的，就是要限制其滥权为恶的可能性，促使其在遵纪守法的同时锐意进取。[3] 由此可见，税收法定主义的核心在于控制和规范税权，进而保护纳税人权利。其实，从英国税收法定主义发展史也可以发觉，税收法定主义起初的确是各方利益相互争斗、彼此妥协的产物，但最终却根本上促进了纳税人权利的保护。

为了保护纳税人权利，税收法定主义被提至宪法基本原则[4]高度，与"罪刑法定原则"一起，汇成公民人身权和财产权保护的两大基石。[5] 尽管如此，仍应看到两大法定主义之间的内在不同。虽然税法和刑法均出自国家对人民自由

---

[1] 熊伟：《重申税收法定主义》，载《法学杂志》2014 年第 2 期。
[2] 参见朱汉宝：《法定主义中类推禁止与习惯法禁止适用之研究》，台湾大学法律研究所 1994 年硕士学位论文，第 23 页。
[3] 参见熊伟：《预算管理制度改革的法治之轨》，载《法商研究》2015 年第 1 期。
[4] 参见高军：《纳税人基本权研究》，中国社会科学出版社 2011 年版，第 59 页。
[5] 参见刘剑文：《落实税收法定原则是对深化改革的历史担当》，载《社会科学辑刊》2015 年第 4 期。

第一章　税法走向"领域法学"的根由

权利的保护,在这一点上,两者看似并无实质性差异。然而,法定主义之下,刑法重在对人民生命自由权即人身权的保障,而税法主要捍卫的是人民的财产权。在人身自由和财产自由的法律选择中,立法往往首先确保的是人民的生命安全,而后才是财产的不受侵犯,在中国尤是如此。换言之,财产权较之人身权并非同质性权利。俗语所言:"留得青山在,不怕没柴烧",已透露出人身权高于财产权的权利哲学。据此理念,税法和刑法领域中法定主义的法定性程度和内涵自不可等量齐观。只是长期以来,立法者,尤其是研究者多从刑法中寻求说理,有意无意间加深和夸大了税法和刑法本不如此的紧密联系。如此理解,并非意旨税法不能在刑法中寻求理论支撑,而是强调在吸取理论素养之前,应该经过同质标准①过滤,方可进行引证、移植。因为刑法以惩罚犯罪、保护人民,维护社会、经济秩序为立法目的②,而税法重在保障国家税收收入,保护纳税人的合法权益,促进经济和社会发展③。两者立法目的和肩负使命之内涵和外延难以有效兼容,故一概在刑法中寻求理论滋补,以刑法学说、理论建构税法理论体系,逻辑难以自洽,结论自有出入。在继受刑法理论的同时,税法也大量借用了行政法、民商法的语词和理论。刑法、行政法、民商法等部门法的理论驰援,很大程度上奠定了今日税法的性格和人民的税法意识。尤其是随着民商法理论在税法上的大量运用,税法的刚性在悄无声息中得以改变。这种改变使得税法不再依附于任何一个部门法,而进化为一门综合性的、新兴法律学科。在这一综合性学科领域,税收法定主义固然重要,但远不如罪刑法定之于刑事法意义那般深远。

随着实践的进展和思考的深入,不得不反向思考的是:将税收法定主义推向"帝王原则"的位置,过分突出税收法定主义的地位,是不是某种时下流行的形式主义法治观的翻版? 严格的税收法定主义,排斥行政机关对税收立法权的分享,呼吁加强税收立法的层级,以减少行政恣意和排斥行政机关在税法实务上的立法权和解释权,作为一种法治观念和法治理想十分可贵,但是,在现实中是否能够行得通? 以西方特别是英美法税收法定主义的历史演变为标本,能否为建构中国的税收法治提供借鉴? 换言之,一种法治的理想图景,除了严格形式主义和规则主义的论证外,是否可以是一种实质主义和协调主义的论证模

---

① 此处言及的"同质"主要是指,引证、移植的两者必须有共同的背景,制度产生和制度演进不应有互相排斥之可能,两者的立法使命应具有兼容性等等。
② 参见《中华人民共和国刑法》第1条。
③ 参见《中华人民共和国宪法》第56条、《中华人民共和国税收征收管理法》第1条。

式?① 诸如此类的问题,值得深思。因为"税法直面经济实践,每一种交易形式都必须有相应的课税规则。由于市场经济尊重交易自由,当事人创造出的交易形式层出不穷,税法不得不频繁变动以为因应。出于便利方面的考虑,税法中常常引入相对统一的标准,牺牲对具体细节的真实性追求,也会让税法变得技术性和程式化。另外,税法中还融入了经济、文化、社会政策因素,不论是课税范围还是税率、税目,需要将税法之外的因素考虑在内,这更会增加税法的复杂性。特别值得注意的是,为了应对纳税人避税,税法不得不增加很多反避税措施,一般性规则也有可能嵌入反避税视角,赋予税务机关相对灵活的权限。上述因素的存在,让税法成为一个非常专业的领域"。②

面对这一高度专业领域,指望所有经济实践都能在税收法定主义框架内得以解决,且得到所有涉税主体的肯认,显然不现实。税收法定主义虽然对于保护税法的安定性、纳税人的财产权和信赖利益具有重要作用,但是从社会发展看,随着国家功能的扩张,税收目的的单一化被打破,税目早已多样化,由于税法轮廓的模糊化、税收立法者的支出意愿和议会外税收立法的产生,传统的以法律保留和法律优位为核心的税收法定主义,并不能保障纳税人的基本权,而必须另加以实质性限制。③ 追根溯源,税收法定主义只不过是一种侧重形式正义的法原则,旨在解决征税权的来源与合法性问题,并没有涉及税的正当性、公平性、合理性以及其他税法的内在精神、价值追求。这些税收法定主义自身无法克服的致命缺陷,必须辅以其他税法原则和法治理念加以补足。④ 从实质正义的角度出发,在税收法治领域以实质课税原则作为税收法定主义的补充,是通常的做法。"实质课税原则的出现,一方面对税收法定原则的刚性产生了冲击,赋予税法一定的弹性,强调税法的灵活性;另一方面对成文法的一些缺陷给予弥补,例如法律漏洞无法避免、条文表达晦涩不清等。由此看来,实质课税原则并没有违反税收法定原则的价值取向,而是在遵循税收法定原则的前提下,在税法解释和适用领域内,给予其有益补充,更好地防止纳税人对权利的滥用,最终的目的都是为了保障所有纳税人的合法权益。"⑤

总之,实质课税原则在税法上的确立,并不意味着税收法定主义的一无是

---

① 参见滕祥志:《部颁税法规则正义:从形式到实质》,载胡建淼主编:《公法研究》第十辑,浙江大学出版社 2011 年版,第 185—199 页。
② 熊伟:《论我国的税收授权立法制度》,载《税务研究》2013 年第 6 期。
③ 参见侯作前:《从税收法定到税收公平:税法原则的演变》,载《社会科学》2008 年第 9 期。
④ 参见贺燕:《实质课税原则的法理分析与立法研究——实质正义与税权横向配置》,中国政法大学出版社 2015 年版,第 50 页。
⑤ 刘尚华:《浅议税收规避和实质课税原则》,载《知识经济》2012 年第 1 期。

处,而意在表明:在实质正义日渐受到重视的现代税法中,任何"形式与实质脱节"和"形式高于实质"的税法理念无异于螳臂挡车,唯有正视和迎合税法的实质公平追求,树立"实质与形式并重"的税法理念,才有可能接近税之正义彼岸。事实上,在税法实践中,税收法定主义逐渐从严格的类似"罪刑法定主义"的形式正义立场退却,摒弃形式正义而转向追求实质正义。与之相应,实质课税原则以税收实质正义和公平价值的面目登场,两者之间的矛盾并不如想象中的水火不容。① 从税收正义维度上看,要实现税收的公平正义就必须从税收法定主义再往前前进一步,进入税收公平特别是税收的实质公平和实质正义。从税收法定主义到税收公平主义,从依法治税到以宪治税,从形式正义到实质正义,这是国外和我国台湾地区税法建构原则的演变轨迹。穿透税收法定主义的进阶过程,便可发现税收法定主义的完整展开就是从形式正义到实质正义再到全面维护纳税人基本权的过程,而这正是以量能课税为核心的税收实质公平原则所捍卫和追求的。②

二、量能课税:税收正义的实质维度

肩负实质正义追求的量能课税,不仅仅是宪法平等原则的体现,也是税收公平理念的要求。从市场竞争的角度看,如果不同税收负担能力的企业最后缴纳的税款毫无差别,或者相同税收负担能力的人,其中一部分却可以得到豁免,这无疑是对公平的破坏。比如,税收优惠对享受税收优惠的人而言,其竞争力的提升会更快,而其他人则会处于不利的竞争地位。③ 因为税收优惠是不征收有税负能力的人应交纳的税收④,或以减少国家财政收入的方法,增加一部分人的利益,因此具有隐藏的或间接的"补贴"意义。对于此种补贴,不但没有适当的预算上的监督,而且政府、议会与民间皆不易明察其资金或效力的流向。⑤ 从税负的承担力这一点来看,尽管是纳税人都处在同一状况下,但税收优惠在税负的承担力上是给予特定者以特别利益的。故,税收优惠是同税之公平主义相

---

① 参见滕祥志:《部颁税法规则正义:从形式到实质》,载胡建淼主编:《公法研究》第十辑,浙江大学出版社2011年版,第185—199页。
② 参见侯作前:《从税收法定到税收公平:税法原则的演变》,载《社会科学》2008年第9期。
③ 参见熊伟:《法治视野下清理规范税收优惠政策研究》,载《中国法学》2014年第6期。
④ 参见〔日〕北野弘久:《税法学原论》,陈刚、杨建广译,中国检察出版社2001年版,第109页。
⑤ 参见黄茂荣:《税法总论》(第一册),台湾植根法学丛书编辑室编辑2002年版,第287—288页。

抵触的。① 因而,从实质正义的角度观测,税法应该统一适用,没有充分的正当性理由,就不应该赋予特定纳税人以税收优惠待遇。如果说税收法定主义奠定了税之形式正义基石的话,则量能课税原则造就了税之实质正义根基。

(一) 承接正义的量能课税

作为税收正义的形式原理,税收法定主义伴随着近代法治主义的发展而发展,深度体现了浓郁的形式法治主义思想。然而,现代法治日渐从形式迈向实质,法律的实质化现象不再是个案。严格意义上的税收法定主义,要求形式规则至上。但问题是,税法从一开始就是实质法,全部税法规则和制度都有其实质目标。严格法定主义制造出来的税法并非必然是"良法",其仍要接受实质税收法治的检验,税法解释中的实质课税原则便很好地诠释了这一点。为此,对税收法定主义的理解,也要与时俱进,不应固守教条主义,既要关注形式层面的法定主义,更要关注实质意义上的法定主义。② 从某种程度上说,税收法定主义是一种实践和制度,也是一种观念。③ 如此理解十分重要,特别是中国法治发展仍处在形成过程中,而传统文化的衰败与民主政治的前景,使得法治建设中的道德维度和政治维度尤其需要补足。④ 也决定了税收法治不能只是简单涵涉税收法定主义所展现的形式价值,还应涵括独立于税法体系之外的实质价值,即对"良好税法"的评价,此种价值取向非形式法定主义所具备。只有这样,税法才能够追随现代法治观念,从形式走向实质、并朝着形式与实质融合的方向努力。⑤

理论上说,只要纳税人的同意权真正得到落实,由代表民意的立法机关制定税法,则不易偏离良法。但就中国现实而言,如果不夯实立法机关的民众基础,不加强立法机关的立法能力,最有可能的结果就是,形式上实现了税收法定

---

① 参见〔日〕金子宏:《日本税法》,占宪斌、郑林根译,法律出版社2004年版,第68—69页。
② 税收法定主义可以从形式与实质两方面解读,从形式角度看,税收法定原则表现为"法律规定"。从实质含义观察,税收法定原则要求征税获得民意机关的同意,因为无论是按照社会契约论还是其他国家理论,人民且仅有人民自己有权决定对财产权利的让渡。税收法定原则应当是形式与实质内容的统一,而实在该原则中应当占据主导地位。参见姚海放:《宏观调控抑或税收法治:论房产税改革的目标》,载《法学家》2011年第3期。
③ 参见李建人:《英国税收法律主义的历史源流》,法律出版社2012年版,第283页。
④ 参见胡水君:《中国法治的人文道路》,载《法学研究》2012年第3期。
⑤ 参见但不限于下列文献:王鸿貌:《税收法定原则之再研究》,载《法学评论》2004年第3期;邢会强:《论税收动态法定原则》,载《税务研究》2008年第8期;熊伟:《重申税收法定主义》,载《法学杂志》2014年第2期;许安平:《现代税法的构造论》,西南政法大学2010年博士学位论文,第106—109页;樊丽明、张斌等:《税收法治研究》,经济科学出版社2004年版,第22—32页。

第一章 税法走向"领域法学"的根由

主义,实质情况仍未改观,甚或更坏。税收法定主义未落实时,至少人们期盼着它能解决混乱不堪的税收立法现实。一旦税收法定主义得到落实,混乱却一如往常,人民对税收法定主义的信任将有可能失去,本就脆弱的法治意识将会进一步恶化。因此,我们既要呼吁落实税收法定主义,也要推进立法机关的立法能力建设,从形式上保证法定主义在中国的落实。① 但更为重要的是,要正视税收立法现实,在形式法定主义框架下规范和提高税法解释的质量,实现实质上意义上的法定主义。因而,在解释适用税法时,不仅要根据形式上的法律制度,更要考虑法律制度之外隐含的价值判断和理念。不能仅止于形式上之公平,应就实质上经济利益之享受者予以课税。② 如何度量和判断实体价值,成为关键。内置实质正义追求的量能课税,集宪法平等理念和税收公平理念于一身,成为理想选择。量能课税既是一种重要的财税思想,也是税法一项结构性原则,对税收立法、执法和司法,以及贯穿其中的税法解释都具有重要的指导作用。③ 在大多数国家,量能课税被视为一个社会税收体系公正的基础之一④,其立基于"课税必须遵循最小牺牲原则的同时,按照纳税人的负担能力平等征收"⑤思想。这一思想被税法学界和税收立法者们引进税法的观念中,并发展成税法上体现税收公平原则的量能课税原则。⑥

所谓量能课税原则,系在个人的税收负担评价中,应按照纳税人给付(负担)税收的能力加以衡量,亦即依据纳税人经济上实质税负能力加以衡量。再者,若是基于"经济上实质税负能力"予以衡量,仍然必须受到人性尊严的限制,亦即"最低生存所必要之费用"自应予以扣除。⑦ 简而言之,作为实质正义的体现,量能课税要求在税法上平等对待,即"相同事务作相同处理,不同事务作不同处理"。⑧ 据此,立法者须在不同纳税人间,加以比较衡量其税收负担能力有

---

① 参见熊伟:《论我国的税收授权立法制度》,载《税务研究》2013年第6期。
② 参见罗瑞玉:《租税法律主义与实质课税原则之个案研究》,私立中原大学会计学系2005年硕士学位论文,第29页。
③ 参见葛克昌:《量能原则为税法结构性原则》,载台湾《月旦财经法杂志》第1期。
④ Victor Thuronyi(ed.), *Tax Law Design and Drafting* (volume 1), International Monetary Fund, 1996, chapter 2.
⑤ David N. Hyman, *Public Finance: A Contemporary Application of Theory of Policy*, 6th. Ed., South-Western College Publishing, 1999, pp. 662—663.
⑥ 参见刘剑文主编:《财税法学》,高等教育出版社2004年版,第334页。
⑦ 参见许凯杰:《量能课税原则之研究》,台湾中正大学法律学研究所2008年硕士学位论文,第324页。
⑧ 参见钟典晏:《扣缴义务问题研析》,北京大学出版社2005年版,第31页。

无异同,也就是立法者在选择税收客体时,需以纳税人的支付能力作为指标。①税收负担能力相同之人,应纳同额之税;税收负担能力不相同之人,则必须负担不同的税额。②简言之,"能力强者多负担,能力弱者少负担,无能力者不负担。"③其实,属于国民共同的费用负担的税负,必须让国民公平地承担。这一观点,已被近代国家广泛、共同接受。问题是,"税收的公平"中包含向处于同等状况者课以同等税负,处于不同状况者则课以设定合适差异的税负的含义。何为"同等状况"、何为"设定合适差异的税负",含义无法从"公平"原则自身中引导得出④,演进至今,公认的能够充当"税收的公平"这一评判工具的是税负能力。

(二)量能课税的度衡基准

在立法实践中,"衡量税收负担能力的标准虽然具有多样性⑤,但是,结合现代税制的内容,收入、所得、财产往往是最直接的指标,其分别对应流转税、所得税和财产税。虽然每项指标在衡量税收负担能力方面的精确度不一样,例如,所得和财产指标较为准确,收入指标相对要弱得多。但总体来说,税收负担能力借此相区别还是可以成立。税负指标确定之后,经过比例税率的适用,最后的结果自然是,收入、所得、财产越多的人,需要缴纳的税款越多。收入、所得、财产较少的人,在社会上往往处于相对弱势,其需要缴纳的税款相对则少。"⑥以之为基础,可将各种税目归类为:所得型税收、财产型税收或消费型税收。⑦量能课税超越税法形式,意在关注形式背后的实质正义,实属不易。在公民财产权日益受到重视的今天,如何将分配正义的价值追求注入财税法内在结构,从而使其发挥出"制约差距过大、保障平等与公平分配"的功能,始终是个悬而未决的难题。⑧"量能课税原则以纳税人的负担能力分配税收,旨在创设纳税人

---

① 参见葛克昌:《税法基本问题——财政宪法篇》(2005 年增订版),台湾元照出版公司 2005 年版,第 164 页。
② 参见王建煊:《租税法》,台湾神州图书出版有限公司 2001 年版,第 7 页。
③ 许多奇:《论税法量能平等负担原则》,载《中国法学》2013 年第 5 期。
④ 参见〔日〕中里实等编:《日本税法概论》,张翠萍等译,法律出版社 2014 年版,第 19 页。
⑤ 总体来说,能够表彰特定个人或组织之负税能力的指标主要为:所得、财产及消费。具体衡量指标在两个世纪以前是财产和财富,随后代之以所得,所得被认为是最好的指示物。晚近,越来越多的支持者认为消费是最好的考量基础。参见杨小强:《中国税法:原理、实务与整体化》,山东人民出版社 2008 年版,第 16 页。
⑥ 熊伟:《法治视野下清理规范税收优惠政策研究》,载《中国法学》2014 年第 6 期。
⑦ 参见黄茂荣、葛克昌、陈清秀主编:《税法各论》,台湾新学林出版股份有限公司 2015 年版,第 19 页。
⑧ 参见刘剑文:《强国之道——财税法治的破与立》,社会科学文献出版社 2013 年版,第 62—63 页。

第一章　税法走向"领域法学"的根由

与国家之间的距离,以确保国家对每一国民的给付无偏无私,不受其所纳税额的影响"①,维持课税的中立性要求。"从效率性的观点看,即使征税也不宜因此歪曲人们的选择,这样才能有利于社会福祉(社会整体的满足度)的最大化。"②是以,量能课税原则又进一步要求在税收负担上应保持中立性原则,亦即不应变更营业的公平竞争关系。如果对于竞争同业课以不公平的税负,而违背平等原则时,则亦违反竞争的中立性。税收中性原则则要求课税不应影响私经济部门(消费者及生产者)从事经济活动的经营决策,避免影响私经济部门的资源配置。③简言之,"国家征税应避免对市场经济正常运行机制的干扰,特别是不能使税收超越市场机制而成为资源配置的决定因素。"④

综上所述,如果不同税负能力的私经济部门最后承担的税负毫无差别,或者相同处境的私经济部门被选择性纳入课税范畴,或者虽都被吸纳至课税范围,但其中一部分却可以享受税收优惠待遇,这些情形的发生,都会不同程度地破坏"税收的公平"。是以,在观察税收负担能力⑤时,不应仅着眼于形式层面的数量多少,更要从实质合理性的角度进行衡量。⑥正是在此意义上,税收法定主义与量能课税构成税收正义的形式与实质两种极为重要的维度,只有突破单纯税收法定主义的形式正义追求,才有可能走向融形式正义与实质正义为一体的税收法治。以此检测税法,大体可以区分为以下几种类型:第一种,既符合形式正义,也符合实质正义;第二种,符合形式正义,但不符实质正义;第三种,不符合形式正义,但符合实质正义;第四种,既不符合形式正义,也不符合实质正义。⑦第一种情形堪称良好的税法,为税收法治所追求,将成为中流砥柱式样的标杆范本。如企业所得税法整体来看,可以认为初步满足形式正义和实质正

---

① 刘剑文、熊伟:《财政税收法》(第六版),法律出版社2014年版,第191页。
② 〔日〕中里实等编:《日本税法概论》,张翠萍等译,法律出版社2014年版,第94页。
③ 参见陈清秀:《税法各论》(上),台湾元照出版公司2014年版,第3页。
④ 张怡:《税收法定化:从税收衡平到税收实质公平的演进》,载《现代法学》2015年第3期。
⑤ 衡量税收负担能力的标准虽具有多样性,但结合现代税制的内容,收入、所得、财产往往是最直接的指标,其分别对应流转税、所得税和财产税。虽然每项指标在衡量税收负担能力方面的精确度不一样,例如,所得和财产指标较为准确,收入指标相对要弱得多,但总体来说,税收负担能力借此相区别还是可以成立。税负指标确定之后,经过比例税率的适用,最后的结果自然是,收入、所得、财产越多的人,需要缴纳的税款越多。收入、所得、财产较少的人,在社会上往往处于相对弱势,其需要缴纳的税款相对则少。
⑥ 参见〔日〕北野弘久:《税法学原论》(第四版),陈刚、杨建广等译,中国检察出版社2001年版,第105—109页。
⑦ 正义是相对的,以其检测现行税法也只能是相对的分类。不可能存在没有一点正义空间和税法,某一税法也许整体来看,距离正义还很遥远,但或许其中某一个或某几个微小的制度已经蕴含了正义的色彩和成分。同理,也不可能存在完全符合正义的税法,再怎么蕴含正义的税法,总会存在某一个或某几个背离正义的制度。个人所得税法和企业所得税法可以作为例证。

义。第四种情形则与之相反,却广为存在,应尽力避免。如前所述的上海重庆两地对部分个人住房征收房产税试点的暂行办法。第二种满足形式上的税收法定主义,但仍不能称之为良好的税法。如个人所得税法,立法已届三十余年,形式上早已具备法定主义,但至今仍难掩实质上的非正义。第三种虽不满足形式上的税收法定主义,但最终与纳税人的同意权追求日渐接近。目前大多数税种的立法现实大体属于这一种。从与税收法治的距离来看,第一种已然满足税收法治的第一层含义,即良好的税法。第三种实质上接近税收法治的第一层含义,但形式上有待规范、整合和位阶提升。第二种徒具良好税法的外表,离良好税法的实质尚有不小的距离。第四种离税收法治遥遥无期。

时下中国,部门税法一片混沌,称得上良好税法的凤毛麟角。其实,良好税法的产出可以有两种思路,其一,通过严格的"自上而下"的立法主导,全部或绝大部分交由立法机关完成。行政机关和司法机关以此为依据展开工作即可。此种思路之于当前中国,更适宜作为一种理想去追求,作为一种信念去坚守。其二,以相对宽松的法定主义要求,要么由立法机关制定粗线条的原则性条款,要么授权国务院制定相对细化的规定,不管哪一种都不可能脱离税法解释,尤其是财税主管部门的税法解释。问题的重点不在于立法机关亲自制定,还是授权国务院制定,而在于如何规范并提高税法解释的质量,在此基础上,为法定主义之"法"提供充足的、高质量的立法资源,并伺机将其转化为法定主义之"法"。此种思路外部需要立法机关与行政机关、司法机关的真心配合,内部需要国务院相关部门与财政部、国家税务总局,尤其是财政部和国家税务总局的精致互动,无缝对接。尤其需要一套严格而又规范的规范性文件制定、审查、整理与纠错等机制的构建与高效运转。鉴于税收法治的历史与现实,两条路径同步推进、相互驰援、双管齐下才是税收法治建设的中国之道。在中国税收立法与实施的整体大环境下,税法解释犹如一座灯塔,指引着征纳行为的方向,虽这种模式不应成为主流,为税收法定主义所不齿,但这一现实短期难以改变。或许存在就是合理的,与其抱怨不如想办法改良。如此看来,在迈向税收法治的征途中,税法解释的价值不可估量。其不仅要守护和践行实质正义,还要为形式正义输送素材和资源,肩负实质正义和形式正义之追求的双重使命。

(三) 实质正义之根基:超越量能课税

追溯实质正义的来源,不能不谈及税收的市场与经济因由。"从霍布斯的利益赋税说到林达尔的税收价格论,一直都产生和形成于市场经济的背景下,因而,很自然地具有市场经济的本性,是一种服务于市场经济的理论,也是公共财政论不可或缺的组成部分。"[1]依据市场经济与公共产品理论,政府不仅要为市场经济运行提供必要的外部条件、矫正经济运行过程,而且还要集中提供市场发展不可或缺的公共产品和公共服务。然政府生产公共产品、提供公共服务同样需要成本费用,这一点与普通市场主体并无二致。政府成本主要来源于公共财政,而税收是最为重要的财政收入形式。揭开税收面纱,可以发现政府从纳税人手中攫取的税收,通过公共产品和服务的提供,最终又用到了纳税人身上,可谓"税收取之于民,用之于民"。从这个意义上说,市场经济条件下,纳税人是在为自身利益而赋税。纳税人"将自己的部分收入以税收形式让渡给政府,使之能够提供公共产品而服务于自身利益,就如同支付个人产品价格一样,也具有了货币支付与利益获得之间的交换关系。正是从这个意义上看,税收也具有了'价格'这一根本性质,是人们为了'购买'产品所支付的'价格',也是人们为了满足自己的切身需要所承担的费用。"[2]可见,税法参与财产分配后,纳税人的税前收入最终会一分为二,其中一部分用于购买私人产品,另一部分则通过税收间接承担公共产品和服务的价格(如图 1.2 所示)。从某种宽泛而有用的概念意义上讲,捐税也是一种由个人或个人团体为以集体方式提供的公共劳务所支付的"价格"。[3] 透析纳税人税前财产分配结构,税收法律关系主体镜像逐渐清晰。具体而言,借助税法,纳税人与国家之间发生税收征纳关系,这种关系又进一步与纳税人之间在先业已存在的市场关系联动。

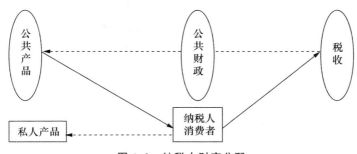

图 1.2 纳税人财产分配

在国家与纳税人层面,课税正义植根于市场关联性和商品等价交换。以个人所得税为例,"所得不仅是由个人之劳心劳力,同时也是市场交易之结果,故

---

[1] 张美中:《税收契约理论研究》,中国财政经济出版社 2007 年版,第 15 页。
[2] 同上书,第 16 页。
[3] 参见〔美〕詹姆斯·M. 布坎南:《民主财政论》,穆怀明译,商务印书馆 2002 年版,第 16 页。

所得由个人给付与市场交易组成,二者缺一不可。"①个人所得的前提在于市场的存在,虽然市场不是国家形成的,但是国家组织结合并促进市场,同时提供法律秩序等制度以保障市场得以有效运行。个人所得之获取,背后有赖于国家对生产、职业法律制度之存在,利用国家之货币政策、商业政策、景气政策等经济政策,在需求与供给之间取得经济利益。诚如学者所言:个人所得,乃以国家所确立之商业法律制度为基础,此包括社会大众所创造之市场条件、生产规格、技术与商业关系。②的确,国家为了组织并维持市场的运转,不得不制定一些政策、创造一些条件,由此而生的支出自然由财政列支。这些支出最终都会通过市场转嫁给获取所得的社会主体,相当于"私人财产为了社会公共福祉所应承受的正常负担"。③从这个意义上说,税是一种收益的对价,不无道理。根据对价理论可知,所得税之课征要件,主要有二:一为个人参入市场交易过程之状态;二为利用营业基础,以取得个人收入之行为。④尽管税法确立了纳税义务,但奠定课税正义根基的显然不只是税法规定,还包括"所得"的市场关联性。只有通过市场所获取的所得才得以课税,否则,税收正义必遭质疑。进一步而言,任何一个市场主体要想从市场经济中获益,就必须参与市场运行。从市场的出现来看,政府架构出一个市场,不仅需要倾力做好各项配套设施,而且还要确保各项设施能够有效运作。而市场的架构和维系都是需要成本的,所以市场主体在取得收入的同时,已经蕴含政府建构和维系市场运行的成本。在国家和纳税人之间,市场这一特殊商品,承担着十分重要的角色。国家提供、出卖市场,类似商品交换之卖方;市场主体负税参与市场交易,类似商品交易之买房。双方之间进行着迎合价值规律的商品买卖,遵循等价交换的一般规律。借助税法规定,当市场主体的"买价"以"税"的形式出现时,市场主体也演化为税之纳税人。不难理解,市场主体之所以成为纳税人,固然与纳税人的交易行为及其结果符合税收构成要件有关,但更为重要的还在于市场主体接受、参与了非免费品的市场这一商品。所纳之税不过是购买市场这一特殊商品的对价而已。⑤

观测纳税人之间的正义诉求,税之正当性尚需上升至税法正当性,否则,纳税人之间难言实体公平。基于上文论述,课税对象的市场关联性以及商品对价

---

① 葛克昌:《所得税与宪法》,北京大学出版社 2004 年版,第 12 页。
② 参见同上书,第 12—13 页。
③ 参见张翔:《财产权的社会义务》,载《中国社会科学》2012 年第 9 期。
④ 参见葛克昌:《所得税与宪法》,北京大学出版社 2004 年版,第 13 页。
⑤ 诚然,也有不纳税的市场主体,但那并不意味着是对"税之对价"的批驳,部分市场主体不纳税更多的是国家政策使然,其只不过是政府对没有充分利用市场,或者利用市场尚未达到既定收益的市场主体所作出的政策安排而已。

第一章 税法走向"领域法学"的根由

性奠定了税之正义根源。但具体到课税实践中,每个纳税人之间能否真正实现课税正义,必须依托公平标尺设计科学税制。充当这一标尺标准有很多①,其中尤以量能课税最为典型。量能课税的最大贡献在于为纷繁复杂的税法提供一个相对公平的标准,即能力标准——经济给付能力。量能课税之所以能够成为税法正当性的理论基础在于:它使纳税人有理由相信与其有负担能力相同的人也负相同比例的税收,从而在同一市场上与竞争对手的课税成本是相同的,最终使竞争双方处于纳税之前的相同状态,而不至于因为纳税使双方处于人为的不对等的境况。罗尔斯在其不朽的名著《正义论》中提出对后世影响深远的两个正义原则。第一个原则:每个人对与其他人所拥有的最广泛的基本自由体系相容的类似自由体系都应有一种平等的权利。第二个原则:社会的和经济的不平等应这样安排,使它们被合理地期望适合于每一个人的利益;并且依系于地位和职务向所有人开放。② 量能课税本质上是合符罗尔斯正义原则的,它在相同纳税人之间给予一种相同的平等对待,从而使纳税人在纳税后依旧处于纳税前的市场地位。换句话说,按照按照量能课税设计税法,便大体既可实现课税,又可不过度干预市场自由竞争,即可实现税收中性。这一点多是市场主体最为看重和最为忧心的。必须警惕的是,"量能课税只是在维持财产现状的情况下,对财产的增量做相对公平的处理。如果财产分布的现状本身就不公平,指望量能课税又能达到多大程度的公平呢?另外,即便是相对的公平,量能课税所能考虑的也只是一些容易计量的因素,还有许多涉及个人主观努力的因素同样被忽略不计。如,同样是投资所得,有的因为搭便车而不费吹灰之力,有的则属于百倍努力的汗水结晶,但这在所得税法上无法做到区别对待。因此,税收负担能力并不是一个既定的事实,而是一个地地道道的法律判断,同样带有主观性成分。"③为此,现代给付国家无不以量能课税作为租税合理正当性之标准,而以对偿理论为例外情形予以辅助。④

与量能课税区分,对偿理论是指每个人按从国家及地方自治团体所取得利益,所相当之所得一部分负纳税义务。对偿理论打破了量能课税所确立的基本

---

① 如不考虑其所得的高低按统一的数目课征,典型就是历史上的人头税,此种标准现代国家很少采用;按每个人从市场中所取得的利益的一部分课征,即一般所说的"利益对价说";还有一种即是按每个人所得的高低课征,也就是通常所说的"量能课征",这一标准为大多国家理论和实务界所接受,中国虽然没有明确规定该标准,但实际上中国还是采纳了这种标准。
② 参见〔美〕约翰·罗尔斯:《正义论》,何怀宏、何包钢、廖申白译,中国社会科学出版社 2003 年版,第 60—61 页。
③ 刘剑文、熊伟:《税法基础理论》,北京大学出版社 2004 年版,第 138 页。
④ 参见葛克昌:《所得税与宪法》,北京大学出版社 2004 年版,第 88 页。

标准,即经济给付能力。主要适用于无法界定,或者没有必要界定经济给付能力的场景。对偿理论之所以能够成为税法正当性的辅助标准,在于市场的复杂性使原本清晰的量能标准无法处处适用,某些既定情况下一味强调适用量能标准,无异于在纳税人之间制造实质不公。此种境况中,使用相对灵活的对偿标准便可以缓解涉税冲突、节省不必要的征纳成本。所以,税法之实质正义追求仅仅依赖于量能课税原则照样是有欠缺的,量能课税原则必须辅之以对偿理论,作为例外规则予以衡平。否则,即便有税收法定主义之形式正义福佑,量能课税主导的税法也不见得能通向最终的正义之路。只有量能课税原则和对偿理论相互协商、共同配合,才能铺筑税之实质正义的理论基石。如果说量能课税原则是罗尔斯的平等正义、公正正义的反应,体现了罗尔斯正义论的第一个原则的话,那么,对偿理论则更好地展现了罗尔斯正义论的第二个原则,即差别原则。

三、二维正义下的税法定性:在公法与私法之间

近几年,国内从税收正义角度研究税及税法的文献并不少见。① 研究方法和切入角度也是各具特色,但都无一例外地与税收法定主发生交集。税收法定主义固然与税之正义有关,但正义问题绝不只是法定主义贯彻而否的简单观察。观测税之正义必须深入根基,发掘现象背后的课税实质。比如,一种税开征的根本理由何在?国家税收的开征受什么指引?税法制定是否具有一些内在的、不能突破的底线思维和前置规则?等等。这些问题虽表述不一,但都相互关联,共同指向问题的本源,即税及税法的正当性究竟何在?亦如学者所言:人民有依法纳税义务,固为《宪法》第 56 条所明定,但课予人民纳税义务之税法,本身须具有正当性,始符合实质宪政国家要求。② 只是此处的"正当性"作何理解,见仁见智,实在是不易把握但又确有深究之必要。例如,在观测房产税改革时,正当性或许时常被分解为五个维度:"一是征税正当,应以完善财产税制为直接目的,组织收入的功能则需经由整体性的税费结构调整来渐进地实现。二是定税正当,应以税负适度为核心,合理确定计税依据、税率及税收优惠。三

---

① 参见但不限于下列文献:杨盛军:《税收正义——兼论中国遗产税征收的道德理由》,湖南人民出版社 2014 年版;陈丹:《论税收正义——基于宪法学角度的省察》,法律出版社 2010 年版;刘剑文:《房产税改革正当性的五维建构》,载《法学研究》2014 年第 2 期;高军:《开征房产税的正当性及其效能探析——兼论地方政府摆脱财政困境之对策》,载《地方财政研究》2013 年第 7 期;王宗涛:《税收正当性:一个理论命题与分析框架》,载《甘肃政法学院学报》2012 年第 2 期。

② 参见葛克昌:《所得税与宪法》,北京大学出版社 2004 年版,第 79 页。

第一章　税法走向"领域法学"的根由

是管税正当,应完善房产评估等配套制度,建立以纳税申报为主体的新型征纳模式。四是用税正当,应强化地方财政支出的公共性,形成地方财政收支健康运转的良性循环。五是程序正当,应以制定房产税法的形式推进改革,通过改革路径的法治化和可参与化来增强其民意基础。"①从中可以发现,正义与正当性纵有漂移不定的形式面纱,但只要撕开面纱还是能够大致勾勒出其本体性的度衡标尺。由此可见,观测税之正义,绝不能仅仅停留在简单的法律规定层面。法律的规定只不过是正义的外生要求,即形式要件而已。最根本的还在于税之本身的正义属性,即实质要件。如此理解,绝非意旨形式要件不重要,而是强调形式正义需最终上升至实质正义,使之相互交融。否则,即便形式正义得以实现也不见得能推进税收法治建设。反之亦然,徒有实体正义,空无形式附体,正当也只是乌托邦。概言之,正义应是形式与实质交融的产物,只有形式合法,实质正当方可实现真正意义上的税之正义。对于税之正义的此种理解,进一步会影响税法多维面向的定性,因为从形式上看,税法主要关涉国家与纳税人之征纳关系,无疑更接近公法之范畴。而从实质上看,税法则要尽力权衡国家与纳税人、纳税人与纳税人之间的涉税效果,这无疑又让税法罩上私法的色彩。与此同时,国家作为债权人也与私法上债权人具有极大的相似度。这些都使得税法不再单纯地归属于公法抑或私法,而进入"领域法学"的法际空间。

（一）形式与实质：从一般法到税法

"在哲学上,形式与实质是对客观事物的性质的一种揭示。"②从法学上看,形式与实质是当前我国法学研究的核心范畴之一。形式与实质的问题,并不限于税法,其他法域中均或多或少存在形式与实质问题。其中,尤以刑法和民法最为突出。在刑法中,形式与实质的争论焦点主要在刑法解释层面。晚近以来随着德日刑法学知识的系统引入,我国刑法学的发展不仅对传统苏俄型刑法学构成知识论上的挑战,也为学派之争的萌发奠定了必要的知识论基础。作为学派之争的重要组成部分,刑法解释中的形式论与实质论之争广受瞩目。迄今为止,形式解释论与实质解释论两大阵营之间已形成对垒之势。从当前双方的争论来看,形式论者与实质论者有意识地围绕三点分歧展开：一是先进行概念的文义解释再进行应受刑罚惩罚性的判断,还是应以值得惩罚的法益侵害性来指导对刑法规范的解释（该争点被形式论者归结为形式判断与实质判断之间的位阶问题）；二是是否容许做不利于被告人的扩大解释；三是如何看待以及如何填

---

① 刘剑文：《房产税改革正当性的五维建构》,载《法学研究》2014年第2期。
② 陈兴良：《形式与实质的关系：刑法学的反思性检讨》,载《法学研究》2008年第6期。

补刑法漏洞。① 与刑法不同,受制于调整对象和价值目标等多种因素,形式与实质的纷争远未引起民法学者之间的学术纷争。民法学者更习惯用形式与实质的二元思维分析合同法的方法论。众所周知,现代合同法的理念、规则都发生了明显的变化。与之相应,现代合同法的方法论也经历了从形式主义到实质主义的发展。形式主义方法论认为,合同法是封闭的自足的存在,其思想根源在于唯理主义以及受此影响的法学科学主义情结,相应地其推理方式为形式推理。而实质主义方法论认为,合同法不是封闭的存在,法律适用必须考虑规范以及规范支撑的根据,其思想根源是语境主义,而其推理方式更多的是辩证推理,但不排斥形式推理。②

  法律的形式与实质问题最终是"形式法治"与"实质法治"的关系。各传统法域对形式和实质问题的不同态度以及差异化的处理方法,多缘于各自不同的调整对象、调整方法和价值目标。比如,刑法为了保证整个社会的安全有序运行,不得不对危害社会的人采取必要的"恶",但其"暴力"调整手段一旦失去"法"的形式枷锁,又会对人权造成严重的侵害。因此,理论界对实质主义采取必要的警惕不无道理。民法完全不同,它涉及的是市民社会的私的利益,从意思自治、追求当事人真意而言,当采实质分析方法。从保护交易安全角度出发,则需要为善意第三人而遵守形式法则。总体而言,无论谨慎,还是开明,现代社会中法律从形式主义向实质主义的扩张,似乎是一个看得见的演变过程。③ 的确,"从近百年西方法治理论的发展背景来看,形式法治的一些主张一直处在被批判的境地,实质法治理论似乎占据了法治理论的优势地位。"④尽管如此,也要看到即使德、日等法治国家日益走向实质论,也不意味着我国也可以并且应当紧紧跟随实质论的大潮。毕竟,所处的法治阶段不一样,宪政实施的情况不一样,实质化蕴含的危险所可能带来的威胁程度也就完全不同。⑤ 当然也要警惕,如果过于执著于形式也必将受到"形式主义"的正当讥评,但这并不代表我们可以放弃对于形式及确定性的追求。⑥ 不管作何理解,任何一个法域都不可轻视

---

① 参见劳东燕:《刑法解释中的形式论与实质论之争》,载《法学研究》2013年第3期。
② 参见孙良国:《从形式主义到实质主义——现代合同法方法论的演进》,载《华东政法大学学报》2007年第5期。
③ 参见贺燕:《实质课税原则的法理分析与立法研究——实质正义与税权横向配置》,中国政法大学出版社2015年版,第18—19页。
④ 陈金钊:《魅力法治所衍生的苦恋——对形式法治和实质法治思维方向的反思》,载《河南大学学报(社会科学版)》2012年第5期。
⑤ 参见劳东燕:《刑法解释中的形式论与实质论之争》,载《法学研究》2013年第3期。
⑥ 参见夏立安、钱炜江:《论法律中的形式与实质》,载《浙江大学学报(人文社会科学版)》2012年第5期。

第一章 税法走向"领域法学"的根由

实质主义的冲击,都必须认真对待和处理好形式实质的二维难题。"既然实质主义追求难以避免,留给人们的问题是,如何在追求实质正义,最大限度实现法的调整意旨的同时,兼顾法的形式理性,确保法的安定性,实现对公权力和私权利的平衡、公共利益与私人利益的均衡?"①

  税法作为重要的法域,自逃不脱形式与实质的纠葛。税法上的形式与实质分野首先以税之正当性而展现出来。已如前述,税收法定主义使得税具备了形式合法性,而税法最终是否正义,尚需仰赖量能课税原则和对偿理论的协同规制。就今日中国税收法治现况而言,的确有举全国之力落实税收法定主义,满足税之形式正义的必要。因为中国目前的现实是,税收行政立法大行其道,立法技术十分简陋,许多原本可以通过立法加以解决的问题,都被赋予税务机关通过解释另行解决。②结果是,财税主管部门不得不发布大量的规范性文件,对法律中的名词概念进行解释,或者干脆自己创制规则,进行补充性立法。不管是基于授权还是自作主张,不管出于滥权还是形势所迫,越权解释、违法解释都会侵蚀法律的权威,对纳税人的财产权构成严重的威胁。正因如此,中央审议通过《贯彻落实税收法定原则的实施意见》,明确提出:力争在2020年前完成"落实税收法定原则"的改革任务。开征新税的,应当通过全国人大及其常委会制定相应的税收法律;税收暂行条例上升为法律或者废止,并相应废止《全国人民代表大会关于授权国务院在经济体制改革和对外开放方面可以制定暂行的规定或者条例的决定》。这是一项极其艰巨的任务,但落实好这一任务"有利于推动我国宪法确立的税收法定原则的贯彻落实,进一步规范政府行为,推动完善我国税收法律制度,使其在国家治理中发挥更加积极、有效的作用,为实现国家治理体系和治理能力现代化提供更坚实的制度保障"。③

  面对如此繁重的立法任务,更应注重税法的实质正义,在"坚持形式合理性的前提下追求实质的合理性"。④ 否则,将极有可能陷入彻底的形式主义泥潭,

---

  ① 贺燕:《实质课税原则的法理分析与立法研究——实质正义与税权横向配置》,中国政法大学出版社2015年版,第20页。
  ② 所谓的"税法",往往只是规定一些原则性的框架。即便是全国人大及其常委会制定的法律,这个问题同样存在,而且相当严重。例如,我国《个人所得税法》自1980年制定迄今,经历了四次修正,目前仍然只有15条,不超过3000字。我国《企业所得税法》制定时间较晚,立法技术相对成熟许多。即便如此,其中仍有众多的授权性规则,允许税务机关决定实施标准,或者制定不同于法律的规则。
  ③ 参见《全国人大常委会法工委负责人就〈贯彻落实税收法定原则的实施意见〉答新华社记者问》,载 http://news.xinhuanet.com/politics/2015-03/25/c_1114763794.htm,2016年1月25日访问。
  ④ 刘艳红:《实质刑法观》,中国人民大学出版社2009年版,第47页。

而不顾及税法实质正义的理想。在现实中,实质正义往往看不见,但却存在自然法和社会道德观念当中;形式正义作为一种"看得见的正义"其追求法治形式的独立价值,强调法的程序性、公平性和稳定性,本质只是一种正义实现的替代手段。法应以实质正义作为最高追求,但因其难以实现而选择形式正义作为弥补;而若一味追求法的形式正义,法难免变得呆板和不近人情,甚至违背了实质正义的要求。实质正义需要向形式正义让步并包容其缺陷,但作为法治的最终目标,实质正义对形式正义有着纠偏的作用,主要体现在立法和司法过程中。如何找到二者的最佳平衡点,尽量减少实质和形式的矛盾带来的对正义的损害,是法治发展过程中不可避免的问题。① 之于当下税收立法的关键时期,一方面要加快落实税收法定主义,实现税法的形式正义;另一方面更要不忘税收法定主义的精髓,在立法形式中植入实质正义理念。这也符合正义的法理诉求。归根结底,"法之核心本质即是正义,这一点也是所有既存法律应运力去尽最大限度与可能之去保守去呈现的"。② 在税制设计过程中,国家财政目的与纳税人权利保护是极为重要的考量基准,然这两者多数时候又内生冲突。只有把税之形式正义和实质正义统一、协调好,在税收立法、执法以及司法时,更多地关注税及税法的形式正义和实质正义,使税收法定主义建基在实质正义的基础上,才可能解决,或至少是缓解这一对内在的价值冲突。因为税之形式正义和实质正义原本就应该互为一体,任何一种税、任何一部具体税法只有同时符合形式正义和实质正义,才有可能在国家财政收入和纳税人权利保护之间寻得平衡,进而实现税法形式正义与实质正义的真正融合。

(二) 二维正义的运用:定性税法的新思路

在学科发展极度发达和生活变迁异常迅速的今天任何一门学科的定性都不是件容易的事情,但盲目地认同也必定缺乏应有的说服力③,税法的定性即处于此尴尬之中。对税法的定性注定不是件容易的事情,即使是从税及税法的正当性层面去探析也有不小的困惑,但不管怎样,正当性理论创造了一个审视税

---

① 参见赵戈青:《实质正义与形式正义的平衡——以欧盟法律制度为例》,西南政法大学2014年硕士学位论文,摘要部分。
② 吴经熊:《正义之源泉:自然法研究》,法律出版社2015年版,第333页。
③ 现在高校法学院学生、甚至高校非财税法专业的法学院老师对税法性质的狭隘理解就是明证。2012年笔者曾经做过非正式的书面调查,结果显示:85%以上的高校学生(调查群体60%为非税法专业的法学和法律研究生,30%为大三、大四学生,10%为大二学生)认为税法属于行政法,10%左右的学生认为税法属于经济法,5%左右学生认为税法不仅仅只是行政法和经济法,但如何界定,依然不清楚。

第一章　税法走向"领域法学"的根由

法性质的独特视角,应该是一个值得深究的视角。在此视角下深究属于源头式的研究,是显微镜下的思量。因为税及税法的正当性理论确实蕴含着充足的理论,以待解析税法的性质。形式层面的正当性维护着税法的公法堡垒,而实质层面的正当性又彰显出税法的私法属性,这是对传统公法的挑战,也是税法自身寻求突破所作出的一次努力。一味去维护税法的公法职能是不可取的,但不顾税法的公法本能,而人为地构建税法的私法框架也注定是一场无谓的付出,毕竟制度不是凭空架构出来的,而理应立足去发现。

从形式正义角度观测,"根据税收法定主义,在没有税法规定时,税收其实并不现实存在。"① 仅当税法列示各税的税收构成要件要素,且市场主体的经济交易及其结果满足时,税收才会实现。税法的复杂性在于,其多学科、跨部门和法学综合的特性造成了税法势必后于民商法、行政法、刑法甚至会计学形成学科知识积累。换言之,税收诸多构成要件在税收实务中不会自动呈现。面对不同的交易类型,税企双方需要针对经济交易的具体形态,经论争、磨合从而在适用和解释税法中达成共识、求得和解。② 由此可见,在税收法律关系实践中,征纳双方首先关心的还是形式法治,将既有的税法规范作为征纳行为的准据法,是双方共同的选择。与之暗合,税法在实践中多以征税主体的主动征税与纳税主体的被动纳税展现出来,两者交织而成税收征纳这一行政行为。在征纳行为的推进中,税法更多地只是国家征税机关职能的行使,纳税人权利已经退居幕后。从这个角度上讲,认为税法是公法无疑是合适的。因为税收法定主义首先确保的征纳双方有法可依,关注的是财产在国家和纳税人之间的分配。其中,税款入库是最为重要的目的。这些都使得税法毫无争议地归于公法阵营,成为公法极为重要的一员。

然透过形式法定,税法要想实现实质正义,则必须按照量能课税和对偿理论建构税制。在量能课税和对偿理论指引下,税法又无限接近私法疆域。按照市场关联性和商品等价交换原理,国家和市场主体因市场这一特殊商品而生交集。只要主体进入市场,利用市场从事营利行为、获取营利收入③,便具备了量能课税所需的经济给付标准,或者即使没有达到给付标准,但满足了对偿标准,也会变成纳税人。从此可以看出,在税之实质正义层面,国家充当的是私主体

---

① 李刚:《现代税法学要论》,厦门大学出版社2014年版,第9页。
② 参见滕祥志:《税法的交易定性理论》,载《法学家》2012年第1期。
③ 当然,如果主体从未进入市场,国家也就没有理由去强卖其市场这一商品,在此场合国家没有任何凌驾于纳税人之上的权力。只有国家和主体自愿在市场这一商品上达成意愿,"价"变成"税"才具有正当性。

角色,与市场主体(后来的纳税人)之间并不存在行政隶属关系,更接近民商事主体之间的平等关系。故此,将规制双方之间的税法厘定为私法,也并非没有道理。况且,面向实质正义的税法不只是关注国家和纳税人,还将视角延展至纳税主体与纳税主体之间。充当调节器的便是量能课税。量能课税原则在纳税主体之间寻求公平切合点,即给付标准。这是税法针对所有纳税主体作出的公平宣言,旨希望在纳税主体之间营造一个公平竞争的税制环境,使作为纳税主体交易基础的民商事规则不至于被税法所扭曲。就这一点而言,税法的终极目标逐渐远离公法,而无限接近私法。

尚需注意的是,税之形式正义与实质正义方为税收正义的两个维度,彼此存有交集、且相互驰援。这就意味着以此二维正当性为基准的税之公法与私法之间也并非泾渭分明,有些时候可能还会表现的犬牙交错。这种现象,恰恰折射出税法定性的科学性,也极度地吻合了公法与私法的基本法理。固然,在某种程度内公法和私法是各由其特殊的原理支配的,因而实际上有把两者加以区分的必要。但是,公法和私法同样是法,在规律人与人间的意思及利益之点是具有共通的性质的。所以若极端地把两者区分,实不免谬误。① 况且,公私法的区分是在西欧近代法治主义的背景下提出的,其历史背景是"国家"与"社会"的分离乃至对立,在税法中就体现为征税主体与纳税主体的划分甚至对立。② 税法演进至今,征纳双方虽并未完全处于同等地位,但也不至于完全分离和对立。一味要划清哪一部分税法属于公法,哪一部分属于私法,并不容易也无必要。因为税法原本就不同于讲究学科门类的规则性和继承性,强调后进法学门类以宪法学、法理学、民商法学和刑法学等的延展为基础的传统法学。税法以解决问题和研究范围为中心,在研究领域和方法上呈现开放性和综合性的特点。这些都使得税法有别于传统法学,具有浓郁的现代法学的特质,兼具公法和私法的双重属性。③

---

① 参见〔日〕美浓部达吉:《公法与私法》,黄冯明译,中国政法大学出版社2003年版,第72页。
② 参见江利红:《行政过程论研究——行政法学理论的变革与重构》,中国政法大学出版社2012年版,第53页。
③ 参见刘剑文:《作为综合性法律学科的财税法学——一门新兴法律学科的进化与变迁》,载《暨南学报(哲学社会科学版)》2013年第5期。

第二章 税法与私法的一般法理

一、税收之债的法域语境

公法与私法的划分,作为一种法律技术,有其实用的价值,其直接意义在于,它明确划分了政府或多或少享有自由权的领域与政府交给市民社会的领域①,衡量的重要标准就是权力与权利的边界。权力与权利的不同根源于公法与私法的不同,公法的目的在于限制公权力以保护私权,私法的目的则在于通过解决纠纷而保护私权,公法领域尊崇"法无授权即禁止",私法领域则奉行"法无禁止即自由",即私法自治。②但是,多元化的复杂社会面对来自各方面的紧张与冲突,需要对公法与私法不同的规范手段进行整合,以协助履行法治国家的宪法任务。立法与具体个案判断上,硬将某个法律规范或法律关系归入私法与公法并不总能如愿。尤其是在公、私法互动加强的法制背景下,私法之债与税收之债分属不同法域,受私法与公法的规制,但债的共性也日渐呈现。准确把握两者的关系,必须确保法秩序与宪法价值秩序的一致性,断不可单纯以私法或税法评价不同为由,或全然夸大共性、或一味夸大个性,而应谋求两者之间的调和。

(一) 公、私法与税法

在法律分类问题上,对后世影响最大的是公法与私法的划分,此分类被视为"罗马人的一项发明"③。其中又以乌尔比安的法律对象区分论最为经典,乌尔比安认为:"公法是有关罗马国家稳定的法,私法是涉及个人利益的法。"④乌尔比安按照法律调整对象对公私法的划分和基本定义在当时获得普遍的承认,并为国家立法形式所采纳。《法学阶梯》明确指出:"法律学习分为两部分,即公

---

① 参见〔美〕昂格尔:《现代社会中的法律》,吴玉章、周汉华译,中国政法大学出版社1994年版,第176—178页。
② 参见吴香香:《民法的演进——以德国近代私法理念与方法为线索》,世界知识出版社2012年版,第9页。
③ 参见黄风:《罗马私法导论》,中国政法大学出版社2003年版,第7页。
④ 〔意〕桑德罗·斯巴奇尼选编:《民法大全选译·正义与法》,黄风译,中国政法大学出版社1992年版,第35页。

法与私法。公法涉及罗马帝国的政体,私法则涉及个人利益。"①罗马法学家关于公法与私法的分类及概念,在法律上将国家权力和私人活动之间划定了一条较为明显的界限,虽不尽科学,但它对法学理论的深入研究和法律制度的分门别类,具有直接实用价值②,成为学者研究既存法律规范和制度,重构法律制度的重要工具。亦如梅利曼所言,"公、私法的划分不断演进和发展的历史,使这种划分产生了极大的权威,并与大陆法系各国的文化交融在一起,这样,法学家们在几个世纪中所创造和发展的公法、私法概念,就成为基本的、必要的和明确的概念了。"③无怪美浓部达吉所言,"除完全否定公法和私法的区别而主张法一元说的二三学者外,法律学者大概都一致承认应将国法分为公法和私法。"④

进入现代以来,虽然国家与社会的相互渗透、相互作用造成公法与私法之间的互动加强,公法与私法的交集倍增,但这不足以推翻公法与私法的二元区分,反而凸显了坚持公法与私法区分的必要性。因为"公法与私法的区分不仅仅是一种法律技术,公法与私法得以并行发展的社会背景在于政治国家与市民社会的分立,而其背负的价值观念则要归结到同样反映着政治—市民社会关系的宪政思想。"⑤我国现行法律体系基本是按照公法与私法二元论的思维体系构建起来的,但客观上说,公法与私法界分赖以依存的政治国家与市民社会的政治、经济及社会背景结构并未理想生存。尤其是处于转型期的当下中国,公法与私法的区分并非一个将要到来的预测或者早已得到正式承认的普遍共识,而是一个已经发生、有待澄清的问题,公法与私法的"争斗"在中国更加重要,也愈发艰难。一方面,我们希望严格区分国家与社会,国家权力只对经济与社会作必要的、适度的调控,让市场和社会有着更多的自主和自治空间;另一方面,我们也不能不正视国家与社会的互动与沟通,在承认国家能够积极作用以弥补市民社会不足的同时,也要通过加强民主参与扩大社会对国家的影响乃至支配力量。唯有此,中国的公法与私法才能够既界限分明、并行不悖,又相互支持,共同撑起一个国家—社会之间保持良性互动的和谐社会。⑥

税法不以财政收入为唯一目的,带有对税收事务的公权力规制色彩的法律均可归入税法范畴。虽然税法还承担社会、经济目的,晚近甚至还出现一定程

---

① 〔罗马〕查士丁尼:《法学总论——法学阶梯》,张企泰译,商务印书馆1989年版,第5—6页。
② 参见何勤华主编:《公法与私法的互动》,法律出版社2012年版,第38页。
③ 〔美〕约翰·亨利·梅利曼:《大陆法系》,顾培东、禄正平译,法律出版社2004年版,第97页。
④ 〔日〕美浓部达吉:《公法与私法》,黄冯明译,中国政法大学出版社2003年版,第23页。
⑤ 金自宁:《公法/私法二元区分的反思》,北京大学出版社2007年版,第186页。
⑥ 参见同上书,第186—187页。

度的协商空间,比如预约定价①、税务行政复议中的调解与和解②等,但整体而言,税法所展现的仍是其公权力性格。相对于此,私法则局限于规范私人之间的财产关系和身份关系,虽然在个别私法领域中,公权力可以特别授权,强制介入私权纷争,但并未改变私法的私权特性。根本而言,私法领域中的法制完备不能忽视私法的基本理念:自然理性和权利思想,——也许什么都会变,唯有这种基本信念是亘古不变的。③ 税法与私法看似分属完全不同的法域,税法调节私人财产权与经济活动,课予纳税人负担无对价的强制给付义务,理应归入公法。以民法、商法为代表的法律规范私人之间的权利与义务,当属私法。然时至今日,税法与私法彼此逐步放弃或改变原有的强制或任意规范手段,如大量具有经济、社会目的的税收优惠条款充斥税法,引导纳税人的经营活动符合国家产业经济政策;与此同时,部分私法领域已弱化任意性规范特质,赋予国家介入当事人私法关系的权力,如公司法中的少数股东权益保护规定。此外,部分税法条文亦同时含有规范税法与私法关系的双重目的,如税法对房屋产权、不动产、土地使用权的继承与赠与的规定,便蕴含有继承法与契税法和个人所得税法等的共同理念。④

(二) 税收之债与私法之债

自罗马法伊始,各国立法和学界对债既有相同的理解,也有不同的做法。从立法上看,据不完全考察,当前大陆法系国家或地区对债的表述在概念上有四种处理模式:第一,对债不进行界定。如法国、日本、意大利、阿尔及利亚、埃塞俄比亚、智利等国家和加拿大魁北克地区。第二,从给付义务的角度对债进行界定。如越南、我国澳门地区。第三,从请求权的角度对债进行界定。如德

---

① 我国《企业所得税法》第 42 条规定:"企业可以向税务机关提出与其关联方之间业务往来的定价原则和计算方法,税务机关与企业协商、确认后,达成预约定价安排。"《企业所得税法实施条例》第 113 条规定:"企业所得税法第四十二条所称预约定价安排,是指企业就其未来年度关联交易的定价原则和计算方法,向税务机关提出申请,与税务机关按照独立交易原则协商、确认后达成的协议。"

② 我国《税务行政复议规则》第 86 条规定:"对下列行政复议事项,按照自愿、合法的原则,申请人和被申请人在行政复议机关作出行政复议决定以前可以达成和解,行政复议机关也可以调解:(一) 行使自由裁量权作出的具体行政行为,如行政处罚、核定税额、确定应税所得率等。(二) 行政赔偿。(三) 行政奖励。(四) 存在其他合理性问题的具体行政行为。"

③ 参见易继明:《私法精神与制度选择——大陆法私法古典模式的历史含义》,中国政法大学出版社 2003 年版,第 301—302 页。

④ 可参考《关于继承土地、房屋权属有关契税问题的批复》(国税函[2004]1036 号);《关于加强房地产交易个人无偿赠与不动产税收管理有关问题通知》(国税发[2006]144 号);《关于个人无偿受赠房屋有关个人所得税问题通知》(财税[2009]78 号)。

国、中国及中国台湾地区。第四,从给付义务和请求权两个角度对债进行界定。如俄罗斯、蒙古国。[①] 从学说上梳理,对债的理解至少可以追溯至罗马法。罗马法学家尤其强调债务人的给付义务,认为"债是法律关系,基于这种关系,我们受到约束而必须依照我们国家的法律给付某物的义务"。[②]"债的实质不是带给我们某物或某役权,而是要他人给予某物、做某事或履行某项义务。"[③] 19世纪以前,深受罗马法影响,德国学界对债的理解并未有实质性突破。直到19世纪请求权概念的提出,大大丰富了债理论。一般公认实体法上的请求权概念是由温德沙伊德从罗马法和普通法中的"诉"的概念中发展而来的。[④] 温德沙伊德认为,请求权是指法律上有权提出的要求,也即请求的权利,某人向他人要求一些东西的权利。[⑤] 温德沙伊德的请求权理论直接影响了德国民法典,进而对其他国家和地区的债法学说产生深远影响。如日本学者的通说认为:所谓债是指特定人(债权人)对其他特定人(债务人)请求一定行为(给付)的权利。[⑥] 具体至国内,虽学界对债的理解并未形成一致性结论[⑦],但给付请求权作为债的重要特质当无异议。诚如台湾地区学者王泽鉴所言:"债者,指特定当事人间得请求一定给付的法律关系。"[⑧] 从其本质来看,债一般具有以下几个特性:(1)债为法律关系的一种;(2)债是一种财产性质的法律关系;(3)债是特定主体之间的法律关系;(4)债是当事人之间的特别结合关系;(5)债是当事人实现其特定利益的法律手段。[⑨]

基于税收法定主义和税收债务关系说理论,将国家与纳税人之间的法律关系界定为债无疑是合适的,因为它与私法之债一样,具备法定给付义务的构成要件时立即发生给付义务,均属于财产法性质,均为特定当事人之间的财产移

---

① 参见胡玉浪:《论债的定义与本质——兼论中国民法典草案中债的定义》,载《福建农林大学学报(哲学社会科学版)》2007年第2期。
② 〔罗马〕查士丁尼:《法学总论——法学阶梯》,张企泰译,商务印书馆1989年,第158页。
③ 〔意〕桑德罗·斯巴奇尼选编:《民法大全选译·契约之债与准契约之债》,丁玫译,中国政法大学出版社1998年版,第3页。
④ 参见〔德国〕迪特尔·梅迪库斯:《德国民法总论》,邵建东译,法律出版社2001年版,第67—69页。
⑤ 参见金可可:《论温德沙伊德的请求权概念》,载《比较法研究》2005年第3期。
⑥ 参见邓曾甲:《日本民法概论》,法律出版社1995年版,第254页。
⑦ 代表性的成果参见梁慧星:《中国民法典草案建议稿》,法律出版社2003年版;徐国栋:《绿色民法典草案》,社会科学文献出版社2004年版;王利明:《中国民法典草案建议稿及说明》,中国法制出版社2004年版;魏振瀛:《论请求权的性质与体系——未来我国民法典中的请求权》,载《中外法学》2003年第4期。
⑧ 王泽鉴:《债法原理》(第一册),中国政法大学出版社2001年版,第4页。
⑨ 参见张广兴:《债法总论》,法律出版社1997年版,第17—21页。

第二章 税法与私法的一般法理

转,并强调法律关系的相对性①。从概念上看,税收之债有广义和狭义两种理解。从债权的角度看,广义的税收之债包括税收请求权、责任请求权、税收附带给付请求权、税收退给请求权、返还请求权、缴还请求权。税收请求权是税收债权人要求税收债务人为特定金钱给付的抽象请求权。责任请求权是税收债权人依税法的规定,对税收债务人以外的特定第三人,要求其缴纳税款的请求权。附带给付请求权是指税收债权人为督促税收债务人履行义务而依法要求其在税款之外额外支付一定金钱的请求权,如滞纳金、利息、怠报金等。税收退给请求权是指税收债务人之外的实际负税人在满足法定条件是要求国家退还其所承担税收的权利,如增值税抵扣进项税额、出口退税等。返还请求权是税收债务人基于一定的原因要求税收债权人退还一定金钱的请求权,又称退税请求权。缴还请求权是指国家无法律原因对人民从事与税收有关的给付时,国家有权申请退还。② 从法律关系上看,构成税的法律关系的核心是税的债务关系。即,由税之债权者——国家或地方公共团体(相对中国的地方政府)向税的债务者——纳税义务者请求税之债务履行的关系。所谓税的债务即由税的债务者向国家或地方公共团体进行交纳被称为税的这一金钱给付的义务。③ 由此可以看出,税收之债是一种公法上的债,国家或地方政府是债权人,享有请求相对方履行给付税款的权利。纳税人是债务人,负有向国家或地方政府缴纳税款的义务。

债权的观念是由私法特别是私的财产法上发展而来的。若债权的观念可解为要求特定人作行为不行为或给付的权利,那么,这观念决不仅为私法所独有,而是公法私法所共通的。只不过就发生的原因上来看,私法上的债权普通是以契约为基础的;反之,公法上的权利普遍都是直接根据法律或国家单方的意思为基础。④ 但也必须指出,税法与私法整体上分属规范目的不同的两个法领域,由宪法设定不同的任务目标。私法之债植基于财产权与形成自由的保障,主要表现于私法自治原则与平均正义,即由当事人与市场自行决定对待给付是否构成对价平等,透过侵权行为与不当得利制度,矫正、回复原先利益状态。至于税收之债则为法定强制的金钱给付债务,深受公益与公权力介入的影响。⑤ 在债的属性上两者内生诸多共同点,但分属不同的法域又滋生了两者的

---

① 参见施正文:《税收债法论》,中国政法大学出版社 2008 年版,第 7 页。
② 参见陈敏:《租税债务关系之成立》,载《政大法学评论》1989 年第 39 期。
③ 参见〔日〕金子宏:《日本税法》,战宪斌、郑林根等译,法律出版社 2004 年版,第 107 页。
④ 参见〔日〕美浓部达吉:《公法与私法》,黄冯明译,中国政法大学出版社 2003 年版,第 86—87 页。
⑤ 参见黄士洲:《税法对私法的承接与调整》,台湾大学法律研究所 2007 年博士学位论文,第 14 页。

诸多差异。税收之债属法定之债,国家为全体纳税人共同托付的公益受托人,有义务严格遵循合法性原则、平等地执行税法,以保护纳税人的基本权利。同时,作为公法之债,国家基于税收债权人地位,强制课征税款,无需经过债务人的同意,但其存在与执行须受形式意义的税法的拘束。此种债之性质上的差异,最终通过公权力的作用体现出来。私法之债受私法自治支配,公权力不轻易介入,仅当市场失灵时方充当仲裁员身份,以恢复私法自治、维护契约当事人间地位平衡与市场竞争。税收之债则由课税机关强权介入,对纳税人的财产进行分配,确保财产的正义分配。仅当税收之债承接私法之债的概念与事实评价时,国家与纳税人的权力与权利才会随着法律身份的转变而生变化,私法之债中的国家演变为税收之债权者,经济实质重于法律形式成为课税的重要依据,最终顺利实现私法之债到税收之债的过度。

二、税收之债的独立与归属

税收之债受税法规制,其法律地位取决于税法在整个法体系中的地位。税法同法的其他领域有着密切的关联关系,同许多实体法有着直接的接壤关系或具有部分共同对象领域。正为此,长久一段时间,税法的独立地位难以确立。但法律毕竟是一个整体,当部门法的分工发展到极致时,优势也就会向劣势转变。随着信息时代的来临,社会关系的分层开始模糊,各种复杂的社会问题远非任何一个单独的部门法所能调整,法律部门之间的关系也出现融合。在这种形势下,较之相互隔绝的传统部门法,综合性部门法应该是一种更优的选择。正因为如此,不能用传统部门法的视角衡量税法。它是一个以问题为中心的开放体系,而不是以调整对象为标准的僵化领域,这也符合现代社会发展的潮流。[①]时至今日,必须承认税法是以税收之债为内核的独立法学科[②],其以关联法学科

[①] 如,税法中既有涉及国家根本关系的宪法性法律规范,又有深深浸透宏观调控精神的经济法内容,更包含着大量的规范管理关系的行政法则。除此之外,税款的保护措施还必须借鉴民法的具体制度,税收犯罪方面的定罪量刑也具有很强的专业性。

[②] 关于中国财税法的地位,我们已多次表明观点,即中国财税法是一个涉及众多法律部门的综合法律领域,它是宪法、行政法、民法、刑法、经济法、诉讼法、国际法等法律部门中涉及财税问题的法律规范的综合体,就这一综合体仅仅涉及与财税相关的法律规范来讲,它也是一个相对独立的法律领域,它不隶属于任何现有的部门法,而是一个采用另外一种划分方法,在某种意义上与现有部门法相并列的相对独立的法律领域。参见刘剑文、熊伟:《二十年来中国税法学研究的回顾与展望》,载刘剑文主编:《财税法论丛》(第1卷),法律出版社2002年版,第2页;刘剑文主编:《税法学》,人民出版社2002年版,前言。

第二章 税法与私法的一般法理

的知识为前提,最为明显的便是其对私法概念和理论的依存。

(一) 税法的独立性——民法与税法的历史演说

税法究竟采取何种自我定位,处理其与民法的关系,并非纯粹的法学技术问题,更深层反映着国家对待个人运用私法形式,进行节税或避税的行为,取决于政府对待避税与反避税的态度,根本上则体现税法在法体系中的地位和作用。在重视法律体系建构的德国[①]、日本[②]等国,税法与民法的关系演变也历经数次变化,其中尤以德国为典型。"在德国,民法和税法之间的关系在过去几十年中经历了巨大的变化。尽管'经济视角'流行于20世纪20年代至40年代之间,但税务法院在50、60年代努力通过借用民法的概念来保持稳定性。如今,民法和税法很大程度上被认为是两个独立的法域,而宪法已成为法律概念的首要渊源。"[③]具体来说,税法与民法关系,德国税法学理论与实务历经税法独立

[①] 德国早期的税法学是作为行政法的组成部分的,著名行政法学家奥托·梅耶(Otto Mayer)构建的行政法体系中就包含税法的内容。随着德国1918年设立帝国财务法院,特别是1919年颁布《帝国税收通则》,德国的税法学开始从行政法中独立出来。这其中的原因是,对于纳税义务何时发生的问题,在《帝国税收通则》颁布之前,德国法学界的认识并不统一。较为普遍的结论是,纳税义务依税务机关的行政行为而成立。如果税务机关没有通知纳税人纳税,即便已有相关事实存在,纳税人也没有纳税义务。这种将税收关系等同于警察关系的观点,使税法彻底成为行政法附庸,税法学自然也难以脱离行政法学的窠臼。然而,1919年《帝国税收通则》第81条却规定,只有当法定构成要件满足时,才成立税收债务,否认了行政权力对税收实体权利义务的干预。这种深受Albert Hensel影响的立法在很大程度上改变了德国税法学的格局,税法的独立性前所未有地显现出来。到1926年在明斯特召开德国法学家大会时,通过与权力关系说针锋相对的辩论,税收债务关系说更是取得了支配性的地位,德国税法学也开始作为一个独立的学科而兴起。参见〔日〕金子宏:《日本税法》,战宪斌、郑林根等译,法律出版社2004年版,第19—21页。

[②] 在接受夏普建议之前,日本也不承认税法学是一个独立的法学学科,而是将其作为行政法学的一个分支。由于税法学的重点在于税收行政程序,而税收实体法只是被当成既定的事实,因此,和德国一样,税收法律关系在日本也被理解为体现命令与服从的权力关系,纳税人在实体税法上的权益遭到极大的漠视。第二次世界大战之后,日本的经济情况发生了很大的变化,税收领域也不例外。首先,战后所推行的以直接税为中心的税制,使税收负担广泛涉及国民各个阶层,而且相当沉重;其次,税收整体上趋于人税化。与规定物税的税法较为简明相比,税收的人税化使税法变得越来越复杂;再次,由于大量吸收了财政学、会计学等相邻学科的研究成果,税收实体法无论在量还是质上都构成了税法的中心;最后,日本战后广泛采用申报纳税制度,纳税者、国民成为税收法律关系的主角,摆脱了以往行政客体的地位。由于上述情况的出现,使得税法学作为一门独立学科在日本成为必要。从20世纪50年代起,日本的税法学研究正式起步,经过几十年的努力,如今已经蔚为壮观。有关税法方面的研究文献汗牛充栋,各种观点也不断推陈出新。如最有特色的"北野税法学派"认为,税法学不仅研究税收的安全与效率,更应该研究如何保护纳税人权利;不仅研究税收的征收,更应该将税收的使用一体纳入,使纳税人的权利保护更为完整。参见〔日〕北野弘久:《税法学原论》(第4版),陈刚、杨建广等译,中国检察出版社2001年版,第8—12页。

[③] 〔美〕休·奥尔特、〔加〕布赖恩·阿诺德等:《比较所得税法——结构性分析》(第三版),丁一、崔威译,北京大学出版社2013年版,第85页。

说、税法依附说以及目的适合说三个不同阶段,各自代表性见解均反映出学说所处的时代背景。①

第一次世界大战后,德国经济失序,为对抗不法行为避税,1919年《帝国租税通则》与1934年的《税捐调整法》规定"税法的解释,应斟酌其经济意义"。预示着税法独立说在德国的兴起,基本观点如《帝国税法通则》起草人 E. Becker 与 K. Ball 所言,税法借用私法概念描述税收构成要件者,只适用于概念的核心文义部分,私法的解释与理解并不拘束税法的适用,充其量不过是税法尚未建构自身概念之前的应急措施而已,至于民法的概念内容也仅仅在协助描述经济形成或状态的类型而已。第二次世界大战结束后的1955年起至1965年之间,受法秩序统一性观点的影响,税法依附私法说取代税法独立说成为主流学说,也为立法所明示,《德国基本法》第2条第1项规定保障自由的私法社会体制,对于税法亦有相当的拘束力,私法自治的保障具有优先于平等课税的价值。以此学说,除非税法另有规定之外,税法借用民法用语,应受民法解释的拘束,如果民法与税法在适用上发生冲突,应承认民法对于税法具有优先性,以维持法秩序的一致。自1965年开始,目的适合说学说占据上风,认为经济观察法并非税法独有的原则,本质上即认为税法的目的论解释方法。身为德国现行税法主流通说的学者 Tipke 亦采此说,且进一步认为税法与私法倘发生规范冲突时,则应透过法益衡平解决,私法自治所形成的事实关系,原则上虽应被税法尊重并承接为税收构成要件的前提,然而税法尚承担平等原则的宪法诫命,对当事人利用不同私法形式欲具备相同的经济效果,即应赋予同等的税法效果,以维税捐负担的平等。② 在中国,以税法与民法的关系直接作为论题的研究甚为鲜

---

① 下文对德国税法与私法关系的学说梳理主要参考以下文献:葛克昌:《税法基本问题(财政宪法篇)》,北京大学出版社2004年版;黄士洲:《税法对私法的承接与调整》,台湾大学法律研究所2007年博士学位论文;黄茂荣:《法学方法与现代税法》,北京大学出版社2011年版。
② 此说的重要内容见诸于德国联邦宪法法院1991年12月27日"地产取得税"(Grunderwerbsteuergesetz)判决,即税法若自其他法律领域传来法律概念,即应探求究竟税法是欲依循其他法律领域的诠释,抑或是仅借用传来的法律概念,来建构属于自身的税法构成要件,在一个统一的法律秩序下,并不排除依各自事实领域而有不同的处理方式,法律概念自有其相对性。另一值得注意的最新发展,乃慕尼黑大学的Schön教授于2005年撰写《民事法作为税捐负担能力的前提要件》一文,认为从历史与文义解释的角度而言,由于私法概念通常含有对该用语的一般性意涵,以及概念理解的预设判断在内,此为税法解释时不可忽视的要素,因此宜先将借用概念作与私法同一理解的推定,除非有较为明确的体系或目的性理由,否则不应任意扩张该概念范围。此部分内容转引自黄士洲:《税法对私法的承接与调整》,台湾大学法律研究所2007年博士学位论文,第7页。

第二章　税法与私法的一般法理

见,但立论于关联议题的成果也陆续问世,尤其以台湾地区为甚①。学者的论述主要着笔于"实质课税原则"及"税法应否受民法的拘束"等议题,论述脉络上或多或少集中于反避税的基础与方法论上。②

税法与民法历经税法独立说、税法依附说及目的适合说,不只是单纯税法解释运作的结果,更是不同宪政背景下,国家与人民对应的权力与权利争夺在税法和民法上的反映,两者关系必须置于各学说所处的时空法制背景予以理解③,因为"法律作为解决纠纷的一种手段,只能在一定的时空领域内发生其调整社会关系的功能,而且有其自身的独特的运行轨迹"。④ 此外,税法与民法的

---

① 近年来台湾税法学界两篇论文颇具代表,其一,黄茂荣撰写《税捐法与民事法》一文,就税捐法与民事法的关联与类型,作有极为详尽的整理与阐述,并认为税捐法与民事法的规范目的虽有不同,然立基于同一经济社会体制,彼此均有共同维护的任务;其二,葛克昌所撰写的《公法对私法关系之承接与调整》一文,从公、私法相互支援补充的互补体系理解,认为税法所规范的生活事件,原则上与私法的法律关系相关,除非有坚强理由,否则不宜过于偏离私法上结构,以免有害平等原则。参见黄茂荣:《法学方法与现代税法》,北京大学出版社2011年版,第293—324页;葛克昌:《公法对私法关系之承接与调整》,"民法与行政法交错适用学术研讨会",台湾"最高法院"学术研究会丛书(9),2003年12月,第265页。

② 例如,学者陈敏认为脱法避税行为系利用税捐立法不周全的规范漏洞,乃税法解释的穷尽之处,无法透过法律解释填补之;陈清秀认为税法借用私法的概念,并承受私法的规范目的,毋宁是藉此掌握课税的经济历程、状态及形成,以此开展其关于税捐规避的论述基础;黄俊杰则由经济观察法或实质课税原则旨在实现量能课税要求与税捐规避的防止,性质上虽为税法的目的性解释,但强调不过众多税法解释方法的一环而已;柯格钟认为税法所掌握者乃纳税义务人经济活动后的成果,原则上是透过私法契约或私法的法律关系所启动的,故私法的法律关系应为税法法律关系的前提,须优先于税法法律关系而为讨论。参见陈敏:《租税课征与经济事实之掌握》,载台湾《政大法学评论》1982年第26期;陈清秀:《税法总论》(第三版),台湾翰芦图书出版有限公司,第217页;黄俊杰:《纳税者权利保护》,台湾翰芦图书出版有限公司2004年版,第66页;柯格钟:《论传销业与寿险业从业人员所得的课征》(上),载台湾《本土法学杂志》2005年第75期。更多论述参见但不限于:杨小强:《税法总论》,湖南人民出版社2002年版;刘剑文、熊伟:《税法基础理论》,北京大学出版社2004年版;施正文:《税收债法论》,中国政法大学出版社2007年版;俞敏:《税收规避法律规制研究》,复旦大学出版社2012年版;刘剑文:《私人财产权的双重保障——兼论税法与私法的承接与调整》,载《河北法学》2008年第12期。

③ 德国第一次世界大战后始兴起的税法独立说,诚如当时的Kurt Ball所言,不过系呼应时代背景下的要求,不仅源自于当时财政困境的考量,更为回应《魏玛宪法》第134条规定:所有国民无论身份、地位,应依财产能力,按法律规定之标准,纳入公共负担。对于税捐公平的要求,乃透过经济观察法,将税法的适用摆脱私法形式的桎梏,其法学的时代意义即把税法从私法概念体系中解放,独立成特别的财政法规。申言之,税法独立说所欲彰显的价值取舍,即为取向于经济实质的课税公平优先于一切。至于第二次世界大战后的民事优位说,不无反映战后《基本法》第1条与第2条对于人性尊严及衍生范畴的绝对保障,反省纳粹时代将法律工具化的思维,故Crezelius乃强调基本法关于私法社会体制具有绝对性,税法须受社会法拘束。相对于税法独立说独尊税法适用的平等,此阶段反而是将私法自治及法明确性、法安定性等价值,至于税捐平等负担之前。此注释内容引自黄士洲:《税法对私法的承接与调整》,台湾大学法律研究所2007年博士学位论文,第89页。

④ 梁上上:《利益衡量的界碑》,载《政法论坛》2006年第5期。

关系变迁也取决于立法者对各自法益的取舍。税法和民法作为社会公共利益和私利益的代表出现在法体系中,立法者必须结合现实,对两者所代表的利益进行衡量,作出符合社会需求的决定,使法律更契合社会、伦理、经济的发展与变迁。①今日税法与民法兼顾、衡平社会多元价值的任务,决定其无法偏向特定的利益取舍,均需在宪法的价值范围内,履行各自的宪法任务。具体来说,在市场经济体制下,民法的规范功能是提供活动组织的设立框架及从事市场交易所需的法律工具;而税法则是连结于其活动结果,并对其成果课税。基于上述的认识,税法的立法与解释应遵守下列守则:(1)除非另有社会或经济政策上的考量,税法应尽可能不干预私法自治所赖以运转的市场,或将其驱至特定的方向。(2)税法应尽可能尊重私法自治原则及契约自由原则,不要对于企业组织、融资方式及各种法律行为施以影响。税法的任务不在于替私人决定契约的内容、类型、方式。(3)税法在追求自己之目的及正义时,不得妨碍民法之建制的基础原则,以维护其规范机能:就私法自治事项,让私人自己决定,自己负责。②

(二) 税法属于财政法

税法作为一门独立的法学学科已经得到承认。就法律渊源与存在形式而言,在我国成文法典中,并没有一部法典名为税法。除开仅有几部名为"法"以外,更多以"暂行条例"③的形式出现,最常见的当数国家税务总局、财政部的发文、发函等形式各异的财税规范性文件。从内容上看,除专门以具体税目为规范对象的各种税法,以及适用于各种税法的《税收征收管理法》及其实施细则外,还有大量肩负财政目的,或财政目的之外的经济目的、社会目的而散置在财经或其他规范中与税有关的规定。不论具体税法是否兼有引导经济的任务,无对待给付而对纳税义务人或其他缴纳义务人课以给付税款的义务,明确显示其基于公权力对于基本权利之介入的特色。所以,规定税收之债的发生、稽征,违章行为之处罚的税法属于公法是毫无疑问的。④ "至于税法属于公法中的哪一个分支,各国的认识有些差异——法国、意大利和西班牙的学者一般认为税法是公共财政的一部分,因此将它与预算法放在一起研究,而德国学者更倾向于

---

① 参见梁上上:《制度利益衡量的逻辑》,载《中国法学》2012 年第 4 期。
② 参见黄茂荣:《法学方法与现代税法》,北京大学出版社 2011 年版,第 323 页。
③ 截至 2016 年 6 月,我国现行税收法律体系中,以"法律"出现的主要有《税收征收管理法》《企业所得税法》《个人所得税法》《车船税法》。以"暂行条例"的形式出现的主要有《增值税暂行条例》《营业税暂行条例》《消费税暂行条例》等。
④ 参见黄茂荣:《法学方法与现代税法》,北京大学出版社 2011 年版,第 294 页。

将税法作为行政法的一个分支看待,同时承认税法也可归入公共财政之下。"①总体而言,无论是从财政法与税法的概念,还是从各自的调整对象②上看,税法属于财政法范畴并无太大争议。

在我国,20世纪80年代的文献倾向于采用较广义的财政法概念,财政法一般由财政管理体制法、预算法、税法、国营企业财务、预算外资金管理、财政支出制度、基建投资制度、财政监督制度等构成。进入20世纪90年代以后,不仅会计法、审计法、基建投资法等日渐独立,税法也有逐步分化的趋势,大部分法学文献转而采用较狭义的财政法概念,财政法的体系一般包括财政法总则、财政管理体制法、国家预算法、国有资产管理法、公债法、税法、政府采购法、转移支付法和财政监督法等。依照财政的收入、管理和支出的分类,结合法学上的效力要求及功能定位,财政法的体系可以分为财政基本法、财政平衡法、财政预算法、财政支出法、财政收入法及财政监督法。③ 税法位居财政收入法体系,为财政收入法最为重要的组成部分。

三、税法与私法在宪法上协调

"整体法律秩序不应有价值判断矛盾的情形,税法对于其他法域的基本价值判断也不应加以破坏。因此,税法并非完全独立自主。税法和其他部门法一样,都在致力于贯彻宪法的基本价值判断。宪法规定的是一般的价值判断,如平等、自由等基本的价值观。"④整体法律秩序统一的理念,旨在贯彻统一的宪法秩序之下,整体法规范内部价值除不得与宪法的基本价值冲突外,也应尽力避免各自的矛盾存在,纵然出现矛盾的情事,也应依据宪法价值判断而积极调和。"由于宪法的一般价值判断过于抽象,距离操作的要求很远,所以不能作为裁判规范,不作为法院判案的直接依据。宪法的一般价值判断依赖于部门法来展开,在部门法上变成具体的价值判断,从而成为裁判规范。一般而言,民商法落实的是宪法的自由原则,而税法更多的是展开了宪法上的平等原则。"⑤实现宪

---

① 〔美〕维克多·瑟仁伊:《比较税法》,丁一译,北京大学出版社2006年版,第60—61页。
② 从形式层面看,财政法就是调整财政关系之法。从实质的层面出发,现代财政法是建立在民主宪政基础上、以增进全民福利和社会发展为目标、调整财政关系的法律规范的总称。财政法的调整对象既可以表述为一种财政行为,也可以表述为一种财政制度,还可以表述为一种财政关系。财政行为着眼于财政主体的动态过程,财政制度着眼于财政运转的外在环境,财政关系则着眼于财政现象的内在联系。参见刘剑文、熊伟:《财政税收法》(第五版),法律出版社2009年版,第3—7页。
③ 参见同上书,第10—13页。
④ 杨小强:《中国税法:原理、实务与整体化》,山东人民出版社2008年版,第12—13页。
⑤ 同上书,第13页。

法分配的平等课税重任,允许税法个别的存在价值及独立性是毋庸置疑的。为此,宪法授权税法有自行发展独特的概念,建构税收之债的构成要件、发生、变更等实体与程序规范等的权限。

难题随之出现,此种权限究竟应推至何种程度,方可既利于宪法价值在税法领域的落实,亦不至于侵扰其他法域规范。此等问题的抉择尤其要充分考量私法的制度或规范机能,因为私法作为市民社会与经济活动的基本制度,其规范的对象为税法所掌握并成为课税的对象,税法规制的对象其实就是私行为或私行为的经济效果。因此,税法确有自行创设概念和制度等权限,亦不可滥用、谨慎使用授权,仅当确有必要自行创设时方可独立创设,如私法已有资源供税法选择,又确实可以借鉴为其所用时,不必自行创设,以便更好地实现与其他法域,尤其是私法的衔接。基于整体法律秩序统一和谨慎授权理念,私法的概念与事实关系等多被税法移植①,或直接描述税收构成要件、或间接形成课税的原因事实,许多税法规定的词语明显是指向私法概念,它们在许多情况下都会适用。私法上的含义成为解释法律的起点。极富争议的问题是,根据法治原则,税法中的许多词语的解释能否超越私法上的本来意义。② 换句话说,税法对于私法概念与事实关系等究竟直接承接,抑或调整适用,税法对私法秩序与私法自治究竟应尊重至何种程度。问题的解决离不开整体法律秩序统一,税法与私法同为整体法体系的重要组成部分,彼此应统一于宪法的价值理念下,遇有冲突或歧异时,理应由宪法担负起整合及协调的任务。③

规范国家与人民关系的公法,以及规范人民之间的私法,本来各有其领域,而且在理念的形成与概念、制度的发展上,各有其脉络,应该不会有规范冲突的

---

① 具体集中于合同交易、婚姻家庭、继承与赠与、公司行为等规范,税法价值的实现直接依赖于上述行为的实现及经济效果的获取,但税收之债无对价的强制给付必然造成对私行为和私财产的侵入,严重者还会危及私法秩序,进而损及整体法律秩序的统一,如何实现税收之债对私法之债的承接与调整实属关键。

② 参见〔美〕休·奥尔特、〔加〕布赖恩·阿诺德等:《比较所得税法——结构性分析》(第三版),丁一、崔威译,北京大学出版社2013年版,第85页。

③ 将私法自治与纳税人基本权保障相结合作为衡量的标准是比较理想的选择,也符合宪法整合的思路。具体来说,如果移用的法律规范关乎宪法明文规定的纳税人基本权,可直接推定私法优于税法,税法应保持与私法的一致性理解;反之,税法原则上也应尊重私法形成事实,并承接为课税要件的前提,因为私法自治打通了税法与私法两大法域,肩负彼此融通、衡平的特殊使命。概而言之,在认定适时解释私法术语时,在不损及税法的主要目的下,须斟酌私法之立法目的,以最小损害目的与价值以确定所适用的规范。此外,以历史解释观测,税法移用私法规范当时并不见得已出现应做区别性理解的情事,立法者多半还是遵循私法规范的语义建构税法文本。考量法律目的性解释、历史解释与整体法律秩序统一理念,对税法借用的私法规范在税法中的解释宜作与其私法语境下的同一性理解,除非税法有追切的正当性理由,否则不应任意侵入私法秩序所植基的基础原则,任意扩张私法规范的语义服务于税法。进一步论述参见高军:《纳税人基本权研究》,苏州大学法学院2010年博士论文;葛克昌:《税法基本问题(财政宪法篇)》,北京大学出版社2004年版,第162页。

问题才对。但现代化与国家任务的扩大不仅改变了公法的内涵,间接也使公私法的功能起了变化,国家不论是为了更有效率的履行给付义务而利用私法,或减轻国库负担、逃避监督而"遁入"私法,私法的法人组织和契约的机制,都可能变成国家间接行政的工具。同样,本来应该由市场自己承担的制度营运成本,由交易当事人"内化"的交易成本,常常也因为经济规模扩张的太快,私法制度捉襟见肘而必须借用公法规范,于是公法也变成了私法的工具。作为管制与自治工具的公私法规范相互工具化。① 在此背景下,税法与私法虽具有不同的功能与角色定位,不同的规范工具与操作方法,但就宪法秩序及宪法任务的具体化而言,则仰赖彼此的互补与共同协力,税法与私法不过是扮演着实现一致的行政任务,规整于宪法底下的部分法律秩序而已。基于行政任务的一体性,税法与私法一同承担透过行政、立法及司法措施予以具体化的任务,税法与私法藉由连结关系而互补作用②,达成法体系的整合。

四、税法对私法承接与调整的法律叙事

现行税制下,税收之债直接或间接依存于私法概念术语、原则理念等的整理与贡献,按税法对私法援引的类型、程度,或直接承继,或处于稽征便宜、反避税等自身规范目的考量,对其调整,为税收立法的常见形式。税法规范与税收构成要件连结私法领域,重要体现为私法概念与术语、私法理念与原则、私法关系与事实、私法证据与方法多隐身于税法条文的具体解释、适用及再造等过程之中。本书以下分析直击现行税收法律法规,甚或税收规范性文件,从实体法与程序的角度观察税法对私法的承接与调整。

(一) 私法概念与术语的承接与调整

税收法定主义下,税收债务须由法定的税收主体、客体、客体的归属、税基、税率以及其他程序要件所构成,其中税收主体、客体与减免税等税收优惠措施,常使用与私法一致的概念与术语。税法引用与私法完全一致的概念与术语,若作为税收债务的构成要件,以下问题值得思考:税法究竟是借用私法概念与术语来描述税收构成要件?抑或是直接依存于私法的概念与术语及评价?如属

---

① 参见苏永钦:《寻找新民法》,北京大学出版社2012年版,第249—252页。
② 公法与私法的连结关系主要表现为:透过体系思维的规制关系而彼此连结;借由法律规范效应而连结;以适法要件而形成连结关系;藉由不同行政工具而连结。在此基础上,彼此构成功能和规范上的互补。但不管如何,为维护整体法律体系的统一,无论公法或私法,均须回溯宪法,以维持价值决定的一贯性。参见葛克昌:《税法基本问题(财政宪法篇)》,北京大学出版社2004年版,第148—155页。

前者,私法概念与术语的借用,不过在描述税收构成要件的典型及其类型特征,协助征纳双方机关,去认识税收构成要件所欲掌握的规范目的或经济实质而已;如属后者,私法行为(特别是不动产物权行为)本身就是课税客体,税法的解释、适用应继受私法概念、术语与评价结果,而私法权利、法律地位的得丧变更,亦直接影响税收债务的成立。① 不管作何理解,处于对契约自由的尊重,税法从私法上引入的概念与术语,如无特别说明,当应做与私法一致的理解,此种情境下,税法仅需对私法概念与术语承接即可。除非有特别的理由,方可对引入的私法概念与术语做有别于私法上的特别理解,对其进行调整。基于篇幅和能力所限,仅以与所得税法纳税主体与纳税责任密切相关的三组公司企业法的基本概念②与术语为例,剖析税法对私法概念与术语的承接与调整。

1. 营利法人与公益法人

营利法人与公益法人区分的主要依据是法人成立或活动的目的和宗旨,最关键之点不是看其是否进行经营和取得收益,而是看其对取得的收益如何分配和使用。公益法人取得的收益只能用于法人设立的宗旨和目的,而营利法人取得收益的主要目的是分配给其成员或社员。企业所得税法以此分类为基础,为了区分和界定企业所得税的征免界限,规定了非营利组织的收入为免税收入,并且规定了非营利组织确认的标准和条件。自此,公益法人的概念与理念顺利实现了从私法到税法的过度,也相应演变为非营利组织,其中既有私法的印记,更有税法的烙印。赋予非营利组织免税待遇更深层次的法理在于私法上公益法人之"公益性"理念,所得税法对符合免税条件的非营利组织③和符合

---

① 参见黄士洲:《税法对私法的承接与调整》,台湾大学法律研究所 2007 年博士学位论文,第 18—19 页。
② 参见王东山:《税收与民商法》,中国市场出版社 2009 年版,第 4—9 页。
③ 《关于非营利组织免税资格认定管理有关问题的通知》(财税[2009]123 号)第 1 条规定:"依据本通知认定的符合条件的非营利组织,必须同时满足以下条件:(一)依照国家有关法律法规设立或登记的事业单位、社会团体、基金会、民办非企业单位、宗教活动场所以及财政部、国家税务总局认定的其他组织;(二)从事公益性或者非营利性活动,且活动范围主要在中国境内;(三)取得的收入除用于与该组织有关的、合理的支出外,全部用于登记核定或者章程规定的公益性或者非营利性事业;(四)财产及其孳息不用于分配,但不包括合理的工资薪金支出;(五)按照登记核定或者章程规定,该组织注销后的剩余财产用于公益性或者非营利性目的,或者由登记管理机关转赠给与该组织性质、宗旨相同的组织,并向社会公告;(六)投入人对投入该组织的财产不保留或者享有任何财产权利,本款所称投入人是指除各级人民政府及其部门外的法人、自然人和其他组织;(七)工作人员工资福利开支控制在规定的比例内,不变相分配该组织的财产,其中:工作人员平均工资薪金水平不得超过上年度税务登记所在地人均工资水平的两倍,工作人员福利按照国家有关规定执行;(八)除当年新设立或登记的事业单位、社会团体、基金会及民办非企业单位外,事业单位、社会团体、基金会及民办非企业单位申请前年度的检查结论为"合格";(九)对取得的应纳税收入及其有关的成本、费用、损失应与免税收入及其有关的成本、费用、损失分别核算。"

第二章 税法与私法的一般法理

条件的非营利组织的免税收入①设定严格的条件、标准和范围即是最好的注释。

2. 本国公司与外国公司

依公司的国籍不同,可以把公司分为本国公司和外国公司。本国公司是依据我国的法律在我国境内设立的公司。外国公司是指依照外国法律在中国境外设立的公司。② 企业所得税法中规定的居民企业和非居民企业的概念,与公司企业法中本国公司和外国公司相对应。居民企业和非居民企业承接公司法上的本国公司和外国公司概念,区分的依据以公司设立依据的法律和登记注册的设立地点为基础,但在此基础上,增加了虽然依照外国(地区)法律成立但实际管理机构③在中国境内的企业,即在设立时的准据法和登记地之外,增加了实际控制标准。④ 因此而致的效果,除了由本国公司与外国公司界分所演绎出的居民税收管辖权之外,还涉及更为关键的企业纳税义务的范围,乃至税率。具体至我国企业所得税法,其秉承国际税法的一般理念,居民企业负有无限的纳税义务,就其境内外的全部所得缴纳企业所得税。非居民企业负有有限的纳税义务,仅就其来源于本国的所得缴纳企业所得税。⑤ 此外,税法赋予在中国境内未设立机构、场所的,或者虽设立机构、场所但取得的所得与其所设机构、场所

---

① 《关于非营利组织企业所得税免税收入问题的通知》(财税[2009]122号)第1条规定:"非营利组织的下列收入为免税收入:(一)接受其他单位或者个人捐赠的收入;(二)除《中华人民共和国企业所得税法》第七条规定的财政拨款以外的其他政府补助收入,但不包括因政府购买服务取得的收入;(三)按照省级以上人民政、财政部门规定收取的会费;(四)不征税收入和免税收入孳生的银行存款利息收入;(五)财政部、国家税务总局规定的其他收入。"

② 我国《公司法》第191条规定:"本法所称外国公司是指依照外国法律在中国境外设立的公司。"

③ 我国《企业所得税法实施条例》第4条规定:"企业所得税法第二条所称实际管理机构,是指对企业的生产经营、人员、账务、财产等实施实质性全面管理和控制的机构。"第5条规定:"企业所得税法第二条第三款所称机构、场所,是指在中国境内从事生产经营活动的机构、场所,包括:(一)管理机构、营业机构、办事机构;(二)工厂、农场、开采自然资源的场所;(三)提供劳务的场所;(四)从事建筑、安装、装配、修理、勘探等工程作业的场所;(五)其他从事生产经营活动的机构、场所。非居民企业委托营业代理人在中国境内从事生产经营活动的,包括委托单位或者个人经常代其签订合同,或者储存、交付货物等,该营业代理人视为非居民企业在中国境内设立的机构、场所。"

④ 我国《企业所得税法》第2条规定:"企业分为居民企业和非居民企业。本法所称居民企业,是指依法在中国境内成立,或者依照外国(地区)法律成立但实际管理机构在中国境内的企业。本法所称非居民企业,是指依照外国(地区)法律成立且实际管理机构不在中国境内,但在中国境内设立机构、场所的,或者在中国境内未设立机构、场所,但有来源于中国境内所得的企业。"

⑤ 我国《企业所得税法》第3条规定:"居民企业应当就其来源于中国境内、境外的所得缴纳企业所得税。非居民企业在中国境内设立机构、场所的,应当就其所设机构、场所取得的来源于中国境内的所得,以及发生在中国境外但与其所设机构、场所有实际联系的所得,缴纳企业所得税。非居民企业在中国境内未设立机构、场所的,或者虽设立机构、场所但取得的所得与其所设机构、场所没有实际联系的,应当就其来源于中国境内的所得缴纳企业所得税。"

没有实际联系的非居民企业以差别税率。①

3. 母子公司与总分公司

在总公司与分公司的法律关系中,只存在一个独立的公司法人,即总公司。在日常的经营活动中,总公司和分公司通常使用同一个名义从事经济活动,对外承担法律责任的只能是总公司。与分公司不同,子公司的独立法人资格是不容置疑的,子公司可以自己的名义对外从事经营活动、起诉、应诉,还可以其全部资产承担法律责任。② 从公司企业法的角度划分母子公司和总分公司的目的主要是确定法律责任的归属,即是否拥有法人地位,直接决定了民商事法律责任的归责主体。法人地位的拥有而否,直接关乎企业所得税的征收和管理方式。母子公司由于都是独立的公司法人,应当独立进行税务处理。而对于跨地区经营的总分公司,一般应采取汇总纳税的征管办法③。企业所得税针对母子公司与总分公司不同的征管方式,根源在于其承接了公司法上母子公司与总分公司的概念与术语,以及相伴相生的法律属性。

(二) 私法理念与原则的承接与调整

在税法立法本位转变为在实现国家公共职能的同时,充分保障纳税人权利的前提下,在税法中运用私法基本原则成为值得探讨的新问题。④ 以诚实信用原则为例,诚实信用原则起源于私法,特别是民法,但在税法上能否适用诚实信用原则,学术界争论颇多。肯定诚实信用原则适用于税法者,主要理由植基于公私法融合的理论基础、税收债务关系说的确立、税收诚信缺失的状况以及诚信原则的功能等。对诚信原则适用于税法持怀疑态度者,认为私法上多为任意性规定,公法上多为强行性规定,法律规定的就必须严格遵守,实行严格的法定主义;而诚实信用原则在于补充法律的不足,因此若将诚实信用原则适用于公法,必然会破坏公法的严格性,为公权力的扩张提供途径。更多的担忧在于,诚实信用原则的适用,可能造成对税法的解释或扩大或缩小,这显然与税收法定

---

① 我国《企业所得税法》第4条规定:"企业所得税的税率为25%。非居民企业取得本法第三条第三款规定的所得(非居民企业在中国境内未设立机构、场所的,或者虽设立机构、场所但取得与其所设机构、场所没有实际联系的所得),适用税率为20%。"

② 我国《公司法》第14条规定:"公司可以设立分公司。设立分公司,应当向公司登记机关申请登记,领取营业执照。分公司不具有法人资格,其民事责任由公司承担。公司可以设立子公司,子公司具有法人资格,依法独立承担民事责任。"

③ 我国《跨地区经营汇总纳税企业所得税征收管理暂行办法》第2条规定:"居民企业在中国境内跨地区(指跨省、自治区、直辖市和计划单列市,下同)设立不具有法人资格的营业机构、场所(以下称分支机构)的,该居民企业为汇总纳税企业(以下称企业),除另有规定外,适用本办法。"

④ 参见席晓娟:《略论民法基本原则的税法适用》,载《河北法学》2008年第5期。

第二章　税法与私法的一般法理

主义精神相背,将对税收法定主义产生挑战,因此,租税法适用诚信原则之下,应如何与税收法定原则间取舍与调整亦为重要问题。① 税法上有关诚实信用之学说、判例的发展,也如同税法学本身的发展一样,呈持续地辩证法式地发展。税法上明文规定诚实信用原则者,瑞士便为一例。但如德国、奥地利等国家,一般均无此等规定。日本之税法上,也无使用"诚实信用"文字,虽系如此,透过法规范将个别的诚实信用原则予以纳入,此于税法上却颇为多见。在日本税法,唯此等规定不致皆不利于纳税义务人,如排除适用课税上优惠规定便是。反之,当课税权者对纳税义务人为背信行为时,却无任何的反制规定。② 具体至我国税法,诚实信用原则得到一定程度的认可,主要以信赖保护和权利失效③为适用类型。

信赖利益的保护隐含于我国现行《税收征收管理法》第52条第1款④中,根据该款规定,因税务机关的责任致使纳税人、扣缴义务人未缴或少缴税款的,税务机关可以在3年内要求补缴,但不得加收滞纳金。换句话说,因税务机关的行为,纳税人、扣缴义务人基于信赖而作出未缴或少缴的行为,税务机关不得加收滞纳金,其信赖利益应该得到尊重。但此种尊重仅限于滞纳金,即使因税务机关的责任,致使纳税人、扣缴义务人未缴或者少缴税款的,税务机关在3年内仍可以要求纳税人、扣缴义务人补缴税款。由此可见,现行税法对信赖保护是有所保留的,即在滞纳金方面给予信赖保护,但税款本金不给予信赖保护待遇。权利失效包括税收债权人的权利失效和税收债务人的权利失效。税收债权人的权利失效意味着税务机关行使税收债权,有期限限制,超过该限制期限,税收债权即丧失,即称为税收权利人的权利失效。对于税收债务人而言,其权利失效主要表现为不当得利返还请求权的行使,即纳税人必须在3年内主张权利,否则其权利行将失效。双方的权利失效分别规制于我国现行《税收征收管理

---

① 相关论述包括但不限于:包子川、李初仕、陈光宇:《诚实信用原则与税收法定主义原则》,载《税务研究》2002年第8期;侯作前:《论诚实信用原则与税法》,载《甘肃政法学院学报》2003年第4期;苏如飞:《论诚实信用原则的税法适用》,载《经济研究导刊》2007年第10期;邵伟杰:《诚实信用原则在税法上的适用探讨》,载《税务研究》2010年第4期。

② 参见杨小强:《税法上的诚实信用原则》,http://www.cftl.cn/show.asp?a_id=931,2015年12月10日访问。

③ 税法上的权利失效制度亦可谓系从法治国家思想所导出的信赖保护的特殊形态,为禁反言的下位案型。由于权利失效乃是诚实信用原则的特别适用情形,故有谓与诚信原则的情形相同,其适用对象乃是具体的税收法律关系的当事人。

④ 我国《税收征收管理法》第52条第1款规定:"因税务机关的责任,致使纳税人、扣缴义务人未缴或者少缴税款的,税务机关在三年内可以要求纳税人、扣缴义务人补缴税款,但是不得加收滞纳金。"

法》第52条①和第51条②。

(三) 私法关系与事实的承接与调整

税法条文未明确援引私法概念与术语,但税收债务的成立、变动或消灭不得不依赖于私法关系和事实的前提确立。私法关系的内容、变动或悬而未决,私法事实的存在而否等,直接影响到税收债务的存在及其范围。私法关系和事实作为税收债务的前提情形,税法上俯仰可拾,仅以继承土地、房屋权属、个人无偿受赠房屋、无偿赠与不动产方面的规定为说明(如表2.1所示)。

表2.1 无偿受赠房屋、无偿赠与不动产涉税规范摘选

税法	适用情形	定性	税法处理
国税函〔2004〕1036号	法定继承人(包括配偶、子女、父母、兄弟姐妹、祖父母、外祖父母)继承土地、房屋权属	继承行为	不征契税
	非法定继承人根据遗嘱承受死者生前的土地、房屋权属	赠与行为	应征契税
财税〔2009〕78号	房屋产权所有人将房屋产权无偿赠与配偶、父母、子女、祖父母、外祖父母、孙子女、外孙子女、兄弟姐妹	无偿赠与	当事双方不征个人所得税
	房屋产权所有人将房屋产权无偿赠与对其承担直接抚养或者赡养义务的抚养人或者赡养人		
	房屋产权所有人死亡,依法取得房屋产权的法定继承人、遗嘱继承人或者受遗赠人		
	房屋产权所有人将房屋产权无偿赠与他人的	无偿受赠	受赠人按其他所得征个人所得税

---

① 我国《税收征收管理法》第52条规定:"因税务机关的责任,致使纳税人、扣缴义务人未缴或者少缴税款的,税务机关在三年内可以要求纳税人、扣缴义务人补缴税款,但是不得加收滞纳金。因纳税人、扣缴义务人计算错误等失误,未缴或者少缴税款的,税务机关在三年内可以追征税款、滞纳金;有特殊情况的,追征期可以延长到五年。对偷税、抗税、骗税的,税务机关追征其未缴或者少缴的税款、滞纳金或者所骗取的税款,不受前款规定期限的限制。"

② 我国《税收征收管理法》第51条规定:"纳税人超过应纳税额缴纳的税款,税务机关发现后应当立即退还;纳税人自结算缴纳税款之日起三年内发现的,可以向税务机关要求退还多缴的税款并加算银行同期存款利息,税务机关及时查实后应当立即退还;涉及从国库中退库的,依照法律、行政法规有关国库管理的规定退还。"

(续表)

税法	适用情形	定性	税法处理
财税[2016]36号附件3	无偿赠与配偶、父母、子女、祖父母、外祖父母、孙子女、外孙子女、兄弟姐妹	无偿赠与不动产、土地使用权	免征增值税
	无偿赠与对其承担直接抚养或者赡养义务的抚养人或者赡养人		
	房屋产权所有人死亡,依法取得房屋产权的法定继承人、遗嘱继承人或者受遗赠人		

由上表可以看出私主体之间的土地与房屋权属的继承、房屋与不动产的赠与及受赠是否导致税收债务的产生取决于私法关系和事实的满足与否。受制于配偶、父母、子女、祖父母、外祖父母、孙子女、外孙子女、兄弟姐妹的事实认定,抚养或者赡养关系的甄别以及土地、房屋所有人死亡时法定继承人、遗嘱继承人或者受遗赠人的确立。如果属于私法正常的目的,且不违背税收法律、行政法规,税法理应承接,反之则应作出调整。① 为此,当事人在办理免税或不征税手续时,税法有权审核私法关系与事实的真实性、合法性,当事人必须予以协助②,否则无权享受免税或不征税待遇。

---

① 我国《税收征收管理法实施细则》第3条规定:"任何部门、单位和个人作出的与税收法律、行政法规相抵触的决定一律无效,税务机关不得执行,并应当向上级税务机关报告。纳税人应当依照税收法律、行政法规的规定履行纳税义务;其签订的合同、协议等与税收法律、行政法规相抵触的,一律无效。"

② 《关于个人无偿受赠房屋有关个人所得税问题的通知》(财税[2009]78号)第2条规定:"赠与双方办理免税手续时,应向税务机关提交以下资料:(一)《关于加强房地产交易个人无偿赠与不动产税收管理有关问题的通知》(国税发[2006]144号)第一条规定的相关证明材料;(二)赠与双方当事人的有效身份证件;(三)属于本通知第一条第(一)项规定情形的,还须提供公证机构出具的赠与人和受赠人亲属关系的公证书(原件);(四)属于本通知第一条第(二)项规定情形的,还须提供公证机构出具的抚养关系或者赡养关系公证书(原件),或者乡镇政府或街道办事处出具的抚养关系或者赡养关系证明。税务机关应当认真审核赠与双方提供的上述资料,资料齐全并且填写正确的,在提交的《个人无偿赠与不动产登记表》上签字盖章后复印留存,原件退还提交人,同时办理个人所得税不征税手续。"《关于个人金融商品买卖等营业税若干免税政策的通知》(财税[2009]111号)第6条规定:"属于本通知第二条规定情形的个人,在办理免税手续时,应根据情况提交以下相关资料:(一)《关于加强房地产交易个人无偿赠与不动产税收管理有关问题的通知》(国税发[2006]144号)第一条规定的相关证明材料;(二)赠与双方当事人的有效身份证件;(三)证明赠与人和受赠人亲属关系的人民法院判决书(原件)、由公证机构出具的公证书(原件);(四)证明赠与人和受赠人抚养关系或者赡养关系的人民法院判决书(原件)、由公证机构出具的公证书(原件)、由乡镇人民政府或街道办事处出具的证明材料(原件)。税务机关应当认真审核赠与双方提供的上述资料,资料齐全并且填写正确的,在提交的国税发[2006]144号文件所附《个人无偿赠与不动产登记表》上签字盖章后复印留存,原件退还提交人,同时办理营业税免税手续。"

(四) 私法证据与方法的承接与调整

我国现行税法除增值税法要求纳税人获取合法统一发票作为抵扣凭证外，原则上不再创设自身专属的证据与方法，而是视待证事实的性质，援引私法上的证明文件，来判断作为税收债务前提要件的私法关系与事实是否存在，进而确立税收债务的成立而否。从此角度而言，私法的证据、方法与税法的适用，构成一定程度的共通性。不过，因私法自治而生的私法证据与方法，税法是否当然承接？抑或依据职权调查而做调整？一般来说，由于私法的证明文件系当事人合意而为，是否符合客观事实，税务机关多从公平课税与实质课税的角度，判断以职权调查或纳税人协力提供的证据资料，其证明力如何。对于经公证或第三人认证的文件，诸如其他行政机关、法院文书、公证书或银行往来证明文件等，直接承接至税法适用概率较大，除此之外，则多持谨慎态度。

以我国企业所得税法上的资产损失认定为例。企业所得税法仅仅强调损失的关联性和合理性[①]，在此基础上，企业所得税法实施条例采取"列举式立法"，将税前可以扣除的损失直接列明[②]，《企业资产损失所得税税前扣除管理办法》则进一步重申损失的合理性[③]。税务机关通过纳税人的申报材料及其相关证据，据以判定损失的关联性与合理性。[④] 税法并未创设损失认定的证据与方法，而是通过设定纳税人的协力义务，要求纳税人提供可以证明税法上的损失认定而否的私法证据与方法。依据《企业资产损失所得税税前扣除管理办法》第16条的规定，纳税人用以证明企业资产损失的相关证据包括具有法律效力的外部证据和特定事项的企业内部证据。依据该《管理办法》第17条和第18

---

① 我国《企业所得税法》第8条规定："企业实际发生的与取得收入有关的、合理的支出，包括成本、费用、税金、损失和其他支出，准予在计算应纳税所得额时扣除。"

② 我国《企业所得税法实施条例》第32条第1款规定："企业所得税法第八条所称损失，是指企业在生产经营活动中发生的固定资产和存货的盘亏、毁损、报废损失，转让财产损失，呆账损失，坏账损失，自然灾害等不可抗力因素造成的损失以及其他损失。"

③ 我国《企业资产损失所得税税前扣除管理办法》第3条规定："准予在企业所得税税前扣除的资产损失，是指企业在实际处置、转让上述资产过程中发生的合理损失（以下简称实际资产损失），以及企业虽未实际处置、转让上述资产，但符合《通知》和本办法规定条件计算确认的损失（以下简称法定资产损失）。"

④ 我国《企业资产损失所得税税前扣除管理办法》第5条规定："企业发生的资产损失，应按规定的程序和要求向主管税务机关申报后方能在税前扣除。未经申报的损失，不得在税前扣除。"第7条规定："企业在进行企业所得税年度汇算清缴申报时，可将资产损失申报材料和纳税资料作为企业所得税年度纳税申报表的附件一并向税务机关报送。"第15条规定："税务机关应按分项建档、分级管理的原则，建立企业资产损失税前扣除管理台账和纳税档案，及时进行评估。对资产损失金额较大或经评估后发现不符合资产损失税前扣除规定、或存有疑点、异常情况的资产损失，应及时进行核查。对有证据证明申报扣除的资产损失不真实、不合法的，应依法作出税收处理。"

第二章 税法与私法的一般法理

条的规定,具有法律效力的外部证据,是指司法机关、行政机关、专业技术鉴定部门等依法出具的与本企业资产损失相关的具有法律效力的书面文件,主要包括:(1)司法机关的判决或者裁定;(2)公安机关的立案结案证明、回复;(3)工商部门出具的注销、吊销及停业证明;(4)企业的破产清算公告或清偿文件;(5)行政机关的公文;(6)专业技术部门的鉴定报告;(7)具有法定资质的中介机构的经济鉴定证明;(8)仲裁机构的仲裁文书;(9)保险公司对投保资产出具的出险调查单、理赔计算单等保险单据;(10)符合法律规定的其他证据。特定事项的企业内部证据,是指会计核算制度健全、内部控制制度完善的企业,对各项资产发生毁损、报废、盘亏、死亡、变质等内部证明或承担责任的声明,主要包括:(1)有关会计核算资料和原始凭证;(2)资产盘点表;(3)相关经济行为的业务合同;(4)企业内部技术鉴定部门的鉴定文件或资料;(5)企业内部核批文件及有关情况说明;(6)对责任人由于经营管理责任造成损失的责任认定及赔偿情况说明;(7)法定代表人、企业负责人和企业财务负责人对特定事项真实性承担法律责任的声明。

由此可以看出,税法虽将资产损失认定的证据与方法交由私法处置,但其对私法证据与方法的认定十分谨慎。外部证据因部门沟通与专业分工等致使税务机关审核难度加大,故其要求纳税人提供的外部证据是已经发生法律效力的证据,既提高审核效率,又恰当地转移了审核失当风险。至于内部证据,不管是原始凭证,还是业务合同,抑或鉴定文件或资料,都与税务机关的业务相吻合,纵然出现特殊事项,仍可要求纳税人出具法定代表人、企业负责人和企业财务负责人对特定事项真实性承担法律责任的声明。倘若纳税人提交的材料与证据真实、确凿,税法当然应予认定。值得探讨的是,税法藉由私法证据方法,探求课税事实的存在与否,倘若纳税人提出对其有利的私法文书证据,税务机关如欲否定其关于课税事实的证明力,即面临以下问题[1],有待探讨:(1)税务机关应基于何理由,始可认为当事人所提出的私法文书证据欠缺足够的证明力?(2)私法文书证据如为其他公权力机关作成或验证,对于课税事实而言,是否发生类似确认效力或构成要件拘束力?而应为税务机关所尊重。(3)税务机关否定当事人所提出的私法文书证据时,应否负担反证的证明责任?[2]

---

[1] 参见黄士洲:《税法对私法的承接与调整》,台湾大学法律研究所2007年博士学位论文,第30页。

[2] 三个问题聚焦税法的两大重要功能,即税法的财政功能和纳税人权利保护功能,问题的答案随着一国税收法治的进展也会有所偏差。具体到当前的中国实践,我们以为:第一个问题税务机关断不可强权认定,应更多的用证据法的规则予以解释,可借鉴最高人民法院《关于民事诉讼证据的若干规定》(法释[2001]33号)第50条围绕证据的真实性、关联性、合法性,针对证据证明力有无以及证明力大小进行质疑、说明与辩驳;第二个问题,现行法律并未有明确规定,但根据《税收征收管理法实施细则》第3条和《企业所得税法》第21条的立法精神,税务机关有权作出不予认可的决定;第三个问题,依据举证责任的配置原理,税务机关应该对否定纳税人的私法证据与方法予以证明。

(五)所得:税法承接与调整私法的桥梁

长期以来,税法被认为是聚敛财政的公法范畴,而私法为平等主体之间财产关系的调节器,两者之间缺乏实际的联系。事实恰相反,税法决非与私法隔离。税法赖以调整的应税所得是私法调整的结果,没有私法的先行调整,税法绝无所得可应税。由此可见,所得亦如桥梁,沟通着桥之一端的税法和另一端的私法。

1. 所得在私法和税法之间

私法主体参与市场活动,获取经济收入,此时私法上的所得即告产生。此种收入是私法主体在一定的时间和一定的市场交易中获致的收入,既可能是履行合同所致的收入,亦可是进行一般的私法行为获得的收入。收入既可以货币形态,亦可以是实物形态,甚至可以是可量化的权利形态。共同的特点便是:私法主体获取收入的整个流程均受到私法的"监控"和"规制"。私法上的所得,一般意指实际费用减除后的所得,如捐赠的费用、广告的费用等等费用,对于私法主体而言,私法所得为纯所得。对于税法上的应税所得,各国税法学界乃至国际所得税法学界至今仍众说纷纭,尚无统一定论。主要代表性的观点有:"流量学说""周期性学说""净增值税"和"所得源泉说"四种。[①] 从数量上看应税所得是纳税人的收入减去税法上允许扣除的费用。[②] 税法允许扣除的费用与私法上的实际费用并不完全一致。比如,捐赠和广告的费用超标准的部分在私法上确实属于实际已经发生的费用,但税法却全然不顾。"这其中充分体现了作为公法的税法对纳税人的私法活动的干预和影响。这种干预使得所得税中的所得并非纳税人的真正所得,允许扣除的数额有可能会小于纳税人实际承担的费用。但是总体而言,对于必要费用和成本的扣除,充分表明对于所得征税不涉及对纳税人的财产本身征税,而仅仅是对纳税人财产的自然孳息或法定孳息征税。"[③]

2. 所得差异背后的法律判断

之所以出现私法上的所得与税法上的所得不一致的境况,根源在于各私法主体在获取私法所得的过程中由于能力等人为因素,往往导致费用的过渡支出,此时税法的干预并应运而生。税法上的所得以私法所得为基准,但又不完全依赖于私法上的所得标准。在"同一所得"中,税法与私法调整的是同一个交

---

① 参见刘剑文:《国际所得税法研究》,中国政法大学出版社2000年版,第48—51页。
② 我国《企业所得税法》第5条规定:"企业每一纳税年度的收入总额,减除不征税收入、免税收入、各项扣除以及允许弥补的以前年度亏损后的余额,为应纳税所得额。个人所得税法也有类似的规定。"
③ 徐蓉:《从所得税与民法的联系论和谐税收关系的建立》,载《河南省政法管理干部学院学报》2007年第3期。

易行为,属于不同法律的两次进入。但不同的法律有不同的目的与分工,既相互协力,又有不同追求。体现了税法对私法的基本尊重。但私法奉行契约自由,私法的内容变化万千;而税法严苛法定主,相对固定与保守,便利于当事人的经济安排与预期。如果税法对私法亦步亦趋,保持步调一致,则私法主体可能会蓄意利用有利优势,减少应税所得,从而减轻纳税义务。直接的结果便是:相同的交易行为或交易效果,由于私法主体的人为安排的外在表面形式不同,出现不同的税收负担,影响课税的平等性与公平性。以税收公平和平等赋税要求,为杜绝上述境况的发生。税法在私法面前应保持一定的独立性和自身稳定的独立判断,遵从私法又不完全依赖私法,才不至于在纷繁的私法世界中迷失,最终实现法律上的不同使命。

五、税法承接与调整私法的类型化构造

民事主体经常利用契约自由,滥用民事行为的形成可能性,实施虚伪行为与脱法行为,导致合同的大量扭曲,从而达到规避税收之企图。契约自由成为了税收规避的可能工具。正如德亨泽尔所强调的,税法应当是与私法相衔接的一门公法,课税构成要件和私法概念形式相联系。为此,原则上应从税收概念和私法概念相一致的立场解释税法。在税法中如何使用私法概念应由立法者规定,在立法未作特别规定时,不应由法院或行政机关自由裁量。税法上所使用的概念,除非税法另有明文,不得为私法不同的解释,以维持法律秩序的统一性。[①] 但源自私法的概念术语、原则理念等若难以与税法完全对接,偏离典型私法行为的课税概念术语、原则理念等,则势必造成纳税人认识、适用税法的困难,也对公民的私法行为及经济活动形成一定程度的干预或不当诱导。[②] 税法

[①] 参见〔日〕北野弘久:《税法学原论》(第四版),陈刚、杨建广等译,中国检察出版社2001年版,序言。

[②] 解决此种困惑,应着力解决好税法对私法的承接与调整,顺利实现税收之债与私法之债的衔接。以私人财产权的保护为例,私人财产权的尊重与保护已成为现代社会法治化的重要课题。私人财产权入宪,更凸显其作为基本人权的重要价值。私人财产权行使过程中所遭遇的,显然不仅是平等主体对其权利行使的妨碍,更可能面临来自国家征税权的强制性侵夺。征税权与私人财产权的冲突更可能是先于私人财产权之间的争议存在的。私人财产权的确立关系个人自由与社会经济的发展,而征税权更关系国家整体运作与国民公共产品的提供,两者并无实质的优劣之别。一部现代宪法制定的中心问题,乃在于协调公益与私益的紧张关系,并建立制度与程序,以确保其平衡状态的维护。因此,限制征税权对私人财产权的过度侵害,进而划定私人财产权的自由领域便成为税法与私法所共同的价值追求。正是基于这一共同的价值追求,税法与私法之间应当相互承接与调整,形成私人财产权完整的规范保护链条。参见刘军宁:《自由与社群》,生活・读书・新知三联书店1998年版,第145—146页;刘剑文:《私人财产权的双重保障——兼论税法与私法的承接与调整》,载《河北法学》2008年第12期。

对私法以承接为原则,调整为例外几无争议。但何种情形承接、何种领域调整,不仅纳税人无所适从,业已影响到税收执法,甚至税收司法。在对现行税法援引私法概念术语、原则理念等实证考量的基础上,对税法与私法的承接与调整进行类型化建构,有助于纳税人、执法者,甚至司法者"拨开云雾见天日"。

(一) 受制因素与制度约束

形式与实质的分野导致税法在调整私法的过程中将无可避免地干预契约自由,人民的契约自由不得不尊重,而避税行为也不得不管制;一厢是意思自治,一厢是税收法定,两者间并没有可以调和的境地,所能寻找的出路只在于如何在规制避税行为时最少地干预人民的自由。此时,如同大多数法治国家,在授予税务机关干预权时,必须对其权限作出详细而明确的规定,以防止其权力滥用而导致对公民自由的不当侵害。我们所必须面对的问题不在于如何调和二者间的冲突,而是怎么样将冲突减少。法治社会总是倾向于更大程度地保障人民的自由而限制公权的运用。我们只能缩小公权的范围来减少私权与公权间的冲突,也就是说我们必须将"税法对私法调整"限定在一个非常有限的范围内,使其能够有效地保障税法制度正常运作,但又不扰乱市场主体的自由选择。

1. 文义解释与目的解释

当税法借用私法的概念术语、原则理念或法律关系等,因法域之间的"隔阂"与立法技术的制约,解释不可避免,更攸关承接,抑或调整。税法解释的问题交叉存在于立法领域和税法实施领域,它涉及不同的国家职能,如税法立法职能、税法审判职能、税法检察职能和税法行政职能等,但不同领域的税法解释具有不同特性,具体解释、抽象解释和税法中的解释各有不同。总的来说,由于税收法律的缺失、行政机关权力的无限制行使以及立法机关近乎放任的授权[①],加之税法本身所具有的经济性、技术性和复杂性以及税法解释体制的缺陷等,在税法解释领域,税法行政解释已经占据了最主要的地位,税法行政解释难受制约和审查地自由发展,实际上起到了"准立法"的作用,并且常常以政策作为解释依据。[②] 其实,行政机关对税法解释无可非议。随着行政目的的多样化与给付行政的比重增加,现代意义上的依法行政,不必再仅以形式上的"法律"为

[①] 2012年"两会"期间,全国人大代表赵冬苓建议"全国人大收回税收立法权",并成功获得31位全国人大代表的联署签名,形成合法议案。将《关于终止授权国务院制定税收暂行规定或者条例的议案》正式上交本届全国人民代表大会议案组,此举引起了各界的广泛支持,激发了专家学者、社会民众对人大授权立法,甚至税收立法权的热烈讨论。

[②] 参见孙健波:《税法解释研究——以利益平衡为中心》,法律出版社2007年版,第222—223、225、234页。

第二章 税法与私法的一般法理

依据,而更依据实质的法规范,除了法律有明文禁止的规定外,行政权得依其主动、自动的特质发挥其分权论①上制度的功能。② 为此,甚至有学者预言:"在我国,随着法制的逐步健全和向法治社会的逐步迈进,立法解释越来越失去存在的必要性和合理性,司法解释和行政解释必将取代立法解释而称霸天下!"③

对引入的私法概念术语、原则理念或法律关系等作何解释,甚为困难。一方面,文义解释作为所有法律适用的起点,也最切合立法者的本意,理由优先适用。一般而言,无论是明示或默示,作为税收构成要件或关联因素时,税法宜通过文义解释,以承接私法概念、事实评价为原则。但另一方面,法律解释要符合时代的要求,而不是单纯沉湎于文字之中,也不是从久远之前的立法资料中寻求所谓立法者的本意,这只不过是影子而已。过分地局限于文字和立法资料必然是对法律精神的违背,也在根本上有碍于法律之立法者的初衷。毕竟,法律解释不是要回顾遥远的过去,而是要面对当下的现实,这里的基本格调应该是目的性的,而不是历史性的。任何法律解释如果离开了其目的性的考量,就难以在现实的活动中找到有利的根基。当然目的性是个范围很广泛的概念,它除了现实的社会需要之外,还有许多价值的因素,而法律解释不仅要符合现实的需要,而且要符合现实中价值的整体性目的的要求。④ 概而言之,"仅仅从历史的角度,说明立法时法律的原意,应该说是不够的。因为,对法律的解释是为法律在现实中的运用服务的,这就要求法律解释工作将历史与现实结合起来,既考虑法律制定时的历史条件和历史要求,又考虑社会经济政治状况的变化。其中,现实的需要是两者统一的基础。"⑤税法对私法概念术语、原则理念或法律关系的解释受制于行政机关对税法目的把握。按照一般的观点,税法的目的应当不同于税收的目的,税收的目的主要集中在财政与经济方面,而税法的目的则是保护人民的权利。这既符合现代法治国家的法治理念,也符合现代民主思想的要求。我国目前还没有制定税收基本法,税法的立法目的主要体现在《税收

---

① 同国家权力"控制功能"与"协调功能"的平衡相一致,立法和法律实施两分的传统格局已经被打破,出现了两者交汇、兼有立法和实施性质的活动,从而大致形成一种三分格局——立法活动、实施活动和交叉活动。参见孙健波:《税法解释研究——以利益平衡为中心》,法律出版社 2007 年版,第 234 页。
② 参见城仲模:《行政法之基础理论》,台湾三民书局 1991 年版,第 12、23、898 页。
③ 张弘、张刚:《行政解释论——作为行政法之适用方法意义探究》,中国法制出版社 2007 年版,第 41 页。
④ 参见武建敏、张振国:《当代法治视域下的民法实现》,中国检察出版社 2006 年版,第 230—231 页。
⑤ 张文显:《法理学》,高等教育出版社 2003 年版,第 330 页。

征收管理法》第1条①中。从该条规定看,我国税法的立法目的主要有四:财政目的、纳税人权利保障目的、经济政策目的和社会政策目的。立法将税收的目的与税法的目的交织在一起,并且以税收的财政目的为第一位,从而冲淡了税法保护人民权利的目的。② 在这种理念下,税法解释就会受制于经济思维,而非法学思维。

2. 量能课税与稽征便宜

税法对私法概念术语、原则理念或法律关系等进行调整,意欲实现目的主要有二,其一,贯彻纳税人之间的平等课税,实现税法的分配正义观;其二,考虑稽征便利。税法,尤其是所得税法与财产税法,纳入税法予以调整的并非仅有私法外衣,更重要的在于其依附有负担能力的经济事实,对此类私法概念术语、原则理念或法律关系等进行调整,只不过是借由经济观察法或实质课税原则调整私法所形成法律事实,本质仍是通过税法的目的性解释,以实现平等课税与分配正义的立法追求。至于基于稽征便宜考量,来调整私法形成的法律关系,更多可从比例原则处寻求理论探源。

具体来说,税法作为整体法律体系的一环,税款的课征不仅要体现形式上的正义,更重要的是税法执行过程及结果均须符合分配正义与税收正当性的要求。分配正义牵涉如何课税、课税方式、税目以及税基等税收构成要件的构造;而正当性则主要关乎国家财政与纳税人负担之间的正当合理关联。源自平等原则的税收分配正义理念,衡量标准多指向量能课税,要求税收的课征应该依照纳税人的经济能力衡量,以此在各个纳税人之间分配税收,禁止立法者不附理由或失衡的恣意差别待遇。从效力来源看,量能课税的依据是宪法平等原则,要求相同的情况相同对待,不同的情况区别对待。从形式上看,这些内容在所得税中比较容易体现。以直接税而言,特别是所得税,其负担平等判断标准,乃按照经济上负担能力,来决定税捐负担的多寡。从财产权保障与尊重自由权的面向而言,课税仅针对营业结果与财产收益,不得侵入财产本体或营业能力,且不得造成纳税人过度负担或形成绞杀、没收效果,抑或侵入纳税义务人的生存底限与婚姻家庭生活,此乃量能课税原则的绝对意义;另从平等原则角度出发,导出垂直与水平的平等要求,则为量能课税原则的相对意义,前者意谓高所得者相对于低所得者,应负担较高额的税捐,水平的税捐正义则要求具备相同

---

① 我国《税收征收管理法》第1条规定:"为了加强税收征收管理,规范税收征收和缴纳行为,保障国家税收收入,保护纳税人的合法权益,促进经济和社会发展,制定本法。"
② 参见包子川、李初仕、陈光宇:《诚实信用原则与税收法定主义原则》,载《税务研究》2002年第8期。

第二章 税法与私法的一般法理

负担能力者,应负担同额的税捐,倘若纳税义务人因强制、无法避免的特别负担,减损其负担能力者,税法亦应透过差别待遇适切地反映。不同于所得税、财产税等直接税基于量能课税原则,间接税的税捐正义系源于竞争中立性与社会国原则,即间接税的课征不得不造成不同商品间竞争地位的不平等,亦不得使生活必需品因课税之故,而无从为社会大众所负担。①

虽然量能课税为税收正义的主轴,然税收具有的大量行政特质亦不容忽视。税务机关每天都要应付数目众多的稽征案件,如果要求其把握纳税人各种不同的信息,以便准确测算其纳税能力,从而做到区别对待,公平课税,这实际上是不切实际的。因此,税法必须在一定程度上进行简化,使之便于操作,这就是稽征便宜原则的事理基础。税制简化对个人、商业、税务机关以及整个经济都是有利的。立法机关和财税部门在制定法律和规章时应当将税制简化作为优先的原则加以看待。在立法过程中,复杂性常常被忽视,因为比起立法者试图解决的"当前"的问题,其消极影响更易为立法者所忽视,且这种消极影响只在相当长一段时间之后才显现出来。这种长期积累起来的不适当的复杂性已经到了必须处理的时候了,否则我们的税制将无法满足我们的财政需要。② 稽征便宜在税法中的表现形式非常多,但最常见的还是通常所说的类型化观察法。一般而言,从税收公平的角度出发,量能课税不仅要从理论上考虑到税种之间税负能力的差别,更应该尽可能准确地衡量纳税人之间各种纳税事实的差异,并作出不同的处理。但从技术上看,无论是立法机关、行政机关还是司法机关,要做到这一点实际上是不可能的。因此,税法对税负能力只能从一般可能性的角度进行评估,无法做到对每个细节的客观真实性百分之百地准确把握。所以,在现实生活中,量能课税的贯彻受到了技术方面的限制。税法类型化就是其中一个例子。类型化观察法为追求一般的公平性,有意忽略个别纳税人的特殊情况,直接对其依照法律上认为典型的事实关系,以拟制或推定的形式课税。类型化观察法与经济观察法不同。经济观察法把握的是一项事实关系的经济核心,即其经济上的"实然",而类型化观察法则取向于通常案件,即把握普遍流行的"应然"。经济观察法探求实际上已经发生的事实关系,并对之作与私法不同的定性。类型化并不追求具体个案的公平,它为了税法的可操作性,将生活中的典型事实拟制或推定为纳税人所经历的真实事实。尽管不排除二者

---

① 参见黄士洲:《税法对私法的承接与调整》,台湾大学法律研究所 2007 年博士学位论文,第 72—73 页。

② AICPA, Tax Policy Concept Statement No. 2, *Guiding Principles for Tax Simplification*, New York, 2001, p. 9.

可能存在契合之处,但在绝大多数情况下,税法的类型化与真实的纳税事实之间还是存在差距的。正因为税法类型化与量能课税存有冲突,所以税法在对私法概念术语、原则理念或法律关系等进行调整时,不同主体的类型化应该受到不同程度的限制。①

3. 财政利益与纳税人权益

从工具性价值的角度来看,财税法具有的强大的筹集财政资金和利益配置的功能,使法的工具性价值体系中的分配性价值在财税法中得到充分的体现。换言之,财税法的内核是财政与税收的经济机制,因而具有财富分配的功能;财税法同时具有法律的外在形式,因而具有保障分配秩序的功能。② 财税法作为典型的分配法,其主要目标就是通过规范分配行为、保障分配权益,来实现宏观调控和资源配置的效益,保障经济公平和社会公平,从而促进经济与社会的良性运行和协调发展。③ 可以说,公平和效率是税法价值的核心。④ 公平解决税负在纳税人之间公平分配的问题,效率则实现以最小的费用获取最大的税收收入,并利用税收的经济调控作用最大限度地促进经济的发展,或者最大限度地减少税收对经济发展的妨碍。但在中国,长久以来,税法的公平与效率价值失衡,效率价值被过分关注和运用,"财政职能是税收在立法时确立的一个长期职能"⑤成为财税法很长一段时间的立法理念,至今仍未有根本性改观。此种理念对私法概念术语、原则理念或法律关系等的理解影响极大,也关系到税法的真切实施,必须衡平税法的公平与效率价值,将更能体现税法公平价值的纳税人权益保护提上日程。

三十多年的改革开放,我国已逐步实现了转轨与发展一体化的双重制度变迁,实现了从高度集中的计划经济体制转型为充满活力的社会主义市场经济体

---

① 立法机关所进行的类型化固然不违反税收法定主义,但这种形式上的合法并不足以提供其正当性的全部基础。因此,为调和理想和现实的冲突,首先,立法者应当加强对税法实践的总结,使类型化概念更具有典型性和代表性,以减轻法律拟制与真实事实之间的差距。其次,应尽可能采用形式的类型化,而非实质的类型化,使纳税人有机会以反证推翻法律的假定。再次,法律还应提供一种个案衡平机制,使因类型化受到严重损失的纳税人获得一个救济的机会。最后,还应当通过违宪审查机制,审查类型化措施的目的与手段之间是否符合比例。如果纯粹属于立法的恣意,则应当撤销或宣告无效。至于行政机关的类型化,更多地应受税收法定主义的限制,其适用范围不能超出法律规定之外。参见刘剑文、熊伟:《财政税收法》(第五版),法律出版社2009年版,第176—178页。

② 参见刘剑文:《收入分配改革与财税法制创新》,载《中国法学》2011年第5期。

③ 参见张守文:《分配结构的财税法调整》,载《中国法学》2011年第5期。

④ 参见陈鹭珍:《保护纳税人权利价值取向下的税制改革成就》,载《税务研究》2009年第2期。

⑤ 储敏伟主持:《关于"经济发展方式转变进程中的财税政策"的探讨(笔谈)》,载《上海金融学院学报》2010年第3期。

制。我国的财政收入相应地实现了从"自产国家"向"税收国家"的过渡①,但在我国税收法治国家并未同步实现。根本而言,税收法治的进展是否良好,国家财政收支的运行是否稳健,税收法律生命力的强弱情况,与其有否紧贴纳税人权利保护这一主线有关。改革开放以来,我国税收法律发展的历程,其实就是由远及近,应合这一主线,加大纳税人权利保护力度的过程。② 2009 年,国家税务总局首次以发布公告的形式,明确列举规定了我国纳税人拥有的 14 项权利与 10 项义务。③ 公告纳税人权利仅仅只是一个开始,只是一个框架。要实现传统文化中以纳税人义务为核心的"纳税意识",到以纳税人权利为核心的"纳税人意识"的转变,不仅需要公民在观念上进行转变,更需要有完善的法制来支撑起纳税人脆弱的权利。就这个意义而言,要使纳税人这个概念真正具有可操作性,我们还有很长的路要走。④ 财政利益与纳税人权益的衡平,背后隐含的是效率与公平的博弈。为实现税法追求财政收入与负担平等的目的性,即便在调整对象上与私法并无实际差异,亦无需强令私法在税收课征中予以整体的适用。基于税法的特定价值追求,税法可对私法的规范作出适度的调整。因此,尽管"民法之规定,可以补充税法规定的不足",但"此项原则,并非无限制地一概加以适用,仍需视民法之规定,按其性质是否属于一般法律上共通的原则,而判断其能否适用于税法"。⑤

---

① 参见方赛迎:《改革开放 30 年我国税法建设的回顾和展望——基于纳税人权利保护的视角》,载《税务研究》2009 年第 1 期;马骏:《中国公共预算改革的目标选择:近期目标与远期目标》,载《中央财经大学学报》2005 年第 10 期。

② 参见张富强、卢沛华:《纳税人权利的概念及现状》,载《学术研究》2009 年第 3 期;方赛迎:《改革开放 30 年我国税法建设的回顾和展望——基于纳税人权利保护的视角》,载《税务研究》2009 年第 1 期。

③ 《关于纳税人权利与义务的公告》(国家税务总局公告 2009 年第 1 号)规定纳税人在履行纳税义务过程中,依法享有下列权利:"知情权、保密权、税收监督权、纳税申报方式选择权、申请延期申报权、申请延期缴纳税款权、申请退还多缴税款权、依法享受税收优惠权、委托税务代理权、陈述与申辩权、对未出示税务检查证和税务检查通知书的拒绝检查权、税收法律救济权、依法要求听证的权利以及索取有关税收凭证的权利。"在纳税过程中负有以下义务:"依法进行税务登记的义务、依法设置账簿、保管账簿和有关资料以及依法开具、使用、取得和保管发票的义务、财务会计制度和会计核算软件备案的义务、按照规定安装、使用税控装置的义务、按时、如实申报的义务、按时缴纳税款的义务、代扣、代收税款的义务、接受依法检查的义务、及时提供信息的义务以及报告其他涉税信息的义务。"

④ 参见孙显炬:《纳税人权利回归的意义与困境》,载《领导之友》2010 年 01 期。

⑤ 杨小强:《税收债务关系及其变动研究》,载刘剑文主编:《财税法论丛》(第 1 卷),法律出版社 2002 年版,第 164 页。

(二) 税法对私法承接与调整的类型化

类型化,简而言之,就是分类。人类的思维对现实世界的把握就是从对现实世界的分类开始的。所以,德国法学家考夫曼强调,"只有在可比较的事务范围内,才有类型"。① 类型可分别为归纳或具体化之结果。当处理或观察之对象接近于具体的生活,利用归纳认识其共同特征将之类型化,以进一步认识其间更根本的道理。当处理或思考之对象接近于价值,利用解析体认其具体内涵,使之接近于实际之生活。所以类型化为体系形成上使抽象者接近于具体,使具体者接近于抽象的方法②,其把类型作为重要的但不是唯一的思维形式,遵循类型的逻辑基础,在类型的基础上进行判断、推理、建构理论体系,涉及的建构类型、运用类型进行推理和形成理论体系的方法,我们称之为类型思维方法或类型化方法。利用此种方法,建构税法对私法承接与调整的基本框架,使其更具方法论意义,使法律的价值与生活容易相接。因为税法对私法的承接与调整是一个从原则到规范,从规范到适用的逐步具体化的过程,但这个具体化也仅仅是一个描述性的过程,尚不具有方法的意义。也就是说,由于在价值与事实之间存在着巨大的鸿沟,仅凭描述性的过程,不可能搭建一座沟通两者的桥梁,而必须有一种工具或者是方法来沟通两者。③ 这种工具和方法就是类型化,因为类型化方法所具有的特征能够解决税法对私法承接与调整具体化过程中所面临的具体问题。

1. 民商法:以承接私法为原则

税法与民商法的联系是十分广泛的。民商事法律关系的主体,绝大多数都是纳税主体;法人和自然人制度关系到民商事法律责任的性质和纳税义务的承担;物权法与合同法确立的交易规则,关系到纳税义务发生时间和计税依据的确定;物权与债权的发生与保全,也关系到税收债权的行使。④ 税法如何面向民商法,以增值税法与合同法的关系定位为例。⑤ 增值税是对买卖合同与服务合同的课征,所以增值税法应以合同法为基础。在同一个案例中,增值税法与合

---

① 〔德〕亚图·考夫曼:《类推与"事物本质"》,吴从周译,台湾学林文化事业有限公司1999年版,第113页。
② 参见黄茂荣:《法学方法与现代民法》(增订第五版),台湾植根国际信息股份有限公司2006年版,第849页。
③ 参见李鑫:《法律原则的适用方式:类型化之研究——以比例原则为例》,载陈金钊、谢晖主编:《法律方法》(第11卷),山东人民出版社2011年版,第327—335页。
④ 参见王东山:《税收与民商法》,中国市场出版社2009年版,序言。
⑤ 下文对合同法与税法以及法际整合等关联研究,参见杨小强、叶金育:《合同的税法考量》,山东人民出版社2007年版,第4—8页。

第二章 税法与私法的一般法理

同法调整的是同一个交易行为,属于不同法律的两次进入。但不同的法律有不同的目的与分工,既相互协力,又有不同追求。合同法在分析合同给付义务与合同责任时,使用的分析模式是"允诺—对价—合同的相对性"。增值税法在分析增值税的义务归属时,采用的分析模式是"给付—对价—直接性连结"。两种分析模式,在表面上是接近的,体现了增值税法对合同法的根本性尊重。但合同法奉行契约自由原则,合同的形式与内容变化万千;增值税法奉行税收法定主义,相对固定与保守,以便利于当事人的法律安排与经济预期。如果增值税法对合同法亦步亦趋,保持步调完全一致,则合同当事人会利用其智慧,减轻增值税义务,出现相同的交易行为或交易效果,由于当事人安排的外在表面形式不同,出现不同的增值税负担,影响课税的平等性与公平性。基于税收平等负担的要求,增值税法在合同法面前应保持一定的独立性,实现其公法上的固有使命。①

的确,不同的法律部门负载不同的使命,也会有不同的追求,但所有的法律部门都涵摄在宪法之下,因而应该遵守宪法的一般价值观。其实,不同的部门法都是在努力践行宪法的一般判断价值为具体的判断价值,只是分工有差异。譬如,民商法落实的是宪法上的自由原则。宪法上规定,自由为一般的价值追求,民商法便致力于落实到人间,于是就有了契约自由、团体设立的自由、婚姻自由、财产处分自由等。宪法上还规定,平等是一般的法律追求,于是税法便在国民之间分配公共负担时,努力地贯彻平等原则,于是有了横向公平与纵向公平。在一般的法律价值判断上,不同的部门法不应出现冲突;但在具体价值判断上,可能会有不同的偏好与选择。这种不同的偏好与选择,可能带来不同的立场,也可能形成不同的视野,看待法律问题也可能有不同的意见。但这些意见的出入,是法律从不同角度的观察,可能代言的是不同的利益群体。这些不同利益群体的意见表达,是民主社会的利益调节机制。法律受到公共利益理论的影响,也同样受到公共选择理论的影响。法际之间有相互的尊重,也会有不同的歧异,但法律一直要寻找的是协调的机制。

---

① 如在代理的情形,代理行为如果构成税法上的应税给付,就应该缴纳增值税。还如在涉他合同中,A 与 B 是合同的当事人,第三人 C 不是合同的当事人。但在由第三人履行的合同或向第三人履行的合同中,第三人 C 如果实施了应税给付、开具了发票,则可能成为增值税的纳税义务人;或第三人 C 支付了对价,收取了发票,也可能是增值税关系中的受让人,有权抵扣进项税额。在这些情形,增值税法均保持了自身稳定的独立判断,既依赖于合同,又不会在缤纷的合同自由世界中迷失。

基于民商法与税法存在的交互作用的深度和广度①,在民商法上,税法应以承接为原则。税法构成要件如使用"民商法概念",如销售、企业、公司、婚姻、行为能力等概念术语,借鉴诚实信用等"民商法原则理念"等,均应做与民商法同一的解释,经济观察法并无介入适用余地。即使需要对民商法进行调整,也应尽量减少对民商法价值的减损,税法不得基于自身规范目的,直接或因"外溢效果"间接侵入、变动甚或掏空私法上的民商事关系。民商法比较特殊的一个领域是身份法,尤以亲属和继承为甚。税法承接身份法,应比其他牵涉财产的民商法域更为谨慎。因为身份法不只是单纯规范私领域身份关系的法律,其更具个人形成自我、群体关系的重要价值,属人性尊严的重要核心内涵,重要性一定程度上超越了单纯的财产法。故税法对身份法的承接与调整不仅不能减损婚姻与家庭的制度功能,更应担负促进婚姻与家庭,乃至社会和谐的重任。为此,婚姻与家庭等身份基因固然可以作为税法对私法调整的考量因素,给予差别待遇,但应更多考虑税收优惠或积极给付层面,尤其要考量社会、经济与人口政策给婚姻与家庭带来的影响,这些对于未来意欲开征的遗产税法与赠与税法尤为关键。

2. 财会法:以尊重营业自由为前提

会计法及会计准则等构筑财务会计的基本体系架构,目的在于记录日常交易活动并于期末编制财务报告,向财务会计报告使用者提供与企业财务状况、经营成果和现金流量等有关的会计信息,反映企业管理层受托责任履行情况,协助投资者、债权人、政府及其有关部门和社会公众客观地衡量企业的经营成果②,从而规范企业会计行为,保证会计资料真实、完整,以维护经济秩序③,故

---

① 以合同法与税法为例,两者存在交互作用,其表现在:(1)税法会使用合同法的术语与概念。(2)税法独立于合同法,因而合同法上的概念在税法语境下可能有特定的解释。(3)合同法强调契约自由,税法应该尊重契约自由的结果。但税法是全部尊重,还是有条件的尊重,涉及法律体系的重大协调问题,是税法上的重大课题。(4)税法与合同法需要协调。如税法上的自有概念,在合同法上并不存在,就需要协调。(5)在税法与合同法的协调中,应尽量减少对合同法价值的减损。(6)税法对合同法有一种"连锁反应",税收是对合同行为或其经济效果的强行征收,民事当事人在作出安排与实施行为时,无疑会考虑如何节省税收成本。当事人在面临不同选择与不同的内容时,理性当事人会充分利用契约自由所赋予的选择可能性。

② 我国《企业会计准则——基本准则》第4条规定:"企业应当编制财务会计报告(又称财务报告,下同)。财务会计报告的目标是向财务会计报告使用者提供与企业财务状况、经营成果和现金流量等有关的会计信息,反映企业管理层受托责任履行情况,有助于财务会计报告使用者作出经济决策。财务会计报告使用者包括投资者、债权人、政府及其有关部门和社会公众等。"

③ 我国《会计法》第1条规定:"为了规范会计行为,保证会计资料真实、完整,加强经济管理和财务管理,提高经济效益,维护社会主义市场经济秩序,制定本法。"《企业会计准则——基本准则》第1条规定:"为了规范企业会计确认、计量和报告行为,保证会计信息质量,根据《中华人民共和国会计法》和其他有关法律、行政法规,制定本准则。"

第二章　税法与私法的一般法理

其多属私领域的法律规范。由于企业所得税的课税对象为企业每一纳税年度中的营业成果——所得,基于量能课税下的客观净所得原则,企业所得税仅就企业的净所得额,即应纳税所得额①计征,以便准确反映企业的盈亏状况与实质负担能力,税务会计与财务会计就此即有共通之处。基于财务会计体系的相对完备,避免立法资源的浪费和会计法制的繁琐,税法上采取连结财务会计,特别是连结到权责发生制,即应收应付制。② 所得税法采取平时以财务会计为原则,办理所得税结算申报或核课所得税时,按照企业所得税法的特别规定,进行账外调整,产生应税所得额。③ 由此可知,税法承接了财务会计上的权责发生制,并以此作为连结并引介财务会计至所得税会计的沟通桥梁。

财务会计与税务会计的出发点,虽均旨在正确记录并衡量企业当期营业活动情形及后果,但财务会计基于稳健、保守考量,如有不确定因素时,本着对交易或者事项进行会计确认、计量和报告应当保持应有的谨慎④,均应在财务会计报告中披露相关信息和资料⑤,故出现低列收入而高估费用情形。相比之下,税务会计基于各种税法考量,诸如稽征便宜、防杜浮滥列报、量能课税或税收优惠等,对企业应税所得中的收支,尤其是收入和费用设有诸多限制,致使税法实务多倾向于少列费用⑥

---

① 我国《企业所得税法》第5条规定:"企业每一纳税年度的收入总额,减除不征税收入、免税收入、各项扣除以及允许弥补的以前年度亏损后的余额,为应纳税所得额。"

② 《企业会计准则——基本准则》第9条规定:"企业应当以权责发生制为基础进行会计确认、计量和报告。"《企业所得税法实施条例》第9条规定:"企业应纳税所得额的计算,以权责发生制为原则,属于当期的收入和费用,不论款项是否收付,均作为当期的收入和费用;不属于当期的收入和费用,即使款项已经在当期收付,均不作为当期的收入和费用。本条例和国务院财政、税务主管部门另有规定的除外。"

③ 以《企业所得税年度纳税申报表(A类)》为例,该申报表包括利润总额计算、应纳税所得额计算、应纳税额计算和附列资料四个部分,在纳税人会计利润总额的基础上,加减纳税调整额后计算出"纳税调整后所得"(应纳税所得额)。会计与税法的差异(包括收入类、扣除类、资产类等差异)通过纳税调整项目明细表(附表三)集中体现。

④ 《企业会计准则——基本准则》第18条规定:"企业对交易或者事项进行会计确认、计量和报告应当保持应有的谨慎,不应高估资产或者收益、低估负债或者费用。"

⑤ 《企业会计准则——基本准则》第44条规定:"财务会计报告是指企业对外提供的反映企业某一特定日期的财务状况和某一会计期间的经营成果、现金流量等会计信息的文件。财务会计报告包括会计报表及其附注和其他应当在财务会计报告中披露的相关信息和资料。"

⑥ 《企业会计准则——基本准则》第33条规定:"费用是指企业在日常活动中发生的、会导致所有者权益减少的、与向所有者分配利润无关的经济利益的总流出。"《企业所得税法实施条例》第30条规定:"企业所得税法第八条所称费用,是指企业在生产经营活动中发生的销售费用、管理费用和财务费用,已经计入成本的有关费用除外。"

而多列收入①。故税务会计虽于方法、程序及计算上，依存于财务会计，但两者观察角度的不同，彼此间仍然存有相当程度的歧异。所得税法对于财会法的承接与调整，通过税务会计与财务会计的关联体现出来。值得思考的是，企业所得税法片面调整财务所得基数，作为企业所得税的计税基础，是否会过度干预企业营业活动的形成与决策？为维护市场经济自身运作，税法对于私经济的活动与决策应坚持适度尊重而不过度干预。相对应地，税法对财会法的调整也应适度，坚持承接财会法为原则，切忌随意干预企业正常的营业自由。具体操作上，税务会计应承接财务会计作为原则，纵然直接承接财务会计所得有违量能课税，仍应谨慎对待。遵循特别事项特别处理的法则，审视个别会计事项是否客观上具备或欠缺负担能力，而确有调整的必要。要做到这一点，给予税务机关调整财务会计时的说明义务实属必要。同时，构建和完善复议机关，尤其是司法机关介入税务会计对财务会计调整的审查权限，审查调整结果是否造成税法秩序与私法领域价值秩序的矛盾和冲突。

3. 证据法：以职权调查调整为准绳

税法对私法行为或私法行为的经济效果进行课税，私法行为有赖于私法权利义务关系的存在，而经济效果则仰赖于私法权利义务关系的履行情况。税企争议时，税务机关对课税事实的举证责任，以及纳税人对课税事实的反证，所持的证据与方法，无论是由私人出具，还是经由公权力机关认证，均彰显私法上的权利义务关系。因私法自治而生的私法证据与方法，当可证明当事人之间的私法权利义务关系，但可否直接承接为课税的前提事实，值得深究。依据职权调查主义理念，"行政机关有义务依职权调查事实真相，调查证据之范围，不受当事人主张之约束，对当事人有利及不利之事项一律注意，以发现实质的真实"。②职权调查主义源于依法行政的遵循，行政行为合法性依赖的前提事实，不受当

---

① 《企业会计准则第14号——收入》第2条规定："收入，是指企业在日常活动中形成的、会导致所有者权益增加的、与所有者投入资本无关的经济利益的总流入。本准则所涉及的收入，包括销售商品收入、提供劳务收入和让渡资产使用权收入。企业代第三方收取的款项，应当作为负债处理，不应当确认为收入。"《企业所得税法》第6条规定："企业以货币形式和非货币形式从各种来源取得的收入，为收入总额。包括：（一）销售货物收入；（二）提供劳务收入；（三）转让财产收入；（四）股息、红利等权益性投资收益；（五）利息收入；（六）租金收入；（七）特许权使用费收入；（八）接受捐赠收入；（九）其他收入。"《企业所得税法实施条例》第12条规定："企业所得税法第六条所称企业取得收入的货币形式，包括现金、存款、应收账款、应收票据、准备持有至到期的债券投资以及债务的豁免等。企业所得税法第六条所称企业取得收入的非货币形式，包括固定资产、生物资产、无形资产、股权投资、存货、不准备持有至到期的债券投资、劳务以及有关权益等。"

② 林石猛、邱基峻：《行政程序法在税务争讼之运用》，台湾元照出版公司2011年版，第247页。

第二章 税法与私法的一般法理

事人的意志决定,由行政机关依职权调查。由此可知,职权调查主义排除私法上的证据与方法在税法上的适用,但是基于课税事实的关联性以及职权调查的效率等[①]考量,税法仍有必要承接私法上的证据与方法,作为课税的前提事实或证与方法。即便如此,也不可否认税法课税事实的认定,应遵循职权调查原则。问题解决的关键在于,设定税法承接、调整抑或否定私法上的证据与方法的范围、情形抑或制约因素等基本论述架构。

基于平等课税与稽征便宜目的,税法承接私法上的证据与方法,探求课税事实的存在而否,若个案私法证据与方法无法准确反映课税应正确掌握的充分事实,税务机关或司法机关可动用职权调查,否定私法证据与方法的证明力,但如何进行充足的说理,至关重要。"税务案件具有课税资料为纳税义务人掌握之事物本质,以致稽征机关进行课税事实之职权调查时,可能陷于调查困难或欠缺期待可能性之情况。为克服前揭事证调查困境,德国立法例即在《租税通则》第 90 条以下规范纳税义务人之协力义务,使征纳双方构成课税事实阐明之共同关系,且为基于稽征便利考量,《租税通则》第 88 条第 1 项第 2 句[②]进一步赋予稽征机关得以裁量决定调查之方法。"[③]依职权调查,税法固然可以自由评价私法上的证据与方法对于课税事实的证明力,对私法上的证据与方法进行调整,甚至全然否定,还可以提高纳税人所提证据方法的证明力,或课予其他相关事证的协力义务。关键在于,税法对私法上的证据与方法不予认可,甚至极端情况下,背离私法上的证据与方法,全然变动、否定私法权利义务关系,径为课税,出现同一事实证据与方法全然歧异的结果,实难仅以法域评价观点不同解释。

[①] 税法承接私法证据方法的必要性主要受制于三个因素:其一,课税事实与私法事实紧密依存。如前文所述,诸多课税事实取决于私法权利义务关系的存在,以销售合同为例,发票反映销售合同当事人双方私法上的权利义务关系,更是直接关乎增值税课税事实的存在。其二,法域利益权衡的必要。倘若概承受私法上的证据与方法,纳税人极易滥觞契约自由,规避税法;如若全盘否定、调整私法上的证据与方法,则易导致同一事实关系,不同的法域评价,纳税人对法律的预期大大降低,直接危及其对公权力的信任,更为致命的是,税务机关,甚至司法机关无力事事躬亲,应对日渐繁琐的证据调查与审核,倘若一概排除私法上的证据与方法,势必大大增加职权调查的成本。其三,歧异裁判与公平原则的落实。如果就同一事实关系,私法与税法裁判两相歧义、矛盾,不仅有损公权力威严,更易形成当事人因此变更获利或重视纳税的不公平现象。前面两点从课税事实的实体关连性与效率考量,税务机关职权调查与纳税人"协力原则"作为阐明课税事实,导出税法承接私法的证据与方法的必要性。歧异裁判与公平原则的落实则属宪法层次的考量,宪法位阶下,纳税人及第三人应受到私法与税法同等保护,不应受到个别法领域观点的不同,而受不合理的差异待遇。

[②] 《德国租税通则》第 88 条第 1 项规定:"稽征机关应依职权调查事实关系,自行决定调查之方式与范围,不受稽征程序参加人提出证据之拘束。职权调查义务之范围应视具体个案情况而定。"

[③] 黄士洲:《税务诉讼的举证责任》,北京大学出版社 2004 年版,第 28—29 页。

私法行为及其权利义务关系,由私法先行评价,评价所依赖的私法凭证、文书等,作为课税前提事实的证据,由当事人持有以供税法评价。基于对法律的合理预期及交易行为的规划,当事人均期待税法的评价尊重私法的评价,课税事实的认定与私法事实的认定一致。虽然课税事实的认定可以不受私法上的证据与方法的约束,但税法与私法一致的评价,无疑有利于纳税人的交易预期与规划,更重要的是,可以展现税法对私法关系的尊重,维持私法的秩序与威信,免陷于法域间自相矛盾的歧异判断。税法应否承接私法证据方法,尤其是意欲否定私法上的证据与方法,应给予纳税人更为充足的理由。其正当化理由除开税法规范目的之外,更应仰赖其他相关事证的职权调查以及详细的说理,甚或寻求诉权和纳税人基本权的支持,实现税法与整体法治秩序的统一。不管税法如何面对私法上的证据与方法,当事人均应受到私法与税法的同等保护,不应受到各法领域价值取向的差异,而受不合理的差别待遇,唯有此,税法否定私法上的证据与方法,才具有正当性可言。

综上所述,私法上的证据与方法虽然与税法有诸多关联,但课税事实的认定受控于职权调查,理论上可以不受私法证据与方法的约束,但基于课税事实的关联以及职权调查成本等考量,税法承接私法证据与方法实有必要。税法究竟在何等范围内,何种前提下,承接、调整抑或否定私法上的证据方法,非三言两语所能阐述清楚。税法应对私法上的证据与方法,根本上仍属既有事实的认定,私法证据的性质、产生过程,尤其是特殊个案情形,均非税务机关所擅长。为更富效率地追求事实真相,实现公平课税的追求,税法应以承接私法证据与方法为原则,至于基于规范目的,调整,尤其是否定私法证据与方法的证明力,应作为例外,谨慎启动。既属事实认定问题,则可从证据法上寻求营养。私法上的证据与方法内在于私法土壤,为私法自治的产物,本身即为私权利义务关系的证明,欲若推翻其证明力,即应负担相应的举证责任。具体而言,倘若是完全受私法自治支配证据与方法,如票据、私人证明、公证书等,一般应由纳税人证明;如属经公权力机关认证的私法证据与方法,如判决书、裁定书、复议决定等,则由税务机关或司法机关提出相反证明,善尽说理与职权调查职责,始可否定其证明力,纳税人纵有协力义务,也不应排除税务机关或司法机关的证明义务。

六、税法承接与调整私法的运用:以合同责任的税法规制为中心

合同自要约人向受要约人发出要约后,历经承诺生效、合同成立、合同生

第二章　税法与私法的一般法理

效、合同履行,直至合同终止,始终处于一个动态的过程中。的确,"正如经常发生的那样,契约是一个漫长过程中的最后一步"①,但在此最后一步实现前,漫长的合同过程的完成伴随、依赖于合同当事人双方义务的履行,一旦一方的义务履行受阻,此过程将暂时中止或永久终止,尔后则进入相应的责任空间。常态下,合同顺利实现,当事人双方在获致了所期望实现的交易行为及行为的经济效果同时,亦满足了课税要件事实,即完成了"从民事主体向纳税人"的身份转变;在合同履行过程中止时,以损害赔偿等为主要责任方式的合同责任的实现,无疑也一定程度上增加了对方当事人的财产,构成了应税所得,从而成为税法的课税对象。换言之,合同当事人是通过合同的顺利实现完成"从民事主体向纳税人"的身份转变;而在非常态情境中,合同当事人则通过合同责任的实现完成"从民事主体向纳税人"的身份转变。本书以合同法与税法为背景,着力对合同责任的合同法效应进行税法评估,突出纳税人和责任形式在税法上的效应和适用规则的建构,以求丰富合同税法的研究。

(一) 合同责任的税法空间

合同义务的不满足,致使合同责任的出现。作为一种行为,合同责任的完成,一定程度上使合同内容得以补救,同时也为当事人带来了经济效果。在行为及其经济效果日益成为税法客体的当今税法中,合同责任自无逃脱税法规制的可能,合同当事人在合同责任实现的过程中,不经意地跨越了合同法,而进入了税法的空间,成为实在意义上的纳税人。

1. 初步分析:以税收客体为中心

税捐客体(课税对象)是指为发生税捐债务所必要的物的要素(前提要件)的总括概念,是在探讨什么应是可以加以课税的问题,也就是什么应负担纳税义务的问题。② 按照 Tipke 的理解,只有经济上的所得或财产,才能表彰一个人的税负能力。因此,税收客体只能是这种经济上的过程或状态,不能是纳税人的行为。但正如黄茂荣所保留的那样,所得、财产等经济过程或状态,虽然是比较理想的税收客体类型,但对于表现为行为的消费或销售等来说,就很难具有概括力。因此,在法律上,所得、财产和行为可以并列为税收客体的三个主要类型。其中,行为可兼指消费、销售、移转、交易、营业等各种以行为为基础的经济

---

① 〔德〕罗伯特・霍恩等:《德国民商法导论》,楚建译,中国大百科全书出版社 1996 年版,第 81 页。
② 参见陈清秀:《税法总论》,台湾 2004 年自版,第 354 页。

过程或状态。① 我国学者也多将税收客体归纳为：所得、财产、流转额及行为四大类，分别对应于所得税、财产税、流转税及行为税。其实，我国的行为税与国外的对行为征税并不相同，其客体并非行为的结果，而是纳税人从事的行为事实本身，不管行为的效果如何，均应缴税。"如果税款已经缴纳，事后也不能因为行为无效、被撤销、被解除等原因而要求退税。"②

实际上，中外对课税对象的分歧远没有想象的那么大，对财产、所得及行为课税渐趋共识。个人的经济生活事实之所以成为课税对象，实质在于其背后的经济效果。税法之所以要对合同责任进行评价，在于合同责任背后隐藏的行为及行为所带来的经济效果，不仅包括所得、财产、流转额，甚至有时候也涵盖着行为本身，而这恰为税法意义上的课税对象。换言之，违约金、损害赔偿以及继续履行、采取补救措施等责任形式的实现，不仅仅只是合同补救的完成，其行为以及行为所致的财产、所得等经济效果，必须接受税法的评价，一旦满足课税要件实事，即必须征税。因税收客体，合同责任实现了从合同法评价向税法评价的过渡；因课税要件，合同法上的当事人一跃而为税法中的纳税人。

2. 深度分析：以合同义务为争点

合同义务，不仅只是合同责任的根源，也是合同涉税的根源，只要合同义务存在，不管能否履行，其均会带来税法上的评价。在合同义务顺利实现的状况下，当事人双方通过市场获致的财产和经济效果等，必经税法检验。在合同义务受阻的境况下，当事人则通过责任进入税法空间。初步分析，不难发现，合同义务之所以与税法相关联，原因在于合同义务所引出的行为及其所致的经济效果。而合同责任与税法关联的根源在于合同义务，当事人行为以及行为所致的财产、所得等经济效果的实现只是一种媒介，一种表征，隐藏其后的只能是合同义务。合同义务真有这么大的能量吗？还是听听学者的声音吧。义务是一种工具或方法，它描述并指明了在通向最佳履行道路上所要经历的不同阶段以及当事人的行为背离了这种义务的后果。如同设计图或计划书，契约规定了一项交易所要经历的不同发展阶段以及有关规则，当事人将据此达到他们所商定的目标。③

合同义务又何尝不是，在要约人发出要约至合同终止的漫长过程中，当事人约定或法律设定了先合同义务、合同中义务及后合同义务，将此漫长历程划

---

① 参见黄茂荣：《税法总论》，台湾 2002 年自版，第 272—274 页。
② 刘剑文、熊伟：《税法基础理论》，北京大学出版社 2004 年版，第 195 页。
③ 参见〔德〕罗伯特·霍恩等：《德国民商法导论》，楚建译，中国大百科全书出版社 1996 年版，第 97—98 页。

第二章　税法与私法的一般法理

分为合同成立、生效、履行及终止四个阶段，导引当事人的合同行为，每一个阶段的完成并不意味着整个合同阶段的完成，但都将带来不同的税法后果。一旦合同义务履行中止，则进入责任空间，而这往往是当事人或立法者所不期望发生的，为此，皆以不同的责任予以补救。从合同所欲达到的最终目标来看，也许违约并没有使对方损害多少，甚或变得更好，责任方式的实现也在一定程度上实现了合同义务，从此意义上说，合同履行而否对税法而言似乎没有太大的影响。此处的意思是，合同责任的税法评价根本依据还在于合同义务，合同义务决定了合同责任的类型，也最终决定合同责任是否应该进入税法空间。至于违约方的行为以及行为所致的财产、所得等经济效果只是决定纳税人所应负担的税额，或是否属于免税空间。因税收客体，合同责任实现了从合同法评价向税法评价的过渡。

3. 契约责任（合同责任）：税法和合同法之间的桥梁

私法概念对于税法和私法的沟通起着重要作用，但在概念作为工具外，契约责任也充当桥梁，沟通税法和合同法的适用。从工具意义上，契约责任证实了合同责任涉税的可能性和必要性。《德国租税通则》第192条规定：基于契约之义务，为他人之租税负担责任者，仅得依民法之规定向其为请求。其以契约负担他人之租税义务者，不仅其债务承担之实体法效果，依民法之规定定之。稽征机关在程序法上，亦应适用民事之法律途径。作为原告之债权人，为具有契约请求权之独立之法律人格者。稽征机关及其首长不得为原告，惟得为私法债权人之代理人而提起诉讼。①

在税法上肯定契约责任属于德国租税通则的贡献，其解决了契约责任在税法适用上的困惑，为税法的民法适用开辟了一条通道。基于当事人的契约义务而为租税负担责任时，民法规定是其适用的优先法则，但这并不排斥税法上的强制性规定的适用。此意在说明一般情形下，契约责任的民法评价优先，唯有经民法评价后，方可进入税法评价层面，这与本书一贯主张的合同法是市民行为及其经济生活事实的第一位法评价，而后才进入税法评价的理念相吻合。

4. 合同责任：税法介入的双重功效

一般说来，一个正常的缔约者是愿意履行和遵守自己的约定的，也希望对方履行和遵守约定。因为只有这样，彼此的交易目的才能实现。法律也希望私人之间的交易能够按照当事人的"法律"——契约进行，因为这是国家经济秩序的一部分。②而且在税收依然成为政府财政的当下，合同当事人之间正常的交

---

① 参见陈敏译：《德国租税通则》，台湾"财政部财税人员训练所"1985年版，第215页。
② 参见李永军：《合同法》（第二版），法律出版社2005年版，第656页。

易有益于税收的增加,这是不证自明的。然当事人意愿和法律真意因诸多缘由,并不总能得到满足,一旦此种情况发生,合同当事人利益和社会利益(以税收利益为重)实现的正常渠道受阻。唯有通过非常态的途径方可补救,而合同责任不失为另一扇天窗的开启。

对合同责任进行税法评价,一方面确实可以弥补当事人因爽约而致的税收损失,使国家税收利益不至于因当事人的违约而有太大的缺口,尽力使损失最小化;另一方面,将合同责任纳入税法空间,使违约方意识到爽约依然需要接受税法的规制,有益于纠正社会上借违约逃避税收的误解,从而使当事人更加真切地履行合同义务,实现合同内容,极大满足当事人的意愿和法律的真意。

(二) 税法对合同法标准的扬弃

税收客体将合同责任推入税法空间,随之而来的即是合同责任中究竟谁才应该承担税收负担,成为税收法律关系的主体,或者说,谁才是真正的纳税人,这是合同责任真正落实税法评价的关键一环。

1. 在合同法中寻找标准吗

"税法经常用私法的概念去定义税收债务,例如某人的财产所有权,或获取法定收益权。私法与税法相关联是不言而喻的,交易的私法结果对税法适用经常有着关键性的意义。"[1]对于税法与私法的关系,中国台湾地区、日本学者多将研究的目光聚焦德国税法,德国固然是较早对税法和私法进行反思的国度。但在斯堪的纳维亚国家,也有着同样的启示,这用法律的偶遇显然难以解释。在丹麦法律传统中,税法和私法关系的理论一直有着旺盛的生命力。被许多学者广为流传的观点是,私法对于税法占有控制地位。[2] 丹麦最重要的学者是这样描述两者的关系的:"尽管不如税收立法所显示的那样明确,但丹麦税法依赖于私法,并被其引导是显而易见的。在法律体系内,税法通常被认为是一个独立的法域,属于公法。然而,实际上,税法与私法理念有着紧密的联系。两者关系的紧密,以致在某种程度上,私法支配着税法,私法对税法的适用有着决定性的影响。其结果是,税法的解释不能依靠税法单独完成,而必须借助私法解释。换言之,税法是一个必须依赖于私法指导,否则即无法自营的'寄生'体系。"[3]由此可以看出,与其说税法和私法紧密关联只是某个国家、某个法系的现象,倒不

---

[1] Victor Thuronyi, *Comparative Tax Law*, Kluwer Law International, 2003, p. 125.
[2] Jakob Bundgaard, "On Tax and Private Law Relations", 44 *Scandinavian Studies in Law* (2003), p. 81.
[3] Ibid., pp. 81—82.

如说是税法发展的一个既存事实,是一个税法史演进的产物。

2. 合同法标准可以进入税法

以合同责任的归责原则作为合同责任涉税的纳税人资格确立的优位标准,是一个大胆的见解,是否可行,难以预料。但就思维的深度和税收实务而言,本书以为是可行的,而且更具操作性。其一,税法,系以各种经济活动或经济现象作为课税对象,但是这些经济活动或经济现象无不以私法行为进行。课税的对象可以是私法上的行为本身,更多则是依私法上的行为所产生的经济后果——如财产、所得等。然而,所得的取得,无不依私法行为的实施,换言之,私法行为为所得取得的原因。私法行为落实于税法领域,其效果是否质变,以及私法行为是否存在缺陷,对税法的实施无疑存在影响。① 其二,税法规定的课税要素,是对各种民事主体经济活动或经济现象定型化的规范。这些经济活动或现象,首先要受到私法的约束。在私法领域,奉行的是意思自治或称契约自由原则,作为追求自身利益最大化的"经济人",民事主体期望其经济行为达到两个目的,即实现其经济目的或经济后果和减少税负甚至排除税负。在意思自由的原则下,民事主体自由选择交易的法律形式是可能的,这种私法上的选择自由便难免与避税发生联系。② 其三,由于该民事法事件相对于税捐法事件的先在性,不论税捐法是否使用自己的特别概念,在其使用来自于民事法之构成要件要素时,其解释不可避免的还是要回溯到民事法,基本上以民事法之意义为准。③ 其四,究竟由谁充当纳税人对于税收债权而言,并无本质差异。也即说,对于纳税人的确定,纯属技术性制度设计,税法并无独特的规定,显然不属于必须坚守的法定主义范畴。为此,引入合同法标准确立纳税人并不税法上的障碍。基于上述四种理由,合同责任的履行及其带来的经济效果构成课税要件事实时,纳税人的确定应坚持合同责任的归责原则为首要标准。也即可以将合同法的标准引入至税法中,充当其适用标准。

3. 标准的思考:税负和纳税人资格可以合意移转

对于税法自身而言,在确立税法标准时,其至少应考虑如下要素:是否有利于税收债务的收集,是否有利于纳税人权利的保护,是否有利于经济、便宜征税等等。将合同责任的归责原则引入税法,充当纳税人资格确立的标准,对于纳税人的确立无疑具有巨大的方便,也有利于在合同法和税法之间构建相同的法评价标准,更易拉近民事主体与税法的距离,使民事主体更容易参入税法中来,

---

① 参见杨小强、彭明:《论税法与民法的交集》,载《江西社会科学》1999年第8期。
② 参见杨小强:《论税法与私法的联系》,载《法学评论》1999年第6期。
③ 参见黄茂荣:《税捐法与民事法》,载台湾《月旦财经法杂志》2005年第2期。

并最终提高公民的税收法治意识。

然而归责原则确定的纳税人并不总能满足税法的价值取向,将违约人在承担合同责任的同时,又赋予税法上的负担是否类似于重复惩罚,重复征税?与税收中性的精神相左?因为国家课税时,除了使人民因纳税而发生负担外,最好不要再使人民遭受其他额外负担或经济损失。① 是否可以进一步引申为:国家在给予人民因违约所致的负担时,最好不要再使人民遭受其他额外的负担或经济等损失?将税负计算在需要履行的合同责任之内是一个可能的解决方式,因为这并没有因税收而增加违约人(纳税人)的额外负担。至于合同法和税法将其视为纳税人,履行纳税义务,也并没有侵害其基本权利,这一定程度上可以认为是其违约所致的另一法律的否定性后果。

如果说将违约人视为纳税人致使其与税法价值冲突的另外一大可能,即是违约人承担纳税义务并不总能符合经济、便宜征税原则,尤其是纳税人在外地或外国时的情况下。如若一味强加违约人税负,有时无形中增加了纳税成本,而这显然对税收债权、债务人均不利。在此情况下,是否可以认可纳税人在原合同当事人之间的移转,以此避免社会资源的浪费。从经济、便宜征税的角度出发,应该同意纳税人资格的移转,只要原合同当事人之间能够就纳税事项达成共识,税法自无干涉的必要。

(三)责任主体的税法规制:从责任人到纳税人

纳税人的确定,依赖于个人的税收权利能力的取得。一般而言,"凡是可以作为税捐法律关系(税捐债务关系或税捐义务关系)的权利与义务的主体的,便具有税捐权利能力,而为税捐权利主体或税捐主体。由于权利能力并不是一般的先验概念,而是一种技术性制度,应适合于各该法律领域的目的。因此税捐权利能力与民法上权利能力不同,应充分考虑税法的特殊需要。在税法上,一般系以可以体现经济上给付能力或在技术上可以被把握经济上给付能力者,作为税捐权利主体"②。

合同责任终发源于私法,受合同法的影响至深,只因行为上的经济效果将其拖入税法,一味以税法标准确立纳税人,有时难以胜任。比如单方违约,和双方违约,甚或第三方违约,亦有太多的不同。因此,在确定合同责任的纳税人资格时,应以合同责任的归责原则为首要标准,在其基础上加入税法的经济给付能力标准,两者不可或缺。一旦归责原则确立的纳税人资格不符税法的经济给

---

① 参见刘剑文:《财政税收法》,法律出版社2003年版,第187页。
② 陈清秀:《税法总论》,台湾2004年自版,第353页。

第二章 税法与私法的一般法理

付能力,而该项税法事实又确实满足课税要件时,则应以支持税法上的经济给付能力标准,在合同双方之间进行尽可能地公平分配税负。

1. 责任类型视域下的纳税人确立

在合同责任满足课税要件时,必定意味着当事人一方或双方的身份转变,但合同责任人是否最终成为税法上的纳税人,不同的责任类型亦有不同,这主要与责任的归责原则相关,也与税法上的经济给付标准相联系。

(1) 缔约过失责任下的纳税人确定。缔约过失责任中,违约方以"故意或过失"为主观要件,以过错责任为归责原则。因此,若缔约过失责任的履行满足税法课税要件时,故意或过失的一方自应成为纳税人,承担税负。

(2) 合同无效责任下的纳税人确定。在合同无效责任情形中,纳税人的确定比较复杂。其一,一般而言,以恢复原状,且承担返还或折价补偿义务为主要责任形式的,其不以当事人的过错为主观要件,属于严格责任的一种,对于这种责任的实现,纳税人资格应以违约的结果来确定,只要当事人一方违约,则应视其为纳税人;其二,若合同无效责任涉及损害赔偿,则进入过错责任范畴,损害赔偿只能由有过错的一方承担,过错是确定赔偿责任的要件,也是确立纳税人的要件;其三,在当事人恶意串通,损害国家、集体或者第三人利益的合同无效责任中,显属双方过错,属于双方违约,都适用过错责任原则,两者皆可以成为纳税人,具体税负两者共担,但税法应综合考虑双方串通中的情节等等,在纳税人之间尽可能地公平分担税负。

(3) 违约责任、后合同责任下的纳税人确定。违约责任和后合同责任坚持严格责任原则,不管当事人主观要件,皆以结果来决定责任主体,为此,在确定纳税人资格时,也应以违约的结果来确定,造成违约结果一方的成为纳税人,承担税负。

2. 责任原因视域下的纳税人确立:以违约责任为中心

虽然合同责任类型对纳税人的确立具有关键性的作用,但单方违约、双方违约,甚至第三人违约,或因不可抗力等免责事由而违约显然应该有所区别,否则无益于鼓励违约,破坏正常的合同交易秩序。

(1) 单方违约。相对于双方违约等其他违约方式,单方违约显然具有更大的破坏性。其属对自己约定的违反,无异于"出尔反尔",极易伤害对方当事人的信任感,也将违约方拖入不守信的境地,以致书写"不守信用"的社会不良记录,使自己日后处于一种艰难的交易环境中。除非当事方确有违约的合理理由,法律对其难以作出肯定的评价。一旦单方违约出现,其给对方当事人和社会造成的实际利益和期待利益是难以估计的。因此,不管是出于何种违约阶段,合同法均将违约方置于责任主体地位,以尽力弥补其爽约带来的损失。税法根据合同法的评价,并结合自身特征,一旦认为责任履行符合课税要件时,税法则将违约方视为纳税人,使其承担税负,履行税收债务。

(2) 双方违约。双方违约本质上属于对契约自由的行使,只要违约动机为法律所许可,自无谴责的理由,但双方违约并不总是双方的"对等"违约,违约中程度多有不同,故亦时常发生责任承担问题,也就有涉税的可能。如违约确为双方契约自由的结果,则合同法应尊重当事人的违约选择。此时,税法应统观双方诸多因素,基于经济给付能力,适当兼顾当事人的主观要件,确定纳税人。若双方违约系双方为规避法律所为,系对法律的公然挑衅,合同法和税法自无尊重的必要。税法亦可依经济给付能力标准,选定一方为纳税人,亦可同时选定双方为纳税人。

(3) 第三方原因违约。违约的发生并不总因合同当事人行为所致,第三人亦可导致违约的出现。第三人原因致使违约,本质上并不会改变当事人一方或双方违约的事实,只不过违约原因不属于违约的当事人一方或双方,而属当事人之外的违约事由。因此,第三人原因致使违约情形下,责任主体和纳税人的确定与单方违约和双方违约的处理并无区别。但在当事人履行责任或税负后,其享有向第三人的债权请求权。换句话说,在第三人原因致使违约中,当事人之间的合同关系,以及责任人与税务机关之间的税收债权、债务关系并不因其而改变;第三人与违约方之间实质上形成了一种因第三人的原因而致违约,所应负担的债权、债务关系,这与前述法律关系无法律上的必然联系。故在第三人原因违约中,纳税人的确定与单方违约或双方违约相同,但责任主体或纳税人享有向第三人的债权请求权。

(4) 不可抗力等免责事由违约。因不可抗力等免责原因致使合同无法实现时,属于合同责任的例外。违约方的合同责任定当免责,合同责任自不存在,则合同责任涉税亦不存在,此时,自无纳税人认定的可能。

(四) 责任方式的税法规制:效应与规则

纳税人确立只是核实了承担税负的主体,至于具体的税收效应则与具体责任方式相关联。在先合同义务、合同中义务和后合同义务的义务体系下,缔约过失责任、合同无效责任、违约责任及后合同责任相继成立,但合同责任型态的责任方式并不相同,总体而言,形成了赔偿损失、违约金及强制履行这三种主要的责任方式。对于三者的税法评价,自有不同的适用规则。

1. 赔偿损失

赔偿损失作为主要方式广泛应用于合同责任中,但在合同责任的不同阶

第二章 税法与私法的一般法理

段,因其属对不同合同义务的违反,所以赔偿的范围亦有不同。而赔偿范围的选择,即不同的利益赔偿,也影响着税法上的评价效果。我国合同法秉承了大陆法系的传统,在损失范围的界定上,区分实际损失和可得利益。

(1) 税法效应。合同义务违反在合同责任的追究下,至少不会使守约方处于比违约前更差的境地,这也是合同法所应追求的最低价值。合同创造了一项权利,也就创造了一项或数项合同主张,而合同权利和主张本身就是一种财产。因此,对合同义务的违反,即是对当事人财产的损害,法律理应规制,最少不至于因违约方的损害使守约方的财产比受损前更少。合同责任正是以此为理念而设计,一旦合同责任得以实现,可以说守约方的权利和主张,抑或是财产一定程度上与合同履行完毕时相等,甚至更多。此时,合同责任的税法评价自不待言,甚至可以说,税法对合同责任进行干预、评价,只不过是合同正常实现所应接受税法评价的一种变形而已。

(2) 适用规则。在赔偿问题上,不管合同责任类型为何,其损失总可归为实际损失和可得利益的损失,或者说,可归为信赖利益和期待利益的损失两大类。这实际上对税法的适用也提出了更为繁琐的规则要求,因为两类损失在合同法上的地位和受保护程度显然不同,而这或直接,或间接地左右着税法的价值判断,并最终决定着两类损失在税法上所受到的评价。对于赔偿损失的税法评价也应遵从合同法的赔偿原则,分为实际损失的税法评价和可得利益的税法评价两部分,区别对待,具体适用如下:① 实际损失的税法适用。对于实际损失的税法评价,应根据守约方在违约行为发生以前所从事的行为或行为所致的经济效果来决定所应负担的税种,至于具体的税额应在合同法所认定的损失的基础上,参照税法的实际应税项目和应税标准来决定。② 可得利益的税法适用。因可得利益一定程度上可视为守约方的"纯所得",故对于可得利益的税法评价,实质上还是损害赔偿所得应否承担税负的问题。本书以为可得利益应视为所得的一种。参照适用于我国《个人所得税法》以及实施条例中的"偶然所得"或"经国务院财政部门确定征税的其他所得"的规定也好,类推适用也好,均应将可得利益纳入税收客体,课以个人所得税。

2. 违约金

违约金作为违约责任的一种责任方式,从性质和功能上讲,违约金应有赔偿性违约金和惩罚性违约金之分。赔偿性违约金很大程度上只是对守约方实际损失的补偿,并非有额外所得,因此,这类违约金的税法处理,应遵从赔偿损失的实际损失的税法适用;惩罚性违约金在实际损失的补偿以外,一定程度上使守约方获取了正所得,因此,对于惩罚性违约金的税务处理,可以考虑将其分为补偿性部分和惩罚性部分两部分予以分开适用,分开后可以参照赔偿损失的一般适用规则,当然因违约金的具体特质应有所不同。

(1) 税法效应。在合同实务中,当事人在缔约时进行违约金的约定时常发生,因违约行为而致使违约金的履行争议亦属多见。在违约金场合下,当事人一方违约,其最少可以得到约定的违约金额,除非约定的金额畸高或畸低。当事人一旦选择赔偿性违约金,其也就在违约时选择了不可能获取更多的赔偿金额,但其最起码可以使守约方的损失追回,恢复或基本恢复到缔约前的境况。当事人如选择的是惩罚性违约金,在违约发生时,守约方在追回自己实际损失的基础上,还可以获取更多的额外所得。在违约金合同中,违约发生时,守约方的状况至少不会比缔约前更差,甚至可能更好。而这恰是税法进行评价的先决条件,只有在当事人的行为及经济效果满足了课税要件时,税法才有介入的可能和必要。

(2) 适用规则。对于违约金的税法评价应遵从违约金的一般理论和合同法的相关规定,将其分为赔偿性违约金的税法适用和惩罚性违约金的税法适用,两者的规则同中有异,异中显同。① 赔偿性违约金的税法适用。对于赔偿性违约金的税法评价,应根据守约方在违约行为发生以前所从事的行为或行为所致的经济效果来决定所应负担的税种,至于具体的税额应在合同法所认定的损失的基础上,参照税法的实际应税项目和应税标准来决定。此种适用与赔偿损失中"实际损失的税法适用"原理相通。因守约方所从事的行为或行为所致的经济效果已然发生,税负也可能已经履行。此种情况下,违约人虽然不必继续去履行纳税义务,但对于守约方已付的税款依然负有赔偿义务,违约人才是真正的纳税人。② 惩罚性违约金的税法适用。因惩罚性违约金在补偿守约方的实际损失基础上,还获取了额外的所得。因此,对惩罚性违约金的税法适用可以将其分解为:第一,补偿实际损失的行为及经济效果的,按赔偿性违约金的税法适用规则处理,如上所述;第二,在补偿以外获取的额外所得,基于赔偿损失中的期待利益涉税问题的探讨,应将其纳入个人所得税的规制范畴,对守约人课以个人所得税。

3. 强制履行

合同责任在赔偿损失和违约金责任方式外,还规定了其强制履行的责任方式。这类责任方式的共同特征在于:在违约方不履行合同时,由法院或其他有强制权的机关强制违约方继续履行原合同的债务。为此,又称为继续履行和实际履行。强制履行的价值在于使原合同得以履行,从而使合同双方的权利、义务最终得以实现。一定程度上可以认为,强制履行的介入使合同在履行受阻时

第二章 税法与私法的一般法理

依然能够得以实现,达致正常合同的实现的法律效果。正因为此,强制履行也就有涉税的可能,因为其根本上实现了合同利益,达致了合同的经济效果,而这往往属于合同税法的税收客体。

(1)税法效应。在我国《合同法》第107、109、110条及111条的规定构成了我国合同法狭义意义上的强制履行责任体系。《合同法》第58条和第59条的规定在其基础上规定了另外几种责任方式,两者共同构成了我国合同法广义意义上的强制履行责任体系。其主要包括如下方式:继续履行、采取补救措施;要求支付价款或者报酬;要求对方承担修理、更换、重作、退货、减少价款或者报酬;及恢复原状、返还、折价补偿及财产收归国家所有或者返还集体、第三人等方式。违约责任出现时,是否选择强制履行进行救济是守约方的权利。在我国对合同责任的救济方式没有严格的规定,一般情况下守约方有自由选择的权利,当然合同法有明文规定的除外。作为合同责任的另一种重要责任方式,强制履行不具有惩罚性,其以实现原有的合同内容为要旨。违约方的强制履行的行使即意味着原合同的履行完毕,继续履行、采取补救措施也好,要求支付价款或者报酬及要求对方承担修理、更换、重作、退货、减少价款或者报酬也好,只要违约方满足了守约方的要求,则无异于对原合同的履行,因为守约方的救济不在于惩罚对方,而在于使原有合同内容得以实现。因此,强制履行的税法效应取决于当事人双方之间的原合同实现所带来的行为效果和经济效果。

(2)适用规则。首先,强制履行一旦行使,其税法评价的依据在于原合同实现的行为及其所致的经济效果,也即强制履行的税法适用必须借助原合同方可实现其在税法上的地位。当然这并不能否认强制履行的涉税性,因为如没有强制履行的介入,合同自无实现的可能,税法也自无存在的可能。其次,至于因违约而致的合同履行所伴随的税法效应,不仅与具体责任方式相关联,也与违约期间违约方所从事的行为相关联。概而言之,本书主张强制履行的税法适用规则分为:原有合同实现所致的行为及经济效果的税法效应和因违约而致的合同履行所伴随的税法效应。前者的依据主要是原合同的内容。后者的依据并不一致,一般与具体责任方式和违约方在违约期间所从事的行为相关联。

(五)结语

从合同意欲达到的最终目标来看,违反合同义务或许并没有使对方损害多少,甚或变得更好,因为责任方式的实现一定程度上实现了合同义务。从此意义上说,合同履行而否对税法而言似乎没有太大的影响,根源在于合同义务的存在。但紧邻合同法评价的税法评价,独有的税法构成要件实现了从合同法评价向税法评价的过渡。正是在合同义务和税收客体的双重作用下,合同责任与税法紧密相连起来。合同责任一旦涉税,纳税人的确立与责任方式在税法上的意义非同凡响。税法应大力借鉴合同法的标准,毕竟合同法相对发达,其理论资源相对丰富。但合同责任这一特殊的民事现象,难以完全借鉴合同法的资源,如何确立既可衔接合同法,又可为税法所用的合同责任涉税规则为本书的主要目的。

第三章 民法规范进入税法的立法路径
——公法与私法"接轨"的规范配置技术

法律部门的发展不能齐头并进,也存在着生态竞争。竞争的结果,便出现了理论层级的差异。考察中国的法律部门,由于开放和重视的先后不同,民法和税法的发展存在差距。民法相对发达,其理论资源相对丰富。在税法的发展中,一方面,由于资源难以自给自足,经常借用民法的管制资源。如税法从民法中吸收了大量的法律制度,包括担保规范、保全规范以及连带责任规范等。另一方面,税法和民法都属于法律,彼此之间有法律使命与法律目的的不同分工,评价的标准也存在差异,稍有不慎,法域之间及同一法域之间不同性质的规范之间的冲突便成为可能。保持法律价值判断的统一性是一种解决方法,更重要的在于确立一种协调的技术和机制。不至于冲突出现,各说各话,南辕北辙,败坏法律的权威与形象,动摇法律的效率与衡平。[①] 为此,对税法借鉴民法规范的配置问题研究意义之重大不言而喻。

税法和民法属于两个不同的法律部门,随着税收债务关系研究范式的兴起,两大法域之间的借鉴与融合日渐成为税法研究的重要论题,也一定程度上影响着立法。作为整个法律体系的重要组成部分,税法不可能完全摆脱民法而自生封闭的系统,在对民法规范的借鉴与融合过程中,税法固有的法律规范与民法规范的内涵与外延的交叉和重叠无法避免。但亦不可因噎废食,法律秩序的整体性和法律规范的体系化等均决定了税法对民法规范的借鉴。目前直接探讨"民法规范进入税法的立法途径"的研究文献尚未出现。国外对此类问题的研究涵盖立法与执法,多从逃避税的角度切入,深度研究税法与私法的衔接、配置等问题。[②] 我国台湾地区的研究跨越了简单分析税法与私法关系的阶段,进入深层次的法域承接与调整研究的新阶段。[③] 国内此类问题的研究文献相当匮乏,截止到 2016 年 8 月 10 日,通过中国知网检索,以"税法与私法接轨"和"民

---

① 参见杨小强、叶金育:《合同的税法考量》,山东人民出版社 2007 年版,第 3—6 页。
② Jakob Bundgaard, "On Tax and Private Law Relations", 44 *Scandinavian Studies in Law* (2003), pp. 77—92.
③ 参见黄士洲:《税法对私法的承接与调整》,台湾大学法律研究所 2007 年博士学位论文。

法规范进入税法"为主题和篇名的文献仅各为1篇。以"税法与私法"为篇名的文献仅有7篇,以"税法与私法"为主题的文献也只不过14篇。相关研究成果可归为三类:(1)税法与私法的关系。① (2)税法的私法化。② (3)税法对私法的承接。③ 总体而言,国外和我国台湾地区对税法与私法的研究日渐深入,更加注重法域之间的衔接与调整,立足于税法与私法的"接轨"。国内对此类问题的研究还处于初步阶段,对税法与私法最为关键的承接、调整、接轨等领域几无人涉猎,研究近乎空白。

步入新世纪,国家职能的扩张不仅改变了公法的内涵,间接也使公私法的功能起了变化,传统的公法与私法应对瞬息万变的复杂情事捉襟见肘,公私法的工具相互借用成为可能和必须,即作为管制与自治工具的公私法规范相互工具化。在此背景下,对税法与私法的研究必将走向深度的工具互化时代,对研究者带来的挑战即是:税法与私法互化的界点何在?标准何在?互化后如何与先前的制度相衔接,以整合于宪法机制下等。税法界对此类问题的研究还基本处于摸索阶段,以民法与税法为例,大多数学者仅仅从"税法引入民法规范的正当性和必要性"的角度研究,进一步的论述尚属罕见。尤其对下列问题,税法理论界和实务界基本没有作出合理的和应有的回答。主要包括但不限于:(1)民法规范包括哪些类型?税法对不同类型的民法规范的借鉴度?(2)民法规范在税法中是如何分布的?(3)税法体系内的民法规范如何恰当地与税法规范接轨?(4)民法规范可否承担起公法私法"接轨"的纽带?(5)税法对民法规范提供何种技术支撑?(6)税法中植入私法规范的限度,等等。此类问题可统称为民法规范进入税法领域的配置问题,该类问题迎合了公法与私法不断融合的时代特质,也将是该领域未来研究的重点和难点,本章在此背景下开展研究,以期探寻税法与私法接轨的立法技术。

一、税法与私法接轨的理念与技术配置:
基于实质课税原则的反思与超越

"法律规范的本质既是强制性的应然规范,内容或效果上相互扞格乃至矛盾,自然要尽量避免,对体系有较高要求的大陆法系更是如此。规范国家与人

---

① 参见杨小强:《论税法与私法的联系》,载《法学评论》1999年第6期。
② 参见罗俊杰、刘霞玲:《税法私法化趋势理论探源》,载《税务研究》2010年第4期。
③ 参见刘剑文:《私人财产权的双重保障——兼论税法与私法的承接与调整》,载《河北法学》2008年第12期。

第三章　民法规范进入税法的立法路径

民关系的公法,以及规范人民之间关系的私法,本来各有其领域,而且在理念的形成与概念、制度的发展上,各有其脉络,应该不会有规范冲突的问题才对。但现代化同时带动公领域和私领域的扩张,两者之间呈现的不只是反映左右意识形态的波段式拉锯,而且是越来越多的交错,应然面的法律体系,很自然的也从公私法的二元变成多元。作为管制与自治工具的公私法规范,还因为两种理念的辩证发展而相互工具化,乃至相互提供'避难所'。这都使得公法和私法间的接轨问题变得越来越复杂。"[1]立法上,税法广泛使用源于私法的术语和表达方式,国家经济活动受到私法规范的规制,且与经济活动的需求和方式紧密联系在一起。私法提供财产使用和交易的规则和方式,进而被纳入不同的课税范畴。税法借用私法概念、术语描述某一规范的前提条件司空见惯,相反,与私法术语和概念缺乏任何联系的税收制度体系是令人难以理解的。[2]除了概念、术语的假借外,税收债务的发生、效力、履行、消灭,乃至溯及调整等规定,均从私法脱胎而来,税收代位权和撤销权更是被规定直接准用民法,就连一向被视为具体化对等正义的诚实信用原则,也被导入追求分配正义的行政程序中。与此同时,税收客体随着私法关系的复杂化而不断调适。当私法对相关概念和行为作了精致的界分后,税法要么直接承接、要么做税法调整,否则就会陷于执行僵局。比如,在契税、土地增值税等不动产和无形资产税制领域,税法机关必须掌握足够的财产转移细节和相关民事法律,才能实现私法到税法的完美跳跃。

以税法和民法为例,两者分属不同的法律部门,随着税收债务关系研究范式的兴起,两大部门之间的借鉴与融合日渐成为税法研究的重要论题,也一定程度上影响着立法进程。作为整个法律体系的重要组成部分,税法不可能完全摆脱民法而自生封闭的系统,在对民法规范的借鉴与融合过程中,税法固有的法律规范与民法规范的内涵与外延的交叉和重叠无法避免。尤其是步入新世纪,国家职能的扩张不仅改变了公法的内涵,间接地也使公私法的功能起了变化,传统的公法与私法应对讯息万变的复杂情事捉襟见肘,公私法的工具相互借用成为可能和必须,即作为管制与自治工具的公私法规范相互工具化。伴随税法与私法走向深度的工具互化时代,税法与私法"接轨"的规范配置问题必然成为经典命题,亟待深化研讨。在此背景下,从技术层面看接轨的问题,不论是

---

[1] 苏永钦:《寻找新民法》,北京大学出版社 2012 年版,第 249 页。
[2] Sture Bergström, "Private Law and Tax Law", 23 *Scandinavian Studies in Law* (1979), pp. 31—52.

实体或程序法,都会因为公私法理念的交错而变得更复杂,实不待言。当税法不是单纯对私法架构好的社会依分配正义原则进行一定的干预,而不时还必须以私法作为其辅助工具,且反之亦然时,接轨者就不能总是拘泥于概念的形式,而常常得穿透、揭开概念的帷幕,从立法的意旨和政策的合目的性去做所谓实质的观察。自此,实质课税原则历史性地承载起税法与私法"接轨"的重任。是以,我们也可以说,这里已经不单是公私法技术的"接轨",同时是理念、价值和政策的"接轨"。此一更深层的"接轨"问题,当然不只发生在私法关系作为税法决定的先决事实的情形,以税务部门生产规范的数量与频密程度,私法上的决定如何纳入这些先决事实,使理念、价值和政策的"接轨"更为顺畅,同样是法制上的重大挑战。①

(一) 税法与私法:超越"私法化"后的"接轨"

中国当代的税法学研究在借鉴和总结国内外研究成果的基础上正在进行着以纳税人为核心、以债务关系说为基本理论基础的新范式整合。它表明中国新的税法学理论研究的范式正在逐步形成。税收债务关系说与权力关系说相比,具有了更为深刻的合理性和更为强大的理论解释性。它不但完全可以解决权力关系说所不能解决的问题,使税法学真正摆脱了行政法学的束缚而成为一门真正独立的法学学科,而且它还为现代税法学的发展提供了一种全新的理论进路和学术研究的技术平台。② 但是,需要特别注意的是,税法上导入税收债务关系说,绝非意旨简单的"税法私法化",如果将税收债务关系说同等于"税法私法化",无异于回归至法际的混沌时代,是为税法学研究的倒退。必须承认,税法自20世纪20年代前后演进至今,从德国到日本再至我国台湾地区,的确在课税理论依据、概念术语、法律关系,乃至具体制度设计上均不同程度吸纳了私法养分,使税法多了几分私法色彩,断不能就此认可税法全然私法化。在我国大陆亦如此,随着中国经济与全球经济一体化的接轨,市场经济观念将彻底突破计划经济时期一切以国家意志为中心和出发点的"税收权力论",税法中的私法理论、概念、制度和规范越来越普遍,以至于让人们认为,税法虽然属于公法,但其形式和内容都与私法的距离越来越近,税法成为整个公法领域中与私法联

---

① 参见苏永钦:《寻找新民法》,北京大学出版社2012年版,第256—257页。
② 参见王鸿貌主编:《税法学的立场与理论》,中国税务出版社2008年版,第110—111页。

系最为密切的部门。① 的确，在现代社会，税法与私法的关系日趋复杂，在中国向市场经济体制转轨时期更是如此。两者既有分野，也有融合，可以相互补充，以共同实现调整社会关系的目的。②

但也必须看到，税收作为一种"金钱给付义务"，在税收债务关系说诞生之前，就已经长期被称为"债务"。这一方面充分说明民法对税法的深刻影响，另一方面则说明，权力关系说与债务关系说之争的核心在于对国家征税权力作何种理解。源自德国并流转至日本的税收债务关系说的内在价值，在于根据现代法治国家宪法的基本原则和价值对国家征税权力予以法治约束。这种内在价值的充分认识与弘扬我国当前税法学研究所必须面对的如何实现对国家征税权力的法治约束以保护纳税人基本权利这一中心课题相一致。中国的税法学研究应当立足当下的国情而对时代要求作出理性的回应，将税收债务关系说理解为一种直面国家征税权力以探求对之予以法治约束之道的契机。如此，我们可以期待中国税法学在不久的将来即可彻底摆脱其"幼稚"的命运。③ 具体至当下中国，税收立法上，自我国税法引入部分债法制度以来，法学研究文献一直增进不多。现在税收征收管理法改革又到了一个面临挑战的新时期，其中的一个焦点是引入的税收债法制度的实现问题，即如何使这些源于私法的制度在税法实践中发生功效。《税收征收管理法》中新增的制度多为约束国家征税权力，意图寻求征纳双方权利平衡的规定，因此，制度的实现至关重要。症结在于，引入的私法制度多数过于原则、缺乏具体的操作性④，仍停留在"纸面法条"阶段。

继续引进新的关联私法制度以"激活"已有的制度，使其更具操作性是一种解决办法。但在税收债法理论研究尚难以为立法者提供充足资源的前提下，寄希望于立法水平的飙升无异于痴人说梦。其实，税法引入的私法制度之

---

① 参见刘剑文、熊伟：《WTO体制下中国税法发展的基本趋势》，载《中国法学》2002年第3期。
② 参见王贵松：《民法规范在行政法中的适用》，载《法学家》2012年第4期。
③ 参见朱炎生：《税收债务关系说与国家征税权力之约束》，中央财经大学"中国财税法学研究会2013年年会暨第十八届海峡两岸财税法学术研讨会"，2013年3月。
④ 以税收代位权和撤销权为例，我国《税收征收管理法》第50条仅规定"……税务机关可以依照合同法第七十三条、第七十四条的规定行使代位权、撤销权……"此规定虽然从立法思想上来看隐含了税收债务关系说的理论基础，有其进步性的一面，但是其不考虑税收债权的特殊性而一味援引私法的规定，从实体法的角度来看，税务机关无法决定何种情形下适用，相对方也无法针对性地进行对抗；从程序法的角度看，税务机关具体如何实施，相对方如何保障其程序权利也找不到途径。进一步论述参见李刚、程国琴：《税收代位权与撤销权的比较研究》，载《当代财经》2007年第11期。

所以"水土不服",很大程度在于其离开了赖以依存的制度土壤,要想解决制度实现的困局,要么在税法中构建新的适宜土壤,要么连通其原有土壤。无疑后一种更具效益性,其成功概率也大大增加。追根溯源,债法制度植根于诚实信用这一私法帝王原则,"涉及当事人之间的利益关系和当事人与社会间的利益关系,诚实信用原则被认为具有实现这两个利益关系之平衡的目的"。①《税收征收管理法》引入私法债制度,变为税收之债,却并未同步移植和营造私法债所发挥功效的诚实信用原则,税收之债"水土不服"是为必然。为此,理论界为是否需要将诚实信用引入税法发生争执。② 与诚实信用之于税法价值关联,发端于诚实信用原则的诚实推定权不仅受到学界关注,而且为实务部门所践行。③

作为纳税人的一项基本权利,随着纳税服务和纳税人权利运动的逐步展

---

① 徐国栋:《诚实信用原则二题》,载《法学研究》2002年第4期。
② 肯定诚实信用原则适用于税法者,主要理由植基于公私法融合的理论基础、税收债务关系说的确立、税收诚信缺失的状况以及诚实信用原则的功能等。对诚实信用原则适用于税法持怀疑态度者,认为私法上多为任意性规定,公法上多为强行性规定,法律规定的就必须严格遵守,实行严格的法定主义;而诚实信用原则在于补充法律的不足,因此若将诚实信用原则适用于公法,必然会破坏公法的严格性,为公权力的扩张提供途径。更多的担忧在于,诚实信用原则的适用,可能造成对税法的解释或扩大或缩小,这显然与税收法定主义精神相背,将对税收法定主义产生挑战。关于税法中适用诚实信用原则的相关论述参见但不限于下列文献:包子川、李初仕、陈光宇:《诚实信用原则与税收法定主义原则》,载《税务研究》2002年第8期;侯作前:《论诚实信用原则与税法》,载《甘肃政法学院学报》2003年第4期;邵伟杰:《诚实信用原则在税法上的适用探讨》,载《税务研究》2010年第4期;徐阳光、常青:《论诚实信用原则在税法中的适用》,载《交大法学》2014年第1期;张进德:《诚实信用原则应用于租税法》,台湾元照出版公司2008年版。
③ 例如,《厦门市地方税务局关于印发〈对纳税人适用"无过错推定"原则的指导意见〉的通知》(厦地税发[2009]104号)第1条"'无过错推定'原则的内涵和意义"明确指出:本指导意见所称"无过错推定"原则,是指未经税务机关依法认定,对纳税人、扣缴义务人、其他纳税人等税务行政相对人(以下简称纳税人)都不得确认其有涉税违法行为。它包含以下四个方面内容:一是税务机关在没有确凿证据证明纳税人存在涉税违法行为时,不应认定或推定纳税人存在涉税违法行为,坚持疑错从无;二是税务机关负有对纳税人涉税违法行为的举证责任,税务机关应当通过合法手段、法定程序取得证据;三是税务机关作出认定前,纳税人依法享有陈述权和申辩权,纳税人提出的事实、理由和证据成立的,税务机关应当采纳;四是对纳税人符合法定或酌定从轻、减轻或免予行政处罚情节的,税务机关应当作出相应处理。相同的规定也出现在《常州市地方税务局关于在税务行政执法中推行对纳税人"无过错推定"工作原则的实施意见》第1条"'无过错推定'工作原则的内涵和意义"当中。实践部门的这些做法尽管未明确提出诚实推定权,但其理念和实体内容已深嵌其中。参见参见《厦门市地方税务局关于印发〈对纳税人适用"无过错推定"原则的指导意见〉的通知》(厦地税发[2009]104号);《常州市地方税务局关于在税务行政执法中推行对纳税人"无过错推定"工作原则的实施意见》。

开,诚实推定权在欧美发达国家日渐被广泛认可。① 而纵观我国《税收征收管理法》及相关法律文件,诚实推定权不仅没有被写入,而且有"反其道行之"的倾向。比如,《税收征收管理法》第 88 条设计的"花钱买救济"的纳税争议救济机制,屡受理论和实务界的攻击,从另一个层面隐含了对纳税人的不信任,其实质上背离了纳税人诚实推定权的应有之义。作为纳税人拥有的被信任的权利,诚实推定权应当存在实体和程序两个维度的权利限度。② 实体层面的推定权,主要指纳税人有被征税机关假定为诚信纳税人的权利,没有充足证据证明某一或特定税务违法事实或行为存在的情况下,应在先认定纳税人是诚实的,是可以信赖的和无过错的;纳税人亦应当信赖征税机关的决定是公正准确的。当实体层面的推定权受到侵害时,纳税人有获得税务救济的权利,此为程序意义上的推定权。程序和实体的双重保护构成了诚实推定权的权利体系。③ 倘若借《税收征收管理法》修订之机,构建税收之债的诚信根基,至少可以为已经植入和有希望植入的债法制度提供制度生存的土壤,扫去纳税人畅游于私法之债和税收之债之间的障碍和壁垒,而不至于出现"橘生淮南则为橘,生于淮北则为枳"现象。这即为本部分所倡导的税法与私法"接轨"的理念。

---

① 在欧美发达国家,经历了 20 世纪下半叶"为纳税人服务"的改革浪潮,欧美各国大多制定了纳税人宪章或纳税人权利法案,为纳税人权利设计了一个较为完善的保障体系。特别是经济全球化以来,税务机关纷纷转变作风,以一种"经营者"的姿态"服务纳税人",诚实纳税推定权也得以贯彻,成为纳税人的基本权利。在纳税人诚实纳税推定权方面,大体上有两种立法体例:一是直接规定诚实纳税推定权;一是通过规定纳税人有获得礼貌和专业服务的权利,内含诚实纳税推定权。这两种体例并不是绝对的,也会有重合。采用第一种立法体例典型如澳大利亚,澳大利亚 2009 年修改后的《纳税人宪章》"纳税人权利"部分第 2 条规定,税务机关应当推定纳税人没有隐瞒税务事宜,除非纳税人的行为令税务机关有怀疑。采用第二种立法体例的典型有美国。美国 2005 年颁布的《纳税人权利法案》第 3 条规定了纳税人有"获得专业和礼貌服务的权利","如果纳税人认为国内收入局职员没有提供专业、公平、礼貌的服务、照顾,纳税人可以将此事告诉该职员上司。如果该职员的上司没有给予满意的答复,则纳税人可以给国内收入局的区税务局长或税收服务中心局长写信反映情况"。与此同时,美国在举证责任分配方面也实际上赋予了纳税人诚实纳税推定权,在美国,转让定价的举证责任由纳税人承担,税务机关应当举证证明纳税人在所得税申报中有欺诈行为,税务机关应当证明纳税人明知在进行纳税申报时,其申报存在缺陷且其目的在于通过错误的申报逃避其应当缴纳的税额。参见张富强:《论纳税人诚实纳税推定权立法的完善》,载《学术研究》2011 年第 2 期。
② 参见同上;王桦宇:《论税法上的纳税人诚实推定权》,载《税务研究》2014 年第 1 期。
③ 具体来说,实体方面其内容包括:当纳税人向征税机关缴纳税款时,征税机关应当首先认定纳税人是诚信的,认为纳税人所叙述的情况是属实的,判断纳税人在处理纳税事务时是诚实的,同时在缴纳税款时所提交的材料是完整且无隐瞒的。只有经过法律程序审查,掌握充足的证据,所掌握的证据能说明纳税人诚信存在被怀疑的可能性,在这种情况下才可以对纳税人采取相应的强制性措施。所以,在未经法律的程序的审查不得无端判断纳税人是不诚实的并且采取相应的行为,即进行强制性的税务检查等。程序方面的权利主要有提起行政复议和行政诉讼。参见文靖:《论纳税人诚实纳税推定权》,山西财经大学 2014 年硕士学位论文,第 4—5 页。

(二)"接轨"的表现形式与判断基准

"公法与私法的区分不仅仅是一种法律技术,公法与私法得以并行发展的社会背景在于政治国家与市民社会的分立,而其背负的价值观念则要归结到同样反映着政治国家—市民社会关系的宪政思想。"[①]早期,公法与私法本有"楚河汉界"相隔,两者分庭抗礼,势不两立。但进入现代以来,为了兼顾自治与管制的双重目标,在现代各国的立法中,公法与私法越来越呈相互交错和融合的态势。在"公法私法化"和"私法公法化"两股思潮的影响下,在世界范围内,从理论研究、立法实践到司法实践,都在探寻公、私法的"接轨"问题。私法之所以能够作出"让步"以及税法之所以愿意"妥协",均非某种单一的社会因素所能导致。税法与私法的"接轨"都是经济发展、政治制度、法律思想和市民观念等多个因素演变的综合产物,我们必须从多个维度出发才能窥探出其背后的合理性依据、价值定位以及对整个社会秩序的潜在影响。在这个基础上,税法与私法"接轨"的正当性和必要性方能证成。[②]

即便如此,仍要警醒:虽然国家与社会的相互渗透、相互作用造成公法与私法之间的互动加强,公法与私法的交集倍增,但"公法与私法的分立仍然是基础和根本,否则就没有交错和融合可言。正因为如此,现代国家的立法者亟须解决的一个立法技术上的重大难题便是公法、私法如何成功地实现接轨的问题。这不仅涉及法律部门的分工和协作问题,还涉及如何使以自治为导向的私法规范与以管制为目标的公法规范能够在同一法律体制下的各部门法(不管是民法还是行政法)里和谐共处,达致双方既可'各为其主''相互监督',又能'齐头并进'的和谐状态。"[③]如遇税法与私法本就同一理解,自无"接轨"的障碍。然税法有别于私法时,则需通过对私法的调整以实现"接轨"。由此,可以看出,税法与私法的"接轨"主要通过承接与调整来实现。税法与私法的"接轨",税法也可以讨论,私法也可以讨论。讨论得有个标准,不能"公说公有理,婆说婆有理"。否则,难以保障法整体秩序的统一。

税法应当是与私法相衔接的一门公法,课税构成要件和私法概念形式相联系。为此,一方面,原则上应从税收概念和私法概念相一致的立场解释税法。

---

① 金自宁:《公法/私法二元区分的反思》,北京大学出版社2007年版,第186页。
② 参见钟瑞栋:《民法中的强制性规范——公法与私法"接轨"的规范配置问题》,法律出版社2009年版,第4、213页。
③ 钟瑞栋:《"私法公法化"的反思与超越——兼论公法与私法接轨的规范配置》,载《法商研究》2013年第4期。

第三章　民法规范进入税法的立法路径

在税法中如何使用私法概念应由立法者规定,在立法未作特别规定时,不应由法院或行政机关自由裁量。税法上所使用的概念,除非税法另有明文,不得为私法不同的解释,以维持法律秩序的统一性。① 另一方面,"为实现税法追求财政收入与负担平等的目的性,即便在调整对象上与私法并无实际差异,亦无需强令私法在税收课征中予以整体的适用。基于税法的特定价值追求,税法可对私法的规范作出适度的调整。"② 由此可知,"以承接私法为原则,以调整私法为例外"成为税法与私法"接轨"的独特表现形式。为此,税法在对私法的承接抑或调整过程中,"必须特别考虑民事法的制度或规范机能。不是因为民事法当然优越于其他法律,而是民事法作为私人社会或经济活动的基本体制,自然成为其他法律在立法及解释适用上必须斟酌、避免矛盾的规范。盖任何法律中的规定如与民事法的规定发生冲突,马上会大量的引起伦理价值系统的迷惑,妨碍社会或经济活动的正常进行。但这并不表示民事法中的规定都是不可动摇的。当发现其他法律发展出来之新价值更符合文明进步社会或国家的需要,该价值还是会为民事法所内化。"③ 问题是税法与私法的互动究竟应尊重何种价值,难以用一种抽象的方式表达。税法与私法中不同学科之间的互动需要做具体的价值评估。④

税法和其他部门法一样,都在致力于贯彻宪法的基本价值判断。宪法规定的是一般的价值判断,如平等、自由等基本的价值观。由于宪法的一般价值判断过于抽象,距离操作的要求很远,所以不能作为裁判规范,不作为法院判案的直接依据。宪法的一般价值判断依赖于部门法来展开,在部门法上变成具体的价值判断,从而成为裁判规范。一般而言,私法落实的是宪法的自由原则,而税法更多的是展开了宪法上的平等原则。⑤ 税法与私法的规范目的和价值取向虽然不同,但均植根于同一社会经济体制。社会经济体制的健康发展,有赖于税法与私法的共同维护。在规范理念上,作为私法的核心和灵魂,"私法自治不仅是抽象的法律理念,它还渗透于规范的性质与功能当中"⑥,其理应得到税法的

---

① 参见〔日〕北野弘久:《税法学原论》(第四版),陈刚、杨建广等译,中国检察出版社 2001 年版,序言。
② 刘剑文:《私人财产权的双重保障——兼论税法与私法的承接与调整》,载《河北法学》2008 年第 12 期。
③ 黄茂荣:《法学方法与现代税法》,北京大学出版社 2011 年版,第 322 页。
④ Jakob Bundgaard, "On Tax and Private Law Relations", 44 *Scandinavian Studies in Law* (2003), pp. 77—92.
⑤ 参见杨小强:《中国税法:原理、实务与整体化》,山东人民出版社 2008 年版,第 12—13 页。
⑥ 朱庆育:《私法自治与民法规范——凯尔森规范理论的修正性运用》,载《中外法学》2012 年第 3 期。

肯定。但滥用私法形式,损及税收债权亦常有之事。如若此等情事出现,税法既可依据公平正义,也可依据税法之财政功能,对契约自由进行否认。基于上述认识,税法对私法的承接与调整应遵循以下价值判断:其一,法际尊重。除非有社会或经济政策考量,税法对私法的承接抑或调整,应秉持私法之建制原则为基础,不宜随意干预私法自治所赖以依存的私法秩序。其二,法际中立。税法虽常为推动经济或社会政策的实施,对经济生活不得已而为干预。但其对私法的承接或调整不能影响法的中立性。即不管是对私法直接承接,还是对私法进行调整,既不能使纳税人处于不利地位,也不能影响人们的经济决策和交易模式。其三,法际安定。税法与私法的"接轨"其根本目的在于确保法际之间的秩序与安宁。从法的角度来看,对可靠的、规范性的行为结构的需求即是对法安定性的需求。只有法的安定性才能够为将来提供导向确定性,以及为规划和处置提供基础。通过这种方式保障法和平、秩序、可靠性和稳定性,乃是所有法共体的一个主要任务。① "由于不同的法律,正如其有所属之目的事业主管机关,为其任务各有其一定之本位上之考量,是故,为维持该统一性,各个法律所肯认之价值间的协调是不能节省的工作。困难是如何加以协调。这不是简单的各让一步,而是应视情形,辩证的统合其间的矛盾。亦即必须针对当时之实践上的主客观条件,安排优先顺序,或应实现的分量。"②

(三) 如何"接轨":实质课税原则的展开

实质课税原则起源于第一次世界大战后的德国,其实质在于国家财政利益的满足以及税收负担的公平分配。反映在立法上,1919 年德国《帝国租税通则》第 6 条规定:"纳税义务,不得藉民法上之形式及其形成可能性之滥用而规避或减少之,如有滥用情形,应依相当于该经济实践、经济实施及经济关系之法律状态,课征相同之捐税。"这条规定,被视为实质课税的最早立法起源。③ 此后,1977 年德国《租税通则》第 39 条至 42 条,被认为是实质课税原则的反映。日本《国税通则法》等税收基本法中虽无实质课税原则一般条款的规定,但其《所得税法》《法人税法》《消费税法》及《地方税法》中均有实质课税原则的特别条款。受德国和日本的影响,我国台湾地区《所得税法》《遗产及赠与税法》及《加值型

---

① 参见〔德〕莱因荷德·齐佩利乌斯:《法哲学》(第六版),金振豹译,北京大学出版社 2013 年版,第 187 页。
② 黄茂荣:《法学方法与现代税法》,北京大学出版社 2011 年版,第 323 页。
③ 参见张晓婷:《实质课税原则的制度实现——基于企业所得税法文本的考察》,载《财贸研究》2010 年第 5 期。

与非加值型营业税法》等亦规定类似条款,且行政法院及税务机关在实务中也频繁地援用实质课税原则。① "我国虽然未曾在立法上明确实质课税原则的地位,但实质课税原则的要义早已体现在了单行税收法律规范当中,在税收实践领域也得到了广泛的运用。"② 与立法大相径庭的是,学者对实质课税原则的论述过度限于反避税,以致大大降低了实质课税原则的应有价值。实质课税原则独特的实质与形式分野与融通秉性,使其天然地担负起税法与私法"接轨"的重任。

1. 实质课税原则之本来面目与价值回归

"私法对税法的规范影响,即税法对私法如何承接与调整问题,论者多置于实质课税及'税法应否受民法的拘束'的议题之下,论述脉络或多或少直接集中滥用私法形成自由的脱法避税行为,并以'经济观察法'作为防杜的方法。此种提问与论述的方式固属正确,惟将税法如何承接私法的全面性、综合性乃至于个别规范、事实问题,简单地化约成脱法避税的防杜,不仅有失狭隘,亦容易使执法的稽征机关、行政法院误解实质课税原则于税捐债务的适用上,只限于'有利国库'的面向,而疏于一体适用于纳税人有利事项。惟按脱法避税行为乃至于税法漏洞,如何透过税法的目的性解释与类推适用予以防杜、填补,固为税法如何承接,特别是调整私法规定的课题之一,然就我国现行税法与实务论之,实欠缺深入论述的重要性。"③ 当然也有学者敏锐感受到这一点,将实质课税原则置于更为宽广的视域下进行研究。如台湾地区学者黄茂荣认为,实质课税原则主要适用于以下几种情形:(1)税捐客体的经济上归属;(2)税捐客体的核实认定;(3)无效法律行为满足课税要件的课税;(4)违法或违反善良风俗行为满足课税要件的课税;(5)税捐规避行为的否认。④ 陈清秀则认为在以下情况下可以运用实质课税原则:(1)税捐客体之有无;(2)税捐客体之范围;(3)税捐客体之归属;(4)无效契约之履行;(5)违法行为无碍于税捐义务;(6)非常规交易之调整。⑤ 祖国大陆亦有学者认为,"归纳起来,实质课税原则的适用类型主要体现在纳税主体资格的确认、税收客体的归属、征税客体的合法性、无效和可撤销契约的履行、税收规避防范等方面。"⑥ 不管何种观点,均突破了"将实质课

---

① 参见闫海:《绳结与利剑:实质课税原则的事实解释功能论》,载《法学家》2013 年第 3 期。
② 徐阳光:《实质课税原则适用中的财产权保护》,载《河北法学》2008 年第 12 期。
③ 黄士洲:《税法对私法的承接与调整》,台湾大学法律研究所 2007 年博士学位论文,第 104 页。
④ 参见陈清秀:《税法总论》,台湾 2004 年自版,第 224—236 页;
⑤ 参见黄茂荣:《法学方法与现代税法》,北京大学出版社 2011 年版,第 203—227 页。
⑥ 徐阳光:《实质课税原则适用中的财产权保护》,载《河北法学》2008 年第 12 期。

税限于反避税"的狭隘视角。这也为立法所证实,以德国《租税通则》为典型,其实质课税原则共涉及4个法律条文(如表3.1所示)。

表 3.1 德国《租税通则》"实质课税"法条①

条文出处	条文内容
第39条 归属	(1) 经济财产归属财产所有人。 (2) 对第(1)项之规定,适用下列之例外: 1. 非财产所有人之第三人,于事实上管领经济财产,且于一般状况,在通常之使用期间内,得排除所有人对该财产之影响者,则该经济财产归属该第三人。信托关系之经济财产归属信托人,让与其所有权以担保债权之经济财产归属保证人,自主占有之财产归属自主占有人。 2. 经济财产为数人所共同共有者,于租税课征上有分别归属之必要时,依应有分归属各共有人。
第40条 违反法律或善良风俗之行为	实现税法构成要件之全部或一部之行为,不因其违反法律之命令或禁止,或违反善良风俗,而影响其租税之课征。
第41条 无效之法律行为	(1) 法律行为无效,或嗣后归于无效,而当事人仍使其经济效果发生,并维持其存在者,不影响租税之课征。但税法另有规定者,不在此限。 (2) 虚伪之法律行为与虚伪之事实行为,对租税之课征不具意义。虚伪之法律行为隐藏有他项法律行为者,依该隐藏之法律行为课征租税。
第42条 法律形成可能性之滥用	税法不因滥用法律之形成可能性而得规避其适用。于有滥用之情事时,依据与经济事件相当之法律形式,成立租税请求权。

由上可知,避税的防范不过是实质课税的一个面向。税法与私法的"接轨",税法如何承接与调整私法,实质课税原则作为导管,不应单单局限于反避税视域,应推至私法自治与课税构成要件的互动。"所涉问题尚应及于税捐债务的各个成立要素与情形,诸如税捐客体归属、私法行为的瑕疵、无效乃至于不法行为,税法应否基于'法秩序的一体性'予以承接,或基于税法与私法各自具有歧异的目标设定,税法得基于自身目的性予以调整,抑或是应兼顾税法与私法目的,衡平个案情形决定之等等,实有深入论述、厘清的价值。税法承接私法规定及事实评价结果后,于课税上透过实质课税/经济观察法予以调整,而为歧异认定者,现行实务操作尚欠缺一套明确的指导原则,而个案的判断及说理过

---

① 参见陈敏译:《德国租税通则》,台湾"财政部财税人员训练所"1985年版,第49—56页。

程,亦屡遭诟病其流为'疑则有利国库'的恣意。"①实质课税原则本为中立性价值与范畴,旨在反映课税连结客观上的负担能力,而非单一的外在法律形式,既可以适用于对纳税人不利场合,也可以适用于对纳税人有利场景。过度偏重其反避税功能,犹如管中窥豹,已然背离了实质课税解决经济事实的基本精神。因此,对实质课税的研究应突破反避税疆域,在更广泛的领域挖掘其精神和内核。尤其在公法、私法不断互动的当代,公法私法化和私法公法化以及混合法的生成,个体利益与社会利益、个人自由与公共权力、市民社会与政治国家之间的互动、平衡与妥协②日渐复杂。在法际借鉴与融合中,实质课税原则如何在税法与私法的"接轨"中作出突出贡献有待学界深入研讨。

2. 实质课税原则:"接轨"技术抑或理念

"无论在政治学领域,还是在经济学范畴,并不存在一个令所有理论家都能达成一致的税收正义原则,如果说罗尔斯与诺齐克在该问题上的分歧主要集中于税收是否应当具备再分配功能这一问题的话,那么各种具体的税收理论之间在此问题上的分野则主要表现在究竟应依据何种实质性正义标准来决定每个纳税人所应支付的纳税份额这一问题上;如果说前一个问题之争解决的税益分配正义原则的话,那么后一问题之论则关涉的是税负的分配正义原则。"③税收正义作为宪法的基本原则,亦即税法的核心价值④,理应得到贯彻。实质课税原则追求实质正义,是为量能课税原则在法理念上的表现,其与追求形式正义的税收法定主义相对应,共同致力于税收正义。税法对纳税人的行为或者其经济效果课税,直接影响、限制了纳税人的财力,一定程度上干预了纳税人的自由权和赖以运转的市场环境,进而触及纳税人基本权利。因此,课税必须遵照法定主义,依据纳税人的负担量能课税。这是实质课税原则与税收法定主义在理念上的切点。尽管如此,在税法上,"人们之间也会产生这样或那样的利益差别、矛盾和竞争,处理不好这些关系同样是不利于社会发展的。于是就需要建立一种机制来协调人们的利益矛盾"。⑤量能课税原则虽可化解纳税人之间的利益冲突,但"无论是作为一种财税思想还是法律原则,量能课税在税法中的作用范围都是非常有限的"。⑥但以其为精神或目标的实质课税原则,充分吸纳了量能

---

① 黄士洲:《税法对私法的承接与调整》,台湾大学法律研究所 2007 年博士学位论文,第 105 页。
② 参见何勤华主编:《公法与私法的互动》,法律出版社 2012 年版,第 12—13 页。
③ 陈丹:《论税收正义——基于宪法学角度的省察》,法律出版社 2010 年版,第 60 页。
④ 参见黄俊杰:《税捐正义》,北京大学出版社 2004 年版,第 2 页。
⑤ 王伟光:《利益论》,中国社会科学出版社 2010 年版,第 243 页。
⑥ 刘剑文、熊伟:《税法基础理论》,北京大学出版社 2004 年版,第 141 页。

课税的养分,重获新生。为了掌握"实质",德国开创经济观察法的先河,以其作为实质课税原则的方法,使实质课税从原则走向实践。作为理念,实质课税内含价值判断与利益权衡,而经济观察法从客观事实出发,践行经济理性。自此,实质课税原则通过经济观察法实现了从理论到实务、从主观到客观的跨越,也使其具备了"理论实务化"与"主观客观化"的特有功能。

  从结构上看,实质课税原则"有经济的实质主义和法律的实质主义之分。两种实质主义强调,在适用税法时,必须认定课税要件事实,如果课税要件事实的'外观与实体'或'形式与实质'不一致,则不能依照外观或形式,而只能依照其实体或实质加以判断。当依据外观或形式,并没有符合课税要件的事实存在时,如果实体或实质符合课税要件,则必须认为课税要件已经满足。同理,如果外观或形式符合课税事实,但其实体或实质却并无该项事实存在,则必须认定课税要件未能满足。学者们大多认为,法律的实质主义不是税法的特性,而是法律的普遍做法。如民法中探求真实意思表示,否认虚伪表示即属其例。只有经济的实质主义才是税法与众不同之处。"①法律的实质主义强调,"对课税要件事实认定所必需的法律关系,不要按表面上所存在的法律关系而应按真实存在的法律关系来进行课税要件事实的认定;而不应离开真实的法律关系,去按其经济成果或目的来对法律要件的存在与否进行判断。"②而经济的实质主义则强调,"税收负担有必要维持实质的公平,纵然其法形式或名义相同,但其经济的实质有差异,即应作不同的处理。"③但也必须注意,经济的实质主义对交易经济效果进行客观评价,仍需透过"法律形式"而探求实质④。其实,与其说两者根本对立,毋宁说各自有不同的适用场合而已。通过不同情形下的"实质"探寻,两者共同致力于"实质"课税。亦如吉良实所言,在具体案件上,如发生"法对法"的问题时,则应从法律的实质主义立场,理解实质课税。反之,如其问题属于"法对经济"时,则应从经济的实质主义立场,理解实质课税。如此方能发挥其功能,故将实质课税原则理解为包含上述两者的原则,更能适合于此原则的趣旨及目的。⑤

---

① 刘剑文、熊伟:《税法基础理论》,北京大学出版社2004年版,第155页。
② 〔日〕金子宏:《日本税法》,战宪斌、郑林根等译,法律出版社2004年版,第103页。
③ 〔日〕田中二郎:《租税法》,日本有斐阁1982年初版,第83页。转引自陈清秀:《税法总论》,台湾2004年自版,第207页。
④ 参见汤洁茵:《原则还是例外:经济实质主义作为金融交易一般课税原则的反思》,载《法学家》2013年第3期。
⑤ 参见〔日〕吉良实:《实质课税主义》(上),郑俊仁译,台湾《财税研究》第19卷第2期,第122页。

第三章 民法规范进入税法的立法路径

将法律的实质主义和经济的实质主义视为实质课税原则的有机组成部分,对于税法与私法的"接轨"意义重大,其"配置"了可以实现税法与私法在价值和政策上"接轨"的独特理念,构建了不同情形下交易的法际适用技术。具体而言,当契约自由所致的交易形式与交易实质相一致时,法律形成并无滥用情景,此时宜采法律的实质主义立场,税法可以直接承接私法,对私法行为或经济效果课税即可,两者的"接轨"并无法际障碍。此种情形为理想状态,实际情况并不总如此。在私法实践中,交易形式和交易实质并非总是一致,"形—实"冲突或者"名—实"冲突时有发生,"法对经济"问题日趋频密。一旦此种情形出现,经济的实质主义"挥动实质课税原则的事实解释功能之剑,可以明晰实质课税原则的基本意旨"①,使原本已经中断的"私法事实—税法事实"链条得以恢复,"破裂"的税法与私法重新"接轨"。为平衡征纳双方利益,保证纳税人自由权与国家课税权之间的适度张力,"实质课税原则应当谨慎运用,否则可能因法院或行政机关的主观恣意而置法条文义而不顾,不仅违反税收法定主义,也势必将侵害人民的权益。"②理想的方案是,在"法对经济"场合,除开前述"接轨"理念与技术,对征纳双方配置辅助程序技术,即"税务机关依据经济实质认定纳税人的应税事实,应当承担举证责任。纳税人依法应当履行的协力义务,不因税务机关承担举证责任而免除。如能举证证明纳税人未尽协力义务的,税务机关有权推定纳税人的应税事实"。③

3. 税法与私法在宪法上"接轨"

"在公、私法交错领域,公私法区分恒为困难课题。然公、私法间除传统问题外,鉴于公行政任务一体,需由公私法相互支持补充。在公法规范往往以私法关系作为原因事实或前提要件时,同一生活事件先后受私法及公法之二度规范。私法虽较公法适用在先,但只有时间之先行性,并无评价之优先性,惟在常规交易时,公法常尊重私法规范,在不损害其主要关怀之下,亦斟酌私法之目的,以最小损害方式为之。"④然交易形式与实质的时常背离,导致税法与私法的"接轨"不可避免地干预私主体的契约自由权。人民的契约自由不得不尊重,而法律形式之滥用也不得不管制;一厢是意思自治,一厢是税收法定,两者间并没有可以调和的境地,所能寻找的出路只在于如何在对私法的调整时最少地干预

---

① 闫海:《绳结与利剑:实质课税原则的事实解释功能论》,载《法学家》2013年第3期。
② 孙健波:《税法解释研究——以利益平衡为中心》,法律出版社2007年版,第118页。
③ 叶姗:《应税事实依据经济实质认定之稽征规则——基于台湾地区"税捐稽征法"第12条之1的研究》,载《法学家》2010年第1期。
④ 葛克昌:《税法基本问题(财政宪法篇)》,北京大学出版社2004年版,第164页。

人民的自由。要想实现这一目标,必须寻求宪法整合。因为"税法与民法关系,既非独立,亦非依存,而同为国家统一法秩序的部分法领域,统一在宪法指导理念之下。由于宪法功能不同于位阶在其下之各种法律,宪法不但明订立法者裁量范围及其界限,同时对不同法律间因不同之评价标准,所造成之法律漏洞与差异,负有整合及统一功能。"①的确,基于法律秩序统一,税法与私法被安置于宪法之下,均为法律体系不可或缺的重要组成部分。虽两者有千丝万缕的关联,但各自确有宪法分配的不同目标和任务,产生不同的评价原则和方法,即使针对同一法律要件或法律事实,也未必能产生同一评价或法律效果。

与私法尊崇私法自治和平均主义不同,税法作为国家财政收入的管制工具,以财产分配为核心,日渐凸显其侵益法与分配法的双重属性。国家财政利益与纳税人权益成为税法必须时刻关心的话题,实现两者的和谐共存,税法发展出有别于私法的分配正义、税收正义与便利稽征等独有理念,从而使税法与私法具有规制对象形同而实异的本质。税法作为公法,管制和分配手段是实现宪法任务的重要工具。税法常以管制与分配的形式表现于外,实则力求践行基本权保护(形式法治国原则)与负担分配(实质法治国原则)的正义观。此种追求与私法形成相当的分歧,私法恪守对意思自治和契约自由的尊重,私法规范以平均主义为追求,在处理私人间的法律关系与利益冲突时,原则上是将所有人等同视之,尽可能使当事人间达到绝对平等,实现私法上的平均正义观。虽然税法与私法呈现出形式层面的巨大差异和追求,但并不意味着最终会产生实质上的歧异评价结果。因为税法与私法在内在体系上,同受一般法律原理、原则与价值、理念的规整,且共同承担宪法优位与公民基本权保障的重任。为此,在税法与私法相互支援补充的互补体系的思维下,以税法理念不加改进地调整私法关系和私法事实,抑或绝对排斥税法理念、完全尊重当事人的私法自治,都会造成实质上的评价歧异。必须回归宪法,透过体系正义思维,整合、统一税法与私法表层的评价分歧,实现税法与私法的深度"接轨"。

二、公法与私法视域下的民法规范类型:
以自治与管制为中心

税法与私法两者之间的关系惟妙惟肖,远不如一般想象中的公法与私法之间的"老死不相往来"。正如学者所言,尽管不如税收立法所显示的那样明确,

---

① 葛克昌:《税法基本问题(财政宪法篇)》,北京大学出版社2004年版,第25页。

第三章　民法规范进入税法的立法路径

但税法依赖于私法,并被其引导是显而易见的。在法律体系内,税法通常被认为是一个独立的法域,属于公法。然而,实际上,税法与私法理念有着紧密的联系。两者关系之紧密,以致在某种程度上,私法支配着税法,私法对税法的适用有着决定性的影响。其结果是,税法的解释不能依靠税法单独完成,而必须借助私法解释。换言之,税法是一个必须依赖于私法指导,否则即无法自营的"寄生"体系,一如狗对盲人的引导。①

随着经济、科技和文化的深入发展,人类的社会关系日渐复杂。多元化的价值取向、市场和政府的双重失灵风险等强有力地冲击着公法与私法的传统界分。民法生活中关于财产关系和人身关系的两个维度进一步向经济自由与人格权张扬方面转化;并且,二者出现了前所未有的紧张关系。② 受此影响,"公法私法化"和"私法公法化"出现,"私法与公法、民法与行政法、契约与法律之间的僵死划分已越来越趋于动摇,这两类法律不可分地渗透融合"。③ 在公法和私法的视域下研究民法规范的类型化之于税法至关重要。民法规范的类型化研究之于"税法对民法规范的引入工程"不只是一个学术思辨,更是一个具有税收立法、执法和司法层面重大价值的时代问题。尤其在当前,税法从民法中引入的诸多制度性规范的实践效果并不理想,有的还可能很差。

(一) 殊途同归:民法规范类型化的中西方进路

法律规范可作多种分类,其中有以私法规范为模型者,亦有以公法规范为模型者,不同类型的规范有着颇为不同的功能,宜作细致甄辨。法律理论中,任意规范与强制规范,强行规范、许可规范与授权规范,以及行为规范与裁判规范三种彼此相关的分类最具意义,几乎所有法律规范均可归入相应类型。④ 究竟何种类型化分类更符合"公、私法日渐接轨"的时代趋势,对税法借入民法资源的价值更大?

1. 中国:从民事规范的二元到多元

在中国大陆,民法规范分为强制性规范和任意性规范成为 20 世纪民法学

---

① Jakob Bundgaard,"On Tax and Private Law Relations",44 *Scandinavian Studies in Law* (2003), pp.77—92.
② 参见易继明:《私法精神与制度选择——大陆法私法古典模式的历史含义》,中国政法大学出版社 2003 年版,第 198—199 页。
③ 〔德〕拉德布鲁赫:《法学导论》,米健、朱林译,中国大百科全书出版社 1997 年版,第 77 页。
④ 参见朱庆育:《私法自治与民法规范——凯尔森规范理论的修正性运用》,载《中外法学》2012 年第 3 期。

的经典研究范式。但此种分类并未获得法理学科和公司法学科的普遍支持。[①]进入21世纪,民法学界对此种研究范式进行深度反思的杰出代表当属王轶教授。他以利益分析为方法论,以合同法为分析对象,对民法规范进行大胆创新。认为,"在合同法上,民事主体之间的合同交易主要有可能引发四组冲突的利益关系,即合同当事人之间的利益冲突;合同当事人的利益与特定第三人利益之间的冲突;合同当事人的利益与国家利益之间的冲突以及合同当事人的利益与社会公共利益之间的冲突。针对这四组冲突的利益关系,合同法将法律规范进一步类型化,其中任意性规范和倡导性规范,用以调整合同当事人之间的利益冲突;授权第三人的法律规范用以协调合同当事人与特定第三人之间的利益冲突;强行性规范用以调整合同当事人的利益与国家利益和社会公共利益之间的冲突。"[②]

王轶教授颠覆了经典的二元规范法(强制性规范和任意性规范),深度解析了民法规范背后的利益冲突,对立法和实践具有重大的启示意义。的确,从理性的观点来看,只要有利益存在,利益的冲突便不可避免。它们的解决可以用这样一个秩序来实现:或者是满足一种利益而牺牲其他利益;或者是在对立利益之间力求造成一个妥协。只有这样一种法律秩序,它并不满足这一利益而牺牲另一利益,而是促进对立利益间的妥协,以便使可能的冲突达到最小的限度,才有希望比较持久地存在。[③] 从中也可看出,民法规范不只有强制性规范和任意性规范。

2. 西方:多维视域下的多元规范

西方学者对民法规范的分类最有影响力的当属利用规范逻辑和利益分析进行类型化。规范逻辑的分类需要追溯到17世纪的莱比尼茨(Leibniz)对逻辑的分析,在此基础上,他认为法律规范可以作为四种判断,即强制是全称肯定、禁止是全称否定、许可是特称肯定、非强制是特称否定。莱比尼茨之后,哲学家让·雷(Jean Ray)、法学家莫德坦(Modestin)、安德松(Anderson)及怀特(von Wright)等均对规范逻辑思维进行了发展。但标准的不确定性、法律规范的多样性等问题使依据逻辑对法律规范的分类极易使法律沦为"法律的语言逻辑"。

[①] 参见但不限于下列文献:张恒山:《法理要论》,北京大学出版社2002年版,第52—53页;张文显:《法哲学范畴研究》(修订版),中国政法大学出版社2001年版,第50—52页;罗培新:《公司法的合同解释》,北京大学出版社2004年版,第113—114页。

[②] 王轶:《物权法的规范设计》,载《法商研究》2002年第5期。

[③] 参见〔奥〕凯尔森:《法与国家的一般理论》,沈宗灵译,中国大百科全书出版社2003年版,第12、51页。

第三章 民法规范进入税法的立法路径

利用利益分析对民法规范进行分类的典型代表是惹尼。惹尼认为民法规范有三种类型,"一类规范仅仅是对个人的意志进行指示或者补充;另外一类强制或禁止的规范;第三类规范是处置性规范(règles dispositive)"。① 这三种规范各具自己的目标,第一类是"私法自治",第二类是"公共秩序或者更高的利益",第三类规范"平衡私人利益"。② 惹尼的观点为法国的诸多学者所继承。

(二)民法规范的重新架构:公法与私法关系的视域

尽管不断有人在说,公法与私法的区分"已经过时"③,但实践中公法与私法的区分却仍旧表现出顽强的生命力。不可否认的是,"公、私法的划分正处在危机之中"④,皆因"大陆法系公法与私法的二元划分,只是一定历史时期政治、经济、文化、历史因素杂糅在法律观念和法律形式上的反映,随着这些因素的变化,社会现象对法律的要求也相应地发生了变化"。⑤ 此种变化也客观上对民法规范的类型化反思产生了内在张力,在强制性规范和任意性规范之间确实存在许多"中间地带"。为此,有必要对民法规范的类型化进行重新架构。

1. 类型化视域下的民法规范

以规范的效力为标准,民法规范应当分为五种类型:任意性规范、授权一方当事人的规范、授权特定第三人的规范、半强制规范和强制规范。⑥ 民法规范的此种分类契合了公法与私法的相互渗透⑦之现象,是个有价值的探索。

(1)任意性规范。凡可以当事人的意思变通适用的规范为任意性规范。按照台湾学者韩忠谟的理解,任意性规范可以细分为补充法和解释法两类。⑧ 任

---

① Francoise Geny, Méthode interprétation et sources en droit privé positif, Tome premier, L. G. D. J. 1919, p. 242. 转引自许中缘:《民法规范类型化之反思与重构》,载《人大法律评论》编辑委员会组编:《人大法律评论》(第 8 辑),法律出版社 2010 年版,第 79 页。
② 同上。
③ Carol Harlow, "'Public' and 'Private' Law: Definition without Distinction", 3 *The Modern Law Review* 43(1980), p. 241.
④ 参见〔美〕约翰·亨利·梅利曼:《大陆法系》,顾培东、禄正平译,法律出版社 2004 年版,第 99—105 页。
⑤ 赵红梅:《私法与社会法:第三法域之社会法基本理论范式》,中国政法大学出版社 2009 年版,第 21 页。
⑥ 下文对授权一方当事人的规范、授权特定第三人的规范、半强制规范的界定和分析得益于钟瑞栋先生的启发。参见钟瑞栋:《民法中的强制性规范——公法与私法"接轨"的规范配置问题》,法律出版社 2009 年版。
⑦ Charles Sampford, "Law, Institutions and the Public/Private Divide", 20 *Federal Law Review* 185 (1991), pp. 210—214.
⑧ 参见韩忠谟:《法学绪论》,中国政法大学出版社 2002 年版,第 47 页。

意性规范可以采取形式上和实质上的方法进行识别。① 无论是补充性的任意性规范还是解释性的任意性规范,从根本上讲,都是对意思表示漏洞的补充,并通过填补漏洞来实现交易风险的公平分配。②

(2) 授权一方当事人的规范与授权特定第三人的规范。授权一方当事人的规范,是指法律将法律行为效力的决定权赋予经济实力、知识、经验等处于弱势地位的一方当事人的规范。其主要特征在于:① 此类规范虽有任意性的一面,但其任意性只为一方当事人享有,对于对方当事人反而具有一定程度的强制性。即无论获得授权的一方当事人如何抉择,对方当事人都必须接受;② 此类规范只调整当事人之间利益关系,与公共利益没有直接的关系。法官无权主动适用此类规范,唯有获得授权的一方当事人方可援引该规范来决定法律行为的效力。③ 调整合同关系当事人和合同关系以外特定第三人之间的利益冲突的规范为授权特定第三人的规范。④

(3) 强制性规范与半强制性规范。凡不能以当事人的意思变通适用的规范为强制性规范。与任意性规范不同,强制性规范重点规制当事人利益与国家利益或社会利益之间的冲突。强制性规范虽可维护国家和社会公共利益,但难以发挥当事人在维护和促进国家与社会公共利益方面的主观能动性。为此,"将强制性规范与任意性规范的对立予以相对化,将以贯彻和体现特定公共政策目标为取向的民法规范的一部分赋予强制性"⑤,是民法规范优化设置的上佳选

---

① 形式上的识别方法是从法律条文的形式来判断,如果某一个法律条文中包含了"有……"或者"可以……"等字眼,或者该法律条文的后面有"但当事人另有约定或另有交易习惯的除外"这样的但书规定,这个条文所对应的法律规范即是任意性规范。实质上的识别方法是指根据民法规范所调整的利益冲突类型来判断该规范是否属于任意性规范。参见王轶:《我国合同法的规范类型及其法律适用》,载 http://www.civillaw.com.cn/article/default.asp?id=14446,2016 年 1 月 20 日访问;史尚宽:《民法总论》,中国政法大学出版社 2000 年版,第 329 页。

② 参见〔德〕迪特尔·梅迪库斯:《德国民法总论》,邵建东译,法律出版社 2000 年版,第 255 页。

③ 此类规范主要存在于合同法中,包括要约撤回、撤销和承诺撤回的规范;缔约过失责任的规范;善意相对人撤销权的规范;重大误解、显示公平订立合同可撤销的规范;意思表示不自由(欺诈、胁迫、乘人之危的合同)效力的规范;双务合同中关于三种抗辩权的规范;合同解除的规范;违约金数额增减请求权的规范;买卖合同中标的物解除的规范;赠与合同赠与人撤销权的规范。

④ 授权特定第三人的规范主要存在于我国《合同法》中,具体包括第 74 条关于债权人的撤销权的规范;第 230 条、第 339 条规定的请求确认影响自身利益的合同相对无效的权利的规范;第 48 条无权代理人从事代理行为时,被代理人享有追认权的规范;以及第 51 条无处分权的处分他人财产时,权利人享有追认权的规范。

⑤ 陈自强:《民法讲义 II 契约之内容与消灭》,法律出版社 2004 年版,第 48 页。

择。此等荣誉当属半强制性规范,即只有部分强制性的民法规范。①

2. 民法规范类型化的反思:自治与管制

千头万绪而又博大精深的民法学,有一条最基本的线索,这就是自治与管制。自治与管制的关系既是民法中最基本的问题,同时也是法治建设乃至国家治理中的永恒课题。无论国家治理还是法治建设,民法作为法律体系中最基本的法律部门之一,担负着极为重要的使命。为完成这一使命,民法从价值目标、法律原则到具体的法律规范的设计等都是围绕自治与管制的关系这条线索而展开的。② 为了实现公法与私法的成功"接轨",民法应该(且已经)从规范设计和配置上作出妥协和让步:在以任意性规范为主体的基础上,适当吸收具有管制功能的强制性规范以及兼具自治与管制双重功能的授权一方当事人的规范、授权特定第三人的规范和半强制性规范。五种规范的巧妙配置③,可以为公、私法的"接轨"奠定良好的规范基础。

三、税法对民法规范的准入设计:基于税收正义的追求

税法作为"管制"为主的法域,学者一直在探寻其正义基础。发端于18世纪初期的利益说,经过卢梭的大力提倡后为法国重农学派所接受,并经亚当·斯密发展而成为英国古典学派的主张。④ 依据利益说,人民应当支付的税收与他们从政府支出中所享受到的利益成比例。反对声不绝于耳,如斯图亚特·密尔所言,利益说"无法提供平等收益是一个重大的社会缺陷"⑤。至19世纪末,

---

① 在民法中设置这种规范的目的是为了实现特定的社会公共政策目标,为当事人实施法律行为设定一个基准和底线,如果当事人的约定比法律的规定更有利于特定公共政策目标的实现,该项规范就发挥任意性规范的作用,可以被当事人的约定排除其适用;如果当事人的约定与法律的规定相比,更不利于特定公共政策目标的实现,该项规范就发挥强制性规范的作用,排除其适用余地的约定属于绝对无效的约定。

② 从国家治理的角度看,自治与管制的关系实际上就是市民社会与政治国家的关系问题;从法治建设的角度看,就是如何处理私法与公法以及私权与公权的关系及界限的问题;从利益关系的角度看,实际上就是私人利益与国家和社会公共利益的关系。进一步论述参见钟瑞栋:《民法中的强制性规范——公法与私法"接轨"的规范配置问题》,法律出版社2009年版,第1页。

③ 在这五种规范中,任意性规范是自治法的"核心",强制性规范是管制法的"支柱";而授权一方当事人的规范和授权特定第三人的规范虽具有一定程度的管制功能,但其重心明显偏向任意性规范,自治的色彩强于管制,可称之为任意性规范的强制化;半强制性规范虽也有一定的自治空间,但更多的还是承担管制的规范功能,重心明显偏向于强制性规范,可称之为强制性规范的任意化。五种规范的巧妙配置,可以为公、私法的"接轨"奠定良好的规范基础。参见同上书,第83—84页。

④ Adam Smith, *An Inquiry into the Nature and Causes of the Wealth of Nations*, University Of Chicago Press, 1977, p.352.

⑤ John Stuart Mill, *Principles of Political Economy*, Prometheus Books, 2004, p.806.

利益说基本被抛弃了①,取而代之的是公共产品理论和税收价格理论。如布坎南认为,"从某种宽泛而有用的概念意义上讲,税捐也是一种由个人或个人团体为以集体方式提供的公共劳务所支付的价格"。② 公共产品理论和税收价格理论过多地关注公正地分摊公共产品的纳税份额上,对政府收入的再分配缺乏足够的关注。为解决此问题,能力说横空出世。能力说无法将税收与支出结合起来,致使难以评价政府通过税收筹集的资金的使用效率。最终利益说和能力说在公共产品与税收价格理论的导入下有机地结合起来,确实利益赋税与按能支付这两个原则及与其相联系的两种学说之间是很好地联系在一起的。③

无论在政治学领域,还是在经济学领域,并不存在一个令所有理论家都能达成一致的税收正义原则,如果说罗尔斯与诺齐克在该问题上的分歧主要集中于税收是否应当具备再分配功能这一问题的话,那么各种具体的税收理论之间在此问题上的分野则主要表现在究竟应依据何种实质性正义标准来决定每个纳税人所应支付的纳税份额这一问题上;如果说前一个问题之争解决的税益分配正义原则的话,那么后一问题之论则关涉的是税负的分配正义原则。④ 与哲学家和学院经济学家不同的是,立法者必须制定具体的税收政策,并考虑其重要后果。立法者从自己的行动中,察觉到了他们自己的税收正义概念,税收正义需要和经济效率、政治目标等相调和。实际上,判断税收正义的标准是变动的,要结合个案的税收立法来考虑。从立法者的角度思考,要寻求正义的税法(增值税法),不能仅停留于笼统性的原则。⑤

(一) 税法对民法规范的定性技术:以民法和税法的"模糊地带"为中心

现代法律负有"自治"与"管制"双重目标的兼顾之重任,为实现这一重任,公法与私法相互交错和融合的态势呈现并日渐明显。现代国家的立法者亟须解决的一个立法技术上的重大难题便是公私法如何成功地实现"接轨"。这不仅涉及法律部门的分工与协作问题,更为重要的是,如何使以"自治"为导向的私法规范与以"管制"为目标的公法规范,能够在同一法律体制下的各部门法里和谐共处而不扞格,达至双方既可"各为其主""相互监督",又能"齐头并进"的

---

① Edwin R. A. Seligman, *Essays in Taxation*, Athena University Press, 2004.
② 〔美〕詹姆斯·M. 布坎南:《民主财政论》,穆怀朋译,商务印书馆1993年版,第16页。
③ C. Eugene Steuerle, "And Equal (Tax) Justice for All?", http://www.taxpolicycenter.org/sites/default/files/alfresco/publication-pdfs/900579-And-Equal-Tax-Justice-for-All-.PDF, 2016年2月23日访问。
④ 参见陈丹:《论税收正义——基于宪法学角度的省察》,法律出版社2010年版,第60页。
⑤ 参见杨小强:《中国增值税法:改革与正义》,中国税务出版社2008年版,第15页。

和谐状态。①

1. 民法和税法的"模糊地带"

对公法与私法划分的质疑一定程度上说明了公法与私法存有难以界定的"模糊地带",这才是公、私法"接轨"的核心区,因为纯粹的公法领域和私法领域直接交由公法和私法相机处理即可。钟瑞栋先生对民法和行政法"模糊区"问题的属性和程度的界定②对理解民法规范进入税法的立法途径相当有启发。民法和税法中也同样存在类似的"模糊地带":(1)有些问题虽然是民法问题,但必须采用税法手段方可解决,比如普通税收违法行为;(2)有些问题虽然是财税法的问题,但只有通过民法的方法方能妥当处理,比如政府发行国债;(3)有些问题虽然是民商法的问题,主要由民商法来调整,但需要税法规范来辅助,如公司注销和破产清算;(4)有些问题虽然是税法的问题,应该主要由税法来处理,但需要民法来协助,比如预约定价;(5)有些问题既是民法的问题,也是税法的问题,需要民法和税法并肩作战、协同处理,最突出的则是契约自由与反避税。

2. "模糊地带"的税法规制:民法规范如何"进入"税法领域

上述"模糊地带",一般通过立法予以解决。根据问题的"模糊"属性和程度,一般可以采用四种法律规范予以解决:纯粹的税法规范,作为民事特别法的税法规范,作为税法特别法的税法规范和公私混合的税法规范。问题(1)触犯了民法的税法底线,问题属性从民间私行为转化为法律公行为,其解决必须依赖于税务行政处罚的实施,直接由纯粹的税法规范规制。问题(2)因国家非以公主体而以私主体身份现身,问题属性从民间公行为转化为法律私行为,此类问题可以直接授权民法规范予以解决,成为民事特别法。问题(3)与(4)属性呈现主辅,要么主要由民法规范,要么主要由税法规范,主要考量主、辅法律规范的配置技术,理解为民事特别法和税法特别法更为妥当。问题(5)公、私难以区分和界定,法律规制方法的主辅难以界分,本书界定为视为公私混合的税法规

---

① 参见钟瑞栋:《民法中的强制性规范——公法与私法"接轨"的规范配置问题》,法律出版社2009年版,第154页。

② 模糊地带里面的问题属性是不一样的,"模糊"的程度也各不相同,主要包括五种类型:(1)有些问题虽然是"私"的问题(民法问题),但只有采用"公"的手段才能解决(如赌博、嫖娼问题);(2)有些问题虽然是"公"的问题,但只有通过"私"的方法方能妥当处理(如政府发行国债);(3)有些问题虽然是"私"的问题,主要由民法来调整,但需要行政法规范来辅助(如民事登记、商事登记、知识产权保护);(4)有些问题虽然是"公"的问题,应该主要由行政法来处理,但需要民法来协助(如行政合同、政府采购);(5)有些问题既是"私"的问题,也是"公"的问题,需要民法和行政法并肩作战、协同处理(如垄断问题、环境保护问题、消费者和劳动者保护问题、产品质量问题)。参见同上书,第156页。

范。将"模糊地带"的五种问题依据属性和程度归入四种不同的税法规范予以调整,可妥当安排民法规范和税法规范在各种不同类型的税法中的比例,协调"自治"与"管制"的界限和目标,达至民法与税法的有效衔接,实现税法体系的外部平衡和统一。

(二) 税法对民法规范的准入技术

税法与私法看似规范领域完全不同,税法系规范国家与人民间税捐债权债务关系,课予人民负担无对待强制性金钱给付义务,同时作为国家税捐高权介入、调节人民财产权与私经济活动的合法性基础,应归类为公法,至于民法、商事法等则系规范人民相互间权利义务的私法领域,表面上似可轻易划分税法相对于私法的公法属性。倘若深入检视之,今日税法与私法彼此均逐渐放弃原先的强制或任意规范手段。① 民法规范向来为税法规范的立法基础和依据,因为"税捐主体及税捐客体所涉之人及标的等法律事实同时是私法及税捐法规定的事项。且在发生的时序上,民事关系原则上先于税捐关系"。② 私法上的民法规范如何进入税法领域,首先考虑的便是税法如何设计民法规范的准入配置问题。

1. 民法规范的准入底线设计

自现代意义上的税法在德国产生以来,立法实践证实:过于强调税法的公法和权力法色彩,并不符合税法实践的发展脉络。受此影响,"20 世纪 80 年代,在全球范围内掀起了一场纳税人运动,许多国家在此期间公布了保障纳税人权利的宣言"。③ 但毋庸置疑的是,财政需要是现代国家生活的第一个标志④,"管制"目标依然是税法最重要的追求。在税法上完全实现"自治"几无可能,但适度的"自治"是可能也是必要的,此为民法规范进入税法领域的机会。

通过上述对民法和税法"模糊地带"的分析,可以考虑确立税法准入的"行为底线规则",即以法律行为为主线,以行为的主体、行为的客体和行为本身的性质为主标准。若行为主体的行为完全属于民法规制的领域,其客体和行为的

---

① 如税法早已非扮演单纯的财政收入功能,大量加入具有经济、社会目的的税捐优惠条款,诱导人民自动配合国家政策,同时部分传统私法领域亦趋向摆脱任意性格,赋予国家有权强制介入当事人私法关系。此外,部分税法条文亦同时含有规范私法与税法关系的目的。参见黄士洲:《税法对私法的承接与调整》,台湾大学法律研究所 2007 年博士学位论文,第 12—13 页。
② 黄茂荣:《法学方法与现代税法》,北京大学出版社 2011 年版,第 296 页。
③ 高军:《纳税人基本权研究》,中国社会科学出版社 2011 年版,第 3 页。
④ Joseph Schumpeter,"The crisis of the tax state", Alan T. Peacock(ed), *International Economic Papers*, 1954, pp. 17—19.

性质也不可能触及税法规范,则此类规范没必要引入税法。反之,则可以考虑进入税法规范空间。此规则重在为民法规范之"自治"设置"管制"底线,它尚未"进入"税法领域,但为税法准入提供一个可以衡量的标准。

2. 民法规范的准入类型设计:直面民法规范的五种类型

在某种意义上说,问题比方法更重要,因为采取什么样的研究方法,取决于试图回答的问题。比如实证性研究与规范性研究两种法学方法的区别根据就建立在应然问题与实然问题的区分上。① 对民法规范的准入类型设计更多依据前述问题和规范类型进行应然分析。为实现民法和税法的成功衔接,税法应该同民法一样在规范设计和配置上作出调整:在以强制性规范为主体的基础上,适当吸收具有自治功能的任意性规范以及兼具自治与管制双重功能的授权一方当事人的规范、授权特定第三人的规范和半强制性规范。基于"行为底线规则"和税法"管制"功能与民法"自治"功能考究,税法重点应考虑从民法中引入任意性规范和强制性规范的"中间地带",即授权一方当事人的规范、授权特定第三人的规范和半强制规范。民法中的任意性规范和强制性规范也可为税收立法提供立法思想和制度资源。

可为税法提供立法资源的民法规范有:(1) 任意性规范方面,民法上的担保规范、债务减轻与免除规范,可以被税法吸收为纳税担保规范和税收优惠规范;(2) 授权一方当事人的规范和授权特定第三人的规范方面,税法上可以考虑从民法中引入合同解除的规范、不当得利与债权返还请求权规范、代位权和撤销权规范、优先权规范、人格否认与连带债务、补充债务和债务扩张规范、民事代理规范;(3) 半强制性规范和强制性规范方面,债务承担规范、涉他合同与第三人代为履行规范、民事责任与执行程序规范、债务的溯及调整与履行规范、债务的发生、变更与消灭规范,可为税收立法提供充足的制度资源和思想指引。

四、民法规范"进入"税法的立法技术:
以债权保全规范配置为中心

基于国家对税收来源的安全和保障需求,各国税收立法和实践中普遍设立税收保全制度,即纳税担保和税收代位权、税收撤销权制度。税收保全制度并非税法的原生性制度,而是源自民法上的债权保全制度。然纳税担保和代位权、撤

---

① Jeremy Bentham, *An Introduction to the Principles of Morals and Legislation*, Hafner Publishing Co., 1948, p. 293.

销权的法律命运却大相径庭。对纳税担保基于明确的规定是"大势所趋"①,对税收代位权和税收撤销权语焉不详,甚至只字未提。同为保全税收债权,为何差异如此之大?两种立法技术何种更为有效?更有利于实现公法与私法的"接轨"?税收政策变革到底是公平还是不公平?② 此等问题,应予以高度关注。

(一) 债权保全规范:从民法到税法

担保和代位权与撤销权同为保障债权人的债权而设置,但民法却采取不同的立法技术。担保在民法上被界定为一种物权规范,纳入担保法和物权法的规制范畴;代位权与撤销权则视为一种债权规范,委以合同法调整。深层次的原因在于两类规范针对的重点并不一致,担保一般针对的是特定的债权人而设;而在代位权和撤销权中,债务人的全部财产作为清偿债务和承担责任的财产,不只是为某一特定债权人的担保,属全体债权人的共同担保。担保更多的发生在当事人之间,而代位权与撤销权则是更多地追求债权人、债务人和第三人之间的利益平衡,在债权人的意思自治和社会交易安全之间寻求一种平衡。正是考虑到担保和代位权与撤销权在民法源头上的差异,税收立法时采取了截然不同的立法技术。

1. 设定技术:从担保规范到纳税担保(民法规范税法化)

税法对民法中的担保规范引入并非采取全盘照搬的立法模式,而是步步为营、谨慎立法,历时二十余年方成税法上的纳税担保体系。中国纳税担保制度最初成文规定是 1986 年颁布的《税收征收管理暂行条例》第 24 条,其适用对象仅限于从事临时经营的纳税人,担保形式也限于保证人和保证金两种。1993 年 1 月 1 日起实施的《税收征收管理法》,在第 26 条、第 28 条分别规定了税收保全措施之前的纳税担保和出境纳税担保两种形式。2001 年 5 月 1 日起施行的《税收征收管理法》第 38 条、第 40 条、第 42 条、第 44 条和第 88 条中均涉及纳税担保,在原有两种纳税担保的基础上增加了税收复议前的担保。2002 年 10 月 15 日起施行的《税收征收管理法实施细则》第 61 条进一步明确了纳税担保可以采用纳保证人和由纳税人或第三人以其未设置或者未全部设置担保物权的财产提供担保的形式。2005 年,国家税务总局公布了《纳税担保试行办法》和《抵税财物拍

---

① 德国《租税通则》第 241 条至第 248 条、第 327 条确立了德国的纳税担保制度;《日本国税通则法》第四章第二节第 50 条至第 55 条专设担保制度;克罗地亚共和国《税收基本法》第 120 条至第 122 条确定了纳税担保及其种类与基于担保措施的征收。

② Rudolph G. Penner, "Searching for a just Tax System", *Discussion Paper* No. 13(2004), p. 2.

卖、变卖试行办法》,对纳税担保作了系统而详尽的规定。① 从1986年的《税收征收管理暂行条例》到2005年7月1日起施行的《纳税担保试行办法》和《抵税财物拍卖、变卖试行办法》,纳税担保完成了"从民法到税法""惊心动魄的跳跃"。②

2. 导引技术:以税收代位权与撤销权为例(税法规范民法化)

税法对民法中的代位权与撤销权规范引入与担保规范的引入模式完全不同。过分关注代位权与撤销权和税收代位权与撤销权的共性,而对两者之间的差异性缺乏足够的实践技术和理论沉淀的支持。立法采取导引技术,直接铺设通往合同法的"管道",交由执法和司法机关处理。2001年5月1日起施行的《税收征收管理法》第50条第1款明确规定,欠缴税款的纳税人因怠于行使到期债权,或者放弃到期债权,或者无偿转让财产,或者以明显不合理的低价转让财产而受让人知道该情形,对国家税收造成损害的,税务机关可以依照合同法第73条、第74条的规定行使代位权、撤销权。税法对民法中的代位权与撤销权规范引入就此完成,此种立法技术属典型的"导引式立法",民法规范不仅没有完全税法化,一定程度上,税法规范被民法化了。

(二) 理性对待"民法规范进入税法"的立法技术

民法规范如何进入税法领域? 立法肯定是一种值得探讨的方式,也为实践所验证。风险在于此种方式直接考量立法者的立法技术和立法道德。要求立法者依据宪法和立法法关于税收立法的权限、原则和规范进行立法。法律在一般意义上被认为是控制风险的有效工具。值得警惕的是,人们对立法的过高期待与法律固有缺陷之间的矛盾,会诱发立法本身的风险。③ 亦有使政治家丧失

---

① 此外,1987年第六届全国人大常务委员会第十九次会议通过《中华人民共和国海关法》,在该法第20条、第37条、第43条中,对关税的担保作了原则性规定,内容涉及先放行后纳税的担保、暂时出入境及特准进口的保税货物的担保,适用对象是进出口货物的收发货人,担保形式包括保证、质押、抵押等。2000年7月修订后的《中华人民共和国海关法》在原规定的基础上,第60条对税收担保人的强制执行措施作了规定,第61条规定了采取税收保全措施前的担保,并专设"第六章海关事务担保"。

② 此处借用陈瑞华对法学方法论的用语,参见陈瑞华:《论法学研究方法——法学研究的第三条道路》,北京大学出版社2009年版,第176—189页。

③ 长期以来,法律体系的建设上我们追求"快而全",有一种建立完善的形式法律体系的"偏执"。对市场认识不清晰的情况下,立法过早介入市场,影响市场自身的发展。对利益平衡规制时,未曾对立法机制作出全面的评判,未对相关利益激励机制和惩罚机制进行全面考量,因事立法、个案立法等现象层出不穷,立法疲于奔命,却依旧难以有效应对社会需求。过度立法导致的立法泛滥削弱了宪法和法律明确赋予人们的权利和自由,扼制了自由、生机和创造力,抑制了经济增长和社会发展的效率,使公民在面临诸多法律之时,无所适从。参见何跃军:《论立法的风险评估》,载《人大研究》2010年第11期。

对法律的信心之风险,萨托利的"今天的绝大多数政治科学家都相信,法律能成就的事情很少,或者无论如何也是大大少于预期的可能"①应引起足够的反思。亦如 Rudolph G. Penners 所言,相同的相同对待的税收正义理念,与政治家们的追求其实并不合拍,他们喜欢做的事情,是给某些个体或某些群体以特殊的税收优惠。②

1. 设定技术与导引技术背后的隐忧

纳税担保制度的体系化成功地实现了民法规范植入税法的技术难题,为实务操作提供了切实可行的立法依据。民法规范进入税法领域采取"设定技术"是较为理想的,但前提是对民法制度的生成土壤与税法的独特品性有深入的研究,且非一朝一夕所能完成。而采取"导引技术"立法较为简单,但处理不妥当的话,更似一种不负责任的立法行动,税收代位权与撤销权规范即是明证。在缺乏理论积淀和实务验证的条件下,仓促将税收代位权和撤销权直接导引至《合同法》第 73 条、第 74 条至少有如下副作用:

其一,不适当地降低了税法的权威性、稳定性和独立性。《合同法》第 73 条、第 74 条并未明确代位权和撤销权的实践技术问题,比如适用条件、管辖权、举证责任、抗辩权等。技术难题的解决依附于最高人民法院《关于适用〈合同法〉若干问题的解释(一)》专门用 16 个条文(第 11—26 条),如何解决此等尴尬?或为改变税收立法,采取设立技术,或为扩大适用司法解释,后一种更为可行,但无形中降低了税法规范的位阶,将税收立法演化为一种司法解释的闹剧。

其二,税法不加区分地直接准用合同法代位权与撤销权规范,形式上属对私法秩序的尊重,维护债之代位权和撤销权的统一性,实质上将损害私法秩序,影响税收代位权和撤销权的实效。更为致命的风险在于,是否为税法入侵民法,国家利益入侵私人利益打开方便之门?当税法可以不加修改直接准用民法规范时,实际上使税法具有外张的法律性质,公权力藉此不断扩张其在民法领域的力量的风险急剧加大。

2. 回归设定技术与导引技术

从立法技术层面讲,设定与导引并无优劣之分。两种技术适用的条件有不小的差异,对于当下的中国税收立法理论和实践,采取设立技术或许是较为理想的选择,毕竟理论和实务界对私法之债与税收之债的共性与差异这一关键问题缺乏深入的研究,也远未达成共识,无法为立法者提供足够的思想源泉。但从公法与私法接轨的角度审视,导引技术远比设定技术理想。在税法上如何妥

---

① 〔美〕萨托利:《民主新论》,冯克利、阎克文译,上海人民出版社 2009 年版,第 328 页。
② Rudolph G. Penner, "Searching for a just Tax System", *Discussion Paper* No.13(2004), p.4.

当安排民法规范和税法规范是民法规范进入税法领域的重要一环。导引技术比设立技术更利于解决这一难题,但必须始终警惕,要在适当的地方铺设好通往民法的适当"管道",研究解决好"把多少规范,何种规范放进民法",使其为税法服务,当"民法化了的税法规范"会影响到税收法律关系时,立法者应把它变成一个法律事实而在税法上加以规定,既不要让税法吞没民法,也不要让民法吞没税法。以求实现"自治"与"管制"兼顾,公法与私法协调。

此外,也必须清醒地意识到,税法领域引入民法规范,其立法的根本目的,不在于政策宣示,而在于为执法机关和司法机关处理涉税疑难问题或纠纷提供准则。为此,对于意欲引入的民法规范,切不可一味照搬民法中的内容,要从理论上厘清这些制度的真正内涵及其在应用于税法时的限制条件。从具体立法技术上讲,每一个条文,都需要精心设置,妥当安排,力求准确规范、简洁易懂、严谨周密,多余的要删掉,不足的要补上,真正实现"西方法学家谈到立法技术,常常强调法典或法规的'三个化',即系统化、清晰化、现代化,尤其重视简明化、清晰化。"① 对于条件成熟,确需引入税法的民法规范,可以在税法上直接设定使其"税法化"。对于确需引入,但条件不充分的民法规范,可以采用"铺设管道"的方式,实现民法和税法的"接轨"。

(三)小结

法律秩序的整体性和法律规则的体系化要求不同部门的法律应当相互牵制和配合。民法规范进入税法领域不可改变,关键要义在于如何为其配置合适的技术。民法规范以自治与管制为基本线索,为实现公法与私法的成功"接轨",民法已经从规范设计和配置上作出妥协和让步。强制性规范和授权一方当事人的规范、授权特定第三人的规范和半强制性规范弱化了民法规范的任意性。民法和税法的"模糊地带",为民法规范进入税法提供了制度空间。在税法上设置"管制"底线,可为民法规范进入税法领域提供一个可以衡量的标准。根据此标准,应重点考虑从民法中引入授权一方当事人的规范、授权特定第三人的规范和半强制规范,但也要注意吸收任意性规范和强制性规范蕴含的立法思想和制度资源。

民法规范的准入标准解决后,立法技术成为重要一环。可供选择的有设定技术和导引技术。从立法技术上讲,当前中国更适宜采取设定技术,在税法上直接设定从民法中的民法规范,实现民法规范的税法化。但从公法与私法"接

---

① 薛威霆:《西方国家民事立法技术评介》,载《上海社会科学院学术季刊》1985年第4期。

轨"的角度审视,导引技术无疑占优,可以将其作为一种远景技术进行试错。在公法与私法的宏大叙事中解决民法规范进入税法中的技术问题,直接考量立法者的立法技术和立法道德。立法者通过立法完成"民法规范进入税法领域",应妥当处理民法与税法,民事实体规范与税收实体规范,民事程序规范与税收程序规范以及植入税法中的民法规范与税法规范的关系,在整个法律体系内,通过部门法的合理分工与互动达至公法与私法的完美"接轨"。

五、债法植入税法与税收债法的反思:基于比例原则的视角

中国当代的税法学研究在借鉴和总结国内外研究成果的基础上正在进行着以纳税人为核心、以债务关系说为基本理论基础的新范式整合。它表明中国新的税法学理论研究的范式正在逐步形成。的确,税收债务关系说不但完全可以解决权力关系说所不能解决的问题,使税法学摆脱了行政法学的束缚而成为一门真正独立的法学学科,而且它还为现代税法学的发展提供了一种全新的理论进路和学术研究的技术平台。[①] 但是否就此可以认为税收债务关系说为中国现代税法学的研究范式,足以引领中国税法的理论研究和实践?中国的税法实践是否彰显了税收债法理念?作为种研究范式,税收债法还需要做些什么?此类问题值得深切关注。税收债务关系说在理论建构上更多的是依赖于对债法原理和制度的借鉴。税收立法上,自我国税法引入部分债法制度以来,法学研究文献一直增进不多。现在征管法改革又到了一个面临挑战的新时期,其中的一个焦点是引入的税收债法制度的实现问题,即如何使这些源于私法的制度在税法实践中发生功效。为了"激活"这些制度,会不会导致新的债法制度引进税法?是否可以找到解决这个问题的一般原则或具体的思路?如何在外来的税收债法制度和本源的税法制度之间寻求某种平衡,移入到税法中的债法制度如何与已有的税法制度相融合?稍有不慎,就可能因"水土不服"而出现诸多的难题。

(一)税收债法的制度源泉:债法植入税法的欧洲经验

把债法的内容移入到税法之中,是属于整体的移植还是属于部分的借鉴?如果属于整体移植,那么,税法就有可能从行政法中分离出来后又变成民法中的一个内容,税法本身的独立性又会丧失,此法显然行不通。因此,在引入债法

---

① 参见王鸿貌:《税法学的立场与理论》,中国税务出版社2008年版,第110—111页。

第三章　民法规范进入税法的立法路径

的国家中,不同国家的税收债法往往吸纳不同的债法制度,采用不同的立法技巧去构建税收债法体系。在这些税收债法中,可以发现共同的制度要素:(1)税收债务关系;(2)税收担保;(3)税收保全等。各国用不同的方法来编排这些债法制度,采用不同的立法技巧以确保税收债法的实现,最后融入税收基本法的体系。有的专设"税收债法篇",在税收债法篇中定义所涵涉的债法内容;有的则将税收债法制度分散在不同的立法篇章中。剖析形式迥异的立法形式,可见债法在税法上的生存空间和环境。要证明是否需要引入债法内容,要回答三个问题:(1)是否适当?(2)是否有必要?(3)是否合比例?这三个问题均很好地体现在德国和克罗地亚共和国的税收立法当中,其立法技术和制度设计值得中国借鉴。

1. 德国《租税通则》中的债法引入

德国租税法典中的《租税通则》,包括租税法之基本原则,兼具实体及程序规定。自1919年公布实施以来,具受世人之称誉。数十年来,经学理之研究批判,实务之运作补充,以及多次立法之修正,益见完善。于1977年,复经全面修订,纳入重要之附属法规,熔成体系完整,结构严谨之租税基本大法。① 1977年德国《租税通则》充分吸纳债法的知识素养,集中两章建构税收债法体系:第二章租税债法:第一节租税义务人(第33—36条),第二节租税债务关系(第37—50条),第三节受租税优惠之目的(第51—68条),第四节责任(第69—77条);第五章征收程序:第一节租税债务关系请求权之实现、清偿期及消灭(第218—232条),第二节利息、滞纳金(第233—240条),第三节提供担保(第241—248条)。当然,尚有一些具体的税收债法制度分散在其他章节,比如租税,租税之附带给付(德国《租税通则》第3条),连带债务之分配(德国《租税通则》第268—280条)等。

2. 克罗地亚《税收基本法》中的债法引入

克罗地亚共和国作为"转型国家",正在努力构建以市场为导向的经济体系与法律体系,"转型国家"的税法如何发展?税法选择遭遇的困难与当下的中国的税法道路选择有着惊人的相似之处。克罗地亚共和国《税收基本法》(下文简称克罗地亚《税收基本法》)是近年来国外颁布实施的税收基本法的典型代表。该法自2001年1月1日起适用。之后进行了修改,《税收基本法修正案》自2003年1月1日起适用。

克罗地亚《税收基本法》借鉴德国《租税通则》中的诸多理念,充分考虑到债

---

① 参见陈敏:《德国租税通则》,台湾"财政部财税人员训练所"1985年版,译者序。

法内容对税收实现的功效,引入了诸多债法制度,构建了较为完善的税收债法体系。该法对债法内容的引入主要体现在第四、五章。第四章税收债务关系:第一节税收债务关系的一般规定(第18—24条),第二节责任(第25—32条),第三节复合经济财产、经济财产及其相应评估(第33—36条)、第四节纳税人所在地(第37—42条);第五章一般程序规定:第十一节税款和利息的缴纳之"抵销"(第115条),第十二节税收债务征收的保障措施之纳税担保(第120—122条)。此外,执行中的财产拍卖(第148—150条),保全措施(第156条)等债法制度的引入大大充实了克罗地亚税收债法的内容。

3. 欧洲税收债法的中国启思

德国《租税通则》和克罗地亚《税收基本法》为了保证税收债权的顺利实现,均设立了完善的债法制度,但对税收代位权、撤销权和优先权等极为重要的债法内容无一例外地选择了放弃,究竟是立法者的"偶然疏忽"还是"有意而为"?揭开立法的形式面,亦如学者所言:"关于税收权力的债权属性在国外税法上几乎是公理,不用更多的证明。"①因此,国外的大多数国家无需在税法中特别规定具有私法性质的税收保全措施——代位权和撤销权,就可以直接援用民法中关于代位权和撤销权的相关规定,在法学理论上和税法体系中都是符合逻辑的,可谓"一脉相承"。两国对税收债务关系的"过分青睐",对债法上税收保全措施的"过分藐视"恰恰体现对债法植入税法的谨慎和普适。无不贯彻债法植入税法的实用主义和工具价值。只要确定的税收债权能够顺利实现,纵然有可供选择的债法制度也不必植入税法。从此角度看,债法植入税法可谓"救税于危难之中"。制度背后的诸多理念值得借鉴和深思。

(1)税法外部:公法与私法兼容,实现税收之债与私法之债的对接。税收是民事交易的成本,直接对民事行为或其经济效果征收。从征收的客体来说,税法是不能独立于民商法的,因而与民商法的衔接是防止法律内部价值冲突与技术连接的重要内容。德国《租税通则》和克罗地亚《税收基本法》准确定位公法债权与私法债权,注重法际衔接,践行法际整合。承继了大陆法系的优良品质,尤其注重与民法的衔接,如大量的条文涉及代理、担保、物权、住所、债的变动、合同、各类民事主体的关系协调。彼此应保持法律价值判断的统一性,即使出现了法律价值判断的不同,也应有协调的机制,不至于各说各话,南辕北辙,那就会败坏法律之权威与形象,更动摇法律的效率与衡平。处理好与私法的概念、法律关系的协调,对于税法规定的实施便不是海市蜃楼。

---

① 刘剑文、杨汉平、魏建国:《新〈征管法〉在我国税法学上的意义》,载《税务研究》2001年第9期。

(2)税法内部:实体与程序并重,实现实体正义与程序正义的融合。德国《租税通则》和克罗地亚《税收基本法》立法中不仅注重借鉴实体债法的法理,实现与实体私法的契合。尤为注重程序债法的引入,在程序性规定中,规定得特别细腻,让征纳双方的每一行动均有法可依。比如税收保全既借鉴了程序债法的财产保全,又吸收了实体债法中的债权保全,体现了一种制度的融合,也反映出立法机关对税收保全的重视。单一引入实体债法难以"战无不克、攻无不胜"。为此,德国《租税通则》和克罗地亚《税收基本法》均重视对程序债法的引入,大量程序债法的内容植入税法,比如查封、扣押、拍卖等,以确保税收之债在程序债法的保障下得以顺利实现,真正实现实体正义和程序正义的融合。

(二)谨慎对待债法借鉴:债法植入税法的一般原则

由于公、私法各有特殊性,不能任意援用民法规定以补充公法之欠缺;惟因公、私法具有共通性,故私法规定之一般法理者,可适用于公法关系,不能因其先在私法上规定,即排除其适用。基于当代行政发展的需要,私法的传统形式日益被行政法吸收,行政私法逐渐成为一般行政法的重要组成部分。行政法和私法不再是两个相互截然分离的局部法律制度,而是灵活的、着眼于问题的、相互补充的法律调整方法,行政机关可以整合利用以发挥两者的全部潜能。[①] 基于税法和债法的不同特质,各国在税法对债法的借鉴均采取部分借鉴。进一步的技术有待解决:哪些可以借鉴?哪些不可以借鉴?是否可以找到解决这个问题的一般原则或具体的思路?虽然国外及我国台湾地区的学者们一般认为,税收之债与民法之债的相通之处,属于债的共通法理,可以在税法上适用,而税收之债与民法之债的区别,则是税收之债的特别之处,一般不能适用民法上债的原理。但具体哪些属于相通之处,哪些属于区别之处?这需要对税收之债和民法之债进行具体的研究。[②]

1. 税收之债与私法之债:相通与分野

根据民法上对债的界定,可以将税收界定为国家与纳税人所达成的一种公法之债。税收之债作为债的一种与私法之债具有共同的法理,这是债法植入税法的重要因素;作为债之税收特性,税收之债与私法之债存在着公法和私法之间的沟壑,实为法定主义对债法植入税法的限制。

(1)债法进入税法的空间:债的共通法理。税收之债和私法之债具有债之

[①] 参见〔德〕汉斯·J.沃尔夫、奥托·巴霍夫、罗尔夫·施托贝尔:《行政法》(第一卷),高家伟译,商务印书馆2002年版,第198页。

[②] 参见王鸿貌:《税法学的立场与理论》,中国税务出版社2008年版,第111页。

共通性。从其本质来看,债具有以下几个特性:① 债为法律关系的一种;② 债是一种财产性质的法律关系;③ 债是特定主体之间的法律关系;④ 债是当事人之间的特别结合关系;⑤ 债是当事人实现其特定利益的法律手段。① 剖析其实质,不难发现税收之债亦满足债的本质特性。税收之债是特定的国家与纳税人之间发生的以特定的税之财产为课征对象的法律关系。国家和纳税人之间基于税收法律的规定形成特定的税收法律关系,时常表现为纳税人对国家负有一定金钱或财产给付的义务,国家对纳税人享有税收权利,有权请求对方履行给付一定金钱或财产。但也可因税收的返还而产生国家与特点的纳税人之间的特别结合。特别结合的根本诱因在于实现特定的财产利益,表现为纳税人对国家的涉税义务或国家对纳税人的财产返还义务。税收之债与私法之债的共通性质,为债的观念引入税法打开了思路。

(2) 债法与税法的分野:税收之债的特别法理。作为债之税收特性,税收之债实为一种公法之债,其与私法之债至少呈现如下不同的特质。税收从其产生到消灭的全过程,均由法律明确规定,不由当事人任意选择而定,体现税收之债设定上的刚性和法定主义。具体演化为税收之债主体的固定性和内容上的特定性,税收之债只可能发生在国家和特定的纳税人之间,且一般以货币为价值衡量,限于货币的给付。一旦税务争议发生,当事人之间的纠纷便上升为"民告官"的壮举,一般无私力救济的可能。纵不发生此等境况,税收之债的执行者为维系国家利益,践行公共利益,也被赋予特权确保税收之债的实现。此等限定和待遇均为税收之债所独有。正是基于税收之债的独有气质,发端于私法的税收债法存在着一定的限度。无论债法植入税法的程度和范围如何演进,税收之债的公法属性短期难以撼动,相同的制度仍会呈现不一样的风情。

2. 债法植入税法的一般原则:比例原则可否担此重任

税收之债和私法之债虽有公私界分,但作为债的本质都是债权的一种,需要遵循债权运行的内在规律和价值判断,由此决定了债权实现方式相互借鉴的可能。但私法之债的内容包罗万象,哪些内容可供税法借鉴?借鉴到何种程度,以何种立法技术进行借鉴?等问题值得思量。可否以经过内涵了公私利益充分考量的比例原则为债法植入税法的标准?

(1) 比例原则之于法律:技术还是工具?一般认为,法学上的比例原则不是一个单一的原则,它派生出三个具体的原则或衡量标准:① 有效性原则,要求所采取的手段必须是有助于目的达成,强调对目的导向的要求,侧重于分析手

---

① 参见张广兴:《债法总论》,法律出版社1997年版,第17—21页。

段与目的之间的相关性;② 必要性原则,要求在同等有效地达成目的的手段中,使用对公民利益损害最小的法规来实现国家所追求的目标,强调对法律结果的要求,侧重于比较不同手段之间何者对结果更具可适性;③ 狭义的比例原则,要求"在符合宪法的前提下,先考察手段(法律文件也可视为一种手段)的有效性,再选择对公民利益最温和的手段来实现同样可以达到的目标。最后还必须进行利益上的总体斟酌,考察此手段实现的目标价值是否过分高于因实现此目标所使用的手段对公民的人身财产等基本权利的损害价值。"狭义上的比例原则是比例原则的精髓。由上观之,比例原则兼具了原则和规则的功能,不仅在理念上体现了其对平等、正义、人性关怀等价值的追求,且为法律制度的运行提供了可供操作的标准和衡量尺度。将其界定为一种法律制度选择和设计的工具或技术均不为过。

(2) 比例原则对"债法植入税法"的贡献。税收之债的公法属性使其无法摆脱权力自身的运行规律,一味照搬私法之债的内容必将招致税收债法制度的悬空,按照公法的逻辑在实体上和程序上对植入的债法理念进行构造既是税收债权实现的必需,也是私法债权人和第三人利益保护的必然。实为税法上税之国家利益和私法上主体之私人利益博弈之果。如何找到一个工具,在公私之间架起一座平和与友好的"桥梁",衡平双方或多方不同属性、不同层次和不同维度的利益便成为关键。笔者以为,比例原则可以担此重任。因为比例原则"可以有效地限制国家公权力的行使,达到最大限度地保护公民私权利的目的,并且通过利益衡量的方法,使比例原则在公共利益与私人利益之间进行协调,打破了绝对的私人利益至上和绝对的公共利益至上的观念,从而使二者处于具体情境中待分析的状态,没有绝对的优先地位"。① 在税法中,比例原则是税收实体法和税收程序法共通的一项核心原则,通过考察目的和手段之间的关系,尤其是要考察征税目标价值的实现不能过分损害纳税人的基本人身财产权利这一方面,来防止过度地破坏二者之间利益与价值的均衡。并且其也是征税裁量权行使杜绝恣意与专横的理性的保障。② 将比例原则作为税法植入私法的一般原则,一方面,其可以整合公私法的价值,虽为公法原则但不乏对私法利益的关注,在引导公权力行使的同时提高了私法利益的受尊重程度,使权力与权利在互动博弈中协调发展;另一方面,比例原则本身的内涵丰富且层次分明,既有原则的概括抽象性又有规则的明确可操作性,适合作为税收债权实体上内容应具

---

① 姜昕:《公法上比例原则研究》,吉林大学法学院 2005 年博士学位论文,第 151 页。
② 参见同上论文,第 15 页。

体确定和程序上应合理正当的衡量标准。①

(3) 谨慎对待比例原则：一种客观的比例原则观。新征管法对债法制度的借鉴，萌生了比例原则的理念，但应理性看待。一方面，比例原则充当"债法植入税法"的衡平标准，值得期待。另一方面，切不可夸大比例原则对税收债法的贡献，要树立一种客观的比例原则观。唯有此，比例原则方可为"债法植入税法"作出独有的贡献。比例原则不是万金油，擦到哪里，以及什么时候擦都可以。由于其是一个法律原则，既有法律原则本身适用的限制，也有归结于其自身的一些因素的限制。主要体现为比例原则富于弹性变化具有主观性、概括性和消极性。由于比例原则自身的限制性因素给其带来带来了适用上存在的一定的风险，但不应因噎废食，这恰为一个原则所具备的共有的问题。正确的解决之道毋宁是看清积极因素的作用，正视消极性。之于税法，此等重任寄希望于税收之债的立法者，执行者和争议处理者，通过对税收债法实施的日积月累，逐渐在概念上以及具体适用标准上能有一个清晰的思路，使比例原则为人所诟病的不确定性和主观性能够得到某种程度上的有效祛除。使其光明正大地成为债法植入税法的核心标准，公私法制度融合过程中的"使者"和"桥梁"。

(三) 税收债法的中国进路：债法植入税法的检讨与建议

我国现行税收立法实践并未有"税收债权"或"税收债务"的概念，却在2015年修订的《税收征收管理法》中引入了许多税收债法的具体制度，如纳税担保、税收保全、税收优先权等等。事实证明，上述内容在实践中的效果并不理想，有的还可能很差。究其原因，除开我国一贯的立法水平较低，立法技术粗糙外，更主要的原因在于立法者们在进行上述制度的引入时，没有从理论上厘清这些制度的真正内涵及其在应用于税法领域时的限制条件。

1. 债法植入税法的中国尝试

我国原有的税法并没有考虑对债法原理和制度的借鉴，导致制度设计上的缺陷，在实践中产生了很多的问题。为此，2001年修订的《税收征收管理法》及《实施细则》开始引入一些私法之债的原理和制度。如**纳税担保**(《税收征收管理法》第38条、第44条、第88条；《税收征收管理法实施细则》第61条、第62条)、**税收优先权**(《税收征收管理法》第45条)、**税收代位权**和**撤销权**(《税收征收管理法》第50条)及其**执行措施**(《税收征收管理法》第37条、第41条、第42条、第43条、第44条、第47条；《税收征收管理法实施细则》第63—69条、第73

---

① 参见李刚、程国琴：《税收代位权与撤销权的比较研究》，载《当代财经》2007年第11期。

条、第 74 条)。为解决《税收征收管理法》上的税收债法实施难问题,国家税务总局令第 11 号《纳税担保试行办法》和第 12 号《抵税财物拍卖、变卖试行办法》自 2005 年 7 月 1 日起施行。上述对债法理念和制度的引入构成我国现行的税收债法。

2. 中国税收债法的制度偏差与检讨

从立法思想上来看,我国税收立法借鉴债法原理隐含了税收债务关系说的理论基础,有其进步性的一面。从税法实践来看,未考虑税法的特殊性而盲目援引私法之债的规定致使植入的债法制度"水土不服"亦是既成事实。

(1) 债法植入税法:形式重于实质。立法上征管法引入大量的私法之债的内容,但具体到制度层面上,则非常简单。以税收代位权和撤销权为例,《税收征收管理法》仅第 50 条进行规定。立法显然对税收之债的特殊性未做充分的估量,而只是简单地套用"合同法第 73 条、第 74 条的规定"。问题是《合同法》第 73 条、第 74 条并未明确代位权和撤销权的实践技术问题,比如适用条件、管辖权、举证责任、抗辩权等。为此,最高人民法院关于适用《中华人民共和国合同法》若干问题的解释(一)》专门用 16 个条文(第 11—26 条)以解决代位权和撤销权的执行难问题。《税收征收管理法》第 50 条并未赋权适用最高人民法院《关于适用〈中华人民共和国合同法〉若干问题的解释(一)》,基于法定主义的约束,在税法领域能否直接援用该司法解释还欠缺法律依据。此外,债法以权衡债权人利益与债务人意思自治及交易安全为追求,立足于平衡私法主体之间利益。为弥补特别担保的不足,确保债权的实现而创设的代位权和撤销权制度,其精神如何与税法的基本原则及关联制度融合还需要在进一步的具体规定中得以体现。国家作为税收债权人和私法上债务人、第三人的实践平等有待深化,而这是代位权和撤销权制度发生功效的前提条件。难度在于除了人们僵化理解税务机关(国家)和法律的思维习惯之外,一些深层次的观念障碍短期内难以消释。故应突破债法内容的形式面,挖掘制度实施的实质层面的理论素养和配合机制。认真对待债法植入税法,研究税务机关不同场合下的多维角色,探索执法权力的来源和边界,明确税收债法中国家与纳税人之间的权利与义务分配以保证双方权利义务的平衡。

(2) 债法植入税法:法际关系混乱。源自私法之债的税收债法作为公法制度出现在税法上,理应受控于税收法定主义。当税法不加变通地直接准用私法之债时,无疑使本属于私法层面的债法制度具有了公法特质。国家的税收债权满足和债务人与第三人的私权保护则极有可能演化为税法和私法之间的法际冲突。因为不同的法律有不同的目的与分工,既相互协力,又不同追求。私法强调债的相对性原理,税法是否应当尊重债法,与私法保持价值判断和技术处理上的一致?私法奉行契约自由,极为开放和多样,当事人在面临不同选择与不同的内容时,理性当事人会充分利用契约自由所赋予的选择可能性。税法奉行法定主义,相对固定与保守,以便利于当事人的法律安排与经济预期。如果税法对债法亦步亦趋,保持步调完全一致,则私法上当事人会利用其智慧,减轻或规避税收债务,致使相同的交易行为或交易效果,由于当事人安排的外在表面形式不同,出现不同的税收负担,影响课税的平等性与公平性。为此,纵然引入私法之债的理念和制度,也应与私法之债保持一定的独立性,实现其公法上的固有使命。现行税法虽然将私法之债的部分制度吸纳其中,但显然没有理顺税收债权和私法债权之间的关系。

3. 债法植入税法的建议

作为公法对私法制度的借鉴,本应在法律规定中协调好二者之间的关系,避免适用过程中的模糊性,但是我国现行法律则是一带而过。虽然从立法思想上来看隐含了税收债务关系说的理论基础,有其进步性的一面,但是其不考虑税收债权的特殊性而一味援引私法的规定,从实体法的角度来看,税务机关无法决定何种情形下适用。相对方也无法针对性地进行对抗;从程序法的角度来看,税务机关具体如何实施,相对方如何保障其程序权利也找不到途径。① 实有必要对我国现行税收立法实践中的债法制度进行重构,完善中国的税收债法体系。

(1) 税收债法的中国改造:坚持比例原则。

如上所述,我国税法主要从债法中引入纳税担保、税收代位权和撤销权、税收优先权以及相应的查封、扣押、拍卖与变卖等制度。这些制度概括地从有效性原则和必要性原则维度进行权衡,缺乏可操作的配套制度的设计,忽视了狭义比例原则中价值判断所蕴含的利益平衡精神的渗透。诸多新兴的问题迫切需要对现行税收债法进行必要的改造以适应日益变化的税法实践。改造的原则和思路可以借鉴比例原则,利用比例原则构建符合税收之债运行规律的税法逻辑体系。

用比例原则来解剖新征管法中的税收之债,可以看出立法者对税收实现的目的,一定程度上体现了有效性原则和必要性原则。新征管法过于倚仗债之共通性,对债的税收特性认识不足。立法上确立了税收债法的价值,但并未具体落实有效性原则的确定性要素和进一步分析必要性的环节,即缺乏实施税收债

---

① 参见李刚、程国琴:《税收代位权与撤销权的比较研究》,载《当代财经》2007年第11期。

第三章　民法规范进入税法的立法路径

法制度按税法逻辑演绎出来的具体构成要件以及每一要件存在多种标准或者方式时如何进行最小化损害的抉择。作为比例原则精髓的狭义比例原则，要求应对所牵涉的相关价值法益作以轻重的权衡。

债法制度在税法上"开花结果"，必须经得起有效性和必要性的考量。依然以《税收征收管理法》第 50 条为例，是否"欠缴税款的纳税人怠于行使到期债权，或者放弃到期债权，或者无偿转让财产，或者以明显不合理的低价转让财产而受让人知道该情形，对国家税收造成损害的"，唯有通过代位权、撤销权的行使方可实现税收债权。抛却现行立法规定，从制度选择角度而言，此种情形一旦发生，是否有更好的选择？如果此种选择是对私法主体损害最小的手段，则进一步的问题便是制度如何设计，方可确保目的达成。其实，相同的问题不仅困扰我国立法者，照样也烦扰国外立法者。但面对同样的问题，国外的制度设计未必如此单一和僵化。比如，在德国，税务机关可以依据《德国租税通则》第 48 条实现税收债权。该条规定："（1）对稽征机关之租税债务关系之给付，得由第三人为之。（2）第三人得以契约承担第 1 项所规定之给付义务。"

依据该条的"一般说明"，就税收债务的给付而言，由何人给付对税收债权人并无特别之意义。由第 1 项规定可知，第三人为给付后，税收债务原则上归于消灭，但第三人有代位权时则不消灭。债权请求权及有关担保权和优先权，转移至该第三人。债权请求权转移第三人后，即丧失其公法性质。更进一步，在税法内，不许可以契约约定使税收请求权发生或消灭，但可以缔结契约强化税收请求权。该条第 2 项即明文规定，许可第三人以契约承担税收给付义务。唯经由法律行为设定义务，成立私法请求权，而非公法请求权。原公法请求权继续存在，二者并存。对于该第三人，稽征机关应依私法规定行使权利。至于私法给付义务具有独立性或补充性，与公法请求权处于同顺序或后顺序，有无时间或范围之限制等，依契约约定。概而言之，德国税法上创设的"第三人给付"和"第三人责任"制度，既可以以最小损害实现税收债权，又可以最大程度尊重市场主体的私法自治。该制度之所以有此功效，其根源在于：立法者充分考虑到税收之债的"税""债"特质。之于"税"而言，税收之债的关键在于税收债权的实现，确保税款及时、足额课征入库。之于"债"而言，税收之债的本质在于"合意"，只要此种合意不危及国家税收利益、集体和第三人利益，公权力无需介入。相反，税法应该尊重和主动对接私法规则，确保市场主体在私法之债和税收之债领域受到源于债之本性的相同对待。

反观我国当下的税收立法，一旦发生"欠缴税款的纳税人怠于行使到期债权，或者放弃到期债权，或者无偿转让财产，或者以明显不合理的低价转让财产,对国家税收造成损害"之情由,税务机关完全依赖于税收代位权和税收撤销权的制度维权。受制于前面多次言及的制度设计瑕疵,税收代位权和税收撤销权过于强调税收之债的"税"特质,缺乏对税收之债的"债"本质的挖掘。立法者孤立地移植了债法保全制度中的代位权和撤销权,而将与之紧密关联的第三人代为履行制度排除在外,实质上人为阻却了税收义务主体范围扩大的可能性,自然也就离比例原则的要求渐去渐远。因此,可以考虑引入第三人代为履行税收之债制度,激活税收代位权和撤销权制度。根据债法原理,民商事主体可以约定,由第三人履行合同义务,若主体意思表示真实,不损害国家、集体和第三人利益,应受法律保护,类似《合同法》第 65 条规定的涉他合同:"当事人约定由第三人向债权人履行债务的,第三人不履行债务或者履行债务不符合约定,债务人应当向债权人承担违约责任。"即,第三人履行债务后,税收之债消灭;第三人不履行债务,税收之债不消灭。①

简单地说,引入第三人代为履行税收之债制度,既可以最大限度尊重纳税人根据私法所作的意思表示,又可以形成完整的税收代缴制度、税收保全制度链条、确保税收债权的实现,还可以间接助推税收代位权和撤销权制度功效的发挥。值得注意的是,此项制度的引入并不意味着现行税收代为权和撤销权不需要改进,要想其真正发挥制度应有的价值,就必须要直面当下实操疑难。比如,权利在税法上行使的具体条件、诉讼方式与举证责任、私法主体的抗辩权、入库规则以及私法主体的意思自治与市场交易安全等。此等琐碎问题事关税收债权的实现,关乎制度是否有助于社会总体价值的增进,不得不引起足够的重视。另外,也有必要构建起私法代位权、撤销权与税收代位权、撤销权的融通链条,使私法之债的保全手段与税收之债的保全手段彼此驰援,相得益彰。

(2) 税收债法的扩展:比例原则的考量。

基于比例原则的衡量,以下制度可以考虑从债法中继续借鉴,在未来的税收债法的立法中体现:① 税收之债的发生、变更和消灭;② 不当得利与债权返还请求权;③ 税收债务承担;④ 涉他合同与第三人代为履行;⑤ 人格否认与连带债务及补充债务;⑥ 民事代理与民事责任;⑦ 民事执行程序等。上述制度的引入符合有效性和必要性以及狭义比例原则的要求,有助于税收之债的顺利实现,体现对纳税人私法自治的尊重和瑕疵行为的规避,实现税收之债与私法之债的对接,融合税收债法的实体正义与程序正义。

---

① 参见滕祥志:《论〈税收征管法〉的修改》,载《清华法学》2016 年第 3 期。

第四章 税务契约的整体化考量*

税法向来以法定主义为准则,不论是税收主体、税收客体、客体归属,还是计税依据、税率,乃至税收特别措施、税收征纳程序等事项一般都须事先由法律明确予以规定。在市场经济条件下,为了有效地实现国家的职能,国家只能合理、合法、合宪地向纳税人征税,这已成为当今社会的基本共识。税法既是国家财政收入取得的授权规则,又是纳税人财产权实现的保护法律。随着社会专业化分工日益细化,如何实现对纳税人纷繁复杂、形式各异的经济活动的平等课税,是各国税法规则设计的重点所在。税收公平要求实现对纳税人各类经济活动的税收负担能力的无差异衡量,然而,在全球化视野下,由于各个行业和产业自身的特殊性、发展的阶段性,人们对税法的平等提出了更多的质疑。① 更为棘手的是,现代社会交易形式创新无限、交易类型日渐复杂和深化,多数时候税法无法预知或前瞻商业交易的类型和环节,成文税法对商事交易的规制也时常挂一漏万。面对层出不穷的商业交易,税法的不严密性和漏洞日益凸显,欠缺始终存在。如此一来,有限的税法总是无力应对复杂多变的交易类型,在千奇百怪的交易类型面前,整齐划一的制定法规制难免落空。商人总是行走在法律之前,也即税法规制永远落后于商人创造的商务交易类型,反避税领域尤其如此。② 长此以往,不仅公平难以实现,就连基本税款征缴、税企争议都无从解决。为此,税法在秉持严苛的法定主义立场之外,又诞生了征纳双方的契约空间。

比如,为解决关联企业间的课税疑难,企业可以与税务机关就企业未来年度关联交易的定价原则和计算方法达成预约定价安排。③ 借助预约定价安排,税企双方不用再相互猜忌,上演避税与反避税的无间道。同样的问题也发生在税收程序规则的设计和运用当中。例如,在税务行政复议中,申请人和被申请人可以按照自愿、合法的原则,就行政处罚、核定税额、确定应税所得率等行使自由裁量权作出的具体行政行为,行政赔偿、行政奖励以及存在其他合理性问

---

* 本章部分内容得益于武汉大学法学院博士生顾德瑞的协助,特此感谢!
① 参见汤洁茵:《金融创新的税法规制》,法律出版社2010年版,序。
② 参见滕祥志:《税法的交易定性理论》,载《法学家》2012年第1期。
③ 参见《特别纳税调整实施办法(试行)》第46条。

题的具体行政行为在行政复议机关作出行政复议决定以前可以达成和解。① 和解协议的出现,打破了依法复议的行为传统。与之类似,税务机关与企业集团或企业集团的成员企业在自愿、平等、公开、互信的基础上,签订税收遵从协议,共同承诺税企双方合作防控税务风险。② 在预约定价安排、税务和解协议、税收遵从协议中,税务机关和纳税人约定的本质不在于谋求双方当事人的对等地位,而在于就当事人双方关心的涉税疑难问题达成共识,就这一点而言,认为它们是一种契约无疑是合适的。以预约定价安排为例,在预约定价安排中,双方追求的是对关联企业间未来实施的交易,适用正常交易原则等一系列相关问题达成协议,核心在于合意,而这恰恰是契约的本质所在。即便如此,也应该承认,在这类契约中,双方当事人之间的不对等地位,必定会限制双方合意的空间和限度,好在这并未从实质上否认双方的契约自由和意思自治。正因为双方地位的不对等、合意的不完备,才使得这类契约呈现出有别于普通契约的税务特质,可谓税务契约。

税务契约作为一种新兴的税务制度,正以其独特的价值和积极的作用,在税法领域发挥着越来越重要的作用。不久的将来,它们极有可能成为一种新的征管模式或征管理念,即协商征管模式或征管理念。面对新型交易类型、复杂交易模式的不断涌现,纳税人对纳税服务质量诉求的日渐提高,以及税企矛盾和争议的日渐白热化等征管现实,税务契约秉持合意本质,在税务实践中摸索前行,必将在税务实践中发挥越来越重要的作用。与勃兴的税务契约实践相比,理论层面的探究并不充足,亟需从契约整体化的角度观测这一类新型契约,以便更好地回应和指引实践。总体来说,税务契约既不同于普通民事契约,又与一般的税收征纳行为大相径庭。值得深究的是,在严格法定主义的土壤上为什么能够开出契约之花?业已存在的税务契约具有哪些共性,如何提取作为整体契约的适用条件?在税务契约中,双方的权义作何配置,程序如何设置?等等。对此类问题的解答有利于形成社会共识,关乎税务契约的整体化建构。

一、税务契约的总体定位

法谚有曰:"法是食吾子的撒旦",法只有靠摒除自己的过去,方得重生。一旦成立,便要求它无限制地永远存续下去,这种具体的法就好像对自己的母亲舞动拳头的孩子。它既依赖法理念,同时又侮辱法理念。因为法理念是永恒发

---

① 参见《税务行政复议规则》第86条。
② 参见《大企业税收服务和管理规程(试行)》第17条、第21条。

第四章 税务契约的整体化考量

展的。现存的法必须给新生的法让出位置——"现存的一切都是值得毁灭的"。① 税务契约的出现印证了耶林的这句至理名言。契约本属于私权的运行方式,禁止公权契约化被传统理论奉为圭臬。这一信条源自于人类社会"公私相分"观念以及由此产生的公私权的二元对立和公私法的二元划分的传统。第二次世界大战后,伴随着民主思潮的激荡,福利国家、给付行政等新型国家目的观的出现,西方国家开始改变由来已久的以支配与服从为特征的高权行政管理模式,行政权的行使开始契约化,行政契约应运而生。② 与之相应,税法不断受到私法理念的影响,一些原本属于私法的制度也相继被引入税法。税法的私法土壤逐渐生成,税务契约最终破茧而出,进入税务征管实践。

(一) 税务契约:一种独立的契约

一般认为,契约的本性是平等自由,契约是一种平等主体间的社会关系。③ 按此观点,由于税务机关与纳税人是不对等的主体,那么双方订立的协议就不属于契约范畴了。其实不然,从语词上看,"契约"一词暗示着这种个人或团体的复数,暗示必须按照所有各方都能接受的原则来划分利益才算正当。要达到这种各方都能接受的效果,即达成合意。④ 现在两大法系的契约制度中,一般都采取合意论的契约概念,合意所表达的意思有两个方面:一是当事人双方自愿的意思表示;二是双方当事人的意思表示是一致的。⑤ 从合意论出发可知,契约是当事人相互同意的结果,当事人的意思是支配契约双方权利义务的原动力和重要依据。当事人的意思是否真实,是契约有效而否的关键因素。进一步而言,契约是当事人自由选择的结果,当事人有权决定按照自己的选择而决定订立或不订立契约、以何人为缔约当事人以及何种内容而订立契约。⑥

简言之,在法律范畴内,当事人之间的合意性、双方意思表达的真实性是契约的本质属性,是判定一个行为是否为契约的根本标准。据此标准,契约的达

---

① 参见〔德〕鲁道夫·冯·耶林:《为权利而斗争》,胡宝海译,中国法制出版社2004年版,第9页。
② 参见殷继国:《论公权契约化——兼论国家干预契约化》,载《行政法学研究》2013年第1期。
③ 参见邱本:《从契约到人权》,载《法学研究》1998年第6期。
④ 参见〔美〕约翰·罗尔斯:《正义论》(修订版),何怀宏等译,中国社会科学出版社2009年版,第13页。
⑤ 参见资琳:《契约制度的正当性论证——一种以主体为基点的研究》,中国政法大学出版社2009年版,第162页。
⑥ 参见李永军:《合同法原理》,中国人民公安大学出版社1999年版,第41—42页。

成是建立在双方当事人各得其所、各取所需的前提上①,与双方当事人地位是否对等并无直接关联。只要双方意思表示真实、并无欺诈、胁迫、乘人之危等法定排除情由,且最终达成合意,就可以将当事人的行为认定为契约行为。在契约的判定实践中,双方地位对于合意的实现,充其量只是充分要件而非必要要件。当然,如果处于同一水平地位,当事人双方意思自治、达成合意协议的空间和概率固然要更大一些,但对等地位能够实现自由合意的事实,并不否定在不对等基础上就不能实现自由的合意。在这里问题的关键不在于契约当事人地位是否对等,而在于能否真正实现合意。② 在税务契约中,税务机关与纳税主体的地位确有不对等之现实,但通过有效的过程控制,照样能够敦促征纳双方在开放的平台上,遵循既定的规则进行协商,确保契约能够自由、意思能否自治,进而根本上实现合意。故,比照契约的合意本质,将预约定价安排、税务和解协议、税收遵从协议之类的税务领域的协商行为界定为税务契约,绝非言过其实。因为这类行为整体上符合契约合意的本质,具有深厚的契约根基。

作为一种契约,税务契约与普通民事契约的差异显而易见,无需多言。需要理清的是税务契约与行政契约的关系。税务契约是行政契约的一种,还是一种独立于行政契约的特类契约?回答这一问题,须依赖于行政行为理论。根据对行政人员的法律限制进行分类,行政行为既可以是非裁量行为,也可以是裁量行为,还可以是"自由"的行政行为。非裁量行政行为是指只要存在着法律规定的条件,就可以实施或者不实施的行为;裁量行为是指法律将处理权留给行政人员的行为;自由行政行为是不受任何法定条件拘束的行为。根据行政合法性原则,自由行为的范围局限于授益行政行为以及那些属于补助金领域的行为。③ 鉴于法的局限性理论,赋予执法机关一定的自由裁量权是克服法律本身局限性的要求,也是适应不断变化的社会经济活动的需要。④ 裁量权的出现,是税务契约和行政契约共同的前提,不足以将两者相区分。要理清两者关系,需要借助具体契约形态。以和解为例,我国《行政复议实施条例》第40条⑤将行政

---

① 参见黄名述、张玉敏:《罗马契约制度与现代合同法研究》,中国检察出版社2006年版,第127页。
② 参见余凌云:《行政契约论》,中国人民大学出版社2006年版,第12页。
③ 参见〔印度〕M.P.赛夫:《德国行政法——普通法的分析》,周伟译,山东人民出版社2006年版,第70页。
④ 张怡:《衡平税法研究》,中国人民大学出版社2012年版,第331页。
⑤ 我国《行政复议实施条例》第40条规定:"公民、法人或者其他组织对行政机关行使法律、法规规定的自由裁量权作出的具体行政行为不服申请行政复议,申请人与被申请人在行政复议决定作出前自愿达成和解的,应向行政复议机构提交书面和解协议;和解内容不损害社会公共利益和他人合法权益的,行政复议机构应当准许。"

和解的范围限定为行政机关行使法律、法规规定的自由裁量权作出的具体行政行为。而《税务行政复议规则》第 86 条在《行政复议实施条例》第 40 条的基础上,拓展了和解的空间,不仅将行使自由裁量权作出的具体行政行为纳入税务和解范围,而且还将行政赔偿、行政奖励,甚至存在其他合理性问题的具体行政行为,一并囊括其中。从而,使得税务和解的范围远远大于行政和解的范围,税务和解在行政和解的基础上走得更远。虽然从形式上看,税务和解规定有违上位法规定,但从实质上看,这与税法的特性有直接的关联。税法聚焦征纳行为不假,但税法关注交易行为和交易结果也是事实,这些都决定了税务和解很难一体适用行政和解的规定,而成为行政和解的一部分。

由此而言,与其说《税务行政复议规则》违反《行政复议实施条例》的话,倒不如说税务和解是一种更为特殊的和解,按照"特别规定优先"的法理,税务和解理当适用《税务行政复议规则》。从和解要件上看,税务和解一般应该包括以下几点:第一,客观上存在课税事实和法律要件不明确的情形,致稽征机关作成核课税捐处分有困难者;第二,稽征机关经依职权调查后,仍无法确定或调查不符核课成本者;第三,和解契约之订定系有效达成课税目的;第四,稽征机关与纳税义务人相互让步达成和解。① 可见,课税事实和法律要件不明确是能否进行税务和解的前提条件,是否存在自由裁量权并不关涉税务和解的实施。而行政和解固守行政机关是否享有自由裁量权,偏离了和解的制度根基。行政和解之所以采取此种做法,与其纠纷解决的功能定位以及权力滥用之控制有极大关联。当下中国,行政机关纷繁复杂,各类行政行为差异极大,各类行政人员水准也是参差不齐,一味放大行政和解范围,极有可能导致脱法和解。一旦如此,行政和解将如脱缰野马,难受节制。反观税收征纳行为,因其聚焦税法这一专业性领域,征纳双方内生的问题多为专业性问题。专业性问题的存在可以适度缩小征纳双方契约时的不对等地位,而且税法领域原本就有相对于其他传统行政法更为浓厚的私法土壤,这些都十分有利于税务契约的生成。税务和解能够在行政和解的基础上扩围,不可能是某一因素的一己之力,而是多种因素交织而成的结果。这种扩围和超越,客观上促成税务契约与行政契约的分野,力促税务契约从行政契约中脱颖而出,成为一种具有广阔前景的、独立于行政契约的特类契约。

(二) 税务契约产生的制度根基

在严格法定主义的税法领域之所以能够诞生税务契约,固然有方方面面的

---

① 参见葛克昌:《行政程序与纳税人基本权》,北京大学出版社 2005 年版,第 190—191 页。

原因。但最为根本的当属税法无力应对所有的经济交易现实,不可避免地产生法律漏洞空间。法律漏洞是一种法律"违反计划的不圆满性"。具体而言,法律漏洞"是指法律体系存在着违反立法计划的不圆满状态,换言之,是指关于某一个法律问题,法律依其内在目的及规划计划,应有所规定却未设规定的现象"。①法律漏洞可以分为"开放的"及"隐藏的"漏洞。② 不圆满性和违反计划性是法律漏洞的特质,"只有当法律在特定领域中追求某种多少圆满的规整,或当既存的社会、经济关系对法秩序所提出的要求,在法秩序中未获实现时,才有提及'漏洞'的可能"。"当而且只有法律对其规整范围中的特定案件类型缺乏适当的规则,换言之,对此保持'沉默'时,才有法律漏洞可言。"③法律漏洞并非意指法律未进行任何规定,只因其欠缺特定规则,而无法实现法律预期目的及立法者之计划。因此,欲判断是否确有法律漏洞存在,须以法律本身的观点、法律的根本规整意向、借此追求的目的以及立法者的"计划"为准。而作为法律基础的规整计划,则必须透过法律,以历史解释及目的论解释的方式来求得。在税法领域,因课税对象的专业性、易变性等原因,税法漏洞较之其他法域漏洞更为突出。面对税法漏洞,更常采取的是税法解释和类推适用。然不管是税法解释,还是类推适用,都属于对税法漏洞的事后补救,重在解决漏洞出现后的税法适用。

与税法解释和类推适用不同,税务契约注重税法漏洞的事先规避。征纳双方在法律框架内,通过协商的方式,就未来的课税事项等达成合意,省却了因税法漏洞而带来的税企争议。可见,税务契约不是杜绝税法漏洞,更不是违背法定主义、"违法私了",而是在税法规定的空间内,事先就可能出现的法律漏洞采取积极的、合法的应对之策,以一种征纳双方彼此都能接受,甚至都更愿意采纳的方式,实现税法目的。税务契约对税法漏洞的规避,不仅有助于实现税法正义,还有利于税法的稳定性和确定性。因为法律的终极目标是追求正义,而且是精准的正义。但法律不可能为追求正义而正义,纯法条意义上的正义对于市民而言,毫无意义,唯有市民生活中的正义追求,才合符人民的内心要求,这就要求立法者切不可为制定法律而颁布法律,必须以社会和人民的需求为标准,进行法律创建;另无论如何复杂的案情,法律的适用对象终可简化为人民,并落

---

① 崔建远:《我国民法的漏洞及其补充》,载《吉林大学社会科学学报》1995年第1期。
② 就特定类型事件,法律欠缺——依其目的本应包含之——适用规则时,即有"开放的"漏洞存在。就此类事件,法律虽然含有得以适用的规则,唯该规则——在评价上并未虑及此类事件的特质,因此,依其意义及目的而言——对此类事件并不适宜,于此即有"隐藏的"漏洞存在。究竟是开放还是隐藏的法律漏洞,其取决于:能否由法律获得一项一般的法条,而欠缺的规则恰是对此法条的限制。
③ 〔德〕卡尔·拉伦茨:《法学方法论》,陈爱娥译,商务印书馆2005年版,第249—251页。

第四章 税务契约的整体化考量

实至市民社会中具体的个人,这进一步要求法律必须为人民所知晓,此所谓为人民立法理念,从而要求法律必须具有稳定性和确定性,唯有此,人民方可依法办事。然而,立法毕竟为立法者所为,则法律漏洞实不可避免,此时问题便油然而生。"一方面,法的确定性原则要求判决是在现行法律秩序之内自洽地作出的。但是,现行法律是一张由过去的立法决定和司法决定或习惯法的种种传统所构成的不透明网络的产物。法的种种建制史构成了每个当代的判决实践的背景。这种最初的法律产生情境的偶然性,也反映在法律的实证性当中。另一方面,合法性的主张要求判决不仅与过去类似案例的处理相一致、与现行法律制度相符合,而且也应该在有关问题上得到合理论证,从而所有参与者都能够把它作为合理的东西而加以接受。"①

当然,问题解决的方式肯定不止一种。比如,通过类推适用问题也大体可以解决。虽然类推适用无法还原法律应有的确定性,但其在无法还原的境况下,通过适用最相类似的规定,可最大限度地接近立法真意,无限靠近法律应有的确定性。另,漏洞出现时,税法的稳定性即受到挑战,通过类推适用,便可以在满足税法稳定性的基础上,解决法律适用的难题,从而解决税法的稳定性和课税事实的时代性之间的紧张状态。可以说,在税法上漏洞出现时,通过类推适用,可以在现行税法秩序之内自洽地作出的决定,不仅与过去类似案例的处理相一致、与税法制度相符合,而且也可以在税法适用上得到合理论证,以致税务机关和纳税人都能够把它作为合理的东西而加以接受。较之类推适用的事后补救,税务契约的事先性更加主动、更为积极。况且,类推适用还原的只是最相类似的税法规定,这一规定是否能为征纳双方、特别是纳税人所接受,尚需进行具体个案分析。毕竟,类推适用的并非税法原旨,此种情况下,如何说理以敦促征纳双方接受类推适用的结果,并不容易。因此,从可接受性的角度上看,税务契约无疑对征纳双方具有更大的诱惑,也吻合稽征经济原理。除此之外,税务契约还有助于税法之财政目的的根本实现。在税法漏洞出现时,税法适用处于一种未知状态,应有的课税要件事实缺位,使得税法内在目的之内的应税项目处于无税边缘。通过征纳双方的税务契约,可以将一些形式无税、实质应税的项目纳入应税项目,接受税法调整,无疑扩大了应税项目的范围,不至于因税法漏洞而导致税收收入的巨额减损,从而根本上实现税法的财政目的。

---

① 〔德〕哈贝马斯:《在事实与规范之间——关于法律和民主法治国的商谈理论》,童世骏译,生活·读书·新知三联书店 2003 年版,第 245 页。

(三) 税务契约的理论铺陈

自现代意义上的税法在德国产生以来,征税主体与纳税主体之间的法律地位就引起不小的争议,这种争议时至今日依然存在。争议背后,隐藏着公法与私法的内在纠葛。一般而言,因税收法律关系中的征税主体为税务机关或代表国家行使征税权的其他行政机关,且维护的国家税收利益属于公共利益范畴,故多将税法纳入到公法领域,将税法作为行政法的一个子部门法予以对待。与之相称,不管是在税法理论,还是在税法实践中,征纳双方的税法地位难言对等。然则,税收债权债务关系学说的引入,实际上使得传统上被完全视为公法的税法规范中也不断植入某些私法精神,甚至部分私法规范还得以融入税法规范体系之中。① 平衡论的引入,又使得权力不断向权利迈进。与之相关,自从 20 世纪 80 年代中期以来,许多国家公共部门的管理发生了变化。公共行政的僵死的、等级制的官僚制组织形式曾经支配了整个 20 世纪漫长的时期,如今正转变为公共管理的弹性的、以市场为基础的形式。② 新公共管理和新合同主义的广而告之,使得传统税务行政逐渐"软化"。这些都为税务契约的产生提供了充足的理论素养,为不对等的征纳双方之间达成合意创造了广阔的空间和良好的氛围。

1. 税收债权债务理论

以德国 1919 年《帝国税收通则》的制定为开端,德国关于税收法律关系性质的认识开始出现转机,一种新型的债权债务关系理论逐渐浮现出来。《帝国税收通则》以"税收债务"为核心,对税收实体法以及税收程序法的通则部分作了完备的规定。学者们以此为契机,就税收债权债务关系的理论体系展开了深入论证,并最终促使税法从传统的行政法中独立出来。Albert Hensel 于 1924 年出版的《税法》一书,它明确主张税收法律关系在性质上属于一种公法债权债务关系。③ 随着经济与社会的发展,税收债权债务理论不断得到丰富,这种关系的认定逐步得到人们的认可,现已经成为学界的通说。税收是一种法定的债务,满足法律规定的构成要件后,纳税义务即自动发生,行政机关只能确定、催缴或者实现税收债权,而不能创设税收义务④,这是税收债权债务理论的精髓所在。

---

① 参见周刚志:《财政转型的宪法原理》,中国人民大学出版社 2014 年版,第 96 页。
② 参见〔澳〕欧文·E.休斯:《公共管理导论》,彭和平、周明德、金竹青等译,中国人民大学出版社 2001 年版,第 1 页。
③ 参见刘剑文、熊伟:《税法基础理论》,北京大学出版社 2004 年版,第 63—64 页。
④ 同上书,第 7 页。

第四章　税务契约的整体化考量

债务关系说照亮了迄今为止的法律学上的一直被忽视的"公法上的债务"这一法律领域；使运用课税要件的观念就可对公法上的债务——"税债务"进行理论上的研究和体系化成为可能。因此，债务关系说对税法的概念给了全新的界定和独立的体系。即，当税法作为权力关系来提倡时，则税法不是独立的法学科而是行政法的一种罢了。只有把税债务作为税法的中心，税法才能成为有别于行政法的独立学科。① 在公法领域，只有税法领域里把国家和纳税人之间的关系作为一种债权债务关系来看待。税收债权债务理论的逐步形成不仅使得税法成为一门独立的学科有了理论支撑，而且税收的各项制度都以此为基础进行设计和构建，使得作为税收制度一种的税务契约有了独有的理论支撑，以税收这一公法债权的发生、变更和消灭为基础和依托，使其从本源上区别与行政契约、民事契约。

2. 平衡论的引入

传统行政法学者多以行政主体与行政相对人之间的不平等地位着手研究行政法问题，直面的结果是每遇行政争议，直接寻求行政复议或行政诉讼，根本或很少探究其他的救济方式。诚如学者所言，一个法律制度，如果跟不上时代的需要或要求，而且死死抱住上个时代的只具有短暂意义的观念不放，那么是没有什么可取之处的。在一个变幻不定的世界中，如果把法律仅仅视为一种永恒性的工具，那么它就不能有效地发挥作用。坚守传统的行政机关与相对人失衡的地位并不能带来制度的创新，是故近些年，学界对此有所反思，成果即是行政法中"平衡论"的提出。

平衡论的主要观点为：(1) 在行政法律关系中，如果权力与权利处于非对等的位置，就会造成行政关系失衡。② 为扭转失衡的状态，必须通过一系列的途径，使失衡状态转向平衡状态，以达到权力既受控制又受保证、权利既受保护又受规范的目的，从而达到政府与行政相对人之间权力和义务的平衡。(2) 行政主体的权力与相对方权利之间具有冲突性，因而既要主张制约行政权，尤其是要严格限制强制性行政的范围与方式；又主张制约相对方权利，尤其是要制裁相对方的行政违法行为与滥用权力行为。将双方之间的冲突控制在一定的范

---

① 参见〔日〕金子宏：《日本税法》，战宪斌、郑林根等译，法律出版社2004年版，第21页。
② 行政关系失衡的主要表现是：行政权过于强大，而对方权利过于弱小。行政法授予行政主体过多的实施强制性行政的权力，而且，行政法偏重于实体授权，但又严重缺失制约行政权的行政程序制度；而行政法赋予相对方的权力过小、过弱，权利结构不合理，未形成相互制约的机制，相对方更无法通过行政程序与行政主体博弈。由于行政法机制只是片面地管理、制约相对方，缺乏对行政权的有效制约和激励相对方积极参与行政的功能，因而必然会导致行政法权利(力)结构的失衡。相关论述参见覃曼卿：《转让定价争议解决方式研究》，中山大学法学院2004年硕士学位论文。

围内，不至于使矛盾激化。(3) 行政主体与相对方之间具有合作性，行政权力与相对方权利具有统一性，既要激励行政主体在法定职权范围内积极行政，为社会提供更多更好的服务；又要鼓励行政相对人在法律授予的范围内积极行为，谋求社会财富的最大化。(4) 行政法律关系双方处于平等的法律地位。现代行政法应是调整双方整个博弈过程的法，而非旨在制约任何一方。因此，现代行政法为了保证博弈双方法律地位的平等性，就必然既要制约行政权力，将其控制在适度范围之内，又要制约相对方滥用权利。①

3. 从权力迈向权利

在税收法律关系中，征税主体的强势地位是不可否认的事实，但这并不能直接与权力绝对化等同。况且，征纳双方平等的法律地位乃宪法所授权，不可随意篡改。如果将现代行政法的平衡理论引入征纳双方中的话，结果将会发生根本的变化。譬如在税务争议中，关联企业纳税人纳税通过增加社会财富，一定程度上为自己的未来营造了更佳的环境，但这毕竟属于间接的受益，远不如直接获益对纳税人具有诱惑力。为此，纳税人带有强烈的偷税、逃税的侥幸动机和愿望，这使税务机关运用征税权强行征税成为必要。但这是一种基于"同意"的强制，因为国家通过税法具体分配税务机关和纳税人在税收债权债务关系中的权利和义务，税务机关行使职权的范围，不得超过双方的约定，即国家宪法和税法所规定的范围；纳税人行使权利亦受到宪法和税法的规定，否则均应基于"违约"，承受不法之后果。

至具体的税收债权债务关系中，税务机关与纳税人基于对宪法和税法规定的"同意"而生地位平等。为确保此种平等能够真正获得贯彻实施应合理分配税务机关的权力和纳税人的权利，特别是要将宪法和法律规定的公民的基本权利在税法中予以具体化，让纳税人能够尽可能多地参与到税收征收和使用管理中。在权力分配方式上，要采取"对峙"的方式设置税收的征收、使用权与纳税人的权利，真正形成有效的权力制衡局面。例如，对应设立管理权—参与权、征收权—抗辩权、审批权—申请权、处罚权—救济权等。同时，要注意界定税务行政权与纳税人权利，防止在两者界限模糊的状态下发生税务行政权对纳税人权利的侵害。通过税收行政法律关系中双方主体权利的合理分配，以实现双方的互相抑制与相互激励。② 因此，可以看出，税收征纳法律关系是一种建立在平等基础之上的有限的"不平等"，但不能把这种"不平等"的表象作为一种本质加以肯定。因为这里的"不平等"实际是为实现最终的平等而使用的手段。

---

① 参见罗豪才、宋功德:《行政法的失衡与平衡》，载《中国法学》2001 年第 2 期。
② 参见施政文:《论征纳权利》，载《中国法学》2002 年第 6 期。

4. 传统行政的"软化"：从新公共管理到新合同主义

随着时代变迁和理论发展，传统公共行政模式已经在理论和实践的质疑声中陷入了"四面楚歌"的境地。越来越多的人认识到，传统行政模式已无法反映出现代公共服务所需承担的广泛的、管理的以及政策制定的角色，它更多地体现为一种消极的控制形式，不是致力于为提高效率提供有效的激励，而是着力于怎样避免犯错误。正是在这样的理论和现实背景下，20 世纪 80 年代和 90 年代，针对传统行政模式的弊端，一种新的行政模式，即新公共管理[①]，崭露头角，引发了一场新的革命。传统的行政模式以威尔逊为代表的政治控制理论和韦伯的官僚制理论为理论支点，而新公共管理则转向经济学和企业管理学，寻求理论支援，主要以现代经济学和私营企业管理理论和方法为理论基石。首先，新公共管理从现代经济学中获得诸多理论依据，如从"理性人"（人的理性都是为自己的利益，都希望以最小的付出获得最大利益）的假定中获得绩效管理的依据；从公共选择和交易成本理论中获得政府应以市场或顾客为导向，提高服务效率、质量和有效性的依据；从"成本—效益"分析中获得对政府绩效目标进行界定、测量和评估的依据等等。其次，新公共管理又从私营管理方法中汲取营养。新公共行政管理认为，私营部门许多管理方式和手段都可为公共部门所借用。如私营部门的组织形式能灵活地适应环境，而不是韦伯所说的僵化的科层制；对产出和结果的高度重视（对私营部门来说，产出就意味着利润，而在高度竞争的市场环境中，要获取利润就必须给顾客提供高质量的服务，同时尽可能地降低成本），而不是只管投入，不重产出；人事管理上实现灵活的合同雇佣制和绩效工资制，而不是一经录用，永久任职，等等。总之，新公共管理认为，那些已经和正在为私营部门所成功地运用着的管理方法，如绩效管理、目标管理、

[①] 这种新的管理方法有很多名称："管理主义""新公共管理""以市场为基础的公共行政""后官僚制典范"或"企业型政府"。到了 20 世纪 90 年代后期，人们越来越倾向于使用"新公共管理"的概念。尽管新公共管理的名称众多，但对于公共部门管理发生的实际变化而言，人们还是有一种共识。第一，无论这种模式叫什么，它都代表着一种与传统公共行政不同的重大变化，它更为关注结果的实现和管理者的个人责任。第二，它明确表示要摆脱古典官僚制，从而使组织、人事、任期和条件更加灵活。第三，它明确规定了组织和人事目标，这就可以根据绩效指标测量工作任务的完成情况。同样，还可以对计划方案进行更为系统的评估，也可以比以前更为严格地确定政府计划是否实现了其预定目标。第四，高级行政管理人员更有可能带有政治色彩地致力于政府工作，而不是无党派或中立的。第五，政府更有可能受到市场的检验，将公共服务的购买者与提供者区分开，即将"掌舵者与划桨者区分开"。政府介入并不一定总是指政府通过官僚手段行事。第六，出现了通过民营化和市场检验、签订合同等方式减少政府职能的趋势。在某种情况下，这是根本性的。一旦发生了从过程向结果转化的重要变革，所有与此相连的连续性步骤就都是必要的。相关论述参见〔澳〕欧文·E. 休斯：《公共管理导论》，彭和平、周明德、金竹青等译，中国人民大学出版社 2001 年版，第 61—62 页。

组织发展、人力资源开发等并非为私营部门所独有,它们完全可以运用到公有部门的管理中。①

关于新公共管理的内涵和本质,西方学者们进行了不同层面的论证。比如,波立特指出新公共管理主要由本世纪初发展起来的古典泰勒主义的管理原则所构成,即强调商业管理的理论、方法、技术及模式在公共管理中的应用。温森特·怀特则认为,新公共管理强调职业化的管理、明确的绩效标准和绩效评估;以结果而不是以程序的正确性来评估管理水平;看重金钱的价值;对消费者而非公民的需要保持敏感,强调公共服务的针对性而非普遍性。对新公共管理的特征,胡德将其描述为:(1)向职业化管理的转变;(2)标准与绩效测量;(3)产出控制;(4)单位的分散化;(5)竞争;(6)私人部门管理的风格;(7)纪律与节约。罗德斯则认为新公共管理主要有以下几个中心学说:(1)以管理而非政策为焦点,以业绩评估和效率为焦点;(2)将公共官僚机构分解成各种建立在使用者付费基础上的处理事务的机构;(3)准市场的使用和合同承包以培育竞争;(4)一种强调产出目标、限制性项目合同、金钱诱因和自由裁员的新管理风格。②

针对学者们的阐述以及许多国家的公共管理实践,经济发展与合作组织(OECD)1995 年度发布公共管理发展报告《转型中的政府:经济合作与发展组织国家的公共管理改革》,认为:虽然改革的压力、民族文化和发展阶段及其不同,但是,成员国越来越多地采取共同的改革日程,这由如下因素推动:财政上联合的需要、经济全球化以及不可能满足对公共资源显然无止境的一系列需求。进而将新公共管理的特征归纳为如下八个方面:(1)转移权威,提供灵活性;(2)保证绩效、控制和责任制;(3)发展竞争和选择;(4)提供灵活性;(5)改善人力资源管理;(6)优化信息技术;(7)改善管制质量;(8)加强中央指导职能。③ 虽然学者们对新公共管理的界定并不完全一致,但也达成诸多共识。以下几个观点可以视为新公共管理的内容和本质:(1)强调职业化管理;(2)明确的绩效标准与绩效评估;(3)项目预算与战略管理;(4)提供回应性服务;(5)公共服务机构的分散化和小型化;(6)竞争机制的引入;(7)采用私人部门管理方式;(8)管理者与政治家、公众关系的改变。④

在新公共管理日渐成为显学和政府改革的方向之时,对其的批判也日渐高

---

① 参见金太军:《新公共管理:当代西方公共行政的新趋势》,载《国外社会科学》1997 年第 5 期。
② 参见陈振明:《评西方的"新公共管理"范式》,载《中国社会科学》2000 年第 6 期。
③ OECD,"Government in Transition: Public Management Reforms in OECD Countries", Paris,1995.
④ 参见陈振明:《评西方的"新公共管理"范式》,载《中国社会科学》2000 年第 6 期。

第四章　税务契约的整体化考量

涨。但必须承认，新公共管理运动的出现对于我们更深入全面地理解公共服务在新情况下的变革是颇有启发意义的。首先，新公共管理运动是对重大现实问题的回应。一方面，公共服务带来的财政压力使得国家按照传统的方式无法独立承担公共服务的提供，必须寻求社会力量的合作；另一方面，经济全球化的发展加剧了国家之间的全面竞争，国家必须通过改善服务，提供优惠条件等诸多方式来留住国内资本，吸引国际资本。当然，信息技术的发展也为国家通过下放权力，控制全局提供了可能。其次，新公共管理运动把政府与公民的关系类比为"商家与顾客"关系，强调了政府的服务属性。这虽然有忽视民主参与、简化国家—公民关系之嫌，但是在国家与社会边界模糊，国家的干预影响和渗透到社会经济生活各个层面的今天，改善服务已经成为政府寻求合法性的重要来源。再次，新公共管理运动从工商管理中借鉴了许多工具性做法，比如绩效管理、评估、重视结果等。这一方面说明了公共管理与私人管理之间具有相互学习的可能，打破了公共管理的神秘性，为日后的公共服务改革强调多主体参与提供了有力证据；另一方面也体现了以信息技术为代表的现代技术创新能够推动制度改革，因此技术创新与制度创新的互动关系在新公共管理中得到了充分体现。① 但也要看到新公共管理在具备显著的制度优势的同时，亦具有自身无法避免的制度缺陷②，这恰恰成为反对派攻击的中心。但不论如何，作为一种与传统行政模式不同的行政方式，新公共管理无疑更符合当今和未来一段时间内的现实，是以带给人些许期待，当然，并非所有的期待均可实现。不可否认的

---

① 参见杨雪冬：《新公共管理运动和新公共服务》，载 http://www.china.com.cn/xxsb/txt/2006-12/20/content_7536029.htm，2016年2月3日访问。

② 从反思批判的观点来看，公共行政的管理主义也存在着许多缺陷，主要表现在以下几个方面：(1) 对人性认识的偏颇。管理主义援引新古典经济学的人性假设，可能产生几个盲点：首先，它忽视了文化因素对人性的规制；其次，忽略了促进美德的重要性，从而可能引发公共利益和公共伦理的危机。在这样的人性假设下，公共伦理便失去了存在的价值和依据，而事实上，良好的公共伦理是十分重要的。(2) 管理主义所导致的公共行政价值的偏颇和公共行政在民主治理过程中正当性的丧失。公共行政在本质上是以民主宪政为基石，强调追求人民主权、公民权利、人性尊严、社会公正、公共利益、社会责任等多元价值的。过分强调对效率和工具理性的追求，使公共行政无力反省公共行政及公共服务的根本价值、目的，将其变为执行与管理的工具，不但无力担负起公共行政捍卫民主政治价值的责任，也无法实现提升公民道德水准的使命。(3) 市场基本教义和对市场机能的不当崇拜。首先，由于对市场的过分崇拜而忽略了市场的缺陷；其次，市场基本教义也忽略了公共部门竞争与完全竞争市场诱因结构的差异；第三，事实上，公共部门市场化在提供希望的同时，也存在许多错误，如公益的丧失、规避巧用、寻租、特权与贪污等。(4) 向私人部门学习的自我解构与公私管理的混淆。公共行政在本质上是以民主宪政为基础的，通过政府整合社会资源，落实民主治理的基本理念，展现公共利益的过程。将公共管理与私人管理相混同，恰恰丧失了公共行政在民主治理中的正当角色，丧失了其应有的真正意义。(5) 不恰当的"顾客"隐喻。将政府服务的对象比作顾客，可能无法全面理解公民的角色，使公民与政府之间的关系不健全、角色错乱。

是,新公共管理确实为僵化的传统行政带来一丝新鲜空气,而且也催生了"新合同主义"的诞生。

在新合同主义之下,任何人们所能想象到的公共服务都可以通过合同提供,或者通过承包由外部的私营部门或志愿部门提供,或是通过承包由政府内部的其他部门来提供。内容明确的合同的本质在于将政府服务的"购买者"与"提供者"分离开来,由购买者决定要生产什么,而提供者则提供经购买协议认可的产出与成果。这种合同化的形式包括有关个人绩效的人事合同、与部长或整个政府签订的合同,以及以"规章"形式与顾客或公众订立的合同。其实,在许多国家中,合同行为早已超出提供有限的商品和服务的范围,而覆盖了公共服务的所有设计和方式。政府在这些领域表现得越来越像个合同转包商,并围绕所公布的目标和战略规划来组织自身,其注意力不是放在那些模糊的公共产品上,而是放在如何才能满足在机构协议中规定的绩效指标上。签订合同的形式可以取代传统的官僚制的等级制,并可对松散地聚集在政府基金部门周围的供应商进行指挥,以提供那些过去由国家独家供给的服务。

根据戴威斯的理论,公共部门改革的历史共经历了三个阶段:(1) 传统的公共行政的官僚制模式;(2) 新公共管理的模式;(3) 新合同化模式。这一点与其他的学者观点并不相同。戴威斯将新合同主义看作是一种新的公共部门的管理方式,但事实上它只不过是管理主义或新公共管理的比较极端化的表现而已。将所有事务都诉诸合同是早些时候胡德将其作为新公共管理模式的一部分而提出的。真正的差别在于市场取代了官僚制机构,选择取代了指令,而这种变化则是随着新公共管理模式的崛起而出现的。虽然新合同主义在这些方面走得更远一些,但其根基和理论都来源于新公共管理模式。① 新合同主义源于新公共管理,但又不完全等同于新公共管理,新合同主义理念下的合同行为早已超出仅仅只提供有限的商品和服务的范围,更涵盖了公共服务的所有设计和方式,甚至是税款的征集方式等这些行政部门的传统堡垒也被纳入新合同主义的范畴,不能不说是新公共管理和新合同主义的贡献。且政府行政的关注点不再局限于那些模糊的公共产品上,而更加注重行政的绩效指标上,这恰是新公共管理的重要改革内容,只不过新合同主义进一步强化而已。绩效指标的追求下,行政部门不再完全依赖于传统的官僚行政,即使引入的合同治理也日渐时代内涵。合同行为不再"官僚化",签订合同的形式可以取代传统的官僚制的等级制。

---

① 参见〔澳〕欧文·E.休斯:《公共管理导论》,彭和平、周明德、金竹青等译,中国人民大学出版社 2001 年版,第 82—83 页。

（四）税务契约的理想定位：保护权益与监督权力

在一般财政收入目的规范的情形，立法上容易偏向于提升稽征行政效能，确保税收债权的实现，而对于纳税人权益保护，乃至于税收正义的实现，则常有忽略未加以规定的情形。① 税收立法中的此种倾向，固然与我国转型期的财政压力有关，但更为重要的是税务行政主导理念的全方位、多渠道渗透。在传统法治思维中，立法机关和司法机关的能力总能给人以信心，但"行政国家的权能扩张已经使立法机关的事前控制和司法审查的事后控制力不从心"②，究其根源在于社会现代化，而行政权的执行性特征又迎合了社会现代化对权力形式的要求③。尤其是迈入20世纪中期，随着科学技术和经济的快速发展，"行政国家"理念逐步凸显并得以普遍实施④，行政权也就借机脱颖而出，在整个权力系统中成为最为敏感、最为强势的权力形态⑤。为了更好、更多地为公民的利益服务，行政权的范围与强度大肆扩展⑥，"与此同时，国家权力结构也发生了革命性变化，出现了公权力之间相互交织和公权力协同运作解决某一社会问题的双重现象"⑦。公权力的相互交织使得原本属于立法机关和司法机关的专有权力不断遭到行政权的侵蚀，权力界限逐渐淡化。

税法领域更为明显，"由于税务行政的专业性、复杂性、大量性等特点都远较其他的行政活动更为突出，且由于税务行政活动的法律依据已经形成一个比较庞大的体系和一个相对独立的法律部门，这就使得税务行政机关无论是在对税收法律法规（特别是在对税务行政规章等）的解释方面还是在税务行政过程中都处于明显的优越地位。这种优越性不仅表现在实体上（如税务机关可以单方面地确定纳税人的纳税义务和协助义务等），而且也表现在程序和执行上（如税务机关可以自行决定且实施对欠缴税款纳税人的税收保全、税收强制执行等措施）。与此相对应的是，纳税人在税务行政活动中则更多地处于一种被动和

---

① 参见葛克昌：《纳税人权利保护：税捐稽征法第一章之逐条释义》，台湾元照出版有限公司2010年版，第4页。
② 崔卓兰、于立深：《行政自制与中国行政法治发展》，载《法学研究》2010年第1期。
③ 参见季涛：《行政权的扩张与控制——行政法核心理念的新阐释》，载《中国法学》1997年第2期。
④ 参见关保英：《社会变迁中行政授权的法理基础》，载《中国社会科学》2013年第10期。
⑤ 参见关保英：《行政法的价值定位》，中国政法大学出版社1997年版，第14页。
⑥ 参见郭道晖：《法治行政与行政权的发展》，载《现代法学》1999年第1期。
⑦ 袁曙宏、宋功德：《统一公法学原论——公法学总论的一种模式》（上册），中国人民大学出版社2005年版，第6页。

协从的地位,其合法权益(特别是其财产权)容易受到税务行政机关的重度侵害"。① 在此境况下开展税务契约,并不容易。典型例证是,税收债务关系说引入中国十年有余,征纳双方的对等地位依然在理想与现实之间徘徊。尽管在契约实践中,双方地位对等而否并非契约达成的根本因素,但毋庸置疑的是,双方地位对等显然更利于合意的充分实现。

鉴于我国税务行政主导的征纳实践,如果任由其蔓延至税务契约领域,势必危及契约真实合意的达成,果真如此的话,税务契约的制度价值将大打折扣。为此,有必要将监督税务行政权和保障纳税人权益厘定为税务契约的核心权能,相应制度设计也应围绕这两个核心权能而展开。在此理念指引下,积极探索建立事前预防、事中控制、事后应对的执法监督机制,将执法风险降到最低②,确保契约自由的广度和深度,进而力保契约真实合意的最终实现。其实,现行税务契约立法也意识到了这一点,在立法上已或直接或间接确立了此种理念。比如,在预约定价安排中,国家税务局《特别纳税调整实施办法(试行)》第53、59、60、61条分别确立了"国家税务总局审定义务""税务机关守约义务""保密义务"以及"非事实性信息排除税务调查义务"等等。这些规定均为 2015 年 9 月 17 日国家税务总局发布的《特别纳税调整实施办法(征求意见稿)》所沿袭。③ 透过法条虽未发现监督税务行政权和保障纳税人权利等字眼,但法言法语之间已然彰显了保护纳税人权益,监督、约束预约定价安排主管税务机关职权行使的理念。综上分析,将监督税务机关权力行使、保护纳税人权益确立为税务契约的核心权能,不仅有理论和现实的必要,又有法律明示规定的可行。正是这种独特的定位,才使得税务契约与行政契约相区分,进化为一种独立的契约形态。

二、税务契约的实证分析:以三类典型契约为样本

已如前述,税务契约既有法理依据,又有制度根基。这种法理和根基能否得到立法的认可,还需进一步探测,毕竟税务契约不是普通的民事契约。一旦立法阻却税务契约的生成空间,学理依据也好、制度根基也罢,都是枉然。税务契约要想在税收征纳实践中生根发芽,必须在既定的法律框架内运行,否则,理论难以转化为现实。现行立法是否为税务契约预设了空间,税务契约实践运行如何,业已存在的税务契约具有哪些共性,此类问题都需要考究和总结。

---

① 王鸿貌:《我国税务行政诉讼制度的缺陷分析》,载《税务研究》2009 年第 7 期。
② 参见彭志华:《实施税收柔性执法的思考》,载《中国税务》2013 年第 6 期,第 62 页。
③ 参见《特别纳税调整实施办法(征求意见稿)》第 91、100、101、102 条。

第四章　税务契约的整体化考量

（一）预约定价安排

在中国税法实践中，以契约存在和运行的形态并不少见，尤以预约定价安排为典型。中国自20世纪90年代末开始了预约定价安排的立法实践。1998年，预约定价安排作为"转让定价调整方法中的其他合理方法"写入《关联企业间业务往来税务管理规程（试行）》（国税发[1998]59号）第28条。2002年，《税收征收管理法实施细则》（国务院令第362号）第53条正式列入预约定价制度，预约定价由转让定价的调整方法上升为一种制度。2004年，国家税务总局颁布了《关联企业间业务往来预约定价实施规则（试行）》（国税发[2004]118号），对预约定价安排谈签步骤、要求及后续监控执行等具体操作程序作出详细规定，从而规范了中国的预约定价安排管理。2009年初，为了配合《企业所得税法》及其《实施条例》的实施，国家税务总局颁布实施了《特别纳税调整实施办法（试行）》（国税发[2009]2号），其中第六章进一步明确了中国预约定价安排制度及操作规范（如表4.1所示），并首次制定了双边预约定价安排的谈签程序及具体规定。① 《特别纳税调整实施办法（征求意见稿）》专设第八章，共19条（第85—103条），以规范"预约定价安排"。相较于《特别纳税调整实施办法（试行）》第六章，《特别纳税调整实施办法（征求意见稿）》第八章之下的"预约定价安排"的契约本质进一步强化。②

表 4.1　预约定价现行立法摘选

法条出处	法条内容	契约特性
《企业所得税法》第42条	企业可以向税务机关提出与其关联方之间业务往来的定价原则和计算方法，税务机关与企业协商、确认后，达成预约定价安排。	规定企业申请预约定价的可能性，体现了预约定价的自愿性。征纳双方间的协商，是达成预约定价的必要条件。
《企业所得税法实施条例》第113条	企业所得税法第42条所称预约定价安排，是指企业就其未来年度关联交易的定价原则和计算方法，向税务机关提出申请，与税务机关按照独立交易原则协商、确认后达成的协议。	界定了预约定价的含义，并重申了税务机关与企业协商的原则。

---

① 参见中华人民共和国国家税务总局：《中国预约定价安排年度报告（2014）》，第5—6页。下文对预约定价安排数据的相关统计和分析也出自该报告，特此说明。

② 鉴于正式的《特别纳税调整实施办法》尚未出台，本书仍以《特别纳税调整实施办法（试行）》为分析样本，将《特别纳税调整实施办法（征求意见稿）》中的相关规定注释以说明。

(续表)

法条出处	法条内容	契约特性
《税收征收管理法实施细则》第53条	纳税人可以向主管税务机关提出与其关联企业之间业务往来的定价原则和计算方法,主管税务机关审核、批准后,与纳税人预先约定有关定价事项,监督纳税人执行。	预先约定有关定价事项,可以有效防止税务机关的事后调整,给纳税人以确定性的预期。
《特别纳税调整实施办法(试行)》第46条①	企业可以依据《企业所得税法》第42条、《企业所得税法实施条例》第113条及《税收征收管理法实施细则》第53条的规定,与税务机关就企业未来年度关联交易的定价原则和计算方法达成预约定价安排。预约定价安排的谈签与执行通常经过预备会谈、正式申请、审核评估、磋商、签订安排和监控执行6个阶段。预约定价安排包括单边、双边和多边3种类型。	把磋商作为预约定价的谈签与执行的一个重要阶段,使得纳税人可以充分发表自己的意见,保证预约定价谈签中税企双方的对等性,实现与税务机关的充分协商,最大限度地保障纳税人的权益。
《特别纳税调整实施办法(试行)》第53条第1款②	税务机关应自单边预约定价安排形成审核评估结论之日起30日内,与企业进行预约定价安排磋商,磋商达成一致的,应将预约定价安排草案和审核评估报告一并层报国家税务总局审定。	规定层报国家税务总局审定制度,通过内部监督约束下级税务机关的行为,防止滥用权力以及下级税务机关与企业之间恶意串通。
《特别纳税调整实施办法(试行)》第55条③	在预约定价安排正式谈判后和预约定价安排签订前,税务机关和企业均可暂停、终止谈判。涉及双边或多边预约定价安排的,经缔约各方税务主管当局协商,可暂停、终止谈判。终止谈判的,双方应将谈判中相互提供的全部资料退还给对方。	赋予纳税人在预约定价谈判后、签订前暂停、终止谈判的权利,可有效防止税务机关将其意志强加于纳税人,体现自由选择权。

---

① 《特别纳税调整实施办法(征求意见稿)》第85条规定:"企业可以与税务机关就其未来年度关联交易的定价原则和计算方法达成预约定价安排。预约定价安排由负责特别纳税调整事项的主管税务机关受理。"第86条规定:"预约定价安排的谈签与执行通常经过预备会谈、正式申请、审核评估、协商、签订安排和监控执行6个阶段。预约定价安排包括单边、双边和多边3种类型。"

② 《特别纳税调整实施办法(征求意见稿)》第91条第1款规定:"税务机关应当结合单边预约定价安排审核评估情况与企业进行预约定价安排协商,协商达成一致的,应当将预约定价安排草案和审核评估结论一并层报国家税务总局。"

③ 《特别纳税调整实施办法(征求意见稿)》第93条规定:"在预约定价安排签订前,税务机关和企业均可暂停、终止预约定价安排程序。涉及双边或者多边预约定价安排的,经缔约各方税务主管当局协商,可以暂停、终止预约定价安排程序。税务机关暂停、终止预约定价安排程序的,应当向企业送达《税务事项通知书》,并说明原因;企业暂停、终止预约定价安排程序的,应当向税务机关提交说明。"

(续表)

法条出处	法条内容	契约特性
《特别纳税调整实施办法(试行)》第59条①	税务机关与企业达成的预约定价安排,只要企业遵守了安排的全部条款及其要求,各地国家税务局、地方税务局均应执行。	明确各级税务机关切实履约义务,敦促其全面适当地履行其义务。
《特别纳税调整实施办法(试行)》第62条②	在预约定价安排执行期间,如果税务机关与企业发生分歧,双方应进行协商。协商不能解决的,可报上一级税务机关协调;涉及双边或多边预约定价安排的,须层报国家税务总局协调。对上一级税务机关或国家税务总局的协调结果或决定,下一级税务机关应当予以执行。但企业仍不能接受的,应当终止安排的执行。	规定税务机关和企业通过协商解决争议,区别于税务机关的单方行政行为,纳税人的意志得到一定程度的体现。

1998年税务机关与企业达成首例单边预约定价安排。1998年至2004年期间,中国一些地方税务机关尝试与企业达成一些单边预约定价安排,在这一阶段,由于缺乏全国统一的具体操作规范,各地达成的预约定价安排普遍存在条款过于简化、功能风险分析和可比性分析不足等问题。为了促进全国预约定价管理工作的规范统一,自2005年起,国家税务总局实施了预约定价监控管理制度,即各地税务机关在签署单边预约定价安排前必须逐级层报国家税务总局审核,同时要求各地税务机关要稳步推进预约定价工作,严格依据有关规定,提高预约定价安排的规范程度。中国的预约定价管理从此步入了规范发展的新阶段。2005年4月,中国与日本达成了中国历史上第一例双边预约定价安排。随后,中国与美国、韩国等国相继达成了双边预约定价安排。自2005年1月1日至2014年12月31日,中国税务机关累计签署70个单边预约定价安排,收到162个双边预约定价安排的书面谈签意向和正式申请(其中43个已达成),涉及的国家达16个。目前中国尚未签署多边预约定价安排。(如表4.2所示)

---

① 《特别纳税调整实施办法(征求意见稿)》第100条规定:"税务机关与企业达成的预约定价安排,只要企业遵守安排的全部条款及其要求,各地国家税务局、地方税务局均应当执行。"

② 《特别纳税调整实施办法(征求意见稿)》第103条规定:"预约定价安排执行期间,如税务机关与企业发生分歧,双方应当进行协商。协商不能解决的,可报上一级税务机关协调;涉及双边或者多边预约定价安排的,须层报国家税务总局协调。对上一级税务机关或者国家税务总局的协调结果或者决定,下一级税务机关应当予以执行。但企业仍不能接受的,应当终止安排的执行。"

表 4.2 预约定价安排分年度签署数量

年份	单边预约定价	双边预约定价	多边预约定价	合计
2005	13	1	0	14
2006	10	0	0	10
2007	7	3	0	10
2008	6	1	0	7
2009	5	7	0	12
2010	4	4	0	8
2011	8	4	0	12
(2011续签)	(4)	(0)	(0)	(4)
2012	3	9	0	12
(2012续签)	(1)	(6)	(0)	(7)
2013	11	8	0	19
(2013续签)	(0)	(4)	(0)	(4)
2014	3	6	0	9
(2014续签)	(1)	(0)	(0)	(1)
合计	70	43①	0	113

未来年度关联交易的定价原则和计算方法是预约定价安排的核心,征纳双方协商、合意的关键内容便是自企业提交正式书面申请年度的次年起 3 至 5 个连续年度的关联交易所使用的定价原则和计算方法。根据已经 2005 年至 2014 年已签署的单边预约定价安排和双边预约定价安排所使用的转让定价方法来看,交易净利润法是最常用的方法,使用 95 次,占全部方法的 76%,主要采用的利润率指标是营业利润率(45 次)和完全成本加成率(48 次)。近年来,交易净利润法仍是预约定价谈签中使用频率最高的方法。同时,国家税务总局和各地主管税务局也积极尝试在预约定价安排中使用利润分割法等其他公平合理的转让定价方法,特别是在处理交易双方对价值创造都作出重要贡献的情况和存在市场溢价、成本节约等特殊地域优势的情况时。另一种较常使用的转让定价方法是成本加成法(17 次)。可比非受控价格法、再销售价格法、利润分割法和其他方法较少使用,分别采用 5 次、1 次、3 次和 4 次。由于可比非受控价格法

---

① 自 2005 年 1 月 1 日至 2014 年 12 月 31 日,中国税务机关累计收到 162 个双边预约定价安排的书面谈签意向和正式申请(其中 43 个已达成),涉及的国家达 16 个。参见《中国预约定价安排年度报告(2014)》。

在使用过程中对产品和交易的可比性要求非常高,再销售价格法和利润分割法要求企业提供充足的交易及价格信息,导致这些方法在实际工作中被较少运用。如表4.3所示。

表4.3 预约定价安排约定的转让定价方法　　　　　单位:次

约定的转让定价方法	频率	约定的转让定价方法	频率
可比非受控价格法	5	再销售价格法	1
成本加成法	17	交易净利润法——完全成本加成率	48
交易净利润法——营运资产收益率	2	交易净利润法——营业利润率	45
利润分割法	3	其他方法	4

(二) 税务和解协议

相对于预约定价立法而言,税务和解立法相对滞后。虽国家税务总局早在1991年(国税发[1991]160号)、1993年(国税发[1993]119号)、1999年(国税发[1999]177号)、2004年(国家税务总局令[2004]8号)数次颁布《税务行政复议规则》,但直至国家税务总局令第21号发布《税务行政复议规则》之前,税务和解均未进入立法视野。2010年4月1日,现行《税务行政复议规则》正式施行,税务和解的大幕方才拉开。该《规则》第86条在税务行政复议领域专门规定了税务和解制度,该条不仅大大拓展了《行政复议实施条例》第40条的和解范围,而且将自愿、合法明确厘定为税务和解的基本原则,为申请人和被申请人意思自由,真正实现合意提供了基础保障。《税务行政复议规则》实施以后,地方税务系统陆续颁布相应的实施规定。通览这些规定,大同小异。但在最根本的税务和解范围上,各地做法并不完全一致(如表4.4所示)。

表4.4 税务和解范围立法摘选

规范性文件	和解范围内容
《税务行政复议规则》	第86条 对下列行政复议事项,按照自愿、合法的原则,申请人和被申请人在行政复议机关作出行政复议决定以前可以达成和解,行政复议机关也可以调解:(一)行使自由裁量权作出的具体行政行为,如行政处罚、核定税额、确定应税所得率等。(二)行政赔偿。(三)行政奖励。(四)存在其他合理性问题的具体行政行为。

(续表)

规范性文件	和解范围内容
《北京市地方税务局税务行政复议和解调解办法（试行）》	第 4 条 本办法所称税务行政复议调解，是指行政复议机关在查明复议案情的基础上，对下列事项进行协调，促使复议申请人和被申请人达成协议的行政复议处理方式。（一）申请人对被申请人依法行使自由裁量权作出的具体行政行为不服申请行政复议的；（二）行政赔偿或者行政补偿争议；（三）行政奖励争议；（四）具体行政行为存在其他合理性问题的。
《新疆维吾尔自治区地税系统税务行政复议和解与调解工作办法》	第 9 条 下列税务行政复议事项，可以进行和解、调解：（一）被申请人行使行政裁量权作出的具体行政行为，如行政处罚、核定税额、确定应税所得率等；（二）行政赔偿；（三）涉税举报奖励；（四）其他可以和解或者调解的税务行政复议事项。
《上海市税务行政复议和解调解实施办法》	第 7 条（和解、调解的范围）有下列情形之一的行政复议案件，可以适用和解、调解：（一）被申请人行使自由裁量权作出的具体行政行为，如行政处罚、核定税额、确定应税所得率等；（二）行政赔偿或者行政补偿；（三）涉税举报奖励；（四）上位法不明确，税务机关主要依据政策调整作出决定的案件；（五）依法可以和解、调解的其他行政复议案件。对于明显违法的具体行政行为，除税务机关及时进行自我纠正外，行政复议机关只能裁决，不能做和解、调解处理。
《安徽省地方税务系统税务行政复议和解调解办法（暂行）》	第 8 条 下列涉税行政复议案件，可以选择和解、调解的处理方式：（一）涉及税务行政自由裁量权行使的；（二）涉及行政赔偿、补偿争议的；（三）涉及税务行政奖励争议的；（四）涉及税务机关不履行法定职责的；（五）涉及税务具体行政行为有瑕疵或不适当的；（六）具体行政行为存在其他合理性问题的；（七）涉及相关税法没有规定或者规定不明确，适用税法有困难或者争议的；（八）其他可以和解或调解的涉税行政争议事项。

从表面上看，各地在实施中基本围绕《税务行政复议规则》而展开，然因《税务行政复议规则》第 86 条"（四）存在其他合理性问题的具体行政行为"预留了足够的裁量空间，以致尽管各地税务和解实施办法都植根于第 86 条，但最终的答案未必相同。例如，《北京市地方税务局税务行政复议和解调解办法（试行）》在第 86 条之外，单列了"行政补偿争议"；《新疆维吾尔自治区地税系统税务行政复议和解与调解工作办法》则将第 86 条规定的"行政奖励"缩小至"涉税举报奖励"；与北京、新疆两地不同，《上海市税务行政复议和解调解实施办法》既将"行政赔偿"拓展至"行政补偿"，又将"行政奖励"缩小为"涉税举报奖励"，还将"上位法不明确，税务机关主要依据政策调整作出决定的案件"纳入税务和解范

围;差异更大的是安徽省,《安徽省地方税务系统税务行政复议和解调解办法(暂行)》在第 86 条的基础上走得更远,不仅将"涉及行政补偿争议"吸纳至税务和解范围,而且将税务和解的适用范围进一步扩围至"涉及税务机关不履行法定职责的""涉及税务具体行政行为有瑕疵或不适当的""涉及相关税法没有规定或者规定不明确,适用税法有困难或者争议的"等疑难情形。

尽管北京、新疆、上海和安徽出台的税务和解实施办法均直接源于《税务行政复议规则》第 86 条,但各地的做法大相径庭。与北京和新疆的温和做法不同,上海、尤其是安徽不管是在和解的广度还是和解的深度方面,都超出了《税务行政复议规则》第 86 条的明示规定。至于能否将这些地方税务和解实施办法归入无效之列,尚需谨慎。当然,从严格法理上讲,地方税务机关无权扩大解释国家税务总局制定的部门规章。但若从宽看待,则答案并不尽然。因为第 86 条在明示的"(一)行使自由裁量权作出的具体行政行为,如行政处罚、核定税额、确定应税所得率等""行政赔偿""行政奖励"之外,还单独书写了"(四)存在其他合理性问题的具体行政行为"规定。观测第 86 条,不管是行政处罚、核定税额、确定应税所得率,还是行政赔偿、行政奖励,乃至存在合理性问题,都蕴含了裁量空间。在主语裁量实践中,一般只要公职人员权力的实际界限允许其在可能的作为或不作为方案中自由作出选择,那么他就拥有裁量。裁量的运用不仅存在于案件或问题的最终处置方面,而且存在于每个中间步骤当中;并且中间的选择远多于最终的选择。进一步而言,裁量并不限于实体性的选择,而且还扩展到程序、方法、形式、时限、强调的程度以及其他许多附属性的因素。① 从裁量的基本逻辑上看,地方出台的税务和解规定,不管是微调,还是扩大了第 86 条前 3 项的明示规定,大体都还可以归入第 4 项的兜底条款,可以视为对第 4 项的具体化运用。

(三) 税收遵从协议

税收遵从协议是"税企双方在平等自愿、互信合作的原则下,通过相应的权利和义务条款对协议双方各自关心的问题作出对双方都有约束力的约定,是不少发达国家探索大企业税收服务和管理过程中形成的成功经验"。② 具体来说,税收遵从协议也可称为税收服务与遵从协议,是指税务机关为履行税务行政管理职能,便于提供规范化和个性化的税收服务,有效防范和控制税务风险,提高

---

① 参见〔美〕肯尼斯·卡尔普·戴维斯:《裁量正义》,毕洪海译,商务印书馆 2009 年版,第 2—3 页。
② 吴廷高:《国家税务总局首次与大企业签订税收遵从合作协议》,载《中国税务》2012 年第 11 期。

税法遵从度,降低税收遵从成本,实现税收征管目标,依"自愿""平等""公开""互信"为原则,在法律、法规范围内,与法人或其他组织"意思表示一致"基础上达成的受行政强制力保护的协议。① 2011 年 7 月 13 日,为规范大企业税收服务和管理工作,国家税务总局颁布《大企业税收服务和管理规程(试行)》(国税发[2011]71 号),该规程第二章第四节专设"税收遵从协议的签订和实施"。必须强调的是,尽管规程仅第二章第四节共 5 个条文(第 17 条至第 21 条)直接规定税收遵从协议,但规程第一章、第二章、第三章、第四章、第五章分别从"总则""遵从引导""遵从管控""遵从应对""遵从保障"对税收遵从作出了详尽规定,形成了体系化的税收遵从外部制度环境。在税收遵从协议内部,规程第二章第四节建构了税收遵从协议从签约到实施,再到执行监督与评估的立体化制度,勾勒出了税收遵从协议的基本框架。(如表 4.5 所示)

表 4.5 税收遵从协议立法摘选

法条出处	法条内容	契约特性
国税发[2011]71 号第 17 条	国家税务总局与企业集团在自愿、平等、公开、互信的基础上,签订税收遵从协议,共同承诺税企双方合作防控税务风险。	将自愿和平等作为签订税收遵从协议的原则,融入纳税人的意志,为税务机关和纳税人合意性的实现提供了前提和基础。
国税发[2011]71 号第 18 条	税务机关根据企业内控体系状况及税法遵从能力,经与企业协商,确定是否与企业签订税收遵从协议。税企双方确定税收遵从协议签订意愿后,依序进行共同磋商、起草协议文本、签订协议等工作程序。	征纳双方签订税收遵从协议,必须与纳税人协商,纳税人同意后,方可签订,即纳税人享有自由选择权。且确立共同磋商的机制,体现纳税人的意志提供了保障。
国税发[2011]71 号第 19 条	税企双方签订税收遵从协议后,由国家税务总局负责通报有关税务机关。各级税务机关应当积极贯彻落实税收遵从协议。	要求各级税务机关积极贯彻落实税收遵从协议,防止税务机关怠于履约,保障税收遵从协议能够得到切实地履行。
国税发[2011]71 号第 21 条	省以下税务机关可与企业集团的成员企业签订税收遵从协议,协议内容不应与国家税务总局与企业集团签订的协议相冲突,协议文本及其执行情况应报国家税务总局备案。	通过协议文本及执行情况的报国家税务总局备案的制度,监督省以下税务机关与企业集团的成员企业签订税收遵从协议,防止税务机关滥用权力,损害纳税人利益。

---

① 参见李海伟:《税收遵从协议研究》,武汉大学法学院 2013 年硕士学位论文,第 7 页。

就《大企业税收服务和管理规程(试行)》第二章第四节而言,该节虽然只有5个条文,但实质上构建起了我国税收遵从协议的契约框架。具体来说,第17条赋权国家税务总局与企业集团签订税收遵从协议,第18条强调税务机关需要与企业协商以确定是否缔约,第19条规定税收遵从协议实施机关,第20条聚焦税收遵从协议的执行监控、评估,第21条关注省以下税务机关可与企业集团的成员的税收遵从协议签订。这些规定或者接或间接蕴含了契约理念,印证着税收遵从协议的契约本质。研读这些条文内容不难发现,与预约定价安排、税务和解协议不同,税收遵从协议重点聚焦的是企业税收服务和管理,较少涉猎实体税法要素的约定。税务机关与企业之所以签订税收遵从协议,旨在以纳税人的需求为导向,提供针对性的纳税服务,以风险为导向,实施科学高效、统一规范的专业化管理。通过有效的遵从引导、遵从管控和遵从应对,防范和控制税务风险,提高税法遵从度,降低税收遵从成本,从而根本上实现稽征经济之目标。此外,税收遵从协议主要适用于国家税务总局定点联系企业,省税务机关确定的定点联系企业的税收服务和管理只是参照适用。[①] 税务机关与企业一旦达成合意,签订税收遵从协议,则"应监控协议的执行情况,并定期对执行情况进行评估,并向上一级税务机关报告"[②]。

三、税务契约的实体规制

预约定价安排、税务和解协议和税收遵从协议,三者虽聚焦不同的内容和客体,但都具有十分明显的契约特质。契约是三者的最大公约数,也是契约使得三者在严格法定主义的税法领域,掀起一丝自由、合意之风。观测三者的立法脉络和实务进展,可以发现三者在逻辑前提、对价关系、价值追求、外在表现形式、遵循的原则等方面存在诸多共性。这些共性,践行着税务契约的共性因子。揭示这些蕴含在典型契约中的共性因子,不仅有助于探测税务契约的基本要件,为税务契约的制度构建奠定基础;而且也有益于发觉税务契约与法定主义的调和方法,使得税法领域的契约主义与法定主义兼容并蓄,相得益彰。毕竟,税务契约是一种趋势,是历史的必然发展结果且势在必行,但我们不能操之过急,必须在改革、完善了与税务契约相配套的一系列制度,初步形成了与税务契约相容的法律理念和心理基础之后,顺理成章地、谨慎地、合法地借鉴运用税务契约,建构独特的税务契约制度。并且,期待新的政策法规的出台,使这一制

---

① 参见《大企业税收服务和管理规程(试行)》第1条至第3条。
② 参见《大企业税收服务和管理规程(试行)》第20条。

度能够得到切实的体现。① 透过预约定价安排、税务和解协议和税收遵从协议的立法和实践,可以将税务契约的实体要素提炼为适用条件和权义配置两大核心。

(一) 税务契约的适用条件

税务契约适用范围是税务契约的核心问题,如果契约范围漫无边际、不受节制,必然会架空税收法定主义的根基,从而遭受法定主义的彻底抵制。如此一来的话,不是契约的空间扩大了,而是将彻底关闭税务契约在税法上的空间。反之,如果契约范围过窄,又会限制税务契约效用的发挥,违背构建税务契约制度的初衷,也会失去其存在的制度价值。因此,必须认真对待税务契约的适用范围,不可过宽,但绝不应太过限制,简言之,契约有度。问题是,度并不容易测算。而是,现实中多通过设定契约的条件,来阐述适用范围。比如,在刑事和解中,一般要考虑以下几个关键要素:一是能够迅速有效地解决涉税问题,实现社会和谐;二是要兼顾国家和纳税人利益的平衡;三是适当考虑我国的实际情况和实际需要。② 这几个要素也可适用于税务契约,只是因刑法与税法关注的对象并不完全相同,在择取税务契约的适用条件、开展税务契约实践时,应格外强调以下几个要件。

第一,涉税事实认定或信息获取存在困难,或者认定或获取成本过于高昂。比如,在预约定价安排协议中,税务机关面对关联企业间的交易,如果想查清关联企业间的集团组织架构、公司内部结构、关联关系、每一笔关联交易情况,必将耗时费力,甚至很多时候即便耗费大量人力、物力、财力,也不见得能掌握有价值的涉税信息。尤其是在纳税人若想隐瞒相关事实的情况下,面对浩瀚和复杂的关联交易,税务机关时常不堪重负。此种情况下,通过与关联企业就企业未来年度关联交易的定价原则和计算方法达成预约定价安排,既可节省资源,又可营造税企核心信任关系。类似的困境也发生在税务行政复议和税收征管和服务中,税务和解协议与税收遵从协议的出现,化问题于无形之中。是以,是否需要设定税务契约,首先要看是否存在涉税事实认定或信息获取困难。如果通过常规征管手段,便可认定事实、获取信息,则不宜启动税务契约。

第二,契约不得改变法定税收要素。税收法定贵为税法根基。法定之下,课税主体、课税对象、归属、课税标准、税率必须明定,是为法定主义之灵魂。如

---

① 参见赵德芳、匡爱民:《税法基本理念转变之浅见——以税收契约为中心》,载刘剑文主编:《财税法论丛》(第7卷),法律出版社2005年版,第56页。

② 参见陈晓明:《刑事和解原论》,法律出版社2011年版,第227—228页。

果税务机关与纳税人之间的一纸契约便可直接决定纳税人是谁、税负多寡,则法定主义必将名存实亡。为此,对这类税制核心要素,原则上当无契约空间。征纳双方能够约定的只能是非税收法定要素内容,比如,涉税事实、证据认定行为、行政处罚额度、行政奖励额度、征纳管理等。需要注意的是,即便非税收法定要素可以约定,也绝不意味着就是没有法律约束的纯粹自由空间,它同样也受到可能范围、手段方式、幅度框架规则的约束,受到法律原则,如合理原则、比例原则等的规范,这是法治的要求。① 况且,这些非税收法定要素,最终也可以影响到税负的多少。比如,在税务和解协议中,税务机关与纳税人一旦依据《税务行政复议》第86条就核定税额或应税所得率达成和解协议,便可最终确定具体的应纳税额。

第三,不与现行法律、法规相抵触。法律法规明示不得采用税务契约的领域或情形,税务机关不得采用税务契约的形式处理涉税事务。同理,税务契约的内容不得违反现行的法律法规的强制性规定,否则,税务契约自始无效。此处所言的法律、法规主要是税收法律、法规,但不限于税收法律、法规。比如,涉税犯罪,即便存在涉税事实认定或信息获取存在困难等情由,也不应采用契约方式处理,除非刑法明文规定可以采取契约方式结案。与合法性要件相通的是,在设定税务契约的要件时,还需深究契约的内容与社会利益、第三人利益之间的衡平,不能因征纳双方签订的协议而损及社会利益和他人利益。比如,《税务行政复议规则》第87条就明确规定:"申请人和被申请人达成和解的,应当向行政复议机构提交书面和解协议。和解内容不损害社会公共利益和他人合法权益的,行政复议机构应当准许。"该条便暗含了契约内容不得有违社会公共利益和他人合法权益之要件内容。

第四,税务契约情由必须由法律明确规定。尽管可以从理论上描述税务契约的种种要件,也可以从中寻求税务契约的诸多共性。但要想真正创设一些具体的税务契约类型,还必须仰仗法律的明示规定。从税务契约的价值角度看,税务契约的核心价值在于通过征纳双方的对话、协商,在合意的基础上谋求双方都能满意的结果。它并不受传统税收法定主义原则的刚性理念的约束,它不一定是、也不必是明确的、精确的,而是有弹性的,它在维持税收法定、公平原则底线的框架内,尽可能让对立的利益诉求双方有更多的发言权,相互之间减少不必要的对抗,增加更多的对话与合作机会,力争把双方的价值目标吸收到税

---

① 参见张永忠、张春梅:《行政裁量权限缩论——以税收和解适用为例》,载《政治与法律》2011年第10期。

收征纳程序中来,实现税收效率。① 尽管如此,仍应坚持在法定框架下开展税务契约。否则,税务契约将有可能沦为税务机关任性的工具。果真如此的话,于纳税人而言,自由合意能否真正达成悬疑;于国家而言,税收保障能否实现存有危险;于其他纳税人而言,税收公平与正义能否确保并无答案。基于此,即便税务契约是征纳双方之间的自由空间,也必须由法律设定契约的框架。否则,契约将有可能异化成一种难以掌控的恶权力。

第五,契约必须由征纳双方自由合意而达成。税务契约即便经由法律明定,仍要强调双方之间的真实意思表达。终归而言,税务契约不同于普通民事契约,税务契约中征纳双方地位不对等是既成事实,必须正视。在双方不对等的情境下达成协议,原本就有风险。为降低这种合意风险,确保自由的真实表达,在税务契约规则设计时,必须格外向纳税人倾斜,以确保合意的真实性。正因如此,不管是《特别纳税调整实施办法(试行)》中的预约定价安排规定,还是《大企业税收服务和管理规程(试行)》中的税收遵从协议规定,乃至《税务行政复议规则》中的税务和解规定,频繁展现"自愿""合法""磋商""协商"等语词。就连国家税务总局公布的《税收遵从协议范本》开篇都明确列示"为不断提高税务机关纳税服务水平,提高大企业税法遵从度,降低税收征纳成本,税企双方本着法律地位平等、自愿合作、互信诚信的原则,共同签订税收遵从合作协议"。类似的规定,一方面向纳税人宣告在缔约过程中,其所拥有的权利;另一方面也警示税务机关,自由的合意才是税务契约达成的灵魂。

(二) 契约双方的权义配置

作为执法机关,税务机关拥有来自不同层级法律授予的种种权力,也受制于这些法律而课加的义务。同理,纳税人也因诸多法律而生权利,又因这些法律而负义务。一旦税务机关与纳税人因税务契约而交织在一起时,原有的权利与义务也相机而变。在税务契约立法与实践中,征纳双方是契约的两极,而且是并不对等的两极。要想在不对等的两极之间形成共识,达成协议,就必须对原有的权利、义务进行调适。唯有如此,方可自由合意地达成税务契约。要想完整展现和梳理契约双方的权利与义务,几无可能。故,只择其关键之权利与义务列举之。

1. 纳税人的权义配置

(1) 知情权。知情权是纳税人进行各项涉税活动的前提,不同的税务制度

---

① 参见赵德芳、匡爱民:《税法基本理念转变之浅见——以税收契约为中心》,载刘剑文主编:《财税法论丛》(第7卷),法律出版社2005年版,第49—50页。

中纳税人知情的范围是不同的。我国《税收征收管理法》第 8 条第 1 款规定："纳税人、扣缴义务人有权向税务机关了解国家税收法律、行政法规的规定以及与纳税程序有关的情况。"这为纳税人享有知情权提供了法律上的依据并设定了知情权的范围。从道德权利角度看,知情权包括两部分:信息自由和信息请求权。法律层面的知情权相应也可以分为"知情自由"和"知情权利"。前者是根据法律规定公民、法人及其他组织不受妨害地获得信息的自由;后者是根据法律规定公民、法人及其他组织向特定的国家机关、公共机构,以及其他公民、法人及其他组织请求公开信息的权利。① 具体至税务契约而言,知情权即纳税人有权了解税务契约制度的内容和程序等,包括:建构税务契约制度的目的、税务契约的运行机制(协商、订立、履约、救济)、其他可能影响自身的利益内容等等。只有知晓这些内容,纳税人才能在信息对称的情况下作出正确的选择,监督税务机关,更好地维护自身的利益。

(2) 申请权。申请权是指纳税人可以通过向税务机关申请来启动税务契约,其实质在于赋予纳税人获取运用税务契约维护自身利益的机会。比如,我国《税务行政复议规则》第 86 条规定了申请人和被申请人可以就列明的行政复议事项在行政复议机关作出行政复议决定达成和解,由此意味着作为申请人的纳税人可以主动向税务机关提出达成和解的提议;类似的规定也发生在税收遵从协议中,《大企业税收服务和管理规程(试行)》第 18 条规定:"税务机关根据企业内控体系状况及税法遵从能力,经与企业协商,确定是否与企业签订税收遵从协议。"仅从本条规定来看,似乎只赋予税务机关启动税收遵从协议的权力,纳税人不能主动申请。如何结合该《规程》第 17 条的规定,便不难得出只要企业的内控体系状况及税法遵从能力达到税务机关的要求,达到和税务机关互信的程度,且自愿接受税收遵从协议的约束,就有申请签订税收遵从协议的权利。况且,仅赋权税务机关缔结税收遵从协议的权利,而否认纳税人的申请权,原本就不符合自愿协商之契约法根基。

(3) 自由选择权和平等协商权。自由选择权和平等协商权可以保障纳税人根据自己的意愿,在平等对话的前提下与税务机关进行协商,维护其合法权益。这两项权利是保障税务契约能够有效运行的关键。是否订立税务契约,纳税人可以自由选择,税务机关不得强制纳税人与其订立税务契约。税务契约中约定的内容是双方相互磋商的结果,税务机关不得利用其优势地位强迫纳税人接受税务机关单方面提供的条款。税务契约虽然是一种公法契约,但其本质是契

---

① 参见刘杰:《知情权与信息公开法》,清华大学出版社 2005 年版,第 40、47 页。

约,而契约的秉性就决定了当事人双方都享有平等协商的权利。体现这一权利的立法例如,《特别纳税调整实施办法(试行)》第 62 条规定:"在预约定价安排执行期间,如果税务机关与企业发生分歧,双方应进行协商。协商不能解决的,可报上一级税务机关协调;涉及双边或多边预约定价安排的,须层报国家税务总局协调。对上一级税务机关或国家税务总局的协调结果或决定,下一级税务机关应当予以执行。但企业仍不能接受的,应当终止安排的执行。"①平等协商是贯彻于税务契约谈签和履行过程中最重要的原则,只有在这一原则指引下,纳税人才能充分阐述意见,作出真实的意思表示。再者,赋予纳税人平等协商权,也有利于税务机关与纳税人之间形成良性的征纳关系。

(4)监督权。在税务契约中,监督权是纳税人的核心权利,因为税务机关和纳税人权义的整体配置都是紧紧围绕着监督权力这一功能定位而展开的。税法中传统的监督权是指纳税人对税收违法行为,如税务人员索贿受贿、徇私舞弊、玩忽职守,不征或少征应征税款,滥用职权多征税款或者故意刁难等行为,可以进行检举和控告;对其他纳税人的税收违法行为也有权进行检举。②而在税务契约中,监督权不仅包括对税收违法行为的监督,更重要的是对约定事项执行情况的监督,以便约束税务机关的权力行使,进而规范其管理和服务。行使监督权的主体包括协议企业和其他纳税人,但两者可以行使监督权的范围有所差异。一般来说,协议企业既可以对违法事项进行监督,也可以对约定事项进行监督。其他纳税人除协议涉及其利益外,只能对税法违法行为行使监督权。之所以如此界分,是因为协议企业是协议的相对人,对协议的内容以及与之相关的信息较为熟悉。但是,在监督体系中,其他纳税人的监督也是不可或缺的。特别是当协议企业和税务机关有较大的利益关涉,有可能存在恶意串通等共同损害国家税收利益等非正常情形时,其他纳税人便可以通过公开有关税务契约的内容等,实现对税务机关和协议企业的监督。

(5)求偿权。求偿权可以使纳税人在利益受损时获得一定的赔偿或补偿,避免让纳税人遭受巨大的利益损失。在订立和履行税务契约的过程中,因税务机关的原因造成纳税人利益的损失,纳税人有权请求税务机关赔偿。在税务机关存在过错的情况下,纳税人请求税务机关赔偿,理所应当。但当税务机关不存在过错,而以公共利益的名义与纳税人协商变更或解除合同,纳税人当然可以选择不予变更或要求继续履行。纳税人同意变更、解除税务契约,且已造成损失的,纳税人是否享有请求税务机关给予赔偿或者补偿的权利,有必要进一

---

① 参见《特别纳税调整实施办法(征求意见稿)》第 103 条。
② 参见张守文:《税法原理》(第六版),北京大学出版社 2012 年版,第 84 页。

步分析。理论上说,任何制度的运行的确不能损害公共利益,但也不能因为公共利益的优先而置纳税人权益于不顾,任由公共利益侵夺纳税人权益,否则,将有可能诱发"集体暴政"。因此,只要纳税人不存在过错,税务机关即使为了公共利益而变更或解除合同,纳税人也有权获得一定的赔偿或补偿。

(6)信息披露义务。当今社会是一个信息社会,信息不仅关乎企业的生死存亡,对税务机关来说,只有获得了必要的信息,才能更好地履行职能,保证整个税收系统的有效运转,为各种税收法律、法规的制定提供基础资料。正因如此,我国《税收征收管理法》第6条第2款规定了纳税人、扣缴义务人和其他有关单位如实向税务机关提供与纳税和代扣代缴、代收代缴税款有关的信息的义务,而且在税务登记、纳税申报等过程中纳税人需要向税务机关披露相关信息。与传统涉税信息披露相比,税务契约中纳税人要向税务机关披露的信息范围更广。比如,《特别纳税调整实施办法(试行)》第51条规定了预约定价安排书面申请报告应包括相关的集团组织架构、公司内部结构、关联关系、关联交易情况;企业近三年财务、会计报表资料,产品功能和资产(包括无形资产和有形资产)的资料;安排所涉及的关联交易类别和纳税年度;关联方之间功能和风险划分,包括划分所依据的机构、人员、费用、资产等;安排适用的转让定价原则和计算方法,以及支持这一原则和方法的功能风险分析、可比性分析和假设条件等;市场情况的说明,包括行业发展趋势和竞争环境;安排预约期间的年度经营规模、经营效益预测以及经营规划等;与安排有关的关联交易、经营安排及利润水平等财务方面的信息等内容。信息披露使得税务机关和纳税人的联系更加紧密,但也加重了纳税人的披露负担。长远来看,信息披露义务不能毫无限制地扩大,至少不能影响纳税人的正常经营,且不得与上位法相抵触。

(7)全面履行义务。税务契约生效后,对税务机关和纳税人都具有约束力。税务机关和纳税人都应当按照税务契约的约定,全面适当地履行各自所应承担的义务。比如,在税务和解协议中,和解协议所确定的事实内容具有拘束征纳双方的效力,非有信赖不值得保护或发现新事实、新证据,应核实课税外,不得任意推翻,税务和解协议发生确定事实之效力。契约当事人之间就合意确定的课税事实或法律状态履约,原则上不得再行争执,但就课税的法律要件及其他适用税法规定所衍生的法律争议,既非该税务上和解契约效力所涵盖的范围,故当事人仍得依合意确定的事实或法律状态作为进一步争执的基础。① 与之关联,在履约过程中,税务机关和纳税人都应当遵循诚实守信原则,善意履行税务

---

① 参见葛克昌:《行政程序与纳税人基本权》,北京大学出版社2005年版,第191、210页。

契约内容。亦如《上海市税务行政复议和解调解实施办法》第6条(基本原则)第5项所言:"对行政复议的和解的结果,争议各方应当诚实守信、自觉履行。"

2. 税务机关的权义配置

(1) 建议权。行政契约理论认为,行政契约作为一种行政工具,一般都承载一定的行政目的,为了更好地实现这些特定的目的,赋予税务机关一定的指导权是必要的。但在行政机关和行政相对人力量对比悬殊的情况下,这种指导权极易异化成一种变相的行政命令。如果在税务契约中依然赋予税务机关同样的权力,也会陷入行政契约中指导权异化的怪圈。所以,在税务契约立法实践中,多数只为税务机关配置了建议权。建议权和指导权具有异质性。指导权在于指挥和引导,而建议权在于提出一种可供选择的方案,最终是否采纳取决于被建议人的意愿。比如,《税收遵从合作协议》(范本)第3条第1项列示:"税务机关应积极引导和帮助甲方建立健全税务风险内控体系,并对其有效性进行评估,及时向甲方反馈评估结果,提出改进建议。"此处赋权税务机关的只是建议权,而非指导权,更非命令。与之相呼应,《大企业税收服务和管理规程(试行)》多处出现"建议"二字。既为建议,则缔约契约便可以采纳也可以不采纳。

(2) 监督权。在逃避税现象依然普遍、税收法治意识总体偏弱的当下中国,赋予税务机关以监督权,实属必要。以预约定价安排为例,《税收征收管理法实施细则》第53条规定:"纳税人可以向主管税务机关提出与其关联企业之间业务往来的定价原则和计算方法,主管税务机关审核、批准后,与纳税人预先约定有关定价事项,监督纳税人执行。"《特别纳税调整实施办法(试行)》第56条进一步规定:"税务机关应建立监控管理制度,监控预约定价安排的执行情况。"① 不同层级的法律,税务机关监督(监控)预约定价安排的执行被反复强调。其实,早在2004年,国家税务总局颁布《关联企业间业务往来预约定价实施规则(试行)》(国税发[2004]118号)(已为《特别纳税调整实施办法(试行)》所取代)便设专章,即第七章"监控执行",重点规制预约定价的监督问题。《关联企业间业务往来预约定价实施规则(试行)》正文总共33条,第七章整整用了5个条文,阐释预约定价安排的监控执行。《特别纳税调整实施办法(试行)》虽然不再专设"监控执行",但第56条近千字的篇幅,几乎涵盖了《关联企业间业务往来预约定价实施规则(试行)》第七章的核心内容。此种立法处理,足以印证税务机关的监督在税务契约中的重要作用。

(3) 保密义务。在税务契约运行过程中,基于信息披露义务,纳税人会将自

---

① 参见《特别纳税调整实施办法(征求意见稿)》第94条。

己的涉税信息,甚至个人隐私,向税务机关披露。这些信息中有不少关系商业秘密,一旦泄露,足以使纳税人致命。所以,税务机关能否切实保守税务契约中的涉税信息,关系到纳税人是否有意愿选择适用税务契约,对税务契约的运行起着至关重要的作用。我国《税收征收管理法》第8条第2款规定:"纳税人、扣缴义务人有权要求税务机关为纳税人、扣缴义务人的情况保密。税务机关应当依法为纳税人、扣缴义务人的情况保密。"这既是纳税人享有保密权的法律依据,也是税务机关负有保密义务的当然规定。《特别纳税调整实施办法(试行)》第60条针对预约定价安排中的涉税信息,明确规定:"税务机关与企业在预约定价安排预备会谈、正式谈签、审核、分析等全过程中所获取或得到的所有信息资料,双方均负有保密义务。税务机关和企业每次会谈,均应对会谈内容进行书面记录,同时载明每次会谈时相互提供资料的份数和内容,并由双方主谈人员签字或盖章。"①尽管《特别纳税调整实施办法(试行)》第60条将保密义务的主体界定为税企双方,但对于纳税人而言,故意泄密的可能有但应该不大,所以,该条最大的价值还是确立了税务机关的保密义务。

(4)切实履约义务。在税务契约中,由于契约双方的不对等地位,相对于纳税人而言,税务机关不履行税务契约的概率更大,为此,税务契约立法都明确要求税务机关负有履约义务。比如,《特别纳税调整实施办法(试行)》第59条规定:"税务机关与企业达成的预约定价安排,只要企业遵守了安排的全部条款及其要求,各地国家税务局、地方税务局均应执行。"②类似的规定还出现在税收遵从协议立法中,譬如,《大企业税收服务和管理规程(试行)》第19条规定:"税企双方签订税收遵从协议后,由国家税务总局负责通报有关税务机关。各级税务机关应当积极贯彻落实税收遵从协议。"诸如此类的规定,意在督促税务机关切实履行税务契约的内容。

四、税务契约的程序控制

在税收征纳实践中,税务机关总是以权力主导者示人。税务契约作为一种方法论,一种思考问题、实践运行的方法,的确可以把对话、沟通、交流、谈判、协商、妥协与自治行为看作是隐喻契约同意原则的契约标本,它们促使公共权力转向契约化轨道,以同意的方法形成社会秩序、公共权威和权利义务结构。③尽

---

① 参见《特别纳税调整实施办法(征求意见稿)》第101条。
② 参见《特别纳税调整实施办法(征求意见稿)》第100条。
③ 参见张美中:《税收契约理论研究》,中国财政经济出版社2007年版,第84页。

管如此,仍应该对税务机关的公权力运行保持足够的警惕,否则,税务契约难以真正实现。从规制效果上看,仅通过实体制度对税务契约进行规范和控制,在确保契约的实现、进而保护纳税人权益和监督税务机关权力这一点上是有局限性的。为此,除了实体制度的规范之外,更为常见的做法是,严格设定公权力行使的程序,通过使其程序公正化来实现对公权力运用的规制,践行其背后存在的法治国原理。① 从实体规范导向程序规制的另一种诠释是,既然实体控制难以实现或存在实现不能的风险,转为对公权力实施事前和过程的程序上的控制,确保其是基于民主的参与过程的产物,也不失为可行之策。② 这也与以程序控权为主的现代行政权的控权机制相吻合。③ 在税务契约实践中,税务机关虽是公权力的化身,但又必须以类似"私主体"身份出现。只有这样,真实合意才能有效达成。

当税务契约要求税务机关集公权力与"私主体"于一身,甚至还苛求税务机关时常游走于公权力和"私权利"之间时,即便税务机关能够放下身段与纳税人友好协商、平等对话,"站在公民权利保护的角度,我们也会对这种制度设计所带来的国家权力滥用问题表示担忧"。④ 毕竟相较于私权利而言,公权力具有天然的扩张性和侵略性,稍有不慎,便会跃出公权藩篱进入私权领地。对税务契约中税务机关的权力行使保持足够的警惕毋庸置疑,可是这种公权力不同于一般场景中的公权力运行,过往实践也未曾累积卓有成效的规制经验,对其控制并不容易。但如果将控制的对象由看不见摸不着的公权力运行转向税务契约的缔约过程,情况将会大不一样。在现代行政法学实现实质行政法治主义转向,从"行政行为"逐渐步入"行政过程",更加关注对行政过程⑤进行全面、动态的法律规范和控制的时代语境下,税务契约实践中公权力的此种转向无疑与之深度契合,因为从根本上说,"程序的基础是过程,其实质是反思理性、程序是相

---

① 参见〔日〕盐野宏:《行政法总论》,杨建顺译,北京大学出版社 2008 年版,第 176—177 页。
② 参见曾娜:《行政程序的正当性判断标准研究》,知识产权出版社 2014 年版,第 103 页。
③ 参见季涛:《行政权的扩张与控制——行政法核心理念的新阐释》,载《中国法学》1997 年第 2 期。
④ 陈瑞华:《法律程序构建的基本逻辑》,载《中国法学》2012 年第 1 期。
⑤ 关于行政过程的论述参见但不限于下列文献:鲁鹏宇:《日本行政法学理构造的变革——以行政过程论为观察视角》,载《当代法学》2006 年第 4 期;江利红:《论行政法学中"行政过程"概念的导入——从"行政行为"到"行政过程"》,载《政治与法律》2012 年第 3 期;江利红:《以行政过程为中心重构行政法学理论体系》,载《法学》2012 年第 3 期;高秦伟:《行政过程中的政策形成——一种方法论上的追问》,载《当代法学》2012 年第 5 期;江利红:《行政过程的阶段性法律构造分析——从行政过程论的视角出发》,载《政治与法律》2013 年第 1 期;江利红:《行政过程论在中国行政法学中的导入及其课题》,载《政治与法律》2014 年第 2 期。

对于实体结果而言的,但程序合成物也包含实体的内容"。① 这些论述无疑都有力地佐证了税务契约过程论的可行性。从税务契约缔约的实践结果来看,任何一次税务契约的达成都会有最终的表现形式。如此而至,以程序规范税务契约与税务契约的缔约便具有实质上的一致性和原理上的共通性。由此也就意味着,关注税务契约的达成过程,为其设定一个科学而正当的程序,便可约束缔约过程中的公权力行使,确保税务契约是征纳双方的真实合意,而非裹挟、压迫之产物。

(一) 规制基准:正当程序

根本而言,现代意义的法治是静态的规范与动态的运作之间的有机整合。从静态的规范来说,法治之法首先取决于正当的立法程序,其核心问题是正当的立宪程序。从动态的运作来说,法律的生命在于运用,而法的运用主要是一个程序问题。② 然而,界定"程序"却并不容易,作为"文化和传统积淀的产物"③,"程序"一词在英语中惯用"procedure"或"process"来表达;在汉语中,不管是在古代,还是在现代,"程序"一词都有着丰富的含义。在古代汉语里,"程序"大致可等同于"规程""次序"。在现代汉语里,"程序"则更多指"事情进行的先后次序"或"按时间先后或依次安排的工作步骤"。在不同情景下,"程序"也可能被赋予不同的含义。④ 此外,在不同学科领域中"程序"也可能有其独特的内涵,法律领域便是如此。"在法律科学中,'程序'一词则有其专门的含义,即是指按照一定的顺序、程式和步骤制作法律决定的过程。"⑤具体可以从以下角度来理解:首先,程序是一种有整体上的目的、因而兼有体系理性和实践理性的组织系统。它为法律决定或公共选择而存在,通过在特定场合特有的相互行为的规则,来保障决定和选择是理性的而非情绪化的,是正确的而非随意的,是妥当的而非偏颇的,是有序的而非混乱的。因而,通过公正程序得出来的结论更可靠、更能得到社会认同、更有约束力。其次,程序也是在一定期间内为达到特定目的而分派角色、整理互动关系的行为秩序,包括步骤和经过等侧面,具有双向性、博弈性。最后,程序是把各种潜在的选项都放在一起进行抉择的框架,可以

---

① 季卫东:《程序比较论》,载《比较法研究》1993 年第 1 期。
② 参见汪进元:《论宪法的正当程序原则》,载《法学研究》2001 年第 2 期。
③ 傅郁林:《审级制度的建构原理——从民事程序视角的比较分析》,载《中国社会科学》2002 年第 4 期。
④ 参见黄学贤主编:《中国行政程序法的理论与实践——专题研究述评》,中国政法大学出版社 2007 年版,第 1 页。
⑤ 陈瑞华:《程序正义论》,中国法制出版社 2010 年版,第 1 页。

在一定程度上预测决定,也可以据此追究决定或者不决定的责任。因而,不妨把程序理解为责任的制度化形态。①

正是存在对决定的预测和对责任的追究,程序的预订者才可以借助程序的功能达到限制程序义务人的主观随意性的目的,当程序所预先确定的要件成就时,程序义务人必须按照程序的规定作出既定的行为。②借助程序规制的力量,税务机关滥用公权力或干扰、威逼纳税人改变真实意思的概率将会大会降低,真实税务契约达成的机会则会大幅提升。从纳税人权益保护和监督公权力角度观测,要想真正实现税务契约的缔约合法与内容真实,建构一个民主、科学、合理、健全的解释性文件的制定程序实属必要,这不仅是税务"行政行为实体公正、准确的保障,而且其本身是现代文明的标志,在现代化中有其自身的独立价值"。③同样要重视的是,程序一旦设定,征纳双方,特别是税务机关在税务契约缔约时,必须受制于该种程序,不得随意逃脱程序的强行性规制,也不得规避程序设定的义务和扼杀属于纳税人的权利。只有这样,通过程序保护税务契约的目的才有可能达致,纳税人权益保护和监督公权力运行的制度定位也才可能在税务契约中得到彰显。进一步的问题是,在税务契约中民主、科学、合理、健全的程序作何判定,又该如何构建等等。就程序来说,犹如陈瑞华所言:并不是程序构成法治的标志,而是公正的或者具有正当性根据的程序才成为法治与人治得以区分的标志。而法律程序自身的公正性要得到实现,毋须求诸程序以外的其他因素,而只须使形成法律决定的整个过程符合"程序正义"便可。④简单地说,就是"有法律程序不等于有正当程序,并非一切法律程序都是正当的,此中包含着价值问题"。⑤从这一共识出发,则可发现问题的关键在于程序设定的标准,不同的标准必然导向不同程序设计,而程序设定的标准又直接与程序的价值相关。比如,通常所言的正当程序便于价值密切关联,诚如季卫东所言:所谓程序正当,就是要强调程序中的价值问题。⑥而对于一种法律程序来说,"只要它本身具备一些独立的价值品质,就应当认为具有价值。"⑦在程序蕴含的价值体系中,人们更多是从程序的正面效应来观察和分析程序的价值,主要包括:

---

① 参见季卫东:《通向法治的道路:社会的多元化与权威体系》,法律出版社 2014 年版,第 30 页。
② 参见张庆福、冯军:《现代行政程序在法治行政中的作用》,载《法学研究》1996 年第 4 期。
③ 参见姜明安:《行政的现代化与行政程序制度》,载《中外法学》1998 年第 1 期。
④ 参见陈瑞华:《程序正义论》,中国法制出版社 2010 年版,第 9—12 页。
⑤ 孙笑侠:《程序的法理》,中国社会科学院研究生院 2000 年博士学位论文,第 9 页。
⑥ 参见季卫东:《法律程序的意义——对中国法制建设的另一种思考》,载《中国社会科学》1993 年第 1 期。
⑦ 闫丽彬:《行政程序价值论》,吉林大学法学院 2005 年博士学位论文,第 29 页。

参与治理、程序合法、程序和平、人道和尊重个人尊严、保护隐私、自愿、程序公正、程序理性、及时性和终局性等。①

归结起来,这些价值大体可以划入"达求良好结果的手段"和"程序自身的德性"两类。② 不管是作为"手段",还是"德性"的价值,当人们将其内置于程序之中,其实就已经自觉或不自觉地将正当程序视为其赖以主张的对象,而忽视或不注重正当程序的对立面——繁文缛节、形式主义的程序。③ 由此观之,程序并不必然都是正当程序,仅当其内置"实质性的内容"和正义理念,方可导向正当程序。在这其中,首先便要做到程序本身的正当性。然而,要找到一种普适性的、绝对的标准来衡量正当程序几乎是不可能的,但是,我们可以根据人类的共同心理需求,提出一种可适用于所有现代文明社会的最低限度程序正义要求。④ 根据最低限度的程序正义要求,正当程序可以界分为两个基本原则,即"政府必须遵从可适用的规则",以及"提供不同情况下的最低限度的程序保障"。⑤ 根据这些理念和原则,正当程序的要求主要有以下几项:程序的参与性、程序的中立性、程序的及时性、程序的确定性等⑥。总体上看,这些要求大致又可以具体化为四项更具操作性的判断标准,即"公正是否作为义务""当事人是否受告知""是否给予当事人以表达意见的机会""是否履行了说明理由义务"。⑦ 如果从哈贝马斯交往行为理论的视角来看,判断程序是否"正当"的根据和标准则包括"排除偏见""听取意见"和"说明理由"三项要素。⑧ 无论是将正当程序的标准界定为四项要求,还是将其归纳为三项要素,其核心都指向于"程序的参与性"⑨,价值基础都在于对"人格尊严和道德主体地位的尊重。正是由于这一点,法律程序的正义才摆脱实体或者结果的附庸的地位而具有独立的价值和意义"。⑩ 运用至税务契约实践,则意旨征纳双方,尤其是纳税人必须真正参与到

---

① Robert S. Summers, "Evaluating and Improving Legal Processes—A Plea for Process Values", 60 *Cornell Law Review* 1(1974—1975), pp. 20—27.
② 参见陈端洪:《法律程序价值观》,载《中外法学》1997 年第 6 期。
③ 参见杨建顺:《行政程序立法的构想及反思》,载《法学论坛》2002 年第 6 期。
④ 参见陈瑞华:《程序正义论——从刑事审判角度的分析》,载《中外法学》1997 年第 2 期。
⑤ Edward L. Rubin, "Due Process and the Administrative State", 72 *California Law Review* 1044(1984), p. 1131.
⑥ 参见郑春燕:《程序的价值视角——对季卫东先生〈法律程序的意义〉一文的质疑》,载《法学》2002 年第 3 期。
⑦ 参见高秦伟:《正当行政程序的判断模式》,载《法商研究》2004 年第 4 期。
⑧ 参见刘东亮:《什么是正当法律程序》,载《中国法学》2010 年第 4 期。
⑨ 参见陈瑞华:《论程序正义价值的独立性》,载《法商研究》1998 年第 2 期。
⑩ 陈瑞华:《走向综合性程序价值理论——贝勒斯程序正义理论述评》,载《中国社会科学》1999 年第 6 期。

税务契约的整个过程中,这种参与必须是真实自愿、契约自由的充分表达,既包括缔约过程、也包括契约达成后的实施和监督等系统过程。

(二) 正当程序的关键举措

在税务契约的整体程序中,受制因素不少,但最为关键的还是如何能够确保契约自愿。契约能否自愿,不仅关系到契约的达成而否,而且也与契约能否顺利实施有关。进一步,还会直接影响纳税人对契约解决涉税问题的积极性。倘若,契约自愿容易实现,则纳税人参与税务契约的主动性便会大为提高。反之,税务契约将会形同鸡肋。作为一项重要的程序设计,契约自愿已为现行税务契约立法所明示。比如,《大企业税收服务和管理规程(试行)》第 17 条直接将"自愿、平等、公开、互信"作为征纳双方签订税收遵从协议的基础,而且第 18 条进一步明确"税务机关……经与企业协商,确定是否与企业签订税收遵从协议"。与之相比,《税务行政复议规则》第 86 条更是直接将"自愿"提至与"合法"并列的原则地位。与税收遵从协议和税务和解协议不同,《特别纳税调整实施办法(试行)》第六章"预约定价安排管理"虽未直接将自愿列入其中,但该章有 8 处提及"协商"、6 处言及"磋商"、6 处提到"谈判"①,如此术语深度践行了预约定价安排自愿理念。尽管如此,这些税务契约的立法规定,均未明确何为自愿、如何才能自愿,换言之,仅规定缔约应该自愿,但自愿的内涵是什么,如何才能保证自愿的实现均只字未提。而界定契约自愿的内涵,保障自愿的实现,是税务契约能否达成的前提。与这些税务契约的立法例不同,地方出台的规范性文件更为细致和深入。比如,《上海市税务行政复议和解调解实施办法》第 6 条(基本原则)规定:"……(二) 自愿平等原则。行政复议的和解、调解应当充分尊重争议各方的意愿,不得强迫争议各方接受和解、调解方案或条件;在和解、调解过程中,争议各方应平等协商,真诚交换意见。……"《北京市地方税务局税务行政复议和解调解办法(试行)》第 5 条规定:"进行税务行政复议和解、调解应当遵循以下原则:(一) 自愿原则。复议申请人与被申请人应当自愿达成和解。行政复议机关不得强迫各方当事人接受和解或调解。……"《安徽省地方税务系统税务行政复议和解调解办法(暂行)》第 7 条规定:"税务行政复议和解、调解应当遵循以下原则:(一) 自愿平等原则。申请人与被申请人应当自愿达成和

---

① 与《特别纳税调整实施办法(试行)》第六章相比,《特别纳税调整实施办法(征求意见稿)》第八章虽仅 1 处提到谈判,既"磋商"语词,但却有 12 处言及"协商",另有 6 处谈到"意向"、20 处论及"会谈",此类语词的高频出现,表征着自愿理念在《特别纳税调整实施办法(征求意见稿)》中的深入贯彻和落实。

第四章 税务契约的整体化考量

解、调解协议。复议机构不得强迫各方当事人采取和解或调解方式,也不得强迫各方当事人接受调解结果。……"

结合这些规定,大致可以提炼出税务契约立法中的"自愿"意涵。自愿首先意味着真实意思的表达,不应有强迫之意;其次,自愿既包括是否缔约的自愿,也包括缔约方案和条件,即内容的自愿。理论上,自愿还应包括契约实施后修正契约等的自愿。按照契约法的观点,契约自愿"意指当事人有权按照自己的选择而决定订立或不订立契约、以何人为缔约当事人以及何为内容而订立契约。这里的'自由选择'十分重要,它是指在其意志不受非法限制的情况下所作的选择"。① 只有这样,才能体现契约自愿的本来意义。如果不能保障自愿的实现,税务契约极有可能异化成税务机关的行政命令,着实没有存在的必要了。而要想真正实现契约自愿,在程序设计上就必须考虑为税务契约当事人以及利益受到该契约影响的其他人员提供一个自由交换意见的理想空间和场所。与此同时,还应建立限制行政恣意的关联制度。程序之所以为税务契约所倚重,就是因为程序作为税务契约的规范流程,不仅能够提供各方交易的理想空间,促进意见疏通,扩大契约选择范围,调和彼此利益;而且可以消除契约双方地位不对等的隔阂,使处于弱势一方的纳税人能够自由地表达意见,实现自由的合意;此外,通过课加税务机关程序上的义务和赋予纳税人程序上的权利,又可敦促税务机关主导性权力的行使更加合乎理性。正因为税务契约程序通过排斥行政恣意,使处于弱势一方的权益得到保障,才可保证税务契约扩大相对人参与税务决策与管理的思想得以实现。从这个意义上讲,设计好税务契约中的程序的确具有法治国根本性作用。②

1. 税务契约的基本程序

在税务契约中格外强调程序规制的力量,根源还在于强权税务机关与弱小纳税人之间的不匹比。要想在天生不匹比的征纳双方之间实现合意,就必须用特别的程序设计来匡扶这种不对等的关系。为此,所有的程序设计都必须以此为起点和基础。正当程序的标准和要求既定,随之而来便是根据上述标准和要求设定税务契约的运行程序。同任何法律程序一样,税务契约的运行也具有显著的"过程特征",这些过程特征孕育在相应的程序规则中。按照罗伯特的观点,程序规则至少应包含以下重要的过程特征:程序如何启动,由谁启动;程序过程由哪些阶段组成;每一阶段将发生哪些不同的活动;每一阶段有谁参加,参与哪些活动;程序过程中进行的活动是否存有监督,程序结果的产生是否有任

---

① 李永军:《合同法》(第二版),法律出版社 2005 年版,第 45 页。
② 参见余凌云:《行政契约论》,中国人民大学出版社 2006 年版,第 107 页。

何形式的表决机制;通过什么方式能够使程序活动"有效";程序如何终结,由谁终结;程序参与人员如何分配。① 罗伯特的"程序过程论",对税务契约的程序设计具有重大的启示意义。尽管各种具体税务契约形态各异,程序设计也不可能完全一致,但总体而言,税务契约都会以"订约"和"履约"为中心。目前,预约定价安排的程序设计最为规范,一定程度上可以代表较为完备的税务契约程序规则。根据《特别纳税调整实施办法(试行)》第六章"预约定价安排管理"规定,预约定价安排程序包括以下六个阶段:预备会谈→正式申请→审核评估→磋商→签订→监控执行。如图 4.1 和表 4.6 所示。②

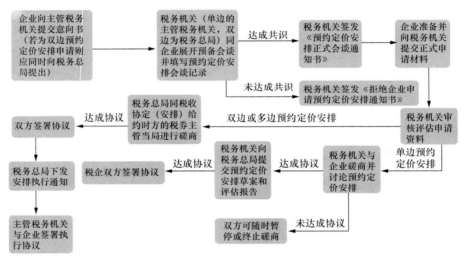

图 4.1　预约定价安排谈签流程

表 4.6　预约定价安排程序的六个阶段

契约程序	各程序主要内容
(1) 预备会谈	企业申请谈签预约定价安排前,应向税务机关书面提出谈签意向。其中,企业若申请双边(或多边)预约定价安排,应同时向国家税务总局和主管税务机关书面提出谈签意向。
(2) 正式申请	企业应在接到税务机关正式会谈通知之日起 3 个月内,向税务机关提出预约定价安排书面申请报告,报送《预约定价安排正式申请书》。其中,企业若申请双边或多边预约定价安排,应将《预约定价安排正式申请书》和《启动相互协商程序申请书》同时报送国家税务总局和主管税务机关。

---

① Robert S. Summers,"Evaluating and Improving Legal Processes—A Plea for Process Values",60 *Cornell L. Rev* 1(1974—1975),p. 8.
② 参见中华人民共和国国家税务总局:《中国预约定价安排年度报告(2014)》,第 8—12 页。

(续表)

契约程序	各程序主要内容
（3）审核和评估	税务机关自收到企业提交的预约定价安排正式书面申请及所需文件、资料之日起5个月内，进行审核评估，形成审核评估结论，并可视审核和评估的具体情况要求企业补充提供相关资料。
（4）磋商	涉及单边预约定价安排的，税务机关形成审核评估结论后与企业进行预约定价安排磋商。双方磋商达成一致的，税务机关将预约定价安排草案和审核评估报告层报国家税务总局审定。涉及双边或多边预约定价安排的，国家税务总局与税收协定（或安排）缔约对方税务主管当局分别形成审核评估结论后，开展双边或多边预约定价安排的磋商。磋商达成一致的，根据磋商备忘录拟定预约定价安排草案。
（5）签订	对于单边预约定价安排，主管税务机关与企业的法定代表人或法定代表人授权的代表正式签订单边预约定价安排。对于双边或多边预约定价安排，国家税务总局与税收协定（安排）缔约对方税务主管当局授权代表正式签订双边或多边预约定价安排。根据双边或多边预约定价安排，主管税务机关与企业的法定代表人或法定代表人授权的代表签订《双边（多边）预约定价安排执行协议书》。
（6）监控执行	企业应完整保存与安排有关的文件和资料（包括账簿和有关记录等），并在纳税年度终了后5个月内，向税务机关报送执行预约定价安排情况的年度报告。①

在实践中，如果能够严格按照上述程序推进税务契约，纳税人权益将大有保障。当然，遵从设定的程序不意味着所有的税务契约型态都一定要照搬上述顺序。契约型态不同，适用范围自然不同，相应的要求也有侧重点的差异。事实上，绝大多数税务契约都是在缺乏一个或一个以上的阶段或者次要因素情况下达成和实施的。换言之，税务契约程序亦如规则制定，可以相对简单或高度复杂，这取决于契约所涉及的事项及受其影响的团体。② 以预约定价安排程序检验当下税务契约实践，基本可以得出一个共识性判断，即税务契约大多缺乏

---

① 在预约定价安排执行期内，税务机关应定期检查企业履行安排的情况。如果企业实际经营结果不在安排所预期的价格或利润区间之内，税务机关应将实际经营结果调整到安排所确定的价格或利润区间内。涉及双边或多边预约定价安排的，调整方案应层报税务总局核准。在预约定价安排执行期内，当企业发生影响预约定价安排执行的实质性变化时，应在变化发生后30日内向税务机关作出书面报告，详细说明该变化对预约定价安排的影响。基于对于企业经营情况的审查，税务机关应与企业协商修订预约定价安排条款和相关条件，或根据变化影响程度修订或终止预约定价安排。

② 参见〔美〕科尼利厄斯·M.克温：《规则制定——政府部门如何制定法规与政策》（第三版），刘璟、张辉、丁洁译，复旦大学出版社2007年版，第91页。

严格的程序控制,主要存有以下程序缺陷:体系零散,缺乏必要的衔接和一致性;"内部化"色彩浓厚,表现为税务机关内部的"办事规则",程序设计过分强调"管理中心";纳税人在税务契约中享有的权利"量"太小,偶有赋权也时常因配套制度缺乏而难以得到保证。与程序立法中对"合法性"意识增强相比,"程序合理性"仍未引起足够的重视,正当程序在税务契约中的实现机制并不健全;正当程序既没有完全得到法律的明示规定,又不具有直接针对税务契约的法律拘束力;契约程序的简化欠缺明确化、具体化的条件,极大地增加了税务机关在税务契约中的恣意空间。① 此类问题必须适时修正,否则,必将影响税务契约的质量和效率。

2. 契约公开制度

从程序正义的角度看,如果没有公开,所有防止权力滥用的机制的有效性都将值得怀疑,因为公开本身就构成一种有效的制约机制。② 在行政领域,"公开是现代民主政治的题中应有之义,其目的在于满足公民的知情权,实现公民对行政的参与和监督。"③ 具体而言,公开制度的价值在于增加程序参加人参与程序活动的目的性和针对性,使契约活动的整个过程中出现的错误容易被发现和及时纠正。在税务契约的缔结以及执行阶段,除公开会损及公共利益情况和纳税人隐私外,税务机关有义务将所有与契约有关的情况予以公开,接受来自公众的监督,防止与杜绝"黑箱操作"。④ 税务契约公开植根于行政公开原则,其要求税务契约运行的依据、过程和结果向税务相对人,甚至社会公众公开,以便他们知悉。公开税务契约既是涉税信息公开的义务,更是纳税人知情权落到实处的内在要求。根据行政公开原则,税务契约公开主要涉及两个层面的公开:首先,税务契约要向契约当事人甚至有利害关系的第三人,即特定当事人公开。其次,税务契约要向不特定社会公众公开。

在定向公开方面,税务契约不仅要向双方当事人公开,而且要特定的向利益第三人公开。包括让特定当事人阅览卷宗、向当事人说明决定的理由等。在诸多公开制度设计中,说明理由制度的确立关系重大,特别是在具体税务契约中,有必要践行税务契约说明理由制度,税务机关要保证涉税事项处理的合法与合理,就不能轻视税务契约在建构行为理由上的功能。说明理由是行政正义的一个基本要素,它要求征税机关在作出影响纳税人权利义务的决定时,应当

---

① 参见王锡锌:《行政程序法理念与制度研究》,中国民主法制出版社2007年版,第283页。
② 参见王锡锌:《自由裁量权基准:技术的创新还是误用》,载《法学研究》2008年第5期。
③ 周佑勇:《行政法的正当程序原则》,载《中国社会科学》2004年第4期。
④ 参见余凌云:《行政契约论》,中国人民大学出版社2006年版,第111页。

第四章　税务契约的整体化考量

向其说明作出该决定的事实根据和法律依据。[1] 说明理由的意义在于，它作为纳税人的一项程序性权利，可以制约征税权的恣意行使，促进权力以理性、合法的方式行使。[2] 作为一项比较完整的程序法上的制度，说明理由制度构建至少应该包括如下几个方面的内容：(1) 说明理由的一般条件和不需要说明理由的例外情形；(2) 说明理由的类型以及理由的基本构成；(3) 说明理由的法定方式与时间；(4) 不说明理由的法律后果或者说明理由存在瑕疵的补救方式。[3] 说明理由制度蕴藏着深厚的社会政治、思想和法学基础，不仅是自由主义思想的体现，也是实现宪政和责任政府的必然要求，更是践行行政公开原则和公正行使自由裁量权的保证。[4] 说明理由制度虽发端于具体行政行为中，但其制度设计及其蕴含的理念建构，并不排斥其在税务契约领域的适用。相反，如果能将其移植到税务契约运行过程中，必能促进税务契约的规范行使，进而促进税务契约质量和效率的提升。

除开定向公开，税务契约在特定情况下还要向不特定的社会公众公开。为了在税务契约领域落实公开制度，就应当按照公开的两个层面，将税务契约公开的具体范围、公开的内容、例外情况、公开的形式及信息反馈的渠道和信息处理的方法与结果等进行明确规定，并且要以这些为中心构建完整的、体系化的税务契约公开制度。在具体规则建构中，要特别注意与《纳税人涉税保密信息管理暂行办法》的联动。从某种程度上说，规制涉税信息保密，也就圈定了公开的范围和程序。以公开事项为例，税务契约所涉事项众多，何种信息可以公开，哪些事项必须保密是为焦点。一般来说，税法上的涉税保密信息，主要是指税务机关在税收征收管理工作中依法制作或者采集的，以一定形式记录、保存的涉及纳税人商业秘密和个人隐私的信息。主要包括纳税人的技术信息、经营信息和纳税人、主要投资人以及经营者不愿公开的个人事项。但纳税人的税收违法行为信息不属于保密信息范围。对于纳税人的涉税保密信息，税务机关和税务人员应依法为其保密。除下列情形外，不得向外部门、社会公众或个人提供：(1) 按照法律、法规的规定应予公布的信息；(2) 法定第三方依法查询的信息；(3) 纳税人自身查询的信息；(4) 经纳税人同意公开的信息。[5] 表面上看，《纳税人涉税保密信息管理暂行办法》的上述规定十分清晰，实则不然。何为"主要包

---

[1] 参见施正文：《税收程序法论——监控征税权运行的法律与立法研究》，北京大学出版社 2003 年版，第 242 页。
[2] 参见刘庆国：《纳税人权利保护理论与实务》，中国检察出版社 2009 年版，第 141 页。
[3] 参见黄竹胜：《行政法解释的理论建构》，山东人民出版社 2007 年版，第 338—339 页。
[4] 参见宋雅芳：《行政程序法专题研究》，法律出版社 2006 年版，第 196—208 页。
[5] 参见《纳税人涉税保密信息管理暂行办法》第 2 条、第 3 条。

括",言下之意,还有未包括其中的信息也应该保密。这些信息范围边界在哪,有哪些共性,或者说,应该包括的信息的标准究竟是什么?何谓应该保密的"商业秘密"?应该保密的"个人隐私信息"又该作何理解?"商业秘密"就只限于技术信息、经营信息?只要是纳税人、主要投资人以及经营者不愿公开的个人事项,是否都可以列入应该保密的"个人隐私信息"?此等信息比照竞争法、知识产权法、劳动法和民法的规定,还是税法有其独特的内涵和外延?此类问题才是公开制度的核心争点,均有待进一步明确。

3. 征求意见制度

目前,三类典型税务契约中有两类契约有主体限制。即税收遵从协议针对的是特定的大企业,预约定价安排则要求企业年度发生的关联交易金额在 4000 万元人民币以上①。税务和解协议对申请人并无特别要求。基于税收公平理念,税务契约不能只是大型利益集团的博弈场所,要更多考虑到弱小纳税人的声音,而这一点目前做得并不好。在税收法治实践中,"国家最有影响力的利益代表集团"②在税务契约中时常处于有利地位。长此以往,税法必将难言公平。根本而言,纳税人主义是所有纳税人的主义,而不能沦为"国家最有影响力的利益代表集团"的主义。虽然立法也承认歧视是广泛存在的,但立法同时也会授予受歧视者多种广泛、灵活的救济手段谋求可能的解决方案。③ 受此启发,衡平税法领域这一失衡的税务契约实践现况,就必须将弱小纳税人的权益考虑进来,赋予他们更多的税务契约选择权,并通过相关的程序设计保障税务契约选择权受到应有的尊重和得到必要而及时的回应。

比如,国外就有专门针对中小企业的预约定价安排制度。与国外相比,我国拥有大量的中小企业,不应人为剥夺中小企业的税务契约选择权。与之关联,在税务契约缔约中,有必要引入征求意见制度。这种制度不仅可以为弱小纳税人提供决策意见,也可以为大企业提供参考意见,甚至还可以为税务机关提供决策依据。征求意见的方式可以是听证、论证会、座谈会、调查研究、书面

---

① 参见《特别纳税调整实施办法(试行)》第 48 条。
② 利益代表集团在一国法律和政策的制定过程中扮演着越来越重要的角色。美国是典型,在美国利益代表集团的活动主宰着华盛顿的政策制定。各种有组织的利益代表集团广泛施加影响于国会的法律制定、联邦执行机构的规则制定,而且还越来越影响到联邦法院的决策制定。国家最有影响力的利益代表集团的发起人、主持者和财力支持者,就是那些公司企业、银行、保险公司、投资公司、律师公司(事务所)、媒体大王、职业和非职业的商会和各种民众组织。也正是这些组织形成了国家的精英集团。参见〔美〕托马斯·R. 戴伊:《自上而下的政策制定》,鞠方安、吴忧译,中国人民大学出版社 2002 年版,第 109—110 页。
③ 参见〔新西兰〕迈克尔·塔格特编:《行政法的范围》,金自宁译,中国人民大学出版社 2006 年版,第 376 页。

第四章　税务契约的整体化考量

征求意见等方式。在各种意见中,专家、学者的意见更值得重视。之所以特别强调专家、学者在税务契约中的作用,主要原因在于税务契约所涉事项基本上是技术性事务,较少涉及政治领域中的价值选择问题,在一般情况下,专家、学者所具有的知识类型,使得其更适合对技术性事务进行理性分析和计算,以确定最优的契约方案。当然,另一个倾向也必须高度关注,即握有强大建议权的专家、学者一旦缺乏制约时,就很有可能滥用专业知识,为偏离公共利益目标而进行计算和采取行动。① 因而,在税务契约过程中,既要充分利用专家、学者的知识优势,也要充分吸纳公众的声音,形成税务契约中的动态平衡。

4. 听证制度

不管人们对"听证"这一词语的理解有多大差异,其作为一种民主程序制度已获得了广泛的认同。与此相应,在制度构建方面,听证制度始终处于不断地从行政处罚领域向其他领域扩展的过程中,并逐步向中国社会生活的各个领域渗透。② 从某种程度上说,听证作为"被听取意见的权利",是行政参与的核心。③ 其实质就是听取当事人的辩解。在税务契约中融入听证程序,只不过是在更加正式的场合,通过税务机关与当事人、有利害关系的第三人及社会公众之间的陈述、辩论与对质,吸收他们的合理意见和可靠的依据,确保意欲达成的税务契约的内容准确与合理。相对于行政复议、行政诉讼、国家赔偿等事后救济,听证具有事中救济的独特功能。④ 此种功能,使得听证程序一旦得到落实,便可将税务契约置身于"控制现场"。如此多的制度价值,引进至税务契约中并无不妥,但要在税务契约过程中嵌入听证程序,确无直接性经验可供参照。

根据行政立法中的听证制度和法理,听证程序必须符合"听证程序典则的法形式性""听证程序适用范围的普遍性""听证程序定位的正当程序性""听证程序效力的法强制性"等要求。以听证程序的适用范围为例,如果只是将听证程序严格限定在税务契约的缔约阶段,必定使这一程序形同虚设,因为某种意义上讲,听证程序本身就是"决定问题"的程序,而"问题的决定"绝不只是发生在缔约阶段,以预约定价安排为例,预备会谈、正式申请、审核评估、磋商、签订、监控执行等任一阶段都涉及"问题的决定",税务契约中最终"问题的决定"是所有程序累积努力、协力合作的结果,所以,只要税务契约不是内部运作的程序规

---

① 参见王锡锌:《公众参与和行政过程——一个理念和制度分析的框架》,中国民主法制出版社 2007 年版,第 216—217 页。
② 参见顾长浩:《中国听证制度研究》,法律出版社 2007 年版,第 1—2 页。
③ 参见周佑勇:《行政法的正当程序原则》,载《中国社会科学》2004 年第 4 期。
④ 参见余凌云:《听证理论的本土化实践》,载《清华法学》2010 年第 1 期。

则,只要其设定的权利与义务和社会公众有直接关联就应当被纳入到听证程序之中。但要正确理解这一语义,将听证程序设定为普遍适用、贯穿于税务契约的整个运行过程,不能简单地、机械地解读为所有与社会公众有关的契约事项都必须启动听证程序、举行听证会。当涉及国家行为、商业秘密等税务契约事项时,可以赋予其听证豁免权,这在发达法治国家也不例外。① 此外,当契约对象过于简单、波及面很小等微小情境,也无启动听证程序的必要。

必须正视的是:"在行政与司法实践中,'听证'并不是指一种形式的程序,也不限于准诉讼式听证;后者仅适合某些情形,但未必适合所有情形。事实上,由于其昂贵的成本,准诉讼听证应被极少适用;只有在其所带来的收益超过延误和成本时,才应适用这类程序。"②因此,即便是将听证程序引入到税务契约的运行过程中,也要谨慎启动,防止制度的优势被淹没于程序的劣势之中,而防止这一点的最佳策略便是精心设计听证制度。比较棘手的是,已经确立听证制度的国家虽然接受的法治理念差别不大,但在听证制度的构件上并无统一的模式。尽管如此,以下几方面内容可能是这些国家的听证制度所共有的:听证的形式;听证的范围;听证主持人;听证参与人;听证具体程序等。③ 这些也必然成为税务契约运行过程中的听证程序设计的关键议题。

5. 税务机关内部监督制度

建立税务机关的内部监督制度,可以敦促各具体税务机关在税务契约实践中理性用权,恪守自愿原则。我国《税收征收管理法》第10条④规定了上级税务机关对下级税务机关的监督权;《税收征收管理法实施细则》第6条第2款⑤规定了上级税务机关在发现下级税务机关的税务违法行为,应当及时予以纠正的监督权限。通过这种内部的监督,可以有效约束主管税务机关在税务契约中的各种违法违规行为。在税企争议发生时,纳税人也可以通过税务行政复议主动将上级税务机关引入对下级税务机关的监督中来,以便及时纠正主管税务机关在税务契约运行中各种不当行为。与《税收征收管理法》第10条及其《实施细则》第6条第2款相呼应,我国现行税务契约立法也构建了相应的内部监督制

---

① 参见张淑芳:《论规章制定中听证程序的完善》,载《法律科学》2010年第3期。
② 张千帆、赵娟、黄建军:《比较行政法——体系、制度与过程》,法律出版社2008年版,第329页。
③ 参见章剑生:《行政听证制度研究》,浙江大学出版社2010年版,第17—32页。
④ 我国《税收征收管理法》第10条规定:"各级税务机关应当建立、健全内部制约和监督管理制度。上级税务机关应当对下级税务机关的执法活动依法进行监督。各级税务机关应当对其工作人员执行法律、行政法规和廉洁自律准则的情况进行监督检查。"
⑤ 我国《税收征收管理法实施细则》第6条第2款规定:"上级税务机关发现下级税务机关的税收违法行为,应当及时予以纠正;下级税务机关应当按照上级税务机关的决定及时改正。"

度。这种监督制度既包括缔约过程中的监督,也包括契约实施过程中的监督。前者如,《特别纳税调整实施办法(试行)》第 53 条第 1 款规定:"税务机关应自单边预约定价安排形成审核评估结论之日起 30 日内,与企业进行预约定价安排磋商,磋商达成一致的,应将预约定价安排草案和审核评估报告一并层报国家税务总局审定。"①后者如,《大企业税收服务和管理规程(试行)》第 20 条规定:"各级税务机关应监控协议的执行情况,并定期对执行情况进行评估,并向上一级税务机关报告。"

从税务契约的监督效果上看,上级税务机关对主管税务机关与纳税人签订税务契约的审查监督的重心在于:(1)缔约过程中税务机关有无强迫纳税人缔约的情形;(2)税务契约的内容是否为双方真实合意而为,税务机关有无滥用权力,威逼纳税人改变意愿而接受税务机关拟定的格式条款;(3)税务契约实施过程中,主管税务机关是否全面依约履行契约;(4)其他有违契约自愿的情形。上级机关可以围绕上述审查点展开监督。之所以如此设计,主要基于以下两个因素:第一,税务契约内容虽由税务机关和纳税人在法律框架内自主决定,但税务契约毕竟是在双方地位不对等的情况下订立的,实践中极易出现税务机关滥用优势地位、逼迫纳税人接受的情形。况且,纵然税收契约是税务机关和纳税人自由约定的结果,也有可能出现违背税务契约实体要件的情形。比如,双方当事人可能在法律框架之外达成协议,此时,契约的自愿性与合法性便内在冲突。当契约"自愿性"与"合法性"冲突时,必须以"合法性"为前提。表面上来看,此种情形是契约自愿与契约合法之间的矛盾。但从实质上看,涉及的乃是公共利益与个人利益之间的权衡。税务契约固然应当体现当事人的意思自治,但是,此种自治并不是完全自由、毫无边界的。② 第二,尽管税务契约发生在征纳双方之间,原则上应受契约相对性原理约束。"既然契约的权利义务只能根据当事人的自由意志而产生,故只有表示愿意接受契约约束的当事人才受契约的约束,而其效力不能及于未加入契约关系的第三人。"③然税务契约终归与民事契约不同,具体的税务契约的确只发生在具体的征纳双方之间,但征纳双方之间约定的内容事关税款的实现。姑且不谈税务机关与关联企业之间达成的税务契约就可能突破契约相对性原理,而直接影响具体的关联企业。即便是单独的纳税人与税务机关达成的税务契约,与任何第三人无关,也会间接与每一个社会大众休戚相关。因为税务机关的达成,关乎国家税收利益的减损而否,换言

---

① 参见《特别纳税调整实施办法(征求意见稿)》第 91 条第 1 款。
② 参见杜宇:《理解"刑事和解"》,法律出版社 2010 年版,第 312 页。
③ 李永军:《合同法》(第二版),法律出版社 2005 年版,第 47 页。

之,关系到社会公共利益的整体实现。透过公共利益,"既可以看到私人权利与自由在一国受尊重的程度与方式,亦能够窥知公共权力对社会生活的介入程度和途径"。① 关于此类问题的约定,没有理由不进行审查监督。

五、结　语

近几年,税收法定主义缭绕整个中华大地。落实税收法定原则既是社会共识,也是税收立法纲领。在悄然而至的税收法定时代,谈论税务契约看似螳臂当车,自不量力。实则不然,法定主义快速推进,不仅不会限制税务契约的发展,反而会加速税务契约的勃兴。因为税务契约肇因于法律漏洞这一任何法律都无法避免的天堑难题。只要有税法漏洞存在,税务契约就有空间。即便如此,仍要警惕在严格法定主义的税法土壤上开出的契约之花,因为税务契约终归是建基于不对等的征纳双方之上。长久以来,税务行政主导理念盛行,"无声的中国纳税人"虽然慢慢发出属于自己的声音,但整体性的沉默和失语状态依然未得到实质性改观。此种情形下,要想顺利推进税务契约,更适合将其定位为保护纳税人权益和监督税务机关权力的新型工具。在此基础上,一方面要精心设计好税务契约的实体准入制度,另一方面要格外关注税务契约的程序建设。只有在实体和程序的双重把控下,真实的意思表达才有可能在不对等的征纳双方之间生成。果真如此的话,则不仅可以节约征纳成本,而且也有助于实现税务契约的制度初衷。假以时日,借助征纳双方充分协商合意的契约制度,纳税人的整体税收法治意识必定有所提升,税收法治中国建设也必然会有所进步。

---

①　郑永流、朱庆育等:《中国法律中的公共利益》,北京大学出版社2014年版,第1页。

第五章　税务契约的微观解剖
——以税务和解为分析对象

"行政性解纷方式曾是我国最重要的社会治理和救济机制。但在法治化进程中,行政权力逐步从一些社会经济领域的撤出,由行政机关处理的纠纷大多推向法院,行政调解及行政裁决等均呈现出萎缩状态。而随着改革开放的不断深化,各种社会冲突激增,仅凭司法途径解纷已不堪重负。"[1]我国《行政复议法实施条例》第40条首次确立和解在行政纠纷中的运用。我国2010年4月1日实施的《税务行政复议规则》第十章具化了税务和解[2]制度。作为和解的一种类型,税务和解体现了服务行政、和谐行政的时代特质,制度价值无论如何评估都不为过。税务和解与调解如何配给互动、究竟以何种价值为定位、以及内生的制度瓶颈等,都存在一些未能解决的问题,应引起理论与实务的高度警惕,方可使我们不至于为引入和解而沾沾自喜,转而中立地看待当前税务和解的处境。

一、税务和解实施的理论准备

税务和解的出现,不仅标志着一种新型复议机制的产生,也使得建立在法定主义基础上的传统法理受到前所未有的挑战。对税务和解质疑最大的当属其与税收法定主义和行政权不得处分的法理相左。研究者如果过于沉湎理论普世价值的推广,则税务和解实施起来无比艰巨。税务和解要想成功实施,应当从税务和解与传统法理的张力出发,对现有的理论进行应有的反思和解构。

(一) 税收法定主义与契约自由

当下的税法研究言必谈税收法定主义。对税收法定主义的研究方兴未艾,鼓吹者多于思辨者。"在我国,由于人们更多的是从经济的角度而不是从法律的角度来理解税收活动,人们习惯于将税收制度看成是一种经济制度,而非法

---

[1] 李婷婷:《行政调解的制度价值、内生贫困与生长点》,载《行政与法》2012年第3期。
[2] 本书所探讨的"税务和解"仅限于"税务行政复议和解",行文简洁考虑,除非特指,均统一简化为"税务和解",特此说明。

律制度,故作为税法的基本原则,税收法定原则在理论上并未能够得到人们的普遍理解与接收,在税收立法的实践上更未能得到我国法律的承认与采纳。"①实际上,"我国的实践或许并不符合税收法定主义的表面要求,但并未违反税收法定主义的精髓"。②追根溯源,"税收法定主义原则初创于英国,主要被用于限制英王对税收的独断专制权"③,"在审视税收法律主义在英格兰的演化进程时,可以深刻地感受到,税收法律主义的灵魂就是契约精神"。④税收法定主义经过近几个世纪的发展,纳税人权利保障被界定为税收法定主义的界限。

  税法自诞生伊始,就从其他诸法中摄取理论,从早期的刑法至近代的行政法,而后便是民法。刑法和行政法理论的移植,很大程度上奠定了今日税法的性格和人民的税收法治意识。随着民法理论在税法上的运用,税法的刚性在悄无声息中改变,促成了税法制度的独立和理论的衍生,典型如核定课税⑤和实质课税⑥对法定主义的冲击,促使法定主义在税法上日趋松动。诸如此类的制度和理论与税收法定主义的法定性预期有所出入,也日渐影响着法定主义在税法上的定位,使其更接近税收法定主义的本来面目。其实,"税收法定主义之所以成为税法的基本原则,并不是因为该原则适用于税法的一切领域,并且具有最高的拘束力,而是因为其适用领域最广,对税法其他原则的作用力超过反作用力,因此才凸显其无可比拟的重要性"⑦。

---

  ① 王鸿貌主编:《税法学的立场与理论》,中国税务出版社2008年版,第185页。
  ② 翟继光:《不应简单地以税收法定主义批评我国的税法实践》,载《中国税务报》2012年2月22日(第005版)。
  ③ 孟凡壮:《税收法定主义原则与我国税收立法——基于我国20个税种的初步分析》,载《长春市委党校学报》2012年第2期。
  ④ 在议会制度诞生之前,税收法律主义的契约精神是通过具体的税收法律关系来实现的,即英王征税时,一般而言,必须首先和以附庸为代表的纳税人达成税收协议,确定双方的权利和义务。议会制度成熟之后,体现税收契约精神的税收协议仍然存在,只不过是纳税人的表决同意机制发生了重大变化,从先前的个人同意机制发展成为代表同意机制,由议会作为世俗纳税人的总代表与英王进行税收谈判。参见李建人:《英国税收法律主义的历史源流》,法律出版社2012年版,第277页。
  ⑤ 核定课税的理论贡献在于核定权在税法上的出现,因为课税的核定意味着税务机关自由裁量权的出现,这很长一段时间唯恐滥用的后果,而被视为法定主义的禁地。诚然,税法上核定权的确立,本质上并没有突破法定主义的约束,因为所谓核定,依然是法定范围之内的核定,而非任意裁量,其有严格的适用条件和明确的使用空间。纵然如此,在严格的法定主义理念下,税务机关核定权的赋予显然是不可能实现的,唯有在相对宽松的法定主义理念指引下,才可出现核定权,而这正是法定主义松动的结果和具体表现。
  ⑥ 实质课税理论奉行"实质高于形式"的法理念,显然与传统的法定主义理念相左,如形式和实质不止于发生冲突时,两者并无矛盾、冲突的可能;但若形式和实质不可兼而有之时,实质课税则突破形式面的法定主义,而追求税法之实质公平。
  ⑦ 刘剑文、熊伟:《税法基础理论》,北京大学出版社2004年版,第125页。

第五章　税务契约的微观解剖

诚如祁克所言:"公法和私法的界限,不是原理的而是'历史的'"①,"公法和私法同样是法,在规定人与人间的意思及利益之点是具有共通的性质的"。② 合同法和税法的区别并没有学者所想象的那样大,两者在对国家利益和当事人权利保障等方面的性质是相通的,具体而言,在契约自由引领下,契约自由和法定主义共同服务于税法目的,在此边界内,契约自由和税收法定主义兼容并蓄,共同张扬着合同法和税法之自由、法定理念。此种理念对税务和解在税法上的运用至关重要,依据管理学上的"空隙理论",在两个圆圈的交汇处有个空白,这个空白就是机会。③ 在法定主义和意思自治的交汇处,税务和解找到了这个空白,抓住了这个机会。

其实,"无论是理论上,还是执法实践中,行政法并不必然否认行政主体的意思自治"④,"就本质而言,意思自治仅是一种法哲学的理论,即人的意志可以依其自身法则去创设自己的权利义务"。⑤ "和解,作为一种观念,更作为一种自主性的纠纷解决方式和机制,意味着纠纷当事人在争取或保护自己权利时的相互妥协与谦让,意味着权利实现的公平与宽容。"⑥立足于当事人双方自愿基础上的税务和解,目标是双方当事人达成的和解协议。唯有当事人契约自由,即双方能相对自由且真实地表达自己的意思,才可能达至和解协议。因此,当事人"合意"才是和解的本质属性,体现了一种双方契约行为,这实际上是和解最为根本的特征。⑦ 当然,自由不可能是绝对的,在税务和解进程中更如此,双方当事人的契约自由所受到的来自法律的限制更多,但正是契约自由使得税务和解成为可能。换句话说,在法定范围内,契约自由赋予了税务和解以实质平等的正当性,使得税务复议结果更容易为双方接受。

(二) 反思"行政权不得处分"

"行政法是所有法律部门中概念和规则系统最不确定的一个部门法"⑧,行政权便是典型。行政权从来就没有过一个非常严谨、精确的概念,但不管学者

---

① Gierke, Grundbegriff des Staatsrechts, 1874。转引自〔日〕美浓部达吉:《公法与私法》,黄冯明译,中国政法大学出版社 2003 年版,第 19 页。
② 同上书,第 72 页。
③ 参见方可成:《刘道玉:一位超前的教育改革家》,载《南方周末》2012 年 12 月 6 日(文化版)。
④ 解志勇:《行政诉讼调解》,中国政法大学出版社 2012 年版,第 71 页。
⑤ 刘凯湘、张云平:《意思自治原则的变迁及其经济分析》,载《中外法学》1997 年第 4 期。
⑥ 杨解君:《中国行政法的变革之道——契约理念的确立及其展开》,清华大学出版社 2011 年,第 305 页。
⑦ 唐峰:《纠纷和解研究》,中国政法大学出版社 2012 年版,第 26—27 页。
⑧ 关保英:《行政法的私权文化与潜能》,山东人民出版社 2011 年版,第 145 页。

如何界定,行政权固有的属性有以下几点:"(1)法律性,即行政权来源于宪法和法律,行政权必须忠实于法律的规定,是法律之下的权力;(2)执行性,即行政权是对通过法律所表现出的国家意志的执行,会随着时代的变化、国家意志的变化而变化;(3)主动性,即行政权的行使往往是主动的,与司法权形成对比;(4)强制性,即行政权以国家强制力为后盾。"[1]基于行政权的属性,行政权不得处分,即行政机关不得自行抛弃或转让其行政权。"这一原理的理论基点之一,是行政职权法定主义即法律优先原则。也就是说,行政权并非基于行政机关与相对人的约定而产生,必须基于法律的明文规定而具有。行政机关对行政权的享有不具有自主性,因而对它的减少或丧失也不具有自主性,只能因法律的规定而获得或丧失。行政权不得处分原理的理论基点之二,是行政职权和行政职责的统一性。也就是说,行政权既是一种职权又是一种义务或职责。它对相对人来说是一种权力,但对国家和公众或利害关系人来说却是一种义务。义务必须得到履行,否则义务人可构成渎职。"[2]

若严苛行政权不得处分原理,行政法上确无和解的存在空间和理由。但时至今日,行政权不得处分赖以依存的职权法定和权责统一都受到来自理论和实践的挑战。从法律关系维度看,行政主体是具有独立意志和法律人格的行政实体,只要行政主体参与行政法律关系,它就必须能够处分相应职权,否则它便不能成为行政法律关系中的一方当事人。既然行政主体可以成为行政法律关系主体,它理所当然地可以对职权进行处分。其实,"行政权并不是一种均质的权力类型。以授予行政权的法律规范的表达方式为视角,可以看到两种形态的行政权:通过'可以'一词授予的行政权具有权利的性质,行政主体可以相对自由地处分这种形态的行政权,既可以行使这种行政权,也可以不行使这种行政权,是否行使这种行政权,属于行政主体的权利;通过'行使下列职权'这种表达方式授予的行政权具有义务的性质,行政主体应当或必须行使这种形态的行政权,行使这种行政权乃是行政主体的义务。"[3]

此外,行政法治实践中,行政权不得处分屡屡为实践所突破,行政机关依法对行政权进行处分的情况,比比皆是,典型如行政裁量。行政自由裁量权不仅为契约自由在行政法中得以施展提供了空间,而且也为和解的适用提供了条件。正是行政自由裁量权的存在使行政法中的和解成为可能。换句话说,尽管

---

[1] 解志勇:《行政诉讼调解》,中国政法大学出版社2012年版,第53页。
[2] 叶必丰:《行政和解和调解:基于公众参与和诚实信用》,载《政治与法律》2008年第5期。
[3] 喻中:《论行政权的两种形态及其法理意蕴——以授权性规范的表达方式为视角》,载《社会科学》2005年第8期。

自由裁量并非就是和解,但可以在自由裁量的范围内和自由意志的基础上进一步拓展,通过和解的手段来解决在行政自由裁量权领域中所发生的行政争议。①由此可知,行政权不可处分原理日渐松动已成趋势,但应为行政权的处分确立一个基本前提,即行政权处分必须受到法律限制,以确保行政主体既有行使行政权的空间和动力,又不至于走得太远,自我扩权和肆意而为。

二、税务和解实施的现实基础

税务和解从一开始就不是税法学者们倡导下的产物,而是行政立法机关进行制度探索的结果。这种探索与其说是在某种理念指引下所作的改革努力,倒不如说是建立在一种利益兼得基础上的制度调整。这种制度调整之所以发生,是因为现行税务纠纷解决制度对于各方利益的实现形成了"瓶颈效应",以至于非通过改革就不足以走出困境。正是这种对各方利益的最大满足,才使得这一制度具有强大的生命力。从一种制度发生的利益基础来看,税务和解要得到正常运转,至少应满足两方面的条件:一是作为冲突双方的纳税人和涉税机关有达成和解协议的意愿,和解能够使双方都减少利益的损失,最好还可获得相应的收益,这种利益的契合才是双方从对立走向合作的基础;二是作为税务纠纷解决的复议机关,有足够的动力去寻求一种新的制度安排,对达成和解协议的纳税人和涉税机关,不再严苛税收法定主义。②

(一) 涉案双方的利益契合

对引起税务复议的税务机关和有关责任人而言,按照《税务复议规则》的规定,其具体税务行政行为经复议机关审查和负责人批准,可产生"维持具体行政行为,在一定期限内履行具体行政行为和撤销、变更或确认具体行政行为违法"③

---

① 参见杨解君:《中国行政法的变革之道——契约理念的确立及其展开》,清华大学出版社2011年版,第306—307页。
② 此部分对税务和解产生的利益探寻借鉴了陈瑞华教授的观点,特此说明。具体参见陈瑞华:《刑事诉讼的私力合作模式——刑事和解在中国的兴起》,载《中国法学》2006年第5期。
③ 《税务复议规则》第75条规定:"行政复议机构应当对被申请人的具体行政行为提出审查意见,经行政复议机关负责人批准,按照下列规定作出行政复议决定:(一)具体行政行为认定事实清楚、证据确凿,适用依据正确,程序合法,内容适当的,决定维持。(二)被申请人不履行法定职责的,决定其在一定期限内履行。(三)具体行政行为有下列情形之一的,决定撤销、变更或者确认该具体行政行为违法;决定撤销或者确认该具体行政行为违法的,可以责令被申请人在一定期限内重新作出具体行政行为为:1. 主要事实不清、证据不足的;2. 适用依据错误的;3. 违反法定程序的;4. 超越职权或者滥用职权的;5. 具体行政行为明显不当的。"

三种不同的复议决定。根据《税收违法违纪行为处分规定》的规定,税务机关的具体行政行为一旦被确认违法,有关责任人往往面临着不同程度的行政处分结果。即便有关责任人员没有被课以刑事处罚,一个行政处分结果也足以使其被警告或记过、记大过或降级,甚至撤职。① 税务人员一旦被判处行政处分,其前途多受影响,对纳税人的怨恨之意也极易产生。

对纳税人来说,复议机关即便通过成功的复议,最终将具体税务行政行为确定为违法,基于税务机关的部门利益,有关责任人被撤职、开除的可能性仍然很小,多数还是被课以相对较轻的处分,比如警告或降职。尤其对情节并不严重的复议案件,复议机关即便严苛税收法定主义,也很难追究更重的行政处分。刑事司法的基本规律同样适用于税务复议,一旦税务机关有关责任人被行政处分,甚至刑事处罚,纳税人想要实现自己的涉税需求或者相应的经济赔偿,就变得非常困难。因为无论是有关责任人还是其所在的税务机关,在复议机关作出具体税务行政行为违法的情况下,都会怀有强烈的抵触情绪,一般不再有动力去实现纳税人的涉税需求或者赔偿相应的经济损失。此外,"如果选择税务和解,还可以大大降低复议结果的不确定性,节约时间成本"。② 概而言之,对纳税人而言,通过税务和解,解决税务纠纷是较为理想的选择。

税务和解的出现,使得复议机关对税务纠纷的双方达成和解协议的案件,无需再做违法决定,税务机关也不需要对有关责任人作出行政处分。尤其是在情节轻微的税务纠纷案件中,有关责任人不再担心被处分,也无需担忧因处分而导致前途受阻。基于自身利益和道德自律考虑,未受处分的税务人员会竭尽全力寻求纳税人的谅解,尽量满足纳税人合法的涉税需求,实现道德约束下的双赢,因为"道德的目的,从其社会意义上来看,就是要通过减小过分自私的影响范围、减小对他人的有害行为、消除两败俱伤的争斗以及社会生活中其他潜在的分裂力量而加强社会和谐"。③

---

① 《税收违法违纪行为处分规定》(2012年8月1日起实施)紧贴税收工作实际,规定了15类37种税收违法违纪行为及其适用的处分种类和幅度。在具体行为上,处分规定明确了税务机关和税务人员在税收征管、税务稽查、发票管理、税务代理等税收管理和执法环节应给予纪律处分的行为。处分规定中有的行为违反了税收法律法规,即使未造成后果,也规定了相应的处分。处分规定对税收违法违纪行为应当给予的处分作了明确规定,其中具体明确到税务机关及税务人员的规定有24项,处罚性条款有15条37种行为,其中以警告处分为起点的有4条11种情形,最高到开除处分的有11条26种情形。

② Stephen Littlechild,"The process of negotiating settlements at FERC", Energy Policy 50 (2012), pp. 174—175.

③ 〔美〕E.博登海默:《法理学:法律哲学与法律方法》,邓正来译,中国政法大学出版社2004年版,第387页。

由上可见,传统的税务复议制度固然可以保证复议机关实现国家的复议权,但也会造成有关责任人的行政处分,致使其前途和个人、家庭生活受到负面影响。基于部门利益,纳税人无法使有关责任人受到严厉的行政处分,也很难实现自己的涉税需求或相应的经济赔偿。相反,税务和解的启用给了税务机关和纳税人选择的空间,使税务机关和纳税人原本冲突的利益出现了契合一致的可能性,税务机关和有关责任人竭力实现纳税人的涉税需求,提供相应的经济赔偿,寻求纳税人的谅解,敦促纳税人放弃复议请求,避免纠纷的进一步加剧;复议机关尊重纳税人的意愿,不再对具体税务行政行为定性,避免有关责任人的行政处分。至此,税务和解实现了涉案的税务机关和纳税人双赢结局,兼顾了税务机关和纳税人的利益,也成为税务和解赖以依存的现实基础。

(二) 复议机关的利益考量

对于复议机关来说,将有限的资源平均分配到每一个复议案件上,追究严格的税收正义,并不容易做到,也会造成情节轻微复议案件的资源投入浪费,而对情节严重、社会影响较大的复议案件投入严重不足。复议案件因案件情节的轻重、社会影响的大小不同,所投入的复议资源应该有所区分。近几年税务复议案件数量迅速攀升,案件新型化和多样化趋势日渐凸显,涉及的领域不断拓宽,在此背景下,如何利用有限的资源处理那些情节严重、社会影响较大的复议案件,实现税务复议程序的繁简分流,确保复议资源的合理分配,是复议机关面临的共同课题。税务和解的出现,大大提高了复议机关的工作效率、节约了复议成本。

税务和解作为当事人"通过相互让步来消除合理判断中的事实或者法律问题的不确定状态"[①],以协议所适用的事实或法律来约定当事人之间的权利义务而达成的契约,对于一些重大、复杂的疑难复议案件,证据的获取并不容易,而这恰是案件解决的关键,此时,税务和解再一次"救复议机关而危难之中"。一般而言,一个复议案件越是事实清楚、证据充分,复议机关采取和解处理的空间越小;相反,哪些事实不清、证据不足或真伪难辨的复议案件,税务和解往往有较大的实施空间。税务和解发生功效的区域恰好是复议机制难以发挥作用的场景,从此角度上看,税务和解的标的应是不明确的事实状态或法律关系,而非税务机关的自由裁量行为。在事实确定与法律明确的情况下,税务机关必须依法行使行政权,即使存在裁量的空间,也不得任意行使;在事实或法律状态不明

[①] 〔德〕哈特穆特·毛雷尔:《行政法学总论》,高家伟译,法律出版社 2000 年版,第 355—356 页。

确的情况下,即使是羁束行为,税务机关也有权缔结和解协议。①

(三) 税务和解入法的时代诱因

自中国共产党十六大提出建设和谐社会的战略目标以来,"税收工作正处于各种社会矛盾的集中释放区,社会各界对税收征管、税务稽查、干部作风等引发的征纳矛盾都异常敏感。如何化解这些矛盾就成为当前税务行政执法过程中一项重要工作。为了更好地指导税务行政复议工作,加快税收法治建设,构建社会主义和谐税收,国家税务总局陆续颁布《税务行政复议规则(暂行)》、《税务行政复议规则》进一步明确了'解决税务行政争议'这一立法宗旨,自始至终都是围绕依法'解决税务行政争议'这个中心展开,'定分止争'成为税务行政复议的核心工作"。②税务活动被赋予强烈的政治色彩③,公平与正义等税法理念很大程度上让位于社会和谐与稳定。

受此影响,妥善化解日益紧张的征纳矛盾,严防群体性突发事件,已成为一段时间以来税务机关工作的基本目标之一。税务和解在这一特定时代背景下孕育而生。"与法定的刚性程序相比,和解强调程序的柔性运作,通过协商、让步、节制,使当事人之间的矛盾在磨合中化解,而各方的利益需要均能在这一机制中得到积极回应。"④对于和谐社会构建而言,税务和解的卓越贡献在于复议机关将纠纷交由当事人自己协商解决,避免公权力的过度干预,成功实现"转移矛盾的同时,又解决了矛盾"。税务和解一旦达成,当事人之间继续冲突的隐患有望消失,同时又可避免国家权力和个人权利之间的冲突。通过和解过程中的协商、让步、节制,涉案机关、有关责任人和纳税人的互谅互让加深彼此之间的理解,有助于和谐关系的构建与维系。

三、和解范围与功能定位

我国《行政复议法实施条例》第 40 条和第 50 条采用分别立法对"行政复议

---

① 参见赵银翠:《行政复议和解制度探讨》,载《法学家》2007 年第 5 期。
② 袁森庚:《新〈税务行政复议规则〉的新精神》,载《涉外税务》2010 年第 11 期。
③ 谢旭人局长在 2007 年的国家税务总局新闻发布会实录中强调:"今年是深入贯彻落实科学发展观、积极推进社会主义和谐社会建设的重要一年,要充分发挥税收调节经济和调节分配的作用,为全面建设小康社会、构建社会主义和谐社会作出新的更大的贡献。"参见《国家税务总局新闻发布会实录》,载 http://finance.people.com.cn/GB/8215/77982/77983/5350706.html,2013 年 12 月 22 日访问。
④ 马静华、苏镜祥、肖仕卫、黎莎:《刑事和解理论基础与中国模式》,中国政法大学出版社 2011 年版,第 56—57 页。

和解"与"行政复议调解"进行区别规定,行政和解的适用范围被严格限定在行使自由裁量权作出的具体行政行为,行政调解的疆域则被拓宽至行政赔偿或者行政补偿纠纷,体现了立法者对公权和私权博弈的某种纠结。我国《税务行政复议规则》第 86 条采用整体立法,对税务和解和调解的适用范围未作区分,将其统一采用"列举加概括"模式规定为:行使自由裁量权作出的具体行政行为,如行政处罚、核定税额、确定应税所得率等;行政赔偿;行政奖励;存在其他合理性问题的具体行政行为。问题在于,税务和解意欲何为? 其与调解存在什么区别? 是否会导致假借和解之名行调解之实而规避行政复议法及实施条例? 对税务和解究竟该作何定位? 这些问题都需要深入考察。

(一) 对和解与调解的必要限定

《行政复议法实施条例》与《税务行政复议规则》虽确立了税务和解和调解在税务复议中的地位,但对两者的内涵和外延均未进行界定。一般来说,"调解的基本意思,是指在一个中立而权威的第三方的主持、引导和促进下,通过争议当事人自己的协商,达成一致的协议,以解决彼此间纠纷的一种法律机制。它既不同于完全基于当事人相互的协商、妥协的和解,也不同于基于第三方的权威性裁决的仲裁、行政裁决和司法裁判"。[①]

作为解决税务纠纷的替代性方法,和解与调解在主体、性质和效力上都有所不同:调解的主体为复议机关和双方当事人,而和解的主体只能是双方当事人本身;调解含有复议机关行使行政裁决权的性质,而和解则是当事人在行政复议中对自己程序权利和实体权利的处分行为;根据在复议机关主持下调解达成的协议而制作的调解书生效后,行政复议归于终结,有给付内容的调解书具有执行力,而当事人在复议机关作出复议决定前和解的,和解协议不具有执行力。

(二) 适用范围:应有所区别

《税务行政复议规则》可否依据"特别法优于一般法"及"新法优于旧法"理念优先于《行政复议法实施条例》得以适用? 如果可以,则税务和解和调解的适用范围区分价值并不大。不过,答案显然为非,因为《行政复议法实施条例》与《税务行政复议规则》不是同位阶的法律。实质上,《税务行政复议规则》已构成对《行政复议法实施条例》的违反。税务和解与调解的不同特质使其难以共同

---

① 林莉红:《论行政诉讼中的协调——兼评诉讼调解》,载《法学论坛》2010 年第 5 期。

适应所有的税务纠纷,对各自适用范围的分别界定有其价值。就适用范围立法而言,《税务行政复议规则》相比《行政复议法实施条例》是一种退步。

比如,行政赔偿与行政奖励纳入税务和解范畴是否合适?和解意味着"双方交易"成为可能,有沦为攫取私利的附庸之危险。税务机关可能和纳税人一道,假借"和解"之名行偷逃税款之实,以合法方式掩盖非法目的;税务机关也有可能进行强迫式"和解",强行侵吞纳税人合法财产。① 赔偿款和奖励款会不会沦为交易的标的,成为当事人"合意"之结果?《税务行政复议规则》第87条的配套规定②是否足够?将和解协议效力的决定权赋予行政复议机构貌似合理,但基于结果的评估如何监督可能的"和解交易"过程,这才是症结。

(三) 功能定位:监督权力而非解决纠纷

"众所周知,从方法论的角度看,目的决定手段,手段服从目的。"③在特定的法治环境和税收法治意识的背景下,税务和解的功能定位需要根据行政复议的立法目的来确定。若行政复议的立法目的只是解决纠纷,化解和消除冲突,则可放心地让税务机关与纳税人"自由和解";如果立法目的不只是解决纠纷,更重要的是监督行政机关依法行政和保障公民权利,对税务和解则需要慎重考虑。

1. 税务和解的立法目的

定位税务和解的功能实属不易,却关乎税务和解的实务运作。税务和解的功能定位与其立法目的密切关联,探寻税务复议的立法目的是税务和解功能定位的前置条件。作为行政复议的一种,行政复议的立法目的自当适用税务复议。对税务复议的立法目的应聚焦于《行政复议法》《行政复议法实施条例》和《税务行政复议规则》。三部不同位阶的法律、法规和部门规章对行政复议的定位并不一致。《行政复议法》追求相对人权利的救济和行政权的监督④,《行政复议法实施条例》力求行政纠纷的解决⑤,《税务行政复议规则》则意欲实现税务纠

---

① 参见颜运秋:《税务和解的正当性分析》,载《法学杂志》2012年第8期。
② 我国《税务行政复议规则》第87条规定:"申请人和被申请人达成和解的,应当向行政复议机构提交书面和解协议。和解内容不损害社会公共利益和他人合法权益的,行政复议机构应当准许。"
③ 解志勇:《行政诉讼调解》,中国政法大学出版社2012年版,第47页。
④ 我国《行政复议法》第1条:"为了防止和纠正违法的或者不当的具体行政行为,保护公民、法人和其他组织的合法权益,保障和监督行政机关依法行使职权,根据宪法,制定本法。"
⑤ 我国《行政复议法实施条例》第1条:"为了进一步发挥行政复议制度在解决行政争议、建设法治政府、构建社会主义和谐社会中的作用,根据《中华人民共和国行政复议法》,制定本条例。"

纷的解决与相对人权利的救济和行政权的监督等多重功能。①《税务行政复议规则》将《行政复议法》及《行政复议法实施条例》的立法目的简单相加,实质上加剧了立法目的的混乱,难以承担实务指引的重任。

基于"上位法优先理论",税务复议的立法目的应首先寻求《行政复议法》上的依据;尔后,探求《行政复议法实施条例》的支持;最后,回归《税务行政复议规则》的规定。换言之,对税务复议而言,《行政复议法》的立法目的属于第一序位,应优先使用;《行政复议法实施条例》的立法目的属于第二序位,应次之使用;《税务行政复议规则》的立法目的属于第三序位,应受第一、第二序位确立的立法目的的约束。具体而言,可以将税务复议的立法目的进行结构化:上位目的——纳税人合法权益保障;中位目的——监督税务行政权;下位目的——纠纷解决。上位目的和中位目的分别关注纳税人"权利"和税务机关"权力",为法学的应有追求。下位目的直指纠纷解决,体现和谐社会的法治需求。三者构成内在有机的整体,形成税务复议的立法目的体系。

2. 和解定位:监督行政权

在行政诉讼实践中法院普遍存在一种"案结事了"情结。案结事了,重点在于"了"字,法院结案是为了使行政争议得到彻底的解决,这是基于将行政诉讼的功能定位于解决争议而对应产生的观点。② 该观点对税务和解同样适用,其危害不小。其一,当前税务机关接受监督的意识较为欠缺,纳税人主动实施监督的意识与能力极为孱弱,现行立法也未开辟对对税务行政权监督切实有效的途径,在此情况下,过于强调"案结事了",和解极易滥用和规避;其二,"案结"是税务纠纷妥善解决后的一种客观形式,是复议机关对行政权是否正确行使实施监督作出评判后的应有结果,属实然范畴。"事了"是税务机关对违法行政行为进行纠正而使纳税人的诉愿得以实现后产生的实际状态,多为涉案税务机关所追求的目标,属应然范畴。将涉案税务机关的应然追求与复议机关的实然评判相提并论,税务和解赖以依存的"中立立场"难以保障。

将税务和解的功能定为"案结事了"确有上述隐忧。尤其在当前税收征纳过程中,重税务机关、轻纳税人,强调税务机关的征税权、忽略应负的义务,强化纳税人的纳税义务、淡化应有的权利等现象普遍存在。税务机关的强势地位与

---

① 我国《税务行政复议规则》第1条:"为了进一步发挥行政复议解决税务行政争议的作用,保护公民、法人和其他组织的合法权益,监督和保障税务机关依法行使职权,根据《中华人民共和国行政复议法》《中华人民共和国税收征收管理法》和《中华人民共和国行政复议法实施条例》,结合税收工作实际,制定本规则。"

② 对案结事了的相关论述参见李赟:《行政诉讼和解若干问题探讨——上海高院〈关于加强行政案件协调和解工作的若干意见〉评析》,载《法学》2007年第9期。

纳税人的弱势地位形成鲜明对比,税收征纳沦为纯粹的"征(税务机关主动征税)纳(纳税人被动纳税)",此外,再无太多的纠缠,税务机关征完税便完事,纳税人缴完税也松一口气,彼此默契地"宣告"阶段性的税收法律关系的终止,且"于法有据",税法作证。此种境况下,一味强调纠纷解决,税收法治意识难以生成。一旦滥用,极可能危及量能课税的税法效用,关联纳税人之间的税收公平也难以出现,最终损及税收中性这一重要原则在税法和公民社会中的作用。

税务和解的功能定位应回归至行政复议的立法目的,与税务复议的立法目的保持一致。税务和解不是"随意"和解也不是"被"和解,为实现税务复议的优先目的,应将纳税人合法权益保障与税务行政权的监督作为最重要的功能定位予以明确。考虑到当前征纳失衡的税收法治境况,宜将监督税务行政权的行使确立为税务和解的定位。通过复议机关和纳税人的双重监督,力求保障纳税人的合法权益。同时,防止"被"和解而损害纳税人权益,纳税人可以行政诉讼,以诉权制约公权力的行使。总之,将税务和解的功能界定为监督税务行政权,既可以敦促税务机关依法行政,亦可明示复议机关的应有职责,还可实现税务复议和税务诉讼的功能衔接。

3. 理性对待"纠纷解决"

税务纠纷发生时,迅速解决纠纷既是税收法治使然,更是税收政治的要义。理解这一点需要满足两个假定:其一,税务复议案件太多,通过裁决结案成本高、效率低,和解的替代性价值显著;其二,税务纠纷中的双方当事人都自愿、合法地寻求和解,行政复议的立法目的同样可以实现。事实上,税务复议案件数量有限,和解结案与行政复议的基本目标存在偏差。纠纷解决得以依存的两大假定值得推敲,应回归纠纷解决的法律本义,切忌动辄上升至"维护和谐稳定"的政治高度。唯有此,税务机关依法行政才可能在中华大地上生根发芽,纳税人的合法权益保护才不只是一句口号,税务机关和纳税人的和谐关系才有可能实现。

其一,全国税务复议案件是否真的太多? 近年来,税务复议案件越来越多。据不完全统计,2005—2008 年的 4 年间共发生 2288 件,平均每年 572 件,比 1994—2004 年的平均数增加 73%,并且案件呈现出新型化和多样化的趋势,由过去主要针对征税、处罚逐步扩大到对行政许可、举报、行政不作为、信息公开以及执法依据等更加广泛的领域,对行政复议的专业化要求也越来越高。① 每年 572 件案件数量平均到全国 1 万多个各级税务机构,复议案件的数量难称其

---

① 国家税务总局:《"和解与调解"制度正式写进〈税务行政复议规则〉》,载 http://www.chinaacc.com/new/184_187/2010_3_5_ma02914330153010216592.shtml,2015 年 12 月 20 日访问。

为多。面对为数不多的个案,过于强调解决纠纷,涉案税务机关的依法行政、合理行政等行政执法理念势必难以提升。对复议机关而言,也丧失了钻研案件解决的法律技艺的机会。税务复议的行政权监督目的愈发难以实施,终有进一步损及纳税人合法权益的风险,也为对复议不服而致的行政诉讼败诉埋下实践诱因①,上述均有违税务复议的立法目的。

其二,双方当事人都自愿、合法地寻求和解? "当法治尚未成为社会的共识时,当行政机关对待行政诉讼的原告还是'你告我是一阵子,我管你是一辈子'的心态时,认同任何范围的调解,都可能是对行政机关违法的放任。"②税务机关和纳税人面对税务纠纷时,同样的心态纠缠于税务和解中。复议前置和先行纳税制度一定程度上限制甚至剥夺了纳税人寻求司法救济的权利。③ 凭此屏障,税务机关恣意妄为、执法的随意性和违法性风险倍增。纵然税务纠纷出现,税务机关依然有理由相信,握有重权不愁纳税人不和解。④ 在认为税务和解意图解决纠纷的基础上,若和解在被复议的具体行政行为违法时运用,则显然不解决也罢。在依法行政亟需成为税务机关的一种工作方式和工作理念的当下,如果税务和解成为迁就纠纷解决的工具,则是中国税收法治的悲哀,也是所有税收人和法律人所不愿意看到的。

四、和解标的与协议要件:合理、合法还是合利益

依据我国《税务行政复议规则》第 86 条和第 87 的规定,税务和解的要求是:第一,当事人自愿、合法;第二,被和解的复议事项属于第 86 条存在合理性的四种事项;第三,和解协议内容不损害社会公共利益和他人合法权益。这两条规定看似严谨,深究则可发现显而易见的裂缝。和解应当自愿,毫无疑问。内生的问题在于:其一,和解的标的以合理性为判定依据是否合适?其二,和解协议的内容是否可以违反法律规定,而不受合法性原则的约束?其三,和解协

---

① 凡是遇到税务行政复议申请,便习惯性寻求和解以解决纠纷,导致复议机关在通过裁决处理行政复议上缺少经验,办案人员缺少锻炼和相应的能力。一旦出现与税务机关抗争到底的纳税人提起税务行政诉讼,税务机关败诉的几率就很大。换言之,由于税务行政复议质量差,过于依赖税务和解,不仅没有起到减诉的功能,反而增加了税务机关败诉的风险。为避免出现败诉风险,税务机关又千方百计通过和解解决争议,此为税务纠纷解决的实践悖论,唯有跳出纠纷解决思路方可解开迷局。

② 林莉红:《论行政诉讼中的协调——兼评诉讼调解》,载《法学论坛》2010 年第 5 期。

③ 参见王鸿貌:《我国税务行政诉讼制度的缺陷分析》,载《税务研究》2009 年第 7 期。

④ 笔者调研也证实这一点,税务纠纷发生后,大多数纳税人担心"告状"得罪税务机关,恐遭日后的"报复","私了"也算是税务机关给自己的一个台阶,如此一来,纳税人也就彻底"被"和解了。

议的内容损害社会公共利益和他人合法权益的是否一定不准许?

(一) 税务和解具有合法性

在我国,税务和解植根于《行政复议法实施条例》,而作为上位法的《行政复议法》却没有规定行政复议和解,依此逻辑,税务和解自无合法性,此其一。若将税务和解的源头追至《行政复议法实施条例》,也面临合法性危机。《行政复议法实施条例》为行政法规,而《税务行政复议规则》属部门规章,属对《立法法》第79条"行政法规的效力高于地方性法规、规章"的违反,此其二。具体而言,《行政复议法实施条例》对行政复议和解的规定既是一种授权性规定,更是一种禁止性规定。赋予行政机关在法律规定范围内的复议事项可以进行和解,更为重要的是,在法律规定范围之外的复议事项不能进行和解,即"法无规定即禁止"。《税务行政复议规则》扩大了《行政复议法实施条例》对"行政机关的自由裁量行为"的范围界定。

在上位法缺位,下位法对中位法违背的情况下,主要有两种对策解决,要么修法,要么寻求更高的上位法支持。修法非一日之功,也应谨慎启动。寻求更高的上位法支持可以尝试。依据我国《宪法》第89条规定,国务院及其领导的各级机关可以行使行政权。我国《国务院组织法》和《地方各级人民代表大会和地方各级人民政府组织法》第四章对国务院及其领导的各级机关的行政职能作了进一步规定。三部上位法虽未明确规定行政机关复议和解的权力,但"行政权的特点决定了行政机关必须对其职责范围内所出现的各种问题及时作出回应,以维持基本的社会秩序,促进社会公共福利。在事实状态或法律状态不明确的情况下,如果严格遵循形式法治主义,会导致行政机关进退两难,进则可能因行政机关行为失据而导致纷争不断,退则可能因相对人行为失范而损害他人或公共利益。在这种情况之下,行政机关系于其职责所在,在其职权范围内通过与相对人合意的方式明确双方的权利义务关系,不失为明智之举,并不违背法治的基本精神"。[①]

可以看出,税务和解并非对上位法的公然违反,可以将其放置宪法的维度进行审视。基于税务机关和纳税人和谐关系的努力构建,在修法时机尚未成熟的条件下,可以依据宪法的基本理念赋予其合法性。但也应明示,税务和解依然是依法行政原则下的治理方式,不能脱离法治的基本原则,必须接受行政司法性审查。因为税务和解存在极易被滥用的可能,所以"在法治主义之下,只能

---

① 赵银翠:《行政复议和解制度探讨》,载《法学家》2007年第5期。

是作为规则治理的例外而存在,在有明确法律指引的情况下,行政机关必须坚持依法律治理;在没有法律指引的情况下,则本着高度责任伦理,审慎行使其职权,实现公共福祉之最大化"。①

(二)和解标的:不明确的事实状态或法律关系

学界对行政复议和解的标的远未达成共识,一般认为,根据我国《行政复议法实施条例》第 40 条的规定,行政复议和解的标的为行政机关依法行使自由裁量权作出的具体行政行为(下文简称为行政机关的自由裁量行为)。我国《税务行政复议规则》第 86 条突破了《行政复议法实施条例》第 40 条的规定,除开行政机关的自由裁量行为外,行政赔偿、行政奖励及存在其他合理性问题的具体行政行为均可进行税务和解。依据法律的文义解释,税务和解的四种标的具有共同的特质,即存在合理性问题。是否意味着,税务和解的标的应以最终的合理性为判定标准?在法律适用上会不会导致法际之间的无序?

将税务和解的标的界定为存在合理性问题的具体行政行为至少会带来如下困惑:其一,根据法条之间的内在逻辑结构,《税务行政复议规则》第 86 条中的"款"自当适用下位的"项",因此,存在合理性问题的具体行政行为自当接受合法性原则的制约。现实难以完全贯彻,合理性与合法性非"双胞胎",严苛要求重合时方可适用大大降低税务和解的制度效用。其二,第 86 条第 1 项一改《行政复议法实施条例》对行政机关的自由裁量行为的概括式立法例,采取列举加概括式立法,将其列举为"行政处罚、核定税额、确定应税所得率等","等"如何解读?典型如征税自由裁量行为可否为"等"所包容,直接进入和解空间?基于税收法定主义和复议前置制度,不宜将其吸纳其中,应在行政复议中由复议机关审查后作出复议决定。在行政裁量从二元论步入一元论②的当下,不管是《行政复议法实施条例》确定的行政机关的自由裁量行为,还是《税务行政复议

---

① 赵银翠:《行政复议和解制度探讨》,载《法学家》2007 年第 5 期。
② 行政行为的合理性与行政机关的"自由裁量权"如影相随。行政法领域的核心问题即是要区分裁量问题与法律问题,自此产生二元论和一元论之争。裁量二元论认为,对于法律问题,法院可以进行审查并作出合法与否的判断;而对于裁量问题,法院不能进行审查。裁量一元论正好相反,它认为裁量问题与法律问题并非各自独立的二元,裁量问题不过是法律问题中的那些不重要的问题;所有的行政裁量都是法律授权的结果,根本不存在不受法律拘束的自由裁量。裁量二元论长期以来是行政法领域中的支配性理论,尤其是受概念法学的影响,人们很自然地接受了对裁量问题和法律问题的区分。随着法治国家理念的质变,行政的前法律性观念逐步得以否定,行政裁量步入一元论时代。裁量权外部,司法审查得以建立;裁量权内部,比例、诚信等行政原则不断引入,自生一套自我拘束机制,行政裁量权滥用被严格观察。关于行政裁量权二元论和一元论的相关论述可参见王天华:《从裁量二元论到裁量一元论》,载《行政法学研究》2006 年第 1 期。

规则》规定的存在合理性问题的具体行政行为都无法揭示税务和解标的真相。

"和解作为以合意解决纠纷的制度发端于民间,在私法领域被广泛使用。但随着纠纷产生的多样化和利益主体的多元化,特别是伴随着民主思潮的激荡,福利国家、给付国家等新型国家目的观的出现,和解制度相应地由私法领域进入公法领域。税务和解作为行政和解的分支,正是这一进程的产物。"①税务和解是税务纠纷的当事人"通过相互让步来消除合理判断中的事实或者法律问题的不确定状态"②,以协议所适用的事实或法律来约定当事人之间的权利义务而达成的契约。税务和解发生功效的区域恰好是传统纠纷解决机制难以发挥作用的场景,从此角度上看,税务和解的标的应是不明确的事实状态或法律关系,而非税务机关的自由裁量行为。在事实确定与法律明确的情况下,税务机关必须依法行使行政权,即使存在裁量的空间,也不得任意行使;在事实或法律状态不明确的情况下,即使是羁束行为,税务机关也有权缔结和解协议。③

(三) 和解协议的分层准许要件

我国《行政复议法实施条例》第 40 条和《税务行政复议规则》第 87 条都规定:"和解内容不损害社会公共利益和他人合法权益的,行政复议机构应当准许。"依此规定,可否认为"合符社会公共利益和他人合法权益,即合利益"为和解协议的准许要件?协议内容的合法性应否发挥删选功能?本书以为,对《行政复议法实施条例》第 40 条和《税务行政复议规则》第 87 条的规定宜做狭义解释,即以合利益为和解协议的准许要件,但也要严格限定。税务和解的价值就在于处理不确定的事实状态或法律关系时的不可替代性,就某个特定的税务纠纷而言,和解协议内容完全合法并不容易达到,也并非必要。同时也需注意,和解协议绝非可以完全脱法而自由和解,和解依然要受法定主义制约,不得违反法律的禁止性规定。至于当事人双方之间的利益衡平,和解制度并不足以保证,毕竟由于事实或法律关系不清,权益和损害本身都是难以明确的。

英国法社会学家科特威尔对调解的论述对于税务和解同样具有启发性。科特威尔对调解的特征作过描述:"第一,在调解中,双方通常选择一个彼此都能接受的第三方;第二,第三方并不试图运用现有的法律规范来解决双方的冲突,而是对冲突双方提出的观点和要求策划一种妥协与和解的办法;第三,调解

---

① 张成:《税务和解的法律界定》,载《特区经济》2010 年第 6 期。
② 〔德〕哈特穆特·毛雷尔:《行政法学总论》,高家伟译,法律出版社 2000 年版,第 355—356 页。
③ 参见赵银翠:《行政复议和解制度探讨》,载《法学家》2007 年第 5 期。

第五章 税务契约的微观解剖

人力求提出明智的冲突双方都能接受的解决冲突的建议,避免使双方中任何一方认为这一建议是完全错误的,并使双方都对结果感到满意。由此可见,在解决冲突的若干不同效果中,调解所追求的仅是冲突和对抗的消弭。为了实现这一效果,在西方国家,甚至常常以损害法律原则为代价。"①和解虽不像调解一般拥有中立的第三方,但就两者达成的协议内容而言,不能要求不违背法律或者法律的基本原则理念相通。由此可以看出,税务和解协议的内容是否合法并不需要做严格的限定,可以分层处理:对非禁止性的法律规定,和解协议内容可以适度突破,为防止滥用,可设定合利益为底线原则;对于禁止性的法律规定,和解协议内容必须严格遵守,奉行法定主义。

五、和解的税法难点与技术支持

税务局的目标是为纳税人提供优质服务,帮助他们了解和意识到应予承担的税法义务与责任,保证税法公正、诚信地适用于所有纳税人。② 当然,"税务局对服务的重视不仅体现在纳税人对法律的理解,而且还表现在税务纠纷的解决程序中"。③ 为弥补传统税务纠纷解决程序的弊病,比如耗时费力、解决成本日益增大、解决结果执行难等,"ADR 于 20 世纪发展起来,调解犹如沉睡已久的巨人,从 ADR 的各种形式中脱颖而出"。④ "过去 30 年中,调解制度已成为世界范围内广为运用的重要的纠纷解决方式。"⑤在西方学者的眼中,中国是对调解最为重视,并在发挥调解的效益和效率方面处于领先地位的国家。⑥

在中国,调解深受法律传统、经济社会与文化等的影响,成为一种流动着的纠纷解决办法,和解和调解具有聚合性。"就和解与调解的关系来说,和解是一个具有更宽泛涵盖性的概念,能够包容调解的含义,调解属于和解的一种情形,

---

① 顾培东:《社会冲突与诉讼机制》,法律出版社 2004 年版,第 239 页。
② IRS,"Your Rights as a Taxpayer",*The Taxpayer Bill of Rights*, Publication 1, http://www.irs.gov/pub/irs-pdf/p1.pdf,2015 年 12 月 28 日访问。
③ Gregory P. Mathews,"Using Negotiation, Mediation, and Arbitration to Resolve IRS-Taxpayer Disputes",19 *Ohio State Journal on Dispute Resolution*(2003—2004),p.709.
④ 〔美〕詹姆斯·E.麦圭尔、陈子豪、吴瑞卿:《和为贵:美国调解与替代诉讼纠纷解决方案》,法律出版社 2011 年版,第 7 页。
⑤ 〔澳〕娜嘉·亚历山大主编:《全球调解趋势》(第二版),王福华等译,中国法制出版社 2011 年版,中文版序。
⑥ Michael T. Colatrella, Jr,"'Court-performed' mediation in the People's Republic of China:A Proposed Model to Improve the United States Federal District Courts' Mediation Programs",15 *Ohio State Journal on Dispute Resolution* 391(1999—2000),pp.391—392.

是当事人在第三方的推动下达成的和解。"①和解既有调解的特质,又有其独有的价值理念;和解的项目多样,具有很强的灵活性,而且为适应不同的情况还在不断地进行调整和改造,但是这些项目在核心价值上是共同的,主要有:(1)当事人之间互相尊重;(2)各方积极参与;(3)调解人中立;(4)当事人自愿;(5)参与人开展富有意义的交流和对话;(6)加害人承担责任。② 要想税务和解得以实施,上述核心价值必须在实践中得到践行。作为税务纠纷的替代性解决机制,税务和解的传统特质也应予以保留。尤其是非正式程序(尤其是自愿原则)、中立第三方以及保密制度,三者事关税务和解的成败,是税务和解能否顺利实施的难点,理应引起足够的重视。

(一) 自愿原则

税务和解高度强调自愿原则,紧紧围绕税务纠纷当事人的互谅互让展开,因此,必须充分尊重当事人意愿,让当事人自主选择。"对于和解而言,自愿性乃是其内在品格。从和解的启动,到和解程序的选择,再到最后协议的达成,无时无处不渗透着当事人的意思自治。"③没有意思自治,就不可能有真正意义上的和解。如果建立在胁迫、欺诈等基础上的"和解",只能是形式上的和解。④ 自愿性对于和解至关重要,是和解结果具有正当性的必要条件。⑤ 自愿原则能否真正贯彻事关税务和解的实施,如何在和解程序中健全监督与控制的机制,以更好地保障当事人的自主与自愿,值得深切关注。

1. 自愿原则的内涵

自愿原则意味着:"当事人可以自愿参加,也可以自由退出,这种权利不应当被干涉,以保障当事人不受潜在的压力。自愿必须贯穿始终,不仅要体现在和解的整个过程中,而且要体现在和解协议中,也就是要尊重当事人对和解内容的决定权。"⑥从法律角度看,自愿原则主要包括程序上的自愿和实体上的自愿,实质上是尊重和解当事人对自己享有的程序权利和实体权利作出的自由处

---

① 杨建华:《行政赔偿和解程序程序研究》,中国民主法制出版社 2010 年版,第 104 页。
② Kay Pranis, "Restorative Justice in Minnesota and the USA: Development and Current Practice", *123Rd International Senior Seminar Visiting Experts' Papers*, Resource Material Series No 63, pp. 111—123.
③ 杜宇:《理解"刑事和解"》,法律出版社 2010 年版,第 379 页。
④ 唐峰:《纠纷和解研究》,中国政法大学出版社 2012 年版,第 43 页。
⑤ 葛琳:《刑事和解研究》,中国人民公安大学出版社 2008 年版,第 273 页。
⑥ 陈晓明:《刑事和解原论》,法律出版社 2011 年版,第 222 页。

分。具体而言,体现在两大方面①:

(1) 和解过程应尊重当事人双方的自愿。首先,和解主持者的选择,应以当事人双方的自愿为准。和解程序运行中,如需要和解主持者,则主持者应由当事人双方自愿选择,仅当双方无法就主持者达成共识,方可由复议机关提供建议人选,可否直接指定应根据个案而定,即便指定也应谨慎,不应破坏和解的自愿原则。其次,和解程序的启动必须得到当事人双方的同意,任何一方同意和解,则不应当实施和解。和解的主持者更不得以任何形式直接或变相地向当事人一方或双方施加压力,迫使其进入和解程序。最后,在和解进行过程中,任何一方当事人明确提出不愿依据和解程序继续处理,则主持者应立即终止和解程序,转入税务复议程序,不得拖延,或以其他形式向当事人施压,使其继续接受和解。总之,在整个和解过程中,应对双方当事人的自愿协商,意思自治予以保障。在和解过程中,主持者主要是起到主持和召集当事人进行协商的作用,不得采取任何言行妨碍当事人自由表达其真实意思。

(2) 和解方案的草拟和达成,尤为强调对当事人双方自愿的尊重和保障。在和解中,"作出决定的是纠纷当事人自己。它是一个共同的决定。各方当事人所能够获得的仅仅是另一方最终意欲给予的。由于双方当事人在掌握情势时必然会从他们之间的某种分歧入手,因此,决定的过程包含着一种聚合。"②基于此,和解方案原则上由当事人一方或双方提出,若当事人双方同意,也可由和解主持者提出和解方案供双方自愿选择,但不管哪一种方式,和解主持者均不能代替双方当事人作出决定。和解主持者只能在不破坏自愿原则的前提下对和解方案作出引导和建议,比如当事人提出违反法律或社会公共利益的和解方案时,主持者可以释明。与和解方案提出的自愿相比较,和解协议达成的自愿更要得到尊重和保障,应保证和解协议的内容是当事人双方自愿而致的真实意思表达。

2. 自愿原则实施的制约因素与消除③

自治性是和解的内在生命。然而,也正是在这一点上,和解机制面临着异常激烈的批评。首先,税务机关可能对纳税人施加强制,逼迫纳税人和解。税

---

① 下文对税务和解内涵的分析借鉴了杨雄博士对刑事和解内涵的相关论述,参见宋英辉主编:《刑事和解制度研究》,北京大学出版社 2011 年版,第 97—99 页。

② 〔英〕西蒙·罗伯茨、彭文浩:《纠纷解决过程:ADR 与形成决定的主要形式》(第二版),刘哲玮、李佳佳、于春露译,北京大学出版社 2011 年版,第 156 页。

③ 本段对税务和解中自愿的制约因素的分析借鉴了杜宇和杨晓静的相关论述,参见杜宇:《理解"刑事和解"》,法律出版社 2010 年版,第 379—380 页;杨晓静:《我国刑事和解的现实困扰与进路分析》,载《中国刑事法杂志》2008 年第 5 期。

务机关(相关负责人)和纳税人在实力上并不平衡,在权力(权利)的实践、专业知识、社会地位以及资源调动等方面存在差距。当事人之间内生一种潜在的强制。在税务机关急于和解时,相关负责人便倾向于发挥所有能量,从各方面对纳税人施加压力。此时,威胁、收买、恐吓等现象在所难免,自愿原则面临空前危机。其次,作为启动复议程序的复议机关,很可能基于功利的目的,对于其认为证据不足或事实不清的案件,通过形式上维护当事人权益的税务和解而终结复议,以卸除自己沉重的复议负担,并同时达致当事人终止复议的两全结果。最后,相对于赤裸裸的强制而言,另一种潜在性的压迫可能更容易被忽视。此时,当事人在表面上乃是自愿选择和解,但在当事人自愿的面纱下,实际上潜藏着极深的内在压迫。

虽然和解程序通常是自愿的,但因其他类似的纠纷解决程序的有效性,税务局也会考虑如何改善程序以保证当事人双方自愿参与。① 其实,对和解中自愿原则实施的制约因素考量"更多的是由于和解机制在操作中的瑕疵所致,或者其本身就是违规操作的产物,而并非刑事和解(税务和解)与生俱来的缺陷。因此,切不可因噎废食。而且,从意志自由的角度出发,它们中的大多数情形,只是部分地影响了当事人的选择,尚未构成对意志自由的现实压迫,因而,并不足以真正颠覆'自愿性'的成立。这些问题的存在,只是提醒我们,应当如何在和解程序中健全监督与控制的机制,以更好地保障当事人的自主与自愿。"② 为保障自愿原则的真正贯彻,选择和解的中立机构和和解主持者至关重要。

(二) 和解的中立机构与主持者

"在刑事和解中,我们虽然强调双方当事人发挥主体性的、决定性的作用,但是,这并不意味着犯罪的处理完全是私人之间的事情,也不意味着,仅仅靠双方当事人的协商就可以彻底解决纠纷。毋宁说,我们经常需要引入一种中介性的力量,来将双方当事人糅合在一起,并妥善化解和解中可能发生的直接对抗。从这个意义上讲,所谓的刑事和解,通常都是以'调解'的面目出现。"③ 杜宇博士对刑事和解的论述同样适用于税务和解。对于税务和解而言,中立机构和主持者的确定是关键。

---

① Amy S. Wei,"Can Mediation Be the Answer to Taxpayers' Woes?: An Examination of the Internal Revenue Service's Mediation Program", 15 *Ohio State Journal on Dispute Resolution* (1999—2000),p.567.
② 杜宇:《理解"刑事和解"》,法律出版社 2010 年版,第 384 页。
③ 同上书,第 316 页。

第五章 税务契约的微观解剖

1. 中立机构的确立

从我国目前的实践看,税务和解的组织无外乎三种可能:复议机关担任中立机构、民间组织担任中立机构和无中立机构。在国外,对于和解的中立机构也有多种模式,其中的主流,是由中立的民间机构来担任。根据我国《税务行政复议规则》第 12 条[①]的精神,当前税务和解的组织更多地依赖于复议机关。其实,复议机关不适宜直接担任和解中立机构的角色。理由如下:其一,由复议机关组织和解并不合符效率主义。和解之所以产生,最为重要的诱因之一便是其可缓解复议机关的案件压力,迅速、高效地解决税务纠纷。由复议机关主持和解,可能与这一制度初衷产生偏差。毕竟,和解协议的达成需要一个过程,尤其在反复协商、多次磋谈而致的和解程序中,复议机关耗费的时间成本并不见得比直接复议结案少。其二,复议机关既充当和解程序的组织者,又充当复议程序的"审判者",极易产生角色错乱。一旦当事人双方无法达成和解协议,案件势必再次返回复议程序。此种情形下,复议机关既是先前和解程序的组织机构,又是后续复议程序的"审判机构"。在先前的和解程序中,复议人员容易将"审判角色"带入其中。在和解终结而重新启动的复议程序中,复议人员又容易将先前和解程序中的见解、印象等不一定真实的场景带入其中。这些与中立机构的价值中立、利益无涉的姿态有着重大的背离。

基于税务纠纷的高度专业性,由民间机构担任税务和解的中立机构,组织税务和解,并不合符当前的税务纠纷解决实践。况且,税务复议案件数量有限,也无另立和解的中立机构的必要性。从长远看,可以考虑在税务系统内另设一个中立的机构专门组织税务和解,条件成熟时,也可考虑由民间机构来担任和解的中立机构,而复议机关则退出和解程序的前台,仅仅在和解案件筛选、监督、救济等层面发挥间接的调控作用。当前,考虑到制度的设立成本,较为理想、可行的是由行政复议委员会作为和解的中立机构,因为,从构建税务和解的角度考虑,中国的税务复议虽然也不乏优势,但在独立性建设方面存在致命缺陷,以至于始终无法获得纳税人的信任,在税务争议的解决方面发挥重要作用。如果复议机关不能保持独立性,复议结果时时受到征收机关影响,这样程序事实上起不到多大作用。美国联邦税务局复议部之所以得到纳税人的信任,也是因为其与征收稽察部门没有隶属关系。[②]

---

① 我国《税务行政复议规则》第 12 条规定:"各级行政复议机关可以成立行政复议委员会,研究重大、疑难案件,提出处理建议。行政复议委员会可以邀请本机关以外的具有相关专业知识的人员参加。"

② 参见熊伟:《美国联邦税收程序》,北京大学出版社 2006 年版,第 181、196 页。

2. 和解主持者：调解员

和解成功的关键在于中立第三方的调解员。在中国，对税务和解程序中的调解员只字未提。依据自愿原则，纳税人有权选择调解员，但这种选择权时常被限制。比如在美国，如果纳税人意欲选择一个中立第三方调解员，只要复议部批准是可以的。重要的是，纳税人必须支付调解员相应费用，这可能导致纳税人无力承担或无从找到中立的调解员。由于调解员极有可能是复议部的雇员，调解员偏向于税务局的认知偏差由此产生，进而导致纳税人对和解程序的不信任。[①] 由此可知，调解员的确立对于税务和解的重要性。调解员与另一个极为重要的概念相关联，即调解员的角色。

（1）调解员的角色。调解员的主要职能是弥合当事人双方之间的信息交流，并试图缓解争议解决中的情绪压力。[②] 只要当事人双方同意，调解员也可以起到促进和评价的功能。具体而言，对纳税人来说，对复议潜在的成本和风险的评估格外关注。对税务机关而言，自由裁量权的行使风险也颇为关注。[③] 实际上，将调解员定义为和解程序的"推动者"无疑是精准的，调解员的原初职能还是促进当事人双方之间的沟通。[④] 在调解过程中，调解员可以说是最有影响力的组成部分，各方对调解员的信任是不可缺少的。[⑤] 调解员始终是当事人双方之间意思自治形成合意的促进者，而非以自己的价值判断来影响、强制当事人双方的审判者。此为调解员必须恪守的基本角色。在和解程序的进程中，调解员应担负"推动者"使命，但更应恪守本分：首先，在和解程序启动之前，调解员应更多以"推动者"身份出现，原则上应分别告知当事人双方和解程序与复议程序的区别，尤其要强调两者原则、理念等方面的差异。同时，还可帮助当事人双方评估可能的风险和对方案的期待，介绍和解的基本技巧等等。其次，和解程序启动后，调解员则多以"沟通者"面目出现，尤其出现当事人双方情绪波动、矛盾激化、剑拔弩张之时，调解员应居中调停，交换意见、沟通信息。此时，和解

[①] Leonora Meyercord, "Avoiding State Bankruptcy: Mediation as an Alternative to Resolving State Tax Disputes", 29 *Review of Litigation* (2009—2010), p. 938.

[②] Ronald A. Stein, "Make the Most of Recently Expanded IRS Mediation Opportunities", 70 *PRAC. Tax Strategies* 144 (2003), p. 156.

[③] Leonora Meyercord, "Avoiding State Bankruptcy: Mediation as an Alternative to Resolving State Tax Disputes", 29 *Review of Litigation* (2009—2010), p. 938.

[④] Rev. Proc. 2002-44, 2002-26 I. R. B. 10.

[⑤] David Parsly, "The Internal Revenue Service and Alternative Dispute Resolution: Moving from Infancy to Legitimacy", 2 *Cardozo Journal of Conflict Resolution* 8 (2006), p. 686.

第五章 税务契约的微观解剖

协议的达成离不开调解员的强力沟通。①

（2）调解员的选任。当我们问调解人从哪里来，并且追问他们何以能够介入纠纷时，答案是相当多元的，并且与社会文化环境密切相关。在西方现代社会调解被重新制度化背景下，调解人当然是被训练过的专家和具有权威的专业人士，他们具有能力证书并且遵守从业规则。② 比如，在美国，调解员对和解程序中的案件所负有的评估职能，使得调解员具备相应的税收专业知识成为必需，加上成本控制的考虑，选择复议人员为调解员是合理的。一个可能的解决方案是加大额外的税收专业技术培训。在此基础上，制作调解员花名册，以供当事人双方自愿选择。③ 在我国，根据《税务行政复议规则》的规定，复议人员作为和解程序的主持人应该是顺理成章的，但并未有针对调解人具体资质的规定。《税务行政复议规则》第 13 条也仅规定，税务复议人员应当具备与履行复议职责相适应的品行、专业知识和业务能力。一般而言，"调解员通常必须具有的素质、基本能力和应遵循的行为规范主要包括：公正、公平、保密义务，善意，社会经验与控制能力，必要的专门知识和调解技能"。④ 为培养适格的税务和解主持者，可以借鉴格鲁吉亚对调解员的选择。在格鲁吉亚，相比较政府部门或机构，调解员有着非常严格的要求。调解员必须有纠纷解决方面的专业技能，为培育这种技能，至少要经过 20 小时的课堂培训，至少跟一个有经验的调解员进行 5 次调解实践学习，在特殊情况下，调解员至少获得 4 年正规大学的学士学位。如果调解的案件超出调解员的专业知识水准，调解员则必须得到更广泛的培训。此外，调解员还必须从法院获得一份推荐信或从有权评论的客户处获得三份推荐信。⑤

（三）保密制度

评论家断言，当事人在和解程序中所作的陈述的保密水平，高度影响着当

---

① 参见〔英〕西蒙·罗伯茨、彭文浩：《纠纷解决过程：ADR 与形成决定的主要形式》（第二版），刘哲玮、李佳佳、于春露译，北京大学出版社 2011 年版，第 156 页。
② 参见同上书，第 209 页。
③ Leonora Meyercord, "Avoiding State Bankruptcy: Mediation as an Alternative to Resolving State Tax Disputes", 29 *Review of Litigation* (2009—2010), pp. 939—940.
④ 范愉、李浩：《纠纷解决——理论、制度与技能》，清华大学出版社 2010 年版，第 302—303 页。
⑤ Amy S. Wei, "Can Mediation Be the Answer to Taxpayers' Woes?: An Examination of the Internal Revenue Service's Mediation Program", 15 *Ohio State Journal on Dispute Resolution* (1999—2000), pp. 567—568.

事人对和解程序的信任。① 如果能够保证和解过程中披露的信息不被用于随后可能的法律行为,当事人则更倾向于披露信息。② 为了保证纳税人愿意选择税务和解程序,税务机关需要对当事人的涉税信息予以保密。绝对保密的保证将给纳税人足够的动力选择和解,而非复议到底,甚至诉至法院。基于公共利益等考量,完全绝对的秘密性概念是不可接受的,完全的保密制度也是不可接受的,它应当受到一定程度的限制,允许在一些例外情况下披露信息。③ 如何确定保密与披露的边界范围,在诸多冲突的价值理念之间找到恰当的平衡,是为关键。

1. 保密人员与对象

要想保密在和解程序中自发生成,则保密不应只是一项抽象的法律原则,更应该是一项具体的权利和义务,即一项可以具体实施的法律制度。毕竟在保密过程中,没有对"密"的权利确认,"保"的义务也就缺少了正当的来源。④ 作为一项法律制度,权利、义务主体是其内核。保密制度也不例外,首先必须明确谁应该保密,为谁保密,谁有权要求保密等先决问题。但在现行税务复议规则中,此类问题均未明确,如不加以界定,必将影响税务和解的有效实施。对税务和解中的涉税信息负有保密义务的首当为当事人双方,双方知晓和解进程中的所有信息,负有保密义务是自然,双方所负的保密性最高。此外,调解员虽未实质性参与当事人双方的和解,但作为和解程序的主持者,相关涉税信息的知悉度显然高于一般人员,其保密义务仅次于当事人双方。此外,负有保密义务的还有参与和解程序的其他人员,比如代理人等,此类人员的保密义务与其知晓的涉税信息量相关联。保密的内容则因案件的性质、复杂度等应有所不同,但大体来说,主要包括以下内容:当事人双方提至和解程序中用于和解的账簿、报表、文书以及与之相关的原始凭证,当事人的隐私、商业秘密以及在和解中提出的证据、主张、作出的妥协与协议内容等信息。

2. 保密制度例外

在税务和解中有些保密是必须的,然而,为了维护和解的完整性,广义上的保密制度至少有三个例外。首先,不允许纳税人利用和解程序来隐瞒有关事实

---

① David Parsly,"The Internal Revenue Service and Alternative Dispute Resolution: Moving from Infancy to Legitimacy",2 *Cardozo Journal of Conflict Resolution* 8(2006),p.686.

② Melinda Jone and Andrew J Maples,"Mediation as an Alternative Option in Australia's Tax Disputes Resolution Procedure",27 *Australian Tax Forum*(2012),pp.552—523.

③ 参见周清华、古俊峰、戴晨:《寻求平衡:国际商事仲裁秘密性问题研究》,载《大连海事大学学报(社会科学版)》2005年第6期。

④ 参见谢晓尧:《竞争秩序的道德解读》,法律出版社2005年版,第270页。

以逃避申诉或上诉。更确切地说,纳税人不能利用和解程序使一些确定的事实和文件有所改变或隐瞒,因而不能在随后的申诉程序中得以应用和采纳。[1] 其次,必须包括一个类似于美国统一调解法中讲到的例外情况,那就是认可涉嫌欺诈、胁迫或无行为能力案例中的证词。[2] 比如,如果征税机关的代表试图强迫纳税人进行和解,那么纳税人应该能够证明彼此达成了防御协议。[3] 这个例外可能比它看起来更有必要。很多人都抱怨美国国税局的官员(特别是那些基层派出机关的工作人员)对调解怀有敌意,官员的这种态度使利用调解解决争议的机会减少。如果税务局的代表的不合适的行为给纳税人造成了威胁,那这样的信息也应该在接下来的程序中公开。[4] 最后,对那些确认或者反驳调解人有渎职行为的证据,以及证明一方当事人或当事人的法定代理人是依据调解所为行为的证据不该保密。[5] 这个例外是为了保护调解的完整性,也是为了确保调解的质量。[6] 此外,这个例外也可以提高调解员花名册对于和解程序的效率,使和解程序中非专业或不适格的调解员使用率减少到最低。

3. 保密提示制度

在纳税人提供相关材料或向税务机关披露有关信息时,税务机关有义务进行保密提示,问询纳税人是否对相关信息保密,并记录相关情况,在纳税人核实后,由纳税人签字确认。根据纳税人的需要及信息的重要程度分类归档管理。保密提示制度意在督促税务机关切实履行保密义务,各种记录材料将成为处理因为税务契约保密引发的争议的重要凭证。

六、税务和解制度的未来

新千年伊始,国家税务总局就启动了税务复议改革,2004 年出台了《税务行政复议规则(暂行)》,从税务复议范围到管辖、从复议申请、受理到证据运用、复议决定,各种复议改革措施纷纷亮相,在保护纳税人合法权益、监督税务机关依

---

[1] Leonora Meyercord,"Avoiding State Bankruptcy: Mediation as an Alternative to Resolving State Tax Disputes",29 *Review of Litigation*(2009—2010),p. 944.
[2] UNIF. MEDIATION ACT § 9(b)(2)(Revised Interim Draft August 2000).
[3] Brian. D. Shannon, "Confidentiality of Texas Mediations: Ruminations on Some Thorny Problems",32 *Texas Tech Law Review* 77(2000),pp. 88—90.
[4] Leonora Meyercord,"Avoiding State Bankruptcy: Mediation as an Alternative to Resolving State Tax Disputes",29 *Review of Litigation*(2009—2010),p. 945.
[5] UNIF. MEDIATION ACT § 9(b)(1)(Revised Interim Draft August 2000).
[6] Brian. D. Shannon, "Confidentiality of Texas Mediations: Ruminations on Some Thorny Problems",32 *Texas Tech Law Review* 77(2000),p. 90.

法行政方面发挥了重要作用。为迎合社会管理创新，反映时代特质的《税务行政复议规则》自2010年4月1日起实施，"税务和解"正式写进《税务行政复议规则》。税务和解突破了行政权不得处分的原理，使得税务机关在力图发挥纠纷解决、维护稳定等作用的过程中，扮演了多重角色。虽然税务和解是对目前税务执法状况与行政司法环境实态的反映和应对，但是，从实现税收法治角度而言，允许税务和解是一件值得警惕的事情。正如前文所示，《税务行政复议规则》对税务和解和调解适用范围的不加区分，对"案结事了"的过分青睐，对和解标的的不当侵蚀，对《行政复议法实施条例》的不断突破等诸多问题都应引起足够的重视。

目前，各地复议机关对于税务和解这一模式的适用是否有足够的兴趣，不得而知。在最为关键的和解协议的达成方面，复议人员是否有足够的能力胜任和解主持者的角色也并不确定。刑事和解推行中存在的问题在税务和解的实施中如何避免，值得深究。比如，和解主持者的道德教化、法制教育；对和解结果的过分追求，对和解过程有意无意的忽视，莫不折射出中国调解制度实施中所固有的那种"互谅互让""双方各打五十大板"的传统。诸多问题不再赘述。此等问题无不与价值中立和利益无涉等最起码的和解理念相悖。其实，对税务和解的实施而言，和解结果固然重要，但和解过程所带来的当事人心理需求的满足，乃至税企关系，尤其是社会关系的修复，同样不应小视。或许，更多的时候纳税人需要的只是一个"说法"。

未来的税务和解制度究竟何去何从？本书以为，税务和解这一新型制度由于克服了传统税务复议中的一些固有缺陷，使得税务纠纷当事人双方、复议机关都可以从这一制度中获得显著的利益，并迎合了"和谐社会"的时代追求，也无理论上的障碍，因此，在未来一段时间内，税务和解将呈现出强大的生命力。不管是否合理，税务和解的适用范围极有可能得到拓展，化解税企矛盾和维护社会和谐也极有可能成为其主要目标和程序标准。但税务和解能否带给税务行政司法一个更加光明的未来，除了税务和解制度本身的作用外，更取决于立法对税务复议和税务诉讼的定位，取决于公民社会的发展和成熟度，取决于税收法治意识的生成度，更取决于执政党对行政权规制的勇气和力度。当这些因素暂时无法提供确切的导引时，当前只能谨慎评估税务和解入法的进步空间，将其限定于制度规则层面进行分析和讨论。①

---

① 此观点受益于熊伟教授的启发，相关论述参见熊伟：《认真对待权力：公共预算的法律要义》，载《政法论坛》2011年第9期。

第六章　私法自由与税法干预的边界
——以转让定价为分析工具

企业作为市场经济中一个个单一的细胞,是交易发生的重要载体。在社会分工还局限于企业内部的时候,所有交易都表现为外部交易。随着社会分工的加剧和社会生产力的集中,适应规模经济的企业联合体逐渐产生。企业联合体的出现,可以最大限度地实行灵活性的组织形态,既有集中,又有分散。两个或多个企业既然相关联,则其间必有一定的纽带联系着,表现出一种关联关系。这种纽带既可能是资本联系,又可能是合同维系,还可能是人事连锁等,这些联系纽带体现着一定的经济利益关系,往往决定着关联交往中各方的利益分配或对这种分配有重大影响。与此同时,各关联企业也可在统一管理、控制的目的指导下进行交易,也即进行关联交易。尽管关联交易并不全是发生在企业集团内部,但是集团内部的关联交易是最为重要的。[①] 关联企业有别于单个企业,容易形成关联交易优势。关联企业进行关联交易不仅可以实现市场垄断,降低成本、寻求商业合作等经济目的,而且可以造成税收延期缴纳甚至永久性流失。一旦关联企业突破一国范畴,进行跨国经营,实现税收目的便更为容易。跨国公司在经营时,可以充分利用公司法与税法上之关联交易和转让定价策略,实现利润最大化和税收最小化的理想格局。甚至在畸形时期,还可能出现跨国公司"年年亏损,规模年年扩大"之不正常的正常现象。窥其幕后,实乃公司税负在税收国家或地区移转之必然结果。跨国公司具有一般公司不具有的全球特质,资本和销售渠道的全球流通使其"调兵遣将"极为便利。跨国公司会滥用合同法赋予的契约自由,将一完整的民事行为在全球拆分,之于合同法并无显著的法律功效,真实的意图在于行为的税法效果。转让定价披着契约自由的神圣外衣,将税负在多次交易中无尽减轻,甚至消失殆尽。由此,转让定价成为规避税收的可能性工具。

早在 2007 年"两会"期间,转让定价便引起社会各界的重视。"新华网 2007 年全国'两会'特别专题——两会词解:转让定价"将其界定为:关联企业之间在

---

① 参见《关联交易税收管理及稽查典型案例》编委会:《关联交易税收管理及稽查典型案例》,中国税务出版社 2012 年版,第 3—5 页。

销售货物、提供劳务、转让无形资产等时制定的价格。在跨国经济活动中,利用关联企业之间的转让定价进行避税已成为一种常见的税收逃避方法,其一般做法是:高税国企业向其低税国关联企业销售货物、提供劳务、转让无形资产时制定低价;低税国企业向其高税国关联企业销售货物、提供劳务、转让无形资产时制定高价。这样,利润就从高税国转移到低税国,从而达到最大限度减轻其税负的目的。其实,就行为性质而言,转让定价是一个中性概念。尽管如此,在税法上对转让定价进行专门规制,却是国际上的通行做法。站在国际税收的视角上看,虽然转让定价和避税不能等同,但对于跨国公司和税务当局而言,因两者对待转让定价的角度不一样,立场也就必然存有差异。跨国公司是全球性的经营,不是从哪一国出发,考虑的是跨国集团的整体经营成果。但由于跨国公司跨国交易的内部定价不同于独立企业之间的定价,涉及两个以上的税收管辖权,也就必然关联到相关国家的税基大小,对相关国家的国民经济产生重要影响。税务当局的想法是从一国出发不是从全球出发,关注的是本国的税收利益,因此不论转让定价的作用是什么,有没有避税的动机,对转让定价的反避税调查都是各国重点关注的问题。① 由此值得思考的问题是:转让定价必然成为税收规避的工具? 从此延展,问题更加繁杂:(1) 转让定价在关联交易中究竟承担何种角色? (2) 税收国家会容忍此种境况的出现吗? (3) 转让定价是否必然成为税收规避的天然通道? (4) 在转让定价涉嫌税收规避的全球税收语境下,转让定价能否达到税收筹划之功效? (5) 如何界分转让定价属于契约自由范畴,还是被否定,进而被启动反避税? 等等。此类问题关系到关联企业的交易策划,也关乎国家的税收利益,进而影响着国家转让定价税制的制定。

一、转让定价税制中的税企博弈

在主流国际税收和国际税法学看来,转让定价为企业间的非法行为,理应予以规制。其实不然,转让定价只是企业家们在寻求成本最小化的历程中的一大发现,是关联企业间交易的一种方式,若转让定价并不违背政府对企业交易价格的控制时,则不应将转让定价与逃、避税直接划上等号。转让定价是否为非法、不合理的行为,不可一概而论,关键取决于转让定价之价格是否超出政府正常交易之范畴。在受控范围内,应为关联企业之自由空间,政府无介入之法理,否则构成政府职权之滥用,必将侵害企业的自治权;反之,则构成对税收法

---

① 参见苏建:《跨国公司转让定价反避税研究》,中国经济出版社 2013 年版,第 2 页。

第六章　私法自由与税法干预的边界

定之违反,此时,转让定价方为非法或不合理行为,政府才可介入,对关联企业间的转让定价进行调整,甚至课以必要的惩罚性制裁。

(一) 关联企业的利润最大化追求:税收目的与经营目的

关联企业通过转让定价进行交易,对于单一税收管辖权国家的企业而言,转让定价主要服务于企业内部交易,在不同的分公司、子公司之间分配成本,以期降低企业的成本。当然也有的出于企业战略管理的考虑。标准经济理论告诉我们:企业内部交易应该以边际成本为导向(Hirshleifer,1956;Milgrom and Roberts,1992)。跨国公司在不同的税收管辖权国家之间经常利用边际成本理论,进行关联企业间的转让定价。对于处于不同税收管辖权国家的关联企业而言,转让定价的目的不仅仅局限于内部交易与战略管理。转让定价决定着税收在不同税收管辖权国家之间的分配,从而决定跨国公司的整体税负。是以将转让定价的目的界定为:经营目的和税收目的。[①] 转让定价的双重功效,使众多的跨国企业将其视为首选。1999 年 Springsteel 调查报告显示:在接受调查的大型公司中,77%的公司认为选择转让定价是出于关联交易之经营目的和税收目的的考虑。当转让定价肩负税收目的时,关联企业间的交易将不再只是企业本身的问题。税收管辖权国家为税收利益,对转让定价的调查日益严苛。关联企业与税收国家之间的转让定价争议亦频频发生。

跨国企业出于何种目的进行转让定价呢? 在税收利益驱动下,它们不仅要考虑到转让定价所可能导致的税收处罚,通过转让定价所带来的利润及关联企业的战略选择也是通常的决定性因素。同样,出于经营目的[②]而进行转让定价,关联企业的战略选择并非唯一目的,转让定价所致的税收利益的分配及可能导致的税收处罚也是重要因素。税收目的和经营策略的选择并非水火不相容,在交错中相互依赖,相互信任是关联企业进行转让定价的真实秘密。[1] 但转让定价的实践进一步佐证:在税率不一致的不同税收管辖权国家,税收目的为关联企业转让定价的首选。

---

　　① Chongwoo Choe, Charles E. Hyde, "Multinational Transfer Pricing, Tax Arbitrage and the Arm's Length Principle", 83 *Economic Record* 263(2007), pp.398—404.

　　② 此处所说明的经营目的,从一个更为广泛的意义上来讲,既包括通常意义上的企业战略管理,也包括一些其他的企业经营目的,如为了竞争、为了占据市场有利地位、加速成本回收、产品进入市初期为了打开市场等原因。一般来说,商品经营者在激烈的市场竞争中,不可能仅考虑其所实现的避税金额的多少,而且必须,甚至主要考虑其他竞争优势。当经营者进行税收筹划增加的利润比所承担的市场风险要小时,纳税人就会放弃税收筹划。

(二) 国家税收利益的最大化追求：税收管辖权悖论

通过转让定价的再分配，关联企业之间的价格不再完全依赖于市场，而利润一定程度上却可以自制，于关联企业百利而无一害。但于企业所在地的国家却并不那么简单。作为资本输入国的政府而言，自无谴责之理由，不仅可以拉动经济之发展，亦可增加政府的税收。但作为资本输出国的政府而言，该笔所得原属该国企业境内所得，应全额计税，海外企业虽为该国企业之海外关联企业，但该所得在税法上的最终命运不在取决于该国政府和税法，而要取决于双方的税收协定。通过转让定价，原属主动计税的政府遂演变为看别人脸色行事的被动等待，无异于期待一场属于自己的"施舍"。关联企业通过转让定价，在追求企业利润最大化的同时，也将税收在各国之间进行重新分配，而这种分配更多时候出现低税率国家增加税收，高税率国家减少税收的结果。于增加税收的国家而言，其自无阻止之动力和必要。但对于税收减少的国家而言，注定难以承受之重。

当前，真正影响转让定价的问题与跨国公司所在国分享应税收入有关。跨国公司经营灵活，可以将其经营活动安排在世界上任何一个地方。随着世界全球化日益发展，世界贸易很大一部分都涉及跨国公司的产品和服务、资金和无形资产在国际间转移。大部分交易不是在无关的买方和卖方之间进行，而是在跨国公司位于不同国家和地区的关联实体内部进行。为凸现公司竞争力，跨国公司在全球各地分配资源。原材料来源于世界各地，在世界各地生产经销，交易发生在世界诸国。税负却不如此，税收经常发生在某个具体的国家征纳，并不如其资源分配那么随心所欲。每个国家，尤其是发展中国家都想把跨国公司吸引到自己的国家，这并不意味着该国愿意放弃自己的税收管辖权而给予该跨国公司免税之待遇，或将其征税权移转至跨国公司之母国。对跨国公司在其税收管辖权范围内发生的应税行为及相应的合法征税权予以保护和尊重是每个国家的税收主权国家的期望，也是国家主权在税收领域的必然要求。是以，如果跨国关联交易导致不可接受的税收流失，该国对关联企业间的转让定价提出质疑便顺理成章，多数国家的转让定价实践已经证实，必将继续证实。

二、税法对转让定价的干预：反避税

税收利益遭遇"不当"侵害的高税率国家，对于关联企业之间的转让定价始终有一种说不出的痛楚，而得到实惠的低税率国家也未必就高歌关联企业之间

第六章　私法自由与税法干预的边界

的转让定价,理由很简单,这是一个变动的时代,世界经济趋于一体化,单个国家闭关锁国或者只是依赖外资的时代渐渐退去。没有一个国家会奉行永恒的最低的税率,在享受转让定价带来的实惠的同时,也许将自咽其他关联企业间转让定价所致的税收损失。而且,国家之间的利益趋同也加速了各国政府对关联企业间的转让定价的态度趋同化。那么,是否意味着关联企业一有转让定价行为,政府即可予以阻止,甚或进行处罚、制裁呢?转让定价究竟是关联企业之间交易的自由,还是对国家税收法定之触犯?

(一) 转让定价之真实面目

在信息和交易均有成本的社会,企业家们会努力寻找最优信息和最佳交易方式。因为"企业是一个生产单位,但不消耗尽自己的全部产出,它可因生产专业化提高了生产率而获得增益,并得以生存。在寻求有利的投入组合时,企业家可能会与其他投入品拥有者订约来组成生产者联合。显然,在一个充满不确定的世界里,寻求有利的生产组合成为企业家们活动的中心"。[①]在降低信息成本的搜寻中,企业家们逐渐发现将不同的企业联合起来可以一定程度上降低获取信息的成本,而是关联企业便慢慢成为诸多企业家们的共同选择。随着关联企业的逐步增多,关联企业家们发现已有的优势不再显著,关联企业家们继续在降低成本的小径上搜寻,这次搜寻远没有那么轻松,但最终关联企业家们发现了内部交易这个政府的"心腹大患"。内部交易确定离开了,但如何实施又历经了企业家们的心思,最终转让定价正式诞生。在企业家们意图降低成本、追求利润最大化的过程中,关联企业之间的转让定价便是暂时的最优方式,客观上亦节约了社会资源,有助于资源的最大化利用,故与企业和社会而言,关联企业、内部交易以及转让定价并无不妥,不仅是企业家们的福音,一定程度上迎合了社会发展需求。

关于转让定价,不正当的、非法的关联企业内部交易之手段,企业逃税、避税的工具等理念为实务界之普适意识,就连学界也多有如此看法。如"关联企业之间在进行交易时不按照一般市场价格标准,而是根据逃避有关国家税收的目的需要来确定有关交易的价格。这种基于逃避税收目的而确定价格的做法,称为转让定价"。[②] 不可否认,借转让定价逃税、避税者,大有人在。但这是否直接意味着:转让定价＝逃税、避税?回答这个理念至关重要,其直接关联到转让定价在税法上的命运。以下列推理规则说明之(如表 6.1 所示):

[①]〔冰岛〕思拉恩·埃格特森:《经济行为与制度》,吴经邦等译,商务印书馆 2004 年版,第 141 页。
[②] 姚梅镇主编:《国际经济法概论》,武汉大学出版社 1989 年版,第 578 页。

表 6.1　法律推理规则①

前提	推理规则	结论
真	有效	真
真	无效	真假不定
假	有效	真假不定
假	无效	真假不定
个案推理		
前提	推理规则	
转让定价＝逃、避税	逃、避税＝非法、不合理行为	
	非法、不合理行为＝税务机关制裁	

在我国税法上,逃税、避税向来被视为一种非法或不合理的行为,税务机关对其进行制裁是税法给予的评价结果,这意味着推理规则是有效的。若前提,即转让定价＝逃、避税,为真,则其结论必然为真。此时将出现:转让定价＝逃、避税＝非法、不合理行为＝税务机关制裁,简言之,转让定价＝非法行为＝税务机关制裁。假若如此,则一旦关联企业之间有转让定价行为,政府即可对其进行制裁,这显然与现实不符,也不具有足够的法理依据。之所以如此,皆因前提未必是真,假若前提为假,则结论将出现真假不定之情况,说明:并非所有的转让定价行为都是逃、避税行为,均受到税务机关的制裁,这方为现实的真实写照。由此,从法律推理出发,亦可断定"转让定价＝逃税、避税"并不属实,"转让定价≠逃税、避税"才是真实的结论。

其实"转让定价本身是一个中性概念。就关联企业本身而言,即使不是出于纳税的要求,而只是出于它们自身的会计核算或经营管理上的要求,本来也会被视同无关联关系企业之间的往来一样,按照一定的标准,进行计价收款,登账入册,以便考核各自的经营成就。转让定价是一个正常的、合法的,事实上也是一个必需的行为。"②诚如罗伊·罗哈吉所言:"转让定价并不一定就意味着纳税人的逃税或避税。"③就本质而言,转让定价只是企业家们在寻求成本最小化的历程中的一大发现,也只是关联企业间交易的一种方式,如若转让定价并不

---

① 参见舒国滢主编:《法理学》,中国人民大学出版社 2006 年版,第 133 页。
② 刘永伟:《转让定价法律问题研究》,北京大学出版社 2004 年版,第 20—21 页。
③ 〔美〕罗伊·罗哈吉:《国际税收基础》,林海宁、范文祥译,北京大学出版社 2006 年版,第 466 页。

第六章 私法自由与税法干预的边界

违背政府对企业交易价格的控制时,则难以将转让定价与逃、避税直接划上等号。所以说,转让定价是否为非法、不合理的行为,不可一概而论,关键取决于转让定价之价格是否超出政府正常交易之范畴。在受控范围内,应为关联企业之自由空间,政府无介入之法理,否则构成政府职权之滥用,必将侵害企业的自治权;反之,则构成对税收法定之违反,此时,转让定价方为非法或不合理行为,政府才可介入,对关联企业间的转让定价进行调整,甚至课予必要的惩罚性制裁。

(二)转让定价的滥用与反避税启动

虽转让定价是关联企业交易之必需行为,并不当然违法。但是,关联企业确有其他企业无可比拟的优势,关联企业在通过转让定价进行内部交易时,时常会出现利用内部控制的优势,不按照市场价格进行转让价格,此时,即出现转让定价的滥用。转让定价的滥用是规避税收的最简单的方式[①],为企业追求利润最大化的工具,本质上已经越出转让定价之真实范畴。虽带来关联企业利润的空前增加,但利润剧增皆建立在一国税收利益遭受巨大损失之基础上。尽管关联企业原材料来源于世界各地,并在世界各地进行生产销售,从而占领世界市场,增强关联企业的竞争力,但税负却是在某个国家征缴,每个国家均想将跨国关联企业吸引至自己的国家,但同时也希望该企业在税收管辖权范围内进行的经营活动的合法征税权、预期所致的税收利益得到切实保护。因此,若关联交易致使国内税收利益严重受损时,其税务机关将会对关联企业间的转让定价提出争议,这是基于税收主权和税收利益的必然选择。

关联企业为满足利润最大化的私欲,多在内幕状态下进行内部交易,一旦发现以市场价格进行转让定价与正常交易并无显著优势时,关联企业通常会铤而走险,选择偏离市场价格进行转让定价。于关联企业来说,关联企业之间高成本进口、低价格出口并非最终的目的,最终的追求依然在于谋求企业总的利润最大化。滥用转让定价是企业税收规避最常用的技巧。这在税率差异较大的税收管辖权国家或地区体现得更为明显。一些经济学家甚至认为:转让定价的滥用可能和其功效是跨国公司存在的一个重要原因,尤其对于那些在多个国家设立分支机构的跨国公司而言。[②] 当关联企业间的转让定价行为越出正常交

---

① Reuven S. Avi-Yonah,"The Rise and Fall of Arm's Length: A Study in the Evolution of U.S. International Taxation",*Public Law and Legal Theory Working Paper Series (Michigan Law Working Paper)* NO. 92(2007).

② Roger Gordon & Jeffrey Mackie-Mason,"Why is there Corporate Taxation in a Small Open Economy?"*National Bureau of Economic Research Working Paper* No. 4690(1994).

易边界,背离正常交易时,税务机关自当介入,反避税启动。

三、契约自由与反避税:正常交易的域外经验

转让定价为企业的最优选择,但关联企业滥用转让定价的情事却总会出现。如何将转让定价控制在政府可接纳的程度,不至于成为滥用的工具便成为转让定价法律命运的关键。否则,转让定价反避税不可避免。经过理论和实践的探索,正常交易原则成为关联企业契约自由行为与税务局反避税的标准得到诸多国家明定。但对于正常交易的判定和功能,不同的国家有不小的差异。

(一)经济合作与发展组织(OECD)正常交易立法:正常交易的清晰判断

针对转让定价问题,OECD财政事务委员会先后制订了5个指南,最具指导性的是1995年指南。1995年指南是最新的"OECD指南",其更新了1995年以前的四个指南,在前四个指南的基础上,再一次建议税务机关和纳税人采取正常交易原则。"这些指南提到,《OECD税收协定范本》第9条是'公平交易原则的权威阐述'。"[①]正常交易原则,实为将关联企业间的转让价格与正常交易之价格进行比较,因此,对于正常交易及正常交易价格确定的重要性不言而喻。OECD对正常交易有着极为清晰的界定,极具操作性,为关联企业契约自由推定明确的税法指引。

1. 何谓正常交易

正常交易,并没有一个标准的界定。但在市场经济体制下,正常交易必须是竞争而致的结果,即使是内部交易也必须是竞争的结果。当然有竞争还远不够,这种竞争必须是公开的、公正的,使能够进入该交易、并有进入该交易意愿的主体尽可能介入,也即要求该竞争对社会公开,而不应该成为内幕下的买卖。另外,一旦交易主体介入交易中,交易双方必须公平对待,包括交易双方之间的公平,更包括进入交易,但最终未达成交易主体的公平对待,这亦是正常交易应有之义。经典的正常交易为充分的竞争、开放的市场、平等主体间的角逐以及独立主体之间的平等参与等。亦有学者认为:交易主体的相互独立性、交易主体的利润追求性和交易主体地位的平等性为正常交易的三要素[②],也并无不妥,其根本还在强调正常交易的充分竞争性。具体而言,正常交易可以在两种场合

---

① 〔美〕罗伊·罗哈吉:《国际税收基础》,林海宁、范文祥译,北京大学出版社2006年版,第451页。

② 参见刘永伟:《转让定价法律问题研究》,北京大学出版社2004年版,第26页。

第六章　私法自由与税法干预的边界

下用以解决转让定价问题：狭义上，正常交易指通过可比非受控价格法、成本加成法和转售价格法所产生的价格为正常交易价格，符合正常交易的理念；广义上，正常交易指通过任何其他的方法产生的价格，符合正常交易价格，也视为正常交易。①

2. 正常交易价格的引入

一项交易是否正常，直接反映在交易的价格上，若交易的价格是正常的，可以认为该项交易即为正常交易，反之，则为不正常交易。由此可知，判定交易是否正常其直接的依据在于交易的价格是否正常，实为充分竞争标准之变脸，但远比充分竞争标准容易界定。这也反映在立法实践②中，1979年OECD财政委员会发布转让定价与跨国企业指南[Transfer Pricing and Multinational Enterprises(1979)，以下简称1979年指南]，第一次对正常交易原则进行界定，认为："在开放的市场中，相同或类似的情况下，非关联双方在同样或类似的交易中所确定的价格。"

1992年Guglielmo Maisto针对1979年指南对正常交易原则进行分析，认为正常交易原则至少蕴含以下语义：(1)交易分析：谈及单独同一交易确定正常交易价格；(2)比较或类似：该交易必须是与另一个具有相似特征的交易(假象的或实际的交易)进行比较；(3)私法协议安排：正常交易价格必须将协议双方承担的法定义务考虑在内；(4)开放市场特征：正常交易价格必须是基于市场条件，且反映一般的商业实践；(5)主观特征：正常交易价格必须考虑决定该种交易特征的特定的情况；(6)作用分析：正常交易价格必须将关联双方在交易中的作用考虑在内。③ Guglielmo Maisto对正常交易原则的剖析，可视为对正常交易价格的经典论述，交易价格若满足上述六个要素，必为正常交易价格，则其依附的交易也可认定为正常交易。

3. 正常交易原则

在1979年指南对正常交易原则界定的基础上，《OECD税收协定范本》第9

---

①　Reuven S. Avi-Yonah，"The Rise and Fall of Arm's Length：A Study in the Evolution of U.S. International Taxation"，*Public Law and Legal Theory Working Paper Series（Michigan Law Working Paper）*NO.92(2007)。

②　美国《税法典》第482条及其《实施细则》认定：正常交易价格为非关联企业间在相同或类似的情况下所认同的价格；当然也有一些国家的立法没有采纳正常交易价格，而是采纳"合理价格"对正常交易进行认定，这包括德国、加拿大、瑞士、荷兰、印度等国，相对而言，合理价格更接近正常交易，但合理价格为一主观概念，尚难界定，这是合理价格的症结，但尽管如此，依然有为数不少的国家采纳该标准。

③　Guglielmo Maisto，"Transfer Pricing in the Absence of Comparable Market Prices"，*IFA Cashiers VOL．77A*(1992)。

条作进一步规定:"两个企业在他们的商业或融资安排中所制定的条件与两个独立企业在这种安排中制定的条件不同,其中一个企业,如果没有这种条件应该得到、但由于有了这些条件而没有得到的利润,应该包括在该企业的利润之中,并对其进行相应地征税。"正常交易原则之所以被广为接受,在于其为转让定价与滥用转让定价提供了一个界定标准,寻求关联企业与独立企业之间的公平交易,通过将关联企业间的转让定价与独立企业间的交易置于相同或类似的税收地位,力求克服因关联企业通过滥用转让定价移转价格而维持他们有利的竞争地位,或扭曲他们不利的竞争地位。通过正常交易原则,关联企业触摸到了合法与非法之界限,税务机关则保有因转让定价滥用而导致税收利益严重受损时的调整权,这便是正常交易原则的工具价值,也是转让定价争议的第一个依据。但若税务机关与关联企业对于正常交易原则的理解发生分歧,此时,转让定价争议将得不到解决,就必须寻求另外的解决机制。

4. 如何满足正常交易

对于如何确定正常交易价格,并没有一个放之四海皆准的方法。1979年指南建议从三种传统的交易价格计算方法中选取一种方法。即可比非受控价格法、转售价格法、成本加成法。可比非受控价格法注重商品的可比性,转售价格法与成本加成法关注的是非受控交易中目的和功能的可比性。除此之外,还可以采纳其他方法确定正常交易,如传统纯利润方法、利润分劈法等。

(二) 美国的正常交易实践:正常交易服务于反避税

滥用转让定价是企业税收规避最常用的技巧。也不难理解,美国早在1917年的《战争收入法》中就对此进行相应的规定。1921年,为了掌握关联企业交易之间确切的利润、所得、扣除、资本等,税务督察官被授权可以检查关联企业的会计账簿。立法用意在于,防止关联企业进行规避税收。可以说,防止规避税收是美国早期对关联交易进行立法的最原始的动机。早期的关联企业立法并没有涉及"正常交易",立法集中于"税收规避"。直到1935年,关联企业间的交易应遵循正常交易的本质被立法确认。[1] 之后,很长的一段时间内,税务法院采用更为灵活的方法来处理关联交易问题。

1. 早期的判例——正常交易原则的泛滥适用

Seminole Flavor Co. v. Commissioner[2] 为早期典型的关联企业交易判例。

---

[1] Reuven S. Avi-Yonah,"The Rise and Fall of Arm's Length: A Study in the Evolution of U. S. International Taxation",*Public Law and Legal Theory Working Paper Series*(*Michigan Law Working Paper*)NO. 92(2007).

[2] T. C. 1215(1945).

第六章　私法自由与税法干预的边界

判例大致如下：一公司与以合伙人进行产品交易，合伙人应该将收入划至该公司。税务法院坚持认为，双方之间的交易为应符合正常交易的本质，交易应是公正与合理的交易。对双方的交易应予以审查。但法院并没有将关联企业与非关联企业交易进行对比。其他同时代的判例也显示出当时法院的态度。法院在处理关联交易时，不注重是否具有可比性的非关联交易的存在，只强调交易是否是足够公平，交易价格是否合理。① 美国早期的判例表明：对待关联交易，法院并未形成具体的认定方法，只是用原则性的理念指导法院实践。

2. Hall Corp. v. Commissioner 案——传统转让定价方法的引入与形成

在 Hall Corp. v. Commissioner 案②中，税务法院将可比方法运用到正常交易价格的认定中。Hall 公司按成本加成 10% 的价格销售 Venezuelan 公司的一批产品，而市场上非关联方同类产品的销售价格为成本加成 20%。税务法院核实后，否定了 Hall 公司与 Venezuelan 公司之间的交易。认定 Hall 公司与 Venezuelan 公司之间的交易为关联交易，将双方之间的销售价格调至成本加成 20%。可比非受控价格法以非受控交易的价格作为受控交易价格的衡平器，不仅在价格水平上符合正常交易理念，对受控交易双方也实属公平，况且也不至于打破不同的税收管辖权政府的税收利益分配机制。为此，可比非受控价格法开始也被美国奉为正常交易的典范。但是其过于强调关联交易与非关联交易同种产品的可比性③，使很多事实上的关联交易滥用转让定价的行为因找不到可比价格而遁入法外空间，构成实质上的税收规避。因为在独立的企业之间找到一项与受控交易非常类似而不存在对价格产生影响的差异的交易是困难的。基于此种现状，美国在可比非受控价格法的基础上，引入成本加成法和转售价格法，作为可比非受控价格法的补充。虽然成本加成法和转售价格法也强调可比性，但不局限于同类产品之间的可比性。④ 至此，传统的转让定价方法在美国形成。

3. Compaq Computer Corp. v. Commissioner 案——正常交易的当代命运

（1）正常交易的批判。正常交易历经几十年，从最初的原则性的指导到 20

---

① Grenada Industries, Inc. v. Commissioner, 17 T. C. 231, 260 (1951), aff'd, 202 F. 2d 873 (5th Cir. 1953); aff'd, 346 U. S 819; The Friedlander Corp. v. Commissioner, 25 T. C. 70, 77 (1955); Motors Securities Co., Inc. v. Commissioner, 11 T. C. M. 1074, 1082 (1952); Polak's Frutal Works, Inc. v. Commissioner, 21 T. C. 953, 976 (1954).

② T. C. 390 (1959), aff'd, 294 F. 2d 82 (5th Cir. 1961).

③ Treas. Reg. section 1. 482-2(e)(2); Treas. Reg. section 1. 482-3(b).

④ Treas. Reg. section 1. 482-2(e)(4); Treas. Reg. section 1. 482-3(d); Treas. Reg. section 1. 482-2(e)(3); Treas. Reg. section 1. 482-3(c).

世纪后半叶传统转让定价方法的形成,立法和实践均见证了正常交易之于美国反避税的重要价值。然而,这并不意味着正常交易尽善尽美。针对正常交易的批判时有发生,最主要的批评是,正常交易未能适应经济发展的现实。跨国公司并不会将每一个关联实体与其他的实体进行正常交易,转让定价在关联交易中通过多种途径控制关联交易。通过可比非受控价格法、成本加成法和转售价格法很多时候难以得出一个正常的交易价格。跨过关联交易的迅猛增加证明传统的正常交易价格法难以总是奏效。虽根据美国1988年公布的关于关联企业间利润分配法方面的白皮书,关联纳税人之间的交易价格如果符合非关联企业同等条件下的交易价格,关联企业间的交易被即视为正常交易。然而,上述1988年白皮书公布的时候,恰恰是传统的正常交易原则受到激烈批判的时候,传统的正常交易原则被新的原则取代的呼声风起云涌。① 虽如此,传统的正常交易理念仍然得到上述1988年白皮书的支持。

(2) Compaq Computer Corp. v. Commissioner 案。该案涉及 Compaq Computer Corp. 与其新加坡子公司之间电脑打印设备(PCAs)的买卖,税务机关认定为关联企业间的交易。该案最终争议的焦点在于应当采用何种标准确定正常交易价格,原告在转让定价税务审查中主张采用"成本加成法",在诉讼中转而主张采用"可比非受控价格法"(CUP),税务机关则一直采用"比较利润法"。出人意料的是,税务法院在考虑各方专家提供的证据后认为存在可比的非受控交易,认为可比非受控价格法应当优于利润的方法,应当优先适用可比非受控价格法,原告举证充分,获得胜诉。Compaq Computer Corp. v. Commissioner 案昭示,尽管传统的转让定价法并不能完全适应现代经济的发展,但它们仍是确立正常交易价格的优位原则。

四、税收规避与反避税:转让定价背离正常交易时

在关联企业内部,由于相互间控制关系的存在,商品价值的无形之手并不必然会影响到集团成员间的受控交易定价。这使得关联企业通过操纵转让定价,从高税率国家或地区向低税率国家或地区转移应税所得,从而降低集团整体的实际税负成为可能。② 基于正常交易,转让定价而致的结果既有可能为税法所认可,也有可能为税法所否认而启动特别纳税调整措施。纵然正常交易原

---

① H. R. Conf. Rep. No. 99-841,99th Cong. ,2d Sess. II-638.
② 参见陈智超:《无形资产转让定价问题研究——以美国和OECD的制度为中心》,厦门大学出版社2012年版,第2页。

则面临诸多挑战,但正常交易原则在理论上是完美的,偏离正常交易原则的任何行为都可能严重提高双重征税的可能性。① 作为一种原则和精神,正常交易以开放的姿态不断地引入新的转让定价方法,使其成为转让定价方法的核心原则。新的转让定价方法必须建立在正常交易原则之上,作为传统转让定价方法的有益补充。其他任何原则也只可能是正常交易原则的补充。这在未来很长的一段时间内将不会改变。正常交易引入后,转让定价的法律属性不再难以界定。将正常交易原则作为转让定价法律属性的评定标准,为多数国家的反避税立法和实践所采纳。在正常交易原则介入下,转让定价的法律命运如下图所示。当关联企业间的转让定价交易符合正常交易时,关联交易为合法行为,税务机关无调整之可能,属于关联企业内部契约自由之意思表示。一旦关联企业间的转让定价交易超出正常交易值域,转让定价的法律性质顿生变化。一种不合法的避税行为随即出现,税务机关的反避税措施实施。

正常交易将转让定价一分为二,正常交易值域范围内的转让定价属于关联企业自由空间,税务机关不应干预,否则构成征税权的滥用。滥用转让定价是企业税收规避最常用的技巧。这在税率差异较大的税收管辖权国家或地区体现得更为明显。一些经济学家甚至认为:转让定价的滥用可能和其功效是跨国公司存在的一个重要原因,尤其对于那些在多个国家设立分支机构的跨国公司而言。② 世界 1/3 左右的商贸为跨国公司利用转让定价所经营,而且此种比例正在进一步扩大。转让定价成为国家税收的一大挑战。当关联企业间的转让定价行为越出正常交易边界,背离正常交易时,税务机关自当介入,反避税启动。大陆法系国家和英美法系国家对待避税的态度以及实施的反避税措施有不小的差别。

---

① OECD Guidelines 1995b:Chapter I,B.
② Roger Gordon & Jeffrey Mackie-Mason,"Why is there Corporate Taxation in a Small Open Economy?" *National Bureau of Economic Research Working Paper* No.4690(1994).

(一) 大陆法系:以法国与德国为例

1. 法国

法国有两个一般反避税措施,一是关于"滥用税法"的条款,一是有关否定"非正常安排行为"理论的司法实践。依据禁止"滥用税法"的条款,只有当交易经特定程序被证明为是以税收规避为唯一目的时,这个交易才会被法院制裁。这个条款包括了对以虚假法律行为掩盖真实法律行为的安排的规制,否定了以税收利益为唯一目的的行为。而由法院实践发展起来的"非正常安排行为"理论没有一个特定的立法基础,它的理论基础在于商人不会采取一个与其商业利益相冲突的行为。这个理论认为行政机关在出现"非正常安排行为"时,可以对纳税人进行干预。这与我国的立法非常相似;但是必须注意的是这里并不是要求纳税人必须在任何情况下,最大化其商业利益。这个理论只适用于当纳税人将利益转移给其他免税或者低税率主体时。[①]

2. 德国

德国早期要求其法院对税法进行"经济理解",以此对税收规避作出回应。在1977年德国《税收通则》要求以交易的经济实质作为征税对象,并要求不得滥用法律组织形式,要求交易或者法律组织形式与真实的经济状况一致,"滥用"就是指为了避税而选择与经济关系不相符合的法律形式。但是应当注意的是,德国法认为交易只要有商业目的,哪怕是选择不完全合适的法律形式,也不会成为反规避的规制对象。[②]

(二) 英美法系:以美国与英国为例

1. 美国

美国反避税立法主要由以下法律规范所规定:美国《税法典》第269节,授权联邦税务当局否定以避税为唯一目的的交易而获得的税收利益,但是这项授权主要针对以下三种情况:纳税人直接或者间接控制公司;或者纳税人从非由其或其股东直接或间接控制的公司手中获得财产,而这项财产的转让价格是由转让方一手控制的;或者纳税人在取得另一个公司80%股权的两年内,没有依据该法338条作出选择,而是通过一个解体清算计划清算公司。由于税收庇护可以出现在任何以获得税收利益为唯一目的的情况中,第269节也可以适用于

---

① Victor Thuronyi(ed.), *Tax Law Design and Drafting*(volume 1), International Monetary Fund, 1996, chapter 2.

② Ibid.

第六章　私法自由与税法干预的边界

其他情况。美国《税法典》第446节规定,如果纳税人使用的会计方法不能清楚地反映总收入、应税收入,税务机关就可以通过广泛的自由裁量权去要求纳税人改变会计方法以清晰反映收入。美国《税法典》第482节就关联企业间的税务调整作出规定。美国《税法典》第7701节(l)款,授权税务机关对多方金融交易采取适当重新认定措施以防止避税行为。除了美国制定法外,美国法院多年的司法实践也形成了大量普通法规则用于反避税。这些理论可能没有明显的界线,这些司法实践理论也可能出现一些重叠,很多时候对一个案例甚至可以适用多项理论。这些理论可以归结为以下三点:

(1) 实质高于形式。在实质高于形式理论下,如果交易的实质和其表面形式不一致,美国税务机关和法院可以对交易依据其实质进行重新认定;其中又包括了分步交易理论。在分步交易理论下,如果整体考虑更能准确反映实际情况,数个单独的交易可能被视为一个整体进行考虑而不是就每一个交易产生税收效果。分步交易理论包括了三个测试标准:最终结果标准、依赖性标准和约束性合约标准。

(2) 商业目的。商业目的理论要求纳税人在避税目的之外还有商业目的,因此由于商业上的原因去实施某项行为。美国法院在 Gregory v. Helvering 案[①]中指出,纳税人降低其自身税赋或者完全避免税赋的权利是不容置疑的,问题在于,避税之外,法律还能容许什么目的存在。

(3) 经济实质。该理论下,如果税收利益是来自于刻意安排的但却没有改变纳税人经济地位的交易,这个税收利益是可以被免除的。经济实质理论通过比较纳税人税前利润和从中获取的税收利益,发现纳税人的避税行为。有论者指出,经济实质理论是判断商业行为合法性的一个更优先标准。经济实质理论包括虚假交易理论,在该理论下,法院可以否定那些由表面上,或者仅是虚构的、不存在的交易所带来的税收利益,这些虚假的行为掩盖了经济实质。经济实质理论的测试标准一般包括三个要素:精心策划的避税交易、这些交易没有实际的改变纳税人净经济地位、获得的税收利益是不合理并不为法律所欲追求的。近年来,经济实质理论的典型案例是 ACM Partnership v. Commissioner[②],

---

① 69 F. 2d 809(1934)。该案中,纳税人拥有的 United Mortgage 公司拥有 Monitor Securities 公司的部分股票,纳税人如果通过 United Mortgage 抛售股票获利需要支付大量税款,故纳税人在 Delaware 州设立一家公司, United Mortgage 将其所有的 Monitor Securities 公司的股票转让给新设公司,而作为对家新设公司将其所有股票发行给纳税人,此后纳税人解散新设公司,获得大量 Monitor Securities 公司的股票,并最终将其卖出获利。

② 157 F. 3d(3d Cir. 1998)。该案件虽然在上诉后被部分改判,但是没有改变法院否认其不当获取税收利益的立场。

案件中纳税人在购买债券后 24 天内将其按原价转售,整个交易获得的收益没有改变纳税人的经济地位,但是纳税人充分利用了分期销售带来的延期纳税的税收效益。法院认为与纳税人有可能获得收益(因为销售债券时又获得部分其他债券),但和其获得的税收利益相比,交易本身获得收益是"名义上的""不重要的",故法院调整了纳税人的交易。①

2. 英国

英国对避税行为非常宽容,在早期的案例 IRC v. Duke of Westminster 案②中,虽然纳税人为了逃避税收,将其工人工资以可抵扣的年金的方式支付给工人,法院还是承认了纳税人在此获得的税收利益。案件中法官 Tomlin 认为:"每个人都可以在其能力范围内,组织其行为以获得相关法律规定下的较低税负。如果他成功地降低了税款,尽管这样不被税务当局或者其他纳税人赞同,他也不能被强制缴纳增加的税款。实质理论不过就是试图令人缴税,而这些税在纳税人组织其行为后是不被法律所许可的。"③从此,英国甚至整个英殖民地区的反避税司法实践始终受到了这个判决的影响,法院对法律的解释常常被限制在了字面解释中。在避税案件中,纳税人常引用这个案例以求自保,所以后来有法官将其与"中世纪阻碍司法的鬼魂"相提并论。④

在 Ramsay v. CIR 案⑤中,英国法院改变了态度。这个案件中,纳税人从其持有股份公司的关联银行获得资金放出两笔相同条件相同数额的贷款,然后降低其中一笔贷款的利息,提高另一笔贷款利息,转让两笔利息,企图通过第一笔贷款的低价转让获得大量损失,而第二笔贷款作为无担保债权转让,故其所得无需缴税,最终实现大量的税收利益。虽然在这个案件中,法院没有使用实质高于形式理论,但是法院认为:"法院的任务是确定导致税收或者相关税务后果的交易的法律实质,而当他是作为一系列或者一整套交易出现时,为了考察他的实质,可能需要考虑整个交易。"将整个交易进行整体考虑,并且纳税人在交易中没有遭受损失或者产生收入。法院进一步认为:"作为一个不可分割的交易某个环节的损失(收入),其后果将要在后面的环节抵销,因此在这个依照计

---

① 以上有关美国反避税内容,可以参见:美国税务联合委员会提交的文件,Appendix II to Jcx 82—99:Description and Analysis of Present-Law Tax Rules and Recent Prosals Relating to Corporate Tax Shelters,文件号 JCX—84—99。以及美国财政部于 1999 年 7 月提交的报告:The Problem of Corporate Tax Shelters Discussion, Analysis and Legislative Proposals.

② [1936]A. C. 1.

③ Andrew Halkward, Jefferson P. Vanderwolk, Wilson WS Chow, *HongKong Tax Law Cases and Materials 3ed*, Butterworths, 2001, p. 326.

④ Victor Thuronyi, *Comparative Tax Law*, Kuwer Law International, 2003, p. 184.

⑤ [1982]A. C. 300(1981).

第六章　私法自由与税法干预的边界

划进行的持续交易的结果,并没有法律所要处理的损失(收入)",“这样处理是非常有益的而且是发挥司法功能所必需的"①。在这个案件中,法院运用了分步交易理论。

　　Ramsay案理论在以后的实践中得到了发展,在 Furniss v. Dawson案②中,法院否定了一个没有冲销效果的分步交易;在 Craven v. White案③中,法院将分步交易理论运用到非即时的交易安排,只要这些后续的交易是没有不发生的可能性,并且实际上也没有遭到实质性的中断;Ensign tankers v. Stokes案④中,法院强调了基于商业实际的法律的真实效果。⑤但是 IRC v. Duke of Westminster 案始终对英国司法实践产生巨大影响,为了保证案例的一致性,也为了弥补 Ramsay 理论⑥带来的不足,在 2001 年的 MacNiven v. Westmoreland Investment 案⑦中,法官认为 Ramsay 案所带来不过是法律解释的方法,这种方法仅能运用在有商业意义的税法当中,而不能用在纯法律意义的语境中,比如,印花税中的"印花"就是纯法律的概念,此时,法院就不能通过意图的解释对具有相同经济效果的文件征税。⑧ Ramsay 理论所解释的商业意义解释作为解释法律的一种方法,没有必要在任何情况下都使用,在 MacNiven 案中,Hoffmann 法官认为"支付"就应当按照法律意义解释而不是商业意义解释。

　　2001 年这个案件改写了英国近二十年来的反避税案例法历史,其最终效果还是不确定的,但是在这个新的时期,有两点是可以确定的:(1)立法根据文义进行解释,但是可以使用一种带有目的考量的方式;(2)法院不会创设一般反避税条款,税务当局和当事人可以按照一样的方式来理解法律。⑨ 有评价认为⑩,这个案件正反映普通法系的司法是如何发展的,一个新的观点被提出来,然后

----

① Victor Thuronyi,*Comparative Tax Law*,Kuwer Law International,2003,p.176.
② [1984]A.C.300,474,512。这个案件中纳税人意图销售股票,在销售过程中意图减少税收,故通过设立一个外国公司进行转手,实现避税,因而不存在冲销的问题。
③ [1989]1 A.C.398。这个案件中纳税人可能涉及的分布交易具有较长的时间跨度。
④ [1992]1 A.C.655。这个案件中纳税人以贷款的形式掩盖合伙的事实,以此产生大量可供抵扣的亏损。
⑤ Victor Thuronyi,*Comparative Tax Law*,Kuwer Law International,2003,pp.176—179.
⑥ 即 Ramsay 案中体现的分步交易理论。
⑦ [2001] UKHL6,73 T.C.1.
⑧ Victor Thuronyi,*Comparative Tax Law*,Kuwer Law International,2003,p.183;Andrew Halkward,Jefferson P Vanderwolk,Wilson WS Chow,*HongKong Tax Law Cases and Materials 3ed*,Butterworths,2001,p.335.
⑨ David Collison and John Tiley,*Simon's Tiley and Collison*;*UK Tax Guide2000-02*,19th ed,Tolley,p.93.
⑩ Ibid.,p.116.

进行了扩充,接着被缩小然后又被扩大,最后,一个新的理论诞生并最终被接受。这个案件使得原来在节税与避税之间的争论,变成了商业目的解释还是法律意义解释的争论。

总之,英国对避税的态度看上去没有其他国家那么严苛,有人对英国反避税实践作出这样的总结:(1)对纳税人仅应基于法律文字的清楚表达征税,而不是什么法律的意图或者"衡平",但是清晰的文字表达并不将法院限制于字面解释,法院也应当对相关法律作出整体和系统的考虑;(2)纳税人有权通过安排其事务以减少纳税义务,除非有特别规定,有避税意图的行为不一定无效,行为的有效性必须考虑其法律效果;(3)应当由税务机关检查交易或文件的真实性,虚假的是指其表面是一样而实际又是另一样,但真实的也并非意指其实际内容完全等同于表面所体现出的状态;(4)如果一个交易是真实的,那么这个交易就不该被法院过多的审查,但是这个理论不能过头,法院不应当去关心这些交易的背景,而去关心交易的整体情况不是在说"形式高于实质",或者"实质高于形式",而是法院审查交易法律本质的需要。[1]

(三)正常交易在中国的进展

香港、澳门特别行政区相对于中国大陆地区而言,因为税收管辖权以及低税率等诸多原因,往往成为关联企业利用转让定价规避税收的天然港湾。香港、澳门虽有转让定价的部分规定,但出于多种情由,税务机关多倾向于将背离正常交易的转让定价行为纳入反避税领域,适用一般反避税条款。

1. 契约自由与反避税的在祖国大陆的发展

中国(以下未特别列示的,均指中国大陆地区)的反避税工作起步较晚[2],在2008年以前,反避税工作仅限于转让定价领域。早期的转让定价调整工作处于积累经验的探索阶段,调整力度不大。《企业所得税法》及其实施条例第六章规定了"特别纳税调整"条款,这是中国第一次较全面的反避税立法。2009年1月8日,经过近一年的意见征求,《特别纳税调整实施办法(试行)》(国税发[2009]2号)正式出台,标志着经过数十年的努力,中国终于构建起较为完备的反避税体系,反避税管理工作步入科学规范、全面提升质量的新阶段。2015年9月17

---

[1] Andrew Halkward, Jefferson P. Vanderwolk, Wilson WS Chow, *HongKong Tax Law Cases and Materials 3ed*, Butterworths, 2001, p.328.

[2] 1987年11月,深圳经济特区发布的《深圳经济特区外商投资企业与关联企业交易业务税务管理的暂行办法》(1988年1月1日起施行,财政部税务总局于1988年1月4日以"(1987)财税外字第376号通知"将上述暂行办法转发全国参照执行)被视为中国正式开展反避税的起点。之后,中国逐步以法律、行政法规、部门规章和行政规范性文件等形式构筑起中国反避税制度的框架。

第六章 私法自由与税法干预的边界

日,《特别纳税调整实施办法(征求意见稿)》的发布则意味着中国反避税规则的日臻成熟和完善。

在中国,并没有单一的正常交易之立法规范。但《特别纳税调整实施办法(试行)》与《企业所得税法》及其《实施条例》、《税收征收管理法》及其《实施细则》、《关于企业关联方利息支出税前扣除标准有关税收政策问题的通知》(财税[2008]121号)、《企业年度关联业务往来报告表》(国税发[2008]114号)、《关于简化判定中国居民股东控制外国企业所在国实际税负的通知》(国税函[2009]37号)等制度,共同形成了涵盖各个法律级次的反避税法律框架和管理指南,为税务机关执法和纳税人遵从提供了法律依据。在这其中,《企业所得税法》及其《实施条例》和《特别纳税调整实施办法(试行)》明确将正常交易原则作为关联企业交易的指导性原则,对关联企业间的转让定价原则、方法与税务征管等作出明确界定。尤其是《特别纳税调整实施办法(试行)》第四、五章最为典型,系统规定了可比非受控价格法、再销售价格法、成本加成法、交易净利润法、利润分割法和其他符合正常交易原则的方法。这些方法均为《特别纳税调整实施办法(征求意见稿)》第四、五章所沿用,且进一步丰实了价值贡献分配法、资产评估法(包括成本法、市场法和收益法)等其他方法。从立法理念到立法技术,均有许多令人惊喜的进步。

(1)正常交易原则确立和可操作。正常交易是从独立企业的角度出发,根据每个个案的特别因素和具体环境进行判断,因而具有公正和精确的优点,①但需个案判断,对具体的案件具体的当事人要做具体的分析,牺牲了法律的确定性和效率。② 为缓解这一内在张力,《特别纳税调整实施办法(试行)》第21条明确规定企业发生关联交易以及税务机关审核、评估关联交易均应遵循独立交易原则,选用合理的转让定价方法。③ 均宣告正常交易原则正式走向前台,终于谋求了应有的法律地位。正常交易原则的达致依赖于合理的转让定价方法的选用,为此,《特别纳税调整实施办法(试行)》第一次系统地描述了可比性分析因素的五个方面:交易资产或劳务特性、交易各方功能和风险、合同条款、经济环境、经营策略,并分别对各个因素所包含的内容进行详细的操作性指引规定。④ 同时,进一步规定了各种转让定价方法应特别考察的因素⑤和对各种不同转让

---

① 参见孔晓莉:《资本弱化税制的比较分析及对我国的启示》,载《产经评论》2011年第1期。
② 参见李金景:《我国资本弱化税制研究》,载《呼伦贝尔学院学报》2012年第3期。
③ 参见《特别纳税调整实施办法(征求意见稿)》第28条。
④ 参见《特别纳税调整实施办法(征求意见稿)》第29条。
⑤ 比如,可比非受控价格法的可比性分析应特别考察关联交易与非关联交易在交易资产或劳务的特性、合同条款及经济环境上的差异;再销售价格法应特别考察功能风险及合同条款上的差异及影响毛利率的其他因素。

定价方法的可比性因素的差异进行合理调整①。

(2)赋予关联企业更大的选择权。《特别纳税调整实施办法(试行)》赋予关联企业和税务局同等的选择权,即正常交易原则既是税务机关在审核、评估企业的关联交易价格时的指导原则,又可成为关联企业在制定关联交易价格时的指导原则。现行立法不只是单方面地从税务机关的角度来规定转让定价方法,同时还强调企业在实践中要选用合理的转让定价方法。此外,《特别纳税调整实施办法(试行)》并没有对各种转让定价方法的使用进行选用顺序上的规定,只是在解释各种转让定价方法时,强调关联交易与非关联交易之间存在重大差异,应对该差异进行合理调整,如果无法合理调整的,应选择其他合理的转让定价方法。

2. 中国香港——转让定价与反避税之互动

虽然香港《税务条例》第20条可以用来解决转让定价带来的税收规避问题②,但由于其存在大量的限制性条款,适用的情境有限。香港税务局更倾向于选择适用更为灵活的一般反避税规定,即第61、61A条,来处理转让定价所生的规避税收行为。另外,《税务条例》第14条也涉及转让定价的税务处理。税务局公布的事先裁定个案也一定程度上丰富了香港转让定价的税务实践。

(1)《税务条例》第20条——转让定价的集中适用。香港《税务条例》第20条③相当复杂,共分"20. 某些非居住于香港的人士的法律责任;20A. 代非居住于香港的人士课税的人;20AA. 不视为代理人的人;20AB. 第 20AC、20AD 及 20AE 条及附表15的释义;20AC. 非居港者的某些利润豁免缴税;20AD. 因第20AC(1)条提述的交易而蒙受的亏损不得用以抵销;20AE. 非居港者的应评税利润视为居港者的应评税利润;20B. 就任何非居住于香港的人士的某些利润而课税的人"等条款。最为重要的是第20条。其余的条款作为第20条的辅助条款,对其进行限定,并作出相应的补充。《税务条例》第20条规定了关联企业(包括人,下文不再注解)及其交易的税务处理。第20条"某些非居住于香港的人士的法律责任规定"第1款规定了关联企业:"为本条的施行(a)凡局长酌情认为某人与另一人实质上相同,或认为上述各人的最终控制权益是由同一人或

---

① 比如,运用可比非受控价格法时,关联企业与非关联企业之间存在重大差异的,应就差异对价格的影响进行合理调整;运用成本加成法时,应就该差异对成本加成率的影响进行合理调整;运用交易净利润法时,应就该差异对营业利润的影响进行合理调整。

② 除《税务条例》第20条及第61条用于规制转让定价以外,第14条很多时候也可以用来适用转让定价所致的税务处理,且在税务局的"事先裁定个案"中已有多个涉及到。但考虑到《税务条例》的条款以及第14条的复杂性,本书不对第14条展开研究,而放置"事先裁定个案"中进行研讨。

③ 参见香港《税务条例》,载 http://www.hklii.org/hk/legis/cord/112/,2015年11月25日访问。文中其他涉及香港《税务条例》的具体条款,均来源于该网站,不再作注释。

多人拥有,或根据本条而被当作是由同一人或多人拥有,则该某人与该另一人即为有密切联系;(b)任何公司的控制权益,须被当作是由其股份的实益拥有人所拥有,不论该等控制权益是由该人直接拥有或是由该人的代名人拥有,而一间公司的股份如是由另一间公司持有或由他人代另一间公司持有,则该等股份须被当作是由该另一间公司的股东所持有。"香港税法对于关联企业的认定采取"实质高于形式原则",只要企业与另一企业在实质上相同,最终控制权或实际控制权为同一主体,均被认为两者相关联。

《税务条例》第 20 条"某些非居住于香港的人士的法律责任规定"第 2 款规定了关联企业之间交易的税务处理:"凡任何非居住于香港的人士与一个与其有密切联系而身为香港居民的人士经营业务,而其经营方式安排致使该名身为香港居民的人士不获任何于香港产生或得自香港的利润,或使其获得少于通常可预期于香港产生或得自香港的利润,则该名非居住于香港的人士依据其与该名身为香港居民的人士的联系而经营的业务,须被当作是在香港经营的业务,而该名非居住于香港的人士从该业务所获得的利润,须以该名身为香港居民的人士的名义予以评税及课税,犹如该名身为香港居民的人士是其代理人一样,而本条例的所有条文须据此适用。"依此规定,关联企业之间的经营方式安排致使身为香港居民的人士不获任何于香港产生或得自香港的利润,或使其获得少于通常可预期于香港产生或得自香港的利润,则该项交易将被视为在港业务,所涉及的关联交易所获得的利润,以香港企业的名义予以评税及课税。这意味着香港税法对传统的收入来源管辖权原则作出一定的修正,转让定价所致的利润移转也将可以适用《税务条例》第 20 条,予以课税。关联企业将来源于大陆的利润转让定价至香港,并不必然出现免税之税法效果,依赖于香港税务局的核实。

(2)《税务条例》第 14 条①——以"事先裁定个案第 10 号和第 12 号"为展开。香港税务局在《税务条例》实施的同时,针对《税务条例》,税务局公布一些"事先裁定"。香港税务局针对《税务条例》目前已经作出了 35 个"事先裁定个案",其中有多个事先裁定个案涉及转让定价与反避税的税务处理问题。一定

---

① 香港《税务条例》第 14 条第Ⅳ部利得税规定:(1)除本条例另有规定外,凡任何人在香港经营任何行业、专业或业务,而从该行业、专业或业务获得按照本部被确定的其在有关年度于香港产生或得自香港的应评税利润(售卖资本资产所得的利润除外),则须向该人就其上述利润而按标准税率征收其在每个课税年度的利得税。(2)如属一(a)法团;及(b)有以下情况的法团("有关法团");该法团根据第 22 条获摊分任何合伙的部分应评税利润,并根据第 22 条以该合伙的名义予以征税,则须根据该法团的应评税利润或有关法团的上述获摊分部分的应评税利润(视属何情况而定)按附表 8 所指明的税率予以征收利得税。

意义上,预示着香港税务局对已有税法理念的某种修正。

① 事先裁定个案第 10 号

《税务条例》的条文——本裁定适用于《税务条例》第 14 条。背景:(a) 某公司于 1989 年在香港成立为法团。(b) 该公司从事床上用品及相关原料的贸易业务,在香港设有办事处及陈列室。该等货品由一家在中国内地的联属公司制造。(c) 该联属公司 1993 年在内地注册,是一家外商独资企业法团,从事进料加工贸易,可进口原料及出口制成品,其生产的床上用品可作外销及内销。它拥有自置厂房,制造设备和机器,它也承接内地客户的加工业务,其利润在内地征税。(d) 该公司在香港购入原料,以成本价售予联属公司。(e) 联属公司依照该公司的需求指定来生产制成品,该公司会调派主管往内地,督导里的制造工序,以确保产品的品质。(f) 联属公司将制成品以利润价售予该公司,而该公司再将货品在香港出售。(g) 该公司和联属公司皆开出有效发票记录业务交易,双方向其海关机构申报进出口文件。(h) 截至 2001—2002 课税年度,该公司的利润全部征缴香港利得税。

安排:(a) 该公司有关采购原料及销售制成品的活动仍在香港进行。(b) 该公司计划在内地制造自己的货品。(c) 该公司计划于 2003 年 1 月,与联属公司订立一项加工及装配协议书(该协议书)。(d) 该协议书的主要条款如下:(i) 联属公司提供设备及服务,以协助该公司在内地制造床上用品;(ii) 设备包括厂房,制造设备和机器,内地劳工及厂房设施;(iii) 该公司除支付及赔还联属公司付出的所有制造成本外,另付予服务费。(iv) 该协议书不会在内地的发证机关登记。(iiv) 双方之间原料和制成品的交收,再不以贸易形式交易,亦不会开出发票,而将以内部移交形式记录,不过,双方仍会申报海关文件,内地及香港特区政府的海关机构皆会确认双方进行原料及制成品进出口的交易。(vi) 联属公司的业务继续以进料加工形式经营,它也会承接内地客户的加工业务。

裁定:(a) 协议书没有给予该公司在内地经营业务或进行制造活动的合法权利,制造商是联属公司,而非该公司。(b) 该公司的利润得自于香港的贸易业务,根据《税务条例》第 14 条,该利润须全部征缴香港利得税。在《税务条例》释义及执行指引第 21 号(1998 年修订)第 15 及 16 段内详列的利润按 50% 比例分摊计算方法,不适用于贸易利润。裁定的适用期:本裁定适用于 2002—2003 课税年度及以后的课税年度。裁定日期:2003 年 3 月 5 日。

② 事先裁定个案第 12 号

《税务条例》的条文——本裁定适用于《税务条例》第 14 条。背景:(a) 一家

第六章　私法自由与税法干预的边界

私人有限公司于 2000 年 2 月在香港注册成为法团(下称香港公司)。(b) 香港公司的业务是买卖电脑产品、母板及晶片等。(c) 除注册地址外(这个地址是属于一间独立的秘书公司,而该秘书公司,专门提供向公司注册处递交周年报表的服务),香港公司在香港没有设立任何办事处,也没有雇用任何雇员。(d) 香港公司声称由注册成立日至 2000 年 12 月 31 日期间没有营业,因此 2000—2001 课税年度提交的是零利润利得税报税表。(e) 香港公司的董事全属台湾居民。最终控股公司 T 有限公司,是一家在台湾证券交易所上市的公司。此外,集团于 2000 年 7 月在深圳设立生产厂房,名为 M 有限公司,以扩展生产业务,并享受大陆地区较低的生产成本。T 有限公司及 M 有限公司的董事亦是台湾居民,他们毋须为香港公司在香港履行任何职务或作任何决策。(f) 香港公司在 2001—2002 年度开始与 T 有限公司及 M 有限公司有业务往来。(g) 香港公司的供应商及顾客只限于集团海外公司。(h) 香港公司在香港及台湾两地都开有银行户口。T 有限公司的职员负责,并获授权,处理香港公司的银行来往。(i) 由于香港公司在香港没有任何职员,所有与 T 有限公司及 M 有限公司的购货及销货交易都是由在台湾的 T 有限公司的职员代为执行。

安排:(a) 香港公司成立的目的,是充当台湾地区与大陆地区交易的中介人。(b) T 有限公司向台湾及海外的供应商采购原料,转交 M 有限公司在大陆地区加工。(c) M 有限公司所需的原料,须以香港公司名义进口。M 有限公司向 T 有限公司发出购货订单,以香港公司为受单人,购买并进口原料。而香港公司会提价某个百分比,然后把原料转售 M 有限公司。(d) 在台湾的 T 有限公司的职员收到购货订单后,便会代香港公司确认并签署订单,然后制备有关销货发票及装箱单,发给 M 有限公司。(e) M 有限公司把原料加工并装嵌为制成品。但不会直接出售给 T 有限公司,M 有限公司先出口售卖给香港公司。然后,T 有限公司在同一时间向香港公司发出购货订单订购 有关制成品。香港公司出售制成品给 T 有限公司时不会提价。(f) T 有限公司出售有关货物给最终买家,包括在台湾及海外的顾客及集团公司。(g) 原料及制成品都不会在香港存货。原料由 T 有限公司或其他供应商运出,直接进口到深圳。制成品可直接由深圳的生产厂房付运,或经香港转运到 T 有限公司或其最终买家。(h) 除销货给 T 有限公司外,香港公司也销售少量货物给集团在墨西哥及日本的公司。香港公司向墨西哥公司购买原料或销售制成品都不会提价,但销售零件给日本公司时则会提价某个指定的百分比。(i) 香港公司把得自集团公司交易的提价,拨作公司利润。

裁定:香港公司的存在,是作为台湾地区与祖国大陆交易的中介人,公司账目内的账利润毋须缴纳香港利得税。裁定的适用期:本裁定适用于 2002—2003 课税年度及以后的课税年度。税务局局长就将来发生的事件或任何其他事项在要项上作出的假设香港公司的业务模式维持不变,跟有关安排运作一样。裁定日期:2003 年 6 月 6 日。

③ 事先裁定个案的分析与反思

在事先裁定个案第 10 号和事先裁定个案第 12 号中,祖国大陆与香港、台湾地区之间的联属公司之间的转让定价行为,均被税务机关所否认。税务局不再严苛传统的收入来源地原则,对于来源于祖国大陆和台湾的利润,只要实质上满足联营企业间交易行为,其利润均被视为香港所得,均须向香港税务局交纳利得税。是否意味着,香港税法已经对收入来源地管辖原则进行根本上的否定呢?下此结论还未迟过早。毕竟,税务局所公布的事先裁定只作一般参考之用。纳税人若要依赖这些裁定必须要小心谨慎。只有在有关事实与所拟进行交易完全相同的情况下,才可以参照一项裁定。在这方面,应留意相类似的交易通常都会有不同的事实。如对拟进行的交易与已裁定的交易是否相同存有疑问,纳税人应要求作出裁定。此外,亦须小心确定《税务条例》的有关条文或解释及执行等条文的有关案例没有改变,因为税务局必须施行现行的税务法例。同样地,假如一项裁定所述及的行政处理方法竟然被利用作为避税的工具,则该项裁定已不再适用。但不管怎么样,事先裁定个案的适用,必将促进中国的税法实践。之于祖国大陆与香港、香港与澳门、台湾之间的联属交易是一个重要的信号。传统的交易在外,利润至香港,从而根本上逃避税收的"税收筹划",不再只是祖国大陆税务机关的单方行动。既是香港财政压力所致,也是国际反避税趋势所致。避税天堂并没有从根本上解决香港的财政压力,繁荣香港的当地经济。将转让定价所致的利润纳入评税和课税领域是必然之结果,是香港自身发展的强烈要求。也可为中国税法区际冲突协调减少不必要的法律上的阻力。

(3)《税务条例》第 61 条与反避税

《税务条例》第 61 条规定:凡评税主任认为,导致或会导致任何人的应缴税款减少的任何交易是虚假或虚构的,或认为任何产权处置事实上并无实行,则评税主任可不理会该项交易或产权处置,而该名有关的人须据此而被评税。如何认定"虚假""虚构"成了这一条在实际运用中的关键。在 Seramco v. ITC 案[①]中,法院认为"虚假"是普通用语而不是一个法律词汇,它不仅仅是"虚构"的

---

① [1977] A.C. 278, p.297.

第六章 私法自由与税法干预的边界

同义词;虚构的行为是当事人从未意图实施的行为,虚假的行为包括更加广泛的行为,"虚假"一词的含义如同我们日常使用时那样,在不同的场合有不同的意义。在 D32/94(1994)9IRBRD 97、D69/98(1998)13IRBRD 412 和 D110/98(1998)13IRBRD 553 案中,个人纳税人通过向他自己的服务公司支付管理费获得抵扣的意图被税务当局否定,因为纳税人与服务公司之间的关系被认为是虚构的。① 在 D110/98 (1998)13IRBRD 案中当局认为在服务费和服务公司实际提供的服务间没有相关性,所以这个交易被视为虚假。在 D77/99 案,上诉委员会为"虚假"和"虚构"必须还原其普通含义,"虚假"是不自然的,对自然和真实情况的替代;"虚构"是伪造、不真实、造作、假象、不真实、想象、编造的本质。每个特定案件的所有相关事实都必须考察。仅依靠当事人间的关联关系是不足够认定行为的虚假,避税的意图也不足以认定行为的虚假,但是,如果除了避税没有其他商业目的,这个交易就是虚假的。②

《税务条例》第 61A 节规定:以获得税项利益为主要目的或者唯一目的,交易可以被法院否定。至于获得税项利益为主要目的或者唯一目的,主要包括:"(a) 订立或实行该项交易的方式;(b) 该项交易的形式及实质;(c) 若非因本条规定则该项交易原可达成的与本条例的实施有关的结果;(d) 该有关人士因该项交易而在财政状况上已发生、将发生或可合理预期会发生的改变;(e) 与该有关人士有任何联系或曾有任何联系的任何人(不论是业务上、家庭上或其他性质的联系)因该项交易而在财政状况上已发生或可合理预期会发生的改变;(f) 该项交易是否已产生任何权利或义务,而该项权利或义务通常不会在基于各自独立利益而作出该类交易的人之间产生的;及(g) 在香港以外地方营业或寓居的任何法团参与该项交易的情形,会得出结论,认为订立或实行该项交易的人或该等人之一订立或实行该项交易的唯一或主要目的,是使该有关人士单独或连同其他人能够获得税项利益,则本条适用于该项交易。"这 7 个标准在运用的过程中,必须都被审查,但每个标准的权重并不一样③,而必须根据具体案件作出具体安排。这一节中并对"税项利益"和"交易"作出了定义,"交易"(transaction)包括任何交易、行动或计划,而不论该项交易、行动或计划是否借

---

① Andrew Halkward, Jefferson P. Vanderwolk, Wilson WS Chow, *HongKong Tax Law Cases and Materials 3ed*, Butterworths, 2001. p. 346.
② Berry F C Hsu, *Laws of Taxation in Hong Kong SAR*, Hong Kong University Press, 2001, p. 195.
③ Departmental Interpretation and Practice Note No 15,转引自 Andrew Halkward, Jefferson P. Vanderwolk, Wilson WS Chow, *HongKong Tax Law Cases and Materials 3ed*, Butterworths, 2001, p. 349.

法律程序或意图借法律程序可予以强制执行者;"税项利益"(tax benefit)指对缴税法律责任的规避或延期,或税额的减少。①由此可见香港立法中对"避税"意图作出了具体而客观的规定,这样既保证了行政权行使的效率,又缩小了权力滥用的空间。

3. 中国澳门

澳门税法不同于祖国大陆,亦不同于香港。澳门没有明确的企业所得税法,也没有澳门税务条例。难以找到有关转让定价与反避税的立法规范。对于形式与实质不符的税法现象,可以通过所得补充税的相关规定予以更正与估定。澳门《所得补充税(纯利税)》第19条(可课税利润)第1款规定:A组纳税人②,其可课税利润系指根据适当会计原则而编制的营业结算或损益账所示的盈余,即是有关课税的上一营业年度任何来源的收益或利润减除同年度的费用或损失后所得的数额,无论前者及后者将按照本章程第20条至第35条的规定,予以倘更正。第40条(查账)第5款,倘未能透过查账方法核定有关条文所指的可课税收益,又或有理由怀疑账目的结果与事实不符时,对于有关纳税人将依据估定利润予以课税。对于关联企业间的转让定价交易,背离正常交易时,税务机关可以将其视为"账目的结果与事实不符",对其交易重新估定,并予以课税。

五、税法干预下的自由限度:正常交易与税收筹划

从法律方面讲,企业之间转让定价并不必然导致违法行为的出现,一家愿打,一家愿挨,法律本无干预之必要。因为在市场经济条件下,任何一个商品生产者和经营者,都有权利根据自己的需要来确定自己所生产或经营的商品的价格标准,任何人无权干涉。法律上对生产经营者产品定价权的保护及市场供求变化关系对产品价格的影响决定了商品生产者可以利用它们手中受法律保护的权利,对产品价格和自身利润水平以及关联企业间的平均利润水平进行调

---

① 香港税务机关还就这一节作出了专门的行政指引:Departmental Interpretation and Practice Note No 15.

② 澳门《所得补充税(纯利税)》第4条(实际收益与估定收益)第2款规定:下列纳税人为A组并将根据其适当编制并经按照现行法律规定在财政司注册的会计师或核数师签名及核对的会计而核定的实际利润课税:a.不具名有限公司,股份有限公司及合作社;b.任何性质的公司,其本身利益与股东个人利益并无混同,且资本不少于100万元或可课税利润在近三年平均达50万元以上者;c.其他的个人或团体,备有适当组织的账目,经透过有关税项年度的12月31日提交声明列入此组者;但倘在该年度最后一季开始其业务者,则有关声明得延至翌年1月31日提交。

整。从税收方面讲,商品价格的任何增减变化,都会带来明显的税收效果。对于一个生产经营者来讲,产品价格的变动与经济利益有着十分密切的关系,基于价格变动对生产企业的影响,纳税人往往会不遗余力寻找最佳的纳税筹划方法。转让定价事实上被证明是最受企业家们青睐的筹划工具。税收乃一国政府之奶娘,任何规避税收之企图均将招致税务机关之严格审查。为此,企业利用转让定价进行税收筹划时,又不纯粹是契约范围内的自由,依然收到税务机关的监控。否则,构成税收规避,必受税务机关反避税调查与制裁。理性地选择转让定价便成为企业成败的关键要义。

(一) 筹划边界:正常交易

转让价格与市场价格最大的不同之处在于转让价格在一定程度上不受市场供求的影响,它在很大程度上仅受关联母公司的控制。在商品、资本、生产要素在世界范围内流动更为便利的条件下,转让定价比其他税收筹划方法具有更大的灵活性。转让定价在帮助关联实现税收目标方面具有巨大的优势。另一面,转让定价时常发生于关联企业间。关联企业有着其他一般企业无可比拟的内幕优势,使其更容易滥用转让定价,偏离正常的交易价格。从而,将转让定价从合法筹划演变为非法规避行为。

一旦转让定价背离正常的交易价格,关联企业间的行为将被认定为规避税收的行为,自无税收筹划之空间。关联企业欲想利用转让定价达到节税之目标,首先应确保其行为为税法上之合法行为。仅当在合法行为下,才有税收筹划的可能。提供合法性检测者,首当为正常交易。是以,利用转让定价进行税收筹划,应将其交易行为严格控制在正常交易值域内,唯有在此值域内,企业方可驰骋,自由筹划、以达到使其税负最小化之追求。

(二) 应予考虑的核心要素

企业利用转让定价进行税收筹划,一般发生在以下情境下:转让定价的企业位于不同的税率区,或者位于税收管辖权不同国家与地区;企业属于关联企业,否则,企业之间转让定价的动机难以达成。税务动机是关联企业转让定价最为重要的一个要素。尽量降低税负、乃至逃避税便成为关联企业转让定价的一大永恒的目标。转让定价筹划必须遵从正常交易原则,使其行为在合法的值域内。除开关联交易的价格符合正常交易的市场价格外。关联企业转让定价是否合法,可以通过利润来识别。关联企业转让价格后该企业是否有利润,是否达到同行业的平均利润水平,是转让定价合法与否的另一关键标准。

1. 转让定价之价格与利润

如果关联交易之间的定价远低于市场价格,肯定属于典型的规避税收的行为,此不再只是税收筹划的行为,演变为逃避税的非法行为,理应由税务机关调整。关联企业在选择转让定价进行税收筹划时,必须考虑到产品、服务等的市场价格。一意孤行,为降低税负而不顾市场竞争的规则,只会适得其反,招致税务机关的反避税调整。关联企业不同于一般独立企业,关联企业的任何与市场不一致的交易行为,均会受到税务机关的监控。欲想真正达到节税之功效,理应遵循市场交易的一般定价规则。与之关联,在税务实践中,税务机关通常根据正常交易价格来判断关联交易的转让定价是否符合正常交易理念。但正常交易价格往往具有不确定性,它通常是在一定的价格区间内波动。因而,税务机关在判断关联交易是否存在转让定价的滥用时,对销售毛利率、销售利润率等利润指标的依赖程度往往较高。企业的利润指标与行业平均水平的比较往往是税务机关进行判断甚至作出结论的重要依据。这就为管理效率较高、盈利水平高出行业平均水平的企业提供了转让定价运作的空间。在利用转让定价进行税收筹划时,要充分考虑到价格和财务状况,因为利用转让定价避税并非是毫无成本的。转让定价筹划的不慎可能会导致关联公司陷入频繁的税务审计与调查之中,并且使利润低的企业遭受转让定价调整。为配合税务机关的审计与调查,企业将耗费大量的人力、物力和时间,损害企业的声誉及其与税务机关的关系。关联企业必须在遵守企业所在地法律和转让定价运作之间保持平衡。这一点是成功利用转让定价进行税收筹划的核心。

2. 转让定价与税收分配

转让定价介入后,关联企业间的利润重新分配的同时,税收也在不同的税收管辖权和不同的税收地区之间重新分配。各税收管辖权国家和地区对待转让定价的态度必然有所不同,这也直接影响转让定价筹划的功效。

3. 应予考虑的其他因素

关联企业利用转让定价进行税收筹划时,除开转让定价过程中的价格与利润,税收利益在税收管辖权国家和地区之间的分配因素外。纳税人在跨国交易中制定的定价结构必须满足交易所涉及的国家征税机关的要求。转让定价得经过仔细筹划,以下因素应予以重点考虑[①]:

- 基于纯粹的商业基础建立明确的定价制度;
- 依据所涉及国家的税法审核每一个定价决策;

---

① 参见〔美〕罗伊·罗哈吉:《国际税收基础》,林海宁、范文祥译,北京大学出版社 2006 年版,第 456 页。

- 使商业条件下每一个有关交易合理,是公平交易;
- 确保商业实质和形式;
- 确保交易主要是出于商业上的原因,而非主要为了避税;
- 仔细查阅集团公司之间所有的跨国交易;和
- 保留详细的文档和记录。

(三)方法选择与运用

关联企业利用转让定价进行筹划,可以采取的方式方法有很多种。一般而言,主要有以下几种定价方式:(1)关联企业间商品交易采取压低定价的策略,使企业应纳的流转税变为利润而转移。(2)关联企业间商品交易采取抬高定价的策略转让收入,实现节税。(3)关联企业间采取无偿借款或支付预付款的方式,转移利息负担,以实现节税的目的。(4)关联企业间技术、管理、广告、咨询等劳务供给采取具有弹性的转让定价转移收入节税。(5)关联企业之间通过固定资产的转让或使用,采用转让定价转移利润进行节税。(6)关联企业间通过无形资产的转移和使用,以弹性的转让价格转移收入,实现节税。(7)关联企业之间"硬件"价款向"软件"价款转变。

(四)转让定价筹划方法的反思

转让定价成为关联企业进行税收筹划或规避税收的重要工具。但筹划实践中,时常出现"筹而不划"之现象。即使在正常合理的正常交易中,也会出现此种境况。原因何在?抑或,转让定价税收筹划的方法尽善尽美吗?显不都如此。

1. 单一筹划方法与综合筹划方法

筹划实践中,筹划者总结、运用了多种转让定价策略,以便达致税收筹划。然在转让定价过程中,关联企业家们多数时候只是通过一种简单的方法进行转让定价,而且多数采纳"高低价格的自由调配"达到税负的递减。这显然不能满足所有企业的需要,税收筹划是多种工具运作的结果,单一的策略多数时候只具有特定场合下的筹划功能。为此,在进行转让定价筹划时,应将更多的策略综合考虑,将多种筹划方法综合运用,不应局限于转让定价筹划本身。充分调动转让定价自身方法以及与其他筹划方法的互动。

2. 单一税种的筹划与税收的累积负担

税收筹划中,多数企业未能看到企业税负的综合运作,只是在单一的税种下进行税收筹划,比如多数关联企业利用转让定价达到企业所得税税负的递减。然企业的每一项业务并不只有企业所得税这一单纯的税负。多数时候,合同税(流转税)与企业所得税等同时课征。在企业涉税业务的税收累计负担本质下,单一地进行个税的筹划,是否真正达到企业税收筹划之整体目标呢?会不会此税的递减,致使它税的递增呢?毕竟税收筹划不应该是税种的筹划,而应该是涉税业务的筹划,否则,有违税收筹划之根本要旨。

3. 税收目的与经营目的的现实误读

税收目的与经营目的原本为转让定价税收筹划之双重目标。然而实际上,关联企业重税收目的,轻经营目的的现象比比皆是。企业的经营运作关乎企业之生存命运,优良的企业经营、管理策略可以大大减低企业运作成本,从而使企业的整体成本递减。同样可以达到降低企业成本之功效。一味苛求税负的降低而筹划,并非在任何情况、任何企业中均能奏效。企业进行税收筹划时,理应结合企业现实,选择税收筹划的目标。税收与经营,均能达到降低企业成本的终极追求。

六、结　语

转让定价作为关联企业之间交易的重要工具,被企业和税务机关所青睐。税务机关时常因为企业的规避税收行为而对其进行转让定价调整,以达到反避税之功效。企业通常利用转让定价,达到降低税负或提高经营能力之目的。然何时税务机关介入,将转让定价纳入调整范围,是为关键。转让定价本身并不必然导致规避税收的出现,为一中性的税收行为。税收筹划与规避税收的衡平标准为正常交易。正常交易值域内的转让定价,为企业自由筹划之空间。跨越正常交易值域,关联企业的转让定价遁入非法空间,由税务机关所调整。为此,利用转让定价进行税收筹划的企业,均须遵从正常交易原则,在正常交易的指引下进行合理、合法的筹划。具体而言,企业进行转让定价时,应将转让定价之价格、利润、税收利益的分配等多种因素考虑其中,方可达到筹划的目标。不可忽视的同样有,综合税收筹划方法的运用、税收累计负担的考虑以及筹划经营目标的重新界定,这在当前的税收筹划中被多数企业所忽略。当然,作为一种新型的制度,预约定价,也应引起相当的关注。概而言之,转让定价是时下,乃至今后相当长时间内的一个筹划热点,也必然成为税务机关反避税的焦点,同时吸引着全球税务机关和企业的眼球。企业在税收筹划时,应谨慎、合理地运用转让定价,否则,不仅达不到税收筹划之追求目标,反而会招致税务机关漫长而又繁琐的税务审计与税务调查,于企业有百害而无一利。

第七章 企业自治与税法度衡

作为配置经济资源重要载体的企业,因构成要素的不同组合而具有不同的法律形态。① 企业法律形态"要义在于把企业这个内涵丰富的经济学概念转换为相应的法律界定形式"。② 自 20 世纪 80 年代以来,随着经济体制改革的深入发展,我国的企业形态立法不断发展和完善。1993 年,我国进入社会主义市场经济发展时期,相应地,企业改革和立法也随之进入一个新阶段,建立现代企业制度成为企业改革与立法的中心话题和核心内容。目前,我国以责任和组织化程度为标准,大体将企业划分为独资企业、合伙企业和公司三种企业形态。③ 根据企业形态法定原理,"投资者只能在法定企业类型中选择自己所要采取的企业形态,而不能随意自由创设。目的是使相对人与企业进行交易时可一望而知企业的性质,据此判断交易的风险度,从而维护交易安全。"④ 也即,投资者只能在独资企业、合伙企业和公司三种形态中自由选择。为赋予投资者更大的自主性和自治空间,公司法和合伙企业法相继修订,一人公司、有限合伙等企业形态先后登台。自治空间的拓展使得企业法总体上可以归属于私法范畴。以公司法为例,"现行《公司法》将'公司自治'作为主题,贯穿于公司法规范的体系之中,在很大程度上改变了公司法的结构"⑤,以致"私法中的意思自治的大旗始终飘扬于公司的上空。如果说公司不能践行意思自治(股东自治和公司自治),公司则成为政治国家的一部分,成为政府权力的延伸,那么公司将不再成为公司"。⑥ 亦如学者所言:"在制定公司法时,立法者必须按照合同的规则和市场的路径来进行,而不能依赖于国家的强制力而恣意妄为,这样,作为结果的公司法规则才能获得合理性。"⑦

因此,投资者进入市场时,选择何种企业形态,是其自由。选择之后,如何

---

① 参见徐强胜:《企业形态的法经济学分析》,载《法学研究》2008 年第 1 期。
② 董开军、李诚:《论企业法律形态问题》,载《中国法学》1992 年第 4 期。
③ 参见徐强胜:《企业形态法定主义研究》,载《法制与社会发展》2010 年第 1 期。
④ 田雪梅、柴方胜:《私营企业形态导向与有效保护债权人利益法律机制研究》,载《政法论坛》2002 年第 6 期。
⑤ 钱玉林:《公司法实施问题研究》,法律出版社 2014 年版,第 3 页。
⑥ 胡田野:《公司法任意性与强制性规范研究》,法律出版社 2012 年版,第 53—54 页。
⑦ 罗培新:《公司法的合同解释》,北京大学出版社 2004 年版,第 400—401 页。

运营也是其自由。这种自由为企业法所赋予,税法无从干涉。不管是哪一种企业形态,都有其运行的法律规则,在法律框架之内,企业高度自治,税法也不应随意介入。据此就认为企业法与税法毫无关联,显然大错特错。其实,选择什么样的企业形态组织生产经营,绝不只是个企业法问题,它还会直接关系到紧随其后的税法评价。不同的企业形态,产生不同的企业法效果不假。但企业法上的这种效果最终又会传递至税法,进而带来不同的税法效应,更是事实。税法上的企业差异化待遇很多时候会逆向影响投资者最初的企业形态选择,因为当投资者选择一个企业形态组织生产经营时,法定的运营成本——税收也如影随形而来。众所周知,税收是对民商事行为或民商事行为的经济效果进行课征,而民商事行为的主要类型是合同,然合同又高度依赖于企业实体,经济效果的分配更是仰赖于企业,所以,企业形态直接与税法接壤。因此,在选择企业形态时,投资者不得不考量企业的税法问题。① 而要解决好这一问题,就必须打破法学学科矩阵,将已经分隔的法律知识做好合并归类,是知识分化的又一次回归。

一、合伙企业:从民商法到所得税法

市场经济中,合伙企业与公司为重要的市场主体。我国《合伙企业法》2006年修订之前,民商法多以责任形态区分公司和合伙企业:投资人承担无限责任者多为合伙企业,承担有限责任者多为公司。此种界分产生了公司和合伙企业不同的税法命运:公司为法人,缴纳企业所得税;合伙企业为非法人,缴纳个人所得税。《合伙企业法》明确将有限合伙企业②纳入合伙企业类型,意味着以责任形态来区分合伙企业与公司显然已经不合时宜。合伙企业和公司两种企业形态的竞争在民商法上日渐"公平"。

与此同时,《合伙企业法》首次以法律的形式从民商法的角度确立了合伙企业的非法人地位,不缴纳企业所得税这一原则。③《企业所得税法》从税法的角度

---

① 独资企业的税法适用总体较为简单,故本章不专门讨论独资企业的税法适用问题,而将其放置合伙企业税法运用中一并讨论,特此说明。

② 我国《合伙企业法》第 2 条规定:"合伙企业,是指自然人、法人和其他组织依照本法在中国境内设立的普通合伙企业和有限合伙企业。普通合伙企业由普通合伙人组成,合伙人对合伙企业债务承担无限连带责任。本法对普通合伙人承担责任的形式有特别规定的,从其规定。有限合伙企业由普通合伙人和有限合伙人组成,普通合伙人对合伙企业债务承担无限连带责任,有限合伙人以其认缴的出资额为限对合伙企业债务承担责任。"

③ 我国《合伙企业法》第 6 条规定:"合伙企业的生产经营所得和其他所得,按照国家有关税收规定,由合伙人分别缴纳所得税。"

重申了该原则①,似乎体现了民商法和税法的某种默契。果真如此? 合伙企业的现行所得税制主要是由《关于个人独资企业和合伙企业投资者征收个人所得税的规定》(财税[2000]91号)及《关于合伙企业合伙人所得税问题的通知》(财税[2008]159号)②所确定。而"财税[2000]91号"和"财税[2008]159号"将合伙企业的经营行为归属于合伙人,将合伙企业的所得税法命运与合伙人的民商法属性直接挂钩:"合伙企业以每一个合伙人为纳税义务人。合伙企业合伙人是自然人的,缴纳个人所得税;合伙人是法人和其他组织的,缴纳企业所得税。"表面而言,现行合伙企业税制十分科学,但是否真的如此呢? 税法介入后,合伙企业的民商法命运如何,值得探究。

(一) 合伙企业:民商法创新与所得税法困惑③

第十届全国人大常委会第二十三次会议于2006年8月27日通过了修订的《合伙企业法》。该法的修订有着深刻的体制和社会背景。从宏观方面看,所有制结构的调整,社会主义市场经济体制的确立,法律手段在经济管理中的运用,企业划分标准的改革,都使得1997年制定的《合伙企业法》越来越不适应市场经济的发展。从微观方面看,首先,各方对原法的理解存在差异,影响了法律的实施;其次,我国发展迅猛的风险投资和专业服务机构急需法律提供多样化的组织形式。

有鉴于此,2006年修订的《合伙企业法》应运而生。它在民商法上最重大的突破在于:(1) 合伙人的资格。其突破了以往合伙人资格的自然人属性,规定不仅自然人,法人和其他组织也可从成为合伙人,具备合伙人的资格。(2) 合伙的形式。2006年修订的《合伙企业法》一改以往普通合伙形态,增加规定了特殊的普通合伙以及有限合伙形态④,使合伙企业更具竞争力:有限合伙企业为我

---

① 我国《企业所得税法》第1条规定:"在中华人民共和国境内,企业和其他取得收入的组织(以下统称企业)为企业所得税的纳税人,依照本法的规定缴纳企业所得税。个人独资企业、合伙企业不适用本法。"

② 为行文简洁,下文统一将《关于个人独资企业和合伙企业投资者征收个人所得税的规定》简称为:"财税[2000]91号"。将《关于合伙企业合伙人所得税问题的通知》简称为:"财税[2008]159号。"

③ 本部分的某些研究结论,得益于潘亚岚、韩灵丽的启发。相关论述参见潘亚岚、韩灵丽:《对个人独资与合伙企业所得税制的几点思考》,载《税务与经济》2002年6期,第35—36页。

④ 对有限合伙企业的承认,使投资者和资金管理者能够更好地,并且是合法地结合起来:管理者作为普通合伙人,对合伙企业债务承担无限连带责任;投资者则作为有限合伙人,以其认缴的出资额为限对合伙债务承担有限责任。这种组织形式销蚀了以往合伙企业和公司之流弊,有利于促进社会资金和资源的最优配置。基于合伙企业不同类型的适用范围和适用人群的多寡,本书对合伙企业税制的探讨将集中于有限合伙企业,不再针对特殊的普通合伙企业而展开。

国风险投资的发展注入动力①;特殊的普通合伙企业将有助于提升我国专业服务机构的竞争能力。

依据我国现行《合伙企业法》《企业所得税法》、"财税[2000]91号"和"财税[2008]159号"之相关规定,合伙企业的生产经营所得和其他所得,由合伙人分别缴纳所得税。这些规定奠定了我国对合伙企业征收单一所得税的制度,避免了对投资者收入的经济性双重征税,对鼓励个人投资、公平税负等均有着积极的意义,值得肯定。但其中的一些制度瑕疵亦无法掩盖,尤其是有限合伙企业介入以后,这些税制的缺陷必将影响投资者对于企业形式的选择,难以实现现行《合伙企业法》的立法目的。②

1. 单一所得税制的"庐山真面目"

一般观点认为,从税种角度剖析,合伙企业的所得税负轻于公司制企业。理由是:合伙企业实行单一所得税制,即只对合伙人征收一重所得税,消除了经济上的双重征税;而公司制企业存在企业所得税和股东个人所得税之双重征税问题。事实真的如此吗?

---

① 有关研究人员提出,风险投资已经进入中国二十年了,但现处在瓶颈阶段。确实如此,组织形式就是制约的原因之一。目前在我国风险投资只能以公司形式存在,而在国际上来看,绝大多数的风险投资采取的都是有限合伙的形式。如果采取公司形式,将存在以下几个不利的方面:原《公司法》要求出资一次到位,且同股同权;《公司法》不认可劳务出资;公司的所得在缴纳了企业所得税后,股东还要缴纳个人所得税,造成两次征税。而风险投资最大的特点在于资金与管理技术的结合,有限合伙正好能将二者高效地结合起来。投资者只负责出资,也仅在其出资范围内承担责任,不必管理合伙事务;而管理技术方则完全可以利用自己的智力来管理、支配风险资金,当然,这也要其以承担无限责任为代价。但总体来讲,有限合伙形式能降低部分投资者的投资风险,使更多的资金进入风险投资领域,引导和鼓励社会资源更多地流向创新企业,加快我国的创新建设。参见《合伙制度的创新——解读〈新合伙企业法〉》,载 http://www.fairylaw.com/Article/yjxx/200609/20060925204341.html,2015年1月26日访问。

② 一种组织形式比起其他组织形式是否具有税收优势,应该因时因"人"相对而论。我国2006年修订的《企业所得税法》已经实施,对于内资企业而言,该法总体上减轻了纳税人的税收成本。在这种背景下,如果不考虑递延纳税因素,自然人投资于合伙企业的税收成本与公司制企业的税收成本目前已无明显优势可言。而公司制企业投资于有限合伙企业,其税收成本目前甚至会高于投资公司制企业,特别是如果被投资企业属于创业投资企业时。因此,我国2006年修订的《企业所得税法》实施以后,与合伙企业有关的所得税政策有必要作进一步调整和完善,包括计算应税所得时的税前扣除、税收优惠政策方面与公司制企业适用政策的对接,个人所得税最高边际税率的适当下调,制定更趋合理的亏损弥补政策等。否则,如果合伙企业的税收政策与公司制企业相比处于劣势,可能不利于这种组织形式的健康发展。

第七章　企业自治与税法度衡

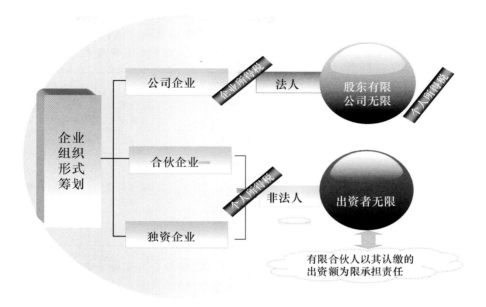

图 7.1　企业组织形式筹划

【实例】　现有两人（自然人）准备设立一家企业，假定企业年应税所得额为 100 万元，如果选择公司作为企业形态，则税后利润当期全部分配给股东；如果选择合伙企业作为企业形态，则所得当期亦全部分配给合伙人。试比较公司制企业和合伙企业的税负。两种企业类型的当期所得税负运行如下表所示：

公司税负	公司制企业税负			
	企业所得税（万元）	个人所得税（万元）	综合税负（万元）	综合税负率（百分比）
	100×25％＝25	(100－25)×20％＝15	40	40％
合伙税负	合伙企业税负			
	企业所得税（万元）	个人所得税（万元）	综合税负（万元）	综合税负率（百分比）
	0	[(100÷2×35％－1.4750)]×2 ＝32.05	32.05	32.05％

【结论】　当期利润全部分配时，投资人选择设立合伙企业更为有利，同等条件下，可节税 7.95 万元，综合税负率低 7.95％。

【实例】　现有两人（自然人）准备设立一家企业，假定企业年应税所得额为

100万元,如果选择公司作为企业形态,则税后利润当期不分配给股东;如果选择合伙企业作为企业形态,则所得当期亦不分配给合伙人。试比较公司制企业和合伙企业的税负。两种企业类型的当期所得税负运行如下表所示:

公司 税负	公司制企业税负			
	企业所得税 (万元)	个人所得税 (万元)	综合税负 (万元)	综合税负率 (百分比)
	100×25%=25	0	25	25%
合伙 税负	合伙企业税负			
	企业所得税 (万元)	个人所得税 (万元)	综合税负 (万元)	综合税负率 (百分比)
	0	[(100÷2×35%−1.4750)]×2 =32.05	32.05	32.05%

【结论】 当期利润全部不分配时,投资人选择设立公司制企业更为有利,同等条件下,可节税7.05万元,综合税负率低7.05%。[①]

当投资人(股东)为法人公司时,合伙企业和公司制企业的制度比较在所得税法的介入下,更趋复杂,合伙企业的税收优势不再明显[②],有时候甚至会演变为税收劣势[③]。以上观之,企业之最终税负并不只取决于税种,还取决于其他一些因素,这些因素虽不起决定作用,但最终会影响制度价值的发挥和功效。作

---

① 根据我国现行的所得税制度,公司制企业的股东是自然人,企业实现的所得在缴纳25%的企业所得税后,只要不向个人分配税后利润,股东层面的个人所得税便可向后递延,现时税负只有25%。而合伙企业实现的所得无论是否向自然人合伙人分配,都要按占伙比例或按合伙人人数分配所得,对照五级累进税率征收个人所得税,当个人所得超过5万元后,累进税率便达到35%。可见,合伙企业看似只对股东实体征收一重所得税,但边际税率较高,且不能延迟纳税义务。

② 根据我国现行的所得税制度,如果公司制企业的股东是法人公司,企业实现的所得在缴纳25%的企业所得税后,按照《企业所得税法实施条例》的规定,分配给股东的红利属于免税收入。而有限合伙企业分配给作为有限合伙人的公司制企业,须并入该公司应纳税所得额缴纳25%的企业所得税。从这一角度看,两者税收负担并无明显差别。更进一步,如果作为有限合伙人的公司制企业又是由自然人设立的,有限合伙人未来向其分配利润时,还存在一重个人所得税,此时仍存在双重征税问题。

③ 比如,如果一家法人公司A投资于有限责任的B公司,B公司专业从事投资业务,B公司又投资了一家境内C公司,C公司向B公司的分红属于股息性免税收入,B公司再将这部分收益分配给A公司,同样属于免税收入。考察另一种情况:如果一家法人公司A投资于有限合伙企业B,B专业从事投资业务,投资于一家境内C公司,C公司向B企业的分红在B企业固然不产生企业所得税问题,但B企业再将这部分收益分配给A有限合伙人时,必须计入A公司的应纳税所得额缴纳25%的企业所得税。在后一种情况下,有限合伙企业各纳税环节的综合税收成本反而高于公司制企业。参见高允斌:《关于有限合伙企业的税收政策分析》,载《财务与会计》2009年第3期。

第七章 企业自治与税法度衡

为2006年修订的《合伙企业法》最大创新的"有限合伙企业"如一概适用现行单一所得税制,其能否承载立法者和投资者的期盼？毕竟,一旦税法优势不明显、甚或丧失,民商法优势本不明显的合伙企业如何吸引投资者的青睐？①

2. 单一所得税制与税收优惠的两难抉择

税收优惠之于一个企业意义重大,是投资者选择企业形式进行投资时重点考虑的因素之一,也是纳税筹划的重要筹划点。当税收优惠介入企业形式选择后,合伙企业的单一税制价值更不稳定。依我国现行所得税制,公司制企业税收优惠政策较多:地区优惠、行业优惠及小型微利企业优惠等,既有减免税规定,也有低税率享有。各种各样的税收优惠措施并未因《企业所得税法》的实施而骤然消失。相对而言,合伙企业的优惠政策非常有限,尤其是对投资实业的经营所得,几乎没有优惠措施。

我国现行诸多税收优惠政策并不针对合伙企业,而主要针对公司制企业。如创业投资企业采取股权投资方式投资于未上市的中小高新技术企业的税收优惠措施是否适用于合伙企业也未见官方文件予以解答。②同样,致使不公的是,按企业研究开发费用的150%在税前加计扣除的优惠政策适用于公司制企业无障碍,而是否适用于合伙企业则依然"前途不明"。纵然同样适用于公司和合伙企业,也有诸多不同步、不一致之处。如飞机、火车、轮船以外的运输工具的折旧年限在公司制企业和合伙企业之间并未做到公平处理。③

因此,对于能享受较多税收优惠的公司制企业,如高新技术开发区的高新

---

① 一般来说,合伙企业之规模总体较小,抗风险能力较弱,但其对于就业及民间资本的繁荣等有着不可忽略的优势,因此,单一所得税制值得肯定,体现了政府对个人投资办企业的支持和鼓励。但其制度缺陷也必须引起足够的警惕。尤其是在目前情况下,中小企业的融资环境不理想,企业的发展主要靠自身内部积累,在发展过程中面临更多不稳定因素。政府应重视这些问题,为合伙企业的发展营造良好的外部氛围,特别是要通过制度构建,推动中小企业的发展壮大,进一步营造不同企业组织形态公平税负之环境,这既符合税收中性之原则,亦是企业履行社会责任之要求。

② 根据我国《企业所得税法》及其《实施条例》有关规定,创业投资企业采取股权投资方式投资于未上市的中小高新技术企业2年以上的,可以按照其投资额的70%在股权持有满2年的当年抵扣该创业投资企业的应纳税所得额;当年不足抵扣的,可以在以后纳税年度结转抵扣。显然,创业投资企业如果属于公司制企业,便可享受此税收优惠政策;而创业投资企业如果属于有限合伙企业性质,则不能适用上述优惠政策。那么,在计算创业投资企业合伙人应税所得时,能否将创业投资企业符合条件投资额的70%予以抵扣便无明确的法律依据。

③ 根据我国《企业所得税法实施条例》有关规定,飞机、火车、轮船以外的运输工具的折旧年限缩短为4年,电子设备缩短为3年。对符合条件的固定资产还有加速折旧的规定。《关于企业所得税若干优惠政策的通知》(财税[2008]1号)规定,企业购买的软件产品经主管税务机关核准后可以分两年摊销,在计算企业应纳税所得额时予税前扣除。然而,目前有关计算合伙企业合伙人应税所得的上述税前扣除政策未作相应调整,一般运输工具和电子设备的折旧年限仍不得短于5年,而购入软件的摊销年限只能对应于不得短于10年的规定。

技术企业、国家支持和鼓励发展的第三产业、劳动就业服务企业等,合伙企业的单一税制优势将被公司制企业税收优惠政策的享有而弱化,甚至消失殆尽,最终将使公司制企业的非税竞争优势进一步加剧。

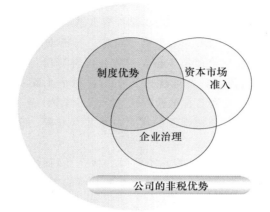

图 7.2　公司的主要非税优势

3. 单一所得税制与隐性税收相伴相生

我国所得税实行并行立法模式,即企业所得税和个人所得税单独立法,两者之间缺乏应有的互动和沟通。此种立法的结果便是:《企业所得税法》和《个人所得税法》在很多"所得""费用扣除""应纳税所得额"及"应纳税额"等的计算口径上并不一致,隐藏其后的便是一些制度所造成的隐性税收存在。

比如,企业之股利分配,《企业所得税法》和《个人所得税法》的做法有很大的不同。对于公司制企业而言,企业只有在发放现金、实物股利时投资者才需要缴纳个人所得税,送股、配股及留存在企业的股东收益不需要缴纳个人所得税;合伙企业则不同,不论是否发放红利,实现的收益都要承担个人所得税之税负。此种差异使合伙企业不管采取何种分配形式,税收均无从消逝。

又如,投资者所得,合伙企业的资本所得与劳动所得的界定,税法难以提供切实可行的具体措施。① 因为在合伙企业中,投资者往往身兼企业之经营者,这种双重身份使得作为投资者的资本收入和作为经营者的劳动所得,即个人所得

---

① 有些国家的税制,如瑞典,对以股息形式比以工资形式从企业获取利润更有利,因此制定了专门的税制对利润在劳动收入与资本收入之间的分配进行了限制性分配,对股息和其他收入超过规定水平就按劳动收入征税,以保护税法在各种税收形式上的中立性,但是,对收入的分类需要税法大量技术上很复杂的条款,而且在国际资本变动时期要对此不断地调整,难度较大。

税之工资薪金所得的界定比较困难,且作为股东也有能力影响其从企业取得收入的形式。而合伙企业之投资所得与劳动者工资薪金所得之税负迥异。① 此种差异使合伙企业投资者的税负较之一般企业一定程度上有所增加。

4. 单一所得税制无法有效实现激励

在最为理想的状况下,单一所得税制可以极大地凸现合伙企业优势,但此种优势是否足够?似乎并不如此。确实,经过十几年市场经济的洗礼,今日中国的投资人无比理性,无比精明。投资者固然会考虑单一所得税制,但其他激励机制,投资者也日渐重视。而现行单一所得税制显然无法做到这一点。比如,现行所得税制对投资者在合伙企业实现的所得,不论这笔收入是否留存于企业,都按照规定比例征收,难以形成对投资者继续投资的激励政策。与之相关联,即是所得的亏损问题,一般企业,年度出现亏损时,允许用本企业下一年度的生产经营所得弥补,下一年度不足弥补的,允许逐年弥补,最长不超过5年。亏损弥补制度可以极大地降低投资者的投资风险,鼓励投资者投资的热情。在企业所得之亏损弥补问题上,合伙企业与一般的企业显然有所不同。②

---

① 按个人所得税法及相关规定,同等情况下,个人独资与合伙企业的投资者的工资扣除生计费用后与企业实现的投资所得一起适用五级超额累进税率征收个人所得税,与工资薪金所得项目适用的九级超额累进税率相比,税负要高一些。这样处理,虽然简化了税制,有利于税收征管,但无疑也加重了纳税人的负担。与之相关联的另一个问题便是:作为家庭的生活费用与生产经营费用混在一起。生产与家庭生活共用固定资产,如汽车消费,既用于经营又用于生活;经营饭店的企业主其家庭食物支出自然进了生产费用。这对投资者来说是一种隐蔽性福利。我国现行税制有明确的规定,对于投资者及其家庭发生的生活费用与生产经营费用混在一起,并且难以划分的全部视为生活费用,不得税前扣除。生产经营与生活公用的固定资产按比例分摊。但在实际执行中有一定难度,尤其是一些隐蔽性的福利。从理论上说,隐蔽性的福利应按所得税的基本原则征收,但难点之一是隐蔽性福利的界定和确认,难点之二是对福利价值的估计。有的国家税法中有界定的条款。如瑞典是这样规定的,作为隐蔽性福利应具备以下条件:一是价值从企业转移到一个股东身上;二是某个人直接或间接享受到了福利;三是有享受福利的依据,而对福利价值的估计则按市场价值来定价。我国税法中对此没有规定,因此在实际操作上缺乏依据。

② 比如,假设一名自然人张某投资于一家合伙企业A,占伙比例为90%,2014年实现所得60万元,同时,张某又投资于另一家合伙企业B,占伙比例为80%,B企业年度亏损100万元。"财税[2000]91号"文第14条规定:投资者兴办两个或两个以上企业的,企业的年度经营亏损不能跨企业弥补。据此,2014年张某须就A企业的所得54万元缴纳个人所得税。2015年,张某从A企业又实现所得60万元,当年将B企业清算,清算后的投资损失为90万元,张某仍须就A企业的所得54万元缴纳个人所得税。同理,如果张某是一普通合伙人,投资于某一合伙企业发生失败并因此而承担无限责任,但张某个人承担的这部分民事责任并不能抵销其个人其他项目的应税所得(例如张某当年的财产转让所得)。而如果张某投资的A、B企业均为有限公司,只要2014年度对股东不作利润分配,便不产生张某个人所得税成本,对B公司投资失败也不会招致无限责任。2015年度,如果将A、B两家企业合并,则B公司的未分配利润(负数)自然与A公司的留存收益相抵,对应地减少了张某的终极所得及未来的股息、红利个人所得税。由此可见,现行合伙企业的税收政策还须考虑合伙企业的亏损如何抵减合伙人的所得问题。参见高允斌:《关于有限合伙企业的税收政策分析》,载《财务与会计》2009年第3期。

（二）合伙企业税制的域外回顾

合伙，目前在不同的国家有不同的界定。绝大多数国家都至少认可两种形式的合伙企业：普通合伙企业，合伙人对合伙企业债务负有连带责任；有限合伙企业，合伙人的某些责任是有限的。[①] 在许多国家中，有多于上述两种形式的其他形式的合伙企业存在，针对这些特殊合伙企业的税务处理也有所不同。[②] 在一些国家的企业法中，合伙企业具有法人资格，而在另一些国家的企业法中则没有。这些直接影响着国际上的合伙企业税制。

1. 课税的两种基本模式

在许多国家，虽然事实上一个合伙企业是否被认定为法人并不完全决定它的法律地位，但合伙企业法律人格的缺位确实使为实现税收目标而进行的透明处理变得较为容易。[③] 确实，受民商法不一致的影响，一个国家与另一个国家的合伙企业税制差异在短时间内难以消除。但国际税法上，对合伙企业课税的两种基本模式业已形成。

（1）作为应税实体的合伙企业。此种模式将合伙企业单独作为一个纳税实体，有的称为实体课税模式。采用此种模式的国家，将合伙企业作为负有纳税义务的实体对待，采用类似公司法人课税的方法对合伙企业课征企业所得税，同时合伙人又要以其所分配到的股息、红利缴纳个人所得税。当然，作为应税实体的合伙企业，不一定都具有法人资格，对具有法人资格的合伙企业，也不一定都要采用此种课税模式。换言之，合伙企业的法人地位既不是实施实体课税模式的充分条件，也不是必要条件。将合伙企业作为独立的应税实体在很大程度上要服从于所得税目标，对不同组织形态的企业采用相同的所得税制度。实体课税模式因为不区分企业形态，运用相同的所得税制，有利于税制的简化，也有利于企业形态之间的"税负公平"。但在实体课税模式中，于企业法而言，合

[①] Victor Thuronyi(ed.), *Tax Law Design and Drafting* (volume 2), International Monetary Fund, 1998, chapter 21.

[②] 在许多国家，如德国和意大利等，存在一种公司与合伙企业的混合形式，即具有股份的有限合伙，被视为法人征税，而不像合伙企业。Victor Thuronyi(ed.), *Tax Law Design and Drafting* (volume 2), International Monetary Fund, 1998, chapter 21.

[③] 当然也可能存在不同的税务处理方法。在少数国家，比如阿根廷、丹麦、芬兰、法国、以色列、挪威及瑞典，合伙企业被认定为法人却不被视为纳税人看待。与此相反，少数合伙企业尽管不是法人但被认定为类似的公司而作为公司课征公司税，如在澳大利亚，有限合伙企业在1992年以后被视为公司，课征公司税。在美国，某些公开交易的合伙企业为所得税目标被视为法人公司课税。有限合伙企业如具有法人本质的优势也会被视为公司进行税务处理。See USA IRC§7704；Treas. Reg. §§301.7701-2, 301.7701-3(USA)。

伙企业的特殊法律性质没能从税收待遇的差异中体现出来。再者,如果合伙企业被作为实体征税,也必须确定是否它们在所有方面都被视为与公司法人相同。例如,如果合伙人就是股东,那么合伙的分配是否被当作股息对待?处理公司与股东之间事务的所有规则是否也适用于合伙企业。①

(2) 作为流经实体的合伙企业。此种应税模式不认为合伙企业为一个独立的实体,不具有独立的纳税义务。对合伙企业中按合伙人各自份额而属于该合伙人的那部分所得征税。此种模式考虑到合伙企业的民商法特质,合伙企业的特殊法律性质在税收待遇中有所体现。譬如,在德国合伙企业税制中,合伙企业的合伙人就其基于合伙份额获取的利润收入缴纳税金,合伙企业本身不需要缴纳所得税。将合伙企业视为流经实体,而不认定为独立的应税实体是当今国际合伙企业税制的通常做法。此种课税模式体现了税法上的主体资格原则,即只把在税法上具有法律人格的营业组织看成纳税主体,征收法人所得税;对不具有独立主体资格的营业组织应对其投资者征收个人所得税。换言之,只对具有法律上独立主体资格的企业才征收企业所得税;而对不具有法人资格的企业,如独资企业、合伙企业等直接征收投资者的个人所得税,而不征收企业所得税。正是在此种意义上,合伙企业被称为"流经实体的合伙企业",在税制上合伙企业只是一个管道。合伙企业的收入、费用等,经过合伙企业,流入合伙人那里;然后再由合伙人分摊这些收入和费用,对于这些收入和费用纳税。合伙企业本身是空的,不留存任何东西,没有可以纳税的内容。"财税[2000]91号"确立的合伙企业税制也属于此种课税模式,合伙企业统一征收个人所得税,不再征收企业所得税。

2. 表象之后的模式选择

选择与制定合伙企业税制,对合伙企业的性质与地位的判定是首当其冲的问题,主要涉及:合伙企业是否具有法人资格,具体到税法上,更主要的是,合伙企业是否负有纳税义务;若承担纳税义务,单独作为纳税实体而存在,合伙企业的投资者应否课税;若作为流经实体而存在,合伙企业的制度价值如何体现等等。这些问题的解决直接导致作为纳税实体的合伙企业税制和作为流经实体的合伙企业税制课税模式的存在。从世界诸国合伙企业税制窥测,合伙企业的法人资格无法从模式差异中得到体现,而仅能反映一个大致的倾向。之于税法层面,实体课税模式在淡化合伙企业法人实体性质的同时强调其纳税实体地位。立论基础不是将公司所得作为一种对法定特权的支付,而是对减少企业部

---

① Victor Thuronyi(ed.), *Tax Law Design and Drafting* (volume 2), International Monetary Fund, 1998, chapter 21.

门成本的公共服务的支付。至于流经实体课税模式立论在于合伙企业的管道理论和流经理论,合伙企业仅作为所得的管道,而不具有真实存在的税法意义。

就税务征管而言,不同的合伙企业税制产生的征管效果并不一致。实体课税模式将合伙企业作为实体征税具有征管简单的制度价值。对单个实体征税一般讲比对个人参与者征税要容易一些,可以较大程度地避免实施流经处理的税收规则的复杂化。① 因为实体课税模式仅涉及单一应税实体,且可直接运用已有的公司所得税制,因而较之流经实体课税模式要简单许多。流经实体课税模式对税收征管的要求较高,对信息监控与技术处理能力提出了较高的要求。同时,税务处理、会计处理规则较为复杂。既要通过复杂的计算对合伙企业的收入与支出等要素进行分配,又须确保各种所得来源信息的正确性,以使各种所得来源在性质不变的情况下流入合伙人。从税收征管的角度上分析,一般对于征管技术较为落后、纳税人自觉遵从意识较为薄弱的国家,适宜采取实体课税模式,而非流经实体模式。

应税实体课税模式和流经实体课税模式最有价值、最富争议的是其对税负的影响。前者,合伙企业作为应税实体,意味着课税时,合伙企业作为独立应税实体在合伙企业水平上缴纳企业所得税或类似于企业所得税制度课税。尔后,合伙人还要就分配到的所得缴纳个人所得税,在消除重复征税措施没有得以恰当实施的前提下,合伙人所承受的税负是较重的。这为市场经济体制下合伙企业的健康发展设置了严重的税收障碍,投资者为减轻税负,尽量减少以合伙企业的形式从事投资经营,这与合伙企业形态的规范化、健康化发展相驳。况且,对所得的两次征税与世界各国旨在消除经济性重复征税而作出的努力背道而驰。当然,应税实体课税模式的实行,可以避免在不同类型的经营组织之间的差别待遇和税负不公。然而,这是建立在牺牲合伙企业的民商法特质基础上的。流经实体课税模式虽然避免了所得的重复征税,但人为地在不同经营组织之间营造税负不公,这也是个难以解决的问题。这或许就是合伙企业税制的悖论,无法在民商法和税法之间找到一个最佳的平衡点,以迎合合伙企业的健康发展。

(三) 中国合伙企业税制检讨

中国合伙企业的所得税政策适用以"财税[2000]91号"为分水岭,从企业所得税过渡到个人所得税,自 2000 年沿用至今。2006 年修订的《合伙企业法》打

---

① Victor Thuronyi(ed.), *Tax Law Design and Drafting* (volume 2), International Monetary Fund, 1998, chapter 21.

破了以往自然人普通合伙企业的格局,平添有限合伙企业这一企业形态,无疑对以"财税[2000]91号"为中心的合伙企业税制是一挑战,也使有志于选择有限合伙企业作为企业形态进入市场的投资人陷入疑惑。结合域外合伙企业税制的一般规则和我国合伙企业税制的演进历程,可以寻求未来合伙企业税制的可能方案。

1. 合伙企业税制的中国变迁

(1)"财税[2000]91号"之前的合伙企业税制。20世纪90年代,中国实施的是个人所得税和企业所得税并存的所得税制。税法上,将合伙企业作为一个独立的纳税实体赋予与一般公司制企业同样的税法待遇。合伙企业属于有生产经营所得和其他所得的其他组织,依照《企业所得税暂行条例》承担企业所得税之税负,且对合伙人从合伙企业分得的利润依照《个人所得税法》征收个人所得税。按当时的合伙企业法和所得税法制度,合伙人一方面要承担无限连带责任,另一方面又要承担与公司股东一样的税负,导致不同企业形态之间的责任不公、重复征税等,不利于合伙企业和公司制企业之间的平等竞争。

(2)"财税[2000]91号"。我国税法对合伙企业如何征收所得税,严格来说缺乏应有的法律依据,在税收法律层面,无论是《企业所得税法》,还是《个人所得税法》都没有作出相应的界定。尽管《企业所得税法》第1条明确排除了个人独资企业和合伙企业适用《企业所得税法》的可能性,但并没有作出更明确的法律规定。《个人所得税法》对此更是只字未提。根据《关于个人独资企业和合伙企业征收所得税问题的通知》(国发[2000]16号)规定,自2000年1月1日起,对个人独资企业和合伙企业停止征收企业所得税,其投资者的生产经营所得,比照个体工商户的生产、经营所得征收个人所得税。2000年9月财政部、国家税务总局根据"国发[2000]16号"有关"对个人独资企业和合伙企业停征企业所得税,只对其投资者的经营所得征收个人所得税"的规定,制定了"财税[2000]91号"。明确从2000年1月1日起,个人独资企业和合伙企业投资者将依法缴纳个人所得税。"财税[2000]91号"是中国现今针对个人独资企业和合伙企业进行所得税处理的最重要依据,确立了我国现行的合伙企业税制。

(3)"财税[2008]159号"。为配合《合伙企业法》的实施,财政部、国家税务总局联合发布了《关于合伙企业合伙人所得税问题的通知》,即"财税[2008]159号"。"财税[2008]159号"以"财税[2000]91号"和"财税[2008]65号"为基础,进一步明确:合伙企业以每一个合伙人为纳税义务人。合伙企业合伙人是自然人的,缴纳个人所得税;合伙人是法人和其他组织的,缴纳企业所得税。从而将合伙企业的所得税处理直接与民商法上的合伙企业对接,表面上实现了民商法和税法的协同立法和互动。

2. "财税[2000]91号":不堪负重

考察"财税[2000]91号"之相关规定,可以看出"财税[2000]91号"应对新合伙企业类型的真实能力和处境。

(1) 普通合伙企业→个人所得税。依照"财税[2000]91号"第2条之规定,征收个人所得税的合伙企业共有四类:第一,依照《合伙企业法》登记成立的合伙企业;第二,依照《私营企业暂行条例》登记成立的合伙性质的私营企业;第三,依照《律师法》登记成立的合伙制律师事务所;第四,经政府有关部门依照法律、法规批准成立的负无限责任和无限连带责任的其他个人合伙性质的机构或组织。① 由此可知,"财税[2000]91号"所调整的课征个人所得税的合伙企业均属于普通合伙企业,合伙人对合伙债务应承担无限连带责任,合伙企业不具有独立的法人地位,这由当时仍在生效的《合伙企业法》(1997年)②、《私营企业暂行条例》(1988年)③以及《律师法》(1996年)④中有关合伙企业的法律规定所明定。换言之,"财税[2000]91号"中的合伙企业应为普通合伙企业,即合伙人对合伙债务承担的是无限连带责任;普通合伙企业以每一个合伙人为纳税义务人,缴纳个人所得税。

(2) 有限合伙企业→个人所得税? 普通合伙企业为中国民商法上早期的合伙企业形态,随着时间和市场的演进,相应的法律均对此作出了相应的调整。2006年修订的《合伙企业法》对1997年《合伙企业法》的很多制度已经作出修正,最重要的在于有限合伙企业的引入。现行《合伙企业法》将合伙企业拓宽至有限合伙,有限合伙人仅以其认缴的出资额为限对合伙企业债务承担有限

---

① "财税[2000]91号"第2条规定:"本规定所称个人独资企业和合伙企业是指:(一)依照《中华人民共和国个人独资企业法》和《中华人民共和国合伙企业法》登记成立的个人独资企业、合伙企业;(二)依照《中华人民共和国私营企业暂行条例》登记成立的独资、合伙性质的私营企业;(三)依照《中华人民共和国律师法》登记成立的合伙制律师事务所;(四)经政府有关部门依照法律法规批准成立的负无限责任和无限连带责任的其他个人独资、个人合伙性质的机构或组织。"

② 我国1997年《合伙企业法》第2条规定:"本法所称合伙企业,是指依照本法在中国境内设立的由各合伙人订立合伙协议,共同出资、合伙经营、共享收益、共担风险,并对合伙企业债务承担无限连带责任的营利性组织。"

③ 我国《私营企业暂行条例》第8条规定:"合伙企业是指二人以上按照协议投资、共同经营、共负盈亏的企业。合伙企业应当有书面协议。合伙人对企业债务负连带无限责任。"

④ 我国1996年《律师法》第18条规定:"律师可以设立合伙律师事务所,合伙人对该律师事务所的债务承担无限责任和连带责任。"

责任。① 2007年修订的《律师法》将特殊的普通合伙纳入其中,一定程度上认可了有限合伙企业的存在②。修订的《合伙企业法》与《律师法》均将有限合伙企业与特殊的普通合伙企业纳入其中,作为合伙企业与律师事务所的新形态。它们扩大了合伙人范围,明确了法人可以参与合伙;增加了有限责任合伙的内容,即增设"特殊的普通合伙"制度;增加了有限合伙企业形式。此种修订之于民商法的制度价值相当明显。但税法介入后,此种优势如何保障,还是一个问题。③

随之而来的问题为是,民商法上新增的有限合伙企业及特殊的普通合伙企业还适用"财税[2000]91号"吗?有限合伙企业究竟应该视同普通合伙企业,缴纳个人所得税,还是按照一般性的企业缴纳企业所得税?或者说,"财税[2000]91号"是适用于负有限责任的企业形态,还是适用于负无限责任之企业形态?"财税[2000]91号"显然没有作出回答,也难以作出足够明确的界定,因为"财税[2000]91号"发布的时候,尽管现实中隐名合伙企业等众多变相的有限合伙企业存在,但民商法中并没有有限合伙企业的立法规定。"财税[2000]91号"针对当时的合伙企业进行税制设定并无争议。进入2006年以后,《合伙企业法》及《律师法》等对原有的合伙企业形式进行了修订,有限合伙企业随之出现,这是

---

① 我国2006年修订的《合伙企业法》第2条规定:"本法所称合伙企业,是指自然人、法人和其他组织依照本法在中国境内设立的普通合伙企业和有限合伙企业。普通合伙企业由普通合伙人组成,合伙人对合伙企业债务承担无限连带责任。本法对普通合伙人承担责任的形式有特别规定的,从其规定。有限合伙企业由普通合伙人和有限合伙人组成,普通合伙人对合伙企业债务承担无限连带责任,有限合伙人以其认缴的出资额为限对合伙企业债务承担责任。"

② 我国2007年修订的《律师法》第15条规定:"设立合伙律师事务所,除应当符合本法第十四条规定的条件外,还应当有三名以上合伙人,设立人应当是具有三年以上执业经历的律师。合伙律师事务所可以采用普通合伙或者特殊的普通合伙形式设立。合伙律师事务所的合伙人按照合伙形式对该律师事务所的债务依法承担责任。"

③ "财税[2000]91号"一举奠定了中国现行的合伙企业税制,将合伙企业视为流经实体,仅对合伙人课征个人所得税,这与合伙企业税制的规律基本吻合。但这并不意味着"财税[2000]91号"至善至美,问题依然不少,其中最突出的在于有限合伙企业如何适用的问题,在"财税[2000]91号"字里行间并不能当然得出结论。国际上,多数合伙企业税制不区分普通合伙与有限合伙,将其视为总体的合伙企业予以规制。既然合伙企业适用于一种税制,则有限合伙企业之合伙企业部分必然适用。如果中国采取此种惯例,则应将"财税[2000]91号"第2条进行修订,使其当然适用于有限合伙企业。"财税[2000]91号"引导的合伙企业税制在中国仅处于起步阶段,相关的制度设计带有十分明显的粗线条特征,一些具体事项的处理缺乏较为明确而详细的规定。一些与合伙企业税制具有重大关联的制度规定缺乏应有的弹性。合伙企业税制在个人所得税制和企业所得税制之间缺乏应有的衔接,互动性较差。不利于所得税制之间的沟通和配合。一个科学、完善的合伙企业税制是以科学完善的个人所得税制为依托,并以健全的申报制度和严密的稽查制度为基础的。图有流经课税之表,仅有课税种类和课税环节的转变是无法使合伙企业税制科学化、精确化的,也就无从发挥合伙企业的税制优势。

"财税[2000]91号"所始料未及的。①

3. "财税[2008]159号":民商法和税法的双重之维

"财税[2008]159号"的最大立法贡献在于进一步明晰合伙企业具体的所得税处理办法,使2006年修订的《合伙企业法》实施以后,合伙企业的税务处理有法可依。"财税[2008]159号"将合伙企业的经营行为归属于合伙人,即将合伙企业的所得税处理标准皈依于合伙人的民商法属性,即合伙人是自然人的,缴纳个人所得税;合伙人是法人和其他组织的,缴纳企业所得税。合伙企业均不视为纳税实体。此种规定,有利于征纳管理,但是否有利于不同企业之间的公平竞争,体现税法和民商法共同的评判标准,则需要探究(如表7.1所示)。

表7.1 企业类型的法际评判

企业类型	投资人属性(民商法)		民商法评判	税法评判
普通合伙企业	普通合伙人	自然人	无限责任	个人所得税
有限合伙企业	普通合伙人	自然人	无限责任	个人所得税
	有限合伙人	法人或其他组织	有限责任	企业所得税
公司	股东	自然人、法人或其他组织	有限责任	企业所得税

当投资人为自然人时,选择作为有限合伙人只需承担有限责任,且无税负之不利,无疑具有巨大的民商法优势,有限合伙企业的制度价值明显。当投资人为法人或其他组织时,如果选择有限合伙企业,民商法上与选择公司制企业负有同等待遇,皆只需承担有限责任;税法上,其承担的依然为企业所得税,与选择公司制企业并无区别,且有难以享受企业所得税同等税收优惠等之待遇。换言之,当投资人为法人或其他组织时,选择有限合伙企业并无民商法或税法上之优势,况且公司制企业拥有合伙企业诸多有利的非税优势。此种境况下,焉有投资者青睐于有限合伙企业?"财税[2008]159号"显然难以调动投资者选择有限合伙企业的积极性和热情,也就根本上难以实现税法和民商法的协同立法。

---

① 现实问题是,有限合伙企业及特殊的普通合伙企业虽早在民商法上确立以后,但在"财税[2000]91号"之后直至"财税[2008]159号"之前的财政部和国家税务总局的相关法文、发函也没有明示此种情景下的税务处理。这显然难以掩盖当时合伙企业税制之缺憾。税法应以税收法定主义为指引原则,针对纷纷修订的法律中有限合伙企业之规定,作出相应的税收调整。实践中,学者们理所当然地将有限合伙纳入个人所得税的课税范围,视同普通合伙企业,适用"财税[2000]91号",很少去深究"财税[2000]91号"的立法精神,这是一个没有被引起重视的税法问题。

（四）合伙企业税制的未来走向

税法上，应税实体课税模式和流经实体课税模式立论，对税收征管的要求均有较大的差别，最重大的无疑属于税负上的区别，而这恰是投资者最为关心的。选择何种合伙企业税制不应盲目跟风，应根据各个国家的税法历史和现实的税收环境等诸多问题综合考虑，否则是纸上谈兵。在征管相对滞后的国家，采用实体课税模式是通常的做法。随着时间的流逝，征管实践和经验日渐丰富的时候，选择流经实体课税模式则是更多国家的共同决策。"财税[2000]91号"之前，中国实行实体课税模式，之后实行流经实体模式基本上符合合伙企业税制的发展规律，值得肯定。但民商法上确立有限合伙企业之后，合伙企业的税法处理应做相应调整。将责任与企业形态结合起来分析企业组织形式是一个重要的路径，是否可以使其成为解决合伙企业税制之当前弊病，承担税法和民商法协同立法的桥梁和通道。可能的解决方案有三：

其一，维持"财税[2000]91号"和"财税[2008]159号"确定的合伙企业税制之现状，全面做好"财税[2000]91号""财税[2008]159号"与《企业所得税法》及其实施条例的衔接，真正使合伙企业与公司制企业在诸如税收优惠等方面实现统一，为投资人选择企业形态提供尽可能公平的税制环境，协调民商法和税法之间的"紧张局面"。《合伙企业法》《企业所得税法》和"财税[2008]159号"实施以后，与合伙企业有关的所得税政策仍有必要进一步调整和完善，包括计算应税所得时的税前扣除、税收优惠政策方面与公司制企业适用政策的对接，个人所得税最高边际税率的适当下调，制定更趋合理的亏损弥补政策等。① 否则，如

---

① 当务之急，合伙企业个人所得税制在以下方面应尽可能和企业所得税制的相关规定统一，以期维护税法、民商法的严肃与法定，营造不同企业税制之间的和谐共存，共同设计出科学规范的合伙企业税制，使不同企业形态之间的税负尽可能趋向公平、健康、有序地发展。比如，可能的对策有：(1) 适当降低合伙企业自然人合伙人所适用的五级超额累进税率的边际最高税率，建议降低到30%的比例以下；(2) 对于有限合伙性质的创业投资企业，建议国家出台政策明确其可比照享受《企业所得税法》中规定的创业投资企业优惠政策，同时，有限合伙性质的创业投资企业从被投资企业分配的利润，应按有限合伙人的占优比例不计入其应纳税所得额；(3) 对于有限合伙性质的创业投资企业，如果其保留盈余未对合伙人进行分配，则建议税收政策中进一步明确有限合伙人暂不产生企业所得税纳税义务；(4) 对于有限合伙性质的创业投资企业实现的投资损失，建议其税收政策上比照"国税发[2000]118号"的规定，可无限期向以后年度结转，用以后年度的投资收益弥补。而不是形成企业亏损后，按"财税[2000]91号"文的规定向以后年度延续5年弥补；(5) 由于目前我国企业的亏损尚不能前转转补，同时为鼓励企业长期战略投资，建议对创业投资企业持有被投资企业股权达到一定时限（如满五年）后再转让的，其资本利得可分若干期（如五年）计入其投资人应纳税所得额；(6) 建议在与合伙企业合伙人应税所得计算有关的税前扣除政策中，比照执行《企业所得税法》及其实施条例中规定的固定资产折旧、无形资产摊销、长期待摊费用摊销等办法。参见高允斌：《关于有限合伙企业的税收政策分析》，载《财务与会计》2009年第3期。

果合伙企业的税收政策与公司制企业相比仍处于劣势，将不利于合伙企业，尤其是有限合伙企业的健康发展，而这有悖于《合伙企业法》的立法精神和立法目的。

其二，不考虑合伙企业的责任形态和合伙人的民商法属性，直接将所有的合伙企业形态纳入至个人所得税的征税范围，课征个人所得税。① 但《企业所得税法》和《个人所得税法》应做好衔接。《企业所得税法》应明确对个人独资企业和合伙企业不适用《企业所得税法》，不征收企业所得税。《个人所得税法》应明确将个人独资企业和合伙企业增补为个人所得税的纳税人，参照《企业所得税法》的规定标准，制定对个人独资企业和合伙企业的收入确认、税前扣除和应纳税所得额等的计算办法，使个人独资企业和合伙企业的所得税处理与其他企业的所得税处理一致，使得不同的企业形态的所得税处理更加公平合理。操作性较佳的方案就是将"国发[2000]16号""财税[2000]91号"和"财税[2008]159号"等相关文件的相关规定纳入《个人所得税法》中，同时做好与《企业所得税法》相关规定的配套设计。

其三，遵从责任标准，将合伙企业区分为无限责任的普通合伙企业和有限责任的有限合伙企业。对普通合伙企业征收个人所得税；对有限合伙企业不区分合伙人，直接征收企业所得税。好处在于，衡平了民商法上的责任标准和税法上的课税标准。普通合伙企业享有税法上的单征个人所得税的优势，而有限合伙企业则享有民商法上的有限责任优势。劣势在于造成合伙企业的割裂，毕竟有限合伙企业与公司等企业形态依然有不小的差别。

现实地看，可以先采取第一种方案，将合伙企业的所得税处理标准转移至合伙人的民商法属性，这为"财税[2008]159号"所确立，且已经实施。但应清醒认识此种方案亦有其明显的制度瑕疵，难以真正做到民商法和税法的协同，实现有限合伙企业的制度价值；待合伙企业发展到一定程度，有限合伙企业规模足够壮大，同时中国税务机关的征管水平较高、征管技术较为先进之时，结合日后税法应予承担之使命和税收之环境等逐步尝试使用第二、第三种方案。

---

① 此种做法的优势在于，维护合伙企业的平等性，营造平等赋税的税收环境。不利之处在于，有限合伙企业投资者不仅在企业法上享有有限责任之优势，在税法上亦享有单一所得税负之优势，这是普通合伙企业投资者所无法享受的，这反过来又会影响到合伙企业的竞争环境。

二、公司与税法体系运行：立基于法际整合的视角

税收作为公司营运的法定成本，向来为公司所重视。公司抉择不同，所产生的税法效应必定有所差异。"公司既是投融资与创造财富的工具，又是投资者的集合体。在前一个意义上，公司意味着融资来源、渠道、方式和工具的多样化，在债和股这两种基本融资渠道的基础上，衍生出一系列类似债券或者类似股份的融资工具，比如可转换证券、权证、类别股等。投资者的集合体则是指公司存在多种投资需要和不同层次的投资者，比如期待获得更多财产利益分配的投资者，或者希望对公司享有一定控制权的投资者。"[①]之于投融资与财富创造抉择而言，公司拥有高度自治权；之于公司投资者而言，选择何种投资者进入或退出集合体，公司也拥有高度自治权。这种自治与公司合同论有关，"依据'合同束理论'，公司被认为是各类合同的联结，在这一前提下，公司被视为法律的虚拟物，发挥着联结与公司有关的各项合约的功能。"[②]合同联结下，公司抉择多属于高度自治项目，他人无权过问。但不管如何自治，都会直接或间接产生民商事行为或相应的经济效果。而这恰是课税之重要对象。公司不得不在公司法之后，又须接受税法评价。

（一）公司的法域评价：以公司法与税法为例

经营者进入市场时，通常会借助公司行为来实现其利益追求。通过公司行为制造财富，公司法、合同法等民商法与刑法、行政法等均会作出自己独立的评价。当然，这些法律对公司行为的评价有先后顺序。但不管如何，之于公司，意味着公司行为必须接受诸多法域的评判，只有满足上述所有的法律，公司行为才具有法律上的意义，生产的财富才会为法律所接受，也即具有合法性。只是各种法律评价自有先后顺序，何者为先、何者至后，不仅关系到公司最终的法律定性和定量，也关系到各法域之间的衔接与协调。尽管各法域都发端于宪法，肇始于宪法所给予的共同理想和终极任务，照理不应该有价值判断上的冲突，然现实并不如此，法域之间的冲突时常有之。此种情形的存在，便使得厘定法域评价的先后序位极为重要。

1. 公司法与税法评价序位：公司法优先

从合法性角度上说，公司行为唯有得到法律的肯定性评价，其产生的所得

---

① 朱慈蕴、沈朝晖：《类别股与中国公司法的演进》，载《中国社会科学》2013年第9期。
② 郑彧：《股东优先购买权"穿透效力"的适用与限制》，载《中国法学》2015年第5期。

才是合法、正当的,也才会得到法律保护。在公司从设立到终止的漫长历程中,不仅需要接受公司法的检验,还要仰赖于合同法等关联法域的支持,更要受控行政法、刑法和税法等约束。问题是这些法律对公司行为进行评价的时间和序位并不一致。通常看来,公司运营时,公司法最先介入。比如,设立公司时对注册资金、公司章程等的要求,公司设立之后,合并、分立、增资与减资等的处理,公司资不抵债时,破产清算等的解决,均非公司法莫属。公司法之后,公司设立、运营必定有所收益,也就自然而然带来税收。由此,公司法的评价又自动进入税法空间。其实,公司法、税法对公司行为的这一评价序位与公司成立的基本流程也是吻合的。

在"三证合一"①之前,成立公司时,必须经历"工商登记→税务登记→申请领购发票"的程序,由此意味着,公司成立应先按公司法等关联法域进行工商登记,而后才可依据税法进行税务登记,直至最后申购发票、产生相应的税法效果。也即,公司法与税法对公司行为的评价,有先后顺序,公司法优先税法进行评价。② 某一公司若得不到公司法的支持,便很难取得合法有效的工商登记,也就不可能获得税务机关核准的税务登记证,更不可能取得申请领购发票之资质。一意孤行,结果便是逃、避税之行为发生。始不为税法所认可,根源在于其没有获得公司法的肯定评价。

2. 公司法与税法评价效力:税法为准

公司法与税法,作为不同的法律部门,评价的是同一对象——公司行为及其经济效果,评价的介入时间有先后。紧接着的问题时,在公司法对公司行为评价之后,税法对其进行的评价应否尊重公司法的评价?是全部尊重,还是有条件尊重?固然,不同的法律部门负载不同的使命,也会有不同的追求,但所有

---

① 所谓"三证合一",就是将企业依次申请的工商营业执照、组织机构代码证和税务登记证三证合为一证,提高市场准入效率;"一照一码"则是在此基础上更进一步,通过"一口受理、并联审批、信息共享、结果互认",实现由一个部门核发加载统一社会信用代码的营业执照。2012 年,深圳市在全国率先提出:"推行营业执照、组织机构代码证和税务登记证三证合一的登记制度,具体办法由市政府另行制定"。截至 2014 年年底,全国已有 36 个省市不同程度地启动了"三证合一"工作,其中 28 个省市出台了"三证合一"的相关方案,其业务模式可分为两种:一是保留现有证照仅对业务流程进行整合的"三证合办"模式;二是对现有证照进行整合的"一证三号"模式。2015 年 8 月 13 日,工商总局、中央编办、国家发展改革委、税务总局、质检总局和国务院法制办等 6 部门联合印发通知,要求加快推进"三证合一"登记制度改革,确保"三证合一、一照一码"登记模式如期实施。2015 年 10 月 1 日起,营业执照、组织机构代码证和税务登记证三证合一。

② 当然,公司及其行为还要接受刑法的评价,刑法最后一步动用,评价范围也最广阔与全面。其不但要评价公司行为,也要评价征税行为。一般而言,为节省法律资源,刑法的评价并不随意启动,只有在公司法与税法的评价出现瑕疵,即公司行为受到了公司法法与税法的否定性评价的时候,才会启用刑法的评价。

的法律部门都涵摄在宪法之下,因而应该遵守宪法的一般价值观。其实,不同的部门法都是在努力践行宪法的一般判断价值为具体的判断价值,只是分工有差异。但具体到某一部门法,可能有不同的价值取向,偏重宪法的某一方面的价值。但归根结底,都为实现宪法价值而努力,应统一在宪法价值之下,形成内部和谐、外部有序的法律系统。为此,一般情况下,对公司行为及其经济效果的评价,各部门法理当相互尊重、互相支持。即使偶有冲突和矛盾,也不应强行将某一部门法的评价结果凌驾于另一部门法之上,而应采用灵活的立法技艺,寻找最佳的协调机制。毕竟,部门法之间的评价冲突,事关各方利益平衡,事关重大。一般情况下,对公司行为及其经济效果进行评价时,公司法优先于税法几无异议。关键问题在于,倘若公司法评价与税法评价相驳时,何者为准、如何处置?

其实,公司法和税法属于不同的法域,实现的法律价值和负载的法律使命并不相同。公司法与税法均有自己的评价标准和运行规则,切不可将公司法的评价结果过度强加于税法。即使肯定的公司法评价结果,税法也可以作出否定性评价。根源在于税法一重要使命是践行宪法上的平等价值,根据这一价值税法在国民之间分配公共负担时,应努力贯彻平等原则,尽力满足分配之间的横向公平与纵向公平。而公司法一般并不负有此种责任,即使有这种使命也远不如税法强烈。从立法上看,税法的终极评价效力也得到了现行法的认可。比如,我国《税收征收管理法实施细则》第3条第1款就明确规定:"任何部门、单位和个人作出的与税收法律、行政法规相抵触的决定一律无效,税务机关不得执行,并应当向上级税务机关报告。"可见,一旦经营者作出的公司行为满足公司法的要求,而违背税法规定时,经营者并无税法上免责之可能。公司法的认可难以成为税法免责之事由,它仅具公司法上的意义。也即,公司在从事相应的经济行为时,不仅应关注公司法的规定,尚需特别关注税法之规定,方可产生合法、正当之利益。否则,极有可能陷入一叶障目,不见泰山的困境。

(二) 公司的税法运行

自1994年税制改革后,我国已开征税种主要可以统归为流转税、所得税、财产税及行为税四大类。对公司而言,公司主要从事生产经营活动,是最重要的市场主体,与流转税有关是为必然。作为一种营利性组织,利润最大化是公司之终极追求,这恰与以所得为征税对象的所得税相关。至于财产税与行为税,虽不为公司之常用税种,对公司税负影响远不如流转税和所得税,但因公司在营运过程中,不可避免地从事相关经济行为,也时常与之发生交集,成为财产税与行为税的纳税人。公司运行所涉税种,纷繁复杂。具体到实践中,以何种标准界分具体税种,税种内部遵循何种顺序,着实不易,但又不能不集中关注。

1. 课税客体:税种界分的关键标准

直观上看,不同的公司会牵涉不同的税种,相同公司的不同业务也会带来不一样的税种。同样是酒店公司,有可能一家只涉及增值税(营改增)、城市维护建设税及附加、企业所得税,而另一家除此之外则还可能会涉及增值税、房产税、契税等不一样的税类。同理,同一家公司也有可能本月度与上一月度所涉税种并不一致。究其原,在于各个税种有其独特的定位,不一样的适用范围,这些因素的存在使得各税种之间相互驰援、少有冲突和交集。即便有交集也会通过立法的精巧设计,尽力规避最终可能出现的双重征税效果。比如,增值税和消费税的关系,消费税在应纳税额设计时高度依赖于增值税,使其遭受重复征税之嫌疑。为此,立法有意在课税环节上使消费税与增值税相区隔,即便如此,仍难以摆脱重复征税之谴责,故立法又在消费税税目上谨慎选择,尝试划清增值税和消费税的边界。凡此种种都显示,如何在不同的公司形态和业务之间选择其所适用的税种,至为重要但并不容易做到。从顺序上看,税法首先关注的是课税客体,一旦确定课税客体,明确征税对象,则与课税客体有关的纳税人随即确定。因此,课税客体才是税制要素中的重中之重的要素。① 正是课税客体的不同才将众多的税种一一界分,适用于不同的公司及其相应的业务。

表 7.2 税类税种与课税客体

类型	具体税种	课税客体(征税对象)
流转税	增值税(含营改增)	在中华人民共和国境内销售货物或者提供加工、修理修配劳务以及进口货物②
	消费税	在中华人民共和国境内生产、委托加工和进口应税消费品
	关税	中华人民共和国准许进出口的货物
所得税	企业所得税	销售货物收入;提供劳务收入;转让财产收入;股息、红利等权益性投资收益;利息收入;租金收入;特许权使用费收入;接受捐赠收入;其他收入
	个人所得税	工资、薪金所得;个体工商户的生产、经营所得;对企事业单位的承包经营、承租经营所得;劳务报酬所得;稿酬所得;特许权使用费所得;利息、股息、红利所得;财产租赁所得;财产转让所得;偶然所得;经国务院财政部门确定征税的其他所得

---

① 参见魏高兵:《合同的税法评价》,立信会计出版社 2014 年版,第 10—11 页。
② 我国《营业税改征增值税试点实施办法》第 1 条规定:"在中华人民共和国境内销售服务、无形资产或者不动产……。"

(续表)

类型	具体税种	课税客体（征税对象）
财产与行为税	城镇土地使用税	在城市、县城、建制镇、工矿区范围内使用土地
	房产税	房产税在城市、县城、建制镇和工矿区征收
	耕地占用税	占用耕地建房或者从事非农业建设
	车辆购置税	在中华人民共和国境内购置应税车辆
	车船税	在中华人民共和国境内，依法应当在车船管理部门登记的车船
	土地增值税	转让国有土地使用权、地上的建筑物及其附着物并取得收入
	契税	在中华人民共和国境内转移土地、房屋权属
	资源税	在中华人民共和国境内开采或者生产应税产品
	城市维护建设税及附加	凡缴纳产品税、增值税、营业税的单位和个人
	烟叶税	在中华人民共和国境内收购烟叶
	印花税	在中华人民共和国境内书立、领受应税凭证

2. 征税对象与主营业务：公司的税种厘定

税法上将征税对象作为税种区别的最重要标准。对于公司有着同样重要的意义。现代意义上的公司种类繁多，按不同的分类标准，对公司可以做不同的分类。比如，将公司分为股份有限公司与有限责任公司等，但这种分类对于税法并没有特殊的价值。与征税对象标准衔接，公司的分类可以采纳主营业务标准，即根据公司主营业务的不同对其进行类型化。因为主营业务是体现公司的所属行业的经营业务，主营业务的规模，在公司全部经营业务中占有的比重往往不可小视。最重要的在于，主营业务与税法上的征税对象标准具有内在的联系。依据主营业务的不同，大体可以将公司分为制造、采掘业公司，商品流通业公司和服务业公司等三大类。制造、采掘业公司，是以开采和生产制造并向社会提供工业产品为主营业务的公司。商品流通业公司，是以购销商品为主营业务的公司。服务业公司，是以向社会提供各种劳务服务为主营业务的公司。

税法以征税对象为标准，征税对象依赖于业务。征税对象与主营业务将公司与税收直接相接壤。一般来说，制造、采掘业公司都要涉及的税种有：印花税、增值税、城镇土地使用税、城市维护建设税、教育费附加及企业所得税等税种。商品流通业公司都涉及的税种有：印花税、增值税、城镇土地使用税、城市维护建设税、教育费附加及企业所得税等税种。商品流通业公司肯定不涉及的税种为资源税。服务业公司都涉及的税种有：印花税、增值税（营改增）、城镇土地使用税、城市维护建设税、教育费附加及企业所得税等税种。商品流通业公司肯定不涉及的税种为资源税。当然，具体到一个特定的公司之税种运行应作具体分析。在上述涉及的税种之外，往往还有其他的税种关涉其中。

3. 何种税最先评价：基于应纳税额计算的视角

"筹建→设立→正式营运"是一般公司的必经流程。虽市场主体在选择企业形态时有所考虑，但均不得不遵循"筹建→设立→正式营运"之过程。在此过程中，公司法等企业法进行首次评价，将公司纳入到合法轨道。尔后，税法紧随其后，对其进行次位评价，赋予公司的税法角色。公司涉及的税种众多，如何度测税种介入的先后顺序之于最终的应纳税额，是为关键。根据税收构成要件的内在规律可以发现，并非所有的税种会同时依附于公司之上。例如，企业所得税依赖于其他税费的缴纳，否则无法准确识别和精准计算企业所得税最终的应纳税额。换言之，企业所得税必定会在其他税费之后发生清算义务。

其实，公司在不同时段也会负有不同的纳税义务。大体说来，印花税在公司筹建，或年初即发生，公司应缴纳相应的应纳税额，是为公司发生的第一序位税种。随后发生的第二序位的税种，为企业产生相应的应税行为或取得相应的应税收入之后方可发生应纳税额的税种，此阶段发生的税种较多，公司涉及的税种绝大部分发生在此阶段。主要增值税（含营改增）、消费税、关税、房产税、城镇土地使用税、耕地占用税、土地增值税、契税、资源税、车辆购置税、车船税、城市维护建设税及教育费附加等税种。最后发生的税种，是取得经营成果之后才发生应纳税额的所得税类，对于公司而言，最主要的为企业所得税。当然，在具体税种内部也会有进一步的区分，比如，土地增值税的清算依赖于在转让房地产时缴纳的城市维护建设税和教育费附加、印花税等。

4. 税法运行：问题与反思

税法不同于其他的部门法。税法小系统内部，各税法之间相互交错，税款计算时，往往交互适用。立法上，通常采用确定性规则、委托性规则和准用性规则。客观地说，税法上援用确定性规则，之于税收执法、守法不无好处。就立法内容，执法者和守法者容易理解和使用税法。容易培养纳税者的税法意识，也可降低执法者执法错误的概率。但大量地使用确定性规则，会导致税法规则无比庞杂。最终的结果是，面对越来越庞杂的税收法律、法规，执法者和守法者也将力不从心。为防止税法日趋庞杂，立法上，通常更多地采用委托性规则和准用性规则，将不同的税法彼此相连，使税法自成一个体系。好处是，可以节省立法资源，减轻立法负担。将税收法律、法规控制在一定的规模。问题时，税法原本就是一门技术性强的部门法。大量地使用委托性规则和准用性规则,使税法日趋专业化,越来越远离百姓生活。即使是专业人士想完全掌握税法也不是易事。久而久之,纳税人的税法意识难以提升,这对于当前的中国,问题更是突出。欲使税法为执法者和守法者更了解,通常采用确定性规则来达到。结果是,税收法律、法规规模日益庞大,反倒让执法者和守法者更难掌握。要控制税收法律、法规的数量,采用委托性规则和准用性规则来达到,结果是,税法日趋专业,执法者和守法者也更难适用。最终的结果似乎是,无论采用什么方式,执法者和守法者均越来越难驾驭税法。似乎并没有一条中间道路可以选择。恰当的做法是,在确定性规则和委托性规则、准用性规则之间找到一个平衡点。在税法的庞杂化和专业化之间找到平衡点。这是立法者的使命,也是执法者和守法者的追求。

(三)税收的累积负担:公司的视角

税法对公司课税的标的是公司行为,或者公司行为的经济效果。依据中国税法,公司可能涉及的税种包括印花税、增值税(含营改增)、消费税、关税、房产税、城镇土地使用税、耕地占用税、土地增值税、契税、资源税、车辆购置税、车船税、城市维护建设税及教育费附加、企业所得税法等税种。税收实践中,对于税收负担,人们通常习惯于从单一的税种、单一的税率来判断。似乎税率越高,税负也就越重。反之,税率越低,税负也就越轻。比如,一个从事销售货物的公司(增值税一般税率17%),比一个提供交通运输服务的公司(营改增后税率为11%),多数人都会认为在同等条件下,前者的税负较后者重。这种错觉源于一个公司、一种业务只需课征一次税的常见误区。与之相关的误区是,即便有多个税种,税负是税率的简单相加。

其实,衡量公司税负的轻重、高低,不能光看税率的大小,更要看到税收的累积负担。因为现实中,没有一家公司只是单一税种和单一税率的简单运作,都会涉猎多个税种、多种税率的交配使用。从税法内在机理上看,各部门税法并非孤立运行,而是浑然一体。表现之一便是,在应纳税额的计算口径上,便须充分考虑各部门税法之间的相互融通和配合。比如,城市维护建设税与教育费附加之应纳税额,依赖于公司实际缴纳的增值税额和消费税额。企业所得之应纳税额,依赖于公司实际缴纳的消费税额、城市维护建设税额与教育费附加额和印花税额等应纳税额。为此,学者在讲授和研究税法的过程中,必须改变单个部门税法孤立讲授和研究的习惯,应格外注重、探究部门税法之间的内在机理,毕竟,现实中法律事件总是以整体示人,客观上也要求关注不同部门税法的整体性合作与协调。

三、公司的税法困境:以双重征税为中心

我国《企业所得税法》和《个人所得税法》确立的所得税制属于典型的古典所得税制。即所得税制立法中不考虑企业所得税与个人所得税的重复征税关系,分别单独设置课征,也不相互提供抵扣,分别对企业和股东就股息、红利进行计税。更具体来说,公司作为应税实体,除了在公司水平上要缴纳企业所得税以外,还要就股东所得的股息或红利,在股东水平上缴纳个人所得税,此时,即出现通说的"经济性双重课税"①。古典税制建立在法人实体说基础之上,认为公司是独立于股东的实体,应各自独立承担税负。的确,公司制企业所得税制为人诟病的最主要问题,是存在经济上的重复征税。公司是目前企业存在的最主要的组织形式。对于向其他企业投资的公司投资者来说,双重征税的问题不那么大,或者说基本上不存在经济上的重复征税问题,因为纳税人从其他企业分回的已经缴纳所得税的利润,其已缴纳的税额可以在计算本企业所得税时予以调整,不需再缴纳所得税。问题是公司自身股东或投资者,依据中国所得税制,股东从公司取得的股息、红利所得也要课征个人所得税,但此所得已在公司缴纳过企业所得税。因此,同一所得的双重征税便出现。"由于重复征税会给税收债务人和税收债权人都带来许多方面的负面影响,特别是对于税收债务人的权益的公平保护十分不利,因此,对于重复征税的问题,必须要考虑如何解决。"②

(一)所得税制中的经济性双重征税

依据我国《企业所得税法》和《个人所得税法》等相关规定,企业在向股东分配股息或红利之前,所有的利润应予以缴纳企业所得税,包括待分配的股息或红利。股东在获得股息或红利时,应予以课征个人所得税。因为公司向股东支付的股息或红利不得作为扣除项目在应纳税所得额中扣除,而个人取得的股息、红利和利息所得,除国债和国家发行的金融债券利息外,应当依法缴纳个人

---

① 经济性双重征税既可能发生在一国境内,也可能发生在国际间。国际间的经济性双重征税主要是由于跨国公司对国外股东分配股息或红利时造成的。虽产生原因并不完全趋同,但双重征税之危害和避免等原理是相通的,故本书的研究不专设国际间的经济性双重征税,对于国际间的经济性双重征税可借鉴国内双重征税的研究结果。

② 陈少英:《公司涉税法论》,北京大学出版社2005年版,第150页。

第七章　企业自治与税法度衡

所得税,并且不得再扣除任何费用。简言之,一般说来,对于股息或红利此笔利润而言,先要缴纳25%的企业所得税,尔后还要缴纳20%的个人所得税。① 此为所得税制中典型的经济性双重征税。② 究其原在于,所得税制分设企业所得税与个人所得税两套税制体系,且未能有效协调好原理相通的两套机制。客观上说,双重征税之于市场,之于经济与企业形态之选择,均形成一种内在的压力,甚至扭曲。

1. 双重征税与市场失灵

随着社会主义市场经济和现代企业制度的优势具显,公司日益成为投资者的首选。资本市场的迅猛发展,催发了个人投资者的数量和投资的资金量,这些更加凸现公司双重征税之弊病,阻碍企业组织形态的有序发展。具言之,公司虽具有多种优势而成为现代企业的最主要的组织形式,但公司之税负也最重,一定程度上会削弱公司的制度优势,精明的投资者会考虑不投资于公司,而选择其他总体税负较轻的组织形式;而公司也会考虑采用非公司制企业来减轻税负。制度缺陷将干扰市场资源的有效配置,使生产组织形式错位,出现公司制企业与非公司制企业之间的扭曲。为降低税负,避免双重征税,将公司利润

---

① 当然如果税后利润分配到法人股东手中,根据"企业对外投资分回的股息、红利收入,暂比照联营企业的规定进行纳税调整"的规定,可以享受投资收益的税收抵免,可避免利润分配中间环节上的再次课税,也就避免了双重征税。一旦利润分配到个人手中,重复征税将出现。

② 进一步而言,企业纳税人以非现金的实物资产和无形资产对外投资,发生的资产评估净增值,不计入应纳税所得额,但在中途或到期转让、收回该项资产时,应将转让或收回该项投资所取得的收入与该实物资产和无形资产投出时原账面价值的差额计入应纳税所得额,依法缴纳企业所得税。又规定,纳税人在产权转让过程中发生的产权转让净收益或净损失,计入应纳税所得额,依法缴纳企业所得税。《关于企业股权投资若干所得税问题的通知》(国税发[2000]118号,已废止)进一步规定,除另有规定者外,不论企业会计账务中对投资采取何种方法核算,被投资企业会计账户上实际作利润分配处理(包括以盈余公积和未分配利润转增资本)时,投资方企业应确认投资所得的实现。由此可窥知,企业所得税制实际上将公司在投资和资产转让过程中已实现的资本利得纳入企业应纳税所得,通过《关于企业股权投资若干所得税问题的通知》实质上扩大了投资收益和资本利得的实现条件。意旨:即使公司的利润不进行股息、红利的分配而留存,但由于利润保留形成的资本增值一旦实现为资本利得或转增资本,投资方依然要将之作为投资收益和转让收益计入应纳税所得额缴纳企业所得税。尽管不进行分配,依然存在着因利润留存所形成的资本利得被再次征收企业所得税和个人所得税风险和可能。因为利润在缴纳企业所得税后,如果是个人股东,且以股票转让方式取得的资本利得不存在被双重征税的问题。因为对股票转让所得在中国暂不征收个人所得税。但如果以其他方式取得的资本利得,即转让其他财产的所得,应当按照财产转让所得项目缴纳个人所得税。也就是说,对于个人投资者,如果未分配利润留存形成的资本利得是在股票市场上以股票价格上涨的形式实现的,那么就不存在利得的重复课税问题;如果以其他的形式或渠道实现利得,比如无形资产或有形资产的高价转让,那么依然可能被按照财产转让所得来重复课税。因此,当企业税后利润用于分配时,按照税法,将造成对这部分利润的经济性双重征税;即使企业税后利润未进行分配,由于我国所得税制广泛界定所得概念,实质上包含了对资本利得课征所得税,因而仍然存在着对未分配利润的潜在的双重课税。

保留不予分配是许多公司的无奈选择。这种极不正常的税收筹划方式扭曲了资金市场,使资金困于公司自身,未能成为社会之流转资金,降低了资金的使用效率,人为地使资金市场失灵。进一步使规模不同,资金悬殊的公司之间的竞争更加非理性,不利于中小企业的发展壮大,这对于当今的中国尤为重要。另外,依据所得税制,举债的利息支出可以在税前直接扣除,这实际上鼓励公司以举债方式筹措资金。而募股支出的股利不仅不能税前扣除,而且会被双重征税。因而,公司大都通过举借外债的形势筹措资金,最终导致公司负债累累,增加企业债务风险及破产之可能性,终将波及社会,毕竟现代企业负有社会责任之要义。

2. 鼓励投资与双重征税:以一人公司为例

步入新世纪,立法者不断修正企业法,鼓励投资创业,使更多的资金流入市场,增添社会财富。为了"让更多的人作老板",公司资本制度日渐宽松、一人公司也得以成为可能,这些都不同程度上彰显了鼓励投资、全民创业的决策期盼。然而,是否真的如立法者臆想的那样,投资者纷纷选择设立一人公司呢?公司法作为民商法之部门法,或者说,作为中国法律体系之一部分,制度设置必将受制于其他部门法,这也是法律综合治理的原因所在。《公司法》修订之时,所得税法也紧锣密鼓地策划,结果是所得税法并没有及时地作出理想的回应。从民商法的角度上看,一人公司的设立能够极大地促进个人创业投资。但从所得税的角度来看,经济性双重征税并没有有效避免。双重征税的不合理性也一视同仁地体现在一人公司中,这与个人独资企业和合伙企业的单一个人所得税形成强烈的对比。

在《公司法》修订之前,个人并不能设立一人公司,仅能设立个人独资企业等企业形态。一人公司的出现,个人可设立的企业组织形态丰富起来。一人公司与个人独资企业等比较起来无疑具有巨大的民商法优势,因为一人公司仅需承担有限责任,这是个人独资企业等无法比拟的。但此种优势并没有必然导致一人公司在制度层面优于个人独资企业等,因为一人公司在税法上具有劣势。税种上,个人独资企业和合伙企业从2000年1月1日起,停止征收企业所得税,比照个体工商户生产经营所得征收个人所得税,也就是说个人独资企业只需缴纳个人所得税。而一人公司,作为公司之一种,不可避免地出现经济性双重征税,既要课征企业所得税,又要缴纳个人所得税。就真实税负而言,独资企业、合伙企业税负远低于一人公司。如表7.3所示。

表 7.3 一人公司、独资企业与合伙企业实际所得税率

年应纳税所得额	一人公司			独资企业与合伙企业	
	企业所得税	个人所得税	实际税率	个人所得税	实际税率
(0,15000]	20%	20%	36%①	5%	5%
(15000,30000]	20%	20%	36%	10%	10%
(30000,60000]	20%	20%	36%	20%	20%
(60000,100000]	20%	20%	36%	30%	30%
(100000,300000]	20%	20%	36%	35%	35%
(300000,∞)	25%	20%	40%	35%	35%

从上表可以看出，税种上，一人公司的投资者实际上既是企业所得税的承担者，也是个人所得税的承担者。而独资企业、合伙企业仅需承担个人所得税之税负。实际税率上，独资企业、合伙企业的税负优势明显，尤其对于小企业而言。同一个人投资者，选择不同的企业组织形式，税负差异明显。企业所得税与个人所得税在一人公司税制协调上，偏离了量能课税精神。它既不能在企业所得税层面上真实地反映一人公司的实际纳税能力，也不能在个人所得税层面上实现调节个人收入差距的功能。虽然公司法为鼓励个人通过设立公司而更好地投资，设置了一人公司制度，但较之于独资企业与合伙企业，一人公司的税负一定程度上阻碍了投资者对一人公司的热情。大公司可以通过非税优势来弥补双重征税之不足，然而一人公司由于自身等实力，决定其更多地时候面临着个人独资企业和合伙企业的强力竞争。税法对一人公司显然并没起到应有的激励作用，相反，在一定程度上还引导投资者流向个人独资企业和合伙企业之组织形态，这与公司法的立法初衷相驳，也与市场经济的发展背道而驰。民商法与税法应有的协调被冲突所掩盖，税法应敢于面对，作出正确的回应。

（二）经济性双重征税之消除：国内法的视角

双重征税主要有经济性双重征税和法律性双重征税。②对于法律性双重征

---

① 计算方法为：实际税率＝企业所得税率＋(1－企业所得税率)×股息收入个人所得税税率。
② 经济上的双重征税是指两个或两个以上的国家在同一时间段内就同一交易、同一标的物或者同笔收入课税，但是纳税主体并不相同。法律上的双重征税是指两个或两个以上的国家在同一时间段内就同笔收入对同一法人或自然人征税。参见〔美〕罗伊·罗哈吉：《国际税收基础》，林海宁、范文祥译，北京大学出版社 2006 年版，第 2 页。

税之消除,国际上没有什么分歧,有分歧的也只是如何消除的方法选择问题。但对于应否消除经济性双重征税,并未形成明显一致的看法。① 不管赞同也好,反对也好,经济性双重征税的消极影响的确无处不在。消除经济性双重征税也有客观需要。逐步缓解直至消除经济性双重征税,不仅可减少所得税对市场经济的扭曲,也有利于减少企业逃、避税的诱因,使税收收入可持续增长。在经济一体化和经济全球化的背景下,消除经济性双重征税也符合全球税制改革的发展趋势,有利于企业参与国际化竞争。无论从市场经济与税制改革考虑,还是出于企业参与国际竞争的压力,或者运用税收调控经济的纬度,消除经济性双重征税都具有积极意义。问题是:如何避免经济性双重征税?经济性双重征税皆因企业所得税与个人所得税并课,因此,理论上,要消除经济性双重征税不外乎几种可能:(1)只征收个人所得税,不征收企业所得税;(2)只征收企业所得税,不征收个人所得税②;(3)在保持企业所得税和个人所得税的前提下,或者从企业所得税环节上对用于分配股息、红利的利润给予税收优惠,或者在个人

---

① 主张消除经济性双重征税的观点认为:两个国家分别对公司的利润和股东的股息征税,尽管在法律上合法有据,但从经济上看却不合理。因为从经济意义上说,公司实质上由各个股东组成,公司的资本是各个股东持有股份的总和、公司的利润是股东分得股息的源泉,二者是同一事物的两个不同侧面。因此,一方面对公司的利润征税,另一方面又对作为公司税后利润分配的股息再征税,这明显是对同一征税对象或称同一税源进行了重复征税。而且从经济效果来讲,对公司利润征收的所得税,最终还是按股份比例落到各个股东身上承担。这与对同一纳税人的同一所得的重复征税实质上并无区别。事实上,有的观点还对公司税的存在提出了异议,提出了归并课税论(the Integration View),即只课征个人所得税。这种观点认为所有的税收归根结底都要由个人来承担,公平课税的概念只能应用于纳税人个人。因此,在个人所得税之外征收公司税是不合理的,应当把所得作为一个整体来课税,而与所得的来源无关。公司税的存在却导致利润被征了两次税。在个人所得税取代公司所得税的情况下,可对来源于公司的所得征收的个人所得税也应当实行源泉扣缴。但是,也有相反看法,即独立课税论(the Absolutist View)的观点,认为归并课税的方法是那些建立在对公司的不现实认识的基础上的。大量的股权极其分散的公司并不仅仅是个人获得所得的"管道"。公司是一个独立存在的法人实体,是进行经济和社会决策的一个强有力部门,它由专业人员进行管理,而几乎不受个人股东的支配。从这一观点,他们的结论是,作为一个独立的实体,公司也有独立的纳税能力,可适当地课以独立的税种。参见但不限于下列文献:葛惟熹主编:《国际税收教程》,中国财政经济出版社1987年版,第58页;廖益新主编:《国际税法学》,北京大学出版社2001年版,第131页;[美]马斯格雷夫:《财政理论与实践》,邓子基、邓力平译校,中国财政经济出版社2003年版,第388—389页。

② 当然,可以将企业所得税制与个人所得税制通盘考虑,使其互动、协调起来,共同构建合理的所得税制,缓解或杜绝经济上双重征之出现。考虑到税收征管以及纳税人纳税意识等诸多现实,可以考虑对"公司分配给股东的股息或红利"实行单一所得税制,即或"对公司分配给股东的股息或红利减征或免征企业所得税,然后照章征收个人所得税";或"对公司分配给股东的股息或红利公司照章征收企业所得税,减征或免征个人所得税"。可以考虑先减征,等时机成熟再免征。至于究竟课征个人所得税,还是企业所得税,从组织形态的税负层面考虑,征企业所得税、减免个人所得税也许是较理想的选择。当然,不论采用哪种方式,都可以极大地缓解双重征税对于公司及其投资者之压力,维护资金市场和企业组织形态的健康、良性发展。

第七章　企业自治与税法度衡

所得税环节上对收取的股息、红利给予税收优惠。

从理论上来讲,避免对个人股东从企业获得的股息的双重征税最彻底、最有效的方式,就是不要征收企业(法人)所得税。因为,法人不过是法律的虚拟,它是由自然人组成的,而且,从经济意义上讲,无论从投资和分配角度,一个法人经过多少中间环节的法人投资,其最终的资本来源和利润分配都要归宿到自然人,法人只不过是自然人获取股息等收益的"导管"。[1] 虽为最彻底、最有效的双重征税之消除方式,但税法实践中,没有一个国家会放弃对企业的征税。因为对企业征税符合公平、效率,也是分享投资收益之必需,一定程度上有利于一国税收利益之保障等。公司课征企业所得税为世界税制所确立,消除双重征税通过不征收企业所得税而达到的方式显然不切实际。对经济性双重征税之消除唯有通过其他方式来实现。国际税法实践中,解决经济性双重征税的国内法措施主要形成归集抵免制、双率制、免税制与扣除制四种消除经济性双重征税模式。

具体而言,**归集抵免制**,即公司的利润,不论其是否用于分配股息或红利,都要缴纳企业所得税。分配到股息或红利的股东(投资者),可以将企业已经缴纳的企业所得税全部或部分抵免应缴的个人所得税。如果该部分所得税额超过股息或红利应缴纳的所得税额,超过部分还要退还给股东。假定中国实行归集抵免制,某企业分配给股东的股息已经缴纳了25%的企业所得税,则股东分回的股息本应缴纳的20%的个人所得税可以被全部抵免掉,股东不需再缴纳个人所得税,且还可以获得未能抵免完的5%的企业所得税的退还。归集抵免制通过减轻股东税负的办法来消除经济性双重征税,将公司缴纳的企业所得税视为股东的预先纳税,因此应给予股东以抵免。[2] **双率制**,即对分配股息或红利的利润和未分配股息或红利的留存利润采取不同的企业所得税税率。一般采用双率制的国家,对分配股息或红利的利润适用的企业所得税税率要比留存利润

---

[1] 参见刘剑文主编:《新企业所得税法十八讲》,中国法制出版社2007年版,第407页。

[2] 2001年以前,该体制曾经在OECD国家的倡导下,成为世界税制的主流,尤其是发达国家大多采用这种体制。但从2001年以后,该制度不再是主流。由于其违反了欧盟协定关于投资自由和资本流动自由的规定,欧洲法院最终判决该制度是歧视性条款,违反欧盟法,从而导致欧盟成员国从归集抵免制向减轻股东税负的其他制度的大规模转变:英国(1999年)、德国(2001年)、意大利(2004年)、芬兰(2005年)、法国(2005年)。这股转变潮流很快影响到世界范围内税制的选择。澳大利亚、马耳他等国仍实行归集抵免制。相关论述参见刘剑文主编:《新企业所得税法十八讲》,中国法制出版社2007年版,第409—410页。

适用的企业所得税税率低,因为前者还要承担股东的个人所得税。① **免税制**,即在个人所得税环节对股息或红利所得免征个人所得税,仅缴纳企业所得税即可。扣除制,即在企业所得税环节将用于支付股息或红利的部分所得从税前利润中扣除。**扣除制**实质上免征了企业所得税,只对收取股息或红利征收个人所得税。②

归集抵免制优势在于消除经济性双重征税的彻底性,很好地避免了对股息或红利的双重征税,归集抵免制更符合税收中性原则,使资本融资借贷融资在税收待遇上近乎一致。缺点在于同时涉及个人所得税和企业所得税的调整,改革阻力较大。同时,归集抵免制的计算申报方法复杂,实际征管的成本较高。双率制优点在于只需调整企业所得税,变动较小,相对简单容易实施,且税收国家不至于会放弃过多的税收利益,较容易保持税收收入的稳定,改革的阻力较小,有利于改革的平稳过渡。但是该制度只能适度缓和,并不能根本上消除双重课税,也不能完全消除对股息或红利双重征税所带来的经济扭曲。因此它更适合作为一种过渡性税制安排。免税制与扣除制价值在于只需调整企业所得税或个人所得税中的一个,相对来说影响较小,容易实行,且消除双重征税的效果比双率制强。但在免税制与扣除制下,税收国家放弃的税收利益过多,极有危及财政收入的稳定性之风险。

(三)国际双重征税消除之检讨:以两个范本为中心

世界诸国消除双重征税最初都是通过相应的国内立法来解决的。然由于基于不同的税制理念和征税主权的考虑,国内立法显然难以趋同,存在着缺陷。这些单边税收减免等国内法的方式虽然一定程度上缓解了双重征税问题,但缺乏灵活性和普适性。实际上,许多双重征税问题是通过国际税收协定来解决

---

① 比如,奥地利曾经采用双率制,公司留存的利润按52%的税率征税,对于分配股息的利润按26%的税率征税。德国自1994年起,居民公司纳税人适用的税率为:留存利润45%,已分配利润30%(原先分别为50%和36%)。当然,如果出于将利润留存在企业的目的,也可对分配股息的利润适用高税率。比如,加拿大对未分配的公司利润不征收所得税。所有数据资料参见张智勇:《经济性国际双重征税消除概述》,载 http://law.chinalawinfo.com/newlaw2002/slc/slc.asp? gid=335572374&db=art&keyword,2015年12月26日访问。

② 比如,在股东为公司时,美国法律允许美国公司将它从纳所得税的国内公司获得的股息从毛所得中扣除。这种扣除额相当于接收股息的70%,对从持有其20%股份的公司获取的符合规定股息的扣除比率为80%,对从关联公司获得的符合规定的股息的扣除比率为100%。瑞士联邦所得税法也规定,控股公司从子公司的投资收益中取得的股息的一定比例准予从应税所得中扣除。不过,这种做法采用后,仍然还存在公司将股息最终分配到个人股东的情况,仍需要采取相应的措施。参见张智勇:《经济性国际双重征税消除概述》,载 http://law.chinalawinfo.com/newlaw2002/slc/slc.asp? gid=335572374&db=art&keyword,2015年12月26日访问。

第七章　企业自治与税法度衡

的。世界诸国家签订了为数众多的税收协定,但基本上以《联合国关于发达国家与发展中国家间避免双重征税的协定范本》与《OECD关于对所得和财产避免双重征税的协定范本》(下文分别简称为《联合国范本》和《经合组织范本》)为模板,形成了"相互调整"与"相互协商"两种机制。

1. 相互调整

关联企业转让定价往往超越一国界限,成为跨国性的转让定价。此时征税的国际性凸现,如问题不能妥善解决,双重征税则成为棘手的国际税务争议。如下图7.3,A国税务机关按关联企业的内部价格对境内的A国企业A′的所得进行征税后,B国税务机关根据法定的转让定价方法所确定的价格对境内的B国企业B′的利润进行调整并以此为依据征税,则关联企业A′与B′之间的同样一笔利润将出现为两个国家同时征收的可能,此时,双重征税问题出现。

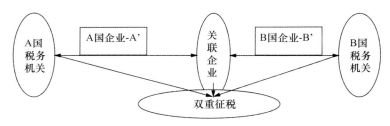

图7.3　关联企业跨境征税

(1) 范本中的"相互调整"。上图7.3中,为消除跨国双重征税,B国税务机关应当依据A国税务机关对关联企业利润进行相应调整,这便是解决跨国转让定价争议的相互调整程序。以相互调整避免双重征税的方法已获得广泛的世界认同,直接的体现便是《经合组织范本》和《联合国范本》均对此作出近乎一致的规定。①

(2) 制度缺陷。根据《联合国范本》和《经合组织范本》的精神,当一国税务机关对涉及另一国关联企业的交易运用正常交易原则而增加该公司的应税利润时,对方税务机关应当相应地下调该关联企业的税负,以使利润在两国的分

---

① 《经合组织范本》第9条规定:"当缔约国一方对企业已征收的利润包括在该国企业的利润内并加以征税,而这部分利润本应由首先提及的国家的企业取得,如果这种情况是发生在两个独立企业之间,缔约国他方应当作出适当调整消除双重征税。在确定调整方式时,应当考虑本协定的其他条款规定,如果有必要,缔约国双方主管机关应当相互协商。"《联合国范本》第9条规定:"(二)当缔约国一方将缔约国另一方征税的企业利润,包括在该国企业的利润内并加以征税,如果这两个企业之间的关系是独立企业之间的关系,而这部分利润本应由首先提及的缔约国企业取得的,缔约国另一方应对这部分利润所征税额加以适当的调整。在确定调整方式时,应当考虑本协定的其他条款规定,同时缔约国双方主管部门应当进行必要磋商。"

配符合初次调整并且不发生双重征税。目前,在相关国家签订的税收协定中落实了这一精神,两个或多个国家在签订税收协定的时候往往规定了相关国家的相应调整义务。这为跨国性的关联企业转让定价争议提供了一条法律上的救济途径。然相互调整应对转让定价争议的功效远不如立法者设想的那般美好,实务中的诸多困惑制约着相互调整的适用及功效。

其一,第三国无效以及非对等的相互调整。立法上分别规定了不同缔约国境内的关联企业进行交易的情况,而对位于与位于第三国境内的关联交易的情况则未作规定。转让定价的现实已经昭示,并非所有的关联企业均发生在缔约国之间,第三国也时常成为关联企业交易的场所地。这意味着相当一部分转让定价争议因为身处非缔约国之间,而遭受相互调整程序的排斥,争议双方唯有寻求其他救济方式。根据国内法,在适当的时候一国可以对关联企业或者具有关联关系的个人在跨境交易中的利润进行适当的调整。由于税收协定不能开征新税种或确定应税利润,立法均未授权缔约国进行类似调整。其目的在于希望缔约国根据国内法对关联企业之间的国际利润的分配遵循独立交易原则。它同时也要求其他缔约国作出相应的调整,以避免出现双重征税。①

其二,并无约束力的调整。相互调整最大的缺陷在于其本身并不具有如国内法般的强制执行力,即便对于签订了税收协定的缔约国而言,其依然可以不进行相应的调整。正如《经合组织范本》评释所言:"不能仅因为 A 国的利润已经调增,B 国就必须自动做一项调整;只有在 B 国认为 A 国所调整的利润额正确反映了正常交易原则时,调整才是适当的。换言之,并不企求避免这样的双重征税,即当一个联属企业的利润被调增至超过它们若在正常交易基础上正确计算所应达到的利润水平时,所引起的双重征税。因此 B 国仅在它认为 A 国所作的调整,在原则和数额上均是公正的情况下,才对一个关联公司的利润作调整。"②简言之,"除非对调整原则和数额表示认同,缔约国他方没有进行调整的义务。"③

其三,困难重重的相互调整。"相互调整是一件困难的事情,在实践中另一国税务当局是否会进行相应调整则完全是一个变数。其之所以如此,至少会有两方面的原因,其一是一国税务当局进行的初次调整能否被另一国税务当局接受是一个变数;其二是即使初次调整能被另一国税务当局接受,另一国是否一

---

① 参见〔美〕罗伊·罗哈吉:《国际税收基础》,林海宁、范文祥译,北京大学出版社 2006 年版,第 97 页。
② 《OECD 税收协定范本注释》,中国税务出版社 2000 年版,第 9 条第 3 段。
③ 同上书,第 25 条第 6 段。

定要作出相应调整也是一个变数。要想使一国税务当局进行的初次调整被另一国说务当局接受,一个最基本的条件是初次调整要符合正常交易原则,而且转让定价方法的选择及其适用也应与另一国的相关制度相一致。"①因而,一旦转让定价争议出现,相关国家是否进行调整取决于意愿以及相关国家税务机关的初次调整是否符合正常交易原则。诸多国家基于税收利益的考虑,难以放弃"到手的税款"而冒着进行调整致使税收利益受损的风险,即使调整有可能为当局带来更大的税收利益也如此。②

其四,小结。作为一种争议解决方式,相互调整无疑具有重大的理论意义。然跨国转让定价争议的复杂性和国际税收利益等诸多因素交织在一起,相互调整在理想和现实之间并不必然迈向立法者预期的轨道。一方面,关联企业间的转让定价争议早已突破国界,也不再只是发生在缔约国之间,而相互调整仅用于解决缔约国之间的争议,由此使相互调整适用范围上的局限性进一步暴露。另一方面,相互调整并不具有强制力,相关税务机关并没有必然的调整义务,这才是相互调整机制的症结所在,这些相互调整的缺陷注定了其解决转让定价争议面临的诸多困惑。

2. 相互协商

当相互调整在转让定价争议纠纷解决中屡屡受挫时,相互协商成为一种替代机制。相互协商程序是指"有关主管机关在寻求各方均能接受的相关问题之解决方案时的讨论程序"③,具体体现在《经合组织范本》第 25 条④和《联合国范

---

① 刘永伟:《转让定价法律问题研究》,北京大学出版社 2004 年版,第 147—148 页。
② 目前一些发达国家不愿意在税收协定中写进这种条款,如德国、意大利、比利时、法国等就是如此。在英国签订的 80 多个税收协定中,只有与美国、冰岛、尼日利亚等国的协定中相应的调整的条款。我国也只与美国、丹麦、瑞典等少数国家签订的协定中明确规定了相应调整条款。
③ 《OECD 双边协议报告》(1984 年),第 98 段。
④ 《经合组织范本》第 25 条规定:"(一)当纳税人认为缔约国一方或双方的行为导致或可能导致不符合税收协定规定的情形时,可以不考虑其国内法规定的救济方式,直接将案件提交给其为居民的缔约国有关主管机关解决。如果其案件属于第 24 条第(1)段规定的情形,可以提交其本人为公民的缔约国有关主管机关解决。纳税人必须在不符合本协定规定的征税行为第一次通知之日起三年内提交案件。(二)当缔约国一方主管机关认为纳税人的异议合理但不能单方面解决,应当与缔约国他方主管机关通过相互协商程序解决,以避免出现违反本协定的征税。双方达成的协议应予以执行,而不受缔约国国内法规定的任何时间限制。(三)缔约国主管机关应当尽量通过相互协商程序解决在解释和适用税收协定过程中产生的困难和疑义,并通过相互协商消除因税收协定没有规定而产生的双重征税问题。(四)缔约国双方主管机关为达成上述各款规定的协议,可以直接进行相互协商,包括成立双方代表组成的联合委员会。"

本》第 25 条①中。

(1) 范本中的"相互协商"。根据两个范本的规定,跨国转让定价争议所涉国家之间的相互协商程序有两个阶段。首先是由纳税人向其居住国或国籍所属国的税务当局提出异议,若解决争议即告结束。此种争议解决实际上为一国内的争议解决,不具有跨国性质;仅当该居住国或国籍国不能单方面解决时,再进入第二阶段,即相互协商阶段。一般而言,在跨国关联企业对税务局的转让定价调整有异议时,而被要求进行相应调整的税务机关不能满意地解决问题时,由作出初次调整的国家税务机关提出启动相互协商程序的建议。

(2) 制度缺陷。相对于相互调整机制而言,不论是一缔约国的居民或者非居民公民,当他们认为缔约国一方或双方的行为影响或可能影响税收协定规定的税收后果,都可以启动该程序。这些较之于相互调整具有更大的普适性,但相互协商的本质亦决定了其在转让定价争议解决中的多维角色。

其一,依然缺乏强制力的协商。根据两个范本的精神,当缔约国的主管机关在认为其行为是合理的时候,就应当尽量独立地解决转让定价争议。如果该机关不能够通过自己的力量很好地解决转让定价争议,则可以尝试与另一缔约国的主管机关通过相互协商解决争议。"虽然《经合组织范本》评释建议两国适格机关应当尽快采取措施,但是决定权仍然留给了它们自身。它们没有达成一致的义务,也没有特定的时限。"②虽然范本"第 25 条第 4 段授权主管机关直接或者通过恰当方式就税收争议达成协议。它们虽然有义务尽最大努力进行谈判,但是并不必然要产生结果"。③ 即使产生了双重征税的事实,也不要求其达成某项协议。相互协商的精神在于自愿协商,协商而否以及如何协商决定权掌

---

① 《联合国范本》第 25 条规定:"(一)当纳税人认为缔约国一方或双方的行为导致或可能导致不符合税收协定规定的情形时,可以不考虑其国内法规定的救济方式,直接将案件提交给其为居民的缔约国有关主管机关解决。如果其案件属于第 24 条第(1)段规定的情形,可以提交其本人为公民的缔约国有关主管机关解决。纳税人必须在不符合本协定规定的征税行为第一次通知之日起三年内提交案件。(二)当缔约国一方主管机关认为纳税人的异议合理但不能单方面解决,应当与缔约国他方主管机关通过相互协商程序解决,以避免出现违反本协定的征税。双方达成的协议应予以执行,而不受缔约国国内法规定的任何时间限制。(三)缔约国主管机关应当尽量通过相互协商程序解决在解释和适用税收协定过程中产生的困难和疑义,并通过相互协商消除因税收协定没有规定而产生的双重征税问题。(四)缔约国双方主管机关为达成上述各款规定的协议,可以直接进行相互联系。为执行本条规定的相互协商程序,主管机关应通过协商确定适当的双边程序、条件、方法和技术。此外,主管当局可以设法采取适当的单方面程序、条件、方法和技术,以促进上述双边行动和相互协商程序的执行。"

② 〔美〕罗伊·罗哈吉:《国际税收基础》,林海宁、范文祥译,北京大学出版社 2006 年版,第 133 页。

③ 《经合组织范本》评释第 25 条第 26 段。

握在税务机关手中,争议形态遂演变为税务机关与税务机关之间的讨价还价,但这毕竟不是市场,这也注定了没有强制力的相互协商程序和相互调整程序具有某种类似的法律命运,程序运转不仅在于制度本身,更取决于开启程序的税务机关,这是相互调整程序和相互协商程序的制度宿命。

其二,相互协商:利益的牺牲品。转让定价争议中"当局之间一般就两个问题进行相互协商,一个是所作的初步调整是否具有充分的基础,一个是应调整数额的大小"。① 根据上述范本的规定,唯有两个缔约国税务机关对初步调整所依据的正常交易原则达成一致意见,才有产生相应调整的可能性。如果在第一阶段纳税人和税务当局之间未能就初步调整是否符合正常交易原则以及调整数额等事项达成解决方案,则税务机关之间的协商将变得更加艰难。之所以如此,有其深刻的经济和法律根源。经济上而言,当局与当局之间的利益完全是处于一种对立的状态。就争议的解决本身而言,税务当局之间几乎不存在任何共同的利益,即使达不成协议,也不会有任何一方税务当局受到损失,受损失的只能是关联企业;恰恰相反,当局之间一旦达成协议,他们必有一方会受到损失,甚或双方都受到损失(如同时降低初次调整的调整数额)。因而从经济利益上分析,缺乏达成协议的动力。② 法律上,两国税务当局的法律地位完全平等,缺乏一个具有权威性的机构从中主持协商或作出最后决定,非常容易形成一种僵持不下的局面;另外,两国在各自国内法上的冲突及其对税务当局谈判权力赋予的限制,也会成为他们协商一致的障碍。③ 因为基于税收主权以及管辖权,用一个国家的纳税调整去'迫使'他国相应进行调整,本身即是一种干涉管辖权的行为,这也为相互协商应对转让定价争议的困难埋下伏笔。由此可见,一项协议的达成往往是多方利益博弈的结果,其结果必定是一方或双方,乃至多方相互妥协的结果,协议的达成很大程度上取决于税务机关在跨过转让定价纠纷中对于税收利益可以作出让步的权力底线。一如《经合组织范本》评释第 45 段所言,一项共同协议的达成,在很大程度上取决于国内法律赋予主管当局可做让步的权力。而事实上,诸多国家基于税收利益,不愿意赋予税务机关自主权以便解决跨国转让定价争议,这也直接导致相互协商程序在解决转让定价争议中的功能大打折扣。

其三,与纳税人"无关"的相互协商。转让定价争议之当事人固然有纳税人一方,然相互协商程序由税务当局启动,纳税人不是该程序的当事人。也就是

---

① OECD Guidelines 1995b,Par. 4.31.
② 参见刘永伟:《转让定价法律问题研究》,北京大学出版社 2004 年版,第 149 页。
③ OECD Guidelines 1995b,Par. 4.31.

说,该程序的启动与纳税人并无直接的关联。对于纳税人而言,还有一些程序上问题。在相互协商程序作出决定中仅仅涉及两国的主管机关。纳税人有权进行陈述或者获得咨询帮助,但是其本人不能获得与案件有关文件,也不能参与磋商程序。有关主管机关达成一致后,也没有公布结果的义务。虽然范本第25条建立了通过自愿谈判解决有关双重征税的一般或特殊问题,但是对于纳税人而言,其作用却是可有可无。在许多情况下,通过法院适用法律来解决类似问题更为有效。① 转让定价争议开启相互协商程序,并不应意味着纳税人的权利就此旁落,纳税人才是最终的税款的支付者,将最终的纳税人咆哮在庭外,既得利益者们为即将到来的税款而互不相让是相当可笑的,但这就是相互协商程序的制度现实。故有学者认为,税务当局的协商结论一般不公开,因此这种程序缺乏透明度,纳税人缺乏参与协商程序的权利是该程序的主要缺陷。②

其四,小结。理论上而言,相互协商程序具有较相互调整程序更强的可行性,因为前者更加注重双方的合意和协商,这类似于国家之间的契约自由,理应具有更大的价值空间。但一方面相互协商程序的自愿性和相关国家的义务缺位往往使相关国家税务机关从自身税收利益出发,对于自身的税收利益寸金必争。然税收利益不可能达到一种双赢结果,否则纳税人也不会为此而发生争议,这意味着税务机关中必有一方或双方利益受损,利益衡量之下,利益受损者必将放弃达成协议,根源在于相互协商程序没有约束力,当事方并没有达成协议的义务。另一方面而言,相互协商程序将争议之重要一级,纳税人,排除在程序之外,再一次暴露了相关国家利益分赃的本性。但千万不可忽略的是,纳税人才是税收利益能否真实、长久实现的根本。即使相关税务机关达成了一致性意见,若纳税人并不认同此种一致性意见,也意味着争议并未解决。因而,没有纳税人参与的争议解决机制犹如海市蜃楼,难以很好地从制度走向实践。③

---

① 参见〔美〕罗伊·罗哈吉:《国际税收基础》,林海宁、范文祥译,北京大学出版社2006年版,第134页。
② Mario Züger, "Conflict Resolution in Tax Treaty Law", 30 Intertax, International Tax Review 10(2002), p.345.
③ 相互调整程序和相互协商程序遇到的实务问题根源在于其制度内的缺陷,但决不能就此断然认为此种程序没有法律上的价值,它们依然是当今税务争议解决的重要机制,只是需要进一步革新。当今为学者和众多税务官员所关注的国际税务仲裁和预约定价正式建立在相互调整程序和相互协商程序的基础上,只不过后者克服了前者的诸多制度缺陷,这也许可以认为是相互调整程序和相互协商程序为跨国税务争议解决机制所作出的贡献。

(四) 国际双重征税之消除：中国的选择

中国一方面在企业所得税法上通过制定抵免制[①]消除国际间的双重征税问题,另一方面签订大量的税收协定以达到避免双重征税之目的。截至 2015 年 12 月,中国已经同 101 个国家签订了避免双重征税协定。对于这些税收协定来说,其基本内容差别不大。协定内容基本围绕避免双重征税和防止逃、避税而展开,以下以《中华人民共和国政府和美利坚合众国政府关于对所得避免双重征税和防止偷漏税的协定》(以下简称《中美税收协定》)为分析范本进行研究。《中美税收协定》签署于 1984 年 4 月 30 日,1986 年 11 月 21 日正式生效,自 1987 年 1 月 1 日起开始执行,属于中国政府缔结的比较早的税收协定,其基本奠定了中国政府以后税收协定的框架。协定主体部分共 28 条[②],分别如下：

表 7.4 《中美税收协定》框架

第 1 条 人的范围	第 8 条 联属企业	第 15 条 董事费	第 22 条 消除双重征税
第 2 条 税种范围	第 9 条 股息	第 16 条 艺术家和运动员	第 23 条 无差别待遇
第 3 条 一般定义	第 10 条 利息	第 17 条 退休金	第 24 条 协商程序
第 4 条 居民	第 11 条 特许权使用费	第 18 条 政府服务	第 25 条 情报交换
第 5 条 常设机构	第 12 条 财产收益	第 19 条 教师和研究人员	第 26 条 外交代表和领事官员
第 6 条 不动产所得	第 13 条 独立个人劳务	第 20 条 学生和实习人员	第 27 条 生效
第 7 条 营业利润	第 14 条 非独立个人劳务	第 21 条 其他所得	第 28 条 终止

1. 避免双重征税

消除双重征税条款往往是税收协定的最重要的条款,也是税收协定产生的

---

① 我国《企业所得税法》第 23 条规定："企业取得的下列所得已在境外缴纳的所得税税额,可以从其当期应纳税额中抵免。抵免限额为该项所得依照本法规定计算的应纳税额;超过抵免限额的部分,可以在以后五个年度内,用每年度抵免限额抵免当年应抵税额后的余额进行抵补：(一)居民企业来源于中国境外的应税所得;(二)非居民企业在中国境内设立机构、场所,取得发生在中国境外但与该机构、场所有实际联系的应税所得。"第 24 条规定："居民企业从其直接或者间接控制的外国企业分得的来源于中国境外的股息、红利等权益性投资收益,外国企业在境外实际缴纳的所得税税额中属于该项所得负担的部分,可以作为该居民企业的可抵免境外所得税税额,在本法第二十三条规定的抵免限额内抵免。"

② 考虑到行文主旨,本处仅集中研究第 22 条、第 24 条和第 25 条,尤其是第 22 条,是所有税收协定的核心内容。

最初动机。产生双重征税较多的是属人征税原则和属地征税原则之冲突。国际通行的做法是,除非同意放弃或者限制本国根据税收协定享有的权利,来源地国对产生于本国境内的应税所得有权征税。纳税人居住地国则负有对纳税人向来源地国政府已经缴纳的税款予以减免的义务。

(1) 避免双重征税的方法。居住国负有税收减免以消除双重征税的义务,各国税收协定规定的减免方法主要有免税法和抵免法两种。免税法,即居住国对所得进行免税,由来源地国独占征税权。免税法彻底消除了双重征税。由于免税法天然的劣势,世界上直接采用完全免税法的国家并不多见。抵免法,即居住国政府准予纳税人在来源地国已纳税款进行抵免。抵免法较免税法复杂很多,主要包括直接抵免法①、间接抵免法②和税收饶让抵免法③。抵免法实现了在母国的税收中性原则。④ 免税法和抵免法各有其优势和劣势(如表7.5所示)。

至于具体到一个国家,选择免税法还是抵免法关键要看该国的政策是鼓励资本输出中性,还是鼓励资本输入中性。一般发达国家较多地鼓励资本输出中性,因而采用抵免法,对本国公民不论是国内居民,还是在外投资者一律采用相同的税基,课以相同的税负。"一般而言,大陆法系国家倾向于采用免税法,而英美法系国家则更倾向于抵免法。许多国家采取部分或选择性免税法(比如,澳大利亚、加拿大和德国)。有些国家认为部分免税法根据其利益并不能获得合理化的基础,他们只对外国来源所得给予抵免优惠(比如,日本、英国和美国)。"⑤

---

① 直接抵免法适用于居民纳税人在来源地国的实际的已纳税款,纳税人必须是直接或者通过支付人实际履行了纳税义务,缴纳了税款或者有法律义务支付税款。采用这种类型税收抵免的国家很多,如美国、英国澳大利亚、日本、巴西、阿根廷等。

② 间接抵免法目的在于消除对外国股息所得的经济性双重征税。除进行直接抵免外,还可以按比例抵免外国分红公司已经支付的公司税。抵免额为公司已经缴纳的公司所得税的一定比例,即用于支付股息的所得是公司税后的纯利润。采用这种类型的国家有美国、德国、日本、西班牙、墨西哥等。

③ 税收饶让抵免法是指对于来源地国税收优惠政策或补贴措施而实际没有征收的税款给予等额的饶让抵免。这类抵免一般适用于股息、利息和特许权使用费的所得税。国内法中很少规定这种抵免法,但许多国家通过税收协定确定了这种方法。许多发达国家认为饶让抵免会导致双重不征税,因此禁止此种抵免法在税收协定中出现,如美国。

④ 居住国对其居民全球范围内的所得征税,但是对其外国已纳税款进行抵免,将外国已纳税款在母国的应纳税款中扣除,如果母国对外国所得征收的税款高于其在外国支付的税款,纳税人应当在母国补缴不足部分;如果外国缴纳的税款高于母国应征税款,超额部分可以结转或丧失。

⑤ 〔美〕罗伊·罗哈吉:《国际税收基础》,林海宁、范文祥译,北京大学出版社2006年版,第225页。

表 7.5　免税法和抵免法比较①

	免税法	抵免法
优点	资本输入时保持中性。比如对所有在来源地国的纳税人采用相同的税基	资本输出时保持中性。比如对所有居住地国的纳税人采用相同的税基
	确保了来源地国给予纳税人的税收利益	允许母国的常设机构扣除其在国外的损失
	在税收征管上最为简便	减少将资产或所得向低税率国家或避税港转移
	免除了两国征税机关的相互协调	由于给予税收抵免的税务机关只需要根据自己的税法计算纳税所得额,不需要考虑其他国家的税收制度,因此,它较容易适用
	彻底消除实际上和潜在的双重征税	
缺点	减少了居住地国的税收收入	纳税人通常必须支付外国税或国内税中的较多者
	来源地国可能不给予一定的补贴或者扣除	导致纳税人不能实现额外的外国税收抵免额
	居住地国可能不承认常设机构的损失	除非居住地国认可,否则纳税人不能享受来源地国给予的税收减免或优惠
	如果是根据累进税率进行免除,需要提供详细的财务报表	不鼓励资本输出
	实际上鼓励了纳税人降低税率国家作为来源地国	较为复杂,耗时较多

(2)《中美税收协定》第 22 条。《中美税收协定》第 22 条用 3 个条款针对中美之间的双重征税问题作出专门规定。② 协定及对一般的所得进行了规定,又对股息所得进行相应的规定。由《中美税收协定》第 22 条可看出,对于中国居

---

① 本图表依据罗伊·罗哈吉的专著《国际税收基础》制作而成,具体可参见〔美〕罗伊·罗哈吉:《国际税收基础》,林海宁、范文祥译,北京大学出版社 2006 年版,第 51—52 页。

② 《中美税收协定》第 22 条规定:"一、在中华人民共和国,消除双重征税如下:(一)中国居民从美国取得的所得,按照本协定规定对该项所得缴纳的美国所得税,应允许在对该居民征收的中国税收中抵免。但是,抵免额不应超过对该项所得按照中国税法和规章计算的中国税额。(二)从美国取得的所得是美国居民公司支付给中国居民公司的股息,同时该中国居民公司拥有支付股息公司股份不少于 10%的,该项抵免应考虑支付该股息公司对于从中支付股息的利润向美国缴纳的所得税。二、在美利坚合众国,按照美国法律规定,美国应允许其居民或公民在对所得征收的美国税收中抵免:(一)该居民或公民或代表该居民或公民向中国缴纳的所得税;(二)在美国公司拥有中国居民公司的选举权不少于百分之十,并且该美国公司从该公司取得股息的情况下,分配公司或代表该分配公司对于从中支付股息的利润向中国缴纳的所得税。本协定第二条的第一款第(一)项和第二款中所述的税种应认为是本款所述的所得税。三、缔约国一方居民取得的,按照本协定可以在缔约国另一方征税的所得,应认为是发生于该缔约国另一方。"

民从美国取得的所得和股息,按照协定规定对该项所得缴纳的美国所得税,应允许在对该居民征收的中国税收中抵免;反之,美国居民从中国取得的所得和股息已缴纳的税款,应准予其居民或公民在对所得征收的美国税收中抵免。据此可以认定,《中美税收协定》坚持国际通行的做法,来源地国享有优先征税权,居住地国则负有减免义务。协定通过税收抵免法来避免双重征税的出现。协定采用的抵免法既包括针对中美所得的直接抵免,也包括针对股息的间接抵免。通过直接和间接性抵免法的实施,意欲消除或避免经济上和法律上的双重征税。另外,协定采用普通抵免的方式,换言之,中国居民从美国取得的所得,按照协定规定对该项所得缴纳的美国所得税,可以在中国税收中抵免。但是,抵免额不应超过对该项所得按照中国税法和规章计算的中国税额。如若根据中国税法计算的税额高于在美国支付的税款,纳税人应当向中国政府补缴不足部分,反之,如果在美国支付的税款高于根据中国税法计算的税额,则超过部分可能向前或向后纳税年度结转。因此,纳税人实际能抵免的税额不仅与中国或美国的税率相关联,更依赖于国内法应纳税额的计算,尤其是采用分国抵免、综合抵免以及分类抵免[①]最终的效果对纳税人的影响不小。

2. 相互协商

税收协定中的协商程序目的在于当双方争议发生时,寻求双方都能满意的解决方案。《中美税收协定》第 24 条专门针对因税收协定而产生的税务争议的解决进行规定,即相互协商程序。

(1) 纳税人的选择。第 24 条第 1 款规定:"当一个人认为,缔约国一方或者双方的措施,导致或将导致对其不符合本协定规定的征税时,可以不考虑各缔约国国内法律的补救办法,将案情提交本人为其居民的缔约国主管当局;或者如果其案情属于第 23 条第 1 款,可以提交本人为其国民的缔约国主管当局。该项案情必须在不符合本协定规定的征税措施第一次通知之日起,三年内提出。"该款主要针对违背税收协定的情况下对税收案件的争端解决。依据该条款,不管国内法有无补救方式,纳税人均可将案情提交本人为其居民的缔约国主管当局。换言之,纳税人在启动双边协商程序之前,不必穷尽国内法规定的补救方式。但该项案情必须在不符合本协定规定的征税措施第一次通知之日

---

① 分国抵免,即将来源于同一国家的所得及就该所得已纳税额进行累加,然后根据普通抵免法中的抵免限额计算规则确定最终的抵免额;综合抵免,即将所有外国来源所得和纳税进行累加,普通抵免限额给予全球范围内所得来确定;分类抵免,即对全球所得的累加按照行业或所得特点或适用税率的高低等不同标准进行分类没,而后确定最终的抵免额。参见 K. Vogel,"Double Taxation Conventions",转引自〔美〕罗伊·罗哈吉:《国际税收基础》,林海宁、范文祥译,北京大学出版社 2006 年版,第 132—133 页。

第七章　企业自治与税法度衡

起,三年内提出。导致或将导致对其不符合本协定规定的征税,可能由以下原因引起:第一,对税收协定错误的解释或适用;第二,如果税收协定规定适用国内法而对国内法不正确的适用;第三,不正确地分析相关事实。纳税人启动双边协商程序,不必证明双重征税已经发生或者即将发生,缔约国的行为只要已经构成或者可能构成对税收协定的违反即可。

(2) 缔约国的反应。依第24条第2、3、4款①之规定,缔约国的主管当局如果认为所提意见合理,首先应当尽可能地独立解决税收协定引起的税务争议。若该主管当局不能单方面圆满解决争议时,应设法同缔约国另一方主管当局相互协商解决,以避免不符合协定的征税行为发生。此外,缔约国双方主管当局应通过协议设法解决在解释或实施协定时发生的困难或疑义,也可以对协定未作规定的消除双重征税问题进行协商,对于此类争议协定授权主管机关直接或者通过合适的方式达成一致性意见。协定建议两国主管机关应尽量协商,有义务尽最大地努力进行谈判,达成合意,以便解决争议,但协定并没要求一定要产生合意的结果。甚至即使出现双重征税的经济事实,协定也没有强行要求缔约国达成协议。最终的决定权依然在缔约国自身。缔约国之间并没有法律上的达成一致的强行义务,也没有特定的时间限制。即使缔约国的国内法规定了时间限制,达成的协议仍然可以得到实际上的执行。这是相互协商程序的缺陷所在。

3. 情报交换

"税收情报交换制度作为国际税收合作的重要方式,在反避税、遏制恶性税收竞争、防止国际税收协定被滥用等领域都大有可为。相对于强制有关国家投入更多的资源加强税收征管力度,或是要求避税地提高税率等措施,税收情报交换制度更容易为各国所接受,因为它使各国既能在各自的税基上行使税收管辖权,又能在税收条约伙伴间恰当地分配征税权利。"②《中美税收协定》第

---

① 第24条第2、3、4款分别规定:"上述主管当局如果认为所提意见合理,又不能单方面圆满解决时,应设法同缔约国另一方主管当局相互协商解决,以避免不符合本协定的征税。达成的协议应予执行,而不受各缔约国国内法律的时间限制。""缔约国双方主管当局应通过协议设法解决在解释或实施本协定时发生的困难或疑义,也可以对本协定未作规定的消除双重征税问题进行协商。""缔约国双方主管当局为达成第二款和第三款的协议,可以相互直接联系。为有助于达成协议,双方主管当局可以进行会谈,口头交换意见。"

② 付慧姝:《税收情报交换制度法律问题研究》,群众出版社2011年版,前言第3页。

25条①主要规定了两国之间税收情报。根据国际惯例,不允许一个国家在未经其他国家准予的情况下在该国进行税务调查,本条主要针对这一国际惯例,对中美两国根据税收协定和国内税法要求进行情报交换制度进行具体规定。其目的不只在于税收协定的遵守,更在于国际范围内的反逃税和反避税合作。

(1) 情报的范围。依据第25条第1款之规定,原则上协定并不限定情报交换的范围,只要不违背税收协定的明文规定,双方主管机关均应当相互交换为实施协定的规定所必需的情报,或缔约国双方关于协定所涉及的税种的国内法律所必需的情报(以根据这些法律征税与本协定不相抵触为限),特别是防止税收欺诈、偷漏税的情报。具体一般指税收协定缔约国双方主管当局交换的为实施税收协定和税收协定所涉及的税种相应的国内法律法规所必须的情报。情报一般仅涉及税收协定规定的具有所得税性质的税种:企业所得税、个人所得税、对股息、利息、特许权使用费征收的预提所得税等;且交换的情报不应包括按照税收协定国的法律或正常行政渠道不能得到的情报,或者必须采取与国内法律或行政惯例相违背的措施才能得到的情报,也不应包括任何泄露贸易、经营、工业、商业或行业秘密或工艺的情报,或者泄露后会扰乱一国公共秩序的情报(涉及国家主权、安全和重要利益等)。

(2) 情报的使用。情报交换之范围并不限定,但对于情报的使用有严格的限制。缔约国一方收到的情报应作密件处理,仅应告知与协定所含税种有关的查定、征收、管理、执行或起诉、裁决上诉的有关人员或当局(包括法院和行政管理部门)。上述人员或当局应仅为与协定所含税种有关的查定、征收、管理、执行或起诉、裁决上诉之目的使用该情报,否则不得使用该情报。但可以在公开法庭的诉讼程序或法庭判决中透露有关情报。

(3) 交换的方式。依协定的精神,缔约国间可以最大限度地进行情报交换。既可以基于一国的情报交换请求而交换,也可以自动进行情报交换,还鼓励缔

---

① 《中美税收协定》第25条规定:"一、缔约国双方主管当局应交换为实施本协定的规定所必需的情报,或缔约国双方关于本协定所涉及的税种的国内法律所必需的情报(以根据这些法律征税与本协定不相抵触为限),特别是防止税收欺诈、偷漏税的情报。情报交换不受第一条的限制。缔约国一方收到的情报应作密件处理,仅应告知与本协定所含税种有关的查定、征收、管理、执行或起诉、裁决上诉的有关人员或当局(包括法院和行政管理部门)。上述人员或当局应仅为上述目的使用该情报,但可以在公开法庭的诉讼程序或法庭判决中透露有关情报。二、第一款的规定在任何情况下,不应被理解为缔约国一方有以下义务:(一)采取与该缔约国或缔约国另一方法律或行政惯例相违背的行政措施;(二)提供按照该缔约国或缔约国另一方法律或正常行政渠道不能得到的情报;(三)提供泄漏任何贸易、经营、工业、商业、专业秘密、贸易过程的情报或者泄漏会违反公共政策的情报。"

第七章　企业自治与税法度衡

约国认为某些税收情报对对方有利而自发提供。① 反之，缔约国一方不得以本国税收保密规定为由而拒绝提供对方需要的税收情报，缔约国负有善意履行义务，应尽可能地满足对方的情报需求，双方之间建立一种信任和诚意的情报交换制度。当然，并不意味着被请求国负有绝对的义务，此项义务一般发生在以下情报中：执行税收协定或国内税法所必需的情报；不违背税收协定和国内税法相关规定的情报；请求国通过在其管辖范围内的充分调查仍然不能够获取的情报。唯有为协定和国内税法的执行，且不违背协定的具体规定的条件下，被请求国才具有绝对的、无条件地收集义务。

（4）"假义务"的排除。在以下三种情况下，缔约国可以拒绝情报交换的请求，且不需承担相应的协定责任：第一，采取与该缔约国或缔约国另一方法律或行政惯例相违背的行政措施；第二，提供按照该缔约国或缔约国另一方法律或正常行政渠道不能得到的情报；第三，提供泄漏任何贸易、经营、工业、商业、专业秘密、贸易过程的情报或者泄漏会违反公共政策的情报。此项规定将缔约国的义务范围进行限定，一方面可以保护缔约国的相应税收利益，另一面也有利于降低纳税人合法利益的被过度侵蚀之风险，为国际税收协定的通常做法。

---

① 我国国内法也对此作出了反映，如，《税收情报交换管理规程（试行）》（国税发［2001］3号）第7条至第13条就专门对情报交换的类型作出规定。第7条规定："情报交换的类型包括专项情报交换、自动情报交换、自发情报交换、行业范围情报交换、同期税务检查和授权代表的访问等。"第8条规定："专项情报交换是指一国税务主管当局就国内某一税务案件提出具体问题，并依据税收协定请求另一国税务主管当局提供相关情报，协助查证的行为。可以进行专项情报交换的情形包括：（一）需要了解纳税人的基本情况：个人或公司的实际地址及居民身份、公司注册地、公司控股情况、纳税凭证、佣金支付合同、银行记录等；（二）需要证实纳税人提供的资料；（三）需要获取纳税人境外关联企业的资料：关联企业的合同章程、财务报表、申报表、会计师查账报告，以及独立企业或关联企业间交易情况等；（四）需要了解纳税人在境外取得或向境外支付股息、利息、特许权使用费、财产收益、津贴、奖金、佣金等各种款项的情况；（五）需要核实纳税人与境外公司交易数额的真实性；（六）需要证实纳税人提供的境外收支证明的真实性；（七）需要证实纳税人境外纳税的真实性和合法性；（八）税务机关认为需要了解的其他有关税收资料。"第9条规定："自动情报交换是指一国税务主管当局以批量形式动地向另一国税务主管当局提供有关纳税人取得专项收入的情况的行为。上述纳税人是指根据税收协定的规定已构成另一国税收居住的个人或公司。上述专项收入可包括股息、利息、特许权使用劳务报酬、退休金、财产收益、工资、津贴、奖金、佣金及营业收费等。"第10条规定："自发情报交换是指一国税务主管当局向另一国税务主管当局自发地提供其认为对另一国税务机关有用的情报的行为。"第11条规定："行业范围情报交换是指不针对特定纳税人，而针对某一经济部门，由协定国税务主管当局共同研讨某一经济业的运营方式、资金运作模式、价格决定方式、偷税、避税新趋势，相互交换有关信息的行为。"第12条规定："同期税务检查是指两个或多个国家的税务主管当局同时并独立地在各自国家内，对有共同或相关利益的纳税人的纳税事项进行检查的安排，并互相交流检查中获得的相关信息。"第13条规定："授权代表的访问是指一国税务官员经本国税务主管当局的授权并应另一国税务主管当局的邀请，或经另一国税务主管当局的同意，对另一国进行实地访问以获取情报。"

4. 小结

经济全球化加剧了跨国关联企业的诞生和壮大,也随之带来双重征税之可能,在国内法解决双重征税屡屡受挫时,寻求国际间的合作便是一条可能的出路,结果之一便是国家间税收协定的纷纷订立,这种趋势并未减弱,在进一步加强。税收协定通过对消除双重征税、相互协商程序以及情报交换等具体制度的规定,避免并减轻了关联企业间的双重征税。其主要目的在于避免缔约国根据其各自的国内法对同一纳税人和事项同时都能享有征税权情况的发生,并在出现双重征税时提供税收减免。在一个税收协定下,缔约国各国同意分担避免双重征税的成本。缔约国各国通过税收协定分配征税权。根本而言,税收协定旨在确定缔约国一方的征税权,限制缔约国另一方的税收管辖权,以便协调和克服缔约国之间的税收管辖权和税收利益的冲突,从而避免国际双重征税。也就是说,税收协定实际上是两个国家通过协商来分配税收收入。当然,除了财政收入的考虑以外,经济因素和社会因素也左右着协定的内容。例如,税收协定使得征税更具有确定性,从而达到鼓励国际贸易和国际商事活动的效果。但不管如何,也不管税收协定的双方是谁,均无一例外地将消除双重征税、相互协商程序以及情报交换等的规定作为税收协定的核心制度。或许受到《OECD范本》和《联合国范本》的影响,或者是避免双重征税的目的使然,不经意间税收协定走向初步统一化。

(五)消除双重征税的制度省思:从税收协定到预约定价

不得不承认,通过传统的税务审计和税务检查解决关联企业间的转让定价争议被证明不再流行,其经济和时间等成本异常昂贵,纳税人和税务机关均无力或不再愿意承担。在关联企业税务争议层出不穷的现代社会,旧的解决方式被摒弃,必须有新的制度取而代之,为此,世界诸国纷纷选择的是税收协定。预约定价安排,通俗地说,就是将转让定价的事后税务审计变为事前约定。通过预约定价安排,最终与税务机关签订协议,解决和确定在未来年度关联交易所涉及的税收问题。[①] 预约定价安排除了是一种公认的税收程序制度外,还是一种税收实体制度,有着权利义务的具体内容,而不仅仅是权利义务的实现途径。[②] 美国在1991年创立了预约定价安排,将转让定价的事后调整转变为事先协商确认,使转让定价反避税制度走出了困境,可以说是反避税制度发展的一

---

① 参见关联交易税收管理及稽查典型案例编委会:《关联交易税收管理及稽查典型案例》,中国税务出版社2012年版,第52页。

② 参见叶姗:《税法之预约定价制度研究》,人民出版社2009年版,第35页。

第七章　企业自治与税法度衡

个重要里程碑。① 除开单边预约定价安排②以外，双多边预约定价安排为关联交易方提供未来交易预期，又可有效避免双重征税。自此可以看出，对于双边或多边预约定价安排③而言，其功能、权利义务配置及实现机制均与税收协定的内在机理十分吻合。

1. 税收协定出现的历史必然

各国国内税法一般根据属人原则、属地原则或属地兼属人原则实施征税权。属人原则根据公民个人与国家的自然联结，居住国享有完全的、无限制的征税权，这意味着居住国政府可以基于其对公民个人提供的全球化的立体保护而对其全球范围内的所得征税；属地原则依据个人与国家的经济联结，所得来源地国政府对在其境内发生的经济行为所产生的所得享有征税权。各国依据国内法确立的征税权原则课税并无异议，然一旦企业为国际性的跨国关联企业，或纳税人在境外从事应税行为，产生应税收入时，问题将变得不那么简单，尤其是当转让定价介入后。"转让定价是国际税收体系的核心，因为该体系建立在区分居民和非居民的基础上。规避居民国税最简单的方法，就是将居民的所得转移给非居民。而要做到这一点，最便利的途径就是转让定价。"④

各国税收管辖权的差异⑤，可能使一项收入成为多个国家税法上的应税收入，从而多个国家对其征税。此时，法律上的双重征税产生。法律上的双重征税一般指两个或两个以上的国家对于同一纳税人就相同事项在同一时期内征税。它是两个或两个以上国家就同一纳税事项在同一时期对同一个纳税主体进行的平行征税（纳税主体的法律身份）。⑥ 法律上的双重征税不同于经济上的

---

① 参见苏建：《跨国公司转让定价反避税研究》，中国经济出版社 2013 年版，第 124 页。
② 单边预约定价安排只能为企业提供一国内关联交易定价原则和方法的确定性，而不能有效规避企业境外关联方被其所在国家的税务机关进行转让定价调查调整的风险，因此，单边预约定价安排无法避免国际重复征税。参见国家税务总局：《中国预约定价安排年度报告（2012）》，第 3 页。
③ 基于文章主旨和各种预约定价安排的不同功能与实现机制等特质，本书所指的预约定价安排均指双边或多边预约定价安排。
④ 参见〔美〕鲁文·S. 阿维—约纳：《国际法视角下的跨国征税——国际税收体系分析》，熊伟译，法律出版社 2008 年，第 97 页。
⑤ 当然，法律上双重征税的原因很复杂，税收管辖权的冲突并不只是唯一的原因，但却是最重要的一个原因。另外，不同国家对于纳税人和税法术语等的规定也可能产生相应的冲突，从而引发双重征税。如所得来源地之间的冲突、居民身份之间的冲突、居民身份与所得来源地之间的冲突、所的性质的冲突以及企业结构规定的冲突等等均可能产生法律上的双重征税。法律上的双重征税，简称双重征税，下文没有特别指明的，均指法律上的双重征税。
⑥ 参见〔美〕罗伊·罗哈吉：《国际税收基础》，林海宁、范文祥译，北京大学出版社 2006 年版，第 14 页。

双重征税①，其是不同税收制度冲突的产物。对于相互关联的经济所得，不同的国家同时基于国内税法的规定行使税收管辖权予以征税，最终必将产生双重征税或多重征税。反之，则可能产生双重免税，如两国或多国均不对纳税人的收入征税，这种情况较少发生，也不为国际税法所重点规制。由于多种缘由，双重征税不可避免。维持双重征税状态不变，于各国税务机关而言并无实质上的损失；但于纳税人而言，双重征税之下，税负无疑加重，直接的后果便是纳税人的投资主动性会大大削弱，尤其是跨国企业的投资活动注定会受影响。为此，必须改变双重征税的现实。

就世界范围内多数国家的一般规律而言，消除双重征税最初是通过相应的国内立法来解决的。双重征税出现后，许多国家优先在国内法中规定税收减免措施，如免税、税收抵免或者将外国已纳税额作为费用予以扣除等，通过这些税收减免措施，将双重征税的对纳税人影响控制在其可以接受的程度内，以便最大程度地消除双重征税的不利影响。通过单边的税收减免一定程度上降低了双重征税对纳税人带来的不利影响，但单边的税收减免多数时候建立在本国税收利益的损失基础之上，并不符合国家的税收政策要求。为此，在经过最初时期的寻求国内法的解决措施受挫后，多数国家最终走向通过双边，甚至多边协商的方式来解决双重征税，直接的产品便是税收协定的签订和付诸实施。

税收协定的类型很多，但最重要的也是最常见的是关于对所得避免双重征税和防止偷漏税的协定，中国政府签订的税收协定绝大部分属于此种类型②。税收协定之所以最终成为消除双重征税的实现方式，是乃其独特功能使然。其一，于纳税人而言，通过避免双重征税对跨国纳税人的经济权益进行保护，使其在跨境交易或投资中免遭不公正的税收歧视；其二，于缔约国而言，税收协定可以帮助缔约国征税机关之间进行信息和情报交换，以便共同打击国际逃、避税，减少不必要的税收损失，维护缔约国的税收主权和税收利益。相对于国内法上的单边税收减免而言，税收协定更具有灵活性，且更加透明，税收利益和税收风险均由缔约国共同承担，而不再建立在一国税收利益的减损之上。为此，多数国家纷纷缔结税收协定。

---

① 经济上的双重征税一般指同一笔收入在不同的纳税人手中被多次课税，例如合伙企业和合伙人的收入，公司与股东的收入以及母公司与子公司的收入等。经济上的双重征税认定的标准是纳税主体的经济身份，与法律上的双重征税之纳税主体的法律身份相区别。

② 自1983年9月6日《中华人民共和国政府和日本国政府关于对所得避免双重征税和防止偷漏税的协定》签订以来，截至2016年4月18日，我国已和香港、澳门特别行政区、台湾地区以及101个国家签订了类似的协定。

2. 税收协定与国内法

税收协定主要包含了为避免双重征税而设定的所得分类和税权分配规则，一国接受或放弃它们对各种来源地所得的征税权而从居住地国获得减轻法律上双重征税的承诺。这使得其与单一的国内法相比，具有显著的优势，也使得其成为双重征税消除最重要的实现方式。正因如此，在诸多国家，税收协定均置于国内法前置地位，优先于国内法适用。但正是这一实现方式，却又时常陷入"协定"而难以自拔，也成为税收协定的软肋。可谓成也协定，败也协定。税收协定内容基本围绕避免双重征税和防止逃、避税而展开。税收协定的订立和执行也不会根本上改变缔约国原有的法律体系，更不可能完全统一缔约国的税收管辖权，其只是对缔约国原有法律体系的一种协商，或者说是一种妥协，以便更灵活地处理因税收主权所生的双重征税等国际税法问题。

（1）条约优先是基本原则。税收协定在缔约国法律体系中的位置究竟几何？各国做法并不一致，大致有以下几种类型：并入、转化以及特别批准。**并入**指税收协定一经签订，便直接成为缔约国法律体系的组成部分，不必将其转化为国内法。实行此种类型的国家主要有荷兰、瑞士、比利时及中国等。**转化**指税收协定缔结后，缔约国必须发布一个特别的法令，将税收协定转化为国内法后并入缔约国的法律体系。实行此类型的国家主要有英国和丹麦等。比如在英国，税收协定即使签订了，仍须先获得议会承认，由议会通过一项与协定一致的法令后，该协定在英国方具有法律效力。**特别批准**指税收协定纳入到缔约国的法律体系中需要经过国家权威机构的特别批准。实行此类型的国家有德国和意大利等。依《维也纳条约法公约》第 26 条和第 27 条之规定，任何生效的条约都对缔约国各方产生约束力，而且必须得到善意的履行；任何缔约国不得援经国内法的条款作为自身不能履行条约的正当理由。由此可见，税收协定优先是基本原则。

（2）条约保留是例外原则。即使奉行税收协定优先，也不意味着税收协定任何时候都可以优于国内法适用，一国政府可以通过立法或司法等多种方式进行规避，尤以"条约保留"最为常见。在立法上，以日本为例，当税收协定与其国内税法相抵触时，税收协定应优先适用，但若国内税法的适用对纳税人更有利时，则可优先适用于国内税法。① 在司法上，美国法院在解释协定时会参考立法史料，如同它们在解释法律时一样。这可以说也与维也纳公约（或者国际惯例法）不符，因为有些文件是在协定签署之后、议会批准之前的一段时间产生的。

---

① 参见朱洪仁：《税收协定与国内税法执行中的背弃比较和探索》，载《税务研究》2005 年第 5 期。

协定的另一方并没有机会批准这些文件中的声明。① 与日本和美国不同的是，我国《企业所得税法》和《税收征收管理法》旗帜鲜明地确立了税收协定优先适用原则。② 确立协定优先原则固然可以迎合国际舆论，短期内有助于与国际接轨，但也必须看到税收协定的独特性和国家税收的主权性。在处理税收协定与国内税法的关系时，应在努力使税收协定与国内税法保持一致的基础上，做到既要善意的遵守协定，又要切实保障国内税法的主权性质。要站在维护国家税收利益的高度去处理税收协定与国内税法的关系。③ 而非一味地迁就税收协定，受制于国际舆论。为此，未来国内法调整时可借鉴日美做法，确立纳税人有利原则。④

3. 税收协定在双重征税和反避税领域中的"失灵"

消除双重征税条款是税收协定的最重要的条款，也是税收协定产生的最初动机。产生双重征税较多的是属人征税原则和属地征税原则之冲突。国际通行的做法是，除非同意放弃或者限制本国根据税收协定享有的权利，来源地国对产生于本国境内的应税所得有权征税。纳税人居住地国则负有对纳税人向来源地国政府已经缴纳的税款予以减免的义务。各国税收协定规定的减免方法主要有免税法和抵免法两种。免税法，即居住国对所得进行免税，由来源地国独占征税权。免税法彻底消除了双重征税。由于免税法天然的劣势，世界上直接采用完全免税法的国家并不多见。抵免法，即居住国政府准予纳税人在来源地国已纳税款进行抵免。抵免法较免税法复杂很多，主要包括直接抵免法、间接抵免法和税收饶让抵免法。抵免法实现了在母国的税收中性原则。至于具体到一个国家，选择免税法还是抵免法关键要看该国的政策是鼓励资本输出中性，还是鼓励资本输入中性。一般发达国家较多地鼓励资本输出中性，因而采用抵免法，对本国公民不论是国内居民，还是在外投资者一律采用相同的税基，课以相同的税负。"一般而言，大陆法系国家倾向于采用免税法，而英美法

---

① 参见〔美〕维克多·瑟仁伊：《比较税法》，丁一译，北京大学出版社2006年版，第118页。
② 我国《企业所得税法》第58条规定："中华人民共和国政府同外国政府订立的有关税收的协定与本法有不同规定的，依照协定的规定办理。"我国《税收征收管理法》第91条规定："中华人民共和国同外国缔结的有关税收的条约、协定同本法有不同规定的，依照条约、协定的规定办理。"
③ 参见刘永伟：《中外税收协定与国内税法的关系——关于我国有关税法条款的检讨》，载《法学评论》2006年第6期。
④ 其实，很多税收协定已经蕴含了此种理念，完全可供国内法参考。比如，中日《关于对所得避免双重征税和防止偷漏税的协定》第27条规定："本协定不应解释为以任何方式限制缔约国一方根据该缔约国法律或缔约国双方政府间的协定，已经给予或今后可能给予缔约国另一方国民或居民的免税、减税或其他扣除。"该条对减税、免税和其他扣除的说明，实际上体现了对纳税人有利的原则。

第七章 企业自治与税法度衡

系国家则更倾向于抵免法。许多国家采取部分或选择性免税法（比如，澳大利亚、加拿大和德国）。有些国家认为部分免税法根据其利益并不能获得合理化的基础，他们只对外国来源所得给予抵免优惠（比如，日本、英国和美国）。"[1]方法选择的差异，甚至冲突使得税收协定消除双重征税的功效大为降低。一旦争议发生，求助相互协商和情报交换程序不可避免，两者构成税收协定的重要组成部分。

各国税务机关利用相互协商程序进行磋商，一定程度上可以解决争议，避免双重征税。但也必须正视，相互协商程序不强迫主管当局达成一致并彻底消除双重征税问题，主管当局只是有责任努力达成一致。为了保持本国的税收主权，只有当认为调整从原则到金额都是合理的才会进行相应调整。由于各国国内法的差异，以及对税务机关妥协权力的限制，相互协商程序并不能保证完全消除双重征税。[2] 与此关联，情报交换在争议解决中也具有不可估量的重要价值，情报交换主要规制三方面：情报的范围，交换方式和使用。原则上协定并不限定情报交换的范围，依协定的精神，缔约国间可以最大限度地进行情报交换。但是根据协定的规定，在符合拒绝提供税收情报条件的情况下，如果被请求方决定不提供税收情报，仍然是符合协定的。对税收情报交换的限制解除了缔约国实施税收情报交换的强制性义务，也就是说在这种情况下，是否满足对方的税收情报请求，由缔约国自由裁量，可以拒绝，也可以接受，完全听凭缔约国的选择。[3] 可以看出，不管是相互协商，还是情报交换，作为税收协定中的争议解决条款，均有赖于对方的自由意愿，这意味着，当各方对双重征税发生歧义时，税收协定并不总能实现双重征税之消除的原初目的，仍有陷于"失灵"之困局。

致使税收协定身陷囹圄的还有日益激进的税收筹划实践。近年来，许多国家为了吸引外资，经常自愿成为"避税天堂"。2012年，谷歌、脸书、亚马逊和星巴克等大型跨国公司被曝在英国获得大笔收入，却未能支付应缴税费，引发了国际社会的强烈质疑。[4] 在此背景下，2013年2月OECD发布了《解决税基侵蚀和利润移转》报告，7月又发布了《解决税基侵蚀和利润移转行动计划》，引起了国际社会的高度关注，深度体现了国家间税务合作、协调应对跨国公司避税的强烈共识和需求。为应对日益严峻的避税实践，未来数年，国际社会将加强

---

[1] 〔美〕罗伊·罗哈吉：《国际税收基础》，林海宁、范文祥译，北京大学出版社2006年版，第225页。
[2] 参见范坚等：《国际反避税实务指引》，江苏人民出版社2012年版，第151页。
[3] 参见付慧姝：《税收情报交换制度法律问题研究》，群众出版社2011年版，第124页。
[4] 参见周萍、吴惠君：《"解决税基侵蚀和利润移转的行动计划"评述及我国的应对》，载《国际税收》2013年第4期。

反避税的国际合作,既有的国际税务规则都面临被革新的风险。为应对这一局面,肇因于双重征税之消除的税收协定也必须作出相应调整,顺时而变。的确,双重征税与双重避税在一念之间,立足于消除双重避税的税收协定如何应对不曾面临的双重避税值得深究,这也许会给税收协定带来新生,增添税收协定大家庭的新成员。

4. 预约定价安排:税收协定在国内法上的创新性应用

如上所述的原因,税收协定并未根本上解决关联企业可能而致的税务争议。不得不承认,通过传统的税务审计和税务检查解决关联企业间的转让定价争议被证明不再流行,其经济和时间等成本异常昂贵,纳税人和税务机关均无力或不再愿意承担。在关联企业税务争议层出不穷的现代社会,旧的解决方式的摒弃,必须有新的制度取而代之,为此,世界诸国纷纷选择的是税收协定。然税收协定并没有想象中的那么美好,也不完全能够解决关联企业间的转让定价争议。况且,国际联合反避税趋势加剧了税收协定的"厄运",这些都敦促税收协定作出回应。为此,历史像当初选择税收协定一样,又一次将预约定价安排带进了税法。而且,"随着经济全球化和跨国企业的发展,双边及多边预约定价安排作为解决跨国公司转让定价问题的一种手段,日益受到各国税务机关和跨国企业的关注并加以运用。"①随之而来的问题是:预约定价安排之于税收协定意味着什么?一次重复的制度选择,还是一次完全迥异的制度变更,抑或是其他毫不相关的制度新生?等等。此等问题,值得深究。作为起因于关联企业转让定价争议和双重征税的税收协定与预约定价安排,两者不仅在时间上先后承袭,在实体制度和价值追求上亦有诸多共通之处,尤其在最为核心的价值功能和制度构建方面。

其一,双重征税消除和反避税的价值追求。于纳税人而言,税收协定以消除或避免双重征税为己任,其具体制度、条款的设计亦紧紧围绕该中心目标而展开。虽双重征税之避免不为预约定价安排的根本目的,但不可否认的是,双多边预约定价安排的一个重要目标在于消除潜在的双重征税。于税务机关而言,逃、避税的避免始终是重要目标,在寻求纳税人权利得以尊重和保护的情况下,税务机关的税收利益也为各国税务机关所关注。为此,税收协定在对避免双重征税的同时,也通过情报交换等制度在世界范围内共同构建国际反逃税和反避税的网络,使纳税人在免收双重征税之时,而不至于成为逃税或避税的真凶。如果说反避税和反逃税对于税收协定只是一个价值目标时,则之于预约定

---

① 周自吉:《转让定价基础理论与实务操作》,中国财政经济出版社2011年版,第168页。

价安排便具有核心意义。预约定价安排的一个重要的制度根源在于关联企业间的逃、避税,正是为解决这一税务争议,预约定价安排才横空出世。由此观之,从消除双重征税和反逃税和反避税的角度分析,预约定价安排与税收协定无疑有着惊人的"巧合"。双重征税之消除和逃、避税之打击均为共同的价值选择,区分在于制度的起因和价值目标的侧重点有所区分。

其二,相互协商制度。相互协商之于税收协定,不仅意味着一种具体制度的确立,更是一种理念的诞生与实施,一种精神的实践。作为税收协定的重要制度,相互协商对于双重征税之避免提供制度保障,为争议的解决提供一种行之有效的救济方式;作为一种理念,相互协商奠定了税收协定之缔约国的"交往方式和思考方式",凡与协定目标相关的制度与争议解决必须相互协商以求解决。作为一种精神,协商于预约定价安排的意义和分量更为突出。预约定价安排中的协商更多的是以一种精神和原则出现,转让定价方法的选择,关键性假设的选定以及其他核心要件的确定离不开当事人之间的相互协商。可以说,相互协商作为一种精神和原则在税收协定和预约定价安排中生根发芽,任何一个实体内容的选择均离不开双方之间的协商合意,从这个意义上说,两者具备共同的精神家园。

其三,情报交换中的互动。依税收协定之具体规定,缔约国间可以而且应当最大程度地、最大诚意进行税收情报交换。既是协定目标的必然要求,也是协商的必然结果。常态下,缔约国可以基于一国的情报交换请求而交换,也可以自动进行情报交换,甚至缔约国认为某些税收情报对对方有利亦可以主动交换。在预约定价中,纳税人相关税务信息的变动,纳税人应及时通知主管机关,主管机关应尽最大义务函告对方主管机关。反之,亦然。由此,也可以看出,在税收情报问题上,税收协定与预约定价安排也选择了共同的交换制度,采取相互合作的态度。因为这不仅有利于双方掌握纳税人的动态,更有利于双方掌握彼此的动态,不至于在无知之幕状态下被动等待对方信息的传递,事实证明也是有效的制度选择。

虽然税收协定与预约定价安排有着"藕断丝连"的承袭关系,但并不意味着两者不能相区分。正是与税收协定的不同,使其不再仅仅依附于税收协定,而成为一种独立的制度。具体来说,区别有二:其一,适用对象:普适与个体。税收协定适用于缔约国间的所有居民,协定一经达成,缔约国间的居民之税收行为均受该协定的调整,可利用协定主张自己的权利和义务。而预约定价安排截然不同,没有普适性的预约定价安排,当事人之间的预约定价安排对于局外的第三方并不具有实质上的税法意义,税法效力仅发生在缔结预约定价安排的当事人之间。换言之,税收协定的适用的是带有普适性的居民群体,而预约定价安排适用于具体的个体间,两者间并不具有必然的张力。其二,内容上:抽象与具体。与适用对象相关联的是,税收协定的内容往往是抽象的,如对消除双重征税的条款规定等。预约定价安排的内容则是具体的,具体到每一个转让定价方法的选定,关键性假设的认定等。从根本上而言,在于面对的适用群体不同。具备普适性,则不可能具体化,反之,则必须具体化。由此可见,预约定价安排不仅秉持了双重征税消除和反避税的价值追求,而且创新地拓展了相互协商的空间,改变了税收协定在情报交换中的被动地位,也昭示着预约定价安排的光明前景。与此同时,也必须看到,预约定价安排的制度性创新恰恰肇因于税收协定的"失灵",绝非一味否认税收协定。在一定程度上说,预约定价安排是税收协定在国内法上的创新性应用,是对税收协定的扬弃和发展。

四、税法介入后的合伙企业与公司

世界上多数国家税法均赋予合伙企业与公司不同的税法地位。合伙企业不被作为公司看待,营业利润不交企业所得税,只课征各个合伙人分得个人收益的个人所得税。即,合伙企业不属于纳税人,其纳税人为合伙企业的投资者,且仅在投资者的水平上赋税,只需承担个人所得税之税负。公司的营业利润在公司环节课征企业所得税,成为企业所得税的纳税人。公司的税后利润作为股息或红利等分配给投资者、股东,其还要在个人所得水平上缴纳个人所得税。当然,仅组织形态课征的税种难以衡量出税负之轻重。

(一) 单一税种的比较:所得税内部

依据我国《企业所得税法》及《企业所得税法实施条例》之相关规定,企业所得税税率可以界分为:一般情况下,企业所得税税率为25%[①];符合条件的小型微利企业[②],减按20%的税率征收企业所得税;国家需要重点扶持的高新

[①] 非居民企业在中国境内未设立机构、场所的,或者虽设立机构、场所但取得的所得与其所设机构、场所没有实际联系的,其来源于中国境内的所得适用20%的税率。从税率层面而言,此种情况可以视为一般企业的特殊规定,不再做专题研究,但可以参照小型微利企业的研究结论。

[②] 我国《企业所得税法实施条例》第92条规定:"企业所得税法第二十八条第一款所称符合条件的小型微利企业,是指从事国家非限制和禁止行业,并符合下列条件的企业:(一)工业企业,年度应纳税所得额不超过30万元,从业人数不超过100人,资产总额不超过3000万元;(二)其他企业,年度应纳税所得额不超过30万元,从业人数不超过80人,资产总额不超过1000万元。"

技术企业[①]，减按15%的税率征收企业所得税。

问题：公司制企业与合伙制企业税负究竟如何？[②] 一如前文所言，公司制企业将公司界定为应税实体，而合伙制企业不具备应税实体资格。这意味着公司制企业缴纳企业所得税，而合伙制企业缴纳个人所得税。公司制企业之公司所得税与合伙制企业之个人所得税孰轻孰重？结合我国《个人所得法》及其《实施细则》与《企业所得税法》及其《实施细则》，分析如下：

表7.6 公司制企业与合伙企业税负率

年应纳税所得额	企业组织形态	税率	速算扣除数	临界点税负率
(0,15000]	公司制企业	20%		20%
	合伙制企业	5%	0	5%
(15000,30000]	公司制企业	20%		20%
	合伙制企业	10%	750	7.5%
(30000,60000]	公司制企业	20%		20%
	合伙制企业	20%	3750	13.75%
(60000,100000]	公司制企业	20%		20%
	合伙制企业	30%	9750	20.25%
(100000,300000]	公司制企业	20%		20%
	合伙制企业	35%	14750	30.08%
(300000,∞)	公司制企业	25%		25%
	合伙制企业	35%	14750	35%

---

① 我国《企业所得税法实施条例》第93条规定："企业所得税法第二十八条第二款所称国家需要重点扶持的高新技术企业，是指拥有核心自主知识产权，并同时符合下列条件的企业：（一）产品（服务）属于《国家重点支持的高新技术领域》规定的范围；（二）研究开发费用占销售收入的比例不低于规定比例；（三）高新技术产品（服务）收入占企业总收入的比例不低于规定比例；（四）科技人员占企业职工总数的比例不低于规定比例；（五）高新技术企业认定管理办法规定的其他条件。《国家重点支持的高新技术领域》和高新技术企业认定管理办法由国务院科技、财政、税务主管部门商国务院有关部门制订，报国务院批准后公布施行。"

② 根据我国《企业所得税法实施条例》第76条之规定，应纳税额＝应纳税所得额×适用税率－减免税额－抵免税额。这意味着对公司制企业与合伙制企业的税负比较不仅取决于税率，还取决于应纳税所得额，减免税额与抵免税额之税收优惠的幅度。只有将这几个变数一起考虑，才可得出真实的税负。但税收优惠存在着变动性大，差异大等特质，难以全面观测。为此，本书对企业税负之比较研究均不考虑税收优惠等问题，仅在常态下进行研究。下文类似之研究，不再做注释说明。

由上表可以看出,相同的应纳税所得额,公司制企业与合伙制企业的税负并不一致,仅当应纳税所得额大于60000元,小于或等于100000元时,公司制企业和合伙制企业的临界点税负率近乎一致。换言之,当应纳税所得额大于60000元,小于或等于100000元时,两种企业组织形式的临界点税负率大致相当。可以通过下列公式反映出来。(应纳税所得额×30%-9750)÷应纳税所得额=20%,则应纳税所得额=97500元。

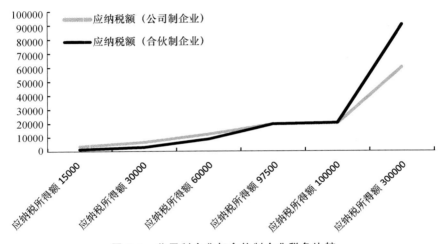

图7.4 公司制企业与合伙制企业税负比较

若不考虑其他税负问题,仅考虑公司制企业之企业所得税与合伙制企业之个人所得税,上图已揭示:当企业应纳税所得额为97500元时,公司制企业之企业所得税应纳税额与合伙制企业之个人所得税纳税额相同。企业应纳税所得额小于97500元时,选择公司制企业的企业所得税负为重,企业应纳税所得额大于97500元时,选择合伙制企业的税负为重。真实的税负如此吗?

(二) 税收的累积负担:以所得税为限

将公司制企业放置企业所得税范畴,合伙制企业放置个人所得税范畴,结论是以应纳税所得额97500元为界点,两种企业形态自不同的区间均有各自的税收优势。问题是,公司所得的利润要交企业所得税不假,当公司的股东在获取投资收益(股息或红利)时还要缴纳个人所得税,如不将此种税负考虑进去,结论显然荒谬。将公司制企业的投资者之个人所得税考虑以后,公司制企业与合伙制企业的税负显然不再同上图所示。

【案例】 投资者甲与乙欲开家企业从事经营行为,预计当年可实现营业收入300万,预计各项成本费用合计为60万,另需雇佣工人20人,工资支出预计为50万。现分析甲、乙选择合伙企业和公司的税负比较(不考虑其他税费;另在选择公司形态时,不考虑任何税收优惠等例外情况,且拟定公司税后利润全部作为股息、红利分配给投资者)。

【分析】假定甲、乙选择合伙企业作为其企业形态从事经营行为,则其仅需缴纳个人所得税,总的应纳税所得额为190万(300−60−50),总的应纳个人所得税为65.025万(190×35%−1.475),合伙企业税后总收益为124.975万(190−65.025)。假定甲乙选择公司作为其企业形态从事经营行为,则不仅须缴纳企业所得税,还须缴纳个人所得税。应纳企业所得税为47.5万(190×25%),应纳个人所得税为28.5万[(190−47.5)×20%]。公司税后总收益为114万(190−47.5−28.5)。

合伙企业的所得税处理（个人所得税）		公司的所得税处理(企业所得税＋个人所得税)	
个人所得税		企业所得税	个人所得税
应纳税所得额	190万	应纳税所得额 190万	142.5万
应纳税额	65.025万	应纳税额 47.5万	28.5万
税后利润	124.975万	税后利润 142.5万	114万
税后总收益	124.975万	税后总收益 114万	

如上表所示,在任何经营条件不变的情况下,投资者选择合伙企业与公司作为企业形态具有不同的税法待遇。与公司相比,选择合伙企业经营,少负担10.975万元所得税,则税后总收益可增加10.975万元。相对于公司制企业而言,合伙企业具有所得课税整体税负低之特质,皆因合伙企业不征收企业所得税,只征收个人所得税,避免了经济上的双重征税。这是合伙企业的最大优势之一,也是合伙企业经久不衰的魅力之所在。在市场经济发达国家合伙制与公司制之间的不同税收安排,向来被看成是两类不同企业组织形态的重大区别,并作为当事人选择企业形态首先要考虑的依据之一。

且与西方国家的所得税制相比,中国的企业所得税制和个人所得税制是单独立法的,对个人独资企业和合伙企业征税比照个体工商户的征税执行,造成对这两类企业征税与其他企业组织形式在收入的确认、税前扣除的标准、应纳税所得额的计算等很多方面都不一样,导致各类企业税负不公平。在国外,譬如美国,对各种企业组织形式和个人的所得税收入确认、税前扣除和应纳税所得额计算都是联邦所得税法中统一规定的,标准完全一样,税额的计算较为科学。中国现行企业组织形式的所得税制,使个人独资企业、合伙制企业①之于公司制企业的税负优势明显。

(三) 公司的非税优势:与其他组织形式比较

公司虽远不如合伙企业具有税收优势,但众多的投资者仍倾向于选择公司制企业,因为公司制企业具有其他组织形式无可比拟的非税优势,这一定程度上弥补了公司制企业的税收劣势。当投资者选择或者转换企业组织形式时,税收成本和非税成本可定会同时关注。公司的非税优势使公司的税收劣势得以缓解,甚至有时候根本上得以扭转。一如学者所言:公司及合伙企业形式中,普通税率和股东税率的横向不同为税收套利提供了机会。在没有冲突和约束的情况下,如果说一些投资者对采取何种组织形式生产无差异的话,那么另一些适用不同税率的投资者将更偏好以一种组织形式投资而不愿转为另一种组织形式,并且不惜举借债务为此投资筹集资金。如果合伙企业形式比公司形式节税,并且两种组织形式进行相似的投资,则某些综合因素,如市场冲突、税收条款约束和公司经营的税前利润等对阻碍套利行为至关重要。②

1. 制度优势

合伙制企业不像公司制企业那样建立起完善的以产权清晰、权责明确、政企分开、管理科学为条件的新型企业制度,不具备完备的企业法人制度、企业自负盈亏制度、出资者有限责任制度、科学的领导体制与组织管理制度。合伙制企业很大程度上依赖于合伙企业投资者之间的信任机制,彼此的信赖是合伙企

---

① 在我国税法层次上,无论是《企业所得税法》还是《个人所得税法》都没有相应的规定,个人独资企业与合伙企业适用的规定便是"财税[2000]91号"。即自2000年1月1日起,对个人独资企业和合伙企业停止征收企业所得税,其投资者的生产经营所得,比照个体工商户的生产、经营所得征收个人所得税。常态下,个人独资企业和合伙企业之税负整体较低于公司制企业,主要源于个人独资企业和合伙企业成功避免了经济性双重征税。独资企业与合伙企业虽然实行同样的单一所得税制,但由于独资企业为单一的实体,所有的费用均由投资者个人承担,其在费用扣除上也仅能扣除一次。合伙企业的费用可以由合伙人按协议分摊或平均分担,其还可以多次进行费用扣除。直接的效果便是,独资企业之税负重于合伙企业,合伙企业之合伙人越多,独资企业之税负愈重。从而,在独资企业和合伙企业之单一所得税制内部,出现不同的税负效应。从税负公平角度出发,我们以为对合伙企业和个人独资企业费用扣除标准一样,同样的企业规模、经营收益及成本费用情况下,合伙企业与个人独资企业无论是企业整体的税负还是对于每个投资人的税负来说,都应该大致相当。为此,合伙企业之税负在税法上可以考虑采取"先税后分"办法。好处在于:维持单一所得税制的内部协调、一致,充分发挥个人所得税调节分配之功能。凸现税收兼顾公平和效率之基本价值理念。为独资企业和合伙企业之竞争营造一个公平、公正的环境,保证独资企业的健康发展。毕竟独资企业的绝对数量之庞大和分布行业之广泛合伙企业均无可比拟。

② 参见〔美〕迈伦·斯科尔斯等:《税收与企业战略:筹划方法》(第2版),张雁翎主译,中国财政经济出版社2004年版,第72—73页。

业有序运转的重要保障。而这并不总能奏效。当合伙人之间的信赖机制受阻时,合伙企业有效的法律、法规难以应付形式各异的合伙企业,因为合伙企业以合伙协议为中心,而合伙协议为典型企业自由之产物。况且合伙企业形态下,不同情况下不确定的财产权,缺少普遍适用的有限责任都增加合伙企业的经营成本。

公司制企业不同于合伙制企业,公司制企业建立完善的企业法人制度,以有限责任制度为保证,以产权清晰、权责明确、政企分开、管理科学为条件。形成完善的企业法人制度、企业自负盈亏制度、出资者有限责任制度、科学的领导体制与组织管理制度。此种制度优于合伙制企业等组织形态之处在于:(1)企业资产具有明确的实物边界和价值边界,具有确定的投资者行使所有者职能,切实承担起相应的出资者责任;(2)按照《公司法》及其相关法律、法规之规定,形成由股东代表大会、董事会、监事会和高级经理人员组成的相互依赖又相互制衡的公司治理结构,并有效运转;(3)企业以生产经营为主要职能,有明确的盈利目标,各级管理人员和一般职工按经营业绩和劳动贡献获取收益,住房分配、养老、医疗及其他福利事业由市场、社会或政府机构承担,充分调动了企业不同阶层员工的主动性和创造性;(4)企业具有合理的组织结构,在生产、供销、财务、研究开发、质量控制、劳动人事等方面形成了行之有效的企业内部管理制度和机制;(5)企业有着刚性的预算约束和合理的财务结构,可以通过收购、兼并、联合等方式谋求企业的扩展,经营不善难以为继时,可通过破产、被兼并等方式寻求资产和其他生产要素的再配置。

2. 资本市场准入

企业进入资本市场时,合伙制企业和公司制企业所遭受的待遇迥异。公司在资本市场行更容易获取权益资本,投资者更愿意选择公司作为其理想的投资实体。合伙企业的制度劣势及更多的"人治因素"让更多的投资者并不愿意将资金投放其中,以承担风险更高的投资活动。金融机构对合伙制企业和公司制企业的贷款姿态便是例证。公司制企业更容易通过金融机构举借债务,而合伙制企业则相对困难。另外,企业发展到今天,投资者的投资意识非同以往,投资者更加重视在流动市场上取得和出售其资产的权利。换言之,投资渠道日渐丰富、投资日益活跃的今天,投资者更加要求灵活地投资方式,随时能够买卖其资产是每个投资者的最低要求。公司制企业满足了投资者的此种投资偏好,而合伙制企业显然缺乏此种投资应对措施。

3. 企业治理

公司制企业中,公司形成由股东代表大会、董事会、监事会和高级经理人员组成的相互依赖又相互制衡的公司治理结构。公司相对容易控制管理者的管理活动,不至于将公司管理权完全放置于管理者,以避免管理者滥用职权,将公司损失之风险降至最低。而在合伙制企业中,虽然也建立起一整套的合伙事务执行制度,但单纯的合伙人的监督制度及提出异议等制度显然与公司的治理结构难匹比。况且,一旦合伙事务执行人失责时,合伙企业的损失很难通过合伙企业治理结构进行复原。盖而言之,公司相对于合伙企业形式的非税优势包括承担有限责任、较为完善的公司法规、更为有效的控制权市场、更高要求的资本市场准入和公司所有权转换的易行性,后者更加强了投资者的流动性。①

(四) 税法价值与民商法价值的冲突

如不考虑企业的其他战略管理问题,面对公司制企业税负重于合伙制企业的情况,纳税人可以作出不组织公司制企业,而创办合伙制企业的决策。当然,以什么样的形式组建企业,并不只考虑税收问题。因为合伙制企业与公司制企业各有其制度优势。一般来说,选择公司制企业可以承担有限责任,有利于公司的扩张、管理,但要承担双重税负;选择合伙制企业具有纳税上的好处,但多数时候需要承担无限责任。尽管有限合伙企业一定程度上缓和了合伙人的无限责任压力,但并没有根本上改变所有合伙人的无限责任负担。有限合伙企业中的普通合伙人仍对合伙企业债务承担无限责任。

合伙制企业在享受所得税法赋予个人独资企业和合伙制企业的单一个人所得税之税收优待时,无法充分行使民商法赋予企业的有限责任待遇;公司制企业在分享民商法授予的有限责任时,又陷于企业所得税和个人所得税之双重课税的困境。窥其背后,有乃民商法价值与税法价值之冲突也。广言之,可否认定为,不同法域对企业组织形态的共同治理,达致维护不同企业组织形态的健康发展之目的。虽说公司制企业不如合伙制企业具有税法优势,但也不意味着公司制企业在税法上就远没有合伙制企业优待。税法也必须在不同的企业组织形态之间寻求一种平衡,将所有的制度调节付诸于民商法并不能最大限度地保证企业形态的税制安全。为此,在企业组织形态的所得税制上,公司所得的利润要缴纳企业所得税,公司的股东获取股息或红利时课征个人所得税,也就意味着对公司分配给股东的那部分利润存在着重复征税之现象。而合伙制企业只对投资者的经营所得征收个人所得税,不存在重复征税之现象。此种大税制方针不可轻易变更,这也为世界诸多国家税制所验证。为平衡公司制企业

---

① 参见〔美〕迈伦・斯科尔斯等:《税收与企业战略:筹划方法》(第 2 版),张雁翎主译,中国财政经济出版社 2004 年版,第 73 页。

的税法落差,缓解双重征税对公司制企业带来的税制不公。所得税制可考虑作出如下矫正:

其一,公司制企业,以企业的应纳税所得额为计税依据,出现亏损时可以在以后年度内进行亏损弥补。① 而合伙制企业,虽然也以企业的生产经营所得为计税依据,但由于合伙制企业不具有应税实体地位,合伙企业之纳税人为各投资者,投资者按照合伙协议约定的比例确定各自的经营所得,尔后进行个人所得税的缴纳,合伙制企业的年度亏损不能像公司制企业那样在其余盈利年度内亏损弥补。

其二,公司制企业所得的税后利润只有在作为股息或红利分配给股东时,才需要股东缴纳个人所得税。其他场合并不当然课征个人所得税。而合伙制企业之投资者缴纳个人所得税时,要以合伙企业全部经营额为计税依据,既包括合伙企业分配给投资者的经营所得,也包括合伙企业留存的收益。

从根本上而言,从税负上考虑,合伙企业无疑具有巨大的优势。但公司制企业又具有合伙企业所不具备的非税优势,此种优势有时候可以弥补税负之不足,甚至忽略税负对企业的影响。在合伙制企业与公司制企业之间选择时,确实需要经过一般比较、分析方可作出利于企业之决策。一般而言,企业规模不是很大,对经营管理要求不是很高的企业,可以考虑选择合伙制企业。若企业规模较大,经营管理要求甚严时,此时最好选择公司制企业,否则会阻碍企业的发展与壮大。

---

① 我国《企业所得税法》第18条规定:"企业纳税年度发生的亏损,准予向以后年度结转,用以后年度的所得弥补,但结转年限最长不得超过五年。"

第八章　税法如何面对婚姻家庭

——以婚姻家庭的税法保障为依归

2011年,最高人民法院《关于适用〈中华人民共和国婚姻法〉若干问题的解释(三)》的出台,旋即引发了夫妻间"房产加名"热潮,围绕"婚房归属"的争论持续走高。紧随其后,南京等地出台的"房产加名税"政策更是推波助澜,引起社会各界的广泛质疑。直至财政部、国家税务总局出台新规,明确"婚姻关系存续期间,房屋、土地权属原归夫妻一方所有,变更为夫妻双方共有的,免征契税"①,才基本平息了关于"房产加名税"的各种争论。然而,时隔两年五个月后的2013年12月31日,财政部、国家税务总局再发新规,将夫妻之间的房屋、土地权属"加名""减名""换名"或变更共有份额的,均纳入契税免税范畴。② 看似"尘埃落定"的纷争,因财政部、国家税务总局的新规,理应重回舆论焦点,但舆论却出乎意料的静默,社会各界极少有质疑、反对之声。③ 个中缘由,恐怕还在于绝大多数人是新规的现实或潜在受益者。虽无争论,但冷静之余,更应多角度思考其背后的法理。值得警惕的是,在转型期的中国,社会政策赋予了婚姻家庭重要的社会保护责任,但对婚姻家庭的支持却非常有限,婚姻家庭在整个社会政策领域中甚至是一个很少被提及的概念,对婚姻家庭的研究也存在缺位。④ 其实,自"房产加名税"报道以来,社会各界人士纷纷登台,将争论引入更为深入的对婚姻家庭税法⑤本源性问题的反思。争论所展示的核心问题是税法如何面对婚姻家庭。该问题的解决,绝非"房产加名税"所能解答,需要在更广泛的空间内

---

① 参见《关于房屋土地权属由夫妻一方所有变更为夫妻双方共有契税政策的通知》(财税[2011]82号,全文废止)。
② 参见《关于夫妻之间房屋土地权属变更有关契税政策的通知》(财税[2014]4号)。
③ 当然也有极少数学者对新规持质疑态度,主要表现为:担忧免税新政会否带来离婚热;新政会不会方便官员将贪污所得转移,而达到"洗白"赃款的目的等。详细论述参见赵鹏、孙春祥:《财税[2014]4号可能引发的几个担忧》,载 http://www.shui5.cn/article/f3/68962.html,2016年3月5日访问。
④ 参见彭希哲、胡湛:《公共政策视角下的中国人口老龄化》,载《中国社会科学》2011年第3期。
⑤ 婚姻家庭税法并不是一个严格的学术和立法概念,基于行文便捷和法际整合考虑,本书所称的"婚姻家庭税法"主要泛指与婚姻家庭财产直接相关的税法规定。

第八章　税法如何面对婚姻家庭

寻得答案。尤其是在世界性的"把家庭找回来"①的大背景下,而一向崇尚"家和万事兴"的古老中国,却正遭遇婚姻动荡的冲击②,如何保卫婚姻家庭,"如何在个人、家庭、国家之间保持恰当的平衡,使得三者彼此既能相对独立,又具有坚韧的黏合度?"③需要各学科的协力研究。为此,本章试图从税法整体化的角度澄清以下难题:第一,如何看待税法与婚姻家庭的关系;第二,关联部门税法对婚姻家庭的保障效果作何评估;第三,基于保障婚姻家庭的立场,未来税法怎样改进,使其对婚姻家庭"有所为""有所不为"。此类问题的解答有利于形成社会共识,关乎婚姻家庭关系的稳定、保障和发展④,更关系未来婚姻家庭税法的勾勒。

一、税法与婚姻家庭的交错与互动

"所有的私法,要做的事情,有两个目标:(1)财产关系;(2)家庭关系。"⑤由此可见,"婚姻家庭作为一种制度"⑥,天然便具有财产属性。虽不能将婚姻家庭与财产直接画上等号,但也不可否认婚姻家庭蕴含的财产因素。财产使得婚姻家庭与作为典型"公共财产法"⑦和"分配法"⑧的财税法水乳交融。长久以来,我国财税法的财政职能和调节职能严重失衡,"财政职能是税收在立法时确立的一个长期职能,税收调节职能只是财政职能的一个次要部分"⑨成为财税法很长一段时间的立法理念,至今仍未见变革的端倪。照此理念,婚姻家庭财产一

---

① 参见刘骥:《阶级分化与代际分裂:欧洲福利国家养老金政治的比较分析》,北京大学出版社2008年版,第4—14页。
② 全国民政事业统计数据显示,2011年一季度,我国共有46.5万对夫妻办理了离婚登记,较去年同期增长17.1%,平均每天有5000多个家庭解体。中国离婚率已连续7年递增。更详细的论述参见李晓宏:《面对离婚冲击波》,载《人民日报》2011年6月2日第017版。
③ 文化纵横编辑:《封面选题:保卫家庭》,载《文化纵横》2011年第1期。
④ 参见李洪祥、王春莹:《婚姻法律存在的问题及对策研究——以亲属法体系的完善为视角》,载《当代法学》2012年第2期。
⑤ Cfr. Bernardo Windscheid, Diritto delle pandette (Vol. I), trad. it. di Carlo Fadda e Paolo Emilio Bensa, UTET, Torino, 1925, p. 41,转引自徐国栋:《再论人身关系——兼评民法典总则编条文建议稿第3条》,载《中国法学》2002年第4期。
⑥ 王锴:《婚姻、家庭的宪法保障——以我国宪法第49条为中心》,载《法学评论》2013年第2期。
⑦ 刘剑文:《财税法治的破局与立势——一种以关系平衡为核心的治国之路》,载《清华法学》2013年第5期。
⑧ 张守文:《分配结构的财税法调整》,载《中国法学》2011年第5期。
⑨ 储敏伟主持:《关于"经济发展方式转变进程中的财税政策"的探讨(笔谈)》,载《上海金融学院学报》2010年第3期。

有风吹草动，税法自会如影相随。与此同时，也必须看到另一种趋势。"今日之税法，其为政府聚集财力的原始功能逐渐暗淡，公共政策目标追求的附带功能却日益强化。"①"把婚姻家庭找回来"作为重要的政策目标追求，税法断不可任意而为。当税法评价进入婚姻家庭领域，应该更加谨慎和慎重，对婚姻家庭应该保有足够的警惕。

（一）税法介入婚姻家庭

"在近代民法中，财产的归属与流转关系是民法规范的主要对象。近代民法以财产权利为中心，主要体现为对外在财富的支配。"②演进至现代，"财产权从单纯保障私人自由任意地使用和支配财产，转而开始承担社会利益再分配的功能。"③与其暗合的是，"法律对婚姻家庭关系的调整已不再十分注重身份，而是注重身份中具有独立人格本位的人的权利和利益。所以传统的亲属身份法内容不断减少，亲属财产法则详呈于法条之中。"④最高人民法院《关于适用〈中华人民共和国婚姻法〉若干问题的解释（三）》更是吹响了"中国家庭资本化的号角"，把 2001 年修订的《婚姻法》进一步引入了家庭房产领域⑤，加剧了作为家庭内核的婚姻"从身份到契约⑥"的转变。受此影响，婚姻家庭的财产关系发生了根本性变化。不仅财产的数量、种类日渐增多，财产范围也突破了传统有形财产界限，延展至无形资产等领域。⑦"从对财产权利的需求看，已从静态的占有转变为动态的使用、收益；从财产的来源看，已由单纯的工资性收入转变为工资收入、投资收益、预期利益等部分；从财产的获得方式看，既有按传统的支付方式购买所得，也有通过消费信贷的方式得到。"⑧

"从法治视角看，财税制度不仅具有调控经济、组织分配的工具性功能，更是借助财政收入、支出和管理等手段，让私人财产与公共财政的边界得以廓清，推动了财产权利与财政权力的协调和均衡。"⑨从这个意义上说，"无税收则无财

---

① 杨小强：《中国税法：原理、实务与整体化》，山东人民出版社 2008 年版，第 17 页。
② 王利明：《民法的人文关怀》，载《中国社会科学》2011 年第 4 期。
③ 张翔：《财产权的社会义务》，载《中国社会科学》2012 年第 9 期。
④ 曹诗权：《中国婚姻家庭法的宏观定位》，载《法商研究》1999 年第 4 期。
⑤ 参见赵晓力：《中国家庭资本主义化的号角》，载《文化纵横》2011 年第 1 期。
⑥ 参见夏凤英：《论婚姻是一种契约》，载《法学家》2001 年第 2 期。
⑦ 参见杨晋玲：《在个体利益与社会利益的均衡之间——以我国婚姻法对夫妻财产制的规定为例》，载《现代法学》2002 年第 1 期。
⑧ 杨晋玲：《非常的夫妻财产制问题研究》，载《现代法学》2004 年第 5 期。
⑨ 刘剑文：《我国财税法治建设的破局之路——困境与路径之审思》，载《现代法学》2013 年第 3 期。

第八章　税法如何面对婚姻家庭

产"①,婚姻家庭财产天然与税收联系在一起。婚姻家庭财产的任何变动,税收都将如影相随而来。根据税法的一般法理,课税是对民事行为或民事行为的经济效果进行课征。面对一个经济交易,不仅民商法会作出自己的评价。在税法内部,相关的部门税法也会有不同的评判。比如,家庭成员之间的房屋、土地权属赠与,要同时接受合同法与部门税法的评价。但各部门法进场评价的时间并不相同,一般是合同法先行进入。赠与合同签订之后,随之产生了税收负担。对于上述房屋、土地权属的无偿赠与行为,不仅要经过契税法的检测,还要经由增值税法(营改增)和个人所得税法的考量。一旦遗产税开征,问题将变得更加复杂。由此观之,家庭成员间的财产使用不可避免地与流转税法发生交集,而财产的收益则逃脱不了所得税法的"法眼"。若流转的是土地与房产,财产税法便也有了适法空间。

(二)婚姻家庭渗入税法

婚姻家庭法与税法本有"楚河汉界"相隔,两者分庭抗礼,势不两立。只是婚姻家庭问题的日益侵扰,使得其与税法呈相互交错和融合的态势,不得不因"保卫婚姻家庭"而为整合,以打通婚姻家庭保障的互动通道。"税收政策虽然被弄得好像技术性很强,理解的难度也很大,但是在许多方面,它也只是公共政策的一种类型而已。"②当下中国,"中国式离婚"日渐侵蚀成千上万的婚姻家庭。独生子女、人口老龄化等问题又进一步加重了婚姻家庭的负荷。但另一面,中国自古以来,"男女被分别赋予阴与阳的属性,由阴阳主从而达致和谐的法则成为婚姻家庭制度的内在特质。"③"我们不可能从家庭中脱离出来,因为家庭内在于我们自身,它塑造了我们的基本习惯和道德范畴。"④况且,婚姻家庭的和谐与稳定直接关系到社会的和谐与稳定,构建和谐社会首要的基础环节便是维护婚姻家庭的和谐与稳定。⑤而促进婚姻家庭的和谐与稳定,绝非仅凭婚姻法一己之力可完成。以宏观调控见长的税法,理应为保卫婚姻家庭尽绵薄之力。

"但也应当看到,婚姻家庭并非简单的'股份有限公司',不单纯是财产的结

---

① 参见〔美〕史蒂芬·霍尔姆斯、凯斯·R.桑斯坦:《权利的成本——为什么自由依赖于税》,毕竞悦译,北京大学出版社 2004 年版,第 39—52 页。
② 〔美〕B.盖伊·彼得斯:《税收政治学——一种比较的视角》,郭为桂、黄宁莺译,江苏人民出版社 2008 年版,第 4 页。
③ 金眉:《论中国古代婚姻家庭继承法律的精神与意义》,载《政法论坛》2009 年第 4 期。
④ 李红文:《家庭、市民社会与国家:黑格尔论现代社会制度》,载《长江论坛》2011 年第 3 期。
⑤ 参见张伟:《婚姻家庭和谐的法哲学思考——以其他学科与法学的交融为视角》,载《河北法学》2009 年第 5 期。

合,更是感情、亲情和财产的统一体。"①因此,当税法面对婚姻家庭时,必须小心翼翼、异常谨慎,因为婚姻家庭是由激情、良知、伦理和道德统治的世界。真正的法治理想绝不是要消灭良知之治,也不是要摧毁道德权威,更不准备取代伦理秩序。相反,面对婚姻家庭,税法应当采取适度的回避,以克服"税务行政主导主义"②的内在利益冲动,避免法律全能主义的僭妄。③ 对于深陷"财政中心主义"囹圄的当下税法而言,要"有所为",但更要"有所不为"。比如,国家对独生子女补贴不征税、个人所有非营业用的房产免纳房地产税的规定,很大程度与婚姻家庭的渗透不无关系。其巧妙地体现了税法对婚姻家庭的"无为而治",践行税法对婚姻家庭的"有所不为"。再如,遗产税的开征,虽为非常时期政府增加财政收入的重要手段,但演化至今,遗产税的继续存在更多考虑的是其突出的社会效益,婚姻家庭在其中起到非常重要的导引作用。"富不过三代"的中国难题、"啃老"现象的现实困惑,都蚕食、危及着中国下一代,此时,税法便应"有所为"。通过遗产税的开征实现税收代际公平,以确保未来婚姻家庭、乃至整个民族的持续健康发展。凡此种种,均为婚姻家庭渗入税法后出现的新问题,也冲击着税法本有的理念和体系。税法追求税收负担和税收利益的公平分配,往往以税负能力、受益程度、实际需要,作为衡量公平与否的标准。如何将婚姻家庭因素融合到税收规则之中,彰显税法的婚姻家庭保障功能,是最为关键的。

二、婚姻家庭保障的现行税法透视

市场主体间的任何交易都可回溯到主体所属的婚姻家庭,从这个意义上讲,任何部门税法都与婚姻家庭相关联。如果作此理解的话,无异于奉行税法万能主义,断不可取。客观上说,婚姻家庭财产的任一变动都将诱发流转税法、所得税法、财产税法与行为税法的连锁反应。在一般的法律价值判断上,不同的部门税法不应出现冲突;但在具体价值的判断上,可能会有不同的偏好与选择。这种不同的偏好与选择,可能带来不同的立场,也可能形成不同的视野,对婚姻家庭的保障也可能产生不同的效应。现行税法是否起到保障婚姻家庭的

---

① 李克杰:《婚法新规会让"丈母娘失落"》,载《贵州政协报》2011年8月18日第B03版。
② 关于"税务行政主导主义"的详细论述可参见王鸿貌:《我国税务行政诉讼制度的缺陷分析》,载《税务研究》2009年第7期。
③ 参见强世功:《司法能动下的中国家庭——从最高法院关于〈婚姻法〉的司法解释谈起》,载《文化纵横》2011年第1期。

作用,亟需对其进行整体化考察。①

(一) 房产权属变动的税法检测

无论是在广大农村家庭,还是在城市中产阶级家庭,房产目前都是最大的一笔家庭财产。对其交易进行税法规制,理应格外谨慎。房产权属变动的税法原本就非常复杂,婚姻家庭蕴含的情感、伦理、道德等因素的侵入,进一步加剧了婚姻家庭税法的繁杂。以夫妻之间的房产权属变动为例,房产加名、减名、换名、析产、继承等不仅涉及契税,还涉及增值税(营改增)、城市维护建设税、教育费附加、土地增值税、印花税、个人所得税等一系列税收问题。十几年来,财税主管部门共发布 6 个②与婚姻家庭房产权属变动直接相关的税收实体性规范文件③,直指婚姻家庭所关涉的契税、个人所得税和营业税(已为增值税取代)三大核心税种。从契税法角度观测,下列房产权属变动不征契税:(1) 婚姻关系存续期间,夫妻之间房产"加名""减名""换名"或变更共有份额;(2) 离婚后因夫妻财产分割而致使原共有房产权属变动;(3) 法定继承人继承房屋。④ 从个人所得税法角度考察,房产所有权人将房产无偿赠与下列人员不征个人所得税:(1) 配偶、父母、子女、祖父母、外祖父母、孙子女、外孙子女、兄弟姐妹;(2) 对其承担直接抚养或者赡养义务的抚养人或者赡养人;(3) 房屋产权所有人死亡,依法取得房屋产权的法定继承人、遗嘱继承人或者受遗赠人。⑤ 不征个人所得税的三种情形同样为增值税法(营改增)所接受,作为免征增值税的核心条款出现在"财税[2016]36 号附件 3"中。与此同时,离婚财产分割也被纳入暂免征收营业税的范围。⑥ 除此之外,房产权属的任何变动都将纳入契税、个人所得税和增值税(营改增)的课征范畴,照章课税。此外,对正在进行的房产税试点改革,上海市将其课征对象限于新购且属于该居民家庭第二套及以上的住房(包括新购的二手存量住房和新建商品住房),居民家庭的第一套住房不在课征范畴之内。而

---

① 就我国现行税法而言,对婚姻家庭影响最为直接的莫过于房产权属变动税制和纳税单位的选择与申报税制。限于篇幅等原因,下文对现行税法的考察与评估将聚焦于房产权属变动的税法和个人所得税纳税单位的选择与申报税制。
② "国税发[2006]144 号"与个人无偿赠与不动产也具有很大的关联性,但该通知侧重于不动产无偿赠与的税收管理。
③ 分别为"国税函[1999]391 号""国税函[2004]1036 号""财税[2009]78 号""财税[2009]111 号""财税[2011]82 号"(已失效)及"财税[2014]4 号"。
④ 参见"国税函[1999]391 号""国税函[2004]1036 号""财税[2011]82 号"(已失效)和"财税[2014]4 号"。
⑤ 参见"财税[2009]78 号"。
⑥ 参见"财税[2009]111 号"。

且"上海市居民家庭中的子女成年后,因婚姻等需要而首次新购住房,且该住房属于成年人子女家庭唯一住房的,暂免征收房产税"。①

表 8.1　婚姻家庭涉税收规范摘选

规范性文件名称	相关内容
关于房产税若干具体问题的解释和暂行规定 [1986]财税地字第 008 号	十二、个人出租的房产,不分用途,均应征收房产税。 十三、根据房产税暂行条例规定,个人所有的非营业用的房产免征房产税。因此,对个人所有的居住用房,不分面积多少,均免征房产税。 十六、经有关部门鉴定,对毁损不堪居住的房屋和危险房屋,在停止使用后,可免征房产税。
征收个人所得税若干问题的规定 国税发[1994]89 号	独生子女补贴不属于工资、薪金性质的补贴、津贴或者不属于纳税人本人工资、薪金所得项目的收入,不征税。
关于离婚后房屋权属变化是否征收契税的批复 国税函[1999]391 号	根据我国婚姻法的规定,夫妻共有房屋属共同共有财产。因夫妻财产分割而将原共有房屋产权归属一方,是房屋共有权的变动,而不是现行契税政策规定征税的房屋产权转移行为。因此,对离婚后原共有房屋产权的归属人不征税契税。
关于继承土地、房屋权属有关契税问题的批复 国税函[2004]1036 号	一、对于《中华人民共和国继承法》规定的法定继承人(包括配偶、子女、父母、兄弟姐妹、祖父母、外祖父母)继承土地、房屋权属,不征契税。 二、按照《中华人民共和国继承法》规定,非法定继承人根据遗嘱承受死者生前的土地、房屋权属,属赠与行为,应征契税。
关于个人无偿受赠房屋有关个人所得税问题的通知 财税[2009]78 号	一、以下情形的房屋产权无偿赠与,对当事双方不征收个人所得税:(一)房屋产权所有人将房屋产权无偿赠与配偶、父母、子女、祖父母、外祖父母、孙子女、外孙子女、兄弟姐妹;(二)房屋产权所有人将房屋产权无偿赠与对其承担直接抚养或者赡养义务的抚养人或者赡养人;(三)房屋产权所有人死亡,依法取得房屋产权的法定继承人、遗嘱继承人或者受赠人。

---

① 参见《上海市开展对部分个人住房征收房产税试点的暂行办法》(沪府发[2011]3 号)。

(续表)

规范性文件名称	相关内容
关于全面推开营业税改征增值税试点的通知 财税[2016]36号附件3	一、下列项目免征增值税 (三十六)涉及家庭财产分割的个人无偿转让不动产、土地使用权。家庭财产分割,包括下列情形:离婚财产分割;无偿赠与配偶、父母、子女、祖父母、外祖父母、孙子女、外孙子女、兄弟姐妹;无偿赠与对其承担直接抚养或者赡养义务的抚养人或者赡养人;房屋产权所有人死亡,法定继承人、遗嘱继承人或者受遗赠人依法取得房屋产权。
关于明确个人所得税若干政策执行问题的通知 国税发[2009]121号	四、关于个人转让离婚析产房屋的征税问题 (一)通过离婚析产的方式分割房屋产权是夫妻双方对共同共有财产的处置,个人因离婚办理房屋产权过户手续,不征收个人所得税。(二)个人转让离婚析产房屋所取得的收入,允许扣除其相应的财产原值和合理费用后,余额按照规定的税率缴纳个人所得税;其相应的财产原值,为房屋初次购置全部原值和相关税费之和乘以转让者占房屋所有权的比例。(三)个人转让离婚析产房屋所有权所取得的收入,符合家庭生活自用五年以上唯一住房的,可以申请免征个人所得税,其购置时间按照《关于房地产税收政策执行中几个具体问题的通知》(国税发[2005]172号)执行。
关于个人转让上市公司限售股所得征收个人所得税有关问题的补充通知 财税[2010]70号	一、限售股,包括:(二)个人应依法继承或家庭财产依法分割取得的限售股; 二、根据《个人所得税法实施条例》第8条、第10条的规定,个人转让限售股或发生具有转让限售股实质的其他交易,取得现金、实物、有价证券和其他形式的经济利益均应缴纳个人所得税。限售股在解禁前被多次转让的,转让方对每一次转让所得均应按规定征收个人所得税。对具有下列情形的,应按规定征收个人所得税:(七)个人因依法继承或家庭财产分割让渡限售股所有权。
关于房屋土地权属由夫妻一方所有变更为夫妻双方共有契税政策的通知 财税[2011]82号(已失效)	婚姻关系存续期间,房屋、土地权属原归夫妻一方所有,变更为夫妻双方共有的,免征契税。
关于夫妻之间房屋土地权属变更有关契税政策的通知 财税[2014]4号	在婚姻关系存续期间,房屋、土地权属原归夫妻一方所有,变更为夫妻双方共有或另一方所有的,或者房屋、土地权属原归夫妻双方共有,双方约定、变更共有份额的,免征契税。

透过上述税法规定可知,婚姻家庭成员之间的房产权属变动基本不需要纳税。规定较好地实现了税收的婚姻家庭中性,有其深厚的法理基石。面对同一个财产交易,婚姻家庭法与税法的评价保持一致最为理想,以省却法律之间因价值判断不同而带来的协调成本。总体来说,房产权属变动的上述规则是税法遵从婚姻家庭法的结果。夫妻之间房产权属的变动不课税,实质上是税法对契约自由的尊重,更是对婚姻自由权的延展性保障。而房产权属人死亡后,对继承人、遗赠扶养协议人与受赠人的房产受赠不征税,更体现了税法对婚姻家庭法的尊重,有力地驰援和维系了婚姻家庭法上的继承权、遗赠扶养协议等制度。另一面,税法也绝非跟着婚姻家庭法亦步亦趋,随意附和。以夫妻房产加名为例,依照上述最高人民法院《婚姻法解释(三)》应认定为"转赠予",但是,税法并未按照司法解释的指挥棒旋转。税法坚守了本身的实质主义,将其实质认定为以家庭同居共财为中心的伦理生活行为。《个人所得税法》和《关于全面推开营业税改征增值税试点通知》的上述规则,同样符合同居共财和家产制的习惯法。[①] 由此可以看出,税法与婚姻家庭法之间既有相互尊重,也会有分歧。各自负载不同的使命,也会有不同的追求。税法与婚姻家庭法的适度分歧,折射出两大信号:其一,单凭婚姻家庭法难以解决日渐复杂的婚姻家庭难题,实现保卫婚姻家庭的社会共识。其二,税法在保卫婚姻家庭中的作用不应被忽视。此种法际之间的分歧,彰显了税法保障婚姻家庭的独特价值和另类视野。正是税法对婚姻家庭法的承接与协调[②],最终构建起从婚姻自由到家庭养老[③]、再到家族财产传承,辐射婚姻自由权、继承权、抚养与赡养、家庭养老等婚姻家庭权义的税法保障链条。

但同时也应该看到,亦如前文多次提及的婚姻家庭的另一种功能,现行税法并未作出应有的贡献。即家庭的代际传承,如何保障下一代国民素质的整体提升及其关联的社会问题。此类问题虽非税法一己之力所能解决,但税法可以其独特的调节功能,通过对婚姻家庭财产分配的影响,深度矫正和改变国人对遗产、代际教育、养老等根深蒂固的陋习和行为选择。其实,新中国建立之初的1950年1月30日,政务院通过并公布的《全国税政实施要则》,规定在全国统一

---

① 参见滕祥志:《从赠与视角看构建部颁税法规则审议机制——以财税[2001]28号、财税[2011]82号等为例》,载《政法论丛》2012年第5期。

② 关于税法对婚姻家庭法的承接与调整的详细论述可参见黄士洲:《税法对私法的承接与调整》,台湾大学法律研究所2007年博士学位论文,第149—183页。

③ 结合西方国家的教训和中国自己的经验与传统,尽管政府、市场等社会福利提供者将不可避免地承担越来越大的养老责任,但任何社会养老政策都无法完全取代家庭在养老中的责任与功能。参见彭希哲、胡湛:《公共政策视角下的中国人口老龄化》,载《中国社会科学》2011年第3期。

开征的 14 种税,其中就包括遗产税。但之后征与不征的争论延续至今,仍无实质性进展。探寻我国几十年来的税收立法史,虽无遗产税的立法实践,但也有过具备部分遗产税功能的遗赠税实践,即"国税发[2006]144 号"第 2 条第 2 款①。和遗赠税效果不一样的是,按照该款规定,假如仅仅持有无偿取得的房地产,不再将其向第三人转让,受赠人无须缴纳任何所得税。如果受赠人事后将财产转让给第三人,则只是推迟了遗赠税的缴纳时间,并将其名义改为所得税而已,其他方面没有实质性的区别。这样,通过个人所得税变相征收了遗赠税。② 遗憾的是该款已被《关于公布全文失效废止 部分条款失效废止的税收规范性文件目录的公告》(国家税务总局公告 2011 年第 2 号)废止。

此外,尽管税法及税制设计当以纳税人权益(家庭)保护为中心,以婚姻家庭保障为主要契合点,但实践中税制变动却容易破坏婚姻家庭的和睦与安定,比如 2013 年 2 月"国五条"宣布开征房地产交易增值税所引发的离婚潮(假离婚)③。家庭是社会的基本单元,同时亦是引发离婚潮的焦点所在,因为不仅在开征房产税时涉及"家庭",在限购政策中亦以家庭为基本单位。倘若一对夫妻拥有两套住房,第一套不必缴纳房产税,第二套住房需要缴纳房产税,然一经离婚,两套住房均无需缴纳房产税。④ 为避免缴纳数额较大的房地产税,许多家庭在利益诱导的作用下往往会作出了离婚抉择,但更为严重的是,一经办理离婚手续,婚姻关系在法律上即是解除,从而使许多"假离婚"最后真正演变为"真离婚",与婚姻家庭税法的意旨背道而驰。⑤ 申言之,税法介入婚姻家庭应谨慎为之,寻求"有所为"和"有所不为"的边界,对可能引发的问题应做到未雨绸缪,形成一种真正保障婚姻家庭的衡平与融合机制。

(二)纳税单位选择与申报的一体两面

个人所得税自 1980 年开征至今,每逢税改、必谈个税,已成惯性。在各路财税专家的指引下,社会各界已无法满足"调高免征额"的简单游戏。社会公

---

① "国税发[2006]144 号"第 2 条第 2 款规定:"受赠人取得赠与人无偿赠与的不动产后,再次转让该项不动产的,在缴纳个人所得税时,以财产转让收入减除受赠、转让住房过程中缴纳的税金及有关合理费用后的余额为应纳税所得额,按 20%的适用税率计算缴纳个人所得税。在计征个人受赠不动产个人所得税时,不得核定征收,必须严格按照税法规定据实征收。"
② 参见熊伟:《中国大陆遗赠税立法无限期被搁置》,载《税务旬刊》2007 年 6 月刊。
③ 参见徐滇庆:《房产税》,机械工业出版社 2013 年版,第 186—187 页。
④ 例如,《上海市开展对部分个人住房征收房产税试点的暂行办法》规定,"对本市新购且属于该居民家庭第二套及以上的住房"征税;"上海市居民家庭中的的子女成年后,因婚姻等需要而首次新购住房,且该住房属于成年人子女家庭唯一住房的,暂免征收房产税。"
⑤ 参见徐滇庆:《房产税》,机械工业出版社 2013 年版,第 126—128 页。

众对个人所得税法的不满聚焦于"分类所得"与"个人申报"两大核心制度。分类所得税制虽导致各种所得之间的税负不公,但这种不公对婚姻家庭的影响并不直接。申报制度则不同,其直接关系到纳税单位的选择与税收征管,与婚姻家庭息息相关。经济学家在研究该问题时,侧重于对效率的追问,而来自法学家和社会学家的争论主要集中对公平的探求。即对个人征税更公平,还是对家庭征税更公平。基于税收实质正义①考虑,"在家庭的框架下考量税收负担能力,是量能课税原则的必然要求"②,但这并不意味着合并申报更符合税收公平。以家庭为基础构建的合并申报制度,使得个人的税负因结婚而受影响,致使"婚姻惩罚"或"婚姻奖励",而破坏"婚姻中性"的观点甚为普遍③。夫妻非薪资所得强制合并制度在台湾地区的废除④,便是此种观点透视到立法层面的最新运用。

但也必须看到,婚姻家庭因素渗入后,"结婚与不结婚者,便有本质上不同的判断标准,不能光以是否造成有利与否,论定是否侵犯平等原则。立法者决定租税秩序,平等原则固属其中一环,以求租税公平。但量能课税原则,亦不可忽视。假如夫妻同居共财,且可自由互赠财产,则结婚后双方皆有所得时,该两人的总收入自然比单身时的个人为多,其可以支配的财力相对提高,也可负担较多的租税,因此课予较多的税赋,也不一定违反租税正义或量能课税的原则。"⑤不过,婚姻税扭曲了个人的行为,税制改变"婚姻价格",而致个人因追求

---

① 按照黄茂荣的观点,税捐法定主义、量能课税原则与稽征经济原则并列为税捐法之建制的三大基本原则。税捐法定主义属于形式正义,量能课税原则属于实质正义,而稽征经济原则则属于技术正义的要求。它们分别代表不同层次之理性的考虑。参见黄茂荣:《法学方法与现代税法》,北京大学出版社 2011 年版,第 128—129 页。

② 汤洁茵:《个人所得税课税单位的选择:个人还是家庭——以婚姻家庭的保障为核心》,载《当代法学》2012 年第 2 期。

③ 参见但不限于下列文献:郑春荣:《个人所得税纳税单位选择:基于婚姻中性的视角》,载《社会科学家》2008 年第 2 期;施正文:《分配正义与个人所得税法改革》,载《中国法学》2011 年第 5 期;汤洁茵:《个人所得税课税单位的选择:个人还是家庭——以婚姻家庭的保障为核心》,载《当代法学》2012 年第 2 期。

④ 台湾地区"大法官释字"第 696 号解释认为,"所得税法"第 15 条第 1 项有关夫妻非薪资所得应由纳税义务人及其配偶合并申报且合并计算其税额,立法目的在忠实反映家计单位节省效果、避免纳税义务人不当分散所得、考虑稽征成本与财税收入等。如果纳税义务人及其配偶就非薪资所得合并计算所得净额后,适用累进税率结果,合并计算后的税负仍有高于分别计算后合计税负情形,因而形成以婚姻关系的有无而为税捐负担差别待遇,与立法目的达成欠缺实质关联,即与"宪法"第 7 条平等原则有违,应自解释公布尔日起至迟于届满二年时失效。参见法源编辑室:《夫妻非薪资所得强制合并计算形成税捐负担差别待遇 释 696:"违宪"》,载 http://www.calaw.cn/article/default.asp?id=6641,2016 年 3 月 26 日访问。

⑤ 陈新民:《"大法官释字"第 696 号不同意见书》,载 http://www.calaw.cn/article/default.asp?id=6641,2016 年 3 月 26 日访问。

第八章　税法如何面对婚姻家庭

少纳税而推迟结婚、离婚或分居的传闻轶事的确比比皆是。但是,从统计角度来看,并没有非常有力的证据表明,婚姻税扭曲了与婚姻有关的决策。① 倒是另一种视角的观察值得重视,即从法学角度看,如果将个人申报改为按家庭联合申报缴纳税款抑或家户课税②,更能体现婚姻家庭财产共有的性质。③

其实,上述问题的讨论,建立在下列三个颇具争议性原则的基础上:(1) 所得税的边际税率是否应当是递增的。(2) 在其他条件相同的情况下,收入相同的家庭是否应当缴纳相同的税。(3) 两个人的税负不应因结婚而变化,税制是否应该是婚姻中性的。同样的问题长久以来也困扰着美国。一个可能的改革措施是,干脆废除合并申报,让所有人都自己填报。④ 这不仅会提高效率,而且比现行税制更具婚姻中性。遗憾的是,个人申报制度会违背第2个原则,即收入相同的家庭应当缴纳相同的税。这就又回到了出发点。没有一种税制能同时满足这三个原则,因此,社会必须确定哪个原则是最优先考虑的。⑤ 正所谓"所有制度都各有利弊,所有选择都要付出代价。"⑥既要做到家庭之间税负公平,又要兼顾婚姻中性,谨防个人所得税法侵害婚姻家庭,值得追求但并不容易做到。不可否认,"个人所得税法的应有价值是税收实质正义和形式正义的统一,但我国现行的《个人所得税法》过分强调个税的形式正义而忽略了对像家庭经济负担等体现税收实质正义的合理要素的考量,没有实现从富人到穷人的调节,反而使个人所得税沦为'劫贫济富'的工具。"⑦其对婚姻家庭的保障潜能并未全然激发。

---

① 参见〔美〕哈维·S.罗森、特德·盖亚:《财政学》(第八版),郭庆旺、赵志耘译,中国人民大学出版社2009年版,第393页。

② 参见柯格钟:《论家庭所得课税制度——兼评"大法官释字"第三一八号解释》,载台湾《东吴法律学报》第20卷第4期。

③ 参见石金黄、陈世保:《家庭课税制与个人所得税综合改革》,载《合肥工业大学学报(社会科学版)》2006年第2期。

④ 此种措施代表了个人所得税发展的一种趋势,自20世纪70年代以来,丹麦、芬兰、瑞典、英国、荷兰、意大利和澳大利亚等17个OECD成员国陆续从以家庭为课税单位转变为以个人为课税单位。参见刘尚希:《按家庭征个人所得税会更公平吗?——兼论我国个人所得税改革的方向》,载《涉外税务》2012年第10期。

⑤ 参见〔美〕哈维·S.罗森、特德·盖亚:《财政学》(第八版),郭庆旺、赵志耘译,中国人民大学出版社2009年版,第393—394页。

⑥ 凌斌:《法治的代价——法律经济学原理批判》,法律出版社2012年版,序言。

⑦ 陈业宏、曹胜亮:《个人所得税法实质正义的缺失考量——以纳税人家庭经济负担为视角》,载《法学杂志》2010年第5期。

三、税法保障婚姻家庭的法理思辨

中国是用家族伦理作中心的社会,婚姻天然与家庭联系在一起。婚姻关联到家族系统的维系,财产的承继,秘方、秘技的传授和社会地位之确保这些次元。在此基础上,家族构成中国传统文化的堡垒。① 然而,以资本原则所主导的市场②,以及契约关系骨子里的利益关系,原则上排斥行为方式的情感取向③。资本和契约强力撞击婚姻家庭赖以维系的情感、伦理、道德等文化基因,也使得婚姻家庭日渐成为不得不引起重视的社会问题。当婚姻家庭成为社会问题时,税法理应作出自己的贡献。基于保障婚姻家庭考虑,税法面向婚姻家庭,应该"有所为",更应该"有所不为"。但何时"为"、何时"不为","为"与"不为"的边界等值得深究。税收中性与税收调控或许可以为我们提供最佳观测点。

"财税法的主体职能是合法组织政府收入,合理安排政府支出,规范财政资金管理。财税所具有的调控职能往往表现为财税特别措施,构成一般性规则之外的特例。"④通常情况下,政府需遵循量能课税原则,让纳税人平等负担,以实现税收中性。但基于政策方面的考量,也可以在税收法定主义的框架内适度偏离量能课税和税收中性,以实现税收调控。事实也如此,"西方各国政府包括美国政府在内,于税收中性实践的同时,从来也没有忽视过,在不同时期和不同领域内,借助非中性税收的干预,以配合政府目标"。⑤ 由此可以看出,税收中性与税收调控并非绝缘体,而是对立统一的矛盾体。"对税收中性原则的强调实质上也就是对政府税收行为必须保持中性的强调"⑥,而对税收调控的强调则蕴含着对政府积极调控作为的警惕。"虽然税收调控法不受量能课税原则的拘束,但由于其在受调控措施适用的纳税人与非受该措施适用的纳税人之间构成了差别待遇,因此税收调控法必须具有实施这种差别待遇的合理理由。"⑦只有具备了合理理由,税法对婚姻家庭方可"有所为"。

从法学逻辑上看,税收调控肇因于市场缺陷或市场失灵。因此,税收调控

---

① 参见殷海光:《中国文化的展望》,商务印书馆 2011 年版,第 102—107 页。
② 参见陈庆德、潘春梅、郑宇:《经济人类学》(修订版),人民出版社 2012 年版,第 311—315 页。
③ 参见张凤阳:《现代性的谱系》,江苏人民出版社 2012 年版,第 61—62 页。
④ 熊伟:《走出宏观调控法误区的财税法学》,载《财税法学动态》2013 年第 3 期。
⑤ 葛惟熹:《税收中性理论与实践》,载《财政研究》1995 年第 9 期。
⑥ 王成:《西方税收中性原则的政治学意蕴》,载《税务研究》1998 年第 3 期。
⑦ 李刚:《论税收调控法与税法基本原则的关系》,载《厦门大学学报(哲学社会科学版)》2008 年第 3 期。

第八章 税法如何面对婚姻家庭

的范围取决于市场缺陷与市场失灵的范围,税收调控的边界也受制于市场缺陷或市场失灵的场域与限度。"当市场符合自由市场的主要要件时,税收中性实则是一种能维持市场优化配置资源状态的税收制度,它体现了一种理想的自由税收秩序的状态,是税收调控法律制度不断发展完善以求最适宜化的理想归宿;而当市场不符合自由市场的主要要件时,则需国家采用宏观调控手段去加以矫正,以促使市场恢复其优化配置资源的功能。"[①]需不需要税收调控,何时需要税收调控,不应只是政府的一言堂,而应建立在确切的市场缺陷或失灵基础上。此种理念与婚姻家庭难以兼容,但与以财产为核心的婚姻家庭税法却车轨共文。

在现代民主和法治国度,国家不仅负有治理社会、维持市场机能的基本权义,同时亦承载着整合社会资源,调节社会不平等现象,维系人性尊严,促进并实现社会正义的历史使命。社会法治国要求社会福利的平等分配[②],社会公众享有社会福利给付请求权[③],国家负有调节收入分配的义务,保障国民最低生活底限。而税收作为社会财富的重要调节利器,国家在承担财政收入任务的同时还担负调整社会经济、文化、科技等的特定目的,调节过高收入和保障最基本的生存是其基本要义,即国家私有财产权的收益参与分配权。换言之,人民固有依法纳税的义务,但税收在本质上是纳税人的公共财产。国家在借助课税以实现社会分配正义时,须以增进社会公共福祉为己任,税负不得过高,不得与纳税人基本的生存权、财产权或营业自由权相违背,应受比例原则适当性、必要性和均衡性的正当评判,维系个人及婚姻家庭的基本生存能力。

婚姻与家庭作为人的生活共同体,税法必然要秉承税收中性品格,形塑课税禁区,厘定相应的行为边界,特别强调对纳税人基本权属如生存权、财产权与营业自由权等的正义担当。[④] 申言之,财产权虽负有社会义务,私人财产转化为公共财产具有正当性[⑤],但税收是人民同意的结果,在增进社会公益的同时亦要注重私人财产权(家庭财产权)的正向适用与正当保护,强调主权在民的纳税人保障。[⑥] 在现代社会法治国家,生存权作为人民最基本的权利,一切社会福利的给付均以生存权保障为前提和归宿。税收立法时须格外强调以生存权保障为

---

① 陈少英:《公司涉税法论》,北京大学出版社 2005 年版,第 69 页。
② 参见〔美〕塔玛纳哈:《论法治——历史、政治和理论》,李桂林译,武汉大学出版社 2010 年版,第 117 页。
③ 参见葛克昌:《社会福利给付与租税正义》,载《台大法学论丛》第 25 卷第 2 期。
④ 参见黄士洲:《税课禁区与纳税人权利保障》,西北政法大学,"中国法学会财税法学研究会 2010 年年会暨第十三届海峡两岸财税法学术研讨会"会议资料,2010 年 10 月。
⑤ 参见刘剑文、王桦宇:《公共财产权的概念及其法治逻辑》,载《中国社会科学》2014 年第 8 期。
⑥ 参见张翔:《财产权的社会义务》,载《中国社会科学》2012 年第 9 期。

核心的量能课税原则,应根据纳税人(个人及家庭)的实际履行能力合理设定税负,依法课税,基本生活不课税,保障人民的最低生活水准。

例如,在所得税法领域,征税客体仅为纳税人的"可支配所得",税基要将"获得收入所支出的必要费用及损失"以及"为了自身与家庭成员生存所需支出的金额"排除在外①,税课应坚持主客观净所得原则,践行社会法治国家理念,彰显税收的正义诉求,确实保障人民的人格尊严和自由。为维系婚姻家庭的生存及生活,财产课税须坚持半数原则,征税范围不得超过所得、收益的半数(包括税收处罚)。② 概言之,作为婚姻家庭制度性保障的重要一环,税法在坚持税收中性原则的基础上应对婚姻与家庭给以特别保障,通过遗产税等课税方式调整过高收入,通过税前减除③、税收优惠、财政补贴等形式维持家庭的最低生活基准,寻求税法保障婚姻与家庭的边界,保障婚姻和家庭的健全与和谐。

详言之,当婚姻家庭财产的变动身处自由市场,并符合婚姻家庭中性时,税法理应"有所不为"。比如,夫妻间的房产加名纯属当事人之间的自由行为,于婚姻家庭也无不利,则税法应保持节制,以中性化姿态回应身份法的变迁。④ 反之,当婚姻家庭财产跃出自由市场,担负更多的社会义务时,税法理当"有所为"。比如,前文所述的家庭财产的继承,一旦考虑"精英下一代"的历史己任,遗产税法势必要强势介入。当然,对于"个人所有的非营业用的房产免纳房产税"⑤"农民的住宅不征收房产税"等命题,税法理应根据量能课税原则进行综合评估,不能一概地享受免税或不征税待遇。当此房产确属"个人及其所扶养家属维持生活必需的住房"时,税法就应坚定税课禁区不征税的正义之道,积极保障个人及家属基本的生存权。但当该住房超出生存权保障之范畴时,税法就应当积极发挥税收调控的功用,课征相关房地产税,调节社会贫富差距以实现社会的稳定、正义与和谐。⑥

---

① 参见黄士洲:《税课禁区与纳税人权利保障》,西北政法大学,"中国法学会财税法学研究会2010年年会暨第十三届海峡两岸财税法学术研讨会"会议资料,2010年10月。
② 参见黄士洲:《税法对私法的承接与调整》,台湾大学法律研究所2007年博士学位论文,第63—64页。
③ 如台湾地区个人所得税法乃定有年度标准扣除额与扶养亲属免税额。当然,生存必要费用的扣除并不属于税收优惠的范畴,而属税前减除的性格,在本质上为非课税所得。
④ 参见郭维真:《税法中的身份制度与政策取向》,载《税务研究》2013年第3期。
⑤ 参见我国《房产税暂行条例》第5条。
⑥ 例如,美国北达科他州的农村房产税免税申请表(farm-exempt application)里对农村财产税的征收范围有很细致的规定,其中对农村个人住房有如下规定:……(3)如果农民或者其配偶在过去的3个日历年,每年的非农收入超过了4万美元,那么在农场上的住宅就不能免税。参见杨小强:《保有环节房地产税改革与量能课税原则》,载《政法论丛》2015年第2期。

面对婚姻家庭的"有所为"与"有所不为",貌似对立的两极实则有着极强的内在统一性。"有所不为"可以作为"有所为"的终极归宿,可以衡量"有所为"是否偏离其价值目标。亦如税收中性之于税收调控,"在制度层面上,税收中性制度是税收调控法律制度发展的终极归宿,税收中性也是税收调控不懈追求其自身最宜化的价值目标方向;在观念层面上,税收中性理念是一项指导税收调控理论与实践的重要原则,是衡量税收调控行为是否偏离其价值目标的评判标准"。①

四、保障婚姻家庭的税法进路

"法律作为解决纠纷的一种手段,只能在一定的时空领域内发生其调整社会关系的功能,而且有其自身的独特的运行轨迹。如果法律在不该介入的地方而强行介入,那么,法律的干预不但不会取得预期的成果,反而会对法律本身造成不应有的伤害。"②税法对婚姻家庭的保障更如此,如果其对婚姻家庭法的立法根基矫枉过正,极易走向对立面,不仅不能保障婚姻家庭,还有可能造成税法与婚姻家庭法之间的紧张格局。税法虽为国家获取财政收入及实现社会、经济目的的重要干预手段,然相对于婚姻家庭之身份秩序而言,毋宁于评价上应次之,税收的课征不仅不得减损婚姻与家庭的制度功能,更有促进的义务。③ 为此,当下不仅要整合房产权属交易的税法条款,更要构建婚姻家庭保障的税种链条。唯有此,方可形成婚姻家庭的合力保障体系,才有可能"把婚姻和家庭找回来"。

(一) 整合房产权属交易的税法条款

婚姻家庭成员间的房产权属变动,横跨诸多部门税法,但核心税制均由财政部、国家税务总局颁布的税收规范性文件确立。除"国税函[1999]391号""财税[2011]82号"(已失效)和"财税[2014]4号"规定夫妻之间房产变动的契税规则外,"国税函[2004]1036号""财税[2009]78号"和"财税[2016]36号附件3"分别从契税、个人所得税和增值税(营改增)角度规定房屋产权无偿赠与的税法处理,具体内容的表述十分雷同,都区分为对法定继承人的赠送和非法定继承人

---

① 陈少英:《公司涉税法论》,北京大学出版社2005年版,第69页。
② 梁上上:《利益衡量的界碑》,载《政法论坛》2006年第5期。
③ 参见黄士洲:《税法对私法的承接与调整》,台湾大学法律研究所2007年博士学位论文,第183页。

的赠送,以此给予不同的税法待遇。此种"一事一议"的立法模式,看似涵盖了所有可能的税收情形,实则极有可能挂一漏万,因为复杂性、专业性素为税法的流弊,成为纳税人恪守其义务的严重阻碍,也严重阻碍了税收管理者有效及高效地实施税法。① 当然"复杂性不是独立存在的,而是我们所要求的政府干预水平和公共服务水平的一种体现。高水平的政府活动和高水平的公共服务带来高税率,高税率带来复杂性,简化税制的呼声也逃不过这套逻辑"。②

既然都发端于婚姻家庭,税法原理与最终待遇也相差无几,为何不能将其融入统一规则体系,而是散落在不同的税收规范性文件当中? 我们以为,对婚姻家庭成员间的房产权属变动税制进行整合,是税收法定主义的绝佳体现,也是税制简化的根本性要求。税法的简化对个人、商业、税务机关以及整个经济都是有利的。但在立法过程中,复杂性常常被忽视,因为比起立法者试图解决的"当前"的问题,其消极影响更易为立法者所忽视,且这种消极影响只在相当长一段时间之后才显现出来。这种长期积累起来的不适当的复杂性已经到了必须处理的时候了。③ 出于简化税制考虑,整合婚姻家庭成员间的房产权属变动税制,尤其要坚守法定主义,在其导引下穿透纸面的税法规则,找到关联法条的实质共性,谋定而后动。

从形式上看,可以将前述几大规范性文件的内容整合到一个规范性文件中。从实质上看,可以将房产权属变动的婚姻家庭税法分为如下模块:其一,夫妻存续期间的房产权属变动税制;其二,离婚析产税制;其三,无偿赠与及继承房产税制;其四,房产权属变动的其他税制。如此设计,将打破税种壁垒、改变目前割裂的分税种立法,转为以交易形式和类型为内核的立法模式。此种立法模式将以交易为立法主线,即以婚姻家庭成员间的房产权属交易为中心,糅合交易所涉的增值税(营改增)、城市维护建设税、教育费附加、土地增值税、印花税、个人所得税等关联税种。比如,房屋产权所有人死亡,依法取得房屋产权的法定继承人、遗嘱继承人或者受遗赠人。可以用一个条文直接规定,不征契税、个人所得税和增值税(营改增)。此种整合建立在交易和税种的高度融合基础

---

① 参见〔荷兰〕马特海斯·阿灵克:《税法的起草和实施:税务机关在税法制定过程中的作用》,陈延忠译,载《国际税收》2013年第6期。

② Joop N. van Lunteren,"Comments on Jeffrey Owens and Stuart Hamilton:Experience and Innovations in other Countries",Henry J. Aaron and Joel Slemrod(ed.),*The Crisis in Tax Administration*,Brooking Institution Press,2004.

③ AICPA,Tax Policy Concept Statement No. 2,*Guiding Principles for Tax Simplification*,New York,2001,p. 9.

上,从立法技术上看,应尽量使其具有易懂性、有效性和整体性。①

(二)构建婚姻家庭保障的税种链条

因为坚守婚姻中性、保障婚姻家庭,税法在多数情况下放弃了对婚姻家庭成员间的财产交易课税。但"任何税制存在于一定的经济、社会和政治环境之中,如果将其抽出来进行孤立静态的观察,即与其存在的具体条件和环境剥离开,这时我们看到的税制就变成了一个没有生命的'标本',是无法实际应用的"。② 婚姻家庭税法无不如此。进入新世纪,国民经济持续高速增长,国民收入大幅增长,尤其是进城务工者的收入倍增。但近五年,城市化进程相伴相生的社会不同阶层的贫富差距日益扩大也是不争的事实。如果税法继续对此种现象不予理睬,最终结果极有可能是,为保卫一个婚姻家庭而导致更多婚姻家庭破裂。税法保障婚姻家庭,不能离开其赖以运行的经济、社会、文化和政治等环境。归根结底,"法律的制定和实施总是或者说必然地受到社会、经济、心理、历史、文化以及各种价值判断等各种因素的影响和制约"。③ 规则设计上,税法不仅要考虑微观的单一婚姻家庭,还要心系成千上万的当世婚姻家庭,尤其要充分考虑到代际之间的婚姻家庭。而现行税法并未做到这一点,也使得其对婚姻家庭的保障功能大大弱化。依然以婚姻家庭财产为例,婚姻家庭成员间的房产权属变动无需课税,的确有助于保障身处交易的婚姻家庭,但税法的此种"无为而治"变相降低、乃至逃避了对无房产婚姻家庭的保障,而这又会进一步加剧社会不公。由上观之,对婚姻家庭的保障,税法应心系天下、更加关注弱势婚姻家庭,不应沦为"劫贫济富"的工具。要做到这一点,当下应着力推进以下税法建设和改革:

其一,限定房产权属变动不征税的范围。尤其要改变目前直系亲属之间的所有房产赠与不征税的规定,将不征税范围限定在一定的数额范围内,究竟采用房产评估价值、还是房产面积等,可在精确调研的基础上作出决策。如能作出上述调整,便可谋划房产税的扩围和遗产税的开征。

其二,继续完善个人所得税制。家庭是社会的子系统,开征个人所得税是将个人收入合理分割于家庭和社会之间,直接影响着家庭的生活及生存能力。

---

① Victor Thuronyi(es.),*Tax Law Design and Drafting*(volume 1),International Monetary Fund,1996,chapter 3.

② 刘尚希:《按家庭征个人所得税会更公平吗?——兼论我国个人所得税改革的方向》,载《涉外税务》2012 年第 10 期。

③ 孙同鹏:《经济立法问题研究——制度变迁与公共选择的视角》,中国人民大学出版社 2004 年版,第 10 页。

综观世界各国税制实践,个人所得税在申报模式上有分类所得税制、综合所得税制以及分类综合所得制之分,计税单位有个人、家庭之别,形式各异,但殊途同归。当以个人为纳税单位时,其较好地践行了税收中性品格,体现了对夫妻个人意思自治的尊重,个人税负不会因婚姻与否而发生变化,但此并未对不同纳税人的家庭收入结构及经济负担做适当考虑,没有考虑到婚后夫妻生活成本的规模性变动,况且家庭成员亦会通过分散所得等避税方式以寻求家庭税负的最小化,与量能课税原则相背离。而当以家庭为纳税单位时,不仅与以家庭为中心的传统伦理观相契合,而且还考虑到了家庭的整体税收负担,能更好地反映出纳税人的实际税负承受能力,是为正义之举,但其亦可能导致婚姻歧视,使单身者、欠缺经济能力的家庭成员处于不利地位。然而,不管是以个人还是以家庭为纳税单位和申报主体,都应该更加强调对家庭经济负担的考虑,费用扣除额、边际税率的设计也应照此逻辑。例如,我国台湾地区《所得税法》第17条规定,纳税义务人及其配偶或受扶养亲属的保险费、医药及生育费可自综合所得税中列举扣除,财产交易损失、薪资所得、储蓄投资、残障及教育学费等可特别扣除。与之类似,德国在计征个人所得税时也将子女的抚养及教育费、老年生活费、亲属赡养费等予以特别扣除;法国则按照家庭系数法计算生计扣除(系数由婚育情况、子女数量等因素确定)。

其实,从保障婚姻家庭的角度看,可以考虑将选择权交由家庭成员,由家庭成员自行决定采取何种计税单位和申报模式,以实现税负最小化和婚姻中性,践行婚姻家庭保障的终极理念。受制于家庭人口统计、家庭财产采集、税务征管能力等因素,此种设想付诸实施的难度和阻力不小。但税制改革已入深水区,任何一项制度的推进都取决于政治决心。亦如学者所言:在谈论税收政策时,尽管我们至少有四套标准可供使用——政治学的、经济学的、伦理学的和行政管理学的。但是,在税收决策中,政治的考量才是决定性的。只要政府愿意接受并通过政治过程把税收纳入法律的轨道,其他标准都不是很重要。政治之下,所有的税收决定都可以视为政策决定,但有时政府选择税收政策的目的是为了产生其他政策结果,而不仅仅是为了增加收入。[①] 个人所得税与婚姻家庭交集在一起,决策者的确需要评估决策而致的政治效果。况且,给予家庭成员更多的选择权并非没有先例。比如,公共压力促使美国政府在1969年修改《税收改革法案》,对之前的"婚姻税"进行了修正,即通过婚姻关系把个人分为两类——已婚个人和未婚个人。允许已婚个人可以合并他们的所得和扣除项目

---

① 参见〔美〕B. 盖伊·彼得斯:《税收政治学:一种比较的视角》,郭为贵、黄宁莺译,江苏人民出版社2008年版,第3、15页。

第八章 税法如何面对婚姻家庭

只进行一次申报,亦可以各自单独申报①,但会对不同的申报方式设计不同的税率。对已婚合报者,如果其家庭收入少于17850美元,则采用10%的税率;如果其家庭收入在17850~72500美元之间,则对超过17850美元部分的收入按照15%的税率征收;其余收入水平依次超额累进(如表8.2所示)。② 此种做法较好地平衡了纳税人权益与国家税收利益,实现了个人所得税法与婚姻家庭法的和平共处,值得我国个人所得税法改革借鉴。

表 8.2　2013 美国个人所得税税率

税率	单身	已婚合报	已婚各自申报	户主
10%	0~8925	0~17850	0~8925	0~12750
15%	8926~36250	17851~72500	8926~36250	12751~48600
25%	36251~87850	72501~146400	36251~73200	48601~125400
28%	87851~183250	146401~223050	73201~111525	125401~203150
33%	183251~398350	223051~398350	111526~199175	203151~398350
35%	398351~400000	398351~450000	199176~225000	398351~425000
39.6%	400000以上	450000以上	225000以上	425000以上

其三,开征遗产税,作为婚姻家庭保障的最后一环。遗产税以被继承人去世后所遗留的财产为征税对象,直接影响遗产的再分配。凭借独特的法律构造,遗产税设置得当的话,不但可以节约资本,平均社会财富,而且可以鼓励劳动和平等竞争,缓解社会不公,营造代际公平。例如,台湾《遗产与赠与税法》第1条"附录"就将共同财产制中夫妻一方死亡时共同财产之半数列为遗产课税③,在促进社会公正的同时发挥着保障婚姻家庭的积极功用。众所周知,晚近源于股市、地产等投资收入的增加,"中国家庭收入差距明显,收入最多的20%的家庭和收入最少的20%的家庭相差19倍"。④ 是故,作为一种"均富"的分配标杆,"遗产税既具有强烈财富重分配的诉求,其功能乃近于社会政策的奖励、诱导性税捐,指导原则乃功绩原则与比例原则,量能原则即属次要。申言之,对

---

① 参见马君、詹卉:《美国个人所得税课税单位的演变及其对我国的启示》,载《税务研究》2010年第1期。
② 参见张敬石、胡雍:《美国个人所得税制度及对我国的启示》,载《税务与经济》2016年第1期。
③ 参见台湾地区"遗产及赠与税法令汇编"第1条,"财政部"70/01/07台财税第30119号函。
④ 参见国家卫生计生委:《中国家庭发展报告(2015年)》,2015年5月13日。

于不劳而获的遗产强制课予重税者,须有助于平均财富、避免私人过度积累资本的社会目的,因此对于财产权与继承权的侵入亦须于适当与合比例的限度之内"。① 与此同时,遗产税征管以资产核查为基础,资产又以不动产为主导。遗产税的开征,可以敦促房地产价格理性回归,规范房地产市场,实现遗产税的综合社会效应。此外,遗产税的开征,还可以防止死者生前转移遗产而逃税,有效驰援所得税,从而完善现行税收体制。

---

① 黄士洲:《限定继承、遗产税协力义务与漏税处罚——"最高行政法院"94年度判字826号判决评析》,载《东吴法律学报》第18卷第3期。

第九章 关联劳务转让的整合规制
——从劳动法到税法

在部门法上,关联企业的劳务转让行为横贯合同法、劳动法与税法,直接关联纳税人的契约自由权与国家的课税权。税法和其他部门法一样,都在致力于贯彻宪法的基本价值判断。宪法规定的是一般的价值判断,如平等、自由等基本的价值观。由于宪法的一般价值判断过于抽象,距离操作的要求太远,很难作为裁判规范和判案的直接依据。宪法的一般价值判断依赖于部门法来展开,在部门法上变成具体的价值判断,从而成为裁判规范。一般而言,劳动法和合同法更多落实的是宪法的自由原则,而税法则是贯彻了宪法的平等原则。[①] 劳务转让发端于合同法,横跨劳动法,其最终影响着税法的评判。税法如何适用必须追根溯源至劳动法,以体现税法对前置性法律的尊重,最终完成法律秩序的统一。在关联企业间劳务转让的形式、动机等不断复杂化的当下,有必要认真对待劳务转让,用一种法际整合和"接轨"的理念,将其置于合同法、劳动法与税法的整体视域下进行权衡。

一、关联劳务转让:劳动法如何规制

关联企业因其利益联系的特殊性,为了达成经营利益的实现,其劳务转让具有了可能性与必要性。然劳务涉及人身权利,特别是关联企业劳务转让的无限制自由,使得该转让行为应当有一定的底线防止过度解读合同所建立的平等原则侵犯处于弱势地位的劳动者利益。在此,劳动法适时而出,弥补劳动者在形式平等的劳务交易中权利失衡现象,并通过劳动基准的建立区分劳动合同与劳务合同,为劳务的转让行为提供了判断的参考基准。作为保护劳动者的劳动法,应规制劳务转让的定价规则,使其不得降低劳动者参照其他个体为该企业提供劳务所获的经济价值及人文关怀价值。

---

① 参见杨小强:《中国税法:原理、实务与整体化》,山东人民出版社2008年版,第12—13页。

(一)劳动合同与劳务合同的分立

我国劳动法采德国法上的一重劳动关系说,即同一劳动者只能与同一用人单位建立劳动关系。该劳动关系成立后双方当事人即受劳动法的约束,承担各自劳动法上的义务。此时,劳动者在其忠诚义务范围内不得与其他用人单位建立第二重劳动关系;用人单位在其劳动保护义务范围内亦不得要求劳动者与其他单位再行建立劳动关系,独立的法人人格使得关联公司亦不例外。在此基础上,该劳动者受制于劳动关系的约束而接受用人单位指挥或业务的需求向关联企业提供劳务,而并不与该关联企业建立劳动关系。从成立契约的角度来讲,该劳动者与原单位签订了劳动合同,而与关联企业则签订了有效的劳务合同,该劳务合同所指向二者间的相互给付,需要劳动者履行包括市场调查、行销、管理、事务等服务①,而关联企业提供合理的劳务费用。在劳务转让过程中,契约是劳动者与关联企业之间建立信任关系的主要制度工具;而对于物化程度很高的劳动合同而言,双方之间的信任需求在合同订立后就可以立即得到实现,因为劳动合同制度可以借助一些法律工具,克服彼此之间建立信任关系的时间障碍,使劳动者与用人单位的关联企业之间的信任关系瞬间形成,书面劳务合同的签订也就显得不那么重要。便利了劳动者在用人单位的授意下,通过自身的技术优势与多个关联企业订立劳务合同,在劳动者与关联企业间产生了信任的约束。

相较具有私法性质的合同法,劳动法则属于公、私法兼有的社会法范畴,通过制定劳动基准和规范劳动合同在劳资关系中实现对劳动者的保护,但劳动合同法仍走不出合同法所设定的窠臼,体现了对合同法的承接和调整。由于关联企业内部在经济、人事和管理上有着千丝万缕的联系,其内部劳务转让对劳动法而言是如何保障该劳动者权利及关联企业是否通过劳务转让行为规避劳动法之嫌?一旦劳动者与关联企业发生争议,两者之间的内部关系决定责任承担之方式,此时,劳动法是否适用于以及在多大程度上适用于劳务转让显得尤为重要。劳动法通过设定劳动基准来强制规范用人单位的行为从而达到对劳动者权益的保护。关联企业间的劳务转让使得劳动者与当前关联企业间建立的是劳动关系抑或劳务关系难以判断。在此情形下劳动法很难找到真正的用人单位来实施强制的劳动基准。由于我国劳动法只认可一重劳动关系,使得只有实际的用人单位才与劳动者之间存在劳动法意义上的劳动关系。如若认为原

---

① 参见《特别纳税调整实施办法(试行)》第10条。

用人单位和新用人单位之间的关联关系并不能否定其各自存在劳动关系的独立性,关联企业间存在两层劳动关系,该看法与基本法律规范背道而驰,实为不妥。针对劳动关系的一重性,需明确该劳动关系是劳动者与劳动合同签订公司还是与实际用人单位建立。此外,还必须明确关联企业间的劳务转让并非劳务派遣,不受派遣法律的规制。"派遣机构的生存哲学即在于它作为一个企业能够比单个要派单位更有效地招聘那些符合非标准用工模式的员工,否则交易成本根本无法减少"[1],这与劳务转让很难区分。虽然实践中关联企业劳务转让也多以委派、指派、借聘、借调等调整工作岗位的方法表现出来,尤其在非劳动者本人意愿的劳务转让情境下,其与劳务派遣多有相似之处。如用人单位在与拟派出工作人员签订劳动合同时,以及在与用工单位签订劳务派遣协议后选任拟派出工作人员时,都审查其是否具备从事相关工作的资格以及是否具备完成约定工作的能力。[2] 从劳动部《关于贯彻执行〈中华人民共和国劳动法〉若干问题的意见》第14条[3]之规定来看,立法者亦认可二者的这种类似,故对关联企业间劳务转让的劳动者保护规定参照了对被派遣劳动者的保护。但归根结底,两者仍属不同的制度范畴,有各自的界限和适用疆域。

(二) 劳务转让的判断基准

民事契约是以平等主体间的人身、财产关系为出发点而调整债权债务关系,而劳动契约则是以调整具有公、私法融合的社会法性质的劳动关系,二者在法律关系、目的上差异较大。在法律理念上,各国都不约而同的从公、私法划分及融合的理念上,区别雇佣契约、劳动契约法律调整的界限。然民法与劳动法在调整雇用契约和劳动契约上有私法与公、私融合性法律之间的差异;亦有一定牵连,即"民法所沉淀的博大精深的契约理论对劳动法上劳动合同制度的建立和完善起着基础性的指导作用,脱离民法契约法基础的劳动合同法是没有理论基础的法律制度,同样,固守传统司法思维去理解劳动合同制度也只会作茧自缚"。[4] 故对劳务契约而言,关于该契约的规定并不能完全适用于劳动契约,

---

[1] 涂永前:《劳务派遣制被滥用的缘由及法律规制》,载《政法论坛》2013年第1期。
[2] 参见王竹、张恒:《劳务派遣工作人员的侵权责任——兼论"不真正补充责任"的确立与扩展适用》,载《法学》2013年第2期。
[3] 《关于贯彻执行〈中华人民共和国劳动法〉若干问题的意见》(劳部发〔1995〕309号)第14条规定:"派遣到合资、参股单位的职工如果与原单位仍保持着劳动关系,应当与原单位签订劳动合同,原单位可就劳动合同的有关内容与合资、参股单位订立的劳务合同时,明确职工的工资、保险、福利、休假等有关待遇。"
[4] 郑尚元:《雇佣关系调整的法律分界——民法与劳动法调整雇佣类合同关系的制度与理念》,载《中国法学》2005年第3期。

只有在劳务契约的某些性质、内容与劳动契约并不完全排斥时,其适用才有劳动法上的意义。事实上,劳动关系含有一般债权债务关系中所没有的部分,除了具有个人性质外,还应具有社会法上的理念,并非简单的等同于人格法上的共同关系;后者将劳动者个人与人格均涵盖在其效力范围之内,并建构劳动者的生活与人格的实际内容等。依此理由,用人单位对劳动者亦不存在统治关系,资本与劳动之间的对立也就不会转化为"老板"与"员工"之间的对立。劳动关系中,劳务的提供并非如债权给付关系中交付独立于人格之外的物而已,这种交付与人格却是不可分离的。概言之,劳务转让的判定本质上仍是劳动关系与劳务关系的界分。劳务合同虽然蕴于具有平等的民法之中,但我国《合同法》却是没有明确劳务合同的概念,而是通过规定承揽合同来达到对劳务合同的间接理解,故劳务转让的一般判定规则在我国法上并不清晰。这方面成功的案例可参考英国经验[1]。

英国对劳动与劳务之区分是通过不同时期司法判例确定的四种标准来逐渐完善的。一是有效控制标准。该标准由 Bramwell 法官在 1881 年 Ywens v. Noakes 的判例中创立。Bramwell 法官认为:"所谓雇主是有权控制劳动者做什么和怎么做",受雇人应该是"他的工作方式取决于雇主的命令和指示",而个体劳动者则"只是被告知做什么,而没有被告知怎么做"。[2] 二是组织标准。1952 年,法官 Dening 在 Stevenson Jordan and Harrison, LTD. v. MacDonald and Evans 的判例中创设了"组织标准"认定法。据此,判断一个人是不是雇员,不再取决于他是否服从命令和指示,而取决于他是否是劳动组织的一个组成部分。在雇佣合同项下工作的受雇人所做的工作是(劳动组织)业务不可缺少的一个组成部分,而从事服务合同项下的工作的人,尽管他可能为组织的业务做事,但不是组织业务的整体组成部分,仅仅是业务的配件或者附加。三是多因素标准。考克(Cooke)法官在 1969 年的 Market Investigations LTD v. Minister of Social Security 判例中创设了"多因素标准"。[3] 他认为判断一个人是否是受雇人,应考虑如下因素:是否是劳动者本人亲自提供服务;是否存在指挥和控制;是由雇主还是由受雇人提供劳动工具和劳动设备;劳动者是否雇佣自己的帮手;劳动者是否承担经济风险。四是公共利益标准。1995 年在"雷恩诉赛如风公司"案中,原告雷恩是一名按日计酬的临时建筑工人,有自己独立的业务,同时受雇于

---

[1] 在英国法中,雇佣关系对应我国法的劳动关系,服务合同关系对应劳务关系。
[2] Michsel Jefferson, *Principles of Employment Law*, Cavendish Publishing Limited, 2000, p. 60.
[3] Market Investigations LTD v. Minister of Social Security, [1969] 2 QB 173.

第九章 关联劳务转让的整合规制

被告公司。雷恩在工作中受伤,要求被告承担工伤赔偿。法官认为虽然雷恩有自己的业务,并只承担特定的工作,但是不能因此就认定其提供的是服务合同。雷恩是为公司工作(即使是短期雇佣合同工),认定雷恩与公司之间是雇佣合同关系。"当涉及劳动安全这一问题时,若认定雇佣关系存在就是有一个真正的公共利益存在"①,依据公共利益原则确定劳务与劳动之区分。从英国对劳务与劳动关系的认定标准的发展来看,就如同任何一种规范都不能涵盖所有可能发生的现象一样,劳务的认定并非存在一种一成不变的认定标准,应当根据社会的发展灵活确定。由此,我们以为,在我国劳动法上判定劳务转让可以拟定如下标准:

其一,从属性标准。传统劳务契约中存在"劳务"与"报酬"的对价,将劳务契约纳入债的范畴,其中,在劳务与报酬的对价关系中,并不过多的体现从属性。② 在劳雇关系中,如果受雇方不以雇佣方为生活的绝对依靠,而仅仅是偶然性的劳务与报酬的对价,这样的雇用契约当事人之间的从属性较弱,亦可认定为劳务关系;一旦受雇方以雇佣方提供的持续财物为生活之保障,两者间的从属性较明显,则可认定为是劳动关系。正如史尚宽所言:"劳动法上之劳动契约谓当事人只一方对于他方在从属的关系,提供职业上之劳动力,而他方给付报酬之契约乃为特种之雇佣契约,可称为从属的雇用契约。"③现代社会经济、技术高度发达,使得企业的发展不再呈单一倾向,需要与诸多产业相关联,社会越来越形成一个整体,雇佣劳动中的从属性越来越强,并从直接向间接转换。特别是对身份从属性的强调,受雇方对雇主生活依赖性的加强,例如富士康公司与其职员。

其二,组织性标准。劳务合同原则上是当事人间自由合意所缔结的契约,而劳动合同的缔结使得双方当事人间形成了一种组织上的依附性,劳动者在企业内部接受管理、遵循规章制度;用人单位将劳动者纳入自身运行体系,被作为企业的一部分而存在。然经济生活的复杂性,使得现行法律秩序中劳务关系也并非只形成财产上的权利义务关系,非财产上的因素也被纳入。由此,使得对劳务与劳动合同关系的考察越来越困难,因为劳动关系也被认为具有非财产性质的人格上的共同关系。而组织性标志提供了一个开阔的思路,当某一企业组织性越强时,企业与劳动者间实力与地位的对比差距也就越大,企业完备的组织体系将劳动者纳入其中,受控制的劳动者成了企业这个机器正常运转的"螺

---

① 李凌云:《英国法院如何认定雇佣合同》,载《劳动保障通讯》2002 年第 8 期。
② 参见郑尚元:《劳动合同法的制度与理念》,中国政法大学出版社 2008 年版,第 23 页。
③ 史尚宽:《债法各论》,台湾 1960 年自版,第 274 页。

丝钉"。很明显，单个的自然人无法形成强大的组织，劳动者对自然人雇主依赖性较低，故该雇主很难与劳动者形成劳动关系。当具有强大的组织性时，劳务提供者易于被纳入组织内部形成劳动关系。正如黄茂荣所言："雇佣契约与劳动契约并无实质上的差别，其区别存在于劳务接受者之组织规模；只有组织规模达到一定程度始有必要之财务能力，担负照顾其受雇人之社会责任。"①

其三，强制干预标准。工业社会的发展使得原来由民事法律调整的劳资关系过渡到由劳动基准法与劳动合同法共同调整。劳动基准是国家干预劳动关系建立的最主要手段，也是劳动法不同于追求自由主义的民事法之间的区别。劳动合同领域除了当事人意思表示一致外，国家还通过对劳动时间、劳动强度、劳动报酬等标准的强制来达到对劳动者权益保障；而在奉行合同自由的私法领域，国家的干预被认为会破坏市场竞争，故干预较少。劳动合同通过国家的强制达到维持自身一种稳定、可持续的状态，而非劳务合同所追求的利益最大化。"一般法律关系重在交易之活泼，如买卖契约其成立与消灭极为迅速，但继续性法律关系之宗旨在保持存续状态，如劳动契约，对安定性极为重视……"②劳动合同的安定性是国家干预的前提，保护劳动合同的安定性却是国家干预目的所在。

（三）劳务转让的定价规则

对劳务的定价近似于劳务资本的入股，将抽象的劳务具体化为资本是劳动法调整下的劳务进入税法领域的一条捷径。税法还专门为劳务的具体化提供了量身定做的量化标准，将工资报酬、收益和成本的分析作为评估的手段。从财产法的角度来看，劳务的提供对应着报酬的给予，在关联企业间劳务提供完毕时，如何对其价值进行确认和计量就成为一个非常现实的问题。即对该劳动者而言，其劳务提供的价值究竟是多少？可以被用来课税的劳务价值又为多少？因此，面对该实际问题，劳务定价所考虑的法律因素就显得尤为重要。具体说来，劳务定价的法观念就是劳务定价的公平与效率观念。③ 公平即指劳务定价应当采取适当的方法，准确反映劳务的价值，兼顾劳动者、企业和国家的利益。效率指劳务定价应当有投入产出观念，能够促进企业间资源的有效配置，最大限度提高企业效益。为了实现公平，法律应当通过合理、有效的程序规定

---

① 黄茂荣：《债法各论》（第一册），中国政法大学出版社 2004 年版，第 132 页。
② 黄越钦：《劳动法新论》，中国政法大学出版社 2003 年版，第 96 页。
③ 参见〔美〕E. 博登海默：《法理学：法律哲学和法律方法》，邓正来译，中国政法大学出版社 2004 年版，第 219—220 页。

劳务定价的机制。为什么当事人不能拥有定价自由？因为只有劳动者与关联企业之间的地位是平等的，劳务课税是公平、合理的，劳动者、关联企业和税务部门谈判能力也是相同的情形下，当事人之间的定价自由才能实现真正的公平。由此，劳动者提供劳务，关联企业提供未来给付的允诺，如果是一个允诺的作出者所谋求的并且是与它想交换而提供的，他们就是这个允诺的充分对价。[①]但实现情况远非如此，公平必须通过三方共同信任的中介机构的行为来保证。比如会计师事务所，因其不参与三方关系，故并不存在舞弊的动力。为了实现效率，应当对定价的具体方法进行一定的选择。即法律应当按照一定时期社会的价值取向选择劳务定价的评估方法。在合同法与劳动法上对劳务定价可参考以下三个要点：其一，作为主体之劳动者自身价值之判断。服务于企业的劳动者在工作经历、能力、人际关系和职位等方面存在较大的差异，这使得被派往关联企业从事劳务之劳动者所体现出来的自身价值不一。有的劳动者由于自身具有较大优势，甚至有较高知名度，此时所提供的劳务产生的劳务费用相对其他劳动者而言较高，即在其他条件相对稳定的情况下其劳务定价也较高，反之亦然。其二，在劳动者自身价值基础上再行考量该劳务工作对关联企业的重要程度。劳动者在关联企业从事的工作对关联企业而言是否急迫，是否属于关联企业的重要岗位，对该劳务的定价有着至关重要的影响。一般而言，从保护公司商业秘密的角度来讲，只有关联企业在遇到急需要解决的问题时，才会将重要的工作交予该劳动者。此时，该劳务定价则会相对较高。其三，该项劳务最终成果价值。企业最终目的既是为了获取更多的利润，在投入和产出成正比的情况下，获取高额利润则需要较大的投入。如若劳动者提供的劳务极大的推动了关联企业获益，则其劳务的价值也应当被放大。

二、税法如何回应劳动法规制

税法是与合同法、劳动法相衔接的一个重要法域，税收构成要件与合同法、劳动法的概念形式相联系。处于法律秩序统一和法际协调考虑，除非有特指，税法不宜创设独立于合同法、劳动法之外的概念与术语等，对劳务转让的判定、定价等，也应优先适用于合同法与劳动法的规定。但若源自合同法与劳动法的前述规则难以与税法完全对接，尤其是当关联企业滥用劳务转让，以规避税收时，若一味坚守前置性规则，显然难以保证国家税收，也易造成纳税人之间的不

[①] 参见〔美〕A.L.科宾：《科宾论合同》，王卫国、徐国栋、夏登峻译，中国大百科全书出版社1997年版，第314页。

公。虽然在一般的法律价值判断上,不同的部门法不应出现冲突;但在具体价值判断上,可能会有不同的偏好与选择。该不同偏好与选择可能带来不同的立场,形成不同的视野,看待法律问题亦有不同的意见。但这些意见的出入,是法律从不同角度的观察,代言不同的利益群体。这些不同利益群体的意见表达,是民主社会的利益调节机制。法律受到公共利益理论的影响,也同样受到公共选择理论的影响。由此得出初步的结论,法际之间有相互的尊重,也会有不同的歧异,但法律一直要寻找的是协调的机制。正常交易原则以其独特的公平追求,天然成为劳务转让在合同法、劳动法与税法之间的协调机制,但随着集团劳务、派遣劳务和隐蔽劳务转让的迅猛发展,正常交易原则遇到前所未有的适用困惑。

(一) 正常交易原则:税法与劳动法协调的天然利器

正常交易原则,又称为独立交易原则,发端于"arm's length principle"。实践中,正常交易原则被广泛运用,不同领域对其进行了不同角度的解读。目前,转让定价运用该原则是这一原则在税法领域最广泛的实践。何谓正常交易存有诸多分歧。《OECD 税收协定范本》第 9 条规定:"如果两个企业之间的商业或财务关系不同于独立企业之间的关系,那么,本应由其中一个企业取得,但由于这种关系没有取得的利润,应该计入该企业的利润,并据以征税。"[①]"换句话说,关联企业之间的交易应该与独立企业之间的交易一样,依据市场条件下的交易原则来处理关联企业之间的收入和费用分配问题,否则,税务机关有权对企业的转让定价进行税务调整。"[②]具体而言,正常交易可以在两种场合下用以解决转让定价问题:狭义上,正常交易通过可比非受控价格法、成本加成法和转售价格法所产生的价格为正常交易价格,符合正常交易理念;广义上,正常交易通过任何其他的方法产生价格,符合正常交易价格,也视为正常交易。[③] "需要注意的是,你越是关注利润的确定,而不是转让价格,你的可比性就越不精确。换句话说,你离可比非受控价格越远,你的可比性就越不精确。通过可比非受控价格法得出的价格可比性最强,成本加成法次之,利润分割法根本没有可比

[①] OECD,"OECD Transfer Pricing Guidelines for Multinational Enterprises and Tax Administrations",2010,p. 33.

[②] 范坚等:《国际反避税实务指引》,江苏人民出版社 2012 年版,第 4 页。

[③] Reuven S. Avi-Yonah,"The Rise and Fall of Arm's Length: A Study in the Evolution of U. S. International Taxation",*Public Law and Legal Theory Working Paper Series* (*Michigan Law Working Paper*) NO. 92(2007).

性了。"①

由上可知,正常交易原则完全可以担负税法与合同法及劳动法协调的重任。因为正常交易原则诞生的目的在于创设一种标准,即以独立企业之间的正常交易审查关联交易,以期观察是否因关联交易而人为地调整关联方之间不正常的利益移转、致使国家税收流失,一旦如此,税务机关则可利用纳税调整权、矫正关联企业之间的非正常交易行为,以维护国家税收利益和公平的市场竞争秩序。从纳税人角度剖析,正常交易原则为其合法税收筹划与滥用转让定价避税提供了一个界分的标准,关联企业触摸到了合法与非法之界限,从而更有利地组织生产、经营,使得关联企业的交易行为预期得以确定。概而言之,纳税人知晓了合法节税与非法避税的标准,税务机关则获得因转让定价滥用而导致税收利益严重受损时的调整权,这便是正常交易原则的工具价值。关联企业在合同法和劳动法允许的条件下转让劳务,其最终是否得到税法的认可,并不由合同法和劳动法所掌控。税法以其独有的价值评判进行评估。因此,劳务转让的各方亟需一套准用的税法规则,以事先规划自己的行为。关联企业时常通过劳务转让实现其谋划,只要符合正常交易原则,税法理应直接认定。否则,则对其劳务转让行为进行调整。可见,正常交易打通了合同法、劳动法与税法的通道,也直接决定了税法对合同法、劳动法确定的劳务转让规则的承接抑或调整。从此意义上讲,正常交易原则可以担当合同法、劳动法与税法在劳务转让上的协调机制。

(二)正常交易规制劳务转让的中国困局

如前文所述,尽管《特别纳税调整实施办法(试行)》和《特别纳税调整实施办法(征求意见稿)》在转让定价方法的立法上有较大的突破,使关联企业和税务机关在实际操作时都可以更好地选择合适的转让定价方法,但其适用于关联企业的劳务转让仍有以下困惑亟需破解。

其一,正常交易原则的功能定位。税法对关联企业间的劳务转让究竟采取何种态度,直接取决于正常交易原则的定位。我国现行立法并未有明确而清晰的立场,一方面担心关联企业滥用税收筹划权,通过劳务转让而减损税收利益;另一方面,又担心反避税的过于坚决而导致关联企业,尤其是跨国公司离开中国。全球范围也如此,尤其是 2007 年以来的全球金融危机,使得许多国家为了吸引外资,经常自愿成为"避税天堂"。2012 年,谷歌、脸书、亚马逊和星巴克等

---

① 〔美〕鲁文·S. 阿维—约纳:《国际法视角下的跨国征税——国际税收体系分析》,熊伟译,法律出版社 2008 年版,第 112 页。

大型跨国公司被曝在英国获得大笔收入,却未能支付应缴税费,引发了国际社会的强烈质疑。① 与此同时,也必须看到关联企业进行关联交易可能并不是出于避税考虑,而仅是因为出于对商业条件与商业环境的考量,无法同第三方进行类似的交易。② 在此境况下,如何更加清晰地定位正常交易原则,对劳务转让介入后的劳动法与税法的衔接至关重要。

其二,正常交易原则与"可比信息"。运用正常交易原则的前提是找到与关联方的交易具有可比性的独立第三方的劳务转让作为参照,由于现代经济生活的复杂性,企业采取何种方式、价格转让劳务,可能只有当事人知道,在这种况下,可比交易成为正常交易成败的关键。在存在第三方可比交易的情况下,纳税人或税务机关对关联交易与第三方交易进行分析比较时,需要搜集大量的与第三方交易相关的信息与数据。然而在现实中,由于种种限制,比如由于保密性的原因纳税人或税务机关往往难以从独立企业获得信息,或者可获得的资料不全面,或者由于其所在地或资料拥有者等原因而难以索取。③ 况且,正常交易原则适用所需要的大量资料收集、事实查证,需要进行适当的经验判断,这不仅给纳税人带来较高的税法遵从成本和奉行成本,给税务机关带来较高的征税成本,而且对税务机关的执法水平有相当高的要求。④

其三,转让定价方法的系统与界分。转让定价主要发生在有形资产、无形资产、融通资金、提供劳务领域。但集团劳务、派遣劳务和隐蔽劳务等为关联企业间提供劳务方式转让定价足够的空间,也难以为税务机关觉察。而且一般认为,劳动力因素是很重要的一项所得创造因素,因此,应当包含在任何用于向集团成员分配集团利润的公式之中。原则上,劳动力因素应当根据工资衡量。对于劳动力因素的衡量而言,有三项因素是特别重要的:雇员的定义、劳务外包问题以及雇员处所的认定。⑤ 该三项因素影响着转让定价方法的选择,也间接左右正常交易原则在劳务转让中的落实。而且,"正常交易原则试图确定非受控交易方在与受控交易具有可比性的环境中将会采取的行动,其适用需要以受控交易达成过程中的具体阶段为依归,适用的具体阶段不同,产生的效果也将有

---

① 参见周萍、吴惠君:《"解决税基侵蚀和利润移转的行动计划"评述及我国的应对》,载《国际税收》2013 年第 4 期。
② 参见周自吉:《转让定价基础理论与实务操作》,中国财政经济出版社 2011 年版,第 45 页。
③ 参见范坚等:《国际反避税实务指引》,江苏人民出版社 2012 年版,第 11 页。
④ 参见孔晓莉:《资本弱化税制的比较分析及对我国的启示》,载《产经评论》2011 年第 1 期。
⑤ Common Consolidated Corporate Tax Base Working Group, "Report and Overview of the Main Issues that Emerged during the Discussion on the Sharing Mechanism", 2007, p. 3.

所不同"。① 此等问题都应在立法上有所考虑和侧重,而我国现行立法采用概括式立法,对无形资产和提供劳务的转让定价方法的规定只是笼统地将其与有形资产放在一起进行统一的纳税调整。概括式立法显然不利于关联企业和税务机关对劳务转让的准确把握。

三、关联劳务转让规制何以破局:一种法际整合的新理念

规范国家与人民关系的公法,以及规范人民之间的私法,本来各有其领域,而且在理念的形成与概念、制度的发展上,各有其脉络,应该不会有规范冲突的问题才对。但现代化与国家任务的扩大不仅改变了公法的内涵,间接也使公私法的功能起了变化,国家不论是为了更有效率的履行给付义务而利用私法,或减轻国库负担、逃避监督而"遁入"私法,私法的法人组织和契约的机制,都可能变成国家间接行政的工具。同样,本来应该由市场自己承担的制度营运成本,由交易当事人"内化"的交易成本,常常也因为经济规模扩张得太快,私法制度捉襟见肘而必须借用公法规范,于是公法也变成私法的工具。作为管制与自治工具的公私法规范相互工具化。② 劳务转让作为一种合同,其与税法直接接壤。根本上说,合同是纳税人之间交换财富的工具,是社会财富在纳税人之间的自愿分配。而税法是合同的法定成本,是社会财富在国家与纳税人之间的强制分配。合同法、劳动法与税法都事关财产权的重新配置,有交叉,也有冲突,因此需要用一种新的理念和视角来审视关联企业间的劳务转让行为。

已如前述,关联企业间的劳务转让不可避免地关涉合同法、劳动法和税法三大法域。在劳务转让场合,不同的法律部门,评价的是同一个对象——劳务转让行为,而且评价的进入时间有先后。不同的法律部门负载不同的使命,也会有不同的追求,但所有的法律部门都涵摄在宪法之下,因而应该遵守宪法的一般价值观。其实,不同的部门法都是在努力践行宪法的一般判断价值为具体的判断价值,只是分工有差异。也正因为如此,对关联企业间劳务转让的行为,三大部门法应通力合作,减少法际之间的缝隙。具体来说,不管是在立法、执法还是司法中,合同法与劳动法对关联企业间劳务转让行为的规制应贯通税法思维,引入正常交易原则,使其成为关联企业间劳务转让是否合法化的重要衡量标准。而在税法中,原则上应坚持合同法与劳动法的评价结果,不得任意干涉

---

① 陈智超:《无形资产转让定价问题研究——以美国和 OECD 的制度为中心》,厦门大学出版社 2012 年版,第 83 页。

② 参见苏永钦:《寻找新民法》,北京大学出版社 2012 年版,第 249—252 页。

纳税人的劳务转让行为,充分吸纳合同法与劳动法中的劳务转让规则,保持劳动者与企业,企业与企业之间的利益平衡。除非出现故意规避税收的劳务转让,方可对合同法与劳动法的前置性规则进行调整。与此同时,应考量合同法,尤其是劳动法的规则,完善税法上的正常交易的判定方法,注重不同领域转让定价方法的界分,从方法内部分类处理,外部形成一个完整的方法系统。具体可以采取概括加列举的立法模式,从整体上对转让定价方法进行规制,在此指导下,针对劳务转让的特性单独规定有针对性、可操作的方法。

通过上述举措,合同法、劳动法与税法在劳务转让这一节点上便可实现"接轨"。合同法、劳动法与税法本有"楚河汉界"相隔,三者分庭抗礼,势不两立。但为了兼顾自治与管制的双重目标,在现代各国的立法中,公法与私法越来越呈相互交错和融合的态势。在"公法私法化"和"私法公法化"两股思潮的影响下,在世界范围内,从理论研究、立法实践到司法实践,都在探寻公、私法的"接轨"问题。私法之所以能够作出"让步"以及税法之所以愿意"妥协",均非某种单一的社会因素所能导致。税法与私法的"接轨"都是经济发展、政治制度、法律思想和市民观念等多个因素演变的综合产物,我们必须从多个维度出发才能窥探出其背后的合理性依据、价值定位以及对整个社会秩序的潜在影响。① 在这个基础上,对劳务转让所涉及的合同法、劳动法与税法规则进行整合,实现"接轨"的正当性和必要性方能证成。

---

① 参见钟瑞栋:《民法中的强制性规范——公法与私法"接轨"的规范配置问题》,法律出版社2009年版,第4、213页。

第十章 环境法与税法的价值整合

"进入21世纪以来,人类创造了前所未有的现代文明,但同时也带来了生存环境的严重破坏。人与自然关系问题是人类共同关注的问题,环境问题即人与自然的关系问题就成为全球性的课题。"[①]2013年1月,中国大部分地区陷入严重雾霾、空气重度污染中,环境安全再次敲响警钟。面对日益严峻的环境问题,法学学者多从环境法视角寻求破解之道,重视环境管制手段的作用,对于财政法,尤其是对税法的环境保护功能认识不足。而实际上,环境问题为环境法和税法带来了共同的困境,确已历史性地"威逼"环境法和税法不断融合,彼此支持。环境法不断借助税法手段解决日渐恶化的环境问题,而税法也在环境法的影响下,不断"绿化"。如何看待这一环境法和税法交融的特有现象,需要认真思量如下问题:税法对解决环境问题具有多大价值,能起到什么作用?环境问题对税法会产生何种影响?在税法不断"绿化"的过程中,来自税法的理念会否导致环境法的理念渐变?进而慢慢向税法靠拢?对此等问题的进一步追问,则应考虑:在社会急速转型的语境下,面对环境问题,环境法该如何处置与税法的关系?新一轮税制改革中,税法又该怎样回应环境问题,与环境法协同立法?等等。其实,对这些问题的深究,离不开对一个更为根本的问题的思考,即如何整合环境法和税法的价值功能,使其共同致力于环境问题的解决。基于此,文章以环境问题解决为导引,以环境法与税法的价值整合为核心命题,讨论了税法与环境法立法目标的彼此区隔与交叉融合。在此背景下深度剖析环境法与税法在价值取向上的融合,阐释了量能课税与可持续发展理念对彼此法域的影响,试图从中找寻未来解决环境问题的规制工具及其整体布局。本章主体部分的分析逻辑如下:其一,以环境问题的治理手段为起点,分析转型社会中环境法与税法的定位;其二,以量能课税和可持续发展为主导理念,探究环境法与税法理念整合的通道;其三,基于法际整合大势,评估环境规制工具选择的影响因素和选择基准及其立场;其四,以环境财政工具为中心,研究未来环境规制工具选择的整体布局。

---

① 曹锦秋:《法律价值的"绿色"转向——从人类中心主义法律观到天人和谐法律观》,北京师范大学出版社2010年版,第64页。

一、环境问题的治理手段：转型中的环境法与税法

"随着工业化与城市化生产生活方式的不断深化与扩展，人们越来越清醒地认识到，生态环境的日益恶化不仅会直接导致人们生活质量的下降，而且将会最终危及人类自身的类种生存。所以，西方各国公众自 20 世纪 60 年代起都自发地组织了大量的生态环境团体对政府施加压力，要求政府尽快制止环境质量不断恶化的趋势和采取环境友好的经济社会政策。"①尤其是"环境威胁的趋势与不确定性、全球化、政治经济以及社会建构都无情地交织在一起"②，使得"环境问题异常复杂，具有'高科技背景和决策风险'，体现了'广度的利益冲突与决策权衡'，在一定程度上具有'社会非难性'，因此对环境问题的解决也必须采取多种措施，经济手段、政府管制、舆论良性导向、教育普及环保——即便是法律规制，也需要多管齐下，才能达到立法预定目标"③。环境法和税法本有各自的规制领域和规制方法，是环境问题将两者交织在一起，环境法与税法由此也共同成为环境问题解决的重要手段。

（一）环境法与税法的各自向度

"环境法是随着环境问题对人类社会影响的不断加剧而在 20 世纪中叶开始形成的一个新兴法律部门。它所要解决的问题，就是如何在现有经济、社会、政治和法律体制下，通过设立新的、以环境保护为着眼点的法律制度，去规范那些在经济发展过程中造成或者可能造成环境污染和自然资源破坏的人类行为，从而协调和平衡人类与人类所生存的环境之间的相互关系，维护地球生态系统的正常繁衍和发展。"④其"存在的目的就是为了解决环境问题，环境法的本质，不过是现代国家为治理环境问题而采取的一种'制度因应措施'。简单说，环境法即是规范环境之法规整体，'环境'即是此一法规范所欲保护之对象，环境保护正是此一法律规范存在之目的。"⑤正因如此，环境问题才成为环境法赖以依存的基石。环境问题直接影响环境法的权利义务配置，其性质、严重程度等也将决定着环境法的价值取向、法体系和结构设置。一言以蔽之，环境问题的缓

---

① 郇庆治主编：《环境政治学：理论与实践》，山东大学出版社 2007 年版，第 273 页。
② 〔加〕约翰·汉尼根：《环境社会学》（第二版），洪大用等译，中国人民大学出版社 2009 年版，中文版序第 2 页。
③ 侯佳儒：《环境法学与民法学的对话》，中国法制出版社 2009 年版，第 242 页。
④ 刘建辉：《环境法价值论》，人民出版社 2006 年版，第 6 页。
⑤ 侯佳儒：《环境法学与民法学的对话》，中国法制出版社 2009 年版，第 227—228 页。

解直至解决,既为环境法的出发点,更为其终极目标。

税法则全然不同。"国家的存续及运行都仰赖庞大的财政收入,而税就是筹集这一庞大资金的手段之一。因此,税同以筹集财政收入以外目的而课征的金钱,如刑罚之罚金、行政罚之罚款、作为强制手段之滞纳金等收入在性质上是不同的:前者的目的在于根据纳税人的经济能力筹集公共财政收入,而后者的主要目的在于惩罚违法行为。"①作为税法的重要规制对象,税直接影响税法的存在和发展,也决定了税法的功能和价值取向。从工具性价值的角度来看,除开筹集财政收入功能外,税法虽然还具有独特的利益配置功能②,以促进分配结构优化、维护分配秩序、践行分配正义③,甚至还被视为重要的经济政策、社会政策,赋予更多的功能承载,以应对日益复杂的社会问题,但筹集财政收入作为税法的核心功能和中心任务亘古不变。如果说环境问题孕育了环境法,财政收入则催生了税法。可见,环境法与税法原初并无交集,各有其独立的法域价值。

(二) 环境法与税法的互动:连接生态和经济

环境法与税法虽都涵摄在宪法之下,但作为不同的法律部门,各自负载不同的使命,担起不同的价值追求。两大部门法之间本有"楚河汉界",然而,社会转型产生了诸多社会难题,也使得两者之间"老死不相往来"的格局不断变迁。详言之,社会转型是20世纪末最重大并延续至今的事件之一,其典型特征是人们在社会分工中的地位和权利的深刻改变带来社会分工利益配置和社会合作与交往方式的深刻变化。④"尤其是自20世纪90年代我国提出建立社会主义市场经济体制以来,我国的社会转型无论是速度、广度、深度、向度、难度都是前所未有的,这也为我国环境法的发展提出了更多的客观要求。"⑤环境法在确立了以可持续发展观为基本理念后,正在向多元化发展。与此相呼应,环境法的本位也实现了从"义务"到"权利"的过渡。这些都迫使环境法对关联制度进行整合,突破传统的法域功能,重视全方位之预防、关注多元主体之互助、促进调整机制的多元化,以回应社会转型的需求。⑥

在环境法的功能转换中,税法以其多元化的财税工具为环境问题的解决提

---

① 陈丹:《论税收正义——基于宪法学角度的省察》,法律出版社2010年版,第18页。
② 参见刘剑文:《收入分配改革与财税法制创新》,载《中国法学》2011年第5期。
③ 参见张守文:《分配结构的财税法调整》,载《中国法学》2011年第5期。
④ 参见刘志广:《新财政社会学研究——财政制度、分工与经济发展》,上海人民出版社2012年版,第182页。
⑤ 颜士鹏:《中国当代社会转型与环境法的发展》,科学出版社2008年版,第28页。
⑥ 参见钭晓东:《论环境法功能之进化》,科学出版社2008年版,第331—336页。

供了可能,也丰富了环境问题解决的可能方案。2013年1月14日,亚洲开发银行发布的报告明确提出,为建设生态文明,中国需要"绿色"税收和财政改革,改革资源定价机制,引入碳税,为生态补偿建立国家性监管框架。可见,环境问题,使得环境法和税法不得不共同面对,以寻求破解之道。其实,环境问题为环境法和税法的学科发展提供了难得的历史机遇。当下亟需从税法视角审视生态环境问题,融合环境法与税法的价值理念,打破学科矩阵,深度挖掘财税法中的环境财政工具之作用机理,为环境问题的跨学科保护提供全新理念,也为税法的环境应对提供理论准备。不仅如此,将环境问题至于学科整合视角检视,对丰富和完善已有的环境法、税法,乃至更为宽广的经济法及环境管理、环境工程、环境经济学、环境社会学、环境政治学、环境伦理学等关联学科的研究都具有重要的理论价值和实践意义,更可为正在进行的税制改革提供极具针对性的指引。①

"环境问题,或环境危机,实际上'古已有之',不过人类一直没有把它看成是一个'社会的问题',只是在20世纪50年代以后,人们才仿佛'突然'发现这是一个'社会问题'。因为人们发现它已严重地危害着人们的健康,妨碍着经济的发展。"②解决环境问题的难点在于,既要保护环境,又要维系社会发展。为了治理环境而断送发展之路并不现实,为了经济发展而置环境问题于不顾更不理智。在环境治理和经济发展之间找到平衡点是解决问题的关键,也是各部门法必须面对的课题。环境法如此,税法亦如此。找到连接生态和经济的可行性方案方可解决这一困局,"生态现代化"便是这样一种方案。"生态现代化"出现于20世纪80年代早期,三十多年来,这一方案描述了一种以技术为基础的环境政策。"生态现代化"不同于纯粹的"末端治理"环境管理方式,它包括能够促进生态革新并使这些革新得以扩散的所有措施。一般而言,如果一种环境问题存在某种市场化解决方案的话,那么,就政治方面来说,其解决将更为容易一些。相比较而言,如果一种环境问题的解决需要干预现存的生产、消费或交通结构,那么,它将可能遭遇抵制。③

---

① 面对日益严峻的生态环境现实,学者多从环境法视角寻求破解之道,比较重视环境管制手段的作用,对于财政法的环境保护功能认识不足,对于环境财政工具的配置和法律约束缺乏深入研究。实际上,税收、行政事业性收费、政府性基金等传统公课手段,生态补偿、污染赔偿、环境押金等新兴财政工具,以及税收优惠、财政补贴、财政投资等财政支出形式,都可以在环境保护方面发挥巨大作用。

② 〔美〕戴斯·贾丁斯:《环境伦理学》(第三版),林官明、杨爱民译,北京大学出版社2002年版,序第1页。

③ 参见〔德〕马丁·耶内克、克劳斯·雅各布主编:《全球视野下的环境管治:生态与政治现代化的新方法》,李慧明、李昕蕾译,山东大学出版社2012年版,第9—10页。

第十章　环境法与税法的价值整合

"生态现代化"方案较好地处置好了人与自然的关系,提供了一种生态与经济相互作用的模式。其意图在于,将存在于发达市场经济之中的现代化驱动力与一种长期要求连接起来。这种要求就是:通过环境技术革新而达到一种更加环境友好型经济的发展。今天,随着大量具有相似含义的可替代方案的出现,被广泛接受的"生态现代化"方案被不断完善。当前,"生态现代化"的两个驱动力量似乎尤为突出:(1)"明智的"政府规制的作用;(2)在一个多重环境规制背景下,污染企业面临越来越大的商业风险。长期来看,这两个影响因素可能会彼此强化,从而增强环境革新的既存动力。虽然这可能提升创造性环境治理的长期发展潜力,但"生态现代化"方案仍然具有一些非常重要的限制因素,这一点我们必须加以考虑。① 也因如此,相关理论和方案风起云涌,"法律价值绿化""税制绿化""环境法转向"等冲击着原有的法律理念和制度架构,使得在环境问题面前,原先各自为政的部门法不得不加强配合、彼此驰援,以策应环境问题的解决。

二、环境法与税法理念的交错与整合

生态与经济不易调和,环境问题必须正视。在此语境下,环境法与税法对话、接轨与整合不可避免。然即便如此,仍应清醒的是,无论两大部门法如何整合,环境法的立基依然在于解决环境问题,只是不可能再一味排斥和拒绝其他手段的支持和驰援了。同理,在环境问题的撞击下,税法不断被绿化是毋庸置疑的,但不论绿化至何种程度,税法也不可能完全背离财政收入功能,沦为环境法的附庸,充其量只是弱化其本体的财政收入职能而已。因为立法目的使得环境法与税法本有"楚河汉界"相隔,两者分庭抗礼,"势不两立"。只是环境问题的日益侵扰,使得环境法与税法呈相互交错和融合之态势,两者不得不因环境问题而为整合,各自法域的主导理念也借机渗透至对方,共同撑起正义实现的法际通道。

(一) 量能课税:税法理念渗入环境法

"量能课税原则和受益原则是关于税收公平的两个被广泛接受的原则。量能课税可以追溯至亚当·斯密,这一原则要求人民根据其支付能力来负担政府的成本,即在税收负担的分配中,支付能力更高的个人应缴纳更多的税款。因

---

① 参见〔德〕马丁·耶内克、克劳斯·雅各布主编:《全球视野下的环境管治:生态与政治现代化的新方法》,李慧明、李昕蕾译,山东大学出版社2012年版,第10—12页。

此,能力不同的纳税人应平等地负担税收责任。量能课税原则固然很吸引人,但如何去操作却成为主要的问题。首先,必须选择一个指标去衡量纳税能力和支付能力。两个世纪以前,财产和财富被视为是指标,随后代之以所得,认为所得是最好的指示物。晚近,越来越多的支持者认为消费是最好的考量基础。"①其实,量能课税首先作为一种财政思想,使宪法平等原则在税法领域得以具体化,帮助确立平等或不平等的衡量标准。但也必须看到,税收负担能力并不是一个既定的事实,而是一个地地道道的法律判断,同样带有主观性成分。② 纵然如此,也断不可否认,量能课税所蕴含对实质正义及理念的追求,其以纳税人的"能力"区分,实现"相同能力相同对待,不同能力不同对待",从而深度达致税收正义。正因如此,量能课税才被视为"构成社会税收体系公正的基础之一"③,堪当税法重要的建制原则之一。④

　　量能课税作为依法课税的伦理基础,肩负实现税收实质正义的使命。为完成这一重任,量能课税逐渐发展出一套完整的衡量技术,使其不至于过度偏离正义之航道。这一套技术主要体现在税收立法与法律适用上,量能课税可区分为四个阶段:首先,依量能课税原则,立法者须在不同纳税人之间,加以比较衡量其租税负担能力有无异同,也就是立法者在选择税捐客体时,需以纳税人之支付能力作为指针。其次,在选择较合理之税捐客体之后,需进行构成要件的选取与评量,使之与整体法体系相一致。再次,在单一税须与整体法秩序协调一致之后,量能课税原则进一步具体化,则要求立法者将个别税法与整体税制相协调一致,组成完整之体系。最后,在合理选择税捐客体,并整体法律体系与税制作体系性考量后,进一步需考量其量能课税原则如何实现,特别是税基相关因素。⑤ 只有通过这四个阶段的审查,税收正义大体上才能实现。

　　正义不只为税法规则设计时所追求,也时常为环境权利与利益配置时所倡导。在环境领域,必须经常作出安排,以便对进行某种活动和生产某种商品的权利进行分配,从而确保人们在对环境资源的诸种利用间保持协调一致,并与

---

① 杨小强:《中国税法:原理、实务与整体化》,山东人民出版社2008年版,第16页。
② 刘剑文、熊伟:《税法基础理论》,北京大学出版社2004年版,第135、138页。
③ Victor Thuronyi(ed.), *Tax Law Design and Drafting* (volume 1), International Monetary Fund,1996, chapter 2.
④ 按照黄茂荣教授的观点,税收法定主义、量能课税原则(实质课税原则)与稽征经济原则并列为税法建制的三大基本原则。税收法定主义属于形式正义,量能课税原则属于实质正义,而稽征经济原则则属于技术正义的要求。它们分别代表不同层次之理性的考虑。参见黄茂荣:《法学方法与现代税法》,北京大学出版社2011年版,第128—129页。
⑤ 参见葛克昌:《税法基本问题》(财政宪法篇),北京大学出版社2004年版,第122—123页。

第十章　环境法与税法的价值整合

环境的可持久居住性和睦共存。① "近期日益高涨的环境正义运动也是人们关注环境公平的外在表现。"②从宏观意义上看,环境法以应对环境问题为己任,以解决与环境资源有关的利益冲突为目的。环境法的正当性源于人类的环境利益。正因为环境法以保障人类的环境利益为要旨,所以,它并不只关注环境资源归谁所有,更重要的是关心环境资源如何利用,而最关注的是环境资源的用途分配而非主体分配。③ 而分配是否公平直接关乎环境正义的达成,因为"环境正义问题的实质是环境利益和环境负担的不公平分配,某些人的环境利益被压制、剥夺,某些人承担了不成比例的环境负担。实现环境正义,即是要实现环境利益和环境负担的公平分配。"④尤其是环境负担的不公平分配对环境正义的侵害极大,但并未引起足够的重视,也未见富有成效的方案出现。亦如马克·史密斯、皮亚·庞萨帕所言,"迄今为止,环境议题的重点大都放在了权利上,而不是确保授权与义务之间的适当平衡上。一旦我们将这些群体的文化认同考虑在内并认识到特殊背景下行为者不同的义务和责任,情况就会发生重大改变"。⑤ 因此,在环境正义的追求中,须格外关注环境负担的公平配置。

作为义务的环境负担是分配给个别人、某个团体还是所有人,这是一个重要的问题。在环境法中,主要有三个原则可供选择,即污染者负担原则、共同负担原则和集体负担原则。污染者负担原则是环境法的基本原则。该原则中的污染者应作广义理解,不仅包括排污者,还包括利用者和破坏者。共同负担原则是与污染者负担原则相对立的原则,该原则主要适用于行为人不明的情况,由受影响的社会共同体负担社会成本。集体负担原则是污染者负担原则与共同负担原则的折中。三个原则之间有适用的先后顺序:如果能确定具体污染者是谁,适用污染者负担原则;如果不能确定具体污染者,但可以确定污染者的范围,便适用集体负担原则,或者由基金支付损失,或者根据侵权法中的共同危险责任,要求所有可能的污染者承担连带责任,除非单个的污染者证明自己与损害没有关系;如果连污染者的范围也无法确定,自然无使用污染者负担原则和集体负担原则的余地,只能由组成共同体的全体成员来负担。即污染者负担原

---

① 参见〔美〕彼得·S.温茨:《环境正义论》,朱丹琼、宋玉波译,上海人民出版社2007年版,第24页。
② 〔美〕巴利·C.菲尔德、玛莎·K.菲尔德:《环境经济学》(第5版),原毅军、陈艳莹译,东北财经大学出版社2010年版,第162页。
③ 参见胡静:《环境法的正当性与制度选择》,知识产权出版社2009年版,第153页。
④ 梁剑琴:《环境正义的法律表达》,科学出版社2011年版,第123页。
⑤ 〔英〕马克·史密斯、皮亚·庞萨帕:《环境与公民权:整合正义、责任与公民参与》,侯艳芳、杨晓燕译,山东大学出版社2012年版,第23页。

则在先,集体负担原则和共同负担原则紧随其后,后一原则只有在穷尽前一原则而无果的基础上方可适用。①

从形式上看,污染者负担原则、共同负担原则和集体负担原则构成一个完整的体系,都植根于污染者负担原则。该体系主要意义在于提供了确认环境负担主体的方法,即明确了环境负担的归属主体,但并未从根本上解决环境负担主体之间的精准配置,自然难以实现环境实质正义。因为"污染者付费不仅要体现污染者与国家分担环境费用之间的正义性和公平性,而且还应体现污染者内部不同类型的污染者之间分配污染费用的公平与正义。然而学者更多关注的是污染费用归属问题上的正义与公平,而忽略了污染费用分配问题上的公平与正义,无法体现不同类型的污染者之间污染费用分配的正义性,因而导致我国立法中把污染者狭窄的定位为生产中的直接排污者②"。③此时,量能课税原则可以提供充足的养分,融入环境法,为环境负担的公平分配添砖加瓦。实际上,"量能课税本身就是为解决税收公平问题而提出的,它所主张的同等负担能力的人负担同样的税收,不同纳税能力的人负担不同的税收的思想,其实也就是税收横向公平和纵向公平的基本要求"。④

量能课税原则中所蕴含的正义思想,如果加以扩张,则涉及三个相关的概念:第一,必须有一套规则,订明在特定案件中,应该怎样对待当事人。第二,这些规则在性质上必须是普遍的,也就是说,规则中一定要表明任何人具备适用这项规则的条件,都要受它约束。第三,正义要求的是这些规则在适用时不偏不倚,也就是说,执行机关必须毫无歧见地将它们适用到一切属于这些规则所规范的案例,不可厚彼薄此。⑤可以考虑以量能课税原则及其蕴含的正义理念和技术,整合污染者负担这一环境法的根本原则。污染者负担原则源自贡献原则,而贡献原则原本是权利分配的重要原则,主要按照贡献分配收支。环境负担作为一种负贡献,运用贡献原则也并无不可,但其缺陷已如前述。运用量能课税原则对其矫正,须打破环境污染定分配这一惯有思维,取而代之以污染受益定分配,即以从环境污染中获取收益的受益者为环境负担的主体,以其"受益"课以负担。受益者不仅仅只是污染者,还包括污染产品的消费者等更为广

---

① 参见胡静:《环境法的正当性与制度选择》,知识产权出版社2009年版,第153—159页。
② 《排污费征收使用管理条例》第2条第1款规定:"直接向环境排放污染物的单位和个体工商户(以下简称排污者),应当依照本条例的规定缴纳排污费。"
③ 夏玲娟:《污染者付费原则的质疑》,载 http://www.riel.whu.edu.cn/article.asp?id=26334,2016年3月28日访问。
④ 刘剑文、熊伟:《税法基础理论》,北京大学出版社2004年版,第139页。
⑤ 参见〔英〕丹尼斯·罗伊德:《法律的理念》,张茂柏译,新星出版社2005年版,第95—96页。

泛的群体。采用此种理念,既可实现污染者负担的全部功能,又可实现污染者负担难以达到的其他功效。比如污染的预防功能、消费者环境质量保护功能。从这个意义上说,此种理念的实现离环境正义更近。具体的技术设置亦可借鉴量能课税实现的四个阶段。

(二) 可持续发展:环境法理念影响税法

面对人类社会发展的困境和难题,国际社会逐渐达成共识:必须建立一种全新的发展观,选择一种全新的发展方式。1972年6月,召开了第一次人类环境会议,并成立了联合国环境规划署,通过了《人类环境宣言》和《人类环境行动计划》,描绘出可持续发展的基本理论框架,推动了可持续发展思想走向成熟。1987年,世界环境和发展委员会通过了《我们共同的未来》一文,正式提出可持续发展的概念,即"既满足当代人的需要,又不对后代人满足其需要的能力构成危害的发展"。尔后的《里约环境与发展宣言》《21世纪议程》等文件,更是奠定了可持续发展的行动纲领,也标志着可持续发展从理论到实践的升华。[①]"可持续发展观作为一种解决人与自然矛盾关系的新思维,是伴随着生态和环境问题而发展起来的人类中心主义的又一种新形态,它是对人类自身在宇宙中的位置和人与自然关系的重新审视。这也是人类中心主义的一个最根本的转向,因为它以新的理论观、价值观和自然观来处理人与自然之间的关系。"[②]简言之,可持续发展主要由三部分组成:其一,发展仍是人类社会的基本目标。其二,应兼顾当代人与后代人的发展利益,要以不能损害后代人同样的发展权利和发展条件为前提标准,来评判当代人的发展方式和路径,进而对当代人的发展予以合理限制。其三,应协调经济发展与生态保护之间的关系,两方面都需要推进,不可偏废。关键是要防止两者之间的矛盾冲突走向极端,应将之控制在可以承受的范围内。[③]

可持续发展为解决环境与经济发展困局而出现,其首先被环境法所青睐。环境法高度认可和接受了这一全新的理念,进而逐步渗透到经济法、民商法等传统部门法领域,税法也难以幸免。在环境保护领域中,由于环境问题的整体性与全局性——关系到每一个人,因此存在大量严重的外部性问题。外部性问

[①] 参见杨磊:《可持续发展战略下中国税制绿化研究》,复旦大学经济学院2006年博士学位论文,第27—28页。

[②] 吕忠梅:《超越与保守——可持续发展视野下的环境法创新》,法律出版社2003年版,第11页。

[③] 参见李传轩:《生态经济法——理念革命与制度创新》,知识产权出版社2012年版,第105页。

题直接干扰了市场主体的自由行为权,影响了市场机制对资源的有效配置。外部性问题被发现以后,许多经济学家先后提出了各种解决的方法和路径。最具影响力、也先后被许多国家和政府所采用实施的有以下三种:一是政府进行直接管制,来控制或禁止产生负外部效应的行为;二是对产生负外部效应的行为进行征税,对产生正外部性行为给予补贴,使外部性内部化;三是明晰有关产权,在此基础上由相关主体进行协商谈判达成交易。政府管制和市场的失灵,使得直接管制和排污交易等市场手段均无法克服自身的局限性[①],唯有税收手段解决环境问题,效力相对较高、范围也更为广泛。

税法本无应对环境问题的责任,但在可持续发展理念的影响下,也不得不认真面对。如上所述,环境问题中大量的外部性效应,就是一种巨大的环境不公平。比如,污染环境却不承担相应的或足够的环境成本。再比如,滥用资源自然、破坏生态平衡却无须付出有关代价,等等。这种环境利益的不公平分配不仅存在于当代人之间,也体现在世代之间。对它们进行课税就是要让破坏生态环境的有关主体承担起应当承担的所有费用,恢复当代间和世代间的环境公平。[②] 而这也正是可持续发展的应有内涵。由此观之,环境问题首先使得环境法和税法各自的基本理念和原则互相融合,彼此渗透,共同致力于人类社会的可持续发展。但也必须看到,自1987年《布伦特兰报告》发表以来,虽很少有人认为在环境政策制定时,不应该考虑对未来世代的关心。但是,这仅仅是一个时空概念吗?而且,我们同样也会把过去纳入当前的政治讨论中。如果我们现在做决定时也考虑过去,难道我们就不应当考虑我们的决定对遥远未来的影响吗?正如"环境"(现在的或者不久的将来)一样,未来世代(未出生的公民)对当前政策的制定缺乏有效的参与。现在他们是潜在成员而非利益相关者。因此,问题不是他们是否应该得到承认,而是如何最有效地建立代表他们的机制,以保证他们的利益当下就能够被承认,并且这些利益受到认真对待。[③]

未来世代利益的代表机制在环境法领域构筑并不容易,因此,可以转换视角,寻求税法的支持。与未来世代最为密切的依然是未来的环境,如果能够保

---

① 自20世纪初到20世纪中叶,先后发生了震惊世界的八大公害事件,引发了全球第一次环境保护高潮,迫使世界各国,特别是工业化国家更多地介入经济活动,对产生环境污染和破坏的经济行为进行限制和管理。自此,政府环境管制经历了三个时代。环境管制与环境民主的有机结合,已成为环境立法的主旋律。参见李挚萍:《环境法的新发展——管制与民主之互动》,人民法院出版社2006年版,前言。

② 参见李传轩:《中国环境税法律制度之构建研究》,法律出版社2011年版,第27—29、41页。

③ 参见〔英〕马克·史密斯、皮亚·庞萨帕:《环境与公民权:整合正义、责任与公民参与》,侯艳芳、杨晓燕译,山东大学出版社2012年版,第49页。

第十章 环境法与税法的价值整合

有与当代同等的环境,未来世代的利益也可相应得到与当代相当的保证。而这直接与环境税费的使用相关。一般来说,环境税费的用途主要有两种选择:一是用于特定的环境保护活动。如治理污染、森林植被恢复费用支出等,即专款专用。二是不指定特定使用用途,而是与其他财政收入共同纳入一般预算,统筹运用。相比较而言,专款专用比较容易被纳税人接受,且可以有效改善环境。故 OECD 国家多以专款专用的方式使用于环境污染的预防、治理和弥补环境造成的损失。不应否认的是,专款专用制度受政治、效率等多重影响①,使其偏离设立初衷的概率大大增加,因而不断受到学者的批评和质疑。② 基于我国日渐严峻的环境现实,要想实现环境的代际公平,仍应坚持以专款专用为主,合理设计环境税费的收入使用法律制度,以充分实现环境税费制度的价值功能。③ 从而保证未来世代理应享受的环境利益,真切贯彻可持续发展理念。

三、法际整合下规制工具选择的考量基准

环境问题催生,并加速了环境法和税法的整合,量能课税和可持续发展成为环境法和税法交融、整合的通道。在量能课税和可持续发展的合力作用下,环境财政法得以产生。"环境财政法是介于环境法和财政法之间的交叉领域,其核心内容仍涉及财政收入、财政管理和财政支出,但是服务于环境保护的目的,与一般的财政法规则存在差异,需要进行价值整合和制度协调。"④此种价值整合与制度协调攸关环境问题的解决,也直接影响着解决环境问题的工具选择与组合配置,进而决定了环境财政法的命运。如何在琳琅满目的工具箱中找到妥当的规制工具,寻求何种组工具合以回应环境问题,至关重要却又十分不易。因为路径依赖,多数时候规制工具的选择与组合配置受到先前的政策选择的限

---

① 专款专用在长期运行中,极易出现一些自身无法克服的弊端,主要表现为:一是征收的税款使用效率不高,可能在后期出现大且环境税收资金闲置的状况产生效率损失;二是如果某项环境税的税率足够适宜,能够使环境质量达到公众和政府能够接受的水平,那么专款专用还会导致经济低效率;三是专款专用可能造成支出增加和寻租行为。正因为如此,也有不少国家将环境税费列入政府一般预算,用于以下三个方面的开支:一是政府将环境税收入用于弥补公共部门的亏损,从而减少财政赤字;二是政府将环境税收入用于增加公共部门的财政开支预算,通过增加环境保护投资间接保护环境;三是政府以环境税收入抵减其他扭曲性税收种类例如资本税、储蓄税和劳动力税等。参见丁芸、胥力伟:《我国环境税征管面临的难点》,载《税务研究》2013 年第 1 期。
② Craig Bretta、Michael Keen,"Political Uncertainty and the Earmarking of Environmental Taxes",*Journal of Public Economics* 75(2000),pp. 315—340.
③ 参见李传轩:《环境税收入使用法律制度研究》,载《当代法学》2011 年第 1 期。
④ 熊伟:《环境财政、法制创新与生态文明建设》,载《法学论坛》2014 年第 4 期。

制,它不只是一个简单的规制工具挑选问题,也是一个艰难的立法行动,更是社会和政治共同关注的话题,解决好它既需要智慧,也需要勇气,难度可想而知。

(一) 规制工具选择的影响因素:以车船税定性为中心

在环境法与税法整合的转型时代,即便是最为传统的消费税和财产税,一旦与环境问题发生碰撞,其传统立场也会发生不经意的变化,原本清晰的税类属性显得混沌起来。车船税①便是一个典型的例子。在我国《车船税法草案》的审议过程中,最为核心的问题便是车船税的计税依据选择。一般而言,计税依据有三种选择:单纯按"辆"征收、按"净值"征收、按排量征收。② 计税依据和计税方法的选择很大程度决定着税法的功能定位。根据我国《车船税法》,环保功能恰恰成了车船税的主要功能。这一点在其计税方式上体现得尤为明显。其对乘用车按排气量大小分档计征,排气量大则税负高,排气量小则税负低(如表10.1所示)。但不得不正视的是,排气量也与汽车价值有紧密相关的联系。正如财政部税务司有关负责人分析说,汽车排气量和价值之间有着正相关关系,相关性高达97%,也就是说,一般排气量越大的车价值越高。因此,以排气量计征车船税又体现了它的财产税性质。③ 问题随之而来,车船税究竟属于环境税,还是财产税,抑或兼而有之。

---

① 车船税是对车辆和船舶按年征收的一种税。车船税不是一个新税种,早在1951年,我们就有车船使用牌照税,后来又改为车船使用税、车船税。我国目前征收的车船税是由原来的"车船使用牌照税"和"车船使用税"合并而来,在税目分类、税额标准等方面进行了适当调整,使得原来的车船使用行为税变成车船税,从而呈现出相对稳定的特征。2006年12月,国务院废止《车船使用牌照税暂行条例》和《车船使用税暂行条例》,制定了《车船税暂行条例》。2011年2月25日,第十一届全国人大常委会第十九次会议通过了《车船税法》。该法自2012年1月1日起施行。

② 以前,我国车船税一直采用单纯按"辆"征收的办法,这是历史习惯以及税收征管技术决定的。这种方法不仅不利于发挥车船税的组织收入功能,而且由于完全没有顾及车船的价值,具有明显的累退性,即车船价值越高、实际税率越低,因而在很大程度上违背了税收的公平原则。"按净值征收"在理论上来讲是一种较为理想的征收模式,它不仅克服了"按数量征收"忽视财产价值的弊端,更能体现公平原则,而且可以为地方政府带来更为丰沛的收入。但是,由于计算乘用车"净值"的原值和折旧具有较强的波动性,都是动态常变的,因此,无论是进行乘用车价值的评估,还是采用"原值减折旧"的办法,都面临着巨大的技术难题和非常高的征收成本,一着不慎,还可能引发新的不公平。因此,这种方法在实践中的应用性并不强。与上述两种征收方法相比,《车船税法》采纳"按排量征收"方式,具有明显的合理性:一般情况下,排量与价格具有正相关关系(据财政部统计,97%以上是正相关的),这使得车船税既能够很好地发挥组织财政收入功能,也能较好地影响财产收入分配,同时还体现了政府节能减排的政策意图。参见郝如玉:《车船税按排量征收是一大进步——三论车船税立法》,载《中国税务报》2011年2月16日第1版。

③ 参见崔清新、周婷玉:《透视车船税改背后的立法激辩》,载《人民日报》2010年11月1日第9版。

第十章 环境法与税法的价值整合

表 10.1 车船税税目税额表——乘用车

税目		计税单位	年基准税额	备注
乘用车〔按发动机汽缸容量(排气量)分档〕	1.0 升(含)以下的	辆	60 元至 360 元	核定载客人数 9 人(含)以下
	1.0 升以上至 1.6 升(含)的		300 元至 540 元	
	1.6 升以上至 2.0 升(含)的		360 元至 660 元	
	2.0 升以上至 2.5 升(含)的		660 元至 1200 元	
	2.5 升以上至 3.0 升(含)的		1200 元至 2400 元	
	3.0 升以上至 4.0 升(含)的		2400 元至 3600 元	
	4.0 升以上的		3600 元至 5400 元	

学界一般将税分为流转税、所得税、财产税和行为税四类,分别对应流转额、所得额、财产额和行为四种客体。财产税是一个古老的税类,课税对象是财产的收益或财产所有人的收入,其具有以下特点:其一,财产税反映支付能力,一个人的财产与其纳税能力正相关;其二,财产税抑制收入不平等;其三,征收财产税可以防止财产过于集中于社会少数人,调节财富的分配,体现分配的公正性;其四,财产税弥补流转税和所得税调控收入分配的不足;其五,对财产课税有利资源合理配置;其六,土地、房产等不动产的位置固定,标志明显,作为课税对象具有收入上的稳定性,财产税不易转嫁。① "当然,不论在哪种形式的财产税制下,在相当长的一段时间内,个人都可以在相当程度上改变其课税标的。"②相比较而言,环境税历史极为短暂,其植根于日益严峻的环境问题。从目前的研究情况来看,尽管人们对环境税的内涵已经有了比较成熟和全面的认识,但对于环境税的概念仍没有形成一个统一看法。由于定义环境税的角度或方法不同,环境税的概念可谓众说纷纭。从税基角度而言,如果一种税收的税基是某种物品的物理单位或者是物理单位的替代,而该物品的使用或释放被证明对环境有着特定的负面影响,那么该税收就属于环境税。从税制目的角度分析,环境税是指为了达到特定的环境目标而引入的税收,或者虽然最初的引入并非是基于环境原因,但对环境目标有着一定的影响,可以为了环境原因而增

---

① 参见李灯强:《调节居民收入分配的财政制度研究》,湖北人民出版社 2011 年版,第 62 页。
② 〔美〕詹姆斯·M. 布坎南:《民主财政论》,穆怀朋译,商务印书馆 1993 年版,第 38 页。

加、修改或减少的税收。① 广而言之,环境税是为实现特定的环境保护目标、筹集环境保护资金而征收的具有调节与环境污染、资源利用行为相关的各种税及相关税收特别措施的总称,其外延相当广泛。从这个意义上来说,环境税的性质与其说是一个单一的税种,不如说它应该是我国整个实体税法体系中一个独立的税类,其法律地位应与流转税、所得税、财产税、行为税等实体税类等同。②

由上可知,不管是在税制目的,还是制度机理上,财产税和环境税都有很大的不同。一般来说,车船税的功能主要体现在四个方面:一是增加地方财源,从而增加对交通运输建设的财政投入,加快交通运输业的发展;二是调节财富分配,体现社会公平,通过对个人拥有的车船等财产进行征税,使收入能力较强的人比收入能力较弱的人负担更多的税收,从而调节收入分配、缓解财富分配不公的矛盾;三是通过体现对不同排放标准的车船税负水平的差异,排放越多的车船税负越高,从而实现鼓励节能减排的目的;四是通过对车船财产征收车船税,促进车船财产得到合理配置使用,减少资源浪费。③ 从世界各国的情况看,将车船税定性为财产税是普遍做法。具体至我国《车船税法》中的车船税,则须仔细斟酌。如果车船税是一个财产税的概念,则应基于汽车的价值来征收,因为按照财产税的概念,税收的多少应当根据财产的多少来进行核算。官方所称的车船数量庞大,价值评估难以操作,理由不充分。车船的售价,凭证上有明确记载。按照价值评估车船,然后按照售价分档来征收车船税是可以操作的,德国就有现成的做法。换言之,按排量征税和按评估价值课税的可操作性是一样的。与此同时,作为资产,车船价值要随着使用年限进行折旧。比如,第一年按照规定税率征收,第二年以后每年递减10%,到第10年只收最低的税,美国基本上就是这种做法。④ 简单地说,从财产税的角度出发,由于车船折旧,计税依据应该逐年递减。而我国《车船税法》并未体现这一点,也就很难将《车船税法》视域下的车船税定性为财产税,其与财产税的运作机理仍有距离。

是否据此就可以将车船税划入环境税范畴呢?表面上看,我国《车船税法》确有此种倾向,直接证据在于计税方法这一税种的关键点。即车船税按排气量大小分档计征,总体上违背了财产税的计征方法,似更多考虑的是车船税的环

---

① Christina K. Harper, "Climate Change and Tax Policy", *Boston College International and Comparative Law Review*, Spring, 2007.
② 参见丛中笑:《环境税论略》,载《当代法学》2006年第6期。
③ 参见朱志钢:《请首先给车船税一个明确的功能定位》,载《中国税务报》2010年12月27日第9版。
④ 参见刘炜:《车船税法草案首次审议:按排量还是按车价征税?》,载《民主与法制时报》2010年11月1日,第A4版。

境税功能,而将财产税功能弃之不顾。但客观地说,如果只是为了达到节能减排的目的,就没有必要设立诸多税种,导致重复征税。一旦将车船税界定为环境税,则其功能定位与车购税,尤其是与消费税重复(如表 10.2 所示),并无开征的正当性。认真对比车船税、消费税税目税额表,可以发现两者有很多暗合之处。如果车船税定性为环境税,则势必与已经运行许久的乘用车消费税功能叠加,无异于双重征税,自难得到合法性证成。况且,从环境税的角度出发,由于车船越旧,排污量越大,计税依据应该逐渐递增。而《车船税法》也未遵循这一环境税制机理。足见,将《车船税法》视域下的车船税定性为环境税的依据也不充分。

表 10.2 消费税税目税率——乘用车

	税目	税率	备注
乘用车〔按发动机汽缸容量(排气量)分档〕	1.0升(含1.0升)以下的	1%	核定载客人数9人(含)以下
	1.0升以上至1.5升(含1.5升)的	3%	
	1.5升以上至2.0升(含2.0升)的	5%	
	2.0升以上至2.5升(含2.5升)的	9%	
	2.5升以上至3.0升(含3.0升)的	12%	
	3.0升以上至4.0升(含4.0升)的	25%	
	4.0升以上的	40%	

其实,从税制原理上看,车船税确实是作为一种财产税出现的,只不过我国《车船税法》中的车船税与税制原理中的财产税尚有距离。作为一种财产税,车船税本身并不具有直接的节能减排等环保功能。由于车船税能够引导纳税人对车船的拥有、使用,间接上确实可以实现一定的环保功能。但据此将其定性为环境税,仍需足够的说理。比如,最为有利的证据未出现在我国《车船税法》中,即根据各种车船污染环境的程度,而设置不同的税率。"从调节收入分配来看,由于车船远不能代表居民的全部财富,因而其作用非常有限。而从节能减排角度看,车船税也只起着辅助性作用。由此可见,尽管车船税客观上发挥着调节财产水平、节能减排等作用,但是,这些作用都具有明显的局限性,是派生的、从属的影响,其主旨仍在于组织地方财政收入。"[1]车船税作何定性,可

---

[1] 郝如玉:《车船税的职能是组织地方固定财政收入——二论车船立法》,载《中国税务报》2011年2月14日,第1版。

谓"公说公有理,婆说婆有理",究其源还在于我国《车船税法》对车船税定性之惑,集中展现了政府对待车船产业错综复杂的纠结心态。以小汽车为例,政府既想鼓励厂商加大生产,刺激百姓消费,以拉动经济持续、稳定增长;又恐惧小汽车的大量使用而带来的负面效应,故通过课税想方设法减少小汽车的使用,以达到节能减排、缓解交通拥堵等社会问题。这种心态已经触摸到问题最为本质的源头,即经济发展与环境保护的内在矛盾与规制困局。

在经济发展与环境保护的纠葛中,税法与环境法在立法目标和价值追求等维度上既分道扬镳,又交叉融合。税法追求税收负担和税收利益的公平分配,往往以税负能力、受益程度、实际需要,作为衡量税收公平与否的标准。而环境法主要考虑环境损害和环境利益的外溢性。两者内在的冲突直接影响着环境财政法的规则设计,不同的规则设计又会产生不同的规制工具选择及其组合配置模式。车船税的立法结果便很好地诠释了这一点。理论上说,车船税可以有两种设计思路:其一,基于财产税思路,按照车辆的价值课税,随着价值存量的递减而递减;其二,基于环境税思路,按照实际的排污量课税,随着排污量的递增而递增。立法既没有完全照搬财产税思路,也没有全盘接受环境税思路,最后的立法结果是,车船税对汽车按排气量课税,但不随价值递减而递减,也不随排污量递增而递增,而是一直维持不变。这种立法思路充分展示了环境法与税法的价值整合,正是这种价值整合才使得环境法与税法在环境财政法这一交叉地带寻得平衡,我们才可以观察到一个动态的场景,避免固执一端可能带来的偏见①,进而找到选择环境规制工具的基本思路与大致规律。换句话说,在选择环境问题的规制工具时,既不能回避最为核心的环境问题,又不能完全偏离税法之本有属性。在环境财政法语境下,税法不再单纯,环境法也不再纯粹,两者交织在一起,共同影响着解决环境问题的工具选择与组合设定。

(二) 规制工具选择的基准与立场

从环境治理的效果上看,一切有利于环境问题解决的规制工具理应得到重视。"长期以来,人们就认为解决环境问题及其冲突不能仅仅依靠市场、法律仲裁或调解服务等单方面的力量"②,因为环境规制工具的选择与组合配置不仅牵涉科技层面的问题,还涉及产业发展的目标和策略、总体社会福利、社会安全制度设计及国内外政治气候等因素,有时甚至还与我们的价值观、生活方式以及

---

① 参见熊伟:《环境财政、法制创新与生态文明建设》,载《法学论坛》2014 年第 4 期。
② 〔美〕保罗・R.伯特尼、罗伯特・N.史蒂文斯主编:《环境保护的公共政策》(第 2 版),穆贤清、方志伟译,上海人民出版社 2004 年版,第 33 页。

第十章　环境法与税法的价值整合

生活期望休戚相关。因此,解决环境问题不能单纯依赖其中的某一种手段,而必须对不同形态的环境问题采取不同的解决方法,具体哪一种规制工具更为合适,有赖于对各种可能的规制工具进行评估和比较。规制实践中并不存在一种放之四海而皆准的环境规制工具,更为可取的做法是,在面临具体环境问题时,仔细考察当前的经济状况,在充分衡量各种不同规制工具的优缺点之后,再来评估和决断某项规制工具的实际效能及应采用的政策。[①]

具体来说,选择何种规制工具应对环境问题,需要考量的因素范围相当之广。比如,既要考虑政党的可接受性,又要考虑技术上的效率和可实施性,还要考虑与其他关联制度的配给与互动等多种变量。在规制工具的选择上,Jacobs. M. 教授分设六个考量指标,提供了一种可以参考的范式(如表 10.3 所示),值得重视。与 Jacobs. M. 教授类似但不完全一致的是托马斯·思德纳的研究,他以静态效率、边际成本曲线与收益曲线、损害成本异质时的效率、通货膨胀、动态效率、复杂情况、分配和政治问题、非对称信息与风险、非点源污染、少数污染者、寻租、总体均衡、发展中经济、全球污染、小型开放经济等为标准与条件,比较分析了税收与收费、双重政策工具(包括押金—退款方案)、补贴、可交易排污许可证、命令—控制式工具(CAC 工具)、信息发布及其他的工具特性,为环境规制工具的选择提供了极富价值的分析模型[②],集中展示了环境规制工具选择与环保政策制定的复杂性。

表 10.3　污染环境矫正的各种工具之比较[③]

比较指标	选择准则
效能	工具中的任何一种方法只要运用得当都能取得较好的效果,如果需要迅速制止伤害环境的行为,管制手段是最好的方法;而经济手段就缓不济急。
动机	征税和许可证,可以提供持续的环保动机;而管制手段则缺乏。
行政成本	管制成本高;经济手段相当成本较低。
效率	工具效率是效能、动机和成本的函数,能够达到最大的效能,能实现成本最小化和防止对环境的有害伤害,这种工具就能实施。

[①] 参见肖建华:《双重条件约束下的中国环境税缘起、现状与未来趋势》,载《现代经济探讨》2009 年第 5 期。

[②] 参见〔美〕托马斯·思德纳:《环境与资源自然管理的政策工具》,张蔚文、黄祖辉译,上海人民出版社 2005 年版,第 331—333 页。

[③] Jacobs, M., *The Green Economy*, London: Macmillan, 1991,转引自肖建华:《双重条件约束下的中国环境税缘起、现状与未来趋势》,载《现代经济探讨》2009 年第 5 期。

(续表)

比较指标	选择准则
政治上的可接受性	理论上的方法必须与实际拥有环境污染权的团体相比较,有时它们的影响会改变决策
分布的影响	不同的工具会对不同的实体产生不同的影响,选择的标准是要避免矛盾和民怨。

追根溯源,环境规制工具选择上的不易,更多在于制定环境政策的本质是,用新的规制和工具补充旧的规制和工具,而不是进行替代。采用不同的规制工具,有时是为了实现不同的目标,而有时又是为了反映历史的发展,或者是政府各自立法的需要。尽管规制工具之间的相互影响可能会产生不利的效果,但在政策制定的实践中仍应予以更多的关注。因为政策在环境变化过程中逐渐演变的事实,要求各种规制工具在使用中也要不断变化。[①] 典型如消费税应税消费品的范围随着环境的变迁而不断调整和扩围,2006 年,高尔夫球及球具、高档手表、游艇、木制一次性筷子、实木地板首次列入消费税课税范围。2015 年,消费税税目进一步拓展至电池、涂料,二者迅即变为应税消费品。[②] 格外需要注意的是,即便是在不同的情势背景下,同一规制工具也可能会发生变化,这种变化不见得都是围绕环境问题而展开,但客观上也会策应环境问题的解决。比如,进入新世纪,我国分别于 2001 年、2009 年、2015 年三度调整烟类产品消费税税率[③],既有国家财政收入的考虑,也有国际控烟形势的压力,但不管何种出发点,客观上都有助于环境的优化治理。

除此之外,打破环境困局、解决环境问题,还需要适度组合配置不同的关联规制工具。诚如学者所言:"不同的规则类型总会直接或间接影响到人们的生产生活:企业的生存死亡,居民的生老病死,以及其他社会成员的幸福与痛苦。法律选择的艰难就在于此。只有充分考察所有可能的规则类型,比较不同选择的效率差异,才能更为理性而审慎地理解、评价和完善相关制度。"[④]环境法与税法在彼此交错融合中,顿生诸多新兴的规制工具,也使得原有的规制工具增添新的功能和元素。虽然每一种规制工具都有其功能优势,因此也有其最佳适用

[①] 参见〔美〕托马斯·思德纳:《环境与资源自然管理的政策工具》,张蔚文、黄祖辉译,上海人民出版社 2005 年版,第 338—339 页。

[②] 参见《关于调整和完善消费税政策的通知》(财税[2006]33 号)、《关于对电池、涂料征收消费税的通知》(财税[2015]16 号)。

[③] 参见《关于调整烟类产品消费税政策的通知》(财税[2001]91 号)、《关于调整烟产品消费税政策的通知》(财税[2009]84 号)、《关于调整卷烟消费税的通知》(财税[2015] 60 号)。

[④] 凌斌:《规则选择的效率比较:以环保制度为例》,载《法学研究》2013 年第 3 期。

范围,但不能仅仅基于这种范围而进行规制工具的选择及工具组合的设定,不能仅仅通过推导而得出结论,还应该对环境问题的具体情形以及所面临的制度环境、规制困境等进行深入研析。这种研析既需要法学立场,也需要政策支持,当然还要仰赖经济学、管理学、社会学、政治学、伦理学,甚至环境工程等视角和知识,只有这样,才能找到与解决环境问题相匹配的规制工具及其组合,才可能实现对环境问题的有效规制。[1]

四、规制工具选择的整体布局:以环境财政工具为中心

环境问题使得环境法与税法交织缠绕,相依相存。在环境财政法这一交叉地带,环境法与税法的价值不断得到整合以应对环境问题。从环境规制实践来看,即便是环境法与税法的价值能够得到较好的整合,规制工具也可以得到较好的创新,依然需要借助传统的行政管制和新兴的社会动员等手段。尽管行政管制、经济调节和社会动员分别代表着环境治理的不同阶段,它们相互之间仍然发挥着互补的作用,一种手段不可能完全替代另一种手段。当然,也不能不承认,以往解决环境问题对行政管制的过于依赖,对社会动员的过高期待,其结果都不尽如人意。而发端于环境法与税法整合土壤中的环境财政工具,虽为经济调节手段之一种,但始终未受到应有的重视。面对过往解决手段的失灵与低效,是该重视环境财政工具的时候了。在转型中国,作为经济调节手段的环境财政工具具有堪当环境问题解决之大任的潜能,只要充分利用好环境财政蕴含的激励机制,精巧调配和组合好各类环境财政工具以及其他类型的环境治理工具,形成相互支撑、相互配合的多元工具体系[2],环境问题的逐步解决便可期待。

(一) 第一层次:加大税制绿化度

在财政中心主义的税法领域,环境法与税法的整合价值理念首先以"税制绿化"的方式巧妙地表达出来。"税制绿化"是源于 20 世纪 80—90 年代,延续至今且远未结束的一场世界范围内的税制改革运动。税制绿化要求一国税收制度的制定要考虑环境因素,将其纳入税收制度的整体设计中去。[3] "它是一个国家的税收体系逐步走向资源和环境友好型税制的路径与过程,在该过程中,伴随着国家财税体制的调整与变革,不利于资源节约和环境保护的税种、税目

---

[1] 参见应飞虎、涂永前:《公共规制中的信息工具》,载《中国社会科学》2010 年第 4 期。
[2] 参见熊伟:《环境财政、法制创新与生态文明建设》,载《法学论坛》2014 年第 4 期。
[3] OECD,"Environmental Taxes and Green Tax Reform",Paris,1997,p. 8.

和补贴逐步减少,绿色税收的种类逐步增加,在社会生产生活中的调节范围越来越广泛,调控能力越来越强,保护资源环境和增加税收收入方面的作用更加明显。"[1]受此影响,我国税制也不断被绿化。比如,消费税将成品油、实木地板、木质一次性筷子、汽车轮胎等纳入课税范围,从导引理性消费的角度践行了税制绿化。《企业所得税法》第27条,对"企业从事符合条件的环境保护、节能节水项目的所得"授以免征、减征企业所得税,以及第34条"企业购置用于环境保护、节能节水、安全生产等专用设备的投资额,可以按一定比例实行税额抵免"等规定,也很好地体现了环境保护的目的。类似的规定还出现在增值税中,比如,针对符合条件的综合资源利用产品及劳务赋予增值税退税和免税政策等[2],都打上了税制绿化的烙印。除此之外,资源税、车船税、车辆购置税等单行税中均有诸如此类的保护环境的规定。凡此种种,都昭示了我国现行税制已经蕴含了环境保护的理念,税制绿化已然上路。但总体而言,我国税制绿化可谓如履薄冰、如逆水行舟,效果并不明显。

理论上,研究者一般用税制的绿化度,即环境税费总量占税收总量与环境收费总量之和的比例(绿化度=环境税费总和÷(税收总和+环境收费总和))来表明一国税费制度在治理环境方面的力度。尽管从绝对数上看,我国环境税费已具备一定的规模,但就税制绿化度而言,这一比重出现逐步下降的趋势,税制绿化度正逐渐退化。[3] 这与不少学者倾力研究的税制绿化,构建生态型、绿色税法体系[4]并不吻合。一些理当纳入绿化税制范畴的产品和行为仍在恶化环境,比如,消费税虽具备一定的环保功能,但对于包装材料、化肥等严重污染环境、过度消耗资源的产品均未课征消费税。与之关联却不完全重合的还有大量的污染行为,比如,水污染、大气污染等等,均游离在现行税制之外。个中缘由异常复杂,但主要恐怕还在于环境税费政策与经济发展的不匹比,环境税费政策未能与经济发展动态协调,而固守陈规。这明显与环境法与税法不断融合的

---

[1]　杨磊:《可持续发展战略下中国税制绿化研究》,复旦大学经济学院2006年博士学位论文,第5页。

[2]　参见《关于有机肥产品免征增值税的通知》(财税[2008]56号)、《关于资源综合利用及其他产品增值税政策的通知》(财税[2008]156号)、《关于调整完善资源综合利用产品及劳务增值税政策的通知》(财税[2011]115号),《关于享受资源综合利用增值税优惠政策的纳税人执行污染物排放标准通知》(财税[2013]23号)。

[3]　参见王海勇、冉晓晞:《环境保护与税费政策:一项总体评估》,载《河南师范大学学报(哲学社会科学版)》2006年第1期。

[4]　参见但不限于下列文献:李慧玲:《环境税费法律制度研究》,中国法制出版社2007年版;陈少英:《生态税法论》,北京大学出版社2008年版;张真等:《消费领域环境税费》,复旦大学出版社2010年版;李传轩:《中国环境税法律制度之构建研究》,法律出版社2011年版。

时代背景相背离。

　　从环境治理的角度考察,未来税制改革与规则设计要更多考虑环境因素,加大税制绿化度。尤其是消费税,需要更好地驰援环境问题的解决。抛开税制规则出台的合法性不谈,从规则实施层面上看,自 2014 年开始,消费税已悄然拉开了调整与改革的序幕,加快了税制绿化的速度,值得肯定。典型如,三度提高成品油消费税税率[①],电池、涂料纳入消费税征收范围[②]等。未来一些高耗能、高污染产品也要有计划、有布局地纳入课税范畴,使之成为应税消费品。与应税消费品扩围不同,提高污染环境的应税消费品的税率也很重要。税率在税收构成要件中十分敏感,对其进行调整要格外注意税目之间的税负公平性。例如,根据硫含量的高低,煤的消费税税率应该高于成品油,柴油消费税税率应该高于汽油。而立法现状是,煤炭尚不属于应税消费品,柴油消费税税率明显低于汽油。这些因此在未来绿化消费税,设计税制新规时,都要有所考虑。

　　与消费税原理相通的资源税,应税矿产品的扩围,应税矿产品税率的提高等改革业已拉开大幕,持续而又科学改革是为关键。除此之外,增值税、企业所得税、车辆购置税等单行税中,也要有针对性地整体布局和设计绿化规定。比如,一些专门从事环境保护和污染治理、利用"三废"为主要原材料进行生产、循环利用资源和生产再生资源等的企业理应持续给予减税、免税等税收优惠待遇。对于企业购进的环保设备、节能和治污专利技术等,可以考虑设计一定比例的税额抵免等税收优惠政策。[③] 针对符合条件的节约能源、使用新能源的行为则要斟酌给予免征、减征等类似的税收优惠待遇。[④] 果真能如此设计的话,则一方面可以警示纳税人尽量不从事,或较少从事产生环境问题的行为,减少使用致使环境污染的产品;另一方面亦可激励纳税人更多使用节能型产品,更多参与到环境改善和优化生态的行为中去。通过消极惩戒和积极引导,税制绿化才能得到真切贯彻,以税法规制工具解决环境问题才有可能真正发挥功效。

(二) 第二层次:逐步实施环境税

　　绿化税制直指环境问题不假,但环境问题的解决不可能单靠税制绿化一己

---

① 参见《关于提高成品油消费税的通知》(财税[2014]94 号)、《关于进一步提高成品油消费税的通知》(财税[2014]106 号)、《关于继续提高成品油消费税的通知》(财税[2015]11 号)。
② 参见《关于对电池、涂料征收消费税的通知》(财税[2015]16 号)。
③ 参见魏光明:《我国环境税收制度体系研究》,载《财政研究》2010 年第 4 期。
④ 针对环境保护的行为给予税收优惠其实已有税制实践,晚近的例子如,在车船税中为促进节约能源,鼓励使用新能源,对符合条件的节约能源车船,减半征收车船税;对符合条件的使用新能源车船,免征车船税。参见《关于节约能源 使用新能源车船车船税优惠政策的通知》(财税[2015]51 号)。

之力。税制绿化的广度和深度固然与环境治理密切相关，但不见得所有的绿化规定最终都能导向环境问题的解决，毕竟，每个税种都有其自身独特的功能定位。比如，资源税的主要功能是调节级差收入；消费税的主导功能则是抑制各种不为社会所倡导的消费品和消费行为，并不仅仅只是破坏环境的消费，还包括奢侈消费、损害健康的消费等。① 是以，环境税的价值得以凸显。在环境问题日渐受到重视的当今社会，专注环境问题的环境法不断创新、突破环境保护的传统手段，以适应整合价值理念。环境法对保护手段的放松管制和税法对环境问题的适度调适，均为各自理念的整合而致，其实质都是为了解决环境问题，协调环境保护与经济发展的矛盾与冲突。在环境问题的诱引下，本有各自向度的环境法和税法努力探索新的规制工具，回应环境法与税法的整合。在彼此交融与整合的进程中，最显赫的规制工具就是环境税。环境税就是这两种向度上展开的变革运动的交集性产物。它既是一种全新的环境保护手段，有着传统直接管制性环境保护手段所没有的功能；也是税收法律制度为促进环境保护和可持续发展而进行的制度创新，大大拓展了税法的调控功能。因为环境税法律制度具备了环境法和税法两个方面的属性，有着多方面的功能和特点，能够综合发挥作用成为备受世界绝大多数国家青睐、富有魅力的一项制度政策。② 或因如此，环境税制度不断被提及，时有环境税开征进入"快车道"的传闻，但时至今日环境税仍在争论声中悄然等待落地。

　　理性地看，环境税的开征确有污染检测、度量、征收方式、手段等诸多难点，但最核心的恐怕还在于征税依据的确定。依据税收法定主义，征税依据理应能够由税务机关掌握和判定，但现实中这些数据都由环保部门所掌握。部门之间如何协调，是否需要分成等问题远胜于征管本身的技术难题。一种新税的开征必须顾及方方面面的感受，最为复杂的就是部门利益之间的平衡和博弈。断不可因此顾虑而草率作出放弃开征环境税的决定，毕竟环境税对社会成本内部化的功效，以致其静态上有助于激励环境保护行为，动态上有助于激励环境保护技术的研究开发。况且，从环境税制度在域外的实践来看，环境税除具有刺激人们改变环境污染行为的功能之外，还往往成为政府创造财政收入的一种新途径。从环境税增加财政收入的角度来看，环境税收入的多少取决于社会成本的大小和产品需求弹性的大小，产品的社会成本越大，产品的需求弹性越小，环境税制度获得的财政收入就越多。环境税制度之所以受人注目很大程度上源于人们确信环境税具有"双重红利"功效——保护环境和增加财政收入。环境税

---

① 参见邢会强：《基于激励原理的环境税立法设计》，载《税务研究》2013年第7期。
② 参见李传轩：《中国环境税法律制度之构建研究》，法律出版社2011年版，第4页。

第十章　环境法与税法的价值整合

的上述诸多功能都使其成为最有效率的环境规制方法①，广受青睐。正因如此，我国仍应力求打破部门利益藩篱，排除万难，开征环境税。以环境税作为防治污染和环境破坏，改善环境的重要手段，带动现有相关税种的"绿化"②，使其成为环境法和税法合力解决环境问题的核心工具。

　　环境税的价值毋庸赘言，问题是如何勾勒、设计环境税。由于环境税不是一个现行税种，所以，从严格意义上讲，在讨论它时尚不能将其作为一个既定的前提。不过，自2007年6月国务院颁布的《节能减排综合性工作方案》中提出"研究开征环境税"伊始，其实就明确了所谓"环境税"是在现行税制体系之外新开征的一个税种。环境税尽管有财政收入功能，但这并非其主要目的，其存在的最大价值在于保护生态环境。由此意味着环境税身为税收，却无力全然接受量能课税这一税法本体性原则的指引，而更多受制于污染者付费或使用者付费之环境法建制原则，这恰恰体现了环境法对税法的深度渗透，折射出环境法与税法的双向互动镜像。当税法以治理环境的工具出现时，"环境"能否成为一种税法上需要发展的"能"，值得深究。比如，可否将污染能力理解为税法上用以衡量纳税能力和支付能力的指标。如果可以，则可根据纳税人的污染能力大小进行税负测定，据此设计规则。但无论从宏观上如何设计，都必然会跟现行税费交叉或重叠。如果要继续考虑开征独立的环境税，则需要从税种结构和财政体制方面进行动态平衡，包括跟现有的环境专项收费项目协调，例如排污费。中共十八届三中全会确立的"推动环境保护费改税"③方案，应该就是对这个问题的回应。从目前来看，所谓环境保护费改税，主要还是指排污费改为污染排放税。从积极面上观测，将排污费改造为污染排放税，既有以往的"费改税"经

---

　　① 参见王慧：《环境税如何实践？——环境税类型、功能和结构的考察》，载《甘肃政法学院学报》2010年第3期。
　　② 基于文章主旨，对环境税和税制绿化的具体措施、构成要件设置和征管技术配置等议题本书不做深入阐述。其实开征环境税是一项涉及面广、政策性强的工作，关系到广大群众的切身利益，与社会稳定、经济运行息息相关。其顺利实施，至少需要有以下六大措施保障。第一，循序渐进、逐步实施。第二，先推出燃油税。第三，进一步规范排污费征收。第四，建立健全法规体系和技术标准。第五，加强政府监管。第六，积极参与环境标准的税收国际协调。开征环境税只是完善我国环保政策的部分内容，它的进展还需要其他方面改革的配合，最重要的是建立能够切实维护生态环境安全的经济发展意识、发展体制和发展机制。参见孙钢：《征收环境税为何举棋难定？》，载http：//news.sina.com.cn/o/2008-01-21/074813296563s.shtml，2016年4月10日访问。
　　③ 为区分下文的"污染产品税"，此处将"推动环境保护费改税"中的"税"特指为"污染排放税"，与下文的"污染产品税"一起构成环境税的内核。

验①可供借鉴,又可规范环境财政收入。②

进行环境保护费改税,最为核心的是要确定征税客体。客体为目的服务,环境保护费改税、课征污染排放税的核心目的是要通过税收的手段来将污染行为的负外部性内部化,从而达到控制和治理环境污染的目的。由此也就决定了该税的客体只能针对产生环境污染的行为,即排污行为,它也可以表述为"产生破坏性后果"或者"造成社会公害的行为"等。从课税的角度来考察这类行为,则可能与我国现行的排污收费制度有出入。我国目前的排污收费制度所针对的主要是生产环节的排污行为,几乎没有介入生活消费。对于生活消费领域的排污行为,要么不予征收,如厨房油烟;要么通过社会服务费或者其他公共课征的形式进行处理,如生活垃圾处理费、污水处理费等。而对于生产环节来说,以费改税后的征税对象就是污染因子。③ 污染因子作为核心课税要素,往往会反映政府所面临的环境污染形势和治理目标。由于各地面临不同的环境问题,污染排放税在征税范围上会存在地区间的差异。此外,污染排放税所面临的污染状况是动态的,有些污染因子会随着时间的推移丧失课税价值,有些则可能加入征税范围。这些都加大了立法难度。

在立法技术上有两种选择:其一,以排污收费制度为基础,统一开征污染排放税,放弃排污收费制度中的三因子法④,这样一来就可以忽略排污收费制度中的分类,将每一污染因子作为税目,如二氧化硫排放税、COD(化学需氧量)排放

---

① 比如,1998年我国在农村实行税费改革,其中一项主要内容就是涉农收费并入农业税。2001年我国将车辆购置费改为车辆购置税,2008年国务院推行成品油价格和税费改革,将六项公路收费并入消费税税基,也都属于典型的费改税。

② 参见熊伟:《环境财政、法制创新与生态文明建设》,载《法学论坛》2014年第4期。

③ 比如,对于水体排污行为,包括病原体污染、需氧性污染物、植物营养污染物、石油污染物、剧毒污染物、放射性污染、盐类污染物、热污染等水污染物;对于大气排污行为,包括颗粒物污染、硫氧化物污染、氮氧化物污染、碳氢化物污染、其他有害物质污染等大气污染物;此外,还有固体废物和噪音。

④ "三因子"法收费,即通过监测,对计算出的污染当量值最高的前三项污染因子收费。虽然这种做法饱受诟病,但将所有污染因子的排污收费交由单一的公共课征,这也是无奈之选。特别是这种制度上规定的"三因子"法经过实践过滤,还会进一步失真。至少从制度规定本身分析,对收费因子的判断来自于对特定排污行为中所有污因子的判断这一基础之上的。但这个前提可能从来就没被满足过。对于很多地方的环境保护行政主管部门和环境监测部门来说,这在技术上就无法实现。即使技术上不存在问题,它对资金、设备、人力等方面的要求也是一个难以解决的问题。这种制度设计,在行政执法中,确实很难得到比例原则的通融。正因为如此,排污收费实践中出现了一种变通的做法,即根据区域的环境治理目标,在法律规定的排污因子中,选择其中几项符合区域治理需要的作为监测对象,区域内的排污者仅就该几项排污因子中污染当量值最高的前三项缴纳排污费。这种变相的"三因子"收费在法律上的正当性已经值得怀疑。实践中还出现过更为极端的情况,即根据区域治理目标选择重点监测的污染因子本身就少于三项,那么排污者能够有效申报和缴纳的排污费已经完全失去了"三因子"的事实基础。

第十章 环境法与税法的价值整合

税;或者仍然以典型污染行为作为税目,比如,大气污染排放税、水污染排放税、固体废物污染排放税等,每个税目下仍以各类污染行为中的污染因子作为课税对象。当然,在遂行路径上,既可能一步到位,全面以费改税,也可以策略性地将政策选择的污染因子从排污收费制度中剔除,分步纳入征税范围。此种处理技术,类似于目前消费税的立法例。其二,先不用考虑总体的环境税制度设计,而是单个突破。将某一污染因子从排污收费制度中除外,同时对其征税。这两种做法的主要区别是顶层设计不一样,具体执行在效果上出入不大。前者考虑更多的是统一立法,而后者更多着笔于单一立法。

从我国的税收立法经验和当下的税收立法能力来看,单一立法的思路更可取。只是这样一来,技术上很难结合各类污染物排放的特点,充分照顾到税制要素及征管规制行为的特殊要求。由此,需要特别提及的一点是,现行排污收费制度中的"三因子"法在污染排放税中不能再被坚持,必须放弃。如果只是消极地"以费改税",污染排放税的征税范围在执法人员的思维路径中与其他税种会有些出入。对于其他税种的赋课,需要对征税范围中的具体对象进行确定,再对具体的纳税义务进行评价。而在污染排放税的征收过程中,作为具体征税对象的排污因子并不确定,或者说,确定的征税对象不再是税收执法的前提,而成为它的一个客观效果。如果放弃了三因子法,这个顾虑便可消除或缓解。因为"三因子"是针对某类污染物来说的,其不会跨污染种类实施。从此意义上讲,污染排放税的征税对象不宜简单移植排污费已然存在的关联制度,需要更多结合区域治理对排污收费法律制度中确定的污染因子进行再次甄别,通盘考虑、谋定而后动。

从环境问题的解决和保护生态环境出发,不只是污染行为会导致生态环境的破坏,污染产品也会产生不可估量的环境问题。为此,仅仅确立污染排放税这一狭义的环境税还远远不够。与污染排放税同等重要的是污染产品税,即在消费领域中,对在使用过程中会造成环境污染的产品所征收的一类环境税。污染排放税直接对排放的污染物征税,污染产品税则针对具有潜在污染性的产品课税。这类产品既可能本身便可直接产生污染,例如电池、旧轮胎等废弃后会直接污染环境;又可能本身并没有污染,但大量使用会对环境有破坏性影响,例如,实木地板、木制一次性筷子的大量使用会对森林资源带来破坏。① 对具有潜在污染性的产品课征污染产品税,不可避免地与消费税在征税范围上存在部分

---

① 参见卫菲:《我国环境税立法问题研究》,武汉大学法学院2012级硕士学位论文,第37页。

重叠。处理这一问题无外乎四种思路[①]：第一种，不设独立的污染产品税，由消费税担负起对具有潜在污染性的产品课税的重任；第二种，设立独立的污染产品税，将具有潜在污染性的产品在污染产品税与消费税之间合理划分；第三种，创设独立的污染产品税，与消费税一起叠加对具有潜在污染性的产品课税；第四种，开征独立的污染产品税，将属于消费税征税范围的具有潜在污染性的产品税目纳入至污染产品税的征税范围，不再课征消费税。纵观四种思路，第一种否定了污染产品税。第二种注重污染产品税与消费税的衔接与融合。第三种加重纳税人的税负，致使税制结构日趋复杂。第四种最有利于污染产品的控制和使用，但会导致现行税制的巨变。从域外实践来看，大部分国家都是采取第二种或第四种处理方式。[②]

基于我国现行消费税的绿化现状，更为稳妥的方法是，整合第二种和第四种方案，分步推进污染产品税。具体来说，可以先行创设污染产品税，将具有潜在污染性的产品在污染产品税与消费税之间合理划分，避免同一类产品同时被课以污染产品税与消费税。待污染产品税运营后，根据该税的征管实践不断调适，一旦具备完全开征污染产品税的征管能力时，再伺机将消费税中的具有潜在污染性的消费税税目与污染产品税中的关联税目进行合并，最终形成统一的、完备的污染产品税制度。这种立法思路，不仅兼顾了我国税制国情，也充分考虑到了新税开设的风险，应该说是比较务实的一种立法选择。只要污染排放税和污染产品税被制定出来，环境税的主体部分也就确定了。未来尽管可能会有生态补偿税之类的环境税被不断创制出来，但这些都不太可能改变污染排放税和污染产品税之于环境税的核心地位。只要污染排放税和污染产品税的税制规则能够设计好，且能够得到较为理想的贯彻实施，环境问题解决的主体规制工具配给便可大功告成。

（三）第三层次：合理配置规制工具

在环境法与税法的整合视域下，采取何种规制工具最为合适，还需回归环境问题的解决这一根本要义，而这首先取决于各种规制工具的选择。"规制工具选择的目标在于找到与规制目标相匹配的工具，因此，任何一种规制工具的

[①] 当然，在进行具体规则设计时还要考虑到有些污染产品生产过程中也会产生排污行为，这类行为有可能已由污染排放税课税了，一旦出现这种情境，则可以考虑已纳税额的扣除，否则，无异于双重征税。

[②] 参见李传轩：《中国环境税法律制度之构建研究》，法律出版社2011年版，第161页。

第十章　环境法与税法的价值整合

选择都必须在整个规制工具体系中进行。"①环境规制工具的选择必须考量促成工具正确选择的影响因素与选择程序。在方法上，可以通过对拟选择工具实施后对目标群体与非目标群体的作用、短期与长期的影响以及成本与收益的评估，发现法律通过后可能发生了什么。② 按照修正工具论，"有四个条件在有效的政策工具设计中发挥着核心的作用：政策工具的特征、政策问题、环境因素和目标受众的特征。根据这种理论，一种政策工具只有在以政策工具特征为一方，以政策环境、目标和目标受众为另一方之间相匹配的时候，才是有效的。在这样的情况下，有关的政策工具被称为有效的政策工具。"③这显然限制了税制绿化和环境税的单兵作战能力，需要更深层次考察环境规制工具的选择与配置事宜，以便更好地迎合环境法与税法的价值整合，助力环境问题的解决。因为任何一种环境财政工具，其功效的发挥，均需仰赖其他环境财政工具，乃至环境管制工具等多种规制工具的有效配合。

除开应对环境问题的税法工具以外，环境财政工具具有多样性，各种工具之间需要合理配置与协调，方可形成整体合力。在目前的环境财政法体系中，既有直接"渗透环境因素"的车船税、消费税等规制工具，又有"楔入环境特别规则"的企业所得税和增值税等规制工具，还有专门以"环境保护为目的"的排污费等治理手段，此外，生态补偿、环境赔偿、排污权交易、环境补贴等模式也在尝试之中。而环境财政合作机制、生态补偿、污染赔偿、政府间的环境财政责任，更是应对环境问题的新增长点。这些治理工具与制度都有助于环境问题的解决。决策者将其作为环境保护的手段时，既要遵守相关的法律限制，又要充分发挥各种工具本身的效用，更为重要的是要想办法发挥规制工具的组合效应，以实现各种工具之间的优势互补。基于税制规则设计的相对公平与合理，税收征管技术与手段的日臻成熟，同时也考虑到以往环境规制工具实践的得失，笔者认为，在各种环境规制工具的组合配置中，可以考虑以税法规制工具为中心，以其他环境财政工具为侧翼，同时兼顾传统环境治理工具，形成"一个中心，两个基本支点"的环境规制工具系统。

实际上，环境法与税法整合而催就的规制工具原本就是一个综合的工具体系。位居系统核心的是以污染排放税和污染产品税为内核的环境税，与以消费

---

① 应飞虎、涂永前：《公共规制中的信息工具》，载《中国社会科学》2010年第4期。
② 参见〔美〕托马斯·R.戴伊：《理解公共政策》（第十二版），谢明译，中国人民大学出版社2011年版，第284—286页。
③ 〔美〕B.盖伊·彼得斯等编：《公共政策工具——对公共管理工具的评价》，顾建光译，中国人民大学出版社2007年版，第49页。

税、资源税、增值税、企业所得税、车船税、车辆购置税等各税中的绿化规定，这些横跨在不同税法部门领域的规定，共同以环境问题为聚焦点，大体都坚守了税法的基本原理，又融合了环境法的核心价值理念，不以获取财政收入为主要目的，重在保护生态环境和解决日渐严峻的环境问题。因此，可以将这一层面的工具体系视为环境法与税法整合的核心规制方式，这一方式催生了独立的环境税的开征，也带动和加速了各税，乃至整个社会的绿化转型，而这又反过来助力了环境问题的解决，深化了生态环境的保护。要想力保税法规制工具这一中心系统的高效运转，需要为其安插其他环境财政工具系统和传统环境治理工具（各类环境行政手段和环境社会手段）系统。只要坚持这一前进方向，假以时日，环境保护与经济发展的动态平衡便可达致，中共十八届三中全会论及的"紧紧围绕建设美丽中国深化生态文明体制改革，加快建立生态文明制度，健全国土空间开发、资源节约利用、生态环境保护的体制机制，推动形成人与自然和谐发展现代化建设新格局"之伟大目标也有望实现。

在各类规制工具的组合配置实践中，最为关键的依然是如何充分估量各种工具之间的配比度，选择最为合适的规制工具，确保各种工具之间的彼此驰援，形成环境治理的合力。例如，可以通过环境税费工具筹措资金，再将这些资金用于环境补贴，如此做法，既可发挥政府筹措税费的优势，又可以调动市场主体的环保主动性。文章之所以落笔于工具的组合配置，皆因任何环境规制工具都有自身的特点，特定规制工具可能只适合解决特定问题，而工具的优化组合可以取长补短。例如，环境税固然可以通过课税导引主体的行为，但这种导引功能相对弱化，甚至有时候过于隐蔽。以烟类产品蕴含的环保功能为例，惯常的做法是提高烟类产品的消费税引导消费者控烟，而实际并无科学数据能够验证烟类产品消费税的税负加重导致烟类产品消费的下降和烟类产品消费群体的缩小。倘若在提高烟类产品消费税的基础上，组合配置特定场景下的吸烟之环保处罚措施，其结果肯定乐观很多。任何单一的环境规制工具都不可能解决所有的环境问题，多种规制工具的组合运用才是当前，乃至未来环境规制工具选择的主要方式。最后必须强调的是，不同的规制工具，有不同的内涵、边界和适用范围，有不同的法律要求，所起到的作用不一样，在运用上就应该有所不同。从法治的角度而言，决策者要想解决好环境问题，就必须运用法治思维，遵守不同的法律约束。在选择环境规制工具时，既要考虑创新规制工具类型，也要权衡以合理配置各种规制工具。在甄别具体规制工具时，则不仅要考虑其合法性，而且要从法律特性方面厘定工具彼此间的界限。唯有如此，方可打破环境治理困局，实现环境保护与经济发展的动态平衡。

第十一章 税收法律责任整合
——在税法、行政法与刑法之间

一、税收行为的法际分工与整合

当前中国,社会结构调整,财税体制变革,经济利益和社会阶层分化,以及由此而致的思想观念冲击,都会催生大量的税收违法,甚至犯罪行为的出现,因此,将部分严重的税收违法行为犯罪化不可避免,犯罪化也必然成为我国刑事立法的主流①。虽税收刑法本质上是维护和扩大纳税人的自由度,但通过犯罪化而实现此种目的,又不可避免地影响着、制约着纳税人自由的实现。其实,国家可以运用政治、经济和行政等多种手段来预防税收犯罪。刑法只是其中的一个手段,不应过度使用犯罪化,一味扩大刑法的规制范围来治理税收犯罪。因为创制刑法规则和概念的目的"乃是为了应对和满足生活的需要,而且我们还必须谨慎行事,以免毫无必要地、毫无意义地强迫生活受一个过于刻板的法律制度的约束"。② 对于纳税人的经济活动,刑法和民商法、行政法和经济法要合理分工、妥善配置。毕竟,社会、经济生活的有序运行要依靠整个法律体系的协调运转、各种法律规范之间的相互配合,共同构筑防止犯罪的法律堤坝。大量的违法行为通过民事、经济、行政法规的作用予以消解,而不待其蔓延、升级。在防范犯罪的法律堤坝中,如果没有其他法律作为前沿屏障,没有分层次地对不同危害行为适用不同法律制裁,而将其全部纳入刑法调整的范围,刑法直接面对危害大小不同的越轨行为,必然面临困境。若不加以处罚,无疑放纵此类行为的蔓延,导致对社会秩序的破坏和对个人权利的侵害;若强行加以升格作为犯罪处理,又使得刑法无法获得认同,且因直接面对日益增多的各种失范行

---

① 从我国 1979 年《刑法》到 1997 年修订的《刑法》,在对税收违法行为刑事规制方面,刑法总体上呈现出扩张的态势。刑法对税收犯罪的扩张发生在经济转型和税收犯罪迅猛发展的时代背景之下。刑法在规制税收犯罪上的扩张表现在犯罪圈的划定、刑罚手段的配置以及刑法对经济行政法的侵入三个方面。详细论述参见杨小强:《中国税法:原理、实务与整体化》,山东人民出版社 2008 年版,第 122—123 页。

② 〔美〕E.博登海默:《法理学:法律哲学和法律方法》,邓正来译,中国政法大学出版社 2004 年版,第 259 页。

为,必然疲于应付,效果也不尽如人意。①

　　随着柏拉图"哲学王"统治的理想国的破灭,法治观念在世人心目中的地位随之不断攀升。法日益渗透到社会、经济生活的方方面面,整个社会形成非人格化的法律关系。这些法律组成了一个多方面、多层次的有机体系,共同维护着社会秩序的稳定和社会整体的发展。在这个法律体系中,刑法并不是和民商法、行政法和经济法等平行的部门法,而是保障上述法律规范得以实施贯彻的最后一道屏障。②将刑法等同于一般的部门法,机械地认为一部分行为由刑法处理,一部分行为由其他法律处理,而不是将刑法与民商法、行政法和经济法视为不同地位的法律的看法,并不符合刑法与其他部门法之间的"普遍实施与最后保障的关系"③。刑法作为强行法,虽然根本上维护和扩大了纳税人的自由权,但也不可否认,通过犯罪化实现根本上的自由权又同时是以牺牲、限制某些自由为代价的。因此,切忌动辄启用刑法干预,应最大限度地尊重纳税人的经济自由权,以维护和扩大市场主体的经济自由为目的。如果刑事法网过于严密,税收领域遍布红灯,会使市场主体有动辄得咎的感觉,从而极大地挫伤人们参与经济活动的积极性和主动性。这样一来,经济发展的活力不足而导致经济发展缓慢。因此,犯罪化也是一把双刃剑,在肯定其必要性的同时,必须同时关注它的负面效应,应当对其进行必要的限制。④毕竟,作为保障法,刑法的终极目的在于使民商法、行政法和经济法的立法目的得到实现。

　　"纵观近二十年我国经济犯罪的态势,我们发现一个值得探究的事实:一边是不断扩大的犯罪圈和增加的刑罚量,另一边却是日益高涨的经济犯罪浪潮。

---

①　参见杨兴培、李翔:《经济犯罪和经济刑法研究》,北京大学出版社2009年版,第319页。
②　同上。
③　参见张明楷:《刑法在法律体系中的地位——兼论刑法的补充性与法律体系的概念》,载《法学研究》1994年第6期。
④　刑法介入社会生活过多、过滥,往往会限制人们的自由,压制人们的创造力,进而使社会失去活力。当刑法干预的程度达到严重压制人们的生活之时,刑法的效果会大打折扣,甚至激起社会动荡。在经济领域,经济行为是图利行为,是人类为满足物欲而自然流露的行为,这种行为根植于人性之中,也是推动社会经济发展的源动力,从人类社会发展的轨迹来看,个人的社会活动越旺盛,社会进步就越快。对经济行为的规制,必须持谨慎、理性的态度,立法者应当具有必要的宽容。市场经济本质上讲是竞争经济、自主经济。市场经济也是一种旨在激发市场主体的活力和潜能,充分调动一切社会力量参与经济发展的有效机制,这种机制鼓励创新、鼓励投资、鼓励冒险,市场经济尤其需要给市场竞争者一个相对宽松、宽容的社会环境。特别是在我国,我国的市场体制的建立是在政府主导和推动下逐步建立的,而不是自发形成的,民众的市场经济意识本来就十分薄弱,且对政府和国家的行为十分敏感,往往不敢越雷池一步。参见万国海:《经济犯罪的刑事政策研究》,黑龙江人民出版社2008年版,第79—80页。

第十一章　税收法律责任整合

可以说,刑法在对经济犯罪的控制上正面临着一个内外交困的境地。"① 因此,刑法应把原属于民商法、行政法和经济法等部门法调整的领域归还给它们,慎重地设置自己的控制范围。"刑罚的界限应该是内缩的,而不是外张的,是国家为达其保护法益与维护法秩序的任务时的最后手段。能够不使用刑罚,而以其他手段亦能达到维持社会共同生活秩序及保护社会与个人法益之目的时,则务必放弃刑罚手段。"② 一般的违法行为通过民事制裁、行政制裁等就足以遏制,恢复利益平衡,只有当违法行为已超越了其他法律,其他法律制裁手段不足以制止该违法行为,不足以保护某种社会关系,匡扶社会正义时,才有必要考虑需不需要将这些行为规定为犯罪而动用刑罚。③ 凡是能够用其他法律处理的,就用其他法律处理,只有在其他法律不能处理或处理无效时,才用刑法处理。这样,刑罚的适用范围就大大缩小了,公民的自由范围更加扩大了。于是,从法律体系来看,不仅整体制裁措施越来越轻,而且严厉措施的适用范围越来越小,这正是法律的发展趋势。所以,现代刑法在法律体系中处于保障法的地位,不仅是理论分析的当然结论,也是历史发展的必然结果④。

面对税收不法行为⑤,虽然刑法的严厉性和对其他法益的保障价值是民商

---

① 唐稷尧:《困境与根源:刑法对经济犯罪的控制》,载《四川师范大学学报(社会科学版)》2001年第1期。
② 林山田:《刑罚学》,台湾商务印书馆1985年版,第128页。
③ 参见杨兴培、李翔:《经济犯罪和经济刑法研究》,北京大学出版社2009年版,第319页。
④ 在我国历史上,刑法自产生以来,经历了由全面(该用语不一定妥当,刑法在保护利益方面发挥着全面作用)发展为部门法再到保障法的过程。我国奴隶制、封建制的刑法就是如此。以《唐律》为例,虽然它的内容涉及社会生活的各个方面,具有综合性,但从其体系结构来说,是以刑法为框架的,因而虽然有人认为它是一部"以刑为主,诸法合体"的综合性法律,不如说是一部单一性的刑事法典,包括刑法与刑事诉讼法的内容。古代之所尽以刑法全面保护各种利益,除了经济基础、法与礼的关系等原因外,还有一个重要原因是,类似于现代的一般部门法的制裁措施,在那里不具有明显的惩罚作用或者难以施行,不得不用具有明显的惩罚作用的刑法去处理各种有害行为。后来,由于社会继续进步,经济基础不断发展,社会关系日益复杂,许多法律从刑法中独立出去,使刑法成为诸多法律中的一种,即成为一个部门法。在这种情况下,刑法并不具有补充性。立法者在规定对某种行为的制裁时,不一定事先考虑用刑法以外的法律给予制裁,而是根据某种规则,机械地认为一部分行为由刑法处理,一部分行为由其他法律处理。相对于作为全面法的刑法而言,作为部门法的刑法使刑罚的处罚范围变窄了,使公民的自由范围扩大了。不管从哪一方面看,这都是历史的进步。使刑法从部门法发展为保障法,则又是历史的一大进步。参见张明楷:《刑法在法律体系中的地位——兼论刑法的补充性与法律体系的概念》,载《法学研究》1994年第6期。
⑤ 不法主要是一个法哲学层次上的概念,对它的理解要区分观念中的不法、法规范中的不法与现实的不法。不法非法的反面,而是法中的否定性内容,即法中不被许可的行为。不法主要是指本质上不合法的行为,其与非法、违法以及违法性既有联系,也有区别。基于文章主旨,本书不打算对不法做更深入的研究,而只在"不合法"这一维度对其描述,也不刻意界分其与非法、违法以及违法性的联系和区别。进一步的论述可参见丁芝华:《刑法中的不法原理导论》,中国政法大学2008年博士学位论文,第11~27页。

法、行政法和经济法无法比拟的,但从法际经济的角度剖析,刑法的创制、发动和执行所耗用成本和付出的代价也是创制、发动和执行其他法律所不可比拟的。① 因此,在选择民商法、行政法和经济法还是刑法调整税收违法不法时,必须比较法域启动的成本与效益,当非刑事法律能够有效遏制这类行为时,就不必动用成本较高的刑法,引入法际经济的理念,重视刑法效益和刑法成本之比,避免滥用之刑、多余之刑而造成的不必要损失和浪费,优先选择非刑事法律来调整税收不法行为,是税收行为犯罪化时应当遵循的原则之一。② 此外,税收不法、越轨行为的程度往往是法际分工的重要标准。对于各种越轨行为,人们"能找到一个由一系列越轨行为构成的阶梯,它的最高一级就是那些直接毁灭社会的行为,最低一级就是对于作为社会成员的个人所可能犯下的、最轻微的非正义行为。在这两极之间,包括了所有侵害公共利益的、我们称之为犯罪的行为,这些行为都沿着这无形的阶梯,从高到低顺序排列"。③ 对于社会越轨行为,应当尽量多适用非刑罚方法,少适用刑罚方法;先适用非刑罚方法,后适用刑罚方法,即我们所谓的"先先后后",这意味着,经济刑法立罪总是在"可替代"方法立法之后,即"立罪至后"。如果存在"可替代"的其他方法可用或可以立法,那就不用立罪。④ 这对于税收违法责任立法同样适用。当民商法、行政法和经济法等法律的调整,仍不足以遏制税收不法行为时,刑法介入成为最后一道防线。由此可以看出,税收不法行为的调整还需要从刑法与其他部门法衔接的角度权衡。

从某种意义上说社会的现代化是不断向分工细化与协作深化发展的过程,在行业分工专精化的同时,不同领域之间的协作也变得越来越重要。可以说,在分工基础之上的协作是社会和谐有序的重要内容。这种分工与协作体现于现实社会与科学研究的方方面面,作为社会调整机制的法律体系也概莫能外。

---

① 对此,胡云腾博士曾有过精当的论述:一个非法行为,是按刑法还是民法处理,其成本或代价有天壤之别。以某人侵占他人1万元为例,如果按民事侵权处理,侵权人返还1万元并赔偿被侵权人因此而受到的财产损失即可,对侵权人来说,他欠债还钱,个人没有任何损失;对被侵权人来说,他失去的东西完璧归赵,亦没有损失;对国家来说,投入少量的司法成本,已通过收取诉讼费获得了补偿。如果按刑法上规定的侵占罪处理,上述三方都要付出巨大代价,对侵权人而言,他先成为犯罪嫌疑人,继而成为罪犯,不仅要退赃,而且要失去数年的人身自由,损失之大不言而喻;对国家而言,须承担侦查、起诉、审判、羁押、执行的全部费用,加起来将数倍于侵占的数额;对被害人来说,如果罪犯有财产,可以通过司法机关追回,但不能获得赔偿。若罪犯没有财产,则他将失去讨回损失的机会。两者相比,按照刑事法律处理,其代价超出民事法律处理的十数倍。参见胡云腾:《存与废——死刑基本理论研究》,中国检察出版社2000年版,第4页。
② 参见万国海:《经济犯罪的刑事政策研究》,黑龙江人民出版社2008年版,第94页。
③ 〔意〕切萨雷·贝卡里亚:《论犯罪与刑罚》,黄风译,北京大学出版社2008年版,第18页。
④ 参见胡启忠等:《经济刑法立法与经济犯罪处罚》,法律出版社2010年版,第7—8页。

在学科分立的基础之上,学界越来越多的学者以科际整合的研究方法开展了大量税收不法行为一体化的研究,其目的都是为了寻求最合理的、最佳的法际组合以适应不断变迁中的现实社会。因为法律制度是以体系化形式存在的规范,各部门法在法律体系中各有其功能及作用边界,并且也相互作用与衔接。作为"最后法"的刑法规范在法律体系中与作为"前行法"的其他部门法相衔接与协调,这对于刑法规范的创制与适用都有着实际意义。[①] 毕竟"面对现代日益复杂的社会环境和社会问题,国家开始动用多种权力并以多种手段解决现实问题,由立法机关、行政机关和司法机关制定规范,行政机关和司法机关分别运用行政、司法手段协调解决某一社会难题,成为这个时代的特色。而以多种权力、多种手段共同解决某一社会问题,既要求法规范之间必须统一协调和相互呼应(如刑事、行政、民事法律的协调和呼应),又要求制度设计必须相互衔接和借鉴(如刑事诉讼、行政诉讼和民事诉讼程序的衔接和借鉴,正式程序和简易程序的交互运用)。特别是同属公法范畴的行政法与刑法,二者之间存在诸多相互交叉、相互借鉴和彼此依存的内容。行政法与刑法之间理应保持对应性,相互协调、衔接"。[②]

二、税收不法与税收犯罪的法律界限:罪与非罪

无论是税务机关及其公务员的行政违法行为与执行公务时的犯罪行为,还是纳税人、扣缴义务人等纳税主体违反征管法和刑法的行为,都可能相伴而生。对于纳税主体而言,违反征管法的行为与其关联的危害税收犯罪行为在行为构成上几乎相同,二者只有程度的差别,即情节、后果严重的就是犯罪,否则只属于违反行政法的行为。以我国现行《税收征收管理法》上的"抗税行为"[③]和《刑

[①] 杨小强教授认为,科际整合的研究方法,也即交叉学科的研究。法际整合则重点关注部门法之间的协作关系。科际整合对于协调刑事法学各学科之间以及法学与整个社会科学诸学科之间的关系,推动刑事法学的整体发展,都是颇有助益的。出于学科划分有粗细之分这理由,可以说法际整合是科际整合的最低层面,它涉及的是法律体系内部的和谐性。参见杨小强《中国税法:原理、实务与整体化》,山东人民出版社 2008 年版,第 113—114 页。

[②] 张冬霞、马民鹏:《加强行政法与刑法交叉领域研究的必要性》,载《行政法学研究》2008 年第 2 期。

[③] 我国《税收征收管理法》第 67 条规定:"以暴力、威胁方法拒不缴纳税款的,是抗税,除由税务机关追缴其拒缴的税款、滞纳金外,依法追究刑事责任。情节轻微,未构成犯罪的,由税务机关追缴其拒缴的税款、滞纳金,并处拒缴税款一倍以上五倍以下的罚款。"

法》上的"抗税罪"①为例,"以暴力、威胁方法拒不缴纳税款的"是其入法的共同点,是否入罪取决于情节属于"轻微",还是"严重"。对于税务机关及其公务员而言,职务犯罪具备刑法规定的犯罪构成要件即可认定,当其违法行使税务行政职权,给纳税主体产生税法上的不利后果时,税务行政行为便可认定为行政违法行为。总之,"当它们的同一行为同时具备这两类行为的条件且不互相排斥时,就可能发生交叉混合的情况。这种交叉使行政犯罪的认定比一般行政违法和普通刑事犯罪变得更为复杂,但如果不能正确识别其行为的不同性质,就又会形成实践中完全不同的法律后果,从而不能对其加以充分、有效地制裁"。②

具体而言,在我国税收司法实践中,刑法中的罪量确定主要是根据客观的不法含量来进行操作的。相应地,我国税收不法与税收犯罪之间的区别,基本上也就成为客观的不法含量的区别。但仅仅从客观的不法含量上进行税收不法与税收犯罪的区分,在犯罪构成中设置罪量要求,反映出我国刑法价值思维的缺失。因为价值判断的过程,从本质上就是倾向于类型化思维,而排斥量化思维的。对以法益被侵害的程度而不是以法益的类型作为标准,决定犯罪构成要件,进行税收不法与税收犯罪区分的立法思路,我们似乎可以作出此种解读。③ 将一行为规定为犯罪是社会对该行为最严厉的谴责。究竟是选择适用刑法还是行政法,各国做法不尽相同。税收不法与税收犯罪的界限问题,既是司法权与行政权的权力分配问题,从实体法上看,也是刑法圈的边界问题,并与一国的犯罪概念的内涵与外延密切相关。又与一国所属的法系、法律传统、经济发展水平以及人权保障观念的成熟程度等因素不可分割。④

由于税收不法与税收犯罪行为是两种不同性质的行为,关涉罪与非罪的界限,因而税收不法与税收犯罪的界分问题非常重要。学者直接论述税收不法与税收犯罪的并不多见,主要集中于行政不法与刑事不法的界分,观点归纳如下:(1)质的区别说。认为行政不法与刑事不法的区别在于本质不同,即存在质的

---

① 我国《刑法》第 202 条规定:"以暴力、威胁方法拒不缴纳税款的,处三年以下有期徒刑或者拘役,并处拒缴税款一倍以上五倍以下罚金;情节严重的,处三年以上七年以下有期徒刑,并处拒缴税款一倍以上五倍以下罚金。"
② 周佑勇、刘艳红:《行政刑法性质的科学定位(下)——从行政法与刑法的双重视野考察》,载《法学评论》2002 年第 4 期。
③ 参见王莹:《论行政不法与刑事不法的分野及对我国行政处罚法与刑事立法界限混淆的反思》,载《河北法学》2008 年第 10 期。
④ 归纳起来,各国分别从下列几个角度认识、解释犯罪概念:一是伦理角度;二是刑法角度;三是刑法与社会角度;四是社会角度;五是犯罪的本质、阶级性的角度。参见王文华:《行政犯罪与行政违法的界定及立法方式》,载《东方法学》2008 年第 4 期。

价值差异,而非程度的区别。至于存在何种差异,因研究视角不同,形成各不相同的理论支撑。(2)量的区别说。认为行政不法与刑事不法的区别在于量的差异,而非质的差异。即两者在行为方式上并不存在质的差异,而只在行为的轻重程度上有量的差异。(3)质量综合区别说。该学说折中质的区别说与量的区别说,认为行政不法与刑事不法在质与量上都存在不同。刑事不法在质上具有较深度的伦理非难性,在量上具有较高的损害性与社会危险性;行政不法行为在质上具有较低的伦理非难性,在量上也没有重大的损害性与社会危险性。[①] 具体而言,在质与量兼顾之情形下,对行政不法与刑事不法进行区分时,应依据下述四个标准而决定:第一,不法行为在伦理道德上之非难性,此乃对于不法行为本身的价值判断。第二,不法行为所破坏与危及之法益的价值与程度,此乃对于不法行为所生结果的价值判断。第三,不法行为的社会危险性,此亦即是国家对于该不法行为加以制止的必要性。第四,刑罚之无可避免性。[②]

将"质的区别说""量的区别说"及"质量综合区别说"综合起来观察,可以看出,三者的提出实际上呈现出一个发展演变的过程。"质量综合区别说"最为恰当地表达了税收不法与税收犯罪行为之间的关系,适应社会和立法的发展,正视秩序违反法在不法领域的扩张,以及由此导致的法益概念扩张,从而承认法益侵害不仅存在于税收不法领域,也同样地存在于税收犯罪领域。同时,"质量综合区别说"又清晰地把握了税收不法与税收犯罪行为在法益侵害角度的差别,使传统"自然犯"中包含的社会伦理性与法益概念结合在一起,通过对法益侵害中所涉社会伦理受侵害程度高低来划分税收不法与税收犯罪行为。并在此基础上,提出税收不法与税收犯罪行为不但在行为的量上,而且在行为的质上均有所不同。因此,无论从法律改革的现实背景来看,还是从法益概念的理论发展来看,"质量综合区别说"都具有更大的借鉴意义。[③] 由此可以看出,在界分税收不法与税收犯罪时不但要重视"量",还要重视"质"。鉴于理论及立法的现状,在具体操作层面,可以考虑以行为的危害程度作为区分的基础,以行为类

[①] 参见冯江菊:《行政违法与犯罪的界限——兼谈行政权与司法权的纠葛》,载《行政法学研究》2009年第1期。
[②] 参见林山田:《论刑事不法与行政不法》,载《刑事法论丛(二)》,台湾丰兴印刷厂有限公司1997年版,第43页。转引自冯江菊:《行政违法与犯罪的界限——兼谈行政权与司法权的纠葛》,载《行政法学研究》2009年第1期。
[③] 参见高铭暄、孙晓:《行政犯罪与行政违法行为的界分》,载《人民检察》2008年第15期。

型作为必要补充的原则。①

"质量综合区别说"为税收不法行为入罪,即税收不法行为的罪与非罪的判定提供了足够的指引,但税收犯罪大多数是法定犯罪,一般是在经过了民法、经济法、行政法的调整之后,再由刑法对其进行二次调整。因此,税收犯罪行为往往与民事违法行为、行政违法行为交织在一起,也可以说,税收犯罪行为都是由民事违法行为、行政违法行为过渡而来的。这种"交织"和"过渡"关系并非在任何案件中都是一目了然的,税收不法与税收犯罪行为也不是泾渭分明的,税收领域现实存在不法与犯罪界限不清的灰色地带。② 因此,提供更为精确的判断标准实属必要。但对于经济领域罪与非罪的判断,向来是众说纷纭③。如何合理地选择设罪标准,也历来是刑法理论研究的难点之一,诸多学者为此提出过若干标准。1968年,美国刑法学家帕克尔提出了行为犯罪化(犯罪圈设定)的六项具体标准:(1)这种行为在大多数人看来,对社会的威胁是显著的,从社会的各重要部分来看是不能容忍的;(2)对这种行为科处刑罚符合刑罚的目的;(3)对这种行为进行控制不会导致禁止对社会有利的行为;(4)对这种行为能够进行公平的、无差别的处理;(5)对这种行为进行刑事诉讼上的处理时,不会

---

① 我国刑法理论通说认为,行政违法与刑事犯罪的主要界限在于社会危害程度的不同。严重的行政违法可以构成刑事犯罪。因此,行政违法与刑事犯罪的区别主要体现在社会危害程度的大小。例如,刑法与治安管理处罚法的行为类划,治安管理处罚法所规定的很多行为是某种刑法规定之行为的轻微部分,情节轻微的构成行政违法,可处以治安罚,而情节一般或情节严重的就构成犯罪,判处刑罚。这种关系在经济犯罪与经济违法的关系中表现得更加明显,我国刑法分则第三章所规定的罪名当中,多数犯罪均是如此。因此,行政违法与刑事犯罪的区别宜以行为的危害程度为基础,通过危害程度的轻重来区分二者,事实上,此为"量"的区别之体现。另一方面,行政违法与刑事犯罪存在"质"的不同,主要在于行政违法与刑事犯罪的行为类型之间存在差异。因此,在原有的立法框架下,以行为的危害程度作为区分原则,但对于有些行为,还应考虑以行为类型标准作为补充,以完善单独适用危害程度标准的不足。例如,我国《刑法》中的商检徇私舞弊罪、动植物检疫徇私舞弊罪,就是仅在刑法中规定的犯罪,而且《治安管理处罚法》中并未有相关行为的规定。这其实就是以行为类型作为划分标准的一种体现。参见高铭暄、孙晓:《行政犯罪与行政违法行为的界分》,载《人民检察》2008年第15期;李楠:《行政与刑事法律关联问题研究——以行政违法与刑事犯罪关系为研究进路》,吉林大学法学院2012年博士学位论文,第34—35页。

② 参见万国海:《经济犯罪的刑事政策研究》,黑龙江人民出版社2008年版,第168页。

③ 理论上主要有以下四种观点。一是刑法标准说(刑事违法性标准),认为区分罪与非罪,应严格以刑法的规定为标准;二是社会危害性标准说,认为区分罪与非罪,应以是否具有犯罪程度的社会危害为标准;三是犯罪构成说,认为区分罪与非罪,应以行为是否符合刑法规定的具体的犯罪构成为标准;四是犯罪本质特征与具体犯罪构成要件统一说,既要从宏观上把握行为是否具有一定程度的社会危害性,又要考察行为是否符合具体犯罪构成。参见孙国祥、魏昌东:《经济刑法研究》,法律出版社2005年版,第72页。

第十一章 税收法律责任整合

产生质与量的负担;(6)对这种行为的处理不存在代替刑罚的适当方法。①

具体到中国实践,税收不法行为入罪应当从税收不法为的性质、代替刑罚的手段、处罚规定对合法行为的影响、处罚的公正性、处罚的目的与效果等方面考虑将其纳入犯罪处理的必要性。具体来说,只有符合下列条件时才能规定为犯罪:第一,行为是侵害或者威胁合法权益的,具有严重的社会危害性,而且绝大多数人不能容忍这种行为,并主张以刑法进行规制,即具有以犯罪论处的立法要求。第二,没有其他制裁力量可以代替刑法,只有动用刑法才能抑制这种行为、才能充分保护合法权益。第三,运用刑法处罚这种行为,不会导致禁止对社会有利的行为,不会使公民的自由受到很大限制。第四,对这种行为在刑法上能够进行客观的认定和公平的处理。第五,运用刑法处罚这种行为符合刑事责任的目的,即具有预防或抑制该行为的效果。② 由上可以归纳,税收不法行为入罪的核心判断标准无非就两个:形式标准和实质标准。形式标准就是以刑事违法性为标准,实质标准就是社会危害性标准,但两者之间时常存在矛盾和冲突③,从而给罪与非罪的判断带来了难题,因此,必须在这两个标准间进行取舍。另一面,形式标准和实质标准存在分工与合作,实质标准更多时候是立法者对犯罪选择的标准,即在立法过程中选择将什么行为规定为犯罪的标准;而形式标准则更倾向于为司法者提供司法认定的标准,即在司法活动中判定某一行为是否是犯罪行为的标准。两者之间的分工与合作,一定程度上弥补了两者之间的矛盾和冲突,正因为如此,不可能也无必要对罪与非罪的标准一一穷举。诚如学者所言,行政不法与刑事不法的区别问题,是理论上一个聚诉不休的论题。刑事不法与行政不法虽然有"概念"的差别,但由于其不法、罪责以及社会的危害性都具有层次性,故二者在"类型"上有一个量的流动过程,即不法、罪责及社会危害性,分别都有程度大小之分,有一个从大到小的行列顺序。特别是我国对犯罪既定性又定量的立法模式导致行政不法与刑事不法存在交叉重合,存在界限模糊、立法用语涵义不统一的现象。另一面,社会生活本身的生动性与多变

---

① Herbert L Packer, *The Limits of the Criminal Sanction*, Stanford University Press, 1968, p. 296.

② 参见张明楷:《论刑法的谦抑性》,载《法商研究》1995 年第 4 期。

③ 有些行为以社会危害性标准来衡量,应当认定为犯罪,但对照具体的刑法规定,又不具有刑事违法性,则不构成犯罪;相反,某些具有刑事违法性,但以社会危害性的标准来衡量,又不具备社会危害性,不应当作为犯罪来处理。此种问题在经济犯罪领域更明显,经济犯罪的自身特点决定了在判断罪与非罪上存在着一定的困难。因此,在对经济犯罪的罪与非罪的判断上,司法者保持刑法谦抑的理念至为重要,在坚守犯罪判断形式标准的基础上,本着有利于市场主体的原则,谨防刑法在经济领域的泛滥,而伤及经济发展的活力。参见万国海:《经济犯罪的刑事政策研究》,黑龙江人民出版社 2008 年版,第 171—174 页。

性导致行政不法与刑事不法之间的界限并非固定,而是动态的,可以相互转化。①

三、税收不法类型的法律边界:以偷、逃税为中心

【被告人陈X逃税一案一审刑事判决书②】 安阳市文峰区人民检察院指控,2001年12月22日,安阳市X制药厂、牛某某、杨某某、李某某、魏某某(职工股代表)以股份合资形式成立安阳市X制药厂小容量注射剂车间,委托被告人陈X负责车间的日常生产经营。2002年到2006年安阳市X制药厂小容量注射剂车间采用少计销售收入的方法,逃避缴纳税款共计7994533.16元。其中2002年少计销售收入2225558.06元,少缴增值税378344.87元,所占比例为62.06%;2003年少计销售收入16253390.66元,少缴增值税2763076.41元,所占比例78.53%;2004年少计销售收入12166217.41元,少缴增值税2068256.96元,所占比例72.7%;2005年少计销售收入9621582.67元,少缴增值税1635669.05元,所占比例42.47%;2006年少计销售收入6759916.88元,少缴增值税1149185.87元,所占比例37.63%。公诉机关提供了被告人供述、证人证言及相关书证等证据,认为被告人陈X之行为已构成逃税罪,应依据我国《刑法》第二百零一条之规定予以惩处。被告人陈X当庭辩解,公诉机关指控其犯有逃税罪的主体不适格,其只是车间生产经营的负责人之一,其未实施逃税行为。被告人陈X的辩护人认为,被告人陈X不是针剂车间的股东及唯一管理者,不具有对车间生产经营的最终决定权,故其不具有纳税主体(资格),不应承担逃税罪刑事责任;被告人陈X不能从逃税行为中获得利益,其无实施逃税行为的目的,案发时被告人陈X未收到税务机关下达的催缴及处罚决定书;故公诉机关指控被告人陈X犯逃税罪事实不清、证据不足。

安阳市文峰区人民法院经审理查明……(以上事实均成立)。安阳市国家税务局稽查局于2009年11月30日向安阳市X制药厂下达了税务行政处罚决定书及税务处理决定书,于2009年12月16日向安阳市X制药厂下达限期缴纳通知书。

---

① 参见张冬霞、马民鹏:《加强行政法与刑法交叉领域研究的必要性》,载《行政法学研究》2008年第2期。
② 出于文章篇幅以及主题的关联性考虑,本书对该判决书进行了技术处理,更详尽的判决参见《被告人陈X逃税一案一审刑事判决书》[(2010)文刑初字第276号],载http://www.66law.cn/topic2010/thzal/9956.shtml,2016年4月10日访问。

第十一章 税收法律责任整合

安阳市文峰区人民法院认为,被告人陈X作为安阳市X制药厂针剂车间经营管理者,采取隐瞒手段进行虚假纳税申报,逃避缴纳税款,数额巨大,核其行为已构成逃税罪。公诉机关指控罪名成立。被告人陈X作为安阳市X制药厂针剂车间的经营管理者,有义务从车间收入中缴纳应纳税款,其采取隐瞒手段进行虚假纳税申报,应承担逃税罪刑事责任,故对其辩护人辩解陈X不具备逃税罪主体(资格)的意见不予采纳。税务机关对安阳市X制药厂下达相关税务文书后,证人樊某某、牛某某均证实告知陈X,故对被告人陈X的辩护人相关辩护理由不予采纳。依照《刑法》第二百零一条、第六十四条之规定,判决如下:一、被告人陈X犯逃税罪,判处有期徒刑五年,并处罚金人民币200000元(刑期从判决执行之日起计算。判决执行以前先行羁押的,羁押一日折抵刑期一日,即自2010年3月18日起至2015年3月17日止,罚金于判决生效后十日内缴纳)。二、所逃税款予以追缴。如不服本判决,可在接到判决书的第二日起十日内,通过本院或者直接向河南省安阳市中级人民法院提出上诉。书面上诉的,应当提交上诉状正本一份,副本两份。

以我国《刑法》第201条规定的逃税罪及其犯罪构成要件观测,陈X逃税案的一审刑事判决结果值得怀疑。具体分析如下:其一,该案对国家的税收征收管理秩序和税收分配秩序的侵犯当无异议,也即逃税罪的客体认定显而易见。其二,客观方面。判决书有前后不吻合之处,在案件事实查明阶段,人民法院认为,是"安阳市X制药厂小容量注射剂车间采用少计销售收入的方法,逃避缴纳税款",而到最后判决阶段,则变成"被告人陈X采取隐瞒手段进行虚假纳税申报,逃避缴纳税款"。法院的理由是"被告人陈X作为安阳市X制药厂针剂车间经营管理者"。但"少计销售收入"构成逃税罪"采取欺骗、隐瞒手段进行虚假纳税申报"的客观方面并无争议。其三,主观方面。由公诉机关向法院提供的证据,可以认定被告人陈X构成故意逃税。[①] 案件真正的争点在于,被告人陈X是否构成逃税罪的主体?依照我国《刑法》第201条规定,只有纳税人和扣缴义

---

① 公诉机关向法院提供的第7—10号证据证实:车间由陈X负责全面工作,尤其是车间的财务和销售。车间制作有两套账目,一套对总厂,一套是车间内部账,其记录的是内部账。车间凡是对外开增值税发票必须经陈X同意,每月在请示陈X后,按照车间取得进项发票来开具销项发票,然后依据销项发票向总厂制作计算销售量的报表。车间开具的销项税发票和实际销售额不相符,因为有的销售额不开增值税发票,陈X让其将开销售发票的计算收入,没有开发票的不计算收入,真正能说明车间销售情况的是送货通知单和销售台账。详细的证据参见《被告人陈X逃税一案一审刑事判决书》[(2010)文刑初字第276号],载 http://www.66law.cn/topic2010/thzal/9956.shtml,2016年4月10日访问。

务人才能构成逃税罪的主体,除此以外的单位和个人不能成为逃税罪的主体。问题随之演化为,该案真正的纳税人或扣缴义务人是谁?小容量注射剂车间不具有法人资格,显然不能单独纳税,真正的纳税人应该是安阳市 X 制药厂。基于上述分析,本案判决的合法性、科学性是值得怀疑的。认定被告人陈 X 构成逃税罪并无法律依据,但这并不意味着陈 X 就"逍遥法外",其还需要接受其他法律以及刑法其他罪名的"审判"。该案中,小容量注射剂车间的税务方面都是安阳市 X 制药厂直接出面处理,而不是车间,制药厂在税务方面的责任不可推卸。但是否构成单位犯罪,现有的证据难以支撑。本案的焦点在于被告人陈 X 是否构成逃税罪的主体,实施了刑法上的逃税行为。换句话说,被告人陈 X 是否具备逃税罪的犯罪构成要件,构成我国《刑法》第 201 条规定的逃税罪(如下表所示)。

我国《刑法》第 201 条 [逃税罪]	
第 1 款	纳税人采取欺骗、隐瞒手段进行虚假纳税申报或者不申报,逃避缴纳税款数额较大并且占应纳税额 10% 以上的,处 3 年以下有期徒刑或者拘役,并处罚金;数额巨大并且占应纳税额 30% 以上的,处 3 年以上 7 年以下有期徒刑,并处罚金。
第 2 款	扣缴义务人采取前款所列手段,不缴或者少缴已扣、已收税款,数额较大的,依照前款的规定处罚。
第 3 款	对多次实施前两款行为,未经处理的,按照累计数额计算。
第 4 款	有第 1 款行为,经税务机关依法下达追缴通知后,补缴应纳税款,缴纳滞纳金,已受行政处罚的,不予追究刑事责任;但是,5 年内因逃避缴纳税款受过刑事处罚或者被税务机关给予二次以上行政处罚的除外。

从刑法规范的角度可以看出逃税罪较偷税罪主要有以下变化:其一,罪状表述变化,不再使用"偷税"一词,而代之以"逃避缴纳税款";其二,逃税手段的概括性表述代替列举式表述;其三,以"数额较大""数额巨大"代替具体的数额标准,解决了原来两档量刑幅度之间的空档;其四,关于附加刑的规定,将原来的倍数罚金改为无限额罚金;其五,增加了有条件不予追究刑事责任的条款,不予追究刑事责任必须满足三方面的条件:前提条件、客观条件和主体条件,前提条件是行为人已经符合了我国《刑法》第 201 条第 1 款逃税罪的构成要件,客观条件是行为人补缴税款、滞纳金并接受行政处罚,主体条件是行为人 5 年内未因逃税受过刑事处罚并未被税务机关给予二次以上行政处罚。[①] 根据我国现行《刑法》第 201 条的规定,纳税人采取欺骗、隐瞒手段进行虚假纳税申报或者不

[①] 参见刘荣:《刑事政策视野下的逃税罪》,载《中国刑事法杂志》2010 年第 12 期。

第十一章 税收法律责任整合

申报,逃避缴纳税款数额较大,达到法定定量标准的行为即构成刑法上的逃税罪。其构成要件可归纳如下:

逃税罪的犯罪主体只能是依照法律、行政法规规定负有纳税义务和代扣代缴、代收代缴税款义务的单位和个人,即纳税人和扣缴义务人。纳税人和扣缴义务人以外的单位和个人不能成为逃税罪的主体,但在特定情况下可构成逃税罪的共犯。"逃税罪侵犯的客体从形式上看是国家的税收征收管理秩序,从本质上看是国家税收分配秩序。"①逃税罪在主观方面表现为故意,具有谋取非法利益的主观目的,焦点在于此处的故意是否只是指直接故意,还是也包括间接故意?将逃税罪的主观方面限制在直接故意既符合立法真意,也有助于保护纳税人权益,因为逃税罪属于贪利性犯罪,纳税人或扣缴义务人要想达到少缴或不缴税款的目的,不破坏国家正常的税收秩序是不可能的。诚如周洪波教授所言:"正是由于非法利益的获得与客体受到侵害的一致性,并且行为人对这种一致性有较为清楚的理解,才使得逃税行为人对危害社会的结果——国家税收秩序的破坏,持一种希望的心态,也才使得这种心态外化为积极、坚定的表现形式。"②逃税罪在客观方面表现为纳税人、扣缴义务人采取欺骗、隐瞒手段进行虚假纳税申报或者不申报③,逃避缴纳税款。

若逃税行为未能满足上述要件,尚须检测是否构成税法上的不法行为。税法上的不法行为,有四层基本含义:第一,必须是违反有关税收法律规范的行为。第二,必须是行为人主观上因过错而实施的违反税法的行为。第三,行为方式表现为"作为"和"不作为"两种方式。比如纳税人为达到"偷税"的目的,虚增成本,乱摊费用,缩小盈利数额等,则属于"作为"。纳税人不按法定期限办理税务登记或纳税申报,或拒不执行税法规定缴纳税款等,则构成"不作为"。第

---

① 周洪波:《危害税收征管罪——立案追诉标准与司法认定实务》,中国人民公安大学出版社 2010 年版,第 5 页。
② 同上书,第 54 页。
③ "采取欺骗、隐瞒手段进行虚假纳税申报",主要是指纳税人或者扣缴义务人向税务机关报送虚假的纳税申报表、财务报表、代扣代缴、代收代缴税款报告表或者其他纳税申报资料,如提供虚假申请,编造减税、免税、抵税、先征后退等虚假资料,如设立虚假的账簿、记账凭证;对账簿、记账凭证进行涂改等;未经税务主管机关批准而擅自将正在使用中或尚未过期的账簿、记账凭证销毁处理等;在账簿上多列支出或者不列、少列收入、缴纳税款后,以假报出口或者其他欺骗手段,骗取所缴纳的税款等行为。"不申报"则是指不向税务机关进行纳税申报的行为。这也是纳税人逃避纳税义务的一种常用手段,主要表现为已经领取工商营业执照的法人实体不到税务机关办理纳税登记,或者已经办理纳税登记的法人实体有经营活动,却不向税务机关申报或经税务机关通知申报而拒不申报的行为等。参见刘剑文、熊伟、翟继光、汤洁茵:《财税法成案研究》,北京大学出版社 2012 年版,第 144 页。

四,行为的直接后果是对一定对象的侵害。① 基于"达成规避税收之目的的处境(条件、手段)不同,法学研究者区别了三种不同概念,依据一定的规范标准,作出不同的法律判定,设置相应的法律后果。从概念表述的逻辑结构看,关于税收规避与相关概念的界定,传统法学的主要观点主要侧重对现象的事实描述和价值分析两方面,归纳概括如表11.1所示"。②

表 11.1　税收规避与相关概念比较

	规范依据		事实描述			价值分析	
	税收制定法	税法意图	目的	条件	手段	法律性质	法律后果
偷漏税	违反	违反	逃避履行纳税义务	征管疏漏	欺诈、不真实纳税	违法	行政、刑事处罚
税收规避	符合	违反	避免纳税义务成立	税法漏洞	非正常手段	脱法或不可接受	按调整纳税
节税	符合	符合	获取税收优惠	财税优惠	常规手段	合法或可接受	免予纳税

但从我国《税收征收管理法》的立法史看,1986 年《税收征管暂行条例》中有"漏税"和"偷税"这两个不同的概念,而在制定 1992 年《税收征收管理法》和 2001 年修订《税收征收管理法》时却取消了"漏税"的概念。此后,偷税概念在税法和刑法上又再次发生变化,2001 年修订《税收征收管理法》时,其第 63 条对偷税的定义完全采纳 1997 年修订的《刑法》第 201 条的规定,形成了当前税法上的偷税概念。2009 年刑法上的偷税定义再次发生变化,《刑法修正案(七)》虽然回避了"偷税"用语而采用"逃避缴纳税款"用语,并采用了此前曾经采用的概括式定义,但修订后的《刑法》仍然保留了"纳税人采取欺骗、隐瞒"手段这一实质性内容,也继续保留了对偷税的主观故意要件。③ 对故意少缴或未缴税款的行为定性为"偷税",而取消原《税收征管条例》中"漏税"概念构成了现行《税收征收管理法》上的偷税相关立法,但无助解决税收征管实践中大量存在的纳税人非主观故意造成的少缴未缴税款的情形,并不能完全满足税收工作的实际需要。

从"偷税"的立法史可以看出,"在我国税收法律体系的建构中存在着这样

---

① 参见牛国祥:《论税收违法行为及其责任》,载《河北法学》1989 年第 5 期。
② 参见俞敏:《税收规避法律规制研究》,复旦大学出版社 2012 年版,第 24 页。
③ 参见朱炎生:《虚假纳税申报构成偷税的要件分析——兼评厦门市志逸四海进出口有限公司诉厦门市思明区国家税务局案》,载熊伟主编:《税法解释与判例评注》第 3 卷,法律出版社 2012 年版,第 33—35 页;袁森庚:《论偷税故意》,载《税务与经济》2007 年第 6 期。

第十一章 税收法律责任整合

的特殊性,即税法与刑法之间出现了位阶倒错,二者的角色发生了逆转,在某种程度上甚至可以说税法受刑法所牵制,而不是刑法以税法为先行。在这个意义上,我们可以说在税收犯罪方面刑法的扩张还体现在,对于税收秩序的法律调整,刑法规范在时间维度上先行进入。① 然而这种状况并非税收法制建设的常态,这种特殊性与我国特有的经济社会现实相关。"② 可以预见,《刑法》偷税定义的变化,必将影响《税收征收管理法》的修订。《税收征收管理法》修订征求意见稿(2011年7月)即主张:一方面,为保持与《刑法》的衔接,按照《刑法修正案(七)》把原来的"偷税"修改为"逃避缴纳税款",其行为特征也由过去列举具体偷税手段改为概括式规定③"采取欺骗、隐瞒手段"。另一方面,在《税收征收管理法》中重新引入曾经被废弃的"漏税"概念来界定纳税人非故意造成的不缴或者少缴应纳税款的行为,明确规定"漏税"行为的定性和法律责任。④ 但也应看到,完善偷税相关立法,不能仅仅限于《税收征收管理法》第63条和《刑法》第201条的修订。《刑法》中不可能全面考虑偷税及相关税收违法行为的法律责任问题,但《税收征收管理法》中应对此予以系统考虑。界定偷税的邻近概念,才能使偷税范畴更加明了、清晰。特别是漏税、避税与偷税的区分,在理论上和实

---

① 在对偷税罪的罪状描述上,1997年修订的《刑法》放弃了1979年《刑法》所采取的空白罪状,而改为述明罪状的方式,为理论界和实务界所赞誉。1997年修订的《刑法》对偷税罪的叙述是如此的详细和清楚,以至于2001年修订《税收征收管理法》时,对偷税手段的规定,径直照抄《刑法》关于偷税罪的规定。2009年《刑法修正案(七)》对《刑法》第201条偷税罪进行了全面修改,此次修订也必将影响未来《税收征收管理法》中偷税手段的修订。

② 杨小强:《中国税法:原理、实务与整体化》,山东人民出版社2008年版,第123页。

③ 《刑法修正案(七)》一改原《刑法》条款叙明罪状而转而用简单罪状的表述方式将逃税的手段概括规定为"采用欺骗、隐瞒手段进行虚假纳税申报"和"不申报",而《税收征收管理法》仍然与原刑法条款保持一致,即采用列举式规定。在偷、逃税手段方面,《刑法修正案(七)》的规定要比《税收征收管理法》更为周延。根据"法无明文规定不得罚"原则,实践中就可能出现一种情况:一种行为手段并没有包括在《税收征收管理法》规定的偷税当中,却符合《刑法修正案(七)》关于逃税的规定。对此,《刑法》是越过《税收征收管理法》直接调整,抑或是有所收敛?根本而言,在法律体系中,《刑法》应是最后予以考虑的保护手段,只有在其他手段不起作用的情况下,它才能允许被使用,刑罚的发动必须审慎、谦抑。实践中,《刑法》越过《税收征收管理法》进行直接调整,与《刑法》的谦抑性原则相违背,但不作调整似乎又不足以实现打击犯罪的刑事政策目标。由此,《税收征收管理法》列举式规定与《刑法修正案(七)》的概括式规定之间可能存在的不一致是亟待解决的现实问题。目前看来,解决这一问题的出路在于:修改《税收征收管理法》第63条的规定,使之与《刑法修正案(七)》相统一,这也符合历次关于偷、逃税行为的《刑法》与《税收征收管理法》修改的一贯模式。参见毛杰、王雄飞:《论偷逃税行为的行政处罚与刑事责任追究之区分与衔接》,载《税务研究》2009年第12期。

④ 参见《税收征收管理法》(修订征求意见稿)(国家税务总局2011年7月发布)第103条、第105条;国家税务总局:《关于税收征管法修改的说明》,载 http://www.chinesetax.net/index/SingleInfoShow.asp? InfoID=114697,2016年4月10日访问。

务中都还不够清晰,引起了很多争议,应当科学界定。①

在税法上,界定偷税(即逃税行为,由于现行立法尚未修改,以下在税法语境下的探讨仍采用偷税一词)与关联行为的边界,必须先行界定偷税何为。"偷税行为涉及纳税人税务信息处理过程中的信息采集、保存和提交环节。例如,在税务信息的采集环节,纳税人在账簿上多列支出或者不列、少列收入;在税务信息的保存环节,纳税人伪造、变造、隐匿、擅自销毁账簿、记账凭证;在税务信息的提交环节,纳税人经税务机关通知申报而拒不申报或者进行虚假的纳税申报。不论纳税人偷税的方法发生在哪个环节,这些方法都会让税务机关对纳税人作出错误的纳税评估,从而导致纳税人不缴或者少缴应纳税款的后果。"②因此,在税法上如何界定偷税,关键在于明确界分纳税人税务信息处理过程中的行为定性,即偷税其与关联行为的内涵和外延。"实质上,偷税行为是纳税人通过隐藏与其相关的税务信息的方法来阻止税务机关获得与实际情况相符的税务信息,从而逃避缴纳其应纳税款。从纳税人的主观方面看,偷税行为应当是纳税人有意为之的故意行为,纳税人在其税务信息处理过程中故意采取各种隐藏真实税务信息的方法,就是要达到不缴或者少缴应纳税款的最终目的。"③税法上的偷税行为理应与刑法上的逃税行为相衔接,因此,在税法上,可以将偷税行为的构成要件概括为:其一,行为人已经实施了税法规定的偷税行为;其二,行为人的偷税行为已造成不缴或少缴税款的偷税事实;其三,行为人实施偷税行为具有主观上的直接故意;其四,行为人的偷税行为尚未构成刑法上的逃税罪。

人们在谈到税收不法问题时,经常提到偷税、漏税、避税几个词,并且疏于区分、常常混同。其实,在税法上,这些词是有着特定内涵的,区分清楚这几个词的内涵对于我们科学地、理性地讨论税收不法问题至关重要。我国现行《税收征收管理法》对偷税和抗税有明确定义,对漏税和避税只字未提。"漏税在新中国建立初期与偷税是一体化的。1979年《刑法》中规定了偷税罪,漏税不以犯罪论处。1986年《税收征管暂行条例》对偷税与漏税分别作出规定,两者间有了比较清楚的界限。但1992年《税收征收管理法》中没有再规定漏税的条款。2001年修订的《税收征收管理法》第52条中规定了由于纳税人原因和由于税务机关原因而导致的不缴少缴税款的追征补缴和滞纳金问题,但没有明确使用漏

---

① 参见何小王:《关于〈征管法〉中偷税法律责任条款修改的几个问题》,载《税务与经济》2009年第3期。

② 朱炎生:《虚假纳税申报构成偷税的要件分析——兼评厦门市志逸四海进出口有限公司诉厦门市思明区国家税务局案》,载熊伟主编:《税法解释与判例评注》第3卷,法律出版社2012年版,第32页。

③ 同上书,第33页。

第十一章 税收法律责任整合

税概念。"①"由于《税收征收管理法》没有漏税一词,于是产生了否认漏税和忽视漏税两种观点。无论是否认或忽视,都会导致不准确的税收执法行为和事倍功半的执法效果,因此,正视漏税并严格区分偷税与漏税,是税收征管中的大命题。"②事实上,我国《税收征收管理法》对偷税③和漏税④都有明确规定,两者有质的不同。"漏税,是指纳税人因过失或无意识而漏缴或少缴税款的行为。它在主观上表现为一种过失或无意识心态,即纳税人应该知道自己的行为会造成国家税款的减少而由于疏忽大意没有意识到,或者认识到了自己的行为可能造成国家税款的减少但因过于自信而认为自己不会发生错误,或者纳税人由于无知而根本没有认识到自己行为的违法性;在客观行为上表现为账簿、记账凭证上的错误、纳税申报上的错误,或者是消极的不作为,如没有进行纳税申报、税务登记等;在客观结果上表现为未缴或少缴税款。"⑤

相比较漏税,避税更趋复杂。世界各国税法理论和实务并没对纳税人规避纳税义务的行为形成统一的术语表述,即使在同一个法律制度内,各种不同的术语常常前后不一且互换使用。⑥ 尽管对避税内涵没有统一的立法规定,理论学说表述也各异,但国内外理论和实务界对避税的理解基本一致,避税是纳税人滥用法律形成自由,已形成与其不相当之经济实质,规避或减免相关的税收义务。换言之,所谓避税,是指纳税人以避税为目的,滥用法律形成自由和税法

---

① 何小王:《关于〈征管法〉中偷税法律责任条款修改的几个问题》,载《税务与经济》2009 年第 3 期。

② 谢鸣:《论漏税与偷税的区别》,载《贵州财经学院学报》1999 年第 3 期。

③ 我国《税收征收管理法》第 63 条规定:"纳税人伪造、变造、隐匿、擅自销毁账簿、记账凭证,或者在账簿上多列支出或者不列、少列收入,或者经税务机关通知申报而拒不申报或者进行虚假的纳税申报,不缴或者少缴应纳税款的,是偷税。"

④ 我国《税收征收管理法》第 52 条规定:"因税务机关的责任,致使纳税人、扣缴义务人未缴或者少缴税款的,税务机关在 3 年内可以要求纳税人、扣缴义务人补缴税款,但是不得加收滞纳金。因纳税人、扣缴义务人计算错误等失误,未缴或者少缴税款的,税务机关在 3 年内可以追征税款、滞纳金;有特殊情况的,追征期可以延长到 5 年。"该条前两款虽未直接将这两类行为界定为漏税,但实质上构成了税法上的漏税条款。

⑤ 逃税和漏税的区别具体可以从两个方面来把握:一是从主观上判断。首先从主观认识上看。逃税是直接故意行为,而漏税则是过失或无意识行为。其次,从主观意志上看。逃税行为人明知自己的行为会造成国家税收的损失而积极追求这一危害结果;而漏税行为人则对自己行为的危害结果没有认识,更谈不上对这一危害结果持什么态度。最后,从主观目的上看。逃税行为人处于规避纳税义务,主观上具有占有国家税款的目的;而漏税行为人不是出于规避纳税义务,主观上不具有占有国家税款的目的。二是从客观上判断。逃税是纳税人采取欺骗、隐瞒等手段逃避纳税义务,不缴或少缴应纳税款;而漏税则是行为人不熟悉税收法规和财务秩序致使账簿、记账凭证的记录不符合有关税法、财务秩序的要求或者错误进行了纳税申报等。比较而言,主观上的差异是逃税与漏税的本质区别。参见周洪波:《危害税收征管罪——立案追诉标准与司法认定实务》,中国人民公安大学出版社 2010 年版,第 19—23 页。

⑥ Victor Thuronyi, *Comparative Tax Law*, Kuwer Law International, 2003, p.19.

漏洞而规避税收义务,符合税法文义但违背税法立法目的或意旨的行为。① 一般而言,逃漏税是纳税人使用违法手段的税收减免行为,无论在形式上还是实质上都是违法行为,而避税是形式合法的但实质上违背税法立法目的或意旨的行为。② 避税与逃漏税的区别在于,避税是合法行为,逃漏税是违法行为。这种价值层面的判断虽然可以有效地区分避税与逃漏税,但如果从纳税人的交易事实和具体情节看,避税与逃漏税的界限仍然非常模糊,没有一个简单和便捷的方法判断两者的区别。③ 从表现形式上进行行为定性是一个不错的思路,也为中国立法所采纳。逃漏税主要表现为虚构、隐瞒课税要件事实,而避税主要是纳税人滥用法律形成自由,并不隐瞒课税要件事实。如果说避税是合法行为,其合法性是因为纳税人遵守了税法的诚实纳税或申报义务,而逃漏税的违法性是因为其违背了诚实纳税或申报义务,两者区别的关键在于是否履行了税法的诚实纳税或申报义务。④ 其实,"偷税、漏税、避税是税收领域三个不同概念,简单地说,分别是可能构成犯罪的行为、一般违法行为和法律所不禁止的行为"。⑤

四、税收行政责任与刑事责任的衔接

"作为法学基本范畴,法律责任在立法格局中始终占有重要位置,责任问题又具有直接的司法意义:责任及其执行(制裁)涉及人们的财产、人格、自由以至于生命。"⑥"法律责任是一个由各个部分依据不同的标准不断分化组合成的有机整体,即法律责任体系"。⑦一般而言,"法律责任最主要、最基本的分类,是按照部门法界限,划分为私法责任和公法责任;进而结合违法行为性质划分为:违宪、行政、刑事和民事责任"。⑧ 违宪责任在我国更多地停留在学界探索阶段,尚

---

① 参见王宗涛:《反避税的法律规制研究》,武汉大学法学院 2013 年博士学位论文,第 28、29 页。
② 参见何晓蓉:《基于新〈企业所得税法〉的反避税问题研究》,湖南大学出版社 2010 年版,第 5 页。
③ L. A. Buck, "Income Tax Evasion and Avoidance", *Virginia L. Rev. Vol 23*, p. 107.
④ 参见柯格钟:《租税规避及其相关联概念之辨正》,载葛克昌、刘剑文、吴德丰主编:《两岸避税防杜法制之研析》,台湾元照出版公司 2010 年版,第 121 页。
⑤ 《人民检察》学习问答组:《对偷税、漏税和避税行为应如何区分》,载《人民检察》2006 年第 8 期(下)。
⑥ 张文显:《法哲学范畴研究》,中国政法大学出版社 2001 年版,第 117 页。
⑦ 沈开举、王钰:《行政责任研究》,郑州大学出版社 2004 年版,第 16 页。
⑧ 张越:《法律责任设计原理》,中国法制出版社 2010 年版,第 22—23 页。

第十一章 税收法律责任整合

未有实质性进展,通过违宪责任助推法治中国建设至少目前并不现实。所以,真正构成目前法律责任体系的是民事责任、行政责任和刑事责任。① 行政违法与刑事犯罪生成后,随之而来的是应当承担的法律责任。在我国法律责任体系中,行政责任和刑事责任占有重要地位。作为公法责任的代表,行政责任与刑事责任的关系,比其他法律责任之间的关系更为直接,对法制建设的影响也更为明显。但是在实践中,行政责任和刑事责任的关系比较混乱。比如在立法上,行政责任和刑事责任各自适用的范围不够清晰,内容不够协调。②

具体至税法领域,其核心责任体系由税收行政责任和税收刑事责任构成,是否包含税收民事责任值得深究。③ 值得注意的是,"民事责任、行政责任和刑事责任同属于法律责任的下位概念,他们在保障法律实施方面各自扮演着重要的角色。由于调整的社会关系的复杂性,各种法律责任之间难免产生界限模糊,责任程度不清的问题,刑事责任、民事责任、行政责任之间交错、纠结、聚合等现象也极为常见"。④ 税收行政责任与刑事责任之间存在的责任交错、纠结与聚合等问题,植根于"行政法与刑法的交叉关系"⑤,此种交叉,最终表现为作为行政责任与刑事责任之间的交叉牵连,以及行政责任与刑事责任追究与适用程序的交叉混合。虽然税收不法与税收犯罪在静态上呈交叉状态,但受"除罪化"与"犯罪化"思潮的影响,它们在动态上又是相互转化的。有交叉就必有衔接,需要协调。无论是从税收不法与税收犯罪静态上的交叉关系来看,还是从税收不法与税收犯罪相互转化的动态互动关系上观察,都存在着税收不法与税收犯罪之间的衔接与协调,存在着税收行政责任与税收刑事责任之间的

---

① 为行为简洁,下文将"民事法律责任""行政法律责任"和"刑事法律责任"分别简记为"民事责任""行政责任"和"刑事责任"。"税收民事法律责任""税收行政法律责任"和"税收刑事法律责任"相应简记为"税收民事责任""税收行政责任"和"税收刑事责任"。
② 参见李楠:《行政与刑事法律关联问题研究——以行政违法与刑事犯罪关系为研究进路》,吉林大学法学院 2012 年博士学位论文,第 35 页。
③ 因税收领域的民事法律责任并不常见,且不会过度涉及与税收行政法律责任和税收刑事法律责任的衔接与协调等核心问题,故不作专门论述。具体论述可参见王志强:《税收民事责任研究》,山西财经大学法学院 2007 年硕士学位论文;韩鑫:《税收民事责任问题研究》,华东政法大学 2010 年硕士学位论文。
④ 张旭:《民事责任、行政责任和刑事责任——三者关系的梳理与探究》,载《吉林大学社会科学学报》2012 年第 2 期。
⑤ 针对行政法与刑法的交叉关系更详尽的论述,可参见但不限于下列文献:周佑勇、刘艳红:《行政刑法性质的科学定位(上)——从行政法与刑法的双重视野考察》,载《法学评论》2002 年第 2 期;周佑勇、刘艳红:《行政刑法性质的科学定位(下)——从行政法与刑法的双重视野考察》,载《法学评论》2002 年第 4 期;张冬霞、马民鹏:《加强行政法与刑法交叉领域研究的必要性》,载《行政法学研究》2008 年第 2 期;李楠:《行政与刑事法律关联问题研究——以行政违法与刑事犯罪关系为研究进路》,吉林大学法学院 2012 年博士学位论文。此外,一些"行政刑法"方面的研究文献也有助于对此问题的论述。

衔接与协调，以及税收行政责任与刑事责任追究与适用程序之间的衔接与协调。

(一) 法律责任的纠结与冲突

税收行政责任和税收刑事责任有各自的产生前提，也有不一样的法律责任形式，各自的责任力度也相去甚远，对运行的制度环境要求亦大相径庭，两者之间应该会"泾渭分明"，各自担负起法律设定的"惩罚、救济、预防"[①]功能。但是，行政法与刑法本身的交叉与互动，税收不法与税收犯罪的静态牵连与动态转化的时代背景，再加上行政权与司法权的纠葛，涉税立法技术的稚嫩等原因，使得税收领域两大法律责任之间的关系正日渐复杂，并不如理论上显示的那么明晰。其中，既有责任纠结、竞合的情形，也有责任矛盾、冲突的实例，更有责任归因上的牵连与纠葛。此等错综复杂的"责任杂症"，不仅存在于涉税立法中，还广泛出现在税收执法和司法领域。

1. 责任认定上的纠结

"由于责任性质不同、严厉程度差异，民事责任、行政责任与刑事责任具有不同的适用主体和不同的适用程序。然而社会关系和社会生活的复杂性以及法律对权利保护的多重性与周密性，往往使得不同部门法之间对同一行为的规定出现交叉、重叠，进而触发某一法律关系主体可能因为同一不法行为承担多重法律责任，导致民事责任、行政责任与刑事责任纠结、缠绕在一起，从而给实践中法律责任的认定带来困难。"[②]在税收领域，相当多的税收不法与税收犯罪行为的界分仅存在程度要求的不同，特别是以违法数额定性的税收犯罪，如妨碍税务机关追缴欠缴行为与逃避追缴欠款罪，其界分仅在于刑法设定的数额。[③] 此种情境下，究竟启用行政程序追究税收行政责任，还是动用司法程序追求税收刑事责任，关键在于对妨碍追缴欠税数额事实的认定。基于某些主观或客观上的原因，税务执法机关与刑事执法机关对同一法律事实认定时常产生不

---

① 参见张骐:《论当代中国法律责任的目的、功能与归责的基本原则》，载《中外法学》1999年第6期；刘彦辉:《民事责任与刑事责任功能之比较》，载《求是学刊》2010年第2期。

② 张旭:《民事责任、行政责任和刑事责任——三者关系的梳理与探究》，载《吉林大学社会科学学报》2012年第2期。

③ 我国《税收征收管理法》第65条规定:纳税人欠缴应纳税款，采取转移或者隐匿财产的手段，妨碍税务机关追缴欠缴的税款的，由税务机关追缴欠缴的税款、滞纳金，并处欠缴税款50%以上5倍以下的罚款；构成犯罪的，依法追究刑事责任。《刑法》第203条规定:纳税人欠缴应纳税款，采取转移或者隐匿财产的手段，致使税务机关无法追缴欠缴的税款，数额在1万元以上不满10万元的，处3年以下有期徒刑或者拘役，并处或者单处欠缴税款1倍以上5倍以下罚金；数额在10万元以上的，处3年以下7年以上有期徒刑，并处欠缴税款1倍以上5倍以下罚金。

一致,甚至矛盾。刑事执法机关认为该事实已经构成犯罪,需要追究刑事责任,税务执法机关却认为该事实只是一般税收违法行为,通过行政责任的追究既可以解决。此类问题,理论上研究不够,实践中做法不一,致使经常出现相同情况不同处理结果,税收公平等基本理念缺乏最起码的贯彻。

2. 责任种类与功能上的重合

税收法律责任的另一大疑惑是行政处罚与刑罚处罚的重合。"作为公法责任上两种重要的制裁形式,行政处罚与刑罚处罚之间既存在着本质的区别,又具有极为密切的联系。当同一违法行为不仅严重违反行政法规范,而且'情节严重',触犯刑律时即构成行政犯罪行为。行政犯罪的这种双重违法性又决定了其责任和处罚的双重性,即既要追究其刑事责任,给予刑罚处罚,又要追究其行政法律责任,进行行政处罚。"①虽然行政罚与刑事罚都是公法上的惩戒手段,两者在定性、概念、范围划分及定位上存在较大的差异,但两者的联系是毋庸置疑的,尤以罚则的聚合与衔接最为明显。比如罚金与罚款的衔接、拘役、有期徒刑与行政拘留的衔接、资格刑与警告罚的衔接等。② 当前立法难以应对日渐复杂的税收不法与税收犯罪行为,尤其在责任竞合场合。即当同一违法行为同时违法税法规范与刑法规范,构成违法与犯罪的竞合,该如何选择责任类型。处于行政责任与刑事责任部分功能的重合考虑,目前立法采用的是"并行适用原则"③,也即既要适用刑事处罚,又要适用行政处罚。也正因为如此,"在涉税案件执法实践中,普遍存在'以罚代刑'现象,导致执法领域执法不严、有罪不究现象突出。"④

3. 责任追究上的冲突

税收行政责任与刑事责任的冲突表现在很多方面,尤其以下面两点最为突出:其一,责任重叠时,责任的追究与一般法律原则相悖。当行为人已经就违法行为承担了行政责任后,能否就同一事实再追究行为人的刑事责任?"一事不再理"是否只适用于行政法领域?解决此类问题的最好方案是在刑法上设定"除罪条款",《刑法》第201条第4款即为除罪条款。除罪条款虽存在不同的犯罪领域,但承载的功能和表述形式基本是一致的,即都是在行为原则上构成犯

---

① 张明楷主编:《行政刑法概论》,中国政法大学出版社1991年版,第173页。转引自周佑勇、刘艳红:《试论行政处罚与刑罚处罚的立法衔接》,载《法律科学》1996年第3期。
② 参见李晓明:《行政刑法学导论》,法律出版社2003年版,第419页。
③ 我国《行政处罚法》第28条规定:"违法行为构成犯罪,人民法院判处拘役或者有期徒刑时,行政机关已经给予当事人行政拘留的,应当依法折抵相应刑期。违法行为构成犯罪,人民法院判处罚金时,行政机关已经给予当事人罚款的,应当折抵相应罚金。"
④ 潘惠敏:《广东涉税行政执法与刑事司法衔接的实证研究》,载《政法学刊》2010年第1期。

罪的情况下,因为出现了某种特定事由而排除行为的犯罪性、不追究行为人刑事责任。① 其二,责任追究主体间的不协调。责任追究主体之间的不协调表现在很多方面,比如不同执法主体之间,特别是行政执法主体与刑事司法部门联络不畅,封闭执法,在法律事实的认定上各自为战,导致司法权干预行政权或以罚代刑的现象。此外,不同执法主体对执法依据和证据标准认知上的差异,对案件移送标准和程序的不同理解以及案件移送单位与受案机关相互推诿扯皮,也都在一定程度上增加了责任追究的难度。很显然,责任追究上的冲突解决需要从法律责任体系的整体视角去思考和解决。②

4. 逃税罪引起的程序脱钩

虽然"偷税罪"已经被"逃税罪"所取代,但对"逃税罪"追究刑事责任的模式主要还是在《刑法修正案(七)》以前建立的追究"偷税罪"的程序模式。由于法律规定不明确,司法实践中行政处罚程序与刑事诉讼程序不协调现象比较突出,各地形成了不同的模式。在《修正案》出台后,这一矛盾仍然没有解决。如果说以往对"偷税罪"的法律责任追究程序仅仅是在实践中做法不统一,但还都是在法律框架下运行,那么《修正案》实施以后,有些地方仍沿用原有的程序模式已经明显与"逃税罪"法律规定要求不符,直接与实体法产生冲突。根据《刑法》第201条第4款的规定,在满足特定条件的情况下,对行为人可以不予追究刑事责任。而司法实践中的"税务初查—公安侦查""税务初查或处罚—公安侦查"和"公安机关直接立案侦查"的程序模式,在司法程序启动之前都不要求必然启动行政处罚程序,那么,就有可能会出现由于程序上行政处罚缺位,导致行为人不能满足"逃税罪"免予追究刑事责任的特定条件,如果因此而追究行为人的刑事责任则完全背离了《修正案》的立法初衷。③

---

① 在我国刑法分则的个罪中,犯罪构成定量因素通常表现为"情节""后果""数额"等对行为的社会危害性程度进行"静态"描述的要素。除罪条款的出现,表明立法者考量某种犯罪社会危害性的时间点不再绝对地以"行为时"为标准,而是将行为实施完毕之后行为人可能的悔罪表现纳入考察视野,将考察的时间点延伸到"行为后",从而确立了犯罪行为社会危害性考察的"动态"标准。相应地,犯罪构成定量因素也就不能仅限于"情节""后果""数额"等静态因素,而是应当包括除罪条款这种动态表现形式。《刑法修正案七》在逃税罪中设置的除罪条款,其意义不仅在于合理划定了逃税罪的犯罪圈,为司法实践中将某些逃税行为顺利予以出罪化提供了制度保障,从更宏观的层面而言,除罪条款在我国整个刑事立法进程中也具有特殊的标志性意义——彰显非犯罪化的立法动向。参见姚兵:《论刑法中的除罪条款》,载《湖北社会科学》2012年第10期。

② 参见张ız:《民事责任、行政责任和刑事责任——三者关系的梳理与探究》,载《吉林大学社会科学学报》2012年第2期。

③ 参见刘荣:《刍议"逃税罪"案件行政程序与刑事程序的关系》,载《涉外税务》2010年第5期。

（二）法律责任整合与衔接的思路

税收行政责任与刑事责任之间相互关照，紧密连接，因而其间的纠结与冲突不可能在某一责任框架内解决。由于两者都属于法律责任的类型，都是法律责任的下位概念，因此，问题的解决需要进入到法律责任体系层面进行通盘考虑，即用系统论的观念，在整体上全面考虑不同责任种类间的界限、各责任种类间的衔接以及各种责任的协调与平衡的问题。从这一要求出发，特别要注意两点：一是要努力寻求共同的原则和标准，指导包括各种法律责任之间的冲突处理在内的一系列相关问题的解决。当然，共同原则和标准的寻求并不妨碍各种责任类型具体适用条件的差异。二是要从系统论的角度看待和解决具体问题。针对两者之间的不协调之处，还是要以完善法律为主，一方面，在总结法律责任运行实践的基础上，发现两者之间衔接、冲突方面的法律漏洞而进行补白方面的立法；另一方面，针对两者之间界限划分、职责要求和协调机制方面的立法存在的规定不明确、不全面的问题，朝着法律明确化的方向前进。①

一般而言，行政犯罪与行政违法之间有一种衔接的关系，表现在以下几个方面（如表 11.2 所示）②，主要包括实体上的衔接关系和程序上的衔接关系。但目前税收行政责任与税收刑事责任无论是在实体上，还是在程序中都存有诸多不协调之处。如何有机地衔接和协调，既是一个理论问题，又是一个急需解决的法律现实问题。

表 11.2 行政犯罪与行政违法衔接

衔接关系	衔接内容
行政违法主体与行政犯罪主体衔接	将行政机关或授权组织纳入犯罪主体范围。
行政违法与行政犯罪程度衔接	较轻的危害正常行政管理的行为与行政违法相称，严重危害正常行政管理的行为则应纳入行政犯罪范畴。
行政违法与行政犯罪相应规范衔接	完善行政刑法规范，而不能出现空白或冲突。
行政违法形式与行政犯罪种类衔接	改变行政犯罪罪名与行政违法形式不相对应的状况，在刑法或单行立法中增设更多的相关行政犯罪罪名。
行政违法责任与行政犯罪责任衔接	要防止只追究行政责任以代替刑事责任的情况，也要防止只追究行政犯罪者的刑事责任而不追究其应承担的行政责任的现象。

---

① 参见张旭：《民事责任、行政责任和刑事责任——三者关系的梳理与探究》，载《吉林大学社会科学学报》2012 年第 2 期。

② 参见高秦伟、陈树春：《论行政违法与行政犯罪》，载《鲁行经院学报》2002 年第 4 期。

(三) 法律责任实体上的整合与衔接

税收行政责任与税收刑事责任在实体上的衔接,关键是确立二者的适用范围,核心是法律责任的形式与力度,因为法律责任形式与力度设计,是不同性质的违法行为及相应法律责任的定性及量化,是法律责任设计的核心问题,也是实现最佳法律控制效果的关键。① 具体来说,"除了行为的社会危害性、法益侵害性不同,立法者还出于对法律责任的特征以及立法目的的考虑——若是重关系修复,就应当选择民事责任;若是重秩序建设和处理效率,应当选择行政责任,行政处罚对维护社会秩序,给予公众安全感比刑罚便捷、反应迅速;若是重报应与威慑,则应当选择刑事责任,将行为定位为犯罪"。② 税收法律责任直面税务机关及税务人员和税务行政相对方,责任衔接更趋复杂,重点应考虑以下几点:

第一,法律责任主体之间的衔接。我国《税收征收管理法》第五章"法律责任"的最大特征为税务人员与税务机关的责任完全分离,充斥其中的是针对税务人员多处出现"构成犯罪的,依法追究刑事责任;尚不构成犯罪的,依法给予行政处分"之类的规定,税务机关的法律责任可谓"踪迹难寻"。依据行政法的基本原理,税务机关行为时,总是由税务机关及其税务人员一起作出的,行为违法时,理应由税务机关及税人员一起承担法律责任,但当该行为违反刑法,构成犯罪时,刑事责任却由税务人员独自承担,罪责一致原则被严重违反,同时也造成责任主体脱节。③ 因此,将行政机关(或被授权组织)组织体也纳入行政犯罪主体是有其可行性和必要性的,理由如下:其一,无论是行政违法行为还是行政犯罪行为,其实施的主体都是由行政机关(或其他组织)组织体和公务员(或其他行政公务人员)共同完成的,因此,行政机关既可在行政违法中构成违法主体,也可在行政犯罪中为犯罪主体。其二,行政机关作为机关单位既然可构成单位犯罪的主体,作为行政主体同样也可构成行政犯罪的主体。其三,罪责一致的原则,要求行政机关组织体对行政公务活动中的犯罪行为同样应担其名、负其责,而不得完全由公务员个体代之。只承认行政机关为行政违法的主体而不是行政犯罪的主体,与法治的基本要求和罪责一致原则是不相适应的。④ 此

---

① 参见张越:《法律责任设计原理》,中国法制出版社 2010 年版,第 213 页。
② 王文华:《行政犯罪与行政违法的界定及立法方式》,载《东方法学》2008 年第 4 期。
③ 参见钱俊文:《浅谈税收法律责任问题》,载《税务与经济》2001 年第 4 期。
④ 参见杨解君、周佑勇:《行政违法与行政犯罪的相异和衔接关系分析》,载《中国法学》1999 年第 1 期。

第十一章 税收法律责任整合

外,将税务机关作为刑事责任主体看待,既有利于责任主体的衔接,也有利于更大程度地保护相对方的权益。

第二,法律责任程度的衔接。即社会危害程度与情节轻重的衔接。社会危害程度是行政违法与行政犯罪最深层的区分点,在两者的衔接上应做到较轻地危害正常行政管理的行为为行政违法,而严重危害正常行政管理的行为则应为行政犯罪。"我国刑法分则对犯罪构成要件的描述采取定性描述与定量描述相结合的方式。这些犯罪的基本罪状不仅仅对具体犯罪构成要件的事实作出类型化的表述,起着奠基具体犯罪'轮廓'与'模型'的功能,同时还承担着体现社会危害性的价值评判,区分罪与非罪具体标准的功能。而这一功能的发挥主要是通过数额、情节、后果等定量因素体现。即主要的是通过犯罪的主体、犯罪的情节、犯罪的后果、犯罪的数额等变量进行界分。"[1]在税收领域中,行政责任与刑事责任的区分,往往是以税额的大小、情节的严重等,即是否给国家税收造成重大损失为标准,也即行政责任与刑事责任由社会危害程度串联起来,具体由数额、情节、后果等定量因素实现两者的衔接。但也必须警惕,从社会危害性来看,并不是任何种类的违法行为都可以分成两段:情节重的那一段追究刑事责任;情节轻的这一段追究行政责任。从目前我国的情况来看,对经济领域或者民事领域的违法行为,应多用刑事责任和民事责任,少用或者不用行政责任。民事责任制裁大量的、经常性的在平等主体之间产生的经济或者民事违法行为,刑事责任则制裁严重破坏经济秩序的行为。这样可以增大经济活动的自由度,又不至于放纵明显的越轨行为。实践证明,以"罚款"为主要形式的行政责任在这些领域的作用甚微,对严重的违法行为来说是"罚而不止",使得经济活动既缺乏生气,又无秩序可言。[2]

第三,法律责任形式的衔接。由于行政责任与刑事责任轻重有别,性质相异,为正确适用违法行为人的法律责任,一般为重合适用、同时追究行政责任与刑事责任。但双重适用时,不仅需要法律的明文规定,而且还需属于必要。此时,法律责任的形式设计至关重要。税收领域主要是罚金与罚款的衔接问题。关于罚金及罚款数额有两种模式,一是规定具体数额,二是规定一定的比例或倍数。我国现行《税收征收管理法》和《刑法》兼采两种模式,实现罚款与罚金的衔接。总体而言,《税收征收管理法》和《刑法》中的罚款与罚金衔接还算不错。

---

[1] 冯江菊:《行政违法与犯罪的界限——兼谈行政权与司法权的纠葛》,载《行政法学研究》2009年第1期。
[2] 参见李楠:《行政与刑事法律关联问题研究——以行政违法与刑事犯罪关系为研究进路》,吉林大学法学院2012年博士学位论文,第38页。

值得关注的是,《刑法修正案(七)》罚金倍数罚则废除,原规定对偷税罪应并处偷税数额1倍以上5倍以下罚金,修正案则简单规定为并处罚金,罚款与罚金本已实现的衔接再一次被打破。修正案将罚金交由审判人员根据犯罪情节确定具体数额,往往导致司法人员在多数情况下因无所遵循、无所适从而弃置不用,即使适用,又往往因无具体标准而出现畸轻畸重的现象。因此,有必要对罚款与罚金的数额作出具体规定,并对两者的幅度加以相应协调。应确定一个基本的准则:对象为同一客体的违法行为与犯罪行为,罚金额的下限一般应高于罚款额的上限。因为罚款往往是针对尚未构成犯罪的行政违法行为而作出的,根据"罪刑相适应""处罚相当"的原则,罚款的数额理应低于罚金的数额,否则,难以避免二者的轻重失当。① 遵照此准则,在课予税收罚款与税收罚金时,已由法院判处罚金的,不宜再由税务机关针对同一事实与理由予以罚款处罚。同时,也不能以罚款代罚金,在税务机关已依法作出罚款处罚时,法院仍可判处罚金,但应遵循《行政处罚法》第28条第2款规定:"违法行为构成犯罪,人民法院判处罚金时,行政机关已给予当事人罚款的,应当折抵相应罚金。"

第四,法律责任立法例的衔接。② 在法律体例中,行政处罚与刑罚处罚不是截然分开而是互相依存的,行政处罚与刑罚处罚之间体例上的一体化趋势,主要表现在经济行政法规中规定刑事罚则,这种具有刑法性质的法律规范称为附属刑法。附属刑法依附于经济行政法规而存在,它对于这些经济行政法规的实施具有重要的保障作用。在刑法理论上,往往把这种在经济行政法规中设置刑法规范的立法方式,称为散在型立法方式。散在型立法方式可以分为依附性与独立性两种,我国主要采用依附性的散在型立法方式,即经济行政法规中的刑法规范必须依附于刑法典才有其存在的意义。主要有以下三种情况:一是规定原则性刑事罚则,如"构成犯罪的,依法追究刑事责任";二是规定比照性刑事罚则,比如,"违反本法规定,造成严重后果的,比照刑法第××条的规定,追究刑事责任";三是规定援引性刑事罚则,即直接援引刑法中的具体条款,如"违反本法规定,引起严重危险的,依照刑法第××条的规定追究刑事责任"。我国现行《税收征收管理法》更多地采取"构成犯罪的,依法追究刑事责任"③的原则性刑

---

① 参见贾宇、舒洪水:《论行政刑罚》,载《中国法学》2005年第1期。
② 参见陈兴良:《论行政处罚与刑罚处罚的关系》,载《中国法学》1992年第4期;李楠:《行政与刑事法律关联问题研究——以行政违法与刑事犯罪关系为研究进路》,吉林大学法学院2012年博士学位论文,第39页。
③ 参见我国《税收征收管理法》第63条、第65条、第66条、第67条、第71条、第77条、第78条、第79条、第80条、第81条、第82条、第84条。

事罚则。此种立法例,具有照应、修改和创新功能①,在客观上起到了保证法律的实施和行政责任实现的作用;同时,对刑法更好地适应各种不同情况,使刑事责任和行政责任相协调,也有一定的意义。但是,此种立法例因刑事罚则不具体、不明确,实践中难以引用,在一定程度上造成了"以罚代刑",因此,难以担负行政责任和刑事责任衔接的重任。有两个方案可供选择:其一,改造现行依附性的散在型立法方式,在《税收征收管理法》中,规定行为人承担行政责任到何种程度应承担刑事责任,或者在《刑法》中规定,违反税收法律到何种程度和在什么条件下应承担刑事责任。其二,改用独立性的散在型立法方式,在《税收征收管理法》中设置具有独立罪名和法定刑的税收刑事规范。

(四)法律责任追究程序上的衔接与协调——以逃税罪第 4 款为中心

我国《刑法》第 201 条第 4 款规定:"有第 1 款行为,经税务机关依法下达追缴通知后,补缴应纳税款,缴纳滞纳金,已受行政处罚的,不予追究刑事责任;但是,5 年内因逃避缴纳税款受过刑事处罚或者被税务机关给予二次以上行政处罚的除外。"综合《刑法》第 201 条可知,"第 4 款规定的只是处罚阻却事由,而不是构成要件的内容,所以,只要行为人的逃税行为符合《刑法》第 201 条第 1 款的规定,并具备其他责任要素,其行为就成立逃税罪,只是还不能发动刑罚权而已。换言之,由于'经税务机关依法下达追缴通知后,补缴应纳税款,缴纳滞纳金,已受行政处罚',只是处罚阻却事由。因此,不能将'不具有处罚阻却事由'作为逃税罪的构成要件。亦即,'经税务机关依法下达追缴通知后,不补缴应纳税款,不缴纳滞纳金,不接受行政处罚',并不是逃税罪的构成要件要素。"②依据此款规定,对逃避缴纳税款达到规定的数额、比例标准,已经构成犯罪的初犯,只有在同时满足以下三个条件时方可不予追究刑事责任:一是在税务机关依法下达追缴通知后,补缴应纳税款;二是缴纳滞纳金;三是已受到税务机关行政处罚。该款体现了以下理念:"对于达到行政犯罪追诉标准的行政违法行为,如果行政责任的实现足以将被行政违法行为破坏的行政管理秩序恢复到行政犯罪

---

① 依附性的刑法规范,主要具有以下功能:一是照应功能,指立法者在刑法已有明文规定的情况下,为了表明对某种违法行为的刑事否定评价,而在经济行政法规中再次作出重申性的规定。照应功能对于衔接行政处罚与刑罚处罚具有一定的意义。二是修改功能,指立法者在经济行政法规中,对刑法的某个具体规定加以修改,使之适应社会需要,并使刑事处罚与行政处罚相协调。三是创制功能,指立法者在经济行政法规中通过类推立法,创制新罪名。参见陈兴良:《论行政处罚与刑罚处罚的关系》,载《中国法学》1992 年第 4 期。

② 张明楷:《逃税罪的处罚阻却事由》,载《法律适用》2011 年第 8 期。

发生前的正常状态,则刑事追诉程序的启动和刑事责任的实现没有必要,对此只需启动行政程序实现行政责任即可;但如果行政责任的实现不能有效恢复被行政犯罪所破坏的行政管理秩序,或者不足以预防行政违法行为的再次发生,进而有破坏行政管理活动正常进行之虞,则必须及时启动刑事司法程序,通过刑事责任和行政责任实现的合力,有效预防行政违法行为的再次发生,以共同维护和保障行政管理活动的正常进行。"①

此款标志着我国税收刑法在追究刑事责任的方式上作出重大调整,实行有条件的初犯补税免责机制,大大缩小了刑事处罚的犯罪圈。可以预见,"随着《刑法修正案(七)》对偷税罪的修订,尤其特定条件下非犯罪化的规定,将会大大减少逃税犯罪的发生,但是,这是逃税行为犯罪率的减少,而逃税行为未必减少,这非《刑法修正案(七)》能力所及"②。因为逃税行为的减少是一个系统而致的结果,位居中心的便是如何构建和衔接税收行政责任与刑事责任追究机制,即税收行政执法与税收刑事司法的衔接机制,"尤其是行刑衔接程序的安排,不仅决定着行政犯罪法律责任的实现及其正当性,而且是所有行政犯罪立法制度设计和司法机制运行所共同面临并亟需解决的核心症结问题"③。对于衔接机制,可从横向与纵向两个角度理解。从横向上看,衔接机制是一种由各有关方面组成的制度化的"关系结构":其一,衔接机制的形成以有关各方的参与为前提;其二,参与各方处于一种结构性关系之中;其三,由哪些方面参与、各方关系结构如何,均取决于衔接机制的目的;其四,如果关系结构模式合理,就应该通过立法加以固定。从纵向上看,衔接机制是一种由各有关方面参与的规律化的"行动体系":其一,衔接机制不是一个政治性实体,而是既存相关实体的行动协调机制;其二,衔接机制的外在表现形式是有关各方步调一致、相互配合的共同行动;其三,衔接机制的运作需要一个过程,所以衔接是过程性衔接,而不只是事务性衔接;其四,衔接机制在运行中表现出一定的规律性,这种规律性彰显了一种机制的存在。④ 税收行政执法与税收刑事司法衔接机制的主要目的是"为了维护税收征管秩序,保证国家税收收入"⑤。这一目的决定了衔接

---

① 田宏杰:《行政优于刑事:行刑衔接的机制构建》,载《人民司法》2010年第1期。
② 沈玉忠:《理性与宽容:逃税罪罪状的新设计》,载《四川警察学院学报》2010年第4期。
③ 田宏杰:《行政优于刑事:行刑衔接的机制构建》,载《人民司法》2010年第1期。
④ 参见刘远、汪雷、赵玮:《行政执法与刑事执法衔接机制立法完善研究》,载《政法论丛》2006年第5期。
⑤ 参见李适时:《关于〈中华人民共和国刑法修正案(七)(草案)〉的说明》,载 http://www.npc.gov.cn/huiyi/lfzt/xfq/2009-06/09/content_1517526.htm,2016年4月12日访问。

第十一章 税收法律责任整合

机制必须以税务机关为中心来建立,也为《刑法修正案(七)》所确立。

在《刑法修正案(七)》出台以前,关于追究"偷税罪"刑事责任的程序是行政程序优先还是刑事程序优先还存在争议,但随着《刑法修正案(七)》的出台,行政处罚前置就应当是办理"逃税罪"案件合理合法的程序选择,理由如下:首先,行政处罚前置完全符合现行法律法规的规定。根据我国《行政处罚法》第11条、第28条,《税收征收管理法》第63条的规定,行政处罚前置是法律允许的程序模式。其次,行政处罚前置符合"逃税罪"行政犯的性质。"逃税罪"具有行政违法和刑事违法的双重违法性特点。一方面,从行为性质上讲,逃税行为首先是违反了税法,当数额和比例达到一定程度才违反《刑法》构成犯罪,如果不确定逃税行为的违法性,"逃税罪"就无从谈起。另一方面,从法律责任上讲,构成"逃税罪"的行为首先是一种行政违法行为,应当承担相应的行政责任。只有当行政处罚不足以惩罚行为人,才需要对其追究刑事责任。[①] 行政处罚前置,既包括税务稽查程序先于刑事侦查程序,也包括税务处罚程序先于刑事诉讼程序。应当指出的是,囿于税收不法和税收犯罪的纷繁复杂和特定情境下的社会公共政策要求,行政处罚前置只是税收行政责任与刑事责任衔接的一般原则,而不能予以绝对化。准确理解行政处罚前置是税收行政执法与税收刑事司法机制有效衔接的关键,应特别注意以下几点:

其一,免予刑事处罚权的限制。从某种意义上说,行为人构成犯罪却不被追究刑事责任是法律赋予的一种权利,但任何权利都会被限制。免予刑事处罚权也不例外,主要体现在两个方面:一是,已受到税务机关行政处罚,不单是指逃税人已经收到了税务机关的行政处罚(主要是行政罚款)决定书,而且更为重要的是,逃税人本人是否已经积极缴纳了罚款,这是判断逃税人对自己已经构成犯罪的行为有无悔改之意的重要判断标准。如果已经构成逃税罪的人拒不积极配合税务机关,满足本条第4款规定的不追究刑事责任的三个条件,税务机关就应当将此案件转交公安机关立案侦查进入刑事司法程序,追究当事人的刑事责任。[②] 二是,对逃税初犯不予追究刑事责任是有时间截点的,行为人必须在公安机关立案之前补缴税款、缴纳滞纳金。如果行为人在公安机关立案后再补缴税款、缴纳滞纳金,接受行政处罚的,税务机关应将案件移送给公安机关,进入刑事诉讼程序,行为人补缴税款、缴纳滞纳金,接受行政处罚的行为

[①] 参见刘荣:《刍议"逃税罪"案件行政程序与刑事程序的关系》,载《涉外税务》2010年第5期。

[②] 参见黄太云:《中华人民共和国刑法修正案(七)的理解与适用》,载《刑事审判参考》第68期,第83—84页。

只能作为量刑时的一个情节考虑。① 此种处理,既是由权利行使的时效性决定,也是程序成本效率使然,同时也深刻反映对逃税初犯有条件而非任意的宽大。

其二,案件移送决定权。行政处罚前置,要求首先由税务机关对逃税案件进行查处,那么税务机关是否有权作出移交或者不移交偷税刑事案件的决定?根据《刑事诉讼法》的规定,不予追究刑事责任是在侦查、起诉和审判阶段作出的,只有公安机关、公诉机关和审判机关有权作出不予追究刑事责任的决定,税务机关无此权力。因此,只要行为人的行为符合《刑法》第201条第1款的规定,即使满足了第4款免予追究刑事责任的条件,税务机关仍然应当将案件移送公安机关,由公安机关决定是否立案。② 虽然最终结果极有可能与税务机关直接不予移送相同,但仍有着十分重要的制度价值。当前税收征管的国税与地税分立,税收地域与级别管辖以及涉税信息并未完全共享等多重因素,致使任一税务机关无法全然掌握行为人的所有案情,更多时候只能针对自己所掌握的特定案情进行处罚,也难以准确判断行为人是否符合《刑法》第201条第4款的规定。交由公安机关直接侦查,可以更为全面地查清行为人的逃税违法或犯罪行为,以便准确适用法律。概而言之,实行严格的税收刑事案件移送程序,既可保证国家机关依法、独立地行使职权,又可最大程度地还原案件事实,进而准确适用法律。

其三,责任追诉时效冲突与处理。依照《税收征收管理法》第86条规定,偷税行为的行政处罚时效是5年,而依据《刑法》第201条和第87条的规定,逃税罪的追诉期限为10年,此时即出现税收行政责任与刑事责任追诉时效的脱钩。若满足《刑法》第201条第1款之规定,5年以后10年之内被税务机关发现,依据《税收征收管理法》不应课予行政处罚,但刑事追诉时效未过,此时,税务机关仍应当移交公安机关,启动刑事诉讼程序。如果行为人已补缴税款和缴纳滞纳金,并且符合免予追究刑事责任的条件,应当适用第201条第4款不予追究刑事责任;反之,应依据第1—3款追究相应的刑事责任。"其实二者不统一并非因为立法者的疏忽,而是缘于行政法与刑法功能与价值有所不同,行政处罚主要是为了实现行政管理的目标,效率是其主导,因此行政处罚的时效通常都比较短。出于对国家利益的保护,税收违法行为5年的行政处罚时效已经是行政处罚时效中最长的。而刑法以罪刑均衡为原则,追求实质的公正,要求以行为人的主观恶性和行为的客观危害性统一为基础,不能以一个时间点将在一个主

---

① 参见逄锦温:《逃税罪的立法修正与司法适用》,载《中国审判》2009年第12期。
② 参见刘荣:《刑事政策视野下的逃税罪》,载《中国刑事法杂志》2010年第12期。

第十一章 税收法律责任整合

观故意支配下的连续的行为割裂。因此,虽然逃税罪确立了行政处罚前置的程序模式,但刑法独立的判断标准要求公安机关在接到税务机关移送的案件后,不能仅限于税务机关移送的材料,应当在已查明的逃税事实的基础上,对行为人的犯罪行为展开全面的调查。"①

其四,责任追究程序中的证据转化与衔接。在某种意义上说,证据转化和衔接是行政执法与刑事司法的核心。② "税务机关向公安机关移送涉嫌犯罪案件线索前,往往已经对纳税人的税收违法行为进行了查处,并且在这一过程中收集了一定数量的证据材料。对于税务机关在办理税收违法案件过程中收集的材料,公安机关是否可以在侦查中作为诉讼证据采用,实践中也有不同看法。"③鉴于行政证据与刑事证据的衔接难题,我国 2012 年修订的《刑事诉讼法》在第 52 条第 2 款规定:"行政机关在行政执法和查办案件过程中收集的物证、书证、视听资料、电子数据等证据材料,在刑事诉讼中可以作为证据使用。"《刑事诉讼法》通过立法解决行政证据和刑事证据的衔接适用问题。为实现行政执法与刑事司法证据的转化,刑事司法实践中发展如下两种方式:一是"证据转化"规则;二是刑事侦查机关提前介入行政执法过程。"证据转化"规则区分不同的表现形式:首先,对实物证据,主要通过审查并补充手续完成证据转化。其次,否认言词证据的刑事证据资格,公安司法机关需重新依法取得言词证据。④刑事侦查机关提前介入到行政执法过程,是指对于可能构成犯罪的违法案件,在行政执法机关将其移送公安司法机关之前,公安司法机关就参加到案件的侦查过程中来,为行政执法机关提供咨询、建议或参与配合调查。

我国《刑事诉讼法》第 52 条规定了行政执法证据可以作为证据在刑事诉讼

---

① 刘荣:《刑事政策视野下的逃税罪》,载《中国刑事法杂志》2010 年第 12 期。
② 参见郭华:《行政执法与刑事司法衔接机制的立法问题研究——以公安机关的经济犯罪侦查为中心》,载《犯罪研究》2009 年第 1 期。
③ 戴蓬:《涉税案件中行政处罚与刑事诉讼程序关系》,载《政法学刊》2003 年第 1 期。
④ 实物证据本身就是一种客观存在,其受人的主观影响较小,因此具有较强的稳定性和较高的证明力。而且,实物证据已被有关行政执法部门保存,也无法再次进行取证活动。公安司法机关对证据来源、收集时间、是否存在原物等方面进行审查以核实证据的关联性和真实性后,可以直接在刑事诉讼中作为证据使用。对于那些缺少法律手续的实物证据,补齐相关法律手续后,也可以作为证据在刑事诉讼中使用。言词证据受主客观环境影响较大。为保证言词证据的真实性并防止其受到不正当的干涉,刑事诉讼法规定了严格的言词证据收集程序,如对取证主体、取证场所、取证时间以及具体程序等。较之于刑事司法程序,行政机关在执法过程中获取言词证据时则拥有更多的灵活性,其取证过程可能会违背刑事诉讼法关于举证的基本要求。因此,为了避免言词证据因取证行为的违法而被排除,侦查机关应当依法重新获取言词证据。参见高通:《行政执法与刑事司法衔接中的证据转化——对〈刑事诉讼法〉(2012 年)第 52 条第 2 款的分析》,载《证据科学》2012 年第 6 期。

中使用,但这并未排除公安司法机关对行政执法证据的审查义务。考虑到行政执法证据将在刑事诉讼中作为证据使用,为防止行政执法证据的滥用和保护相关人员的合法权益,对行政执法证据收集合法性的审查也应适用刑事诉讼非法证据排除规则,将严重侵犯当事人合法权益的证据排除出刑事诉讼程序。因此,行政执法证据在刑事诉讼重视适用的同时也应受到刑事非法证据排除规则的限制。① 此外,由于行政处罚与刑事责任对违法行为者的影响具有质的差别,案件事实所要达到的证明程度,即证明标准相应地有很大差别。通说认为,在刑事责任追究中证据必须达到"排除一切合理怀疑"的标准;而行政处罚的证据则应当达到"实质性的证据"或"清楚、令人明白、信服的标准",这个标准低于"排除一切合理怀疑"的标准,但高于民事案件中的"占优势盖然性证据"标准。在实践中,可能出现税务机关所依据的行政处罚的证据要求,因达不到刑事责任追究的证据要求而被司法机关变更或否定(如"不认为是犯罪或者免予刑事处罚"),但在此情形下,只要达到法定的证据标准,税务机关仍然可以维持先前对偷税行为进行认定、处理和处罚,而不受司法认定的影响。②

其五,程序衔接的配套机制。我国涉税犯罪案件的侦察模式原来是"税检配合",1997年修订的《刑法》和1996年修订的《刑事诉讼法》把涉税犯罪案件的立案侦查权划归公安机关,形成现在的"税警配合"模式。随后,1997年10月份国家税务总局和公安部联合下发了《关于严厉打击涉税犯罪的通知》,2001年1月,国家税务总局和公安部又联合下发了《关于深入开展打击涉税违法犯罪活动进一步整顿和规范税收秩序的通知》,2001年7月4日,国务院第42次常务会议通过了《行政执法机关移送涉嫌犯罪案件的规定》。这些通知与规定,构成了现行的税收行政责任与刑事责任追究衔接机制。与此同时,为推动税务机关与司法机关的有效衔接,加大对涉税犯罪的打击力度,税务机关、司法机关不断探索完善税务行政执法与刑事司法的衔接机制,防止有案不送、以罚代刑现象的发生,不断充实完善,逐渐形成了如下几种衔接机制的基本架构:(1)税务、公

---

① 参见高通:《行政执法与刑事司法衔接中的证据转化——对〈刑事诉讼法〉(2012年)第52条第2款的分析》,载《证据科学》2012年第6期。关于行政证据与刑事证据衔接的进一步论述,可参见孙康:《行政证据与刑事证据的衔接与转化》,载《学习论坛》2012年第3期;杜磊:《行政证据与刑事证据衔接规范研究——基于刑事诉讼法第52条第2款的分析》,载《证据科学》2012年第6期;郭泰和:《行政证据与刑事证据的程序衔接问题研究——〈刑事诉讼法〉(2012年)第52条第2款的思考》,载《证据科学》2012年第6期。

② 参见毛杰、王雄飞:《论偷逃税行为的行政处罚与刑事责任追究之区分与衔接》,载《税务研究》2009年第12期。

安联席会议制度;(2)案件移送制度;(3)协作配合机制;(4)互相监督制度。①为更好地、高效地实现税收行政责任与刑事责任追究机制的衔接,未来还可以考虑构建信息交流与共享制度、检察机关提前介入制度、机关协调制度、执法指导制度、案件利益激励与约束制度等配套制度。②

---

① 参见毛坚志:《论涉税犯罪查处中税务行政执法与刑事执法的衔接机制》,吉林大学法学院2009年硕士学位论文,第5—7页。

② 参见徐燕平:《行政执法与刑事司法相衔接工作机制研究——兼谈检察机关对行政执法机关移送涉嫌犯罪案件的监督》,载《犯罪研究》2005年第2期;周佑勇、刘艳红:《行政执法与刑事司法相衔接的程序机制研究》,载《东南大学学报(哲学社会科学版)》2008年第1期;姜涛:《行政执法与刑事执法的衔接机制研究——一个制度性的审视框架》,载《内蒙古社会科学(汉文版)》2008年第6期;郭华:《行政执法与刑事司法衔接机制的立法问题研究——以公安机关的经济犯罪侦查为中心》,载《犯罪研究》2009年第1期;耿刚、范昌龙、王毅:《行政执法与刑事司法衔接问题研究——以程序衔接机制为视角》,载《行政与法》2011年第2期。

后　　记

　　2007年9月,承蒙中山大学法学院杨小强教授抬爱,我作为第二作者出版了平生第一本专著《合同的税法考量》(山东人民出版社),在合同法与税法之间寻求思维的连结,用税法的视角,去考察合同变动中,其法定成本的税收的变动。这本书虽给了我足够的学术自信,但也耗费了我极为有限的思想。更为重要的是,它牵引我走进了法际整合研究的"死胡同"。

　　自此之后,中国税法进入新一轮税制调整期,如何深度回应税制变革和税法"领域法学"之间的张力,是近十年本人思考的重要议题。呈现给读者的便是这近十年思考的整合产品。我深知,在有效资料极度匮乏的当下中国,选择"税法整体化"进行持续研究,无疑是一件风险极高、难度极大的事情。再加上自己理论功底的贫乏和实务经验的欠缺,却又受"领域法学"和法际整合之深度影响,以致在思考和写作进程中,总是有意无意追问选题是否有价值,写作是否有意义,论证是否充分,结论是否具有说服力,花费近十年时间去思考一个话题是否有必要等等,怀疑和质疑成了家常便饭。

　　本书的字里行间,无不折射出本人曾经作出的种种努力和面临的诸多无奈与困惑。或许,能划到最后一个句号,原本就是一种成功,这种成功无关质量而否。但对于读者,产品质量瑕疵永远是无法容忍的痛苦。尽管知识产品无法以《产品质量法》和《消费者权益保护法》进行估值,读者也无法以此维权,但作为作者,我乐意接受来自任何一位读者的批评与指正。读者就是消费者,而消费者才是检验产品的唯一主体,知识产品也无例外。读者,是我学术研究的另一种引路人和鞭策者。感谢已经成为本书消费者和即将成为消费者的读者们!

　　本书的写作与修改跨越近十年,从浔阳江畔到珞珈山下,虽最终由本人独自完成,但离不开恩师、好友和亲人长期以来的支持、鼓励和帮助。感谢武汉大学税法研究中心主任熊伟教授,感谢中山大学税收与财税法研究中心主任杨小强教授。感谢武汉大学经济法研究所全体老师,感谢江西财经学院经济法教研室、税收教研室全体同仁和财税金融学院樊纪明院长。感谢吾妻苏娟,本书的完成得益于她对家庭的无私奉献,得益于她对事业的莫大牺牲。感谢犬子锐恒,本书的完成离不开他带来的快乐,离不开他不经意间的敦促。

　　在本书部分内容的写作与修改过程中,厦门大学法学院助理教授王宗涛,

后 记

武汉体育学院经济与管理学院陈洪平副教授,西南大学法学院杨复卫博士,武汉大学法学院博士生聂淼、顾德瑞、张成松,厦门大学法学院博士生褚睿刚提供了不少价值思路和智力支持。在此一并致谢!

特别感谢中国财税法学研究会会长、北京大学法学院刘剑文教授对"青年"后辈的鼓励和扶持,才使本书有机会列入北京大学出版社"税法学研究文库"出版问世。王晶编辑的耐心指导与细心校正,督促自己重新正视书稿的诸多不足,及时调整思路、修正错误、斟酌观点、增加论证力度和对策可行度。感谢他们为本书顺利出版所做的一切努力和付出!感谢中国博士后科学基金第58批面上资助项目(2015M580656)和武汉大学中央高校基本科研业务费专项资金资助项目(41300006)的资助。

本书的出版,让我释然不少,也算给自己"不堪回首"的往昔岁月一个交代。希望它的问世,犹如《合同的税法考量》,带给读者更多的新知和喜悦,而非浪费读者的金钱和生命。也许思路还需要不断拓展,也许理论还需要努力拔高,或许结论还需要进一步论证,或许对策也还需要逐步完善和验证,但我坚信本书的写作是一种负责任的知识生产。期待本书的出版能带动更多"领域法学"的知识创造。

叶金育
武汉大学珞涵屯
2016年7月12日

税法学研究文库（北大版）

1. 税收程序法论——监控征税权运行的法律与立法研究　　　　施正文
2. WTO 体制下的中国税收法治　　　　刘剑文主编
3. 税法基础理论　　　　刘剑文、熊伟
4. 转让定价法律问题研究　　　　刘永伟
5. 税务诉讼的举证责任　　　　黄士洲
6. 税捐正义　　　　黄俊杰
7. 出口退税制度研究　　　　刘剑文主编
8. 税法基本问题·财政宪法篇　　　　葛克昌
9. 所得税与宪法　　　　葛克昌
10. 纳税人权利之保护　　　　黄俊杰
11. 行政程序与纳税人基本权　　　　葛克昌
12. 论公共财政与宪政国家——作为财政宪法学的一种理论前言　　　　周刚志
13. 税务代理与纳税人权利　　　　葛克昌、陈清秀
14. 扣缴义务问题研析　　　　钟典晏
15. 电子商务课征加值型营业税之法律探析　　　　邱祥荣
16. 国际税收基础　　　　〔美〕罗伊·罗哈吉著　林海宁、范文祥译
17. 民主视野下的财政法治　　　　刘剑文主编
18. 比较税法　　　　〔美〕维克多·瑟仁伊著　丁一译
19. 美国联邦税收程序　　　　熊　伟
20. 国际技术转让所得课税法律问题　　　　许秀芳
21. 财政转移支付制度的法学解析　　　　徐阳光
22. 《企业所得税法》实施问题研究
　　　——以北京为基础的实证分析　　　　刘剑文等
23. 法学方法与现代税法　　　　黄茂荣
24. 解密美国公司税法　　　　〔美〕丹尼尔·沙维尔著　许多奇译

25. 财政法基本问题　　　　　　　　　　　　　　　　　　熊　伟
26. 比较所得税法　　〔美〕休·奥尔特、布赖恩·阿诺德等著　丁一、崔威译
27. 两岸税法比较研究　　　　　　　　　　　　　　　　刘剑文、王桦宇
28. 财税法总论　　　　　　　　　　　　　　刘剑文、侯卓、耿颖、陈立诚
29. 税法整体化研究：一个法际整合的视角　　　　　　　　　　　叶金育

2016 年 7 月更新

相关书目

* 税醒了的法治　　　　　　　　　　　　　　　　　　　　　刘剑文
* 中央与地方关系法治化研究——财政维度　　　　　　　　　魏建国
* 财税法专题研究（第三版）　　　　　　　　　　　　　　　刘剑文